新譯水經注（上）

陳橋驛
葉光庭　注譯

三民書局　印行

國家圖書館出版品預行編目資料

新譯水經注／陳橋驛, 葉光庭注譯.－－初版一刷.－
－臺北市: 三民, 2011
面;　公分.－－(古籍今注新譯叢書)

ISBN 978-957-14-4988-3　(上冊: 平裝)
ISBN 978-957-14-5454-2　(中冊: 平裝)
ISBN 978-957-14-4989-0　(下冊: 平裝)

1. 水經注 2. 注釋

682　　100001492

© 新譯水經注(上)

注譯者	陳橋驛　葉光庭
責任編輯	蔡忠穎
美術設計	陳宛琳
發行人	劉振強
著作財產權人	三民書局股份有限公司
發行所	三民書局股份有限公司
	地址　臺北市復興北路386號
	電話　(02)25006600
	郵撥帳號　0009998-5
門市部	(復北店) 臺北市復興北路386號
	(重南店) 臺北市重慶南路一段61號
出版日期	初版一刷　2011年4月
編號	S 033260

行政院新聞局登記證局版臺業字第〇二〇〇號

ISBN　978-957-14-4988-3　(上冊：平裝)

http://www.sanmin.com.tw　三民網路書店

※本書如有缺頁、破損或裝訂錯誤，請寄回本公司更換。

刊印古籍今注新譯叢書緣起

劉振強

人類歷史發展，每至偏執一端，往而不返的關頭，總有一股新興的反本運動繼起，要求回顧過往的源頭，從中汲取新生的創造力量。孔子所謂的述而不作，溫故知新，以及西方文藝復興所強調的再生精神，都體現了創造源頭這股日新不竭的力量。古典之所以重要，古籍之所以不可不讀，正在這層尋本與啟示的意義上。處於現代世界而倡言讀古書，並不是迷信傳統，更不是故步自封；而是當我們愈懂得聆聽來自根源的聲音，我們就愈懂得如何向歷史追問，也就愈能夠清醒正對當世的苦厄。要擴大心量，冥契古今心靈，會通宇宙精神，不能不由學會讀古書這一層根本的工夫做起。

基於這樣的想法，本局自草創以來，即懷著注譯傳統重要典籍的理想，由第一部的四書做起，希望藉由文字障礙的掃除，幫助有心的讀者，打開禁錮於古老話語中的豐沛寶藏。我們工作的原則是「兼取諸家，直注明解」。一方面熔鑄眾說，擇善而從；一方面也力求明白可喻，達到學術普及化的要求。叢書自陸續出刊以來，頗受各界的喜愛，使我們得到很大的鼓勵，也有信心繼續推廣這項工作。隨著海峽兩岸的交流，我們注譯的成員，也由臺灣各大學的教授，擴及大陸各有專長的學者。陣容的充實，使我們有更多的資源，整理更多樣化的古籍。兼採經、史、子、集四部的要典，重拾對通才器識的重視，將是我們進一步工作的目標。

古籍的注譯，固然是一件繁難的工作，但其實也只是整個工作的開端而已，最後的完成與意義的賦予，全賴讀者的閱讀與自得自證。我們期望這項工作能有助於為世界文化的未來匯流，注入一股源頭活水；也希望各界博雅君子不吝指正，讓我們的步伐能夠更堅穩地走下去。

新譯水經注 目次

刊印古籍今注新譯叢書緣起

導讀

上冊

校上案語……一

序……五

卷一 河水……九

卷二 河水……四七

卷三 河水……九九

卷四 河水……一三三

卷五 河水……一七九

卷六 汾水 澮水 涑水 文水 原公水 洞過水 晉水 湛水……二三五
卷七 濟 水……二八三
卷八 濟 水……三一三
卷九 清水 沁水 淇水 蕩水 洹水……三五五
卷十 濁漳水 清漳水……四一五
【附錄】補滏水 補洺水……四六〇
卷十一 易水 滱水……四六五
【附錄】補滹沱水 補泒水 補滋水……五〇二
卷十二 聖水 巨馬水……五一五

中冊

卷十三 灅 水……五三一
卷十四 濕餘水 沽河 鮑丘水 濡水 大遼水 小遼水 浿水……五七一
卷十五 洛水 伊水 瀍水 澗水……六一五
卷十六 穀水 甘水 漆水 滻水 沮水……六五七
卷十七 渭 水……七一一
卷十八 渭 水……七三九

卷十九 渭 水……七五一
【附錄】補洛水一 補洛水二 補豐水 補涇水一 補涇水二
補芮水……八〇三
卷二十 漾水 丹水……八二九
卷二十一 汝 水……八五七
卷二十二 潁水 洧水 濮水 潧水 渠沙水……八八五
卷二十三 陰溝水 汳水 獲水……九四九
卷二十四 睢水 瓠子河 汶水……九八三
卷二十五 泗水 沂水 洙水……一〇三一
卷二十六 沭水 巨洋水 淄水 汶水 濰水 膠水……一〇七五

下冊

卷二十七 沔 水……一一二七
卷二十八 沔 水……一一五一
卷二十九 沔水 潛水 湍水 均水 粉水 白水 比水……一一八七
【附錄】補滁水……一二一九
卷三十 淮 水……一二二三

卷三十一　溠水　淯水　㶏水　灈水　瀙水　潕水　湏水……一二五九
卷三十二　漻水　蘄水　決水　沘水　泄水　肥水　施水　沮水　漳水
夏水　羌水　涪水　梓潼水　涔水……一二九七
卷三十三　江　水……一三三一
卷三十四　江　水……一三六七
卷三十五　江　水……一三九一
【附錄】補江水……一四一五
卷三十六　青衣水　桓水　若水　沬水　延江水　存水　溫水……一四一九
卷三十七　淹水　葉榆河　夷水　油水　澧水　沅水　泿水……一四七一
卷三十八　資水　漣水　湘水　灕水　溱水……一五一七
卷三十九　洭水　深水　鍾水　耒水　洣水　漉水　瀏水　溳水　贛水
廬江水……一五五五
卷四十　漸江水　斤江水　江以南至日南郡二十水　禹貢山水澤地所在……一五九五
【附錄】補弱水　補黑水……一六四九
學習研究參考書目……一六五七
後　記……一六五九

導讀

壹、有關《水經注》一書的概況

一、《水經注》的作者及成書情況

《水經注》是北魏酈道元（西元？～五二七年）的著作，酈道元字善長，范陽涿縣（今河北涿州）人，是一位偉大的地理學家。他出身官宦世家，曾在北魏出任過治書侍御史、潁川太守、東荊州刺史、河南尹、御史中尉等職，最後在關右大使任上為叛臣蕭寶夤殺害。

酈道元的畢生經歷，史書記載不詳，《魏書》本傳只有三百零九字，《北史》本傳也只有六百一十二字，還包括抄錄《魏書》三百零九字在內。除此以外，歷史上沒有其他有關酈道元的傳記，直至現代，才有人為他寫作傳記。

酈道元撰寫《水經注》，《魏書》和《北史》都有記載：「道元好學，歷覽奇書，撰《注水經》四十卷、《本志》三十篇、又為〈七聘〉及諸文，皆行於世。」但對於其撰寫過程及成書情況等，則絕未言及。此書寫於何時，成於何時，歷來議論甚多，說法紛紜。全書中出現的最後一個可以明確計數的年代是延昌四年❶（西元五一五年），但《注》文中某些可以比勘年代的內容，還有晚於延昌四年的，其中最晚的是在卷二十六〈沭水注〉中提及的：「魏正光中，齊王之鎮徐州也，立大堨，遏水西流。」北魏正光是西元五二〇～五二五年，距酈氏被害已很接近，所以《水經注》當是正光年代完成的。

《水經注》一書，顧名思義是《水經》的注釋，所以《魏書》、《北史》和隋、唐的某些文獻稱為《注水經》。根據《隋書・經籍志》及《舊唐書・經籍志》、《新唐書・藝文志》的著錄，我國歷史上曾有兩種《水經》和《水經注》。其中一種《水經》為漢朝人桑欽所撰，晉人郭璞作注，但已經亡佚。另一種是三國魏人所撰，撰者的姓名不傳，由酈道元作注。《唐六典》卷七〈工部〉水部郎中注說：「桑欽《水經》所引天下之水百三十七，江河在焉。酈善長注《水經》，引其枝流一千二百五十二。」所以從河流數量來說，《水經注》比《水經》幾乎多十倍。而從內容來說，雖然現在的《水經注》已經有缺佚，但仍大於《水經》二十餘倍。所以酈道元《水經注》是一部獨立的專著。

《水經注》首見於《隋書・經籍志》著錄，共四十卷，說明此書稿本或鈔本當時收藏於隋東都也就是北魏首都洛陽。從北魏覆亡到隋一統之間，歷時五十餘年，這段時間，洛陽曾多次遭受兵燹。東魏武定五年（西元五四七年），全城斷垣殘壁，廬舍為墟，為《洛陽伽藍記》作者楊衒之所目擊。此書竟在戰火瀰漫的浩劫之中安然無恙，真是我國文化史上的一次奇蹟和幸遇。

二、《水經注》的版本、注疏及校勘本

《水經注》從北魏直到隋唐，一直為朝廷所收藏，外間估計絕未流傳。直到北宋之初，情況仍然如此。北宋太平興國年代（西元九七六～九八四年），朝廷修纂大型類書和地理書如《太平御覽》、《太平寰宇記》等，引及此書甚多。到景祐年間（西元一〇三四～一〇三八年），朝廷編纂藏書目錄《崇文總目》，《水經注》已經缺佚五卷，與後來的本子比勘，則缺佚的五卷當包括今本所不見的〈涇水〉、〈(北)

❶《水經注》卷二十九〈比水〉：「余以延昌四年，蒙除東荊州刺史。」

洛水〉、〈滹沱水〉等篇，其餘如〈江水〉篇，今本也不完整，恐亦缺佚在此五卷之內。

不過宋代景祐（西元一〇三四～一〇三八年）以後，此書大概開始傳入民間。原書既已缺佚，加上輾轉傳抄，結果是以訛傳訛，錯漏連篇。在元祐（西元一〇八六～一〇九四年）以前此書的第一種刊本——成都府學宮刊本問世時，全書已僅三十卷，而內容只有原書的三分之一。元祐二年（西元一〇八七年），此書第二種刊本雖然經過整理補充，恢復四十卷原數，但不僅缺佚甚多，而且《經》《注》混淆，竟至不堪卒讀。此後明初有《永樂大典》本，雖較當時諸本為佳，但缺佚依舊。而黃省曾、吳琯等校本雖在明代流行一時，卻也都是《經》《注》混淆，錯漏甚多之本。明萬曆年間，朱謀㙔下了極大的校勘功夫，校成《水經注箋》一書，清初顧炎武曾稱譽此書為「三百年來一部書」❷，為入清以後的許多佳本建立了基礎。乾隆年間出現了全（祖望）、趙（一清）、戴（震）三大家，他們以畢生精力從事校勘考據，校出了酈學史上最佳的版本。全氏的《七校水經注》，趙氏的《水經注釋》，戴氏的武英殿本《水經注》，都是名重一時，至今流傳的版本。特別是戴氏之本（通常簡稱殿本），在三家中為時最晚，吸取了各家的校勘成果，把長期來混淆的《經》文和《注》文完全分清，補正缺漏，刪除妄增，糾正臆改。除了宋初缺佚的五卷無法彌補外，基本上恢復了此書原貌。此三家以後，又有光緒年間的王先謙，以趙、戴二本為基礎，吸取了其他一些版本的優點，稱為《合校水經注》，流傳也廣。《水經注》的最後一種佳本，是清末民初楊守敬創始，而其學生熊會貞繼事的《水經注疏》。此書的注釋量約為酈《注》全書的四倍，是歷來注釋最詳細的版本。但直到三〇年代熊氏謝世之時，僅有幾部鈔本，當時尚未流傳。

《水經注》版本由於以上所述的複雜過程，所以歷代流傳的鈔本和刊本極多。歷來收藏《水經注》版本最多的是胡適，他曾於一九四八年十二月，為了慶祝北京大學建校五十週年紀念（當時他任校長），舉辦了一次《水經注》版本展覽，展出了他自藏的和從各處借來的九類《水經注》版本，計有：宋刻本、

❷ 參見清代閻若璩《古文尚書疏證》卷六下，引顧炎武語。

明鈔宋本、明刻本、清代校勘朱謀瑋《箋》本、清早期重要版本、十八世紀四大家之一沈炳巽名本、十八世紀四大家之二趙一清各本、十八世紀四大家之三全祖望各本、十八世紀四大家之四戴震各本。以上九類，共達四十一種之多❸。

胡適展出的版本當然稱多，但仍未包括此書現存的所有重要版本。胡適當時就在展覽目錄下說明，由於海鹽朱伯商出國，他家所藏的一種明鈔宋本不能參加展覽。而在這次展覽以後，又出現幾種名本，都不在此展覽之列，西安發現了清朝沈欽韓《水經注疏證》稿本（現藏西北大學圖書館）。此後，熊會貞《水經注疏》鈔本之一，由武漢書商徐行可收藏，五〇年代初出售予科學院圖書館，並於一九五七年由科學出版社影印出版。另一部鈔本由臺灣中央圖書館收藏，於一九七一年由臺北中華書局影印出版。一九八三年，陳橋驛在日本京都大學人文科學研究所又發現了《水經注疏》的第三部鈔本。

此外，自從三〇年代以來，《水經注》的鉛排本也陸續出版。主要有商務印書館的《四部叢刊》本和《國學基本叢書》本，中華書局的《四部備要》本以及世界書局排印本等，除《四部備要》本以合校本作底本外，其餘均以殿本為底本。出版前曾經作過舊式標點，但錯誤較多。一九四九年以後，又出版過《永樂大典》本的鉛排本。一九八四年，上海人民出版社出版了王國維校的明朱謀瑋《水經注箋》的排印本，定名為《水經注校》，由於標點者的疏怠，錯誤迭出，有損名本的光彩。

最近幾年間，又出版了兩種排印名本，一種是段熙仲點校，陳橋驛復校的《水經注疏》，由江蘇古籍出版社於一九八九年出版，全書包括序跋和各種附錄達二百餘萬字，是歷來規模最大的酈《注》版本。另一種是陳橋驛點校的武英殿本《水經注》，由上海古籍出版社於一九九〇年出版，是歷來惟一的殿本點校本。

《水經注》也有若干外文譯本。最早的外文譯本是一九〇五年的《通報》(*Toung-Pao*) 所載的《水

❸ 參見《胡適手稿》四集中冊，〈我的三櫃水經注目錄〉。

經注》卷二〈河水〉的法文譯本，由法國漢學家沙畹譯成，並於篇首加案語稱：「《水經注》為研究古代地理最重要之史料。」另一種為日本譯本，由日本酈學家、京都大學人文科學研究所所長森鹿三教授主譯，參加翻譯的有日比野丈夫、藤善真澄、日原利國、勝村哲也諸氏。譯本內容包括〈河水〉、〈汝水〉、〈沔水〉、〈沂水〉、〈江水〉等篇，僅全書的四分之一，書名作《水經注（抄）》，於一九七九年由東京平凡社出版。卷末有森鹿三所撰的〈水經注解釋〉一文。此外，胡曉鈴說：「我於四十年代在印度孟加拉邦的國際大學中國學院任教時，曾和漢學家師覺月博士合作翻譯過《永樂大典》本《水經注》。」但此書是用英語抑或印地語翻譯，有否譯成及出版，均不得而知。

三、古今對《水經注》的研究情況

《水經注》一書，從唐朝開始就有學者從事研究。唐朝編纂的類書如《初學記》，地理書如《元和郡縣志》等，均引及此書。唐末詩人陸龜蒙詩：「山經水疏不離身。」北宋名家蘇軾詩：「嗟我樂何深，《水經》亦屢讀。」說明此書的廣泛流傳和受人喜愛。但這些都還僅僅是內容摘錄和詞章欣賞，並非深入研究。南宋時，金禮部郎中蔡珪撰寫了《補正水經》三卷，這才是學者研究《水經注》的嚆矢。雖然此書已佚，但從至今尚存的元歐陽元、蘇天爵所撰的該書元刊本序跋，可以窺及當年蔡珪的研究，不同於前代對酈《注》詞句的簡單剪輯，而是對該書的補充和修正。從此以後歷明、清兩代，《水經注》研究之風甚盛，學者前後相繼，形成了一門包羅宏富的酈學，並且按各學者研究的方法和內容，出現了考據、詞章、地理三個學派。明朱謀㙔開創了考據學派，而由清全、趙、戴三家繼承發展，終於使這部《經》《注》混淆，錯漏連篇的殘籍成為一部基本完整可讀的典籍。明鍾惺、譚元春，繼承前代對此書詞章的讚美欣賞，創立了酈學研究的詞章學派。而清末民初的楊守敬、熊會貞師生，則重視此書的地理學內容，開創了後來居上的地理學派。現代學者對《水經注》的研究，是以這三個學派為基礎而繼續發展的。

最近數十年來，學者對《水經注》的研究，國內外都有所發展，其成就可以說已經超過了前代。這一時期《水經注》研究的首要成果是版本的搜集和整理，這是明清兩代所望塵莫及的。明清酈學家對版本的見聞甚稀，當時交通不便，傳遞困難，縱然聞知版本之名，亦難得獲致。而且由於酈學家多半孤軍作戰，即使偶得一珍稀版本，所能見者亦僅一家而已。例如明柳大中抄宋本及趙琦美三校本，清初葉石君有此二本，孫潛校酈，於康熙六年（西元一六六七年）從葉石君處借得此二本，過錄於其校本之上，以後此二本為小玲瓏山館所有，隨即不知所終。被胡適奉為清初四大家之一的沈炳巽，在其校本《水經注集釋訂訛》的〈凡例〉中說：「是書宋本既不可得，今世所行，惟嘉靖間黃氏刊本。其他如朱鬱儀、鍾伯敬及休寧吳氏諸本，亦僅或有之。余家所藏止黃氏一本。」說明像沈炳巽這樣的治酈名家，也僅有黃省曾校本一種。楊守敬是晚清著名的酈學家，但他的版本見聞也十分有限。熊會貞在其親筆所寫的〈十三頁〉❹上明白指出：「先生未見殘宋本、《大典》本、明鈔本。」甚至連流行較廣的合校本，要到出書後四年才得獲致。足見當時搜求版本的困難。

辛亥革命以後，在各方的努力尋覓下，《水經注》的珍稀版本陸續出現。最早獲致的是宋本，係光緒、宣統間故舍人吳縣曹氏、寶應劉氏掇拾於大庫廢紙堆中，傅增湘於一九一六年起收拾殘卷，共得卷五末七頁，又卷六至卷八，卷十六至卷十九，卷三十四，卷三十八至卷四十，共十一卷有餘。繼此殘宋本以後，原在大庫的《永樂大典》本亦接踵而出，此書原裝八冊，前四冊為烏程蔣氏傳書堂所得，後四冊為北平李玄伯所得，以後八冊均歸涵芬樓，商務印書館於一九三五年影印出版。此外還有海鹽朱氏藏本，北京圖書館的何焯、顧廣圻校明抄本，天津圖書館的明練湖書院抄本及全謝山五校鈔本等等，一時之間，集版本之大成。

❹ 熊會貞晚年所寫修改《水經注疏》稿本的意見，共十三頁，影印附於臺北本《水經注疏》卷首，因被人冒稱「遺言」，惑眾取利，而原件實無「遺言」或其他題目，故稱〈十三頁〉。

隨著《水經注》版本在這一時期的廣泛搜集，學者對各種版本的研究也就同時獲得了空前未有的成果。王國維於一九二三年起開始對若干珍稀版本和流行版本進行校勘，並撰寫〈跋尾〉，到一九二七年，一共寫成了包括殘宋本、《大典》本、明鈔本在內的〈水經注跋尾〉八篇，在酈學界有很大影響。鄭德坤於一九三三年撰成〈水經注版本考〉一文，至為詳盡。以後又有鍾鳳年的〈評我所見的各本水經注〉及拙作〈論水經注的版本〉等文。在版本研究中著述最豐的是胡適。他所撰的有關酈《注》版本的文章，除了通論性的〈水經注版本考〉、〈水經注考〉和〈我的三櫃水經注目錄〉以外，專論某一種或某幾種版本的文章，據我從《胡適手稿》一至六集的約略統計，約有七十餘篇之多。

除了版本以外，這一時期《水經注》研究的第二項成就是校勘的深入。關於此書的校勘，明、清兩代的考據學派酈學家已經做了大量工作，但是遺留的問題還是不少的。這一時期的校勘成果，是在明、清學者校勘基礎上的繼續深入，下面可以舉一點例子。

卷三十五〈江水〉《經》「又東北至江夏沙羨縣西北，沔水從北來注之」《注》云：「通金女、大文、桃班三治，吳舊屯所，在荊州界盡此。」對於上列「三治」，歷來無人能解。李鴻章在同治間為李兆洛《歷代地理志韻編今釋》作序說：「金女、大文、桃班、陽口、歷口之類，皆不見于諸志……亦不能無疑也。」這個問題，是由熊會貞的深入校勘而解決的。卷三十五〈江水〉《經》「鄂縣北」《注》云：「江津南入，歷樊山上下三百里，通新興、馬頭二治。」此處，熊會貞疏云：「《晉志》：武昌縣有新興、馬頭鐵官。《唐志》：武昌有鐵。《御覽》八百三十三引《武昌記》：北濟湖本是新興冶塘湖，元嘉初，發水冶……《一統志》：新興冶在大冶縣南。」由於熊疏找到了新興冶的確切依據，可以充分證明金女、大文、桃班、新興、馬頭五處，酈《注》中的「治」字，均是「冶」字之誤。

王國維在校勘中也有不少貢獻，他在〈潁水注〉中，對「舊潁州治」一句，把諸本皆作「潁州」的「潁」，按明鈔本勘正為「預州」的「預」（「預」是「豫」的別字），又在〈漸江水注〉中，對「入山采薪」一句，諸本皆作薪，而他按殘宋本將此句勘為「入山采旅」，「薪」字是後人對「旅」字的「臆改」。像這樣一類校勘，沒有深厚的功底，不經周密的思考，是得不到這樣的成就的。

由於今本酈《注》中存在問題還有不少，所以學者的校勘工作至今仍在進行，而且仍能有所收穫。例如卷十八〈渭水〉《經》「又東過武功縣北」《注》云：「渭水又東，溫泉水注之，水出太一山，其水沸涌如湯，杜彥達曰：可治百病，世清則疾愈，世濁則無驗。」對於這一溫泉的記載，目前能見的酈《注》各本均同，但溫泉療疾竟與「世清」、「世濁」拉扯在一起，實在牽強附會。由於沒有版本依據，明知其訛而無法勘定。但我終於在康熙《隴州志》所引的《水經注》中獲得了校勘根據。此《志》卷一〈方輿〉、〈溫泉〉引《水經注》云：「然水清則愈，濁則無驗。」說明今本「世」實是「水」的音訛。

在這方面，不少現代酈學家如岑仲勉、汪辟疆、胡適、段熙仲、鍾鳳年等，都有卓著的成就。

現代《水經注》研究的第三項重要成就是對於《水經注》記載的各種資料的整理。這種酈學研究工作，在前代酈學家中除了明楊慎有《水經注碑錄》一種外，絕無其他例子。但這種研究在最近幾十年中不僅獲得發展，而且成果甚多，已經公開發表或出版的，主要有鄭德坤的《水經注引得》、《水經注故事鈔》、《水經注引書考》，陳橋驛的《水經注．文獻錄》、《水經注．金石錄》，施蟄存的《水經注碑錄》，趙永復的《水經注通檢今釋》，謝鴻喜的《水經注山西資料輯釋》等。新的成果仍在不斷湧現。

現代《水經注》研究的第四項成就是地理研究的加強。酈學研究的地理學派是由清末民初的楊守敬及其弟子熊會貞創立的。楊氏去世後，熊氏繼續從事《水經注疏》的修訂二十餘年，他的疏文特別重視地理學內容。我也於六〇年代撰成〈水經注的地理學資料與地理學方法〉一文，整理酈《注》中的地理學資料，把其中有關自然地理學和人文地理學的內容，進行專題研究，所有成果除分別發表外，均收入於拙著《水經注研究》。此外，學者以《水經注》的記載的依據，進行歷史地理學與現代地理學的研究，成就卓著。例如史念海根據卷四〈河水注〉研究壺口瀑布的位置遷移，成功地推算出黃河這一河段的溯源侵蝕速度。

陳吉余根據〈河水注〉、〈濡水注〉、〈鮑丘水注〉、〈淄水注〉等資料，研究古代渤海海岸的變遷，也獲得了令人滿意的成績。吳壯達根據〈浪水注〉研究古代廣州城市的形成與發展，也有很好的收穫。

現代酈學研究的最後一項重要進展，就是酈學史和酈學家的研究。對於這個課題，前代幾乎是一片空白，而現在已成果卓著。鄭德坤與吳天任的《水經注研究史料彙編》可以說是這方面的開創之作。而吳天任的《酈學研究史》則是更為重要的專著。對於酈道元本人的研究，我除了撰有〈酈道元生平考〉以及用英文撰寫在英國發表的〈酈道元傳〉二文外，並有《酈道元評傳》一書，比較詳細地作了他生平思想業績的介紹。對於歷代以來的酈學家，我曾撰有〈歷代酈學家治酈傳略〉一篇，把古今中外的酈學家一百二十六人，作了簡要的介紹。

貳、《水經注》內容的綜合評述

《水經注》是我國歷史上的一部不朽地理名著。此書之所以獲得崇高成就，除了作者酈道元的卓越天才和無比努力以外，其時代背景也起了重要作用。

中國從四世紀初期起，開始了一場規模很大的混亂，在歷史上稱為「五胡亂華」，在地理上叫做「地理大交流」。在這段時期中，原來生活在長城以北的許多以遊牧為生的民族，先後進入華北，他們放棄了「天蒼蒼，野茫茫」的草原生活，進入華北定居，從事農業。而原來居住在華北的漢族，則放棄了乾燥坦蕩的小麥雜糧區，大批遷移到低窪潮溼的南方稻作區。廣大集團的人群，在自然地理環境和人文地理環境上發生了深刻的變異。不論在中國的北方和南方，數量巨大的人群，都面臨著完全陌生的地理環境。新舊地理環境構成了他們現實生活和思想上的強烈對比，空前地擴大了他們的眼界和豐富了他們的地理知識。這就是中國歷史上的所謂「地理大交流」。

「地理大交流」的結果是培養了許多地理學家，撰寫了大量地理著作。這些地理著作與古代的地理著作如《山海經》、〈禹貢〉、《穆天子傳》等完全不同。這些古代地理著作，作者十分缺乏自己的實踐基礎，其中大量內容根據第二手資料，包括許多假設和想像。但「地理大交流」所培養出來的地理學家，其重要特點就是實踐。他們有的是自己的親眼目擊，有的則是吸取了別人的實踐經驗。在這樣的基礎上撰寫出來的地理著作，當然不同凡響。後來，人們把這一時期湧現出來的大量地理著作，統稱為「六朝地志」，而《水經注》正是六朝地志中最最傑出的一種。這就是清代學者陳運溶在〈荊州記序〉中所說的：「酈《注》精博，集六朝地志之大成。」

酈道元撰寫《水經注》的重要依據是他的實踐，也就是野外地理考察。他在〈水經注序〉中指出：「脈其枝流之吐納，診其沿途之所躔，訪瀆搜渠，緝而綴之。」所以野外考察是他的重要治學方法。在北部中國，他到各地作過細心的調查考察。所以他的著作中，反映了大量的考察成果。除了野外考察以外，酈道元撰寫《水經注》的另一重要依據是他所占有的大量資料。《水經注》一書到底引用了多少資料，現在已經很難估計。我從全書指名的引用文獻和碑銘進行整理統計，共得各種文獻四百八十種，各種碑銘三百五十七種[5]。由於許多文獻他不曾指名，所以實際引用的當然遠遠不止此數。說明他所占有的資料確實十分豐富。當時，雕板印刷尚未出現，所有引用的文獻均須通過傳鈔獲得，其工作量之大，可以想見。而《水經注》一書的價值，也就不言而喻。

《水經注》是一部包羅宏富的著作，現在有許多學科都利用它進行各種研究，不同專業的學者，都從此書中挖掘自己所需要的資料。但從此書記載的主要內容來看，它畢竟是一部地理著作，所以要評述《水經注》內容，首先應該從地理學說起。地理學是一門綜合性的科學，它包括自然地理學和人文地理學兩大門類。讓我先從自然地理學方面對它進行評述。

[5] 參見《水經注·文獻錄》和《水經注·金石錄》。

一、自然地理學

顧名思義，《水經注》研究的主要對象是河流，它在自然地理學上的貢獻，首先在河流水文方面。全書記載的河流達一千多條，對這許多河流，《水經注》大都記載了它們的發源、流程與歸宿，都能緊緊地扣住這些河流的自然地理特點，並非千篇一律。以清水（今衛河）、沁水（今沁河）、淇水（今淇河）三條河流為例，它們都是發源於太行山南麓或西麓的一般小河。對於這種同一地區的一般河流，《注》文仍能很清楚地寫出它們的不同上源。

卷九〈清水注〉描述了清水的上源：「黑山在（脩武）縣北白鹿山東，清水所出也。上承諸陂散泉，積以成川。」這說明清水是以太行山南麓的一些陂池和泉水為水源的河流，其源地很可能是一塊地下水豐富的小盆地。

卷九〈沁水〉的情況就不同，《注》文說：「沁水即涅水也，或言出穀遠縣羊頭山世靡谷，三源奇注，逕瀉一隍。又南會三水，歷落出左右近溪，參差翼注之也。」這段《注》文清楚地說明，沁水的上源大概是太行山西麓一片比較寬廣的沖積扇，因此，河流的上源擁有許多支流。

卷九〈淇水注〉中，《注》文描寫淇水的上源說：「《山海經》曰：淇水出沮洳山。水出山側，頹波湍注，衝激橫山。山上合下開，可減六七十步，巨石磥砢，交積隍澗，傾瀾漭盪，勢同雷轉，激水散氛，曖若霧合。」從《注》文中可見，淇水的發源與清水、沁水都不同，淇水的源地地形複雜，其水源由瀑布急流形成。從上述三條並不出名的河流的發源地的描述中，可見酈道元對於河流發源地的研究是十分認真的。這對我們研究歷史自然地理和現代河流水文等方面，都具有重要的意義。

《水經注》記載了各種河流從源地開始的整個流程中，沿途的河床寬度、灘瀨、瀑布、急流等情況，都有比較仔細的描述。例如卷三十三〈江水〉對岷江上游各段的河床寬度的描述就是這樣，《注》文說：

「兩山相對，其形如闕，謂之天彭門，亦曰天彭闕，江水自此已上至微弱，所謂發源濫觴者也。」接著，《注》文就從天彭闕按流程逐段進行描述：「江水自天彭闕東逕汶關，而歷氐道縣北……自白馬嶺回行二十餘里至龍涸，又八十里至蠶陵縣，又南下六十里至石鏡，又六十餘里而至北部，始百許步。又西百二十餘里至汶山故郡，乃廣二百餘步。又西南百八十餘里至濕坂，江稍大矣。」

在上述《注》文中，岷江從上游發源起，每個河段的長度和寬度都寫得清楚明白，以這樣的古代自然地理資料，與現代情況作比較，則這一河段在歷史上的變化，就可以瞭如指掌了。

在河流流程中，峽谷和灘瀨等，都是河川自然地理的重要研究對象。《水經注》在這方面的內容也相當豐富。不僅是重要的峽谷，如黃河的孟門、龍門、三門諸峽，洛水的伊闕，長江的三峽，珠江的高要峽，湘江的空泠峽等，《注》文都有非常詳細的描述。即使並不出名的峽谷，作者也不曾疏忽，全書記載的峽谷將近三百處之多。此外，在河川自然地理的研究中，灘瀨對於研究河床變化具有重要意義，而《水經注》在這方面也提供了大量資料，僅僅在〈漸江水注〉一篇之中，就記及灘瀨達六十餘處。

瀑布在自然地理研究中也有重要價值，它不僅是河床岩石構造和岩性變化的重要依據，同時也是河流溯源侵蝕的顯著標誌。《水經注》在這方面提供的資料尤為豐富。雖然，形成瀑布的原因是多種多樣的，火山爆發引起的熔岩堰塞，地震引起的岩石崩塌，滑坡，以及冰川作用形成的懸岩等，都可以造成瀑布現象。但是，多數巨大的瀑布，都是由於河流的溯源侵蝕而形成的。在河流溯源侵蝕的過程中，由於遇到堅硬的岩層而造成落差，因此就生成瀑布。為此，我們通過古今瀑布的位置移動，就可以算出河流溯源侵蝕的速度。《水經注》全書共記載瀑布六十多處，不僅地理位置準確，還記及不少瀑布的高度。因此，利用此書記載的瀑布位置，同今天的瀑布位置進行對比計算，往往可以精確地得出河流溯源侵蝕的速度。我國著名歷史地理學家史念海教授，曾經根據酈《注》記載的孟門瀑布（今壺口瀑布）的位置與唐《元和郡縣志》記載的位置對比，計算的結果是從北魏孝昌三年（西元五二七年）起到唐元和八年

（西元八一三年）之間的二百八十六年中，瀑布每年平均退縮五點一米；從唐元和到現在的一千一百多年中，瀑布每年平均退縮三點三米。

除了上述在河流流程中對於峽谷、灘瀨和瀑布的記載以外，《水經注》對於河流尾閭即沿海平原的地理概況，也有細緻的描寫。〈河水〉中關於黃河尾閭馬常坈一帶的描述即是其例。《注》文說：「又東北為馬常坈，坈東西八十里，南北三十里，亂河枝流而入于海……河盛則通津委海，水耗則微涓絕流。」這裡記載的馬常坈，是河口三角洲的一片季節性積水窪地。在黃河的洪水季節，這片窪地成為一片茫茫大湖，但在黃河的枯水季節，就成為一片「微涓絕流」的河口沼澤。《水經注》描述是非常逼真的。

《水經注》對於河流的記載，除了上述有關河流的地貌現象外，在河流水文方面，諸如河流的含沙量、水位、流速、冰期等重要的水文要素，也多有詳細記載。以黃河為例，黃河河水的含沙量是世界罕見的。在這方面，《水經注》有一項著名的記錄，即〈河水〉的：「河水濁，清澄一石水，六斗泥。」對於河流的水位，《水經注》記下了不少河流的枯水位、一般水位和洪水位，例如〈河水〉記載的黃河下游支流白鹿淵水：「又東為白鹿淵水，南北三百步，東西千餘步，深三丈餘。其水冬清而夏濁，渟而不流，若夏水洪泛，水深五丈，方乃通注。」

對於我國河流的冰期，《水經注》也常有記載，例如〈河水〉記載的黃河中可以採冰的幾個河段：「常以十二月採冰于河津之隘，峽石之阿，北陰之中。」上述三個河段中在夏曆十二月的採冰，規模甚大，據酈《注》所記：「朝廷又置冰室于斯阜，室內有冰井。」這是朝廷用以藏冰的採鑿，對於說明這個河段的冰層厚度和積蓄量，都很有價值。

除了河流以外，《水經注》還記載了許多湖泊，總數超過五百處。這中間有大量的排水湖（淡水湖），如洞庭湖、彭蠡（今鄱陽湖）、太湖以及如今已經湮廢的北方大湖，如鉅野澤、圃田澤等等。也有許多非排水湖（鹹水湖），如蒲昌海（今羅布泊）、居延海等等。《水經注》記載的湖泊，在湖泊地貌和湖泊水文等方面，都提供了許多資料。例如，湖泊形成以後，在地質循環和生物循環的過程中，總是不斷淤淺，甚至全部湮廢。這個過程，在自然地理學上稱為湖泊沼澤化現象。酈《注》在這方面的記載也很詳細，例如〈渠水注〉所記載的圃田澤的湮廢過程：「(圃田)澤在中牟縣西，西限長城，東極官渡，北佩渠水，東西四十許里，南北二十許里，中有沙岡，上下二十四浦，津流徑通，淵潭相接，各有名焉：有大漸、小漸、大灰、小灰、義魯、練秋、大白楊、小白楊、散嚇、禺中、羊圈、大鵠、小鵠、龍澤、蜜羅、大哀、小哀、大長、小長、大縮、小縮、伯丘、大蓋、牛眼等。浦水盛則北注，渠溢則南播。」圃田澤原來是個中原大湖，在《詩經》中已見記載，但是由於湖泊的沼澤化現象，到了北魏，這個大湖已經分成二十四個小湖。《注》文中所說的「中有沙岡」，「沙岡」就是沼澤化的產物，湖泊的這種由大到小，由整體到分散的過程，具體地說明了圃田澤的沼澤化過程，為後世研究湖泊的沼澤化現象，提供了重要的數據。

上述河流和湖泊，在自然地理學中統稱地表水，除了地表水以外，《水經注》也記載了許多有關地下水的資料，主要是泉水和井。全書記載了泉水二百多處，溫泉三十八處。在溫度沒有計量標準的古代，酈道元用「冬溫夏冷」、「冬夏常溫」、「炎熱」、「沸湧」、「可燖雞豚」等級別，來記載不同溫泉的水溫。《水經注》記載了分布於全國的井，並且記及了它們的深度。例如〈河水〉所記的疏勒城井，「深一十五丈」，虎牢城井，「深四十丈」等，均是其例。這對於我們了解古代各地的地下水位，是很有價值的資料。

在自然地理學方面，《水經注》還擁有大量植物地理學和動物地理學的資料，這對研究歷史時期我國各地動植物的分布及其變遷，具有重要價值。全書記載的植物品種多達一百四十餘種，而且在地理分布上也記載得相當清楚。包括在我國占最大優勢的溫帶森林和亞熱帶森林，並涉及西北乾燥地區的草原和荒漠植被。例如〈河水注〉記載的今新疆羅布泊一帶的荒漠植被。《注》文說：「土地沙鹵少田，仰穀旁國，國出玉，多葭葦、檉柳、胡桐、白草。國在東垂，當白龍堆，乏水草。」直到今天，這項記載對於該地區仍是十分逼真的。

《水經注》還記載了我國南方以及今中南半島地區的動植物和自然景觀。〈溫水〉中說：「林棘荒蔓，榛梗冥鬱，藤盤筀秀，參錯際天。」這就是古代林邑國的熱帶森林景觀。〈溫水〉還記載了九真郡咸驩（今越南榮市以北地區）的原始生物景觀，《注》文說：「《林邑記》曰：外越、紀粟、望都，紀粟出浦陽，渡便州，至典由，渡故縣，至咸驩。咸驩屬九真。咸驩已南，獐麂滿岡，鳴咆命疇，警嘯聒野，孔雀飛翔，蔽日籠山。」真把熱帶自然景觀，寫得惟妙惟肖。

天然植物按照南北氣候條件的不同，在地理分布上出現這種南北遞變的規律性，這在自然地理學上稱為緯度地帶性現象。除此以外，由於地形高度不同，植物從低處到高處，其分布也同樣存在規律性的差異，在地理學上稱為垂直地帶性現象。這種現象也同樣為《水經注》所記載。〈漸江水〉說：「自平地以取山頂七里，懸隥孤危，徑路險絕……山上無甚高木，當由地迥多風所致。」這就是會稽秦望山的植物垂直分布現象。

《水經注》記載了我國的許多古代動物，而且地區明確。其中有的動物在地理分布上如今已有很大變化，也有些動物則已在我國境內絕跡。所以酈《注》的記載對於研究動物地理和古今動物地理的變遷很有裨益。〈沔水〉中記載的「水虎」，就是一個很好的例子。《注》文說：「沔水又南與疎水合，水出中廬縣西南，東流至邔縣北界，東入沔水，謂之疎口也。水中有物如三四歲小兒，鱗甲如鯪鯉，射之不可入，七八月中，好在磧上自曝，厀頭似虎，掌爪常沒水中，出厀頭，小兒不知、欲取弄戲，便殺人。或曰，人有生得者，摘其皋厭，可小小使，名為水虎者也。」

按《山海經・中山經》：「伊水出焉，而東流注于洛。有獸焉，其名曰馬腹，其狀如人面虎身，其音如嬰兒，是食人。」清郝懿行案：「《刀劍錄》云：漢章帝建初八年（西元八三年），鑄一金劍，令投伊水中，以厭人膝之怪……《荊州記》云：陵水中有物，如馬甲，如鯪鯉，不可入。七八月中，好在磧上自曝，膝頭如虎掌爪，小兒不知，欲取戲弄，便殺人。或曰：生得者摘其鼻厭，可小小便，名為水盧。」

酈道元記載這種「水虎」，其地理位置在今漢江襄陽與宜城之間的河段中，《注》文中的疎口，當在今小河鎮附近。這個地區南北朝時代屬南朝版圖，酈氏足跡所不能到。他的記載，分明是引的《荊州記》，其中如「水虎」、「水盧」、「可小小使」、「可小小便」、「皐厭」、「鼻厭」等，都是傳鈔之誤。其所記載的這種動物，顯然是揚子鱷，記載之中，除了「便殺人」一語不符合事實外，其餘各項，說的都是揚子鱷無疑。我在拙作《讀水經注札記》中曾經指出：「揚子鱷雖然是食肉爬蟲類動物，但並不是猛獸，平日只吃魚、蛙、鼠等小動物，不像馬來鱷那樣兇猛，吞食大動物甚至人。《注》文中說『小兒不知，欲取弄戲，便殺人』。可能是因為小兒在沙灘上戲弄牠，不慎落水中，使牠得到殺人的罪名。」

如上所述，在漢章帝建初八年（西元八三年），伊水中還有許多揚子鱷。但到了北魏，酈道元在《水經注・伊水》中，已經沒有記及這種動物，而南邊的漢水中卻還存在。時至今日，〈沔水〉中記及的襄陽、宜城一帶，這種動物也已絕跡。今天，揚子鱷分布最多的地區，是安徽省的清弋江流域和江蘇、浙江二省間的太湖流域。我們把《刀劍錄》、《荊州記》、《水經注》等幾種文獻對照一下，就可以看到在過去二千多年時間裡，揚子鱷的分布地區逐漸向東南縮小。不僅地區縮小，數量也大大減少。這就是我們今天必須對這種動物進行保護的原因。

在卷三十七〈浪水〉，《注》文又記載了另外一種動物：「建安中，吳遣步騭為交州，騭到南海，見土地形勢，觀尉佗舊治處，負山帶海，博敞渺目，高則桑土，下則沃衍，林麓鳥獸，于何不有，海怪魚鱉，黿鼉鮮鱷，珍怪異物，千種萬類，不可勝記。」這裡「黿鼉鮮鱷」一語，「鼉」就是揚子鱷。《詩・大雅・靈臺》：「鼉鼓逢逢。」孔穎達疏：「鼉如蜥蜴，長六七尺。」古人用其製鼓，所以稱為「鼉鼓」。步騭是淮陰人，曾服官於吳，所以長江流域的鼉，也就是《水經注・沔水》的「水虎」，他一定是見過的。初到南方，在珠江流域驟然見到形狀似鼉而身軀比鼉大得多的鱷，或許就不能分辨清楚，所以籠統地稱該地有「鼉鼉鮮鱷」。其實，西晉的張華在其《博物志》卷九中曾清楚地指出：「南海有鱷魚，形似鼉。」說明鼉與鱷，只是形狀相似，並非一種動物。步騭不及見到張華的書，所以他的說法比較含糊。步騭所說的鱷，顯然就是馬來鱷。直到唐朝韓愈在潮州當刺史時，這種動物還很多。這是一種兇猛的食肉動物，所以韓愈特地寫了一篇〈祭鱷魚文〉，要這種動物：「其率醜類，南徙于海。」現在，〈泿水〉記載的馬來鱷早已在廣東沿海絕跡。從全世界來說，也已經成為一種珍稀動物了。

以上只是就自然地理學舉了一些例子。《水經注》在自然地理學方面提供的資料是豐富多彩的。它為我們今天研究自然地理學，特別是歷史自然地理學帶來了很大的便利。

二、人文地理學

在人文地理學的各個分支中，《水經注》也擁有大量資料。其中首先是在經濟地理學的方面，而特別是有關農田水利的資料。由於《水經注》是一部記載河流的地理書，所以它有大量的篇幅涉及農田水利。在現代經濟地理學中，這些都是屬於農業地理學的研究對象。《水經注》記載的農田水利工程不勝枚舉，其中灌溉效益顯著的如鄭渠、都安大堰、車箱渠、白起渠、馬仁陂、長湖等等，《注》文都作了詳細的說明。

《水經注》關於農業地理的記載遍及全國，並且還記及域外。例如《注》文詳細地列述了漢代在今新疆地區所經營的屯田。例如，〈河水〉記載的：「(敦薨之水) 又西南流，逕連城別注，裂以為田。桑弘羊曰：臣愚以為連城以西，可遣屯田，以威西國。」按桑弘羊 (西元前一五二～前八〇年) 在漢武帝時任治粟都尉，領大司農。在桓寬編撰的《鹽鐵論》一書中，主要就是他在漢昭帝始元六年 (西元前八一年) 的一次全國性的鹽鐵會議中的發言。他是一位傑出的農業家和經濟學家，他建議屯田的地區，即今新疆的焉耆、庫爾勒、尉犁一帶，其真知灼見，令人嘆服。酈《注》記及的這個地區的漢代屯田，有伊循城屯田、樓蘭屯田、莎車屯田、輪臺屯田等等。並且記載了漢索勱在此興修水利，屯田積粟的故事：「大田三年，積粟百萬，威服外國。」這其實就是桑弘羊的思想。

此外，《水經注》有關這方面的記載中，還包括各種耕作制度的資料。例如卷三十六〈溫水〉中所說：「知耕以來，六百餘年，火耨耕藝，法與華同。名白田，種白穀，七月火作，十月登熟；名赤田，種赤穀，十二月作，四月登熟，所謂兩熟之稻也。」這裡，《注》文把林邑國一年兩熟的耕作制度，包括耕作、作物品種、收穫季節月令等，都記得清楚明白。所以資料是很有價值的。

在酈道元的時代，工業還處於很落後的手工業階段，分布不多，規模不大。但儘管如此，《水經注》記載的工業地理資料，內容仍然相當完整。從手工業的部門說，全書記載的包括採礦、冶金、機器、紡織、造紙、食品等，可稱門類完備。在酈道元的時代，各種礦物在工業中已具有重要地位。《水經注》記載了能源礦物中的煤炭、石油、天然氣，金屬礦物中的金、銀、銅、鐵、錫、汞，非金屬礦物中的雄黃、硫磺、鹽、石墨、雲母、石英、玉、石材等。對於它們的地理分布和用途等方面，都有介紹。下面是一個卷三〈河水〉記載的今陝西省北部和河西走廊石油的例子：

> 故言高奴縣有洧水，肥可爇，水上有肥，可接取用之。《博物志》稱酒泉延壽縣南山出泉水，大如筥，注地為溝，水有肥如肉汁，取著器中，始黃後黑，如凝膏，然極明，與膏無異，膏車及水碓缸甚佳，彼方人謂之石漆。水肥亦所在有之，非止高奴縣洧水也。

這項材料記載兩地的石油分布情況，並描述了這種礦物的性狀和當時的用途。除了石油以外，如〈江水〉記載蜀中的天然氣，〈湘水〉記載萌渚嶺的錫礦等，也都是較有價值的資料。

《水經注》記載了許多地區的冶金工業，其中〈河水〉所記載的今新疆地區的一處冶金工業，是一個很典型的例子。《注》文說：「釋氏《西域記》曰：屈茨北二百里有山，夜則火光，晝日但煙，人取此山石炭，冶此山鐵，恆充三十六國用。故郭義恭《廣志》云：龜茲能鑄冶。」這項記載不僅敘述了冶金工業的原料和燃料地，並且還記載了產品的市場，是一項完整的工業地理資料。

《水經注》雖然是一部六世紀初期的古代地理著作，但書內卻已經有了機器製造和應用的記載。〈穀水〉說：「穀水又逕白超壘南，……壘側舊有塢，故冶官所在。魏晉之日，引穀水為水冶，以經國用，遺跡尚存。」這裡值得注意的是「水冶」。水冶稱得上是我國古代的一種機器。據王禎《農書》卷十九稱，水冶即水排，後漢杜詩始作。《後漢書・杜詩傳》說：「冶鑄者為排以吹炭，令激水以鼓之也。」《三國志・魏書・韓暨傳》以為水排始於韓暨，所謂：「舊時冶，作馬排，每一熟石用馬百匹。更作人排，又費功力，暨乃因長流以為水排，計其利益，三倍于前。」所以這是一種利用水力鼓風進行冶鑄的機器。魏晉時代在穀水上使用的這種水冶，到北魏時雖然已經僅存遺跡，但酈道元仍然把它寫入注文。酈道元沒有料到他死後不過十幾年，高隆之在漳水支流洹水流域又造起這種機器。據《北齊書》和《北史》兩書的〈高隆之傳〉並記：「以漳水近于帝城，起長堤以防汎溢之患，又鑿渠引漳水周流城郭，造治碾磑，並有利于時。」這裡的「碾磑」即是與上述「水冶」相似的一種利用水力的機器。「水冶」用以鼓風，「碾磑」顧名思義，或許是用於研磨。高隆之服官於北魏，後來又入仕於東魏和北齊。從「漳水近于帝城」一語中，可見「碾磑」是東魏都鄴以後的事，其事當在元象元年（西元五三八年）以後。從「鑿渠引漳水周流城郭」一語中，可知他修造碾磑當在鄴都城邊的洹水之上。明嘉靖《彰德府志》卷一安陽縣水冶條，肯定了洹水上的這種水冶：「周圍四十步，在縣西四十里，《舊經》曰：後魏時引水鼓爐名水冶，僕射高隆之監造，深一尺，闊一步。」《彰德府志》所說的「後魏」恐怕是「東魏」之誤。因為後魏都城在洛陽，東魏才遷到鄴城來。可惜酈道元來不及看到高隆之的這種創造，否則《水經・洹水注》中一定能留下詳細的記載。

在所有手工業部門中，記載最多的是製鹽工業。在古代，鹽是國計民生中的頭等大事，這可能是酈《注》特別重視的原因。酈《注》記載的製鹽工業，包括海鹽、池鹽、井鹽、岩鹽等。其地域範圍東起沿海，西及域外。例如卷二〈河水〉記載西域岩鹽，《注》文說：「山西有大水，名新頭河……有石鹽，白如水精，大段則破而用之。康泰曰：安息、月氏、天竺至伽那調御，皆仰此鹽。」又如〈江水〉記載蜀中井鹽。《注》文說：「(湯溪水)南流歷縣，翼帶鹽井一百所，巴、川資以自給。粒大者方寸，中央隆起，形如張繖，故因名之曰繖子鹽。有不成者，形亦必方，異于常鹽矣。王隱《晉書・地道記》曰：入湯口四十三里，有石煮以為鹽，石大者如升，小者如拳，煮之水竭鹽成，蓋蜀火井之倫，水火相得，乃佳矣。」〈涑水〉記載了解池池鹽，《注》文說：「〈地理志〉曰：鹽池在安邑西南。許慎謂之鹽。長五十一里，廣七里，周百一十六里。從鹽省古聲。呂忱曰：夙沙初作煮海鹽，河東鹽池謂之鹽。今池水東西七十里，南北十七里，紫色澄渟，潭而不流。水出石鹽，自然印成，朝取夕復，終無減損。惟山水暴至，雨澍潢潦奔泆，則鹽池用耗。故公私共堨水徑，防其淫濫，謂之鹽水，亦謂之堨水。《山海經》謂之鹽販之澤也。」〈淇水〉記載了渤海沿岸的海鹽。《注》文說：「清河又東逕漂榆邑故城南，俗謂之角飛城。《趙記》云：石勒使王述煮鹽于角飛，即城異名矣。《魏土地記》曰：高城縣東北百里，北盡漂榆，東臨巨海，民咸煮海水，藉鹽為業，即此城也。」

如上所述，《水經注》所記載的，無論岩鹽、井鹽、池鹽、海鹽，都是細緻清楚的。全書記載的鹽礦和鹽場多達二十餘處，以上僅僅是略舉數例而已。

《水經注》在交通運輸地理方面，也有大量記載。首先當然是水運。全書記載的河流水道，絕大部分都涉及航運。在前面自然地理學部分所提及的峽谷、灘瀨等，常被作為航運的條件加以評價。例如〈河水〉記載了黃河自砥柱山以下：「合有十九灘，水流迅急，勢同三峽，破害舟船，自古所患。」〈耒水〉記載了耒水自汝城縣以下三十里中有十四瀨：「濬流奔急，竹節相次，亦為行旅瀕涉之艱難也。」〈漸江水〉記及浙江的航行：「浙江又東逕壽昌縣南，自建德至此八十里中，有十二瀨，瀨皆峻險，行旅所難。」此外，河流水位的季節變化，也常常與航行條件同時提出，例如〈泗水〉記載：「泗水又東南流，丁溪水注之，溪水上承泗水于呂縣，東南流，北帶廣隰，山高而注于泗川。泗水冬春淺澀，常排沙通道，是以行者多從此溪。即陸機〈行思賦〉所云：乘丁水之捷岸，排泗川之積沙者也。」全書中像這樣一類的記載，是很多的。

對於天然河流的航行，當然是全書十分關心的問題，例如〈江水〉記載了當時長江中游的航行，已經出現了「載坐直之士三千人」的大型船舶。〈河水〉記載了「魏尚書僕射杜畿，以帝將幸許，試樓船」。說明黃河中游在三國時代已經作了航行大型船舶的嘗試。當然，嘗試沒有成功，酈《注》只簡單地說了一句：「覆于陶河。」《三國志・魏書・杜畿傳》說：「受詔作御樓船，於陶河試船，遇風沒。」這裡的陶河，也就是孟津，在今河南孟津以南。

《水經注》也記載了許多運河，其中特別具有價值的是〈濟水〉中記載的古代黃河和淮河間的運河。《注》文說：「偃王治國，仁義著聞，欲舟行上國，乃通溝陳、蔡之間。得朱弓矢，以得天瑞，遂因名為號，自稱徐偃王，江淮諸侯服從者三十六國。」這裡敘述的是一種傳說，但卻說明了相當重要的問題。所徐偃王是個傳說中的人物，其時約在西周穆王之世，時當西周中葉，其時估計在西元前十世紀之初，所謂「通溝陳、蔡之間」，正是古代黃淮之間的鴻溝水系。這種傳說反映了這樣一種事實，即黃、淮之間所存在的溝通這兩個水系的河道，比這個地區見諸歷史記載的運河開鑿可能還要早四五個世紀。

儘管《水經注》的內容以水路為主，但酈道元在交通運輸方面的記載並不忽視陸路。全書記載的各種類型的道路，有國際上的交通要道，如〈河水〉中的蔥嶺、天竺道：「度蔥嶺，已入北天竺境，于此順嶺西南行十五日，其道艱阻，崖岸險絕，其山惟石，壁立千仞，臨之目眩，欲進則投足無所，下有水，名新頭河。昔人有鑿石通路施倚梯者，凡度七百梯，度已，躡懸絙過河，河兩岸，相去咸八十步，九譯所絕，漢之張騫、甘英皆不至也。」又同卷記載的林楊、金陳道：「竺枝《扶南記》曰：林楊去金陳國，步道二千里，車馬行，無水道。」此外，〈河水〉又記載了窳渾出雞鹿塞道，〈溫水〉則記載了彭龍、區粟通逵和扶南、林邑步道等，也都是我國古代與域外交通的國際道路。至於國內的著名陸道也無不收入，例如〈河水〉記載的函谷關道：「邃岸天高，空谷幽深，澗道之峽，車不方軌，號曰天險。」〈沔水〉中記載的通關勢，是一條溝通關中與漢中之間的重要道路。《注》文說：「堺水南歷堺鄉溪，出山東南流，逕通關勢南。山高百餘丈，上有匈奴城，方五里，濬塹三重。高祖北定三秦，蕭何守漢中，欲脩北道通關中，故名為通關勢。」通關勢當然是一條險峻的道路，但酈《注》中還有不少比這更險峻的道路，例如〈沔水〉記載的「棧道」。《注》文說：「(褒)水西北出衙嶺山，東南逕大石門，歷故棧道下谷，俗謂千梁無柱也。諸葛亮〈與兄瑾書〉云：前趙子龍退軍，燒壞赤崖以北閣道。緣谷百餘里，其閣梁一頭入山腹，其一頭立柱于大水中，今水大而急，不得安柱，此其窮極，不可強也。」

中國西南的多山地區，交通當然是非常困難的。《水經注》對這個地區也有不少記載。例如〈若水〉所記：「(朱提)郡西南二百里得所綰堂琅縣，西北行，上高山，羊腸繩屈八十餘里，或攀木而升，或繩索相牽而上，緣陟者若將階天。故袁休明《巴蜀志》云：高山嵯峨，巖石磊落，傾側縈迴，下臨峭壑，行者扳緣，牽援繩索。三蜀之人，及南中諸郡，以為至險。」同卷還描述了從朱提到僰道之間水陸交通的艱難。《注》文說：「自朱提至僰道有水步道，水道有黑水、羊官水，至險難，三津之阻，行者苦之。故俗為之語曰：楢溪、赤水，盤蛇七曲，盤羊烏櫳，氣與天通，看都濩泚，住柱呼伊，庲降賈子，左擔七里。又有牛叩頭、馬搏頰坂，其艱險如此也。」這裡所說的「庲降賈子，左擔七里」，這樣的道路，古代稱為左擔道。庲降是當時的建寧郡治，約在今雲南曲靖附近。從庲降到那裡去的商販，由於山道險窄，有時在連續七里的行程中，只能用左肩挑擔，不得換肩，其險峻可以想見。

由於大量的水陸道路在《注》文中出現，這就必然要牽涉到水陸道路的交錯地點，於是《注》文中同時也出現了大量的橋梁和津渡。全書記載的橋梁和津渡近二百處。在這些橋梁中，包括石拱橋、木橋、木石混合橋、索橋、浮橋等等，其中有的橋梁十分宏大，例如，〈渭水〉記載的秦渭橋：「秦始皇作離宮于渭水南北……南有長樂宮，北有咸陽宮，欲通二宮之間，故造此橋，廣六丈，南北三百八十步，六十八間，七百五十柱，百二十二梁。」「南北三百八十步」，按秦制一步為六尺（一尺合今二十三點一釐米），周制一尺為今二十一釐米，漢制一尺約為今二十三釐米，則全橋長約合今五百公尺，即使在今天，也不失為一座大橋。記載中還有一些建築講究的石拱橋，〈穀水〉的旅人橋即是其例：「(旅人) 橋去洛陽宮六七里，下圓以通水，可受大舫過也。」「可受大舫過也」，說明這是一座淨空很大的石拱橋，於此可見古代橋梁建築技術風格於一斑。

在《水經注》記述的津渡之中，有不少歷史上著名的渡口，例如〈河水〉各篇中的孟門津、采桑津、孟津，〈濁漳水〉中的薄落津，〈渠水〉中的官渡，〈施水〉中的逍遙津。像官渡和逍遙津，在歷史上都發生過著名的戰役。

在《水經注》全書記載的津渡中，也記及一處海渡，〈溫水〉中說：「王氏《交廣春秋》曰：朱崖、儋耳二郡，與交州俱開，皆漢武帝所置。大海中，南極之外，對合浦徐聞縣……從徐聞對渡，北風舉帆，一日一夜而至。」這裡所記的徐聞、朱崖渡，即今日的瓊州海峽，朱崖就是海南島。

農業地理、工業地理和交通運輸業地理，是經濟地理學最主要的三個分支，從以上所列舉的《水經注》在這些方面的記載中，可見此書在經濟地理領域中的豐富資料。

除了經濟地理學以外，人文地理的另一重要分支學科是城市地理學。《水經注》在這方面的記載也稱得上豐富多彩。全書記載的縣級城市和其他城邑共二千八百餘處，古都一百八十餘處，其中對某些古都的記載特別詳細，例如〈渭水〉中記載的秦、漢古都長安，舉凡城門、城郭、街衢、宮殿、園苑等，無不一一記載。〈穀水〉中記載的洛陽，是酈道元目擊的北魏當代的首都，他竟用七千餘字的篇幅，詳細地描述了這座都城。在全部《水經注》的每一句《經》文以後，這是最長的一篇《注》文。此外，〈漯水〉記載的平城，是北魏的舊都，描述也非常詳細。又如在〈濁漳水〉中記載了所謂五都：「魏因漢祚，復都洛陽，以譙為先人本國，許昌為漢之所居，長安為西京之遺迹，鄴為王業之本基，故號五都也。」〈江水〉中記載了所謂三都：「洛水又南逕新都縣，蜀有三都，謂成都、廣都，此其一也。」所有這些，都是很有價值的歷史城市地理資料。

《水經注》不僅記載了國內的城市，並且還記載了部分國外城市。例如〈河水〉中記載了許多今印度河、恆河流域的古代國都，如波羅奈城、巴連弗邑、王舍新城、瞻婆國城等，其中有的都城具有很大的規模。〈溫水〉中記載了古代林邑國的重要都城，包括軍事要地區粟城和國都典沖城，均位於今越南中部沿海地帶。《注》文把這兩座城市的地理位置、山川形勢、城垣建設、城市規模等，描述得細緻無遺。酈道元對這兩個域外城市的長篇記載，是從《林邑記》抄錄的，現在《林邑記》早已亡佚，因此，《水經注》記載，已經成為孤本，是今天我們研究這兩個中南半島古代城市的惟一文字資料，所以極為寶貴。

除了古都、城邑等以外，小於城邑的聚落，包括鎮、鄉、亭、里、聚、村、墟、戍、塢、堡等十類，《水經注》也有大量記載，總數約有一千處。這些當然都是較小的聚落，其中有不少現在已經消失，但是它們在我們的某些研究工作中，有時能起很大的作用，作為歷史聚落地理的研究對象，仍然具有重要的意義。

在人口與民族地理方面，《水經注》也有不少重要的資料。酈道元的時代，正是國家戰亂，人口流動頻繁的時代，《水經注》反映了許多當時人口的流動情況。〈江水〉中說：「(塗水) 西北流逕汝南僑郡故城南，咸和中，寇難南逼，戶口南渡，因置斯郡，治于塗口。」這段《注》文，實際上就是我所提出的「地理大交流」❻的過程。東晉咸和年間（西元三二六～三三四年）確實是「地理大交流」的全盛時代，

❻ 參見陳橋驛《酈道元評傳》，南京大學出版社，西元一九九四年出版。

南遷的漢人，常常在南方建立與他們原籍同名的郡縣，這就是這一時期僑郡、僑縣大量出現的原因。《注》文所說的汝南郡即是其中之一。汝南僑郡治原在上蔡（今河南上蔡西南），轄境在今河南境內的潁河與淮河之間，則當時在塗口（今武昌西南長江南岸）建立的汝南僑郡，其居民主要來自今河南上蔡一帶。

《水經注》提供了許多有關少數民族的資料，《注》文中記及的少數民族有匈奴、犬戎、羯、于越、駱越、五溪蠻、三苗、馬流、雕題、文狼等，不勝枚舉。《水經注》不僅記載了他們的分布和活動，有時還記載了他們的語言和風俗習慣，包括他們與漢族之間的關係，這些也都是非常可貴的資料。

在人文地理學各分支中，《水經注》的記載還涉及大量軍事地理資料，這中間的一個方面，是把曾經在戰場起過重要作用的自然地理要素和人文地理要素如河川、山嶽、關隘、橋梁、津渡、道路、聚落、倉庫等，在軍事上進行評價，例如〈漾水〉中描述的劍閣。《注》文說：「（清水）又東南逕小劍戍北，西去大劍三十里，連山絕險，飛閣通衢，故謂之劍閣也。張載〈銘〉曰：一人守險，萬夫趦趄。信然。故李特至劍閣而歎曰：劉氏有如此地而面縛于人，豈不奴才也。」又如〈河水〉中描述的高闕。《注》文說：「《史記》，趙武靈王既襲胡服，自代並陰山下，至高闕為塞。山下有長城，長城之際連山刺天，其山中斷，兩岸雙闕，善能雲舉，望若闕焉。即狀表目，故有高闕之名也。自闕北出荒中，闕口有城，跨山結局，謂之高闕戍，自古迄今，常置重捍，以防塞道。」

除了上述對這些地理事物從軍事上作評價以外，《水經注》有關軍事地理記載的另一個方面，就是描述歷史上的重要戰爭。其中有些戰役，《注》文記載得十分詳細，而且常常與戰場的山川地形相聯繫，所以具有重要的軍事地理價值。例如〈渭水〉中記載了諸葛亮對陳倉城的進攻和失利過程。《注》文說：「（陳倉）縣有陳倉山……魏明帝遣將軍太原郝昭築陳倉城，成。諸葛亮圍之。亮使昭鄉人靳祥說之，不下。亮以數萬攻昭千餘人，以雲梯、衝車，地道逼射昭，昭以火射連石拒之，亮不利而還。」在明人羅貫中的《三國演義》中，描寫了許多諸葛亮與司馬懿在戰場上鬥智的故事，在羅貫中的筆下，諸葛亮無疑勝過司馬懿。《水經注》中也記載了此二人多次戰爭的故事，諸葛亮其實常常失利。所以我在拙作《讀水經注札記之四》中指出：「從《水經注》的記載評論此二人，司馬或許高諸葛一籌。說得穩妥一點，也只是棋逢敵手。」例如在上述《注》文記載中的陳倉城戰役中，魏方實際上也是司馬懿指揮的。由於陳倉城建立在形勢險要的陳倉山上，守禦甚為有利，諸葛亮以數十倍的兵力，使用了雲梯、衝車等當時的先進武器，並且挖掘了地道，但仍然無法攻下這座城堡。對於蜀方進攻所以失利的原因，《注》文中引用諸葛亮致其兄諸葛瑾的信中說：「山崖絕險，溪水縱橫，難用行軍。」諸葛亮的這段話，其實就是軍事地理的分析，看來是正確的。〈江水〉中記載了一次發生在長江三峽地區蜀劉備與吳陸遜之間的戰役，也描寫得有聲有色。《注》文說：「江水又東逕石門灘，灘北岸有山，山上合下開，洞達東西，緣江步路所由。劉備為陸遜所破，走逕此門。追者甚急，備乃燒鎧斷道。孫桓為遜前驅，奮不顧命，斬上夔道，截其要徑。備踰山越險，僅乃得免。」這段記載把發生於這個險要地區的敵我雙方的殊死戰鬥，寫得淋漓盡致。敗者固然施盡一切阻敵自保的手段，如「燒鎧斷道」、「踰山越險」，而勝者也盡其一切可能，「奮不顧命，斬上夔道，截其要徑」。戰鬥的激烈，宛如親睹。而整段戰役的記載又和石門灘北岸的這種險峻萬狀的山川形勢緊密結合，的確是不可多得的歷史軍事地理資料。

最後，在現代人文地理學領域中，旅遊地理學是一門新興的學科，但一千四百多年前寫成的《水經注》，卻已為我們積累了大量旅遊地理的資料。酈道元在《注》文中對祖國各地的河山風景，作了大量生動的描寫。此外，他又對各地的名勝古蹟，宮殿樓閣，祠廟寺院、塔臺園苑等，作了詳盡的記載。所以《水經注》不僅是古代遊記的典範，而且在開發現代旅遊資源，復原古代名勝古蹟等方面，也都具有重要的價值。

以上是對《水經注》在地理學方面的卓越貢獻的評述。除了地理學以外，《水經注》對地名學這門學科，也有重要的價值，下面一節將簡要地加以評述。

三、地名學

地名學是一門研究地名的學科，它研究地名的形成、發展和變遷，以及地方命名的原則和得名的淵源。在我國，早在西漢成書的《穀梁傳》中，就提出了為後世廣泛使用的地方命名原則之一：「水北為陽，山南為陽。」這就是說，聚落（或城邑）位於山嶽以南或河流北岸者，命名為陽，如衡陽、瀏陽等；位於山嶽以北或河流南岸者，命名為陰，如華陰、淮陰等。另一本成書於先秦而到後漢重加整理的《越絕書》中，也提出了「因事名之」的地方命名原則。例如《水經注》中的〈漸江水〉提到的「秦望山」，《注》文說：「秦始皇登之，以望南海。」又如〈渭水〉中的「霸水」，《注》文說：「古曰滋水矣，秦穆公霸世，更名滋水為霸水，以顯霸功。」所有這些例子，都說明地名研究在我國發軔甚早。

在人類活動的早期，由於生產力水平很低人口不多，人的流動性也很小，所以地名是很少的。但以後隨著生產力的發展和人口的增加，人們的活動範圍擴大，地名也就不斷增加。成書於戰國時代的〈禹貢〉，是我國古代的一本虛構派地理名著。〈禹貢〉的虛構在於時代，書中的地名都是實有的，不過全書地名為數很少，不過一百三十處。《山海經》的成書年代比較複雜，其中〈五藏山經〉的成書，可能早於〈禹貢〉，但另外的部分如〈海內經〉和〈大荒經〉，都是秦以後到漢的作品，所以涉及地名就達一千三百餘處。此後最重要的地理著作是《漢書．地理志》，記有地名四千五百多處。但所有這些古地理書，與《水經注》相比，在地名數量上都是望塵莫及的。《水經注》記載的各類地名，為數約在二萬處上下。《水經注》作為一部地理書，擁有如此大量地名，確是前所未有的。《水經注》記載的大量地名，成為後世地名學研究的重要資料。

《水經注》是一部以敘述河流為主的地理著作，因此，河流地名是各類地名中數量最大的。前面已經提到《唐六典》所謂《水經》所引天下之水百三十七，而《水經注》引其支流一千二百五十二。但《水經注》記載的河流地名，實際上比《唐六典》大得多，約占全書所載地名的百分之二十。

我們知道，凡是一個地名，往往由專名和通名兩部分構成。例如北京市、昌平縣、太行山、永定河，這裡的北京、昌平、太行、永定都是專名，而市、縣、山、河則是通名。在《水經注》記載的河流地名中，單單通名就有河、水、江、川、瀆、津、溪、澗、溝、流、宄等多種。而各種通名，往往有它們的地域習慣。例如「河」在古代是黃河的專名，「江」在古代是長江的專名。這些專名後來都作為通名使用。所以北方河流多稱「河」，而南方河流多稱「江」。西南山區的河流多稱「宄」，人工開鑿的河流多稱「渠」等等。這些都是以《水經注》研究地名學首先必須具備的知識。

上面說到，《水經注》記載的全部河流，包括幹支流在內，總數為一千多條，但全書河流地名的總數竟達四千左右。主要原因是，每一條河流往往有許多旁名別稱，從地名學研究的角度來說，這些都是很重要的資料。以黃河為例，這條北方大河，按不同習慣、地區和段落，在《水經注》中就有河水、河、大河、黃河、濁河、逢留河、上河、孟津河等許多不同名稱。當然，黃河是一條全國性的大河，這樣的大河，有一些旁名別稱是難免的。但較小的河流也常常有許多別名，〈巨洋水〉中列舉了巨洋水的許多別名：「巨洋水，即《國語》所謂具水矣，袁宏謂之巨昧，王韶之以為巨蔑，亦或曰朐瀰，皆一水也。」像這樣一條小河，卻也有五個名稱，河流地名中的一地多名現象，於此可見。

在地名學研究中，除了一地多名以外，還有一種異地同名的現象，而《水經注》在這方面也提供了大量資料。從河流地名來說，這種現象就叫異河同名。通過《水經注》進行研究，可知河流地名中最容易發生異河同名現象的是方位詞命名的河流，如南水、北水、上河、下河等等。以〈漾水〉為例，在此一篇中，共有冠以方位詞「南」的河流二條，冠以方位詞「西」的河流七條，冠以方位詞「東」和「北」的河流各六條。造成大量異地同名的現象。另一種容易造成異河同名現象的是色澤命名的河流，如黃水、白水、清河、濁河等等。以卷一到卷五的五篇〈河水〉為例，五篇之中，共有以「黑」為名的河流五條，以「白」為名的河流四條，以「赤」或「丹」為名的河流四條，以「黃」為名的河流三條。

以上所舉的一河多名和異河同名現象，只是一地多名和異地同名現象在河流中的表現。在其他地名中也是一樣。《水經注》眾多的地名，為地名學研究提供了豐富的資料。

前面已經提到中國古籍中所記載的一些地方命名的原則，這實際上就是我國早期的地名學研究。地方命名的原則，直接關係到地名淵源的解釋。我國古籍中最早涉及地方命名原則的，是上面已經提到的《穀梁傳》和《越絕書》等。但上述二書在這方面的闡述都比較簡單。到了《水經注》，對地方命名的原則，就開始全面化和系統化。卷二〈河水〉說：

> 應劭《地理風俗記》曰：敦煌（殿本在此下案云：此當有脫文）、酒泉，其水甘若酒味故也；張掖，言張國臂掖，以威羌狄……《漢官》曰：秦用李斯議，分天下為三十六郡。凡郡，或以列國，陳、魯、齊、吳是也；或以舊邑，長沙、丹陽是也；或以山陵，太山、山陽是也；或以川原，西河、河東是也；或以所出，金城城下得金，酒泉泉味如酒，豫章樟樹生庭，雁門雁之所育是也；或以號令，禹合諸侯，大計東治之山，因名會稽是也。

以上所列舉的，特別是引《漢官》的一段，所說其實就是我國郡名的命名原則。雖然秦按這個原則命名時，郡數只有三十六，而到了漢代，郡國之數就超過一百。到了南北朝，劉宋的郡國超過三百，蕭齊的郡國更超過四百，而酈道元所在的北魏，郡國竟超過六百。數量雖然大為增加，但命名的原則卻並無變化。

地方命名的原則當然重要，但是到底還是一個總的原則，不可能代替具體的地名解釋。因此，以後的不少地理書，開始負擔起解釋地名的任務。在我國古籍中，最早解釋地名的是《越絕書》和《漢書・

地理志》。對於前者，我在拙撰〈點校本越絕書序〉中曾經指出：「我國的傳統地名學以地名淵源的解釋為主流。《漢書‧地理志》有四十餘處地名解釋，曾被認為是我國地名學研究的嚆矢。其實，《越絕書》成書早於《漢志》，而其中地名淵源解釋超過三十處，所以此書在地名研究中的意義，並不下於《漢書‧地理志》。」至於《漢書‧地理志》，它所作的地名淵源解釋，如在京兆尹下解釋華陰：「太華山在南。」這就是《穀梁傳》「水北為陽，山南為陽」的命名原則。又如在敦煌縣下解釋瓜州：「地生美瓜。」這就是《越絕書》「因事名之」的命名原則。《漢書‧地理志》以後，不少地理書都增加了解釋地名的內容。到了晉代，京相璠編纂的《春秋土地名》一書，其實就是《春秋》一書的地名詞典，可惜早已亡佚。在所有這些解釋地名的古代地理書中，解釋地名數量最大的無疑是《水經注》。它所解釋的地名，共有二千四百多處，是它以前的一切地理書所不可比擬的。

《水經注》的地名解釋，不僅數量大，而且內容豐富多彩。把它所解釋的二千四百多處地名，按其性質歸納整理一下，大概可以分成二十四類。現在把這二十四類地名列成一表，每類舉幾個地名，並選出其中一個，寫出《水經注》所解釋的內容，全表如下：

地名類別	地名舉例	地名解釋舉例
人物地名	項羽堆（〈濟水〉）、白起臺（〈沁水〉）、石勒城（〈汾水〉）、子胥瀆（〈沔水〉）。	卷七〈濟水〉《經》「與河合流，又東過成皋縣北，又東過滎陽縣北，又東至礫溪南，東出過滎澤北」《注》：「羽還廣武，為高壇，置太公其上，曰：漢不下。吾烹之。高祖不聽，將害之。項伯曰：為天下者不顧家，但益怨耳。羽從之。今名其壇曰項羽堆。」
史蹟地名	黃巾固（〈濟水〉）、薄落津（〈濁漳水〉）、磨笄山（〈灅水〉）、萬人散（〈渠〉）。	卷二十二〈渠〉《經》「又屈南至扶溝縣北」《注》：「王莽之篡也，東郡太守翟義興兵討莽，莽遣奮威將軍孫建擊之于圉北，義師大敗，尸積萬數，血流溢道，號其處為萬人散。」
故國地名	胡城（〈潁水〉）、上庸郡（〈沔水〉）、鄾聚（〈淯水〉）、葉榆縣（〈葉榆河〉）。	卷二十二〈潁水〉《經》「又東南至新陽縣北、蒗蕩渠水從西北來注之」《注》：「潁水又東南流逕胡城東，故胡子國也。」

地名類別	地名舉例	地名解釋舉例
部族地名	倭城（〈大遼水〉）、平襄縣（〈渭水〉）、僰道縣（〈江水〉）、文狼究（〈溫水〉）。	卷三十三〈江水〉《經》「又東南過僰道縣北，若水，淹水合從西來注之；又東，渚水北流注之」《注》：「（僰道）縣，本僰人居之。」
方言及外來語地名	半達鉢愁（〈河水〉）、唐述山（〈河水〉）、五泄（〈漸江水〉）、阿步干鮮卑山（〈河水〉）。	卷一〈河水〉《經》「屈從其東南流，入渤海」《注》：「菩薩于瓶沙隨樓那果園中住一日，日暮便去半達鉢愁宿。半達，晉言白也；鉢愁，晉言山也。」
動物地名	雁門（〈河水〉）、神蛇戍（〈漾水〉）、豬蘭橋（〈沔水〉）、弔鳥山（〈葉榆河〉）。	卷三十七〈葉榆河〉《經》「益州葉榆河，出其縣北界，屈從縣東北流」《注》：「眾鳥千百為群，其會鳴呼啁哳，每歲七八月至，十六七日則止，一歲六至……俗言鳳凰死于此山，故眾鳥來弔。」
植物地名	榆林塞（〈河水〉）、蕤桑河（〈灅水〉）、香陘山（〈鮑丘水〉）、菊水（〈湍水〉）。	卷二十九〈湍水〉《經》「湍水出酈縣北芬山，南流過其縣東，又南過冠軍縣東」《注》：「（菊）水出西北石澗山芳菊溪……源旁悉生菊草，潭澗滋液，極成甘美。」
礦物地名	倉谷（〈清水〉）、玉石山（〈聖水〉）、北井縣（〈江水〉）、錫方（〈湘水〉）。	卷三十八〈湘水〉《經》「又東北過泉陵縣西」《注》：「其山多錫，亦謂之錫方矣。」
地形地名	平原郡（〈河水〉）、平皋城（〈濟水〉）、一合塢（〈洛水〉）、高平山（〈泗水〉）。	卷五〈河水〉《經》「又東北過楊虛縣東，商河出焉」《注》：「《地理風俗記》曰：原，博平也，故曰平原矣。」
土壤地名	沙州（〈河水〉）、斥漳（〈濁漳水〉）。	卷十〈濁漳水〉《經》「又東北過斥漳縣南」《注》：「應劭曰：其國斥鹵，故曰斥漳。」
天候地名	風山（〈河水〉）、風穴（〈灅水〉）、伏凌山（〈鮑丘水〉）、風井山（〈夷水〉）。	卷十四〈鮑丘水〉《經》「鮑丘水從塞外來，南過漁陽縣東」《注》：「山高峻，巖鄣寒深，陰崖積雪，凝冰夏結，事同〈離騷〉峨峨之詠，故世人因以名山也。」
色澤地名	白水（〈漾水〉）、墨山（〈丹水〉）、白鹽崖（〈江水〉）、赤瀨（〈漸江水〉）。	卷二十〈漾水〉《經》「又東南至廣魏白水縣西，又東南至葭萌縣，東北與羌水合」《注》：「白水西北出于臨洮縣西南西傾山，水色白濁。」

地名類別	地名舉例	地名解釋舉例
音響地名	鸓鸓水（〈沁水〉）、嵐谷（〈沔水〉）、石鍾山（拙著《水經注研究・水經注佚文》）。	卷九〈沁水〉《經》「南過穀遠縣東，又南過陭氏縣東」《注》：「（沁水）又南與鸓鸓水合，水出東北巨駿山，乘高瀉浪，觸石流響，世人因聲以納稱。」
方位地名	河北縣（〈河水〉）、南鄩（〈洛水〉）、丙穴（〈沔水〉）、北井（〈江水〉）。	卷二十七〈沔水〉《經》「沔水出武都沮縣東狼谷中」《注》：「褒水又東南得丙水口，水上承丙穴，穴出嘉魚，常以三月出，十月入地……穴口向丙，故曰丙穴。」
陰陽地名	淇陽城（〈淇水〉）、蒙陰水（〈沂水〉）、朝陽縣（〈白水〉）、營郡縣（〈湘水〉）。	卷三十八〈湘水〉《經》「又東北過泉陵縣西」《注》：「營水又東北逕營浦縣南，營陽郡治也……在營水之陽，故以名郡矣。」
形象地名	靈鷲山（〈河水〉）、雞翅洪（〈洹水〉）、明月池（〈沔水〉）、石匱山（〈漸江水〉）。	卷二十七〈沔水〉《經》「又東過成固縣南，又東過魏興安陽縣南，涔水出自旱山北注之」《注》：「（壻水）北有七女池，池東有明月池，狀如偃月。」
比喻地名	劍閣（〈漾水〉）、黃金戍（〈沔水〉）、鐵城（〈沔水〉）、騰沸水（〈淯水〉）。	卷二十〈漾水〉《經》「又東南至廣魏白水縣西，又東南至葭萌縣，東北與羌水合」《注》：「連山絕險，飛閣通衢，故謂之劍閣。」
相關地名	金城河（〈河水〉）、安民亭（〈濟水〉）、馬溺水（〈瀧水〉）、舂陵鄉（〈湘水〉）。	卷二〈河水〉《經》「又東過金城允吾縣北」《注》：「河至金城縣，謂之金城河，隨地為名也。」
對稱地名	北輿縣（〈河水〉）、內黃縣（〈淇水〉）、小成固（〈沔水〉）、南新市（〈溳水〉）。	卷三〈河水〉《經》「又東過雲中楨陵縣南，又東過沙南縣北，從縣東屈南，過沙陵縣西」《注》：「（武泉）水南流又西屈，逕北輿縣故城南，按〈地理志〉，五原有南輿縣，王莽之南利也，故此加北。」
數字地名	四瀆（〈河水〉）、十二崿（〈淇水〉）、九渡水（〈澧水〉）、五嶺（〈湘水〉）。	卷三十七〈澧水〉《經》「又東過零陽縣之北」《注》：「澧水又東，九渡水注之……水自下歷溪，曲折逶迤傾注。行者間關，每所褰泝，山水之號，蓋亦因事生也。」
詞義地名	景山（〈濟水〉）、鯨灘（〈沔水〉）、楝山（〈漸江水〉）、敦煌（〈水經注佚文〉）。	〈水經注佚文〉：「應劭《地理風俗記》曰：敦煌，敦，大也；煌，盛也。」

地名類別	地名舉例	地名解釋舉例
複合地名	郟鄏（〈穀水〉）、牂柯水（〈溫水〉）、贛縣（〈贛水〉）。	卷三十六〈溫水〉《經》「東北入于鬱」《注》「牂柯，亦江中兩山名也。」
神話地名	馬邑（〈瀔水〉）、陳寶雞鳴祠（〈渭水〉）、逃石（〈溱水〉）、怪山（〈漸江水〉）。	卷四十〈漸江水〉《經》「北過餘杭，東入于海」《注》：「本瑯邪郡之東武縣山也，飛來徙此，壓殺數百家。《吳越春秋》稱：怪山者，東武海中山也。一名自來山，百姓怪之，號曰怪山。」
傳訛地名	寒號城（〈聖水〉）、樹亭川（〈渭水〉）、寡婦水（〈汝水〉）、千令洲（〈江水〉）。	卷二十一〈汝水〉《經》「又東南過潁川郟縣南」《注》：「逕賈復城北復南，摯郾所築也，俗語訛謬，謂之寡婦城，水曰寡婦水。」

《水經注》以後，地名淵源的研究，幾乎成為我國一切地理書中的必有項目，而且常常引用《水經注》的成果。經過長期的積累，我們在地名淵源的解釋中，已經擁有了大量的資料，而《水經注》在這方面，起了十分重要的作用。

四、語言文字的運用

《水經注》當然是一部學術著作，而並不是一部文學著作，但酈道元撰寫此書，除了占有大量資料，使此書具有十分豐富的學術內容外，也同時重視語言文字的運用，使全書寫得生動活潑，趣味盎然，在語言和文學上也有很高的價值。

《水經注》所運用的語言是非常豐富的，在我國歷史上，酈道元素被稱為描寫風景的能手。他描寫風景的特點之一，就是語言新穎，不用前人的套語濫調。例如按《水經注》內容，必然要描寫河流上源的許多清澈的溪泉。關於這方面，酈道元的描寫手法就顯然高人一籌，他在〈洧水〉描寫泌泉的清澈：「俯視游魚，類若空懸矣。」在〈澧水〉中描寫茹水的清澈：「水色清澈，漏石分沙。」明末清初的學者張岱在其〈跋寓山注二則〉❼一文中曾經說：「古人記山水，太上酈道元，其次柳子厚，近時則袁中郎。」柳子厚就是唐宋八大家之一的柳宗元，他的名著〈永州八記〉中有一篇〈至小丘西小石潭記〉，這裡也描寫了潭水的清澈：「潭中魚可百許頭，皆若空游而無所依。」「皆若空游而無所依」，實在就是從酈氏的「魚若空懸」一語中得來的。

《水經注》在語言運用上的另一特點是多變。因為儘管是十分生動的語言，但在經過多次使用以後，也會使人感到枯燥刻板。因此，酈道元經常注意語言的變化。即使同一性質的事物，他在描寫時也努力做到語言上的推陳出新，使讀者有新鮮生動之感。例如瀑布，這是《水經注》經常描寫的事物，但酈道元並不一成不變地使用瀑布這個詞彙，在全書中，他所使用的、作為瀑布同義詞的詞彙，還有「瀧」、「洪」、「懸流」、「懸水」、「懸濤」、「懸泉」、「懸澗」、「懸波」、「頹波」、「飛清」等等，語言變化，真是層出不窮。

《水經注》語言所以特別生動豐富，一個很重要的原因，是酈道元善於吸取群眾的語言。他用這樣的語言來充實自己的著作，真是事半功倍。例如，酈道元為了反對和譴責秦始皇的暴政，他在卷三〈河水〉中用了楊泉《物理論》所引的一段民歌：「生男慎勿舉，生女哺用餔，不見長城下，尸骸相支拄。」酈道元在這段民歌以後，用自己的語言只說了一句：「其冤痛如此矣。」這是因為他懂得，要揭露這個大暴君的殘酷無道，利用上述民歌，比寫多少聲討的文章都能感人心弦。

《水經注》經常要描寫各種河川航道，在這方面，酈道元往往利用當地的漁歌和船謠，這就使他的著作生色不少。在卷三十四〈江水〉中，他描寫長江三峽中礁石參差，河道曲折的河段，《注》文說：

江水又東逕黃牛山，下有灘名曰黃牛灘。南岸重嶺疊起，最外高崖間有石，色如人負刀牽牛，人黑牛黃，

❼ 參見《瑯嬛文集》卷五。

成就分明。既人跡所絕，莫得究焉。此巖既高，加以江湍迂迴，雖途經信宿，猶望見此物。故行者謠曰：朝發黃牛，暮宿黃牛，三朝三暮，黃牛如故。言水路紆深，迴望如一矣。

如上文，黃牛一謠，雖然短短四句，但以之描寫山高江曲，真是絕妙好文，千古不移。在〈湘水〉中，《注》文又運用漁歌描寫湘水的曲折：「自長沙至北，江湘七百里中，有九向九背。漁者歌曰：帆隨湘轉，望衡九面。」當然，不管江道曲折到何種程度，要看到衡山各個角度，總是不可能的。但漁歌是一種民間文學，這是民間文學所採用的一種誇張手法，也是民間文學的語言精華。酈道元吸取了這樣的語言精華，豐富了他的著作。在《水經注》全書中，酈氏吸取的這種民間語言是很多的。例如卷十八〈渭水〉，為了描寫秦嶺之高，《注》文採取了俗諺：「武功太白，去天三百。」又如卷十九〈渭水〉中，《注》文利用百姓歌謠，鞭撻禍國殃民的王氏五侯。《注》文說：

前漢之末，王氏五侯大治地宅，引穴水進長安城。故百姓歌之曰：五侯初起，曲陽最怒，壞決高都，竟連五杜，土山漸台，像西白虎。

像上述這許多歌謠諺語的運用，大大豐富了《水經注》的語言，增加了《注》文的感染力，使此書倍增光彩。

《水經注》的語言運用，還有一個重要的特色，就是酈道元不迴避外來語言，例如卷二〈河水〉中記及的阿步干鮮卑山，就是一個鮮卑語地名。清初酈學家全祖望曾在他的《七校水經注》中作了考證：

阿步干，鮮卑語也。慕容廆思其兄吐谷渾，因作〈阿干之歌〉，蓋胡俗稱其兄曰阿步干。阿干，阿步干之省也。今蘭州阿干山谷、阿干河、阿干城、阿干堡、金人置阿干縣，皆以〈阿干之歌〉得名。

由此可知，阿步干在鮮卑語中是「兄」的意思。這類外來語在《水經注》中很多，卷三〈河水〉中的薄骨律也是一例，《注》文說：「河水又北，薄骨律鎮城在河渚上，赫連果城也，桑果餘林，仍列洲上。但語出戎方，不究城名。」這裡所說的「語出戎方」，指的是赫連勃勃，即十六國時期的夏的建立者，他屬於匈奴的鐵弗部。因此，薄骨律鎮可能是一種匈奴語系的地名。酈道元所在的時代，正是「地理大交流」的時代，從北方草原進入華北的許多操不同語言的民族，他們有的把自己的地名帶到新領地，這種情況與華北漢人到江南建立僑郡、僑縣一樣。有的則以自己的語言在新領地命名。由於民族和語言都很複雜，所以地名也很複雜。在北魏當代，這些地名已經難以解釋，酈道元只好把這些無法解釋的地名，籠統地稱為「北俗謂之」。酈氏自己世居華北，他所說的「北俗」，當然指的華北以北。酈道元把這些地名記錄下來，也就是把許多民族的語言保存了下來，真是功德不淺。僅在卷三〈河水〉「又南過赤城東，又南過定襄桐過縣西」這樣一條《經》文之下，《注》文就用「北俗謂之」一語記載了今山西境內的許多民族語言的地名，見下表所列：

山嶽	河川	城邑	其他
大浴真山、貸敢山、烏伏真山、吐文山	大浴真水、貸敢水、可不埿水、吐文水、太羅水、災豆渾水、大谷北水、誥升袁河、樹頽水	北右突城、可不埿城、昆新城、故槃迴城、太羅城	契吳亭、倉鶴徑、大谷北堆

《水經注》在卷二〈河水〉一篇中，記載了古代西域這個民族眾多、語言紛歧的地區，酈《注》記

記載的這些地名，現在成為這個民族和語言歷史博物館的見證。凡是研究古代西域，都必須研究《水經注》記載的西域地名。正如我在新疆大學蘇北海教授所著《西域歷史地理》一書的序言中所指出的：「我從《西域歷史地理》一書中又一次看到了地名學與歷史地理學之間的密切關係，在此書不少專題的討論中，地名學好像是一把鑰匙，它能解決其中許多關鍵的問題。」

在古代西域包括甘肅一帶，歷來流行的語言有佉盧語、維吾爾語、粟特語、吐火羅語（包括焉耆語和龜茲語）、梵語、波斯語等，例如佉盧語，原來是一種印度俗語，流行於古代印度西北部。但它在三～四世紀，即印度的貴霜王朝時期，曾在今新疆塔里木盆地流行，斯坦因曾在南疆尼雅遺址（今民豐境）獲得大量佉盧文書。卷二〈河水〉中記載的地名如精絕、子合等，就都是佉盧語。而至今仍然存在的疏勒一名，維吾爾語作 Qašǧar，但一說來自佉盧語的 Kharostra，一說來自粟特語的 Sogdag，猶待進一步研究。而《水經注》記載的這個地區的一些外來語地名，卻是十分容易找到語言根據的。例如在前面有關地名解釋中列表的「方言及外來語地名」中的半達鉢愁。《水經注》對這個地名的解釋：「半達，晉言白也；鉢愁，晉言山也。」完全正確，因為它其實就是梵語白山一詞的音譯。

從地理分布來說，語言並不是固定不變的，使用某種語言的人群發生了遷移現象，語言也隨著遷移。而語言遷移最清楚的標誌之一就是地名。例如，在春秋戰國甚至更遠古的時代，今浙東一帶是越族聚居的地區，流行越語，當時的地名當然也都是越語地名。秦始皇占領這個地區以後，越族被迫流散，輾轉播遷到今西南地區，即所謂百越。隨著語言的遷移，地名也同時遷移。浙東的越語地名，最常見的用詞是「無」、「句」、「朱」、「烏」、「餘」等。現在，我們從《水經注》記載的東南地區河流如〈沔水〉、〈漸江水〉等篇中與西南地區的河流如〈溫水〉、〈葉榆河〉、〈若水〉等篇相比較，可以清楚地看出這種地名遷移也就是語言遷移的現象。

■含「無」、「毋」的地名

地區	水名	地名
東南地區	沔水	無錫縣
	漸江水	無餘國、句無、句無縣
西南地區	若水	小會無、會無、會無縣
	存水	毋斂水
	溫水	無變、無勞究、無勞湖、毋掇縣、毋單縣、毋斂縣、毋血水
	葉榆河	無切縣

■含「句」的地名

地區	水名	地名
東南地區	沔水	句章、句章縣、句餘、句餘山、句餘縣
	漸江水	句無、句無縣、句章縣
西南地區	若水	烏句山
	溫水	句町縣、句町國
	葉榆河	句漏縣

■含「朱」的地名

地區	水名	地名
東南地區	漸江水	朱室、朱室塢
西南地區	桓水	朱提郡
	若水	朱提山、朱提縣、朱提郡
	溫水	朱崖、朱崖州、朱崖郡、朱崖水、朱吾浦、朱吾縣
	葉榆河	朱䳒縣

■含「烏」的地名

地區	水名	地名
東南地區	沔水	烏上城
東南地區	漸江水	烏程縣、烏傷縣
西南地區	若水	烏欌、烏句山

■含「姑」的地名

地區	水名	地名
東南地區	沔水	姑熟縣、姑胥
東南地區	漸江水	姑蔑
西南地區	若水	姑復縣
西南地區	淹水	姑復縣
西南地區	葉榆河	姑復縣

■含「餘」的地名

地區	水名	地名
東南地區	沔水	餘杭縣、餘姚縣、餘暨縣
東南地區	漸江水	餘杭縣、餘衍縣、餘發溪、餘暨縣、餘干大溪、三餘
西南地區	葉榆河	餘發縣

以上所列的都是《水經注》記載的少數民族和外來語地名。除了地名以外，《水經注》還記入了不少少數民族和外來語的一般詞彙。例如〈漸江水〉中記載五洩瀑布：「此是瀑布，土人號為洩也。」現在這一帶沒有人再稱瀑布為「洩」，所以「洩」很可能就是古代越語。在卷一〈河水〉中，《注》文涉及不少梵語，例如：「王田去宮一據，據者，晉言十里也。」這個「據」是梵語據盧舍的省譯，是古代印度流行的一種度量單位。卷一〈河水〉中還有一個古代印度的度量單位：「維邪離國去王舍城五十由旬。」

又「渡河南下一由巡」。這裡的「由旬」和「由巡」，都是梵文 Yodjana 的音譯。由旬（由巡）的解釋比較複雜，說法較多，以艾德爾❽所說為是。此卷《注》文中又說：「河邊左右，有二十『僧伽藍』。」「僧伽藍」是梵語 Sangharama 的音譯，其意譯就是寺院。此外，《注》文中提到：「或人覆以數重吉貝。」「吉貝」一詞，《水經注》之文當然來自梵語，但其實原始於馬來語 Kapoq，意譯就是木棉。從這些例子可見，酈道元撰寫《水經注》，並不迴避方言和外來語。這不僅豐富了他的寫作語言；從今天來看，使此書在語言學研究中也具有很大價值。

除了語言學以外，《水經注》在文學上的價值也是眾所公認的。《水經注》全書中有許多描寫自然風景的精彩篇章。例如在〈河水注〉中描寫孟門瀑布的一段：

> 孟門，即龍門之上口也。寔為黃河之巨阸，兼孟門津之名矣。此石經始禹鑿，河中漱廣，夾岸崇深，傾崖返捍，巨石臨危，若墜復倚，古之人有言，水非石鑿，而能入石，信哉。其中水流交衝，素氣雲浮，往來遙觀者，常若霧露沾人，窺深悸魄。其水尚崩浪萬尋，懸流千丈，渾洪贔怒，鼓若山騰，濬波頹疊，迄于下口。方知《慎子》下龍門，流浮竹，非駟馬之追也。

又如卷三十四〈江水〉描寫長江三峽的一段：

> 自三峽七百里中，兩岸連山，略無闕處。重巖疊嶂，隱天蔽日，自非停午夜分，不見曦月。至于夏水襄陵，沿泝阻絕，或王命急宣，有時朝發白帝，暮到江陵，其間千二百里，雖乘奔御風，不以疾也。春冬

---

❽ 艾德爾認為由旬（由巡）是一種距離的度量單位，為各種不同計算的一日行程（四千六百五十英尺）或四十或三十或十六里（即三十三又二分之一或十或一又二分之一英里）。

之時，則素湍綠潭，迴清倒影，絕巘多生怪柏，懸泉瀑布，飛漱其間，清榮峻茂，良多趣味。每至晴初霜旦，林寒澗肅，常有高猿長嘯，屬引淒異，空谷傳響，哀轉久絕。故漁者歌曰：巴東三峽巫峽長，猿鳴三聲淚沾裳。

以上兩段都是《水經注》真實地描寫自然風景的例子。這種真實的基礎，有的是酈道元自己的親身實踐，有的則是他人的親身實踐。在這種真實的基礎上，加以文字的誇張和渲染。這樣的描寫，既沒有脫離事物的本來面貌，又能使事物表現得栩栩如生。

除了真實性以外，酈道元也常常注意使寫作富於故事性。故事性不僅可以吸引讀者，提高興趣；而故事的本身，又具有褒貶人物，表達作者意願的作用。所以酈道元總是不遺餘力地搜羅各種故事，穿插在他的著作之中。例如卷十九〈渭水〉中記及虎圈這個地名時，《注》文引述了一個生動的故事：

霸水又北逕秦虎圈東，《列士傳》曰：秦昭王會魏王，魏王不行，使朱亥奉璧一雙。秦王大怒，置朱亥虎圈中，亥瞋目視虎，眥裂血出濺虎，虎不敢動，即是處也。

這樣的故事，真是有聲有色，可使一座皆驚。朱亥，當然是作者所要讚賞的一位英雄。在同篇中，為了解釋戲水這個地名，作者又引述了一個故事：

渭水又東，戲水注之……昔周幽王悅褒姒，姒不笑，王乃擊鼓舉烽火，以徵諸侯，諸侯至，無寇，褒姒乃笑，王甚悅之。及犬戎至，王又舉烽以徵諸侯，諸侯不至，遂敗幽王于戲水之上，身死于麗山之北。

這個故事的意義和酈道元為什麼要在他的著作中穿插這樣的故事，都是顯而易見的。在全部《水經注》中，這樣的故事多得不勝枚舉。故事當然具有警世勸人的意義，但是也增添了著作的趣味，並且大大提高了《水經注》的文學價值。

此外，酈道元還使用其他許多文學手法以提高他描寫事物的生動性和感染力，〈洛水〉中對鵜鶘山的描寫即是其例：

〈黃亭溪〉水出鵜鶘山，山有二峰，峻極于天，高崖雲舉，亢石無階，猿徒喪其捷巧，鼯族謝其輕工，及其長霄冒嶺，層霞冠峰，方乃就辨優劣耳。故有大小鵜鶘之名矣。

「猿徒喪其捷巧，鼯族謝其輕工」。用這樣的生動語言來烘托山的高峻，真是別出心裁。這種修辭手法在《水經注》中是常見不鮮的。

概括的手法，也是酈道元常用的文學技巧。這種手法的運用，使《水經注》文字簡潔，內容精煉。例如卷十九〈渭水〉中記載的阿房宮。以此宮之大，如要詳細描寫，就需要大塊文章，好像後來唐杜牧所寫的〈阿房宮賦〉一樣。但酈道元抓住要領，突出其中的「可坐萬人，下可建五丈旗」，說明建築的龐大和崇高，真是高度的概括。同篇又記載了漢武帝建造的建章宮，對於這座奢華的巨大宮殿，《注》文也不作冗複的描述，只是指出：「建章宮，漢武帝造，周二十餘里，千門萬戶。」「周二十餘里，千門萬戶。」這兩句話，概括了這座占了如此地面的巨大建築中的多少宮殿室宇，亭臺樓閣，園苑亭榭。

《水經注》在語言和文學上所取得的成就，當然是此書對後世的重大貢獻。而且對我們來說，也是一種重要的啟發。枯燥、刻板，並不是學術著作不可避免的特點，學術著作是可以寫得生動活潑，甚至富有文學價值的。當然，這就要求我們的科學家也能學一點文學，講究一些寫作技巧。在這方面，一千四百多年前的《水經注》已經為我們做出了榜樣。

五、歷史學及其他

《水經注》除了在地理學、地名學、語言學和文學等幾個方面做出了重要的貢獻外，對其他許多學科，如歷史學、考古學、金石學、碑版學、文獻學等方面，也無疑提供了有用的資料，做出了貢獻。

首先是歷史學，《水經注》雖然是一部地理書，但是它也擁有大量的歷史資料，在歷史學的研究中很有價值。可以舉一個例子，中國從漢朝起，封建帝王除了將土地分封給自己的子孫外，同時也分封一部分土地給將相大臣中的各式代表人物，這種分封的地區一般稱為侯國。侯國是十分不穩定的，由於士大夫官僚集團內部的傾軋鬥爭，受封者隨時可以得咎罷黜，因而時封時廢，變化頻仍，歷代史籍往往疏於記載。但《水經注》在這方面顯然比其他史籍記載得更為完整。清代的著名史學家錢大昕，就是根據《水經注》的記載，對歷史上的侯國作了詳細的研究。他在其所撰《潛研堂答問》卷九中說：「漢初功臣侯者百四十餘人，其封邑所在，班孟堅已不能言之，酈道元注《水經》始考得十之六七。」這裡說明，由於侯國建置的極不穩定，班固（孟堅）在撰《漢書》時就已經無法考實，但酈道元在其後四個多世紀，卻考出了十之六七，說明了酈氏用功之勤，也說明了《水經注》在這方面的史料價值竟超過《漢書》。

錢大昕所發現的關於《水經注》在侯國記載上超過《漢書》的這個事實，在史學上具有重要意義。因為歷代以來，學者們以正史為權威，特別是像《漢書》這樣的正史，不少人認作經典。他們常常習慣於據正史批評他書，據正史以校勘他書。當然，一般說來，以正史為圭臬，或許不致造成多大偏差。但是假使不加區別地迷信正史，其結果就會適得其反。《水經注》也還有在其他方面超過正史的例子。

上面說到在侯國的建置興廢中，《水經注》的記載超過《漢書》。其實，在行政區劃中，不僅是侯國，即使是相對穩定的郡、縣，《水經注》的記載，也有可以校勘正史之誤的。例如卷二十九〈沔水〉中記及的牛渚縣。在此卷的一條《經》文中說：「又東過牛渚縣南，又東至石城縣。」在這條《經》文之下，戴震在殿本中加案語說：「案牛渚乃山名，非縣名。」趙一清在注釋本中說得更清楚：「牛渚圻名，漢未嘗置縣也。」楊守敬在注疏本中說：「《通典》，當塗縣有牛渚磯，《地理通釋》十二引《輿地志》，牛渚山北謂之採石。」這些學者的見解，主要是，第一，因為《漢書・地理志》和《後漢書・郡國志》均不載牛渚縣，所以他們說：「漢未嘗置縣也。」第二，因為《通典》和《輿地志》等書都有牛渚圻或牛渚山的記載，所以他們認為《水經》的牛渚縣是牛渚圻或牛渚山之誤。

酈道元撰《水經注》，凡是《經》文有訛，《注》文必加以糾正，但在這條《經》文之下，《注》文說：「《經》所謂石城縣者，即宣城郡之石城縣也。牛渚在姑熟、烏江兩縣界中，于石城東北減五百許里，安得逕牛渚而方居石城也。蓋《經》之謬誤也。」這裡，《水經注》確實糾正了《水經》的錯誤，但所糾正的只是牛渚縣的位置，並非此縣的建置。為了糾正牛渚縣的位置，《注》文提出了姑熟、烏江這兩個縣名。其中的姑熟縣，恰恰也是《漢書・地理志》和《後漢書・郡國志》所不載的。《水經》所記的縣名中，上述〈兩漢志〉不載的尚多，如〈淯水〉篇中的臨淯縣，〈禹貢山水澤地所在〉篇中的金蘭縣等均是其例。這些縣名，《水經注》不僅不加以糾正，而且有時還加以肯定。以金蘭縣為例，〈決水〉說：「其水導源廬江金蘭縣西北東陵鄉大蘇山，即淮水也。」這裡，這個〈兩漢志〉所不載，其實也是《晉書・地理志》、《宋書・州郡志》、《南齊書・州郡志》所不載的金蘭縣，《水經注》不僅說出它所屬的廬江郡，並且還說出了它所屬的東陵鄉，言之鑿鑿，說明這個縣是存在的。那麼，同樣為上述五志所不載的牛渚縣和姑熟縣，我們也沒有理由否定它們的建置。

學者們認為牛渚是山名，不錯，牛渚圻（磯）或牛渚山是存在的。牛渚圻首見於唐《通典》，但比《通典》早得多的《越絕書》卷八所記秦始皇到會稽的路程中已有牛渚的記載：「道度牛渚，奏東安，東安，今富春，丹陽、溧陽、鄣故，餘杭，軻亭南，東奏槿頭，道度諸暨，大越。」上述路程中的地名，一望而知，都是城邑。則牛渚作為一個城邑，在先秦即已存在。到了三國時代，據《吳書・全琮傳》：「得精兵萬人，出屯牛渚。」則牛渚已是一個可以屯兵萬人的重鎮。《通鑑地理通釋》卷十二說：「孫皓時，以何植為牛渚督。」這是全琮在此屯兵萬人的旁證。到了東晉，牛渚就升格為一個僑州的州治，據《通鑑》晉穆帝永和十一年（西元三五五年）「鎮壽春」胡三省注：「南渡初，祖逖以豫州刺史，治譙城；永昌四年，祖約退屯壽春；成帝咸和四年，庾亮以豫州刺史，治蕪湖；咸康四年，毛寶以豫州刺史，治邾城；永和元年，趙胤以豫州刺史，治牛渚。」這段注文清楚說明，牛渚在四世紀中期曾經作豫州這個僑州的州治。豫州這個僑州是數經播遷的，但曾經作過州治的譙、蕪湖、邾三地，都是見於〈兩漢志〉的縣名，則牛渚縣為〈兩漢志〉所遺漏，大概可以無疑。

用《水經注》校勘《漢書》，不僅縣名可得補正，比縣名少得多的郡名也能校補。例如〈渠水〉中的一段《注》文：「（陳縣）城內有漢相王君造『四縣邸碑』，文字剝缺，不可悉識，其略曰：惟茲陳國，故曰淮陽郡云云。」如上文，則淮陽在漢代曾經建郡，但《漢書・地理志》僅列淮陽國，無此郡名。又在〈睢水〉中的一段《注》文：「相縣，故宋地也；秦始皇二十三年，以為泗水郡，漢高帝四年，改曰沛郡，治此。漢武帝元狩六年，封南越桂林監居翁為侯國，曰湘成也。王莽更名，郡曰吾符，縣曰吾符亭。」這裡，《水經注》把相縣數百年來的歷史沿革，地名變遷，寫得完整明白，一目了然。如和《漢書・地理志》對比一下，相縣之下，只有「莽曰吾符亭」一語。所以《水經注》記載的郡縣沿革勝過《漢書・地理志》，實非虛語。

除了〈兩漢志〉以外，《水經注》郡縣記載，對《晉書・地理志》也具有很大的校勘、補正價值。現在通行的《晉書》是唐太宗領銜主修的，比《水經注》晚出得多，但在不少地方仍有賴於酈注的修補。例如卷三十五〈江水〉記及：「晉咸和中，庾翼為西陽太守。」但《晉書・地理志》卻失記西陽郡名。我們可以列舉《水經注》記載有建置年代的晉朝縣份，卻都不見於《晉書》。例如卷三十五〈江水〉：

「沌水上承沌陽縣之太白湖……有沌陽都尉治。晉永嘉六年，王敦以陶侃為荊州，鎮此。」〈沫水〉：「靈道縣，一名靈關道……縣有銅山，有利慈渚。晉太始九年，黃龍二見于利慈池，縣令董玄之率民吏觀之，以白刺史王濬，晉朝改護龍縣也。」〈澧水〉：「澧水又逕渫陽縣，右會渫水，水出建平郡，東逕渫陽縣南，晉太康中置。」〈贛水〉：「循水出艾縣西，東北逕豫寧縣，故西安也，晉太康元年更從今名。」

上列各例中的沌陽、護龍、渫陽、豫寧四縣，按《水經注》所記，明明都是有建置年代可考的晉代縣名，但《晉書・地理志》均失載。清朝畢沅根據《水經注》等書的記載，撰成《晉書地理志新補正》五卷，他在此書序中說：「撰《晉書》者，王隱、虞預、臧榮緒、謝靈運、干寶諸家，其王隱《晉書・地道記》及不著姓氏《晉書・地理志》與《晉地記》，見于酈道元《水經注》，類皆搜采廣博，十倍于今。」這說明《水經注》之所以能夠糾正史之謬，補正史之缺，是由於它的「搜采廣博」。

以上所述的是《水經注》在歷史學研究中的價值，不過略舉數端而已。與歷史學有關的科學技術史，特別是水利史，《水經注》也能提供大量資料。《注》文中記載了許多水利工程，內容詳細，舉凡工程的主要結構、工程效益、修建過程等，對今天的水利史研究都甚有裨益。此外，《水經注》記載了大量不同性質、不同時代、不同風格和不同建造技巧的古代建築。這在我國的建築史研究中具有重要意義。《水經注》記載了許多古代宮殿，如〈渭水〉中的阿房宮、建章宮、未央宮等，都是名聞遐邇的高大建築。即使是一般建築，也是各具風格，很有值得研究之處。例如〈漯水〉中「白臺」，《注》文說：「臺甚高廣，臺基四周列壁，閣道自內而升。國之圖篆祕籍，悉積其下。」由此可知，白臺是北魏的檔案庫。閣道自內而升，不僅安全，並且升登方便。而臺基四周列壁，除了從檔案庫的安全考慮外，還可以增加臺在外觀上的雄偉。

卷二十八〈沔水〉中記載了南北朝初期建於郢城的大暑台：「秀宇層明，通望周博，遊者登之，以暢遠情。」說明此臺的設計者非常重視臺的視野。即所謂「通望周博」。這是一座別具風格的建築物。《水經注》對我國古代的園林建築有大量記載，例如〈穀水〉中記載的芳林園和華林園，《注》文描寫得十分細膩，舉凡園林的結構布局，園林內部的土石山水，亭臺樓閣，都敘述得非常明白。對研究我國古代的造園藝術，具有重要的價值。

甚至對一般的祠廟寺觀，《水經注》也常從建築物的角度進行記載，〈鮑丘水〉中記載的土垠縣觀雞寺即是其例：「(觀雞)水東有觀雞寺，寺內起大堂，甚高廣，可容千僧。下悉結石為之，上加塗塈，基內疎通，枝經脈散，基側室外，四出爨火，炎勢內流，一堂盡溫，蓋以此土寒嚴，霜氣肅猛，出家沙門，率皆貧薄，施主慮闕道業，故崇斯構，以是志道者多栖托焉。」這個觀雞寺，其建築不僅擁有可容千僧的大堂，又具有適於低溫地區的這種特殊的取暖保溫結構，確是我國古代建築中的卓越創造。像這樣一類的例子，在《水經注》全書中不勝枚舉。

《水經注》的許多記載，對今日考古學的研究也很有裨益。近年以來，我國考古學界曾利用此書記載，獲得許多研究的線索和成果。以我國古代的佛塔建築為例，古代的不少佛塔，由於年久塌圮，考證困難。但《水經注》在這方面的記載，使考古學者在考古發掘中獲得了可以對證的文字依據。例如〈穀水〉中記載的洛陽永寧寺九層浮圖：「(渠)水西有永寧寺，熙平中始創也。作九層浮圖，浮圖下基方十四丈，自金露槃下至地四十九丈，取法代都七級，而又高廣之。雖二京之盛，五都之富，利剎靈圖，未有若斯之構。」這座浮圖建於北魏熙平元年(西元五一六年)，到永熙三年(西元五三四年)，就被大火燒毀，其存在時間還不到二十年。所以除了酈道元目擊記載以外，其他記載極少，而且多是第二手材料。中國科學院考古研究所洛陽工作隊，根據《水經注》記載的資料，對洛陽城進行了考古發掘，在一九七三年發表了〈漢魏洛陽城初步勘查〉一文，對於永寧寺浮圖的結論是：「這與《水經注》所載永寧寺浮圖下基方十四丈面積近似。」這說明《水經注》記載的翔實可靠，它對今日的考古發掘工作很有價值。

《水經注》是我國第一部比較系統而完整的著錄我國古代金石碑版的著作，為金石學和碑版學的研究提供了大量資料。全書記載的各種金石碑版共達三百五十七種，其內容包括河川、水利、山嶽、交通、城邑、經界、地名、建築、經籍、歷史、人物、祠廟、陵墓等等。《水經注》記載的金石碑版，事實上就是一部從上古到北魏的金石錄。在《水經注》以前，我國沒有專門研究金石碑版的著作，在《水經注》以後，我國專門研究金石碑版的著作以宋歐陽修的《集古錄》、南宋趙明誠的《金石錄》為著名。這些後來的金石彙編，雖然搜集的數量比《水經注》大得多，但在時間上要比《水經注》晚五百年以上。酈道元所目擊的金石碑版，到那時絕大部分不僅早已損毀，就是拓本也多未流傳。所以《水經注》著錄的古代金石碑版，在這些後來的金石彙編中，大都已不存在。例如有關河川水利的金石碑版，《水經注》著錄的從上古到北魏，總數超過二十種，但《集古錄》和《金石錄》在同一時代都沒有這一類金石碑版的著錄。足見《水經注》著錄的金石碑版在金石、碑版學研究中的重要意義。

《水經注》全書指名引用的古代文獻達四百八十種。這是《水經注》對後世文獻學研究的重要貢獻。在《水經注》引用的古代文獻中，有很大一部分現在都早已亡佚。其中有的古籍，如三國魏蔣濟《三州論》，晉庾仲雍《漢水記》等，除《水經注》外，絕未見他書著錄；有的古籍，如《林邑記》，《漢武帝故事》等，所引內容，除《水經注》外，絕未見他書引及。所以都是價值連城的資料。多少年來，學者在考據、校勘、輯佚等許多文獻學研究中，實際上已經大量地利用了《水經注》的成果。《水經注》對於後世文獻學的價值不言而喻。

此外，《水經注》對我們古代民族、宗教、藝術等許多方面的研究工作，都有重要的意義，這裡就不再逐一贅述了。

陳橋驛

校上案語

【題解】《水經注》版本甚多，本書底本採用當前最好的武英殿聚珍版本（殿本），亦即清戴震校注的《四庫全書》本。《四庫全書》收書達三千五百零三種，每書校注完成後，都有一篇簡短的〈提要〉供乾隆過目。後來由永瑢和紀昀於乾隆四十六年（西元一七八一年）將各書（包括收錄的和存目的）〈提要〉彙編成《四庫全書總目提要》二〇〇卷。由於戴震在《水經注》的校注中，《經》文和《注》文下也常有案語，所以我的校本就把〈提要〉稱為〈校上案語〉，以示與「注內案語」的區別。〈校上案語〉由總纂官紀昀等署名呈上，但其實是校注者戴震的作品，紀昀不過略或修潤而已，各書〈提要〉大都如此。這篇〈校上案語〉如前面〈導讀〉中指出，是一篇很不老實的文章，但其中也包括了戴震校勘的重要成果。這裡僅作注，不作語譯。

臣等謹案：《水經注》四十卷，後魏酈道元撰。道元字善長，范陽人，官至御史中尉。自晉以來，注《水經》者凡二家，郭璞注三卷，杜佑作《通典》時猶見之，今惟道元所注存。《崇文總目》稱其中已佚五卷，故《元和郡縣志》、《太平寰宇記》所引滹沱水、洛水、涇水，皆不見於今書。然今書仍作四十卷，疑後人分析以足原數也。是書自明以來，絕無善本，惟朱謀㙔所校盛行於世，而外謬亦復相仍❶。今以《永樂大典》所引，各案水名，逐條參校❷，非惟字句之訛，層出疊見，其中脫簡，有自數十字至四百餘字者。其道元〈自序〉一篇，諸本皆佚，亦惟《永樂大典》僅存❸。蓋當時所據，猶屬宋槧善本也❹。謹排比原文，與近本鉤稽校勘，凡補其闕漏者，二千一百二十八字；刪其妄增者，一千四百四十八字；正其臆改者，三千七百一十五字。神明煥然，頓還舊觀。三、四百年之疑竇，一旦曠若發蒙。是皆我皇上稽古右文，經籍道盛，瑯嬛宛委之祕，嚮然並臻，遂使前代遺編，幸逢昌運，發其光于蠹簡之中，若有神物撝呵，以待聖朝而出者，是亦曠世之一遇矣。至於《經》文《注》語，諸本率多混淆，今考驗舊文，得其端緒：凡水道所經之地，《經》則云過，《注》則云逕；《經》則統舉都會，《注》則兼及繁碎地名；凡一水之名，《經》則首句標明，後不重舉，《注》則文多旁涉，必重舉其名以更端；凡書內郡縣，《經》則但舉當時之名，《注》則兼考故城之迹。皆尋其義例，一一釐定，各以案語，附于下方。至塞外群流，江南諸派，道元足跡皆所未經，故於灤河之正源，三藏水之次序，白檀、要陽之建置，俱不免附會乖錯，甚至以浙江妄合姚江，尤為傳聞失實。自我皇上命使履視，盡得脈絡曲折之詳。

御製《熱河考》、《灤源考證》諸篇，為之抉摘舛謬，條分縷擘，足永訂千秋耳食沿訛。謹錄弁簡端，永昭定論。又《水經》作者，《唐書》題曰桑欽，然班固嘗引欽說，與此《經》文異；道元《注》亦引欽所作《地理志》，不曰《水經》。觀其涪水條中，稱廣漢已為廣魏，則決非漢時；鍾水條中，稱晉寧仍曰魏寧，則未及晉代。推尋文句，大抵三國時人❺。今既得道元〈原序〉，知並無桑欽之文，則據以削去舊題，亦庶幾闕疑之義爾。乾隆三十九年十月恭校上。

總纂官侍讀臣　紀　昀

侍讀臣　陸錫熊

總修官舉人臣　戴　震

【注　釋】❶惟朱謀㙔所校二句　此處所謂朱謀㙔本，即是成書於明萬曆四十三年（西元一六一五年）的《水經注箋》。〈案語〉說此書「舛謬亦復相仍」，屬於有意貶低。在清初各種佳本尚未問世之時，學者對此書曾有很高評價。如顧炎武稱此為「三百年來一部書」（清閻若璩《古文尚書疏證》卷六下），意謂明朝一代中的佳作。直到民國初年，王國維在《朱謀㙔水經注箋跋》（《觀堂集林》卷十二）文中仍讚揚此書：「朱氏之箋，實大有功于酈書。」以後全、趙、戴三家所校，雖然超過朱氏甚多，但都是在朱氏的基礎上提高的。❷今以永樂大典所引三句　《永樂大典》按韻分割的編纂體例是學者都知道的，所以〈河水〉可能收入於「五歌」韻下，〈江水〉則收入於「三江」韻下。乾隆帝當然翻閱過《永樂大典》，因而對戴震此語毫不懷疑。特製〈六韻〉以褒戴震之功。〈六韻〉中有「笑他割裂審無術」一句，即是批評《大典》體例之語。此句下乾隆自注：「《永樂大典》所載之書，類多散入各韻，分析破碎，殊無體例，是書亦其一也。」但後來《大典》公之於世，學者發現《水經注》

一書並不按各水之名入韻，而是按「水」字將全書收入於「八賄」韻下，絕未破碎割裂。所以近人張元濟在《永樂大典本水經注跋》文中指出乾隆〈六韻〉的錯誤：「余誦其言（按指〈六韻〉），初疑必以一水名分列一韻，今睹是本，乃知不然，于此益信為學之道之不可以耳食矣。」戴震在〈校上案語〉中作此虛構之言，可為文人無行的例子。❸僅存　顯係誇大之詞。除《永樂大典》外，此〈序〉尚存於盧文弨所見武進臧氏絳雲樓所得宋本，趙一清所見孫潛夫過錄明柳大中本等，但以《大典》本最為完整。❹蓋當時所據二句　「宋槧善本」的話不確。前輩學者已論定宋槧《水經注》無善本。清全祖望《五校鈔本》卷首〈題辭〉：「今世得一宋槧，則校書者憑之，以為鴻寶。宋槧雖間有誤，然終不至大錯也。而獨不可以論于《水經》，蓋《水經》初雕時，已不可問矣。」後來傅增湘於民國初年獲得一種宋刊殘本（共十二卷，首尾完整的僅十卷，存北京圖書館），確實《經》、《注》混淆，而缺佚與《大典》本同。證明了全祖望所說屬實。❺大抵三國時人　楊守敬已考定是三國魏人所作，證據確鑿。他在《水經注疏凡例》中指出：「〈沔水〉《經》『東過魏興安陽縣南』，魏興為曹氏所立之郡，《注》明言之。趙氏疑此條為後人所續增，不知此正魏人作《經》之明證。古淇水入河，至建安十九年，曹操始遏淇水東入白溝，而《經》明云：『東過內黃縣南為白溝』。此又魏人作《經》之切證。……」

序

【題解】酈道元作《水經注》原來有〈序〉，後來因為輾轉傳鈔，現存的大多數版本都失落了此〈序〉。但也有一些明、清酈學家從宋本中看到或錄出此〈序〉。清盧文弨撰《群書拾補》，說他在武進臧氏絳雲樓宋本中見到此〈序〉，共四百八十一字。清趙一清《水經注釋》，卷首有此〈序〉，是從清孫潛鈔錄明柳大中鈔自宋本的，但僅二百五十六字。現在所錄的此〈序〉，來自清《四庫全書》本，《四庫全書》則來自明《永樂大典》。戴震在四庫館校勘《水經注》，從當時僅存於四庫館中的《永樂大典》錄得此〈序〉，共四百八十四字，是至今尚存的《水經注序》中最完整的一篇。

〈序〉曰：《易》❶稱天以一生水，故氣微于北方，而為物之先也。《玄中記》❷曰：天下之多者，水也，浮天載地，高下無所不至，萬物無所不潤；及其氣流屆石，精薄膚寸，不崇朝而澤合靈宇者，神莫與竝矣。是以達者不能測其淵沖，而盡其鴻深也。昔《大禹記》❸著山海，周而不備；〈地理誌〉❹其所錄，簡而不周；《尚書》、《本紀》❺與〈職方〉❻俱略；都賦❼所述，裁不宣意；《水經》雖粗綴津緒，又闕旁通。所謂各言其志，而罕能備其宣導者矣。今尋圖訪賾者，極昤州域之說，而涉土遊方者，寡能達其津照，縱髣髴前聞，不能不猶深屏營也。

余少無尋山之趣，長違問津之性，識絕深經，道淪要博，進無訪一知二之機，退無觀隅三反之慧。獨學無聞，古人傷其孤陋；捐喪辭書，達士嗟其面牆。默室求深，閉舟問遠，故亦難矣。然毫管闚天，歷筩時昭，飲河酌海，從性斯畢。竊以多暇，空傾歲月，輒述《水經》，布廣前文。《大傳》❽曰：大川相間，小川相屬，東歸于海。脈其枝流之吐納，診其沿路之所躔，訪瀆搜渠，緝而綴之。《經》有謬誤者，考以附正文所不載；非經水常源者，不在記注之限。但緜古芒昧，華戎代襲，郭邑空傾，川流戕改，殊名異目，世乃不同，川渠隱顯，書圖自負，或亂流而攝詭號，或直絕而生通稱，枉渚交奇，洄湍決澓，躔絡枝煩，條貫系夥。十二經通，尚或難言，輕流細漾，固難辯究，正可自獻逕見之心，備陳輿圖之說，其所不知，蓋闕如也。所以撰證本《經》，附其枝要者，庶備忘誤之私，求其尋省之易。

【注釋】❶易　指《周易・繫辭上》：「天一地二。」《尚書・洪範》：「水曰潤下。」《正義》：「天一生水。」酈道元說「《易》稱天一生水」，是概括言之。其實「天一生水」是《尚書正義》中的話。但古人熟悉古書，所以酈道元可以概括幾種書的話。❷玄中記　書名。〈江水注〉、〈夷水注〉也引及此書，但歷來不見於公私著錄，不知撰者和年代，已亡佚。今僅存清馬國翰《玉函山房輯佚書》輯本（以後簡稱馬氏輯本）。❸大禹記　書名。有的版本作《大禹經》，未見歷來公私著錄，不知撰者和年代，已亡佚。❹地理誌　即〈地理志〉。西漢桑欽撰有《地理志》，其書已亡佚。班固撰《漢書》，其中有〈地理志〉，是正史（二十四史）有「地理志」之始。此處所指「地理誌」，是桑欽所撰抑班固所撰，不詳。❺本紀　書名。或即《禹本紀》，早已亡佚。但司馬遷曾見此書，《史記・大宛列傳》太史公曰：「《禹本紀》言河出崑崙。」❻職方　篇名。是《尚書》中的一篇，約成書於戰國時代。其書體例與〈禹貢〉相似，分天下為九州，記敘各州山川地理等。但九州州名，與〈禹貢〉稍有不同。❼都賦　古代文字的一種體裁，即詩詞歌賦的「賦」。《水經注》曾引及〈蜀都賦〉、〈西京賦〉、〈東京賦〉、〈南都賦〉、〈齊都賦〉、〈魯都賦〉、〈趙都賦〉、〈吳都賦〉等多篇。原文均已亡佚，今僅存後人輯本。❽大傳　書名。全稱《尚書大傳》，《漢書・藝文志》著錄四十一篇，西漢伏生撰。全書早已亡佚，今存後人編輯之本。《四庫全書》有《尚書大傳》四卷，補遺一卷。

【語　譯】〈序〉說：《易經》說，天以太一化生為水，所以氣發微於北方，成為萬物的開始。《玄中記》說：天下最多的東西是水，天上浮著的，地上載著的，無論高處低處，它無處不到達；世上萬物，無不受它滋潤。待到它的精氣流動時，觸及巖石的紋理而出，渾然無間地融成一體了，於是頃刻天地間就普降甘霖，連神明也難以企及。所以博學多聞之士也不能探測它的淵深，完全了解它的奧祕。從前《大禹記》所記載的山海，雖然包羅萬象，卻並不詳盡；〈地理志〉的記述，簡約而不夠全面；《尚書》、《本紀》與〈職方〉，都很簡略；都賦的描述，限於體裁，也不能把意思說得很清楚；《水經》雖然大致上把河流的頭緒理清了，卻又缺少論述其間相通的地方。這真是所謂各說各的話，但很少能詳盡透徹地疏通其間的關係。現在按地圖尋訪舊跡的人，關於州郡疆域的闡述都聽得極其詳盡了，而周遊五湖四海的旅行家，也很少能夠獲得河道變動的根據，縱使與先前所知的情況彷彿相似，但還是不能不深感無所適從。

我年少時沒有尋訪名山的興趣，長大以後也不大有探索江河的愛好。論學識，沒有讀過艱深玄奧的經典；論修養，又缺少專精淵博的學問。欲進，沒有見其一而知其二的機靈；思退，又沒有觀一隅而推見三隅的睿智。獨自為學而見聞狹隘，古人以孤陋寡聞而傷懷；喪失了經史典籍，通達之士也為不學無術而咨嗟。默坐靜室欲求達到高深的造詣，泊舟涯岸要想知道遠地的情形，也是難以辦到的。可是以細管窺天，從竹筒裡有時也可以看得很分明；喝幾口江河裡的水，其屬性如何也是完全可以了解的。我想閒暇的時間頗多，虛度年華也是可惜，於是就來闡述《水經》，為前人的著述作一番旁徵博引。《大傳》說：大河彼此相間隔，小河相互連在一起，滾滾東流，奔向大海。我就來探尋支流的匯入和分出，觀察其沿途所經的路線，多方考察，搜集資料，加以整理。《水經》有錯誤的地方，就加以訂正；典籍中未見記載的，不屬常流不斷的水源，在記述作注時，也不加限制。但遠古的事渺茫難知，華胡各民族的皇朝相互嬗替，其間城邑荒廢，河流改道的情況不少，各個時代河流名稱又更改無常，異名也很多。同時河渠也有隱有顯，各種地理書籍的輿圖本身就不相一致。有的交錯亂流因而帶上別名，有的徑直穿過因而產生通稱。水灣縈紆交錯，水流沖決河道重又回流，水網錯綜複雜，頭緒紛亂如麻。縱然通讀了十二經，能不能釐清還很難說，至於小溪細流，本來就是很難講得清楚，說得明白的。情況既然如此，所以我正可以奉獻上個人的一點心得，詳細陳述地理學家的論點，至於我所不知道的，就只好略而不論了。我之所以根據《水經》撰文論證，並附記支流及其重要資料，無非是聊供自己參考，以求查閱方便罷了。

卷一

河水

【題解】河水即今黃河。在古代，「河」是黃河的專名，「江」是長江的專名。「河」、「江」，與現在淮河的「淮」，珠江的「珠」一樣。當時河流的通名為「水」，黃河稱「河水」，長江稱「江水」。以後才逐漸把「河」、「江」兩字作為河流的通名。「黃河」一名在〈河水〉各卷中也出現過五次，但在這五處中，「河」仍是專名，「黃」只是說明當時這條河流已經黃濁。這五處「黃河」，與今天的黃河是兩種不同的概念。〈河水〉共分五卷，是全部《水經注》中最長的一篇。

按照《水經注》的體例，全書四十卷，有的是數卷共敘一水（如〈河水〉、〈濟水〉、〈渭水〉、〈沔水〉、〈江水〉），有的是一卷專敘一水（如〈灅水〉、〈汝水〉、〈淮水〉），而多數則是一卷共敘數水。本書的體例，通常是，凡數卷合敘一水的，每卷作為一篇；一卷專敘一水的，一卷作為一篇；一卷合敘數水的，則不論河流大小，每水各作一篇。

唯一例外的就是卷一〈河水〉與卷二〈河水〉，因為這二卷與全書其他三十八卷的體例不同。卷一〈河水〉全卷七千餘言，內容並不專敘黃河，而是包括了三個不同的部分，也就是三篇。第一篇是黃河概述，第二篇是今印度概述和佛陀故事，第三篇是崑崙傳說。三篇之中雖然有些枝節上的穿插，但各篇的內容主旨是完整的。所以點校語譯本在全書四十卷中，卷一與卷二和別卷不同，卷一作三篇處理，卷二作兩篇處理。

第一篇

崑崙❶墟在西北，

1 三成為崑崙丘。《崑崙說》❷曰：崑崙之山三級，下曰樊桐，一名板桐；二曰玄圃，一名閬風；上曰層城，一名天庭，是為太帝之居。

去嵩高❸五萬里，地之中也。

2 《禹本紀》❹與此同。高誘❺稱：河出崑山❻，伏流地中萬三千里，禹導而通之，出積石山。按《山海經》，自崑崙至積石千七百四十里。自積石出隴西郡至洛，準地志可五千餘里。又按《穆天子傳》❼，天子自崑山入于宗周，乃里西土之數，自宗周瀍水以西，至于河宗之邦、陽紆之山，三千有四百里，自陽紆西至河首四千里，合七千四百里。《外國圖》❽又云：從大晉國正西七萬里，得崑崙之墟，諸仙居之。數說不同，道阻且長，經記緜褫，水陸路殊，徑復不同，淺見末聞，非所詳究，不能不聊述聞見，以誌差違也。

其高萬一千里，

3 《山海經》稱：方八百里，高萬仞。郭景純❾以為自上二千五百餘里，《淮南子》⑩稱：高萬一千里百一十四步三尺六寸。

4

河水

《春秋說題辭》⑪曰：河之為言荷也，荷精分布，懷陰引度也。《釋名》⑫曰：河，下也，隨地下處而通流也。《考異郵》⑬曰：河者，水之氣，四瀆之精也，所以流化。《元命苞》⑭曰：五行始焉，萬物之所由生，元氣之腠液也。《管子》⑮曰：水者，地之血氣，如筋脈之通流者，故曰水具財也。五害之屬，水最為大，水有大小，有遠近，水出山而流入海者，命曰經水；引佗水入于大水及海者，命曰枝水；出于地溝，流于大水，及于海者，又命曰川水也。《莊子》⑯曰：秋水時至，百川灌河，經流之大。《孝經援神契》⑰曰：河者，水之伯，上應天漢。《新論》⑱曰：四瀆之源，河最高而長，從高注下，水流激峻，故其流急。徐幹《齊都賦》⑲曰：川瀆則洪河洋洋，發源崑崙，九流分逝，北朝滄淵，驚波沛厲，浮沫揚奔。《風俗通》⑳曰：江、河、淮、濟為四瀆。瀆，通也，所以通中國垢濁。《白虎通》㉑曰：其德著大，故稱瀆。《釋名》曰：瀆，獨也。各獨出其所而入海。

出其東北陬，

5 《山海經》曰：崑崙墟在西北，河水出其東北隅。《爾雅》曰：河出崑崙虛，色白，所渠并千七百一川，色黃。《物理論》㉒曰：河色黃者，眾川之流，蓋濁之也。百里一小曲，千里一曲一直矣。漢大司馬張仲議曰㉓：河水濁，清澄一石水，六斗泥，而民競引河溉田，令河不通利。至三月，桃花水㉔至則河決，以其噎不洩也。禁民勿復引河，是黃河兼濁河之名矣。《述征記》㉕曰：盟津、河津恆濁，方江為狹，比淮、濟為闊，寒則冰厚數丈。冰始合，車馬不敢過，要須狐行，云此物善聽，冰下無水乃過，人見狐行，方渡。余按《風俗通》云：里語稱狐欲渡河，無如尾何。且狐性多疑，故俗有狐疑之說。亦未必一如緣生之言也。

屈從其東南流，入渤海。

6 《山海經》曰：南即從極之淵也，一曰中極之淵，深三百仞，惟馮夷㉖都焉。《括地圖》㉗曰：馮夷恆乘雲車駕二龍。河水又出于陽紆、陵門之山，而注于馮逸之山。《穆天子傳》曰：天子西征，至陽紆之山，河伯馮夷之所都居，是惟河宗氏，天子乃沉珪璧禮焉。河伯乃與天子披圖視典，以觀天子之寶器，玉果、璇珠、燭銀、金膏等物，皆《河圖》㉘所載，河伯以禮，穆王視圖，方乃導以西邁矣。粵在伏羲，受《龍馬圖》㉙于河，八卦是也。故《命歷序》㉚曰：《河圖》，帝王之階，圖載江河、山川、州界之分野。後堯壇于河，受《龍圖》，作《握河記》㉛。逮虞舜、夏、商，咸亦受焉。

7 李尤《盟津銘》㉜：洋洋河水，朝宗于海，徑自中州，《龍圖》所在。《淮南子》曰：昔禹治洪水，具禱陽紆，蓋于此也。高誘以為陽紆秦藪，非也。釋氏《西域記》㉝曰：阿耨達太山㉞，其上有大淵水，宮殿樓觀甚大焉。山，即崑崙山也。

【篇　旨】此篇包括「崑崙墟在西北」、「去嵩高五萬里，地之中也」、「其高萬一千里」、「河水」、「出其東北陬」四條《經》文及《經》文「屈從其東南流，入渤海」下的一段。《注》文述及崑崙山的若干傳說，但主要內容在於黃河的發源、水文及其他概況。

【注　釋】❶崑崙　《水經》與《水經注》均從「崑崙」開篇，但並不對此詞作出解釋。「崑崙」是一個外來語，成書於戰國時代的《山海經》和〈禹貢〉都已記及此名，故這個外來語地名很早就已傳入華夏，一直作為一種神話地名。直到漢武帝時，才因一些附會的湊合，把于闐（今新疆和田）南山定為崑崙山，也就是當今地圖上的崑崙山。正是因為「崑崙」不是漢語，所以此名從西域到南海多有出現，而且迻譯紛歧。僅《水經注》同書中就有「金陳」（〈河水注〉一）、「金潾」（〈溫水注〉）等不同音譯。〈溫水注〉也有把「崑崙」作為人名或族名的。岑仲勉在〈南海崑崙與崑崙山之最初譯名及其附近諸國〉（《中外史地考證》上冊，中華書局，一九六二年出版）文中，又以「金鄰」為「崑崙」的別譯：「金鄰之還原當作 Kumran 或 Kunrun，……崑崙國與 Kaurun 之即金鄰，蓋無致疑之餘地。」元汪大淵《島夷志略》敘今越南湄公河口的崑崙島：「古者崑崙山又名軍屯山。」故「崑崙」又譯「軍屯」。❷崑崙說　書名。未見歷來公私著錄，不知何代何人所撰，已亡佚。❸嵩高　指今河南嵩山。《史記・封禪書》：「昔三代之君皆在河洛之間，故嵩高為中嶽。」❹禹本紀　書名。未見歷來公私著錄。本書〈序〉中言及的《本紀》疑亦即此書。司馬遷曾見此書，亡佚已久。❺高誘　東漢末涿郡人，曾為《戰國策》、《呂氏春秋》、《淮南子》等書作注。此文引自《淮南子・墬形》。❻崑山　即崑崙山的簡稱。《史記・趙世家》：「昆山之玉不出。」或是這種簡稱之始。❼穆天子傳　書名。《隋書・經籍志》著錄六卷。西晉太康二年（西元二八一年），汲郡（今河南汲縣西）人不准，盜發戰國魏襄王墓，得竹簡數十車，除《竹書紀年》外，並有《穆天子傳》五篇，內容為周穆王西遊見西王母故事，純係神話。此書中曾八次提及「崑崙」，但不稱山。❽外國圖　書名。隋唐諸志不著錄，不知何代何人所撰，已亡佚，《後漢書注》、《文選》、《藝文類聚》等引及。❾郭景純　名璞（西元二七六～三二四年），晉河東（今山西）聞喜人。著述甚多，尤以注釋古書著名。曾注《穆天子傳》、《山海經》、《楚辭》、《爾雅》等。❿淮南子　書名。《漢書・藝文志》著錄〈內篇〉、〈外篇〉共五十四卷，漢劉安撰。今存版本較多，以清王念孫精校本為較佳。⓫春秋說題辭　書名。不見於歷來公私著錄，不知何代何人所撰，已亡佚。今有《漢學堂叢書》等輯本。⓬釋名　書名。《隋書・經籍志》著錄八卷，東漢劉珍撰，劉熙續。內容有〈釋天〉、〈釋地〉、〈釋山〉、〈釋水〉等三十篇，已殘佚，僅存二十七篇。⓭考異郵　書名。是《春秋考異郵》的略稱。〈漢志〉及隋唐諸志皆不著錄，不知何代何人所撰，已亡佚。今有《漢學堂叢書》等輯本。⓮元命苞　書名。是《春秋元命苞》的略稱。〈漢志〉及隋唐諸志皆不著錄，不知何代何人所撰，已亡佚。今有《漢學堂叢書》等輯本。⓯管子　書名。《漢書・藝文志》著錄八十六篇，春秋管仲所撰。管仲（西元？～前六四五年），字夷吾，潁上（今安徽境）人。一說是後人託他之名的著作。今存七十六篇，內容廣泛，包括天文、曆數、輿地、經濟、農業等。⓰莊子　書名。《漢書・藝文志》著錄五十二篇，戰國莊周撰。莊周（西元前三六九～前二八〇年），宋國蒙城（今安徽蒙城）人。原書缺佚多篇，今存〈內篇〉七，〈外篇〉十五，〈雜篇〉十一。⓱孝經援神契　書名。曾樸〈補後漢書藝文志〉著錄十二卷，東漢翟酺撰，已亡佚。今存馬氏輯本二卷。翟酺，字子超，廣漢雒（今四川彭縣）人。⓲新論　書名。《隋書・經籍志》著錄共十七卷，二十九篇，東漢桓譚（約西元前四〇～約三二年）撰，已亡佚。因晉夏侯湛亦撰《新論》，故〈河水注〉所引《新論》，是桓書抑夏侯書，不得而知。⓳齊都賦　詩賦名。東漢末徐幹撰。徐幹（西元一七一～二一八年），字偉長，北海（今山東昌樂西）人，建安七子之一。《隋書・經籍志》著錄《徐幹集》五卷，原書已亡佚。清嚴可均輯有《徐幹集》，此賦在內。⓴風俗通　書名。《隋書・經籍志》著錄作《風俗通義》三十一卷，東漢應劭撰。應劭，字仲瑗（遠），汝南南頓（今河南項城西）人。清嚴可均有輯本，較完整。㉑白虎通書名。〈隋志〉著錄，不著撰人。〈新唐志〉著錄作《白虎通義》六卷，東漢班固等撰。班固（西元三二～九二年），字孟堅，扶風安陵（今陝西咸陽附近）人。已缺佚，今本尚存四卷。㉒物理論　書名。《舊唐書・經籍志》著錄十六卷，晉楊泉撰，已亡佚，今有清孫星衍及黃爽等輯本。㉓漢大司馬張仲議曰　殿本戴震案：「《漢書》，大司馬史長安張戎。師古曰：《新論》云字仲功。此脫『史』、『功』二字。」張戎，見《漢書・溝洫志》。㉔桃花水　春日桃花開時，「眾流猥集，波瀾盛長」（《漢書・溝洫志》顏師古注），謂之「桃花水」，又稱「桃花汛」。㉕述征記　書名。《隋書・經籍志》著錄二卷，南朝宋郭緣生撰，已亡佚。㉖馮夷　即河伯，傳說中的黃河河神。以下《注》文中有「河伯馮夷」語。㉗括地圖　書名。隋唐諸志不著錄，不知何代何人所撰，已亡佚。㉘河圖　圖名。《隋書・經籍志》著錄：「《河圖》二十卷，梁《河圖洛書》二十四卷，目錄一卷，亡。」㉙龍馬圖　即傳說中的《河圖》。《易・繫辭上》有「河出圖」句。未見歷來公私著錄。㉚命歷序　書名。即《春秋命歷序》，未見歷來公私著錄，不知撰者和撰述年代，已亡佚。今有《漢學堂叢書》等輯本。㉛握河記　書名。《注》文說是堯所著。《初學記》卷九引《帝王世紀》：「堯率諸侯群臣，沉璧于洛河，受圖書，今《尚書中候・握河記》之篇是也。」未見歷來公私著錄。《尚書中候》七卷，據《隋書・經籍志》，鄭康成曾為此書作《序》五卷，已亡佚。今有《黃氏逸書考》、《守山閣叢書》等輯本。㉜盟津銘　碑刻銘文。東漢李尤撰。李九，字伯仁，廣漢雒人。此〈銘〉為《水經注》獨引，可貴。㉝西域記　書名。也作《西域志》，隋唐諸志不著錄。據《藝文類聚》所引作釋道安《西域志》。道安是晉代人。所記多是天竺（今印度）事，已亡佚。㉞阿耨達太山　《注》文稱此山即崑崙山，岑仲勉〈水經注卷一箋校〉（《中外史地考證》上冊）注：「梵言為 Anavtapta。」此說明「崑崙」不是梵語。

【語　譯】崑崙墟在西北，

1 分為三重的山是崑崙丘。《崑崙說》說：崑崙山有三級：底下一級叫樊桐，又名板桐；第二級叫玄圃，又名閬風；頂上一級叫層城，又名天庭，是天帝的居處。

去嵩高五萬里，地之中也。

2 《禹本紀》也是這樣說。高誘說：河水發源於崑山，在地下潛流了一萬三千里，經禹疏導暢通後，才從積石山流出。按《山海經》，從崑崙到積石，計一千七百四十里，從積石出隴西郡到洛，按各種地理典籍的推算，約五千餘里。又按《穆天子傳》，周穆王從崑山到周朝京城，是按西方的里程計算的，從周朝都城瀍水以西到河神的國度陽紆山，計三千四百里；從陽紆以西到河首是四千里，共計七千四百里。《外國圖》又說：從大晉國向正西方行七萬里，就到崑崙山，仙人們都住在那裡。以上幾種說法各不相同，但路途遙遠，險阻難行，經籍記載因年代遙遠，脫略難考，水路陸路又互有差異，往返也不一樣。我見聞淺陋，沒有做過詳細的研究，只是不得不把我所見所聞隨便說一說，記下諸說互不一致的地方罷了。

其高萬一千里，

3 《山海經》說：崑崙山方圓八百里，高萬仞。郭景純以為上去有二千五百餘里。《淮南子》說：山高一萬一千里一百一十四步三尺六寸。

河水

4 《春秋說題辭》說：河，意思就是載荷。載荷著天地的精氣，分布到四方，懷藏著屬陰的水，引導它流向各處。《釋名》說：河，就是下，沿著地勢低窪處流動。《考異郵》說：河是水的精氣，四瀆的精華，全仗它的流布來化育萬物。《元命苞》說：五行始於水，萬物賴水而生，水是元氣的血液。《管子》說：水是大地的血氣，正像血液在筋脈裡流通一樣，所以說水能提供財貨。五害之類以水為最嚴重。水有大有小，有遠有近。水從山間流出，奔流入海的，叫經水；引導別的水匯入大水，流向海洋的，叫枝水；從地溝流出來，流入大水而流到海洋的，叫川水。《莊子》說：秋水應時而至，百川都灌注入河水，經水流量十分洪大。《孝經援神契》說：河在諸水中居首位，與天上的銀河相對應。《新論》說：四瀆的源頭，以河為最高最長，它從高處奔流而下，水勢迅猛，所以水流湍急。徐幹〈齊都賦〉說：川流有浩浩湯湯的大河，發源於崑崙；九條支流分道流逝，往北匯聚於滄海。驚濤駭浪浩瀚兇猛，激起一片浮沫浪花。《風俗通》說：江、河、淮、濟合稱四瀆。瀆，意思是通，憑著這些水流疏通蕩滌中原的穢垢。《白虎通》說：這四條水流的特性都是洪大而昭著，所以稱瀆。《釋名》說：瀆就是單獨的意思，各自從所在之處單獨流出，注入大海。

出其東北陬，

5 《山海經》說：崑崙山在西北，河水發源於它的東北角。《爾雅》說：河水發源於崑崙山時，水色是澄清的，把一千七百條支流合併為一條後，水色就變得黃濁了。《物理論》說：河水之所以呈黃色，是因為眾川的水流把它弄濁的緣故。河道百里一小彎，千里有一段彎道、一段直道。漢大司馬張仲評議說：河水十分渾濁，把一石水加以澄清，含泥竟達六斗。可是民眾卻紛紛引河水灌溉田畝，弄得河也不能通航了。到了三月，桃花水一來，河就決堤，這是因為水道阻塞，排水不暢的緣故。因此下了禁令，不許民眾再引河水灌溉，於是黃河又兼有濁河之稱了。《述征記》說：盟津、河津經常是渾濁的，這些河段比江水要狹，但比淮水、濟水卻要寬闊。嚴寒的冬季，河水結冰厚達數丈。當河面剛剛封凍時，車馬還不敢過河，要待到狐狸在行走了，才敢過河。說是狐狸這種動物聽覺十分靈敏，聽到冰下沒有水流的響聲了，才敢過去；人們看見狐狸在行走了，於是也就放心過河了。我查考《風俗通》說：俗語道，狐狸想渡河，只是對那條長尾巴沒奈何。而且狐狸生性多疑，所以俗話有狐疑一詞，但也未必都像郭緣生所說的那樣。

屈從其東南流，入於渤海。

6 《山海經》說：南方是從極淵，又稱中極淵，深三百仞，是馮夷的居處。《括地圖》說：馮夷常常乘坐雲車，駕著兩條龍行駛。河水又從陽紆山和陵門山流出，流向馮逸山。《穆天子傳》說：周穆王西行，到了陽紆山，那是河伯馮夷居住的地方，他就是河宗氏。穆王把圭璧投入水中，作為對河伯的獻禮。於是河伯和穆王一起批閱圖卷，審視河伯的禮物，觀看天子的寶器，如玉果、璇珠、燭銀、金膏等物，《河圖》中都有記載。這些都是河伯贈送給穆王的禮物。看過圖卷後，河伯才領穆王西行。從前伏羲也在河水上接受過《龍馬圖》，這就是八卦。所以《命歷序》說：《河圖》是帝王賴以治國的根本，圖中記載著江河、山川、州界的分野。後來堯在河上築壇，接受《龍圖》，並作《握河記》。到了虞舜、夏、商，也都接受過《河圖》。

7 李尤《盟津銘》說：浩浩湯湯的河水，匯聚於大海。它流經中州，那是《龍圖》的所在。《淮南子》說：從前禹治理洪水，親自在陽紆山禱告，說的就是這地方。高誘認為陽紆就是秦藪，他弄錯了。釋氏《西域記》說：阿耨達太山上有個很大的深池，山上宮殿樓觀十分宏大，這座山就是崑崙山。

【研析】在《水經注》以前，對黃河「重源」已有各種記載。唐杜佑批評酈道元對「重源」的錯誤不作詳正。但這是酈氏當時所無法做到的。他自己承認對此是：「淺見未聞，非所詳究。」「數說不同，道阻且長。」他對黃河河源的記敘，只是「聊述聞見」而已。但全篇對黃河的寬度和冰期等的記敘，都很有價值。如「方江為狹，比淮、濟為闊」，又如「寒則冰厚數丈」等，都是酈書以前所罕見的。特別是對於黃河的含沙量，中國古籍雖已有記敘，如《左傳》襄公八年：「《周詩》有之曰：俟河之清，人壽幾何？」但這類文字都只有性狀的描述，沒有數量的記錄。酈氏則引《漢書》「一石水，六斗泥」之語，從數量上說明了黃河的含沙量，所以值得稱道。

第二篇

1 《穆天子傳》曰：天子升于崑崙，觀黃帝之宮，而封豐隆之葬。豐隆，雷公也。黃帝宮，即阿耨達宮也。其山出六大水，山西有大水，名新頭河❶。郭義恭《廣志》曰：甘水也，在西域之東，名曰新陶水，山在天竺國西，水甘，故曰甘水。有石鹽，白如水精，大段則破而用之。康泰❷曰：安息❸、月氏❹、天竺❺至伽那調御❻，皆仰此鹽。

2 釋法顯❼曰：度葱嶺，已入北天竺境，于此順嶺西南行十五日，其道艱阻，崖岸險絕，其山惟石，壁立千仞，臨之目眩，欲進則投足無所，下有水，名新頭河。昔人有鑿石通路施倚梯者，凡度七百梯，度已，躡懸絙過河，河兩岸，相去咸八十步，九譯所絕，漢之張騫、甘英皆不至也。余診諸史傳，即所謂罽賓之境，有盤石之隥，道狹尺餘，行者騎步相持，絙橋相引，二十許里，方到懸度，阻險危害，不可勝言。郭義恭曰：烏秅之西，有懸度之國，山溪不通，引繩而度，故國得其名也。其人山居，佃于石壁間，累石為室，民接手而飲，所謂猨飲也。有白草、小步馬，有驢無牛，是其懸度乎。

3 釋法顯又言：度河便到烏長國。烏長國即是北天竺，佛所到國也，佛遺足跡于此，其跡長短在人心念，至今猶爾，及曬衣石尚在。新頭河又西南流，屈而東南流，逕中天竺國，兩岸平地，有國名毗荼，佛法興盛。又逕蒲那般河。河邊左右，有二十僧伽藍❽。此水逕摩頭羅國，而下合新頭河。自河以西，天竺諸國，自是以南，皆為中國❾，人民殷富。中國者，服食與中國同，故名之為中國也。

4 泥洹已來，聖眾所行，威儀法則，相承不絕。自新頭河至南天竺國，迄于南海，四萬里也。釋氏《西域記》曰：新頭河經罽賓、犍越、摩訶剌諸國，而入南海是也。阿耨達山西南有水，名遙奴；山西南小東有水，名薩罕；小東有水，名恒伽。此三水同出一山，俱入恒水。康泰《扶南傳》曰：恒水之源，乃極西北，出崑崙山中，有五大源，諸水分流，皆由此五大源。枝扈黎大江出山西北流，東南注大海。枝扈黎，即恒水也。故釋氏《西域記》有恒曲之目。

5 恒北有四國，最西頭恒曲中者是也。有拘夷那褐國，《法顯傳》曰：恒水東南流，逕拘夷那褐國南，城北雙樹間，有希連禪河，河邊，世尊于此北首般泥洹[10]，分舍利[11]處。支僧載《外國事》[12]曰：佛泥洹後，天人以新白緤裹佛，以香花供養，滿七日，盛以金棺，送出王宮，度一小水，水名醯蘭那，去王宮可三里許，在宮北，以旃檀木為薪，天人各以火燒薪，薪了不燃。大迦葉從流沙還，不勝悲號，感動天地，從是之後，他薪不燒而自燃也。王斂舍利，用金作斗，量得八斛四斗，諸國王、天龍神王各得少許，齎還本國，以造佛寺。阿育王起浮屠于佛泥洹處，雙樹及塔，今無復有也。此樹名娑羅樹，其樹花名娑羅佉也。此花色白如霜雪，香無比也。

6 竺枝《扶南記》[13]曰：林楊國去金陳國[14]步道二千里，車馬行，無水道。舉國事佛，有一道人命過燒葬，燒之數千束樵，故坐火中，乃更著石室中，從來六十餘年，尸如故不朽，竺枝目見之。夫金剛常住，是明永存，舍利刹見，畢天不朽，所謂智空罔窮，大覺難測者矣。其水亂流注于恒。

7 恒水又東逕毗舍利城北，釋氏《西域記》曰：毗舍利，維邪離國也。支僧載《外國事》曰：維邪離國去王舍城五十由旬⑮，城周圓三由旬，維詰家在大城裏宮之南，去宮七里許，屋宇壞盡，惟見處所爾。釋法顯云：城北有大林重閣，佛住于此，本奄婆羅女家施佛起塔也。城之西北三里，塔名放弓仗。恒水上流有一國，國王小夫人生肉胎，大夫人妒之，言汝之生，不祥之徵，即盛以木函，擲恒水中。下流有國王遊觀，見水上木函，開看，見千小兒端正殊好，王取養之，遂長大，甚勇健，所往征伐，無不摧服。次欲伐父王本國，王大愁憂。小夫人問：何故愁憂？王曰：彼國王有千子，勇健無比，欲來伐吾國，是以愁爾。小夫人言：勿愁，但于城西作高樓。賊來時，上我置樓上，則我能卻之。王如是言。賊到，小夫人于樓上語賊云：汝是我子，何故反作逆事？賊曰：汝是何人，云是我母。小夫人曰：汝等若不信者，盡張口仰向。小夫人即以兩手捋乳，乳作五百道，俱墜千子口中。賊知是母，即放弓仗。父母作是思惟，皆得辟支佛⑯，今其塔猶在，後世尊成道，告諸弟子，是吾昔時放弓仗處。後人得知，于此處立塔，故以名焉。千小兒者，即賢劫千佛也。

8 釋氏《西域記》曰：恒曲中次東，有僧迦扇柰揭城，佛下三道寶階國也。《法顯傳》曰：恒水東南流，逕僧迦施國南，佛自忉利天⑰東下三道寶階，為母說法處。寶階既沒，阿育王于寶階處作塔，後作石柱，柱上作師子像，外道少信，師子為吼，怖效心誠。

9 恒水又東逕罽賓饒夷城⑱，城南接恒水，城之西北六七里，恒水北岸，佛為諸弟子說法處。恒水又東南逕沙祇國北，出沙祇城南門道東，佛嚼楊枝刺土中，生長七尺，不增不減，今猶尚在。

10 恒水又東南逕迦維羅衛城北，故淨王宮⑲也。城東五十里有王園，園有池水，夫人入池洗浴，出北岸二十步，東向舉手，扳樹生太子，太子墮地，行七步，二龍吐水浴太子，遂成井池。眾僧所汲養也。太子與難陀等撲象角力，射箭入地，今有泉水，行旅所資飲也。釋氏《西域記》曰：城北三里恒水上，父王迎佛處，作浮圖，作父抱佛像。《外國事》曰：迦維羅越國今無復王也。城池荒穢，惟有空處，有優婆塞姓釋，可二十餘家，是昔淨王之苗裔，故為四姓，住在故城中，為優婆塞，故尚精進，猶有古風。彼日浮圖壞盡，條王彌⑳更脩治一浮圖，私訶條王送物助成，今有十二道人住其中。

11 太子始生時，妙后所扳樹，樹名須訶。阿育王以青石作后扳生太子像。昔樹無復有，後諸沙門取昔樹栽種之，展轉相承到今，樹枝如昔，尚蔭石像。又太子見行七步足跡，今日文理見存。阿育王以青石挾足跡兩邊，復以一長青石覆上，國人今日恒以香花供養，尚見足七形，文理分明。今雖有石覆無異，或人復以數重吉貝㉑，重覆貼著石上，逾更明也。太子生時，以龍王夾太子左右，吐水浴太子，見一龍吐水煖，一龍吐水冷，遂成二池，今尚一冷一煖矣。

12

太子未出家前十日，出往王田閻浮樹下坐，樹神以七寶奉太子，太子不受，于是思惟欲出家也。王田去宮一據㉒，據者，晉言十里也。太子以三月十五日夜出家，四天王來迎，各捧馬足。爾時諸神天人側塞，空中散天香花。此時以至河南摩強水，即于此水邊作沙門。河南摩強水在迦維羅越北，相去十由旬。此水在羅閱祇瓶沙國，相去三十由旬。菩薩于是暫過，瓶沙王出見菩薩，菩薩于瓶沙隨樓那果園中住一日，日暮便去半達鉢愁㉓宿。半達，晉言白也；鉢愁，晉言山也。白山北去瓶沙國十里，明日便去，暮宿曇蘭山，去白山六由旬。于是徑詣貝多樹，貝多樹在閱祇北，去曇蘭山二十里。太子年二十九出家，三十五得道，此言與經異，故記所不同。

13

竺法維曰：迦維衛國，佛所生天竺國也，三千日月、萬二千天地之中央也。

康泰《扶南傳》曰：昔范旃時，有嘾楊國人家翔梨，嘗從其本國到天竺，展轉流賈至扶南，為旃說天竺土俗，道法流通，金寶委積，山川饒沃，恣所欲，左右大國，世尊重之。旃問云：今去何時可到，幾年可迴？梨言：天竺去此，可三萬餘里，往還可三年踰。及行，四年方返，以為天地之中也。

14 恒水又東逕藍莫塔，塔邊有池，池中龍守護之。阿育王欲破塔，作八萬四千塔，悟龍王所供，知非世有，遂止。此中空荒無人，群象以鼻取水灑地，若蒼梧、會稽，象耕、鳥耘[24]矣。恒水又東至五河口，蓋五水所會，非所詳矣。

15 阿難從摩竭國向毗舍利，欲般泥洹，諸天告阿闍世王，王追至河上；梨車聞阿難來，亦復來迎，俱到河上。阿難思惟，前則阿闍世王致恨，卻則梨車復怨，即于中河，入火光三昧，燒具兩般泥洹。身二分，分各在一岸，二王各持半舍利，還起二塔。

16 渡河南下一由巡，到摩竭提國巴連弗邑，邑，即是阿育王所治之城。城中宮殿皆起牆闕，雕文刻鏤，累大石作山，山下作石室，長三丈，廣二丈，高丈餘。有大乘婆羅門子，名羅汰私婆，亦名文殊師利，住此城裏，爽悟多智，事無不達，以清淨自居，國王宗敬師事之。賴此一人，宏宣佛法，外不能陵。凡諸國中，惟此城為大，民人富盛，競行仁義。

17 阿育王壞七塔，作八萬四千塔。最初作大塔，在城南二里餘，此塔前有佛跡，起精舍，北戶向塔，塔南有石柱，大四五圍，高三丈餘，上有銘，題云：阿育王以閻浮提布施四方，僧還以錢贖塔。塔北三百步，阿育王于此作泥犁城，城中有石柱，亦高三丈餘，上有師子柱，有銘記，作泥犁城因緣，及年數日月。

18 恒水又東南逕小孤石山，山頭有石室，石室南向，佛昔坐其中，天帝釋以四十二事問佛，佛一一以指畫石，畫跡故在。恒水又西逕王舍新城，是阿闍世王所造，出城南四里，入谷至五山裏，五山周圍，狀若城郭，即是蓱沙王舊城也。東西五六里，南北七八里，阿闍世王始欲害佛處。其城空荒，又無人徑，入谷傅山，東南上十五里，到耆闍崛山，未至頂三里，有石窟南向，佛坐禪處。西北四十步，復有一石窟，阿難坐禪處。天魔波旬化作雕鷲恐阿難，佛以神力，隔石舒手摩阿難肩，怖即得止。鳥跡、手孔悉存，故曰雕鷲窟也。其山峰秀端嚴，是五山之最高也。釋氏《西域記》云：耆闍崛山在阿耨達王舍城東北，西望其山，有兩峰雙立，相去二三里，中道鷲鳥，常居其嶺，土人號曰耆闍崛山。胡語耆闍，鷲也。又竺法維云：羅閱祇國有靈鷲山，胡語云耆闍崛山。山是青石，石頭似鷲鳥。阿育王使人鑿石，假安兩翼、兩腳，鑿治其身，今見存，遠望似鷲鳥形，故曰靈鷲山也。數說不同，遠邇亦異，今以法顯親宿其山，誦《首楞嚴》㉕，香華供養，聞見之宗也。

19 又西逕迦那城南三十里，到佛苦行六年坐樹處，有林木。西行三里，到佛入水洗浴、天王按樹枝得扳出池處。又北行二里，得彌家女奉佛乳糜處。從此北行二里，佛于一大樹下石上，東向坐食糜處，樹石悉在，廣長六尺，高減二尺。國中寒暑均調，樹木或數千歲，乃至萬歲。從此東北行二十里，到一石窟，菩薩入中，西向結跏趺坐，心念：若我成道，當有神驗。石壁上即有佛影見，長三尺許，今猶明亮。時天地大動，諸天在空言：此非過去當來諸佛成道處，去此西南行，減半由旬，貝多樹下，是過去當來諸佛成道處。諸天導引菩薩起行，離樹三十步，天授吉祥草㉖，菩薩受之，復行十五步，五百青雀飛來，繞菩薩三帀西去。菩薩前到貝多樹下，敷吉祥草，東向而坐。時魔王遣三玉女從北來試菩薩，魔王自從南來，菩薩以足指按地，魔兵卻散，三女變為老姥，不自服。佛于尼拘律樹下方石上東向坐，梵天來詣佛處，四天王捧鉢處皆立塔。

20 《外國事》曰：毗婆梨佛在此一樹下六年，長者女以金鉢盛乳糜上佛，佛得乳糜，住足尼連禪河浴。浴竟，于河邊啜糜竟，擲鉢水中，逆流百步，鉢沒河中。迦梨郊龍王接取在宮供養，先三佛鉢亦見。佛于河傍坐摩訶菩提樹，摩訶菩提樹去貝多樹二里，于此樹下七日，思惟道成，魔兵試佛。釋氏《西域記》曰：尼連水南注恒水，水西有佛樹，佛于此苦行，日食糜六年。西去城五里許，樹東河上，即佛入水浴處。東上岸尼拘律樹下坐脩，舍女上糜于此。于是西度水，于六年樹南貝多樹下坐，降魔得佛也。佛圖調[27]曰：佛樹中枯，其來時更生枝葉。竺法維曰：六年樹去佛樹五里，書其異也。

21 法顯從此東南行，還巴連弗邑，順恒水西下，得一精舍，名曠野，佛所住處。復順恒水西下，到迦尸國波羅柰城。竺法維曰：波羅柰國在迦維羅衛國南千二百里，中間有恒水，東南流，佛轉法輪處，在國北二十里，樹名春浮，維摩所處也。法顯曰：城之東北十里許，即鹿野苑，本辟支佛住此，常有野鹿栖宿，故以名焉。

22 法顯從此還，居巴連弗邑。又順恒水東行，其南岸有瞻婆大國。釋氏《西域記》曰：恒曲次東有瞻婆國城，南有卜佉蘭池，恒水在北，佛下說戒處也。恒水又逕波麗國，即是佛外祖國也。

[23] 法顯曰：恒水又東到多摩梨靬國，即是海口也。釋氏《西域記》曰：大秦一名梨靬。康泰《扶南傳》曰：從迦那調洲西南入大灣，可七八百里，乃到枝扈黎大江口，度江逕西行，極大秦也。又云：發拘利口，入大灣中，正西北入，可一年餘，得天竺江口，名恒水。江口有國，號擔袟，屬天竺。遣黃門字興為擔袟王。釋氏《西域記》曰：恒水東流入東海。蓋二水所注，兩海所納，自為東西也。

[24] 釋氏論佛圖調列《山海經》曰：西海之南，流沙之濱，赤水之後，黑水之前，有大山，名崑崙。又曰：鍾山西六百里有崑崙山，所出五水，祖以《佛圖調傳》也。又近推得康泰《扶南傳》，《傳》崑崙山正與調合。如《傳》，自交州至天竺最近。泰《傳》亦知阿耨達山是崑崙山。釋云：賴得《調傳》，豁然為解，乃宣為《西域圖》，以語法汰，法汰以常見怪，謂漢來諸名人，不應河在敦煌南數千里，而不知崑崙所在也。釋云：復書曰：按《穆天子傳》，穆王于崑崙側、瑤池上觴西王母，云去宗周瀍澗，萬有一千一百里，何得不如調言？子今見泰《傳》，非為前人不知也。而今以後，乃知崑崙山為無熱丘，何云乃胡國外乎？

25 余考釋氏之言，未為佳證。《穆天子》、《竹書》及《山海經》，皆埋縕歲久，編韋稀絕，書策落次，難以緝綴；後人假合，多差遠意，至欲訪地脈川，不與《經》符，驗程準途，故自無會。釋氏不復根其眾歸之鴻致，陳其細趣，以辨其非，非所安也。

【篇　旨】此篇從《經》文「屈從其東南流，入渤海」條下的《注》文：「《穆天子傳》曰：天子升于崑崙，……其山出六大水，山西有大水，名新頭河。」起，到同條《經》文下的《注》文：「釋氏不復根其眾歸之鴻致，陳其細趣，以辨其非，非所安也。」止，是卷一〈河水〉三篇中篇幅最大的一篇。全篇由傳說中發源於崑崙山的一條名為新頭河的河流開篇，記敘了天竺（古代印度）的自然和人文，兼及大量有關佛陀（釋迦牟尼）的故事。酈氏為《水經》作注，非常重視擴大地域範圍和增加文字內容，此篇即是其例。

【注　釋】❶新頭河　與下句新陶水都是同名異譯。新頭、新陶、天竺、天篤、身毒、賢豆等等，都是印度的別譯，其中有一些見於《水經注》。此詞在梵語作 Sindhu，在波斯語作 Hindu，新頭、新陶等，都是此詞的不同音譯。❷康泰　三國吳人，著有《扶南傳》，已亡佚。今有《麓山精舍叢書》輯本。❸安息　古代中亞大國。位於伊朗高原，是絲綢之路上的要衝。❹月氏　古代中亞國名。位於今阿富汗境域。❺天竺　古代南亞大國。國境主要在今印度及其附近。參見注釋❶。❻伽那調御　地名。各本稱謂不同，「御」恐為「洲」之誤。或應作伽那調洲。❼釋法顯　法顯是晉代僧人，但此篇中的釋法顯，是指《法顯傳》書名。此書名稱很多，如《佛國記》、《歷游天竺記傳》、《佛游天竺記》等。❽僧伽藍　梵語 Sangharama 的漢譯。原義作眾園，亦引申作寺院。❾中國　《注》文有解釋：「服食與中國同，故名之為中國。」此解釋錯誤。此「中國」是梵語 Madhyadesa 的意譯。Medhya 意為「中間的」，Desa 意為「國家」。所以此「中國」意為「中間的國家」。其實就是古代恆河中游的中印度。❿般泥洹　亦作般涅槃，是梵語 Parinivana 的漢譯。佛經上也譯「入滅」、「圓寂」等。實即僧人去世。⓫舍利　梵語 Sarira 的漢譯。僧人死後火化的遺骨，也常稱「佛骨」。⑫支僧載外國事　《外國事》，書名。隋唐諸志不著錄。支僧載不知何代人，《藝文類聚》卷七十六引此書有「由旬者，晉言四十里」語，故當為晉代人。書已亡佚，今有《麓山精舍叢書》輯本。⑬竺枝扶南記　《扶南記》，書名。隋唐諸志不著錄。竺枝不知是何代何地人。岑仲勉〈晉宋間外國地理佚書輯略〉（《中外史地考證》上冊）以為是劉宋人。扶南是今柬埔寨地。書已亡佚，今有《麓山精舍叢書》輯本。⑭金陳國　岑仲勉認為金陳是崑崙的別譯。見〈晉宋間外國地理佚書輯略〉。⑮由旬　古代印度的里程單位。亦作「由巡」、「踰善那」等，是梵語 Yogana 的漢譯。支僧載謂「晉言四十里」，但梵語原義是「一日軍行里程」。「四十里」是一般譯法。⑯辟支佛　「辟支」是梵語「各各獨行」之意，「佛」在此處是「覺」的意思，所以「辟支佛」的漢義是「獨覺」。⑰忉利天　從梵語譯來，是佛教世界的神話，大意是須彌山頂的一座大城。與中國神話的崑崙相似。⑱罽賓饒夷城　除殿本外，各本多作「饒夷城」或「罽饒夷城」。岑仲勉〈水經注卷一箋校〉：「按《法顯傳》祇作『罽饒夷（彝）』，即今之 Kananj，蓋後人因涉罽賓而誤也。」⑲淨王宮　岑仲勉〈水經注卷一箋校〉作「白淨王宮」。岑氏說：「朱、全、趙三本均作『故曰淨王宮也』。戴則以『曰』字為衍文。按酈注自上文《法顯傳》起，至下文『行旅所資飲也』一段，全是傳文之略出，此句亦不能在例外；但今傳文云，『白淨王故宮處作太子母形像，及太子乘白象入母胎時，太子出城東門見病人迴車還處，皆起塔』。兩為比勘，便知『曰淨』乃『白淨』之舛。」⑳條王彌　「王」或是「三」之訛。《御覽》卷七〇一〈服用部〉三「承塵」條：「斯訶調國有大富長者條三彌，與佛作金薄承塵，一佛作兩重承塵。」㉑吉貝　植物名。是木棉科落葉大喬木。又稱「美洲木棉」或「爪哇木棉」。宋法雲《翻譯名義集》卷七：「即木棉也。」說明我國在宋代已稱此物為木棉。在宋以前，我國對此種棉物的譯名很多。《水經注疏》引《四分律》作「劫貝」，又引玄應《一切經音義》作「劫波育」、「劫婆娑」、「迦波羅」。古籍中最早提出「吉貝」一名的是三國吳丹陽太守萬震所撰的《南洲異物志》，但此書已亡佚。《宋書》、《齊書》都稱「古貝」，所以《水經注》是現存古籍中最早提出「吉貝」一名的文獻。「吉貝」之名並非出於梵語，而是馬來語 Kapoq 的音譯。㉒據　殿本在此下有案語：「近刻訛作『據左一據據右』六字。」但各本與殿本多有不同。《水經注箋》作：「王曰去宮一據據左一據據右，晉言十里也。」全、趙二本改「曰」為「由」，改「右」為「者」，餘與《水經注箋》同。岑仲勉〈水經注卷一箋校〉作：「王田去宮一據櫨舍。一據櫨舍，晉言十里也。」岑氏的這一校勘是根據日藤田豐八的《東亞交涉史研究》的說法。藤田說：「一據據者，應為一據櫨舍之訛，即梵語 Krosa 之譯音。」此處，岑仲勉與藤田豐八的說法都不錯，但殿本與《水經注疏》作「據」亦不錯，因為梵漢對譯時歷來有一種稱為「省譯」的通例。《大唐西域記》卷一：「窣堵波，所謂浮圖也。」玄應《一切經音義》卷六「寶塔」條：「正言窣睹波。」《水經注》卷一對此詞有三種譯法：即「浮圖」、「浮屠」、「塔」。三者都不錯。其中「塔」就是 Stupa 的「省譯」。所以 Krosa 一詞，殿本等作「據」，也是「省譯」，不必更改。㉓半達鉢愁　梵語的音譯。半達，梵語作 Punda。鉢愁，梵語作 Vasu。㉔象耕鳥耘　《越絕書》卷八：「當禹之時，舜死蒼梧，象為民田也。」同卷又說因為禹死會稽，「無以報民功，教民鳥田」。作為一種自然現象，象耕、鳥耘在古代確實存在，但與舜、禹無關。漢王充在《論衡》的〈偶會〉篇和〈書虛〉篇已經作了科學的解釋。㉕首楞嚴　佛經名。即《首楞嚴經》，佛經的一種，東漢支讖譯。㉖吉祥草　植物名。梵語 Kusa，音譯作「姑尸」、「短尸」；意譯作「上茅」、「茆草」。是生長在溼地上的一種茅草，佛教中常用作坐禪的敷物。㉗佛圖調　僧人名。以下《注》文有《佛圖調傳》。但其人是何代何處人，不明。岑仲勉〈水經注卷一箋校〉說：「此之佛圖調，乃東晉竺佛調，或謂天竺人，事佛圖澄為師。」

【語　譯】《穆天子傳》說：周穆王登上崑崙山，瞻仰黃帝的宮殿，給豐隆的墳頭堆上泥土。豐隆就是雷神。黃帝宮就是阿耨達宮。崑崙山是六條大水的發源地。山西有一條大水，叫新頭河。郭義恭《廣志》說：就是甘水。在西域的東方，叫新陶水。山在天竺國西，水味甘洌，所以稱為甘水。那裡產石鹽，潔白有如水晶；有的成大塊，就把它敲成小塊食用。康泰說：安息、月氏、天竺到伽那調御，調味都靠這裡的石鹽供給。

2

法顯和尚說：翻過葱嶺，就進入北天竺國境了。從這裡沿著山嶺向西南行走十五日，道路崎嶇險阻，崖岸陡峭之極。山上全是巖石，削壁千仞，身臨崖岸，令人頭暈目眩，想再上前一步，就無處立足了。崖下有一條河流，叫新頭河。前人在崖壁上鑿石開路，架設豎梯，一共要爬七百道梯子。爬完以後，再踩著索橋過河。沿河兩岸，相距都有八十來步。在這樣的絕域，語言不通，翻譯斷絕，漢朝的張騫、甘英都沒有到過。我根據史傳考證，這就是所謂罽賓的國境。這裡行路要走磐石磴道，極狹，寬僅一尺餘。過往行人騎馬的、步行的，大家小心翼翼地相扶著走，憑著索橋過河。這樣走了二十來里，才到懸度。一路上的險阻和危害，真是說也說不完。郭義恭說：烏秅以西，有個懸度國，山溪阻隔不通，要靠攀著繩索渡過去，因此國名叫懸度。懸度國的人民都住在山上，在石壁之間闢地耕種，把石塊疊起來作房子，飲水時用手捧，就是所謂的猿飲。山區多白草、小步馬，有驢無牛，這大概就是懸度國了吧。

3 法顯和尚又說：渡過河水便到烏長國。烏長國就是北天竺，佛陀到過這個國家。佛陀在這裡留下足印，足印的長短能隨人的意念而變化，現在也還是如此；佛陀的曬衣石也還在。新頭河又西南流，轉向東南，流經中天竺國，這裡兩岸都是平地，有個國家叫毗荼，佛法興盛。又流經蒲那般河，兩岸有二十座佛寺。這條河又流經摩頭羅國，在下游與新頭河匯合。自河以西，都是天竺諸國，自此以南，則都是「中國」地方了，人民十分富裕。這個國度之所以稱為「中國」，是因為飲食衣著都與中天竺國相同，所以叫中國。

4 自從佛陀涅槃以來，眾聖徒所奉行的禮儀法度，一脈相承，綿延不絕。從新頭河到南天竺國，直到南海為止，路途四萬里。釋氏《西域記》說：新頭河流經罽賓、犍越、摩訶剌諸國，注入南海。阿耨達山西南有一條水，名叫遙奴；山的西南稍東，有一條水，叫薩罕；稍東又有一條水，叫恒伽。這三條水都發源於同一座山，又都匯合於恒水。康泰《扶南傳》說：恒水的水源在西北盡頭，從崑崙山流出。山間有五大水源，諸水都是由這五條大水源分出來的。枝扈黎大江出山後西北流，轉向東南注入大海。枝扈黎就是恒水，所以釋氏《西域記》有恒曲的名目。

5 恒水以北有四國，就是最西頭恒曲中間那幾個國家。有個拘夷那褐國。《法顯傳》說：恒水東南流，流經拘夷那褐國南，都城北邊雙樹間有希連禪河，河邊就是世尊面向北方涅槃的地方。諸王也是在那裡分舍利的。支僧載《外國事》說：佛陀涅槃後，天界的神人用新的白衣把他裹起來，用香花供養。滿七日後，把他殮入金棺，運出王宮。王宮以北約三里，有一條小河，叫醯蘭那河，渡過這條小河後，就用旃檀木作柴火。天界的神人都用火來點柴，但都點不著。大迦葉從流沙回來，哀號慟哭，悲不自勝，感動了天地，以後不用點火，柴枝就自行燃燒起來。國王收拾了舍利，用金斗來量，共得八斛四斗。諸國王、諸天、眾龍、神王各分得少許，大部分送回本國，修建佛寺。後來阿育王在佛陀涅槃處造佛塔，但那兩棵樹和佛塔現在都湮沒了。那兩棵樹叫娑羅樹，開的花叫娑羅佉，花色白如霜雪，芳香無比。

6 竺枝《扶南記》說：林楊國距金陳國陸路二千里，往來只能乘車馬，沒有水路。全國人民都信佛教。有個和尚去世後舉行火葬，燒了幾千把柴火仍端坐火中，於是把他移到石室中，自此以後六十餘年，屍體還是像原來一樣，絲毫沒有腐爛。這是竺枝親眼所見。金剛之身永不敗壞，大智慧永遠長存，舍利在佛土顯現，天長地久永不朽腐，真所謂智空無窮，大徹大悟者深不可測了。此水亂流注入恒水。

7 恒水又東流經毗舍利城北。釋氏《西域記》說：毗舍利是維邪離國的都城。支僧載《外國事》說：維邪離國距王舍城五十由旬，城牆周圍長三由旬。維詰家在大城內，王宮以南，離王宮七里左右，但殿宇都已塌毀，只能看到基址了。法顯和尚說：城北有大樹林和樓閣，佛陀在這裡住過。這原是奄婆羅女家施捨給佛陀造塔處。城西北三里，有一座佛塔叫放弓仗塔。恒水上流有個國度，國王的小夫人生了個肉胎，大夫人嫉妒她，就說：你生了這東西，是不祥的徵兆，就用木盒子裝了，投到恒水中去。恰巧下流有個國王在遊覽，看見水上有個木盒子，就撈了起來，打開一看，只見裡面有一千個嬰兒，個個生得眉清目秀，就把他們收養起來。孩子長大後十分壯健驍勇，南征北戰，到處望風而降。接著，就要去打父王的本國了，國王十分愁憂。小夫人問：為什麼發愁呢？國王說：那國王有一千個兒子，英勇威武無比，就要來打我們國家了，所以憂愁。小夫人說：你別愁，只要在城西造一座高樓，敵兵來時，把我安置在樓上，我能讓他們退兵。國王照辦了。敵人來了，小夫人在樓上對敵人說：你們都是我的兒子，為什麼反而要謀逆？敵兵說：你是什麼人，膽敢自稱是我們的母親。小夫人說：你們如果不信，都把口張開，仰面朝著我。小夫人就用雙手擠奶，兩隻乳房都射出五百道乳汁，道道落到一千個兒子的口中。敵人這才知道真是自己的母親，就立即把弓箭兵器都放下了。父母心中這樣一想，就都成了辟支佛。現在那座塔還在。後來世尊得道，告訴諸弟子，這就是我從前放下弓箭兵器的地方。後人得知這一事跡，就在這地方造塔，稱為放弓仗塔。那一千個孩子就是賢劫千佛。

8 釋氏《西域記》說：恒曲中稍東，有個僧迦扇柰揭城，就是佛陀走下三道寶階的都城。《法顯傳》說：恒水東南流，流經僧迦施國南，佛陀從忉利天往東走下三道寶階，這裡就是他為母親說法的地方。寶階湮沒了以後，阿育王就在寶階處造塔，後來又造了石柱，石柱上雕了獅子像；旁門邪教心不信佛，獅子就會怒吼，嚇得他誠心皈依。

9 恒水又東流經罽賓饒夷城。罽賓饒夷城南瀕恒水，西北六七里，恒水北岸，就是佛陀為諸弟子說法的地方。恒水又東南流經沙祇國北。出了沙祇城南門，路東一處，佛陀咬斷一根楊柳條，插入土中，楊柳條長成七尺高的楊樹後，就不增不減了，現在還在。

10 恒水又東南流經迦維羅衛城北，這就是從前淨飯王宮殿所在的地方。城東五十里有御園，園中有池水，夫人到池中沐浴，出北岸走了二十步，朝東，舉手扳住樹枝，生下了太子。太子落地後走了七步，兩條龍噴水給太子沐浴，就成了井池。僧人們都在這裡汲水飲用。太子和難陀等擲象較量力氣，射箭入地，現在那地方有一泓泉水，過往行人都靠這泉水飲用。釋氏《西域記》說：城北三里，恒水岸上父王迎接佛陀的地方，造了一座佛塔，塔上有父王抱著佛陀的雕像。《外國事》說：迦維羅越國現在沒有國王了。城池已經荒廢蕪穢，只留一片空地。但這裡還住著大約二十餘家優婆塞，姓釋，都是淨飯王的後裔，依舊分四個種姓；住在舊城中的是優婆塞，重視修行，還有些古風。那時佛塔全都毀壞了，條王彌重新修建了一座佛塔，是私訶條王贈送財物資助修建的，現在有十二個修道的人住在裡面。

11 太子初生時，妙后所扳的樹叫須訶樹。阿育王用青石雕了王后扳樹生太子像。從前的樹現在沒有了，後來僧人們拿了同種的樹栽上，輾轉流傳到如今，樹枝還像從前一樣，依然蔭蔽著石像。此外，太子走了七步的足印，今天痕跡也還在，阿育王用青石在兩邊把足印夾在中間，又用長條青石蓋在上面。現在國人常用香花供養，還可以看到七個足印，痕跡清清楚楚。現在雖然仍舊蓋著青石，同從前一模一樣，有人又在上面蓋上幾層吉貝葉，一層一層蓋在青石上，但足印反而更清楚了。太子生時，龍王在左右兩邊夾住太子，噴水給太子沐浴，一條龍噴的是冷水，另一條噴的是暖水，於是成了兩口水池，直到今天也還是一冷一暖。

12 太子出家前十日，出宮到國王田裡的閻浮樹下坐著，樹神拿了七寶奉獻給太子，太子不肯接受，於是心裡前思後想，打算出家。國王的田離王宮一據。一據，用晉語說，就是十里。太子於三月十五日夜裡出家，四天王前來迎接他，各人都捧著馬腳。這時空中兩旁擠滿了諸神和天人，從空中散下香花。這時太子去河南摩強水，就在水邊當了沙門。河南摩強水在迦維羅越北，距離十由旬。這條水在羅閱祇瓶沙國，距離三十由旬。菩薩臨時經過瓶沙，瓶沙王出來會見菩薩。菩薩在瓶沙隨樓那果園裡住了一日，天晚時就到半達鉢愁去住宿。半達，晉語是白；鉢愁，晉語是山。白山在瓶沙國北十里。天明後菩薩離開白山，晚上宿在曇蘭山。曇蘭山距白山六由旬。他從這裡一直向貝多樹走去。貝多樹在閱祇北，離曇蘭山二十里。太子二十九歲出家，三十五歲得道，這裡的說法與佛經不一致，所以我把不同處記下來。

13 竺法維說：迦維衛國就是佛陀出生的天竺國，位於三千日月、一萬二千天地的中央。康泰《扶南傳》說：從前范旃時，有個嘾楊國人名叫家翔梨，從他本國到天竺去，一路做買賣，輾轉到了扶南，對范旃講述天竺的風土習俗。他說那裡佛教流行，金銀財寶積聚成堆，山川豐饒肥沃，要什麼有什麼。相鄰各國都很尊重這個國家。范旃問道：現在就去，幾時走得到，幾年回得來？家翔梨說：天竺離這裡三萬餘里，來往大約要三年多。他真的去了，結果四年方才回來，認為確實是天地的中央。

14 恒水又東流經藍莫塔。塔邊有池，池中有龍守護。阿育王想拆掉此塔，分建八萬四千座塔；後來忽然醒悟，知道這是龍王所供奉，不是人世上所能有的，這才作罷。這一帶空寂荒涼，沒有人煙，象群以長鼻吸水灑地，有如蒼梧、會稽的象耕地、鳥耘田似的。恒水又東流，流到五河口。那大概是五條河水匯合的地方，詳情就不知道了。

15 阿難從摩竭國去向毗舍利，想在那裡涅槃。諸天把這消息告知阿闍世王，阿闍世王追到河上；梨車聽說阿難來了，也來相迎，他們都到了河上。阿難心想：往前走，阿闍世王會惱恨；向後退，梨車又會抱怨。於是他就在河心進入火中火化解脫，身體分為兩半，兩岸各有一半。兩位國王各自拿了一半舍利回去，造了兩座塔。

16 渡河後，南下一由旬，到了摩竭提國的巴連弗城，這就是阿育王建都的城。城中的宮殿都建造了牆闕，雕刻了各種圖像，又用大石塊堆疊成假山。假山下築石室，長三丈，寬二丈，高丈餘。有一位大乘婆羅門之子，名羅汰私婆，又名文殊師利，住在這城裡。此人很有悟性而且足智多謀，諸事都很明達通曉，獨自過著清淨自在的日子。國王很敬重他，就尊奉他為師。全靠有了這位婆羅門弘揚佛法，外國就不能來欺負和侵犯了。在所有諸國中，這座城要算最大的了，人民富裕興盛，大家爭著行仁義的好事。

17 阿育王拆毀七塔，另造八萬四千座塔。最初在城南二里餘造了一座大塔，塔前有佛陀足跡，因此在那裡修建了一座寺院。寺院北門朝向佛塔，塔南有石柱，粗約四五圍，高三丈餘。柱上有銘文，刻的是：阿育王以閻浮提布施四方僧人，回來後又以錢贖回此塔。塔北三百步，有阿育王所建的泥犁城。城中有石柱，高度也有三丈餘，柱頭雕著獅子，柱身刻有銘文，記述建築泥犁城的緣由及年數日月。

18 恒水又東南流經小孤石山，山頭有石洞，石洞朝南，佛陀從前坐在洞中，天帝釋以四十二件事問他，他就一一用指頭在石上劃上記號，劃痕還在。恒水又西流經王舍新城。此城是阿闍世王所建。出城往南走四里，進入山谷，到了五山裡面。五山環繞著山谷，就像城郭一樣，這就是蓱沙王的舊城。舊城東西約五六里，南北約七八里，這就是阿闍世王當年想謀害佛陀的地方。這座城已經空寂荒蕪了，也沒有人可行走的路。進入山谷，沿山往東南上行十五里，就到耆闍崛山。離山頂還有三里光景，有個石窟，朝南，這是佛陀坐禪的地方。往西北四十步，又有一座石窟，這是阿難坐禪的地方。天魔波旬變成一頭雕鷲來恐嚇阿難，佛陀隔著石壁以神力伸手穿入，撫摩阿難的肩膀，阿難就不再害怕了。現在雕鷲的爪痕和佛陀伸手的孔洞都還在，所以石窟就叫雕鷲窟。這座山峰秀麗峻偉，是五山中的最高峰。釋氏《西域記》說：耆闍崛山在阿耨達王舍城東北，西望耆闍崛山，雙峰並峙，相距二三里，雙峰中間的道路有鷲鳥，常在嶺上棲息。當地人叫耆闍崛山。胡語稱耆闍，是鷲的意思。竺法維也說：羅閱祇國有靈鷲山，胡語叫做耆闍崛山，山上全是青石，巖頭像鷲鳥，阿育王派人去雕鑿巖石，給裝上兩隻假翼、兩隻假腳，而且把鳥身也雕琢過，現在都還在。遠遠望去，活像一頭鷲鳥，所以叫靈鷲山。以上幾種說法都不一樣，遠近也有差別。但法顯曾親自在山上住宿，又念過《首楞嚴經》，而且以香花供養，他的記述應當算是權威的見聞了。

19 恒水又西流經迦那城南三十里，到了佛陀坐在樹下苦修六年的地方，這裡有一片樹林。西行三里，到了佛陀入水沐浴處，天王按下樹枝，佛陀才得以扳著樹枝從池子裡上岸。又北行二里，到了彌家女端上牛奶粥給佛陀的地方。從這裡又北行二里，就是佛陀朝東坐在一棵大樹下的石頭上吃奶粥的地方。樹和石頭都還在，石頭長寬各六尺，高不到兩尺。這個國度氣候溫和，樹齡有的數千年，有的甚至上萬年。從這裡往東北行走二十里，就到一處石窟。菩薩走進石窟，朝西結跏趺坐，心想：如果我成道了，一定會有奇蹟顯現。他這麼一想，石壁上立即現出佛影，長三尺左右，直到現在還很明亮。這時天地忽然劇烈震動起來，諸天在空中說：這裡不是過去將來諸佛成道的地方；離開這裡往西南走，不到半由旬，有一棵貝多樹，這棵樹下才是過去將來諸佛成道的地方。諸天在前面引路，菩薩起立行走。離樹三十步，上天授予他吉祥草，菩薩接過吉祥草，又走了十五步，有五百隻青雀飛來，在菩薩頭上繞了三圈，然後向西飛去。菩薩前行，到了貝多樹下，鋪好吉祥草，朝東坐了下來。這時魔王派了三位玉女，從北方過來試探菩薩，魔王本人則從南方過來試探菩薩。菩薩用腳趾頭按在地上，魔兵就退卻逃散了，三個玉女變成了老太婆，再也不能恢復為玉女了。佛陀在尼拘律樹下一塊方石上朝東坐下，梵天向佛陀走來的地方，四天王捧缽的地方，都造了塔。

20 《外國事》說：佛陀在毗婆梨樹下坐了六年，長者女以金缽盛奶粥奉獻給佛陀，佛陀接過奶粥，就到尼連禪河中去沐浴。沐浴後，就在河邊吃奶粥，吃完了奶粥，把金缽丟到水中，金缽在水上逆流漂浮了一百步，才沉入河中。迦梨郊龍王把金缽拿去，在宮中供養著，先前的三隻佛缽也出現了。佛陀在河邊坐在摩訶菩提樹下，摩訶菩提樹離貝多樹二里。佛陀就坐在這棵樹下，經過七天的冥思苦想，終於得道成佛。也就是在那時候，魔兵來試探佛陀。釋氏《西域記》說：尼連水南流注入恒水。水西有佛樹，佛陀在這棵樹下苦練修行，天天吃粥，接連吃了六年。離城西約莫五里，樹東河上，就是佛陀下水沐浴的地方。佛陀從東邊上岸，在尼拘律樹下打坐修行，舍女就在這裡端了奶粥給他。他在這裡渡水走向西方，在六年樹南的貝多樹下打坐，降伏了魔王，終於得道成佛。佛圖調說：佛樹曾一度枯死，佛陀來時重新生了枝葉。竺法維說：六年樹離佛樹五里。這裡列舉以上諸說，不過記下其間的不同之處罷了。

21 法顯從這裡往東南走，回到巴連弗城，從恒水順流西下，到了一座佛寺，叫曠野寺，這是佛陀住過的地方。他又沿恒水順流西下，到了迦尸國波羅柰城。竺法維說：波羅柰國在迦維羅衛國南一千二百里，中間有恒水，東南流。佛陀轉法輪處，是在該國以北二十里。有一棵樹，叫春浮樹，是維摩所在的地方。法顯說：城東北十里左右，就是鹿野苑，辟支佛曾住過這地方。當時常常有野鹿到這裡來棲宿，所以叫鹿野苑。

22 法顯從這裡回到巴連弗城居住。他又沿著恒水東行，南岸有瞻婆大國。釋氏《西域記》說：恒曲稍東，有瞻婆國城，城南有卜佉蘭池——恒水在北邊——是佛陀下來講述戒律的地方。恒水又流經波麗國，這是佛陀外祖父的國度。

23 法顯說：恒水又東流到多摩梨靬國，就到海口了。釋氏《西域記》說：大秦又名梨靬。康泰《扶南傳》說：從迦那調洲往西南進入大灣，航行約莫七八百里，就到枝扈黎大江口。渡江一直往西走，盡頭就是大秦了。又說：從拘利口出發，進入大灣裡，向西北方進去，約一年餘，才到天竺江口，這條江叫恒水，江口有個國度，國名擔袂，附屬天竺。天竺派了黃門侍郎字興去當擔袂王。釋氏《西域記》說：恒水東流，注入東海。原來兩條水注入兩個海域，就成為一東一西了。

24 釋氏發表議論：佛圖調列舉《山海經》說：西海南邊，流沙岸邊，赤水後面，黑水前面，有大山，名叫崑崙。又說：鍾山西六百里，有崑崙山，發源於此山有五條水。他就是以《佛圖調傳》為依據的。又查考康泰《扶南傳》，書中記述的崑崙山，也與《佛圖調傳》相符合。照《扶南傳》，從交州到天竺最近，康泰《扶南傳》也知道阿耨達山就是崑崙山。釋氏說：幸虧有《佛圖調傳》，疑問才迎刃而解。於是他繪成〈西域圖〉，並對法汰講起這件事。法汰覺得他提這種常識性問題很奇怪，他說，自漢朝以來，許多名人都知道河在敦煌以南數千里，不應當不知道崑崙山的所在的。釋氏回信說：據《穆天子傳》，周穆王在崑崙山旁的瑤池上向西王母祝酒，說這裡距周朝京城瀍澗一萬一千一百里。為什麼同佛圖調說的不一樣呢？你現在看到康泰《扶南傳》，說明並非前人不知道。從今以後，才知道崑崙山就是無熱丘，怎麼能說在胡人國家外呢？

25 我掂量釋氏的話，以為不算什麼可靠的證據。《穆天子傳》、《竹書紀年》和《山海經》，都在地下埋藏了很久，編竹簡的皮條都斷了，竹簡前後錯亂，很難按次序重新加以整理。後人勉強湊合起來，往往與原意相差很遠。至於想實地考察山川，與《水經》文句是不會都相一致的，要核查道路準確的里程，本來就很難相合。釋氏不再根據各種說法的大同之處，而抓住細枝瑣節，來論證它的錯誤，這種做法是不妥當的。

【研　析】這一篇記敘內容不在黃河，曾經受到後世學者的議論和批評。有的稱酈氏「過于嗜奇，引繁稱博」（清全祖望《水經注附錄》卷上），有的說他「但嗜奇博，讀者眩焉」（清淩揚藻《蠡勺篇》卷二十一）。也有專指此篇的批評，如明楊慎〈水經序〉：「厭其枝蔓太繁，頗無關涉。首注『河水』二字，泛佛經怪誕之說，幾數千言，亦贅已。」明周嬰在〈析酈〉（《卮林》卷一）一文中說：「皆躡法顯之行踪，想恆流之洄洑，其間水陸未辨，道里難明，所計差池，厥類亦眾。」對於「引繁稱博」之類的議論姑置不論，而從全書的體例格局來說，楊慎和周嬰的意見並非沒有道理。不過周氏說他「皆躡法顯之行踪」的話則嫌片面。因此篇記敘天竺等地，曾引釋氏《西域記》、《外國事》、《廣志》等十種，《法顯傳》無非是其中之一而已。而《注》文中引釋氏《西域記》達十五處，引《法顯傳》僅八處。何況酈氏自己也看到他所引的這些文獻並不一定可靠。他在全篇最後指出：「釋氏不復根其眾歸之鴻致，陳其細趣，以辨其非，非所安也。」此外，從今天來說，《水經注》作為一種歷史文化遺產，這一篇的價值仍然不菲。歐洲漢學家佩特奇 (L. Petech) 曾撰寫〈水經注記載的北印度〉(Northern India According to the Shui Ching Chu) 的長篇論文，發表於一九五〇年出版的《羅馬東方叢書》第二卷 (*Serie Orientale Roma* II)，是此篇價值的有力例證。

第三篇

1 今按《山海經》曰：崑崙墟在西北，帝之下都。崑崙之墟，方八百里，高萬仞，上有木禾，面有九井，以玉為檻，面有九門，門有開明獸守之，百神之所在。郭璞曰：此自別有小崑崙也。又按《淮南之書》❶，崑崙之上，有木禾、珠樹、玉樹、璇樹，不死樹在其西，沙棠、琅玕在其東，絳樹在其南，碧樹、瑤樹在其北。旁有四百四十門，門間四里，里間九純，純丈五尺。旁有九井，玉橫❷維其西北隅，北門開，以納不周之風。傾宮、旋室、縣圃、涼風、樊桐，在崑崙閶闔之中，是其疏圃，疏圃之池，浸之黃水，黃水三周復其源，是謂丹水，飲之不死。河水出其東北陬，赤水出其東南陬，洋水出其西北陬，凡此四水，帝之神泉，以和百藥，以潤萬物。崑崙之丘或上倍之，是謂涼風之山，登之而不死；或上倍之，是謂玄圃之山，登之乃靈，能使風雨；或上倍之，乃維上天，登之乃神，是謂太帝之居。

2

禹乃以息土填鴻水，以為名山，掘崑崙虛以為下地。高誘曰：地或作池。則以髣髴近佛圖調之說。阿耨達六水，蔥嶺、于闐二水之限，與經史諸書，全相乖異。又按《十洲記》❸，崑崙山在西海之戌地，北海之亥地。去岸十三萬里，有弱水，周帀繞山，東南接積石圃，西北接北戶之室，東北臨大闊之井，西南近承淵之谷。此四角大山，寔崑崙之支輔也。積石圃南頭，昔西王母告周穆王云，去咸陽四十六萬里，山高平地三萬六千里，上有三角，面方，廣萬里，形如偃盆，下狹上廣。故曰崑崙山有三角。其一角正北，干辰星之輝，名曰閬風巔；其一角正西，名曰玄圃臺；其一角正東，名曰崑崙宮。其處有積金，為天墉城，面方千里，城上安金臺五所，玉樓十二。其北戶山、承淵山又有墉城，金臺玉樓，相似如一。淵精之闕，光碧之堂，瓊華之室，紫翠丹房，景燭日暉，朱霞九光，西王母之所治，真官仙靈之所宗。上通旋機，元氣流布，玉衡常理，順九天而調陰陽，品物群生，希奇特出，皆在于此，天人濟濟，不可具記。

3 其北海外，又有鍾山，上有金臺玉闕，亦元氣之所含，天帝居治處也。考東方朔之言，及《經》五萬里之文，難言佛圖調、康泰之《傳》是矣。六合之內，水澤之藏，大非為巨，小非為細，存非為有，隱非為無，其所苞者廣矣。于中同名異域，稱謂相亂，亦不為寡。至如東海方丈，亦有崑崙之稱，西洲銅柱，又有九府之治。東方朔《十洲記》曰：方丈在東海中央，東西南北岸，相去正等，方丈面各五千里，上專是群龍所聚，有金玉琉璃之宮，三天司命所治處，群仙不欲升天者，皆往來也。

4 張華敘東方朔《神異經》曰：崑崙有銅柱焉，其高入天，所謂天柱也。圍三千里，圓周如削，下有迴屋，仙人九府治。上有大鳥，名曰希有，南向，張左翼覆東王公，右翼覆西王母，背上小處無羽，萬九千里。西王母歲登翼上，之東王公也。故其柱銘曰：崑崙銅柱。其高入天，圓周如削，膚體美焉。其鳥銘曰：有鳥希有，綠赤煌煌，不鳴不食，東覆東王公，西覆西王母，王母欲東，登之自通，陰陽相須，惟會益工。《遁甲開山圖》❹曰：五龍見教，天皇被跡，望在無外柱州崑崙山上。榮氏注云：五龍治在五方，為五行神。五龍降天皇兄弟十二人，分五方為十二部，法五龍之跡，行無為之化。天下仙聖治，在柱州崑崙山上，無外之山，在崑崙東南萬二千里，五龍、天皇皆在此中，為十二時神也。《山海經》曰：崑崙之丘，寔惟帝之下都，其神陸吾，是司天之九部，及帝之囿時。然六合之內，其苞遠矣。幽致沖妙，難本以情，萬像遐淵，思絕根尋，自不登兩龍于雲轍，騁八駿于龜途，等軒轅之訪百靈，方大禹之集會計，儒墨之說，孰使辨哉。

又出海外，南至積石山下，有石門。

《山海經》曰：河水入渤海，又出海外，西北入禹所導積石山。山在隴西郡河關縣西南羌中。余考群書❺，咸言河出崑崙，重源潛發，淪于蒲昌，出于海水。故《洛書》❻曰：河自崑崙，出于重野。謂此矣。逕積石而為中國河。故成公子安《大河賦》❼曰：覽百川之宏壯，莫尚美于黃河；潛崑崙之峻極，出積石之嵯峨。釋氏《西域記》曰：河自蒲昌，潛行地下，南出積石，而《經》文在此，似如不比，積石宜在蒲昌海下矣。

【篇　旨】此篇從《經》文「屈從其東南流，入渤海」條下的《注》文「今按《山海經》曰」起，包括《經》文「又出海外，南至積石山下，有石門」條下的全部《注》文，也就是全卷的末尾。此卷以崑崙開篇，但第一篇並未詳敘，第二篇又轉敘天竺，故此篇據《山海經》及《淮南子》等專敘崑崙。並從崑崙敘及積石山。崑崙是河源所出，積石山是重源潛發。卷一〈河水〉因第二篇「枝蔓太繁，頗無關涉」。有此第三篇以河源始而以重源終，全卷仍歸本題。

【注　釋】❶淮南之書　指《淮南子・墬形》。❷玉橫　玉器名。舊注謂「橫，猶光也。橫或作彭。彭，受不死藥器也」。❸十洲記　書名。亦作《海內十洲記》，《隋書・經籍志》及〈兩唐志〉著錄均一卷，西漢東方朔撰。東方朔（西元前一五四～前九三年），字曼倩，平原厭次（今山東惠民附近）人。此書今收入於《道藏・洞玄部》、《粵雅堂叢書》、《十萬卷樓叢書》等。❹遁甲開山圖　書名。《隋書・經籍志》著錄三卷，滎氏撰。滎氏不知其名，約為南朝梁人，書亦有一卷、二卷、三卷之說，已亡佚。今有宛委山堂《說郛》等輯本，已無圖。❺余考群書　此語說明，「黃河重源」之說在當時是對黃河發源的唯一說法。❻洛書　書名。《隋書・經籍志》著錄：「梁《河圖洛書》二十四卷，目錄一卷，亡。」〈隋志〉又說：「其書出于前漢，有《河圖》九篇，《洛書》六篇。」已亡佚，今有《漢唐地理書鈔》輯本。❼成公子安大河賦　詩賦名。《隋書・經籍志》著錄《成公綏集》九卷，梁有十卷，殘缺。成公綏（西元二三一～二七三年），字子安，西晉人。〈大河賦〉原收入於《成公綏集》，今集已亡佚，但此賦為清嚴可均《全晉文》輯存。

【語　譯】現在按《山海經》說：崑崙山在西北，是天帝在下界的都城。崑崙山方圓八百里，高萬仞，山上有木禾。四面有九口井，用玉來做井欄；四面還有九座城門，門口有開明獸守衛，這是諸天神所在的地方。郭璞說：除此之外，另外還有個小崑崙。又按《淮南子》，崑崙山上面，有木禾、珠樹、玉樹、璇樹，西邊有不死樹，東邊有沙棠樹、琅玕樹，南邊有絳樹，北邊有碧樹、瑤樹。旁邊有四百四十座城門，各門間隔四里，一里間隔九純，一純長一丈五尺。旁有九井，有接受不死之藥的器皿玉橫拴在山的西北角，打開北門，可以引來不周山的風。傾宮、旋室、縣圃、涼風、樊桐，都在崑崙山的閶闔門內，這些都是菜園，菜園裡的水池儲存著黃水，黃水繞了三圈又回到它的源頭，稱為丹水，喝了能長生不死。河水發源於崑崙山的東北角，赤水發源於東南角，洋水發源於西北角。這四條水都是天帝的神泉，可以配製各種藥材，可以滋潤萬物。從崑崙山上去高一倍，叫涼風山，登上去能長生不死；再高一倍，叫玄圃山，登上去就有了法力，能呼風喚雨；又上去高一倍，就與上天相連了，爬上去就是神仙了，這就是太帝的住所。

2 於是大禹以息土來堵遏洪水，製造出大山，掘低崑崙山，使成為下界之地。高誘說：地字有人寫成池字，那就有點近似於佛圖調的說法了。阿耨達山有六條水，葱嶺、于闐阻隔開這兩條水。這與各種經史典籍的說法完全不同。又按《十洲記》，崑崙山在西海的西北偏西，北海的西北偏北，離海岸十三萬里，有弱水繞山而流。崑崙山東南與積石圃相接，西北與北戶室相接，東北面臨大闊井，西南鄰近承淵谷。這四角的大山，實際上是崑崙山的支脈。從前西王母曾告訴周穆王說：積石圃的南頭，距咸陽四十六萬里，高出平地三萬六千里，上端有三角，方圓一萬里，形狀像一隻仰放的盆，下面狹，上面寬。所以說崑崙山有三角：一隻角在正北，高得遮住星辰的光芒，叫閬風巔；一隻角在正西，叫玄圃臺；一隻角在正東，叫崑崙宮。那地方有黃金堆積成的天墉城，方圓一千里，城上築了五座金臺，十二座玉樓。北戶山和承淵山也有墉城，城上也有金臺玉樓，和天墉城一模一樣。有淵精闕、光碧堂、瓊華室、紫紅翠綠的丹房，光輝映日，閃耀著虹彩般的光芒。西王母就在那裡治理著仙界，仙官和神靈都來朝見她。那裡上與北斗七星的旋機相通，把元氣流布到四方，玉衡星和諧地運行，使其能與九天保持順暢，與陰陽相互調和。於是萬物蓬勃生長，希珍奇物也脫穎而出，這都是由此決定的。天上的神人也濟濟一堂，這些就無法一一記述了。

3 北海外又有鍾山，山上有金臺玉闕，也是元氣所蘊藏之處，天帝居住和治理的地方。考證東方朔所說的話以及《水經》五萬里的記載，就很難說佛圖調和康泰的話是正確的了。宇宙以內，水澤之中，深藏著的東西，大的未必就大，小的未必就小；存在著的未必就有，看不見的未必就無，真是包羅萬象，十分廣大。其中地名相同而地域相異的，名稱相混淆的，為數也不少。正如東海方丈也有崑崙的名稱，西洲銅柱又有九府的治所。東方朔《十洲記》說：方丈在東海中央，東西南北四岸，距離完全相等。方丈每邊各五千里，上面專門供群龍會聚，有金玉琉璃建築的宮殿，是三天司命管轄的地方。不想升天的仙人們都在這裡往來。

4 張華記述東方朔的《神異經》說：崑崙山有銅柱，直立高入天庭，就是所謂天柱。銅柱周圍長三千里，圓周像切削過似的。下面有迴屋圍繞，這是仙人九府的治所。上面有大鳥，名叫希有，向南而立，張開左翼遮蔽東王公，張開右翼遮蔽西王母，背上寬廣一萬九千里，一小片無毛。西王母每年登上鳥翼，去與東王公相會。所以柱銘說：崑崙銅柱，高插天上，圓周如同削成，通體優美非常。鳥銘說：有隻鳥兒叫希有，紅翎綠羽亮晃晃，牠不叫也不吃，東翼遮蔽東王公，西翼遮蔽西王母。王母心裡想往東，登上鳥背自會通。陰陽相互須依存，會合時美妙無窮。《遁甲開山圖》說：五龍來賜教，天王配合他們的事跡，守望在無外柱州崑崙山上。榮氏注說：五龍是五行的神祇，治理著五方。五龍下來，天皇兄弟十二人，把五方分為十二部，仿效五龍的事跡，實行無為的教化，天下的仙人和聖人，都在柱州崑崙山上治理。無外山在崑崙山東南一萬二千里，五龍和天王都是山中來的，是十二時辰的神祇。《山海經》說：崑崙丘其實是天帝在下界的都城，山神陸吾的職司，是主管九州的部界以及天地園囿的時節。可是宇宙之內，所包括的範圍十分遙遠。神靈幽渺的情趣淡泊而微妙，很難根據人情來推斷；千奇百怪的現象深遠難知，凡人的思想不可能尋根究柢。要不是乘上兩龍飛奔於雲端，駕著八駿馳騁於萬里長途，對於軒轅氏訪問諸神，大禹會諸侯於會稽這類事，作一番衡量比較，儒家墨家的學說誰是誰非，哪裡分辨得清楚呢。

又出海外，南至積石山下，有石門。

5 《山海經》說：河水注入渤海，又流出海外。往西北流入禹所疏導過的積石山。積石山在隴西郡河關縣西南的羌中。我查考諸書，都說河水發源於崑崙山，潛流入地下後，再次發源，就是說在蒲昌海隱沒，在海水中重又冒出。所以《洛書》說：河水自崑崙山在重野流出，說的就是這種情況。河水流經積石山，成為中國的河流。所以成公子安〈大河賦〉說：展望百川宏壯的雄姿，沒有一條比黃河更美，它在極高的崑崙山潛流，從積石山的崇山峻嶺間出來。釋氏《西域記》說：河水自蒲昌海潛流於地下，南到積石山方才流出。經文在這裡似乎把次序顛倒了，積石山應當是在蒲昌海以下的。

【研析】 崑崙為古人所高度崇奉，又相傳為河源所出，故〈河水注〉首卷對此評敘，當然順理成章。而黃河「重源」之說，由來甚早，流傳至久，直到清代，仍有學者深信不疑。《水經注》是一部古代名著，但從今天人們的科學知識來說，全書存在許多錯誤，其中最大的莫過於黃河「重源」。唐杜佑是古代第一位對此書提出批評的學者，他所批評的即是對黃河「重源」之訛，酈道元「都不詳正」。他提出此言時，「重源」之訛已經為人所知。唐初貞觀九年（西元六三五年），侯君集等征吐谷渾而「至于柏海」（今札陵、鄂陵湖），「北望積玉山，觀河源所出」（據《舊唐書・侯君集傳》。此處「積玉山」，同書〈西戎・吐谷渾傳〉作「積石山」，《新唐書》亦作「積石山」）。《新唐書・西戎吐谷渾傳》：「（李）道宗曰，柏海近河源，古未有至者。」又《舊唐書・吐蕃傳》所載，貞觀十五年（西元六四一年）：「太宗以文成公主妻之，令禮部尚書江夏郡王（李）道宗主婚，持節送公主於吐蕃，弄贊率其部兵次于柏海，親迎于河源。」這些掌故，都比杜佑早百餘年。所以以其所知議論酈氏，於事實非公正。何況酈氏對崑崙神話和「重源」之說，當時也都有懷疑。前者，《注》文說：「等軒轅之訪百靈，方大禹之集會計，儒墨之說，孰使辨哉。」後者，由於：「余考群書，咸言河出崑崙，重源潛發。」所以從他所在的時代，他只唯沿襲。但是一面強調「逕積石而為中國河」，一面又批評《經》文：「《經》文在此，似如不比，積石宜在蒲昌海下矣。」所以按酈氏撰述年代而論，此篇不失為卷一〈河水〉的完美結尾。

卷二

河水

【題解】此〈河水〉第二卷，在《經》文「又南入蔥嶺山，又從蔥嶺出而東北流」及「其一源出于闐國南山，北流與蔥嶺所出河合」下近四千字，其記述地區仍在今新疆兼及中亞，而且內容又大量涉及黃河「重源」。《注》文記及「河水又東注于泑澤，即《經》所謂蒲昌海也」。對於蒲昌海（即今已乾涸的羅布泊），《注》文說：「廣輪四百里。其水澄渟，冬夏不減，其中洄湍電轉，為隱淪之脈。當其澴流之上，飛禽奮翮于霄中者，無不墜于淵波矣。即河水之所潛，而出于積石也。」這就是唐杜佑在《通典》中批評的「灼然荒唐」。全篇從《經》文「又東入塞，過敦煌、酒泉、張掖郡南」條下《注》文「河水自河曲」起，至卷末「東至富平」（今寧夏吳忠一帶），《注》文所敘才是今黃河上游。

第一篇

又南入蔥嶺山，又從蔥嶺出而東北流。

1 河水重源有三，非惟二也。一源西出捐毒之國❶，蔥嶺之上，西去休循二百餘里，皆故塞種也。南屬蔥嶺，高千里，《西河舊事》❷曰：蔥嶺在敦煌西八千里，其山高大，上生蔥，故曰蔥嶺也。河源潛發其嶺，分為二水，一水西逕休循國南，在蔥嶺西。郭義恭《廣志》曰：休循國居蔥嶺，其山多大蔥。又逕難兜國北，北接休循，西南去罽賓國三百四十里，河水又西逕罽賓國北。月氏之破，塞王南君罽賓，治循鮮城。土地平和，無所不有，金銀珍寶，異畜奇物，踰于中夏，大國也。山險，有大頭痛、小頭痛之山，赤土、身熱之阪，人畜同然。

2 河水又西逕月氏國南，治監氏城，其俗與安息同。匈奴冒頓單于破月氏，殺其王，以頭為飲器。國遂分，遠過大宛，西居大夏，為大月氏；其餘小眾不能去者，共保南山羌中，號小月氏。故有大月氏、小月氏之名也。

3 又西逕安息國南，城臨嬀水，地方數千里，最大國也。有商賈、車船行旁國，畫革旁行為書記也。河水與蜺羅跂禘水同注雷翥海。釋氏《西域記》曰：蜺羅跂禘出阿耨達山之北，西逕于闐國。《漢書·西域傳》曰：于闐之西，水皆西流，注西海。

4 又西逕四大塔北，釋法顯所謂糺尸羅國。漢言截頭也。佛為菩薩時，以頭施人，故因名國。國東有投身飼餓虎處，皆起塔。又西逕揵陀衛國北，是阿育王子法益所治邑。佛為菩薩時，亦于此國以眼施人，其處亦起大塔。又有弗樓沙國，天帝釋變為牧牛小兒，聚土為佛塔，法王因而成大塔，所謂四大塔也。

5 《法顯傳》曰：國有佛鉢，月氏王大興兵眾，來伐此國，欲持鉢去，置鉢象上，象不能進；更作四輪車載鉢，八象共牽，復不進，王知鉢緣未至，于是起塔留鉢供養。鉢容二斗，雜色而黑多，四際分明，厚可二分，甚光澤。貧人以少花投中便滿；富人以多花供養，正復百千萬斛，終亦不滿。佛圖調曰：佛鉢，青玉也，受三斗許，彼國寶之。供養時，願終日香花不滿，則如言；願一把滿，則亦便如言。又按道人竺法維所說，佛鉢在大月支國，起浮圖，高三十丈，七層，鉢處第二層，金絡絡鎖縣鉢，鉢是青石。或云懸鉢虛空。須菩提置鉢在金机上，佛一足跡與鉢共在一處，國王、臣民悉持梵香、七寶、璧玉供養。塔跡、佛牙、袈裟、頂相舍利，悉在弗樓沙國。

6 釋氏《西域記》曰：揵陀越王城西北有鉢吐羅越城，佛袈裟王城也。東有寺。重復尋川水，西北十里有河步羅龍淵，佛到淵上浣衣處，浣石尚存。其水至安息，注雷翥海。又曰：揵陀越西，西海中有安息國。竺枝《扶南記》曰：安息國去私訶條國二萬里，國土臨海上，即《漢書》天竺安息國也。戶近百萬，最大國也。《漢書·西域傳》又云：犁靬、條支臨西海。長老傳聞，條支有弱水，西王母亦未嘗見。自條支乘水西行，可百餘日，近日所入也。或河水所通西海矣。故《涼土異物志》❸曰：蔥嶺之水，分流東西，西入大海，東為河源，《禹記》所云崑崙者焉。

7 張騫使大宛而窮河源，謂極于此，而不達于崑崙也。河水自蔥嶺分源，東逕迦舍羅國。釋氏《西域記》曰：有國名伽舍羅逝。此國狹小，而總萬國之要道無不由。城南有水，東北流，出羅逝西山，山即蔥嶺也。逕岐沙谷，出谷分為二水。一水東流，逕無雷國北，治盧城，其俗與西夜、子合同。又東流逕依耐國北，去無雷五百四十里，俗同子合。河水又東逕蒲犁國北，治蒲犁谷，北去疏勒五百五十里，俗與子合同。河水又東逕皮山國北，治皮山城，西北去莎車三百八十里。

8 其一源出于闐國南山，北流與蔥嶺所出河合，又東注蒲昌海。

河水又東與于闐河合，南源導于闐南山，俗謂之仇摩置，自置北流，逕于闐國西，治西城。土多玉石。西去皮山三百八十里，東去陽關五千餘里。釋法顯自烏帝西南行，路中無人民，沙行艱難，所逕之苦，人理莫比。在道一月五日，得達于闐。其國殷庶，民篤信，多大乘學，威儀齊整，器鉢無聲。城南十五里有利剎寺，中有石鞾，石上有足跡，彼俗言是辟支佛跡。法顯所不傳，疑非佛跡也。又西北流，注于河。即《經》所謂北注蔥嶺河也。

9 南河又東逕于闐國北，釋氏《西域記》曰：河水東流三千里，至于闐，屈東北流者也。《漢書・西域傳》曰：于闐已東，水皆東流。南河又東北逕扜彌國北，治扜彌城，西去于闐三百九十里。南河又東逕精絕國北，西去扜彌四百六十里。南河又東逕且末國北，又東，右會阿耨達大水。釋氏《西域記》曰：阿耨達山西北有大水，北流注牢蘭海者也。

10 其水北流逕且末南山，又北逕且末城西，國治且末城，西通精絕二千里，東去鄯善七百二十里，種五穀，其俗略與漢同。又曰：且末河東北流逕且末北，又流而左會南河，會流東逝，通為注濱河。

11 注濱河又東逕鄯善國北，治伊循城，故樓蘭之地也。樓蘭王不恭于漢，元鳳四年，霍光遣平樂監傅介子刺殺之，更立後王。漢又立其前王質子尉屠耆為王，更名其國為鄯善。百官祖道橫門，王自請天子曰：身在漢久，恐為前王子所害，

12 國有伊循城，土地肥美，願遣將屯田積粟，令得依威重。遂置田以鎮撫之。敦煌索勱，字彥義，有才略，刺史毛奕表行貳師將軍，將酒泉、敦煌兵千人，至樓蘭屯田。起白屋，召鄯善、焉耆、龜茲三國兵各千，橫斷注濱河，河斷之日，水奮勢激，波陵冒堤。勱厲聲曰：王尊❹建節，河堤不溢；王霸精誠，呼沱不流❺，水德神明，古今一也。勱躬禱祀，水猶未減，乃列陣被杖，鼓譟讙叫，且刺且射，大戰三日，水乃迴減，灌浸沃衍，胡人稱神。大田三年，積粟百萬，威服外國。

13 其水東注澤。澤在樓蘭國北扜泥城，其俗謂之東故城，去陽關千六百里，西北去烏壘千七百八十五里，至墨山國千八百六十五里，西北去車師千八百九十里。土地沙鹵少田，仰穀旁國。國出玉，多葭葦、檉柳、胡桐、白草。國在東垂，當白龍堆，乏水草，常主發導，負水擔糧，迎送漢使，故彼俗謂是澤為牢蘭海也。釋氏《西域記》曰：南河自于闐東於北三千里，至鄯善入牢蘭海者也。

14 北河自岐沙東分南河，即釋氏《西域記》所謂二支北流，逕屈茨、烏夷、禪善，入牢蘭海者也。北河又東北流，分為二水，枝流出焉。北河自疏勒逕流南河之北，《漢書·西域傳》曰：蔥嶺以東，南北有山，相距千餘里，東西六千里，河出其中。暨于溫宿之南，左合枝水，枝水上承北河于疏勒之東；西北流逕疏勒國南，又東北與疏勒北山水合；水出北溪，東南流逕疏勒城下，南去莎車五百六十里，有市列，西當大月氏、大宛、康居道。釋氏《西域記》曰：國有佛浴牀，赤真檀木作之，方四尺，王于宮中供養。

15 漢永平十八年，耿恭以戊己校尉，為匈奴左鹿蠡王所逼，恭以此城側澗傍水，自金蒲遷居此城，匈奴又來攻之，壅絕澗水。恭于城中穿井，深一十五丈，不得水，吏士渴乏，笮馬糞汁飲之。恭乃仰天嘆曰：昔貳師拔佩刀刺山，飛泉湧出，今漢德神明，豈有窮哉？整衣服，向井再拜，為吏士禱之。有頃，水泉奔出，眾稱萬歲。乃揚水以示之，虜以為神，遂即引去。

16 後車師叛，與匈奴攻恭，食盡窮困，乃煮鎧弩，食其筋革。恭與士卒同生死，咸無二心。圍恭不能下，關寵上書求救。建初元年，章帝納司徒鮑昱之言，遣兵救之。至柳中，以校尉關寵分兵入高昌壁，攻交河城，車師降，遣恭軍吏范羌，將兵二千人迎恭。遇大雪丈餘，僅能至，城中夜聞兵馬，大恐，羌遙呼曰：我范羌也。城中皆稱萬歲，開門相持涕泣。尚有二十六人，衣屨穿決，形容枯槁，相依而還。

17 枝河又東逕莎車國南，治莎車城，西南去蒲犁七百四十里。漢武帝開西域，屯田于此。有鐵山，出青玉。枝河又東逕溫宿國南，治溫宿城，土地物類，與鄯善同。北至烏孫赤谷六百一十里，東通姑墨二百七十里，于此，枝河右入北河。

18 北河又東逕姑墨國南，姑墨川水注之，水導姑墨西北，歷赤沙山，東南流逕姑墨國西，治南城。南至于闐，馬行十五日，土出銅鐵及雌黃。其水又東南流，右注北河。

19 北河又東逕龜茲國南，又東，左合龜茲川水，有二源，西源出北大山南，釋氏《西域記》曰：屈茨北二百里有山，夜則火光，晝日但煙，人取此山石炭，冶此山鐵，恆充三十六國用。故郭義恭《廣志》云：龜茲能鑄冶。其水南流逕赤沙山。釋氏《西域記》曰：國北四十里，山上有寺，名雀離，大清淨。又出山東南流，枝水左派焉。又東南，水流三分，右二水俱東南流，注北河。

20 東川水出龜茲東北，歷赤沙、積梨南流，枝水右出，西南入龜茲城。音屈茨也，故延城矣。西去姑墨六百七十里，川水又東南流逕于輪臺之東也。昔漢武帝初通西域，置校尉，屯田于此。搜粟都尉桑弘羊奏言：故輪臺以東，地廣，饒水草，可溉田五千頃以上。其處溫和，田美，可益通溝渠，種五穀，收穫與中國同。時匈奴弱，不敢近西域，于是徙莎車，相去千餘里，即是臺也。

21 其水又東南流，右會西川枝水，水有二源，俱受西川，東流逕龜茲城南，合為一水，水間有故城，蓋屯校所守也。其水東南注東川，東川水又東南，逕烏壘國南，治烏壘城，西去龜茲三百五十里，東去玉門陽關二千七百三十八里，與渠犁田官相近，土地肥饒，于西域為中，故都護治焉。漢使持節鄭吉，并護北道，故號都護，都護之起，自吉置也。其水又東南注大河。

22 大河又東，右會敦薨之水，其水出焉耆之北敦薨之山，在匈奴之西，烏孫之東。《山海經》曰：敦薨之山，敦薨之水出焉，而西流注于泑澤❻。出于崑崙之東北隅，實惟河源者也。二源俱道，西源東流，分為二水，左水西南流，出于焉耆之西，逕流焉耆之野，屈而東南流，注于敦薨之渚。右水東南流，又分為二，左右焉耆之國。城居四水之中，在河水之洲，治員渠城，西去烏壘四百里，南會兩水，同注敦薨之浦。

23 東源東南流，分為二水，澗瀾雙引，洪湍濬發，俱東南流，逕出焉耆之東，導于危須國西。國治危須城，西去焉耆百里。又東南注，流于敦薨之藪。川流所積，潭水斯漲，溢而為海。《史記》曰：焉耆近海多魚鳥。東北隔大山與車師接。

24 敦薨之水自西海逕尉犁國，國治尉犁城，西去都護治所三百里，北去焉耆百里。其水又西出沙山鐵關谷，又西南流，逕連城別注，裂以為田。桑弘羊曰：臣愚以為連城以西，可遣屯田，以威西國。即此處也。其水又屈而南，逕渠犁國西。故《史記》曰：西有大河。即斯水也。

25 又東南流，逕渠犁國，治渠犁城，西北去烏壘三百三十里。漢武帝通西域，屯渠犁，即此處也。南與精絕接，東北與尉犁接。又南流注于河。《山海經》曰：敦薨之水，西流注于泑澤。蓋亂河流自西南注也。河水又東逕墨山國南，治墨山城，西至尉犁二百四十里。河水又東逕注賓城南，又東逕樓蘭城南而東注。蓋墢田士所屯，故城禪國名耳。

26 河水又東注于泑澤，即《經》所謂蒲昌海也。水積鄯善之東北，龍城之西南。龍城，故姜賴之虛，胡之大國也。蒲昌海溢，盪覆其國，城基尚存而至大，晨發西門，暮達東門。澮其崖岸，餘溜風吹，稍成龍形，西面向海，因名龍城。地廣千里，皆為鹽而剛堅也。行人所逕，畜產皆布氈臥之，掘發其下，有大鹽，方如巨枕，以次相累，類霧起雲浮，寡見星日，少禽，多鬼怪。西接鄯善，東連三沙，為海之北隘矣。故蒲昌亦有鹽澤之稱也。

27 《山海經》曰：不周之山，北望諸毗之山，臨彼岳崇之山，東望泑澤，河水之所潛也。其源渾渾泡泡者也。東去玉門陽關千三百里，廣輪四百里。其水澄渟，冬夏不減，其中洄湍電轉，為隱淪之脈。當其澴流之上，飛禽奮翮于霄中者，無不墜于淵波矣。即河水之所潛，而出于積石也。

又東入塞，過敦煌、酒泉、張掖郡南，

28 河自蒲昌，有隱淪之證，並間關入塞之始。自此，《經》當求實致也。河水重源，又發于西塞之外，出于積石之山。《山海經》曰：積石之山，其下有石門，河水冒以西流，是山也，萬物無不有，〈禹貢〉所謂導河自積石也。山在西羌之中，燒當所居也。

29 延熹二年，西羌燒當犯塞，護羌校尉段熲討之，追出塞，至積石山，斬首而還。司馬彪曰：西羌者，自析支以西，濱于河首左右居也。河水屈而東北流，逕析支之地，是為河曲矣。應劭曰：〈禹貢〉，析支屬雍州，在河關之西，東去河關千餘里，羌人所居，謂之河曲羌也。

30 東北歷敦煌、酒泉、張掖南。應劭《地理風俗記》曰：敦煌❼，酒泉，其水甘若酒味故也；張掖，言張國臂掖，以威羌狄。《說文》❽曰：郡制，天子地方千里，分為百縣，縣有四郡。故《春秋傳》❾曰：上大夫縣，下大夫郡。至秦，始置三十六郡，以監縣矣。

31 從邑，君聲。《釋名》曰：郡，群也，人所群聚也。黃義仲《十三州記》❿曰：郡之言君也，改公侯之封而言，君者，至尊也。郡守專權，君臣之禮彌崇，今郡字，君在其左，邑在其右，君為元首，邑以載民，故取名于君，謂之郡。

32 《漢官》⓫曰：秦用李斯議，分天下為三十六郡。凡郡，或以列國，陳、魯、齊、吳是也；或以舊邑，長沙、丹陽是也；或以山陵，太山、山陽是也；或以川原，西河、河東是也；或以所出，金城城下得金，酒泉泉味如酒，豫章樟樹生庭，雁門雁之所育是也；或以號令，禹合諸侯，大計東冶之山，因名會稽是也。

33 河逕其南而纏絡遠矣。

【篇　旨】此篇仍記敘天竺，並及於天竺以外的中亞各地。而重點則在漢代的西域並包括河西走廊，特別記敘了漢朝對西域的開拓經營。《山海經》仍是此篇所據的重要文獻。發源於崑崙（蔥嶺）的河水，到泑澤（蒲昌海）而隱淪，以後伏流入塞，到積石而復出，這就是當時傳襲的「重源」之說。

【注　釋】❶捐毒之國　有不少版本誤作「身毒之國」，這種錯誤始於唐顏師古注《漢書．西域傳》：「捐毒即身毒，天篤也，本皆一名，語有輕重耳。」「身毒」、「天篤」都是「天竺」的別譯，即今印度。而「捐毒」(Yuandu) 是古代西域的一個游牧部落，在今新疆烏恰境。❷西河舊事　書名。〈隋志〉不著錄，〈唐志〉著錄一卷，不著撰者，故不知何代何人所撰，已亡佚。今有《二酉堂叢書》輯本。❸涼土異物志　書名。《隋書．經籍志》著錄二卷，〈兩唐志〉同，不知何代何人所撰，已亡佚。今有《二酉堂叢書》輯本。❹王尊　漢東郡太守，其事跡在卷五〈河水注〉中有記載。❺王霸精誠二句　王霸，東漢初人。「呼沱不流」的故事在《後漢書．王霸傳》中有記載。❻泑澤　即蒲昌海，後之羅布泊，今已乾涸。❼敦煌　殿本在此案云：「下酒泉、張掖，皆釋其義，此當有脫文。」❽說文　指漢許慎撰《說文解字》。❾春秋傳　書名。《注》文所引「上大夫縣，下大夫郡」，出於《左傳》哀公二年，故此《春秋傳》實指《左傳》。❿十三州記　書名。隋唐諸志不著錄，晉黃義仲撰，已亡佚。有宛委山堂《說郛》輯本。⓫漢官　書名。應劭注，《隋書．經籍志》著錄五卷，已亡佚。有《平津館叢書》等輯本。

【語　譯】又南入葱嶺山，又從葱嶺出而東北流。

1 河水發源後潛入地下重又冒出的地方，有三處而不只兩處。一支水源出自西方捐毒國的葱嶺上，西距休循二百餘里，兩國都是舊時塞族人居住的地區。該區南與葱嶺相連，嶺高一千里。《西河舊事》說：葱嶺在敦煌以西八千里，山極高大，山上生葱，所以叫葱嶺。河水的源頭自此嶺地下潛流而出，分成兩條。一條西流經休循國南，休循在葱嶺西。郭義恭《廣志》說：休循國，在葱嶺，山上多大葱。又流經難兜國北，該國北方與休循接壤，西南距罽賓國三百四十里。河水又西流，流經罽賓國北。月氏被打垮時，塞王在南方罽賓為王，建都於循鮮城。罽賓地勢平坦，物產豐富，應有盡有。金銀珍寶，稀有的牲畜，奇異的物品，超過華夏，是個大國。但山地險惡，有大頭痛、小頭痛等山，赤土、身熱等坡，無論是人還是牲口經過那裡，都會犯病。

2 河水又西流經月氏國南，國都監氏城，風俗同安息一樣。匈奴冒頓單于打垮了月氏，殺了月氏國王，用他的髑髏做酒杯。國家因此事而分裂，大部分月氏人遠道越過大宛西遷，定居於大夏，這就是大月氏；留下的小部分月氏人走不了，一道守住南山羌中，號稱小月氏。所以有大月氏、小月氏的稱呼。

3 河水又西流經安息國南。安息國都城瀕媯水，版圖廣數千里，是一方最大的國度。國中商人乘車或坐船與鄰國相往來時，都在皮革上記事，文字是橫寫的。河水與蜺羅跂褅水一同注入雷翥海。釋氏《西域記》說：蜺羅跂褅水發源於阿耨達山以北，西流經于闐國。《漢書・西域傳》說：于闐以西，水都西流，注入西海。

4 河水又西流經四大塔以北，這就是法顯和尚所說的糺尸羅國，漢語意為斷頭。佛陀前生做菩薩時，曾將自己的頭施捨給別人，因以斷頭為國名。國都東又有佛陀前生將自己的肉體飼餵餓虎的地方，那些地方都建了佛塔。又西流經揵陀衛國北，這是阿育王兒子法益所治理的城邑。佛陀做菩薩時又在這個國家將自己的眼睛施捨給別人，那地方也造了大塔。還有個弗樓沙國，天帝釋變成牧童，用泥土堆成一座佛塔，法王就憑這座小塔造了一座大塔。以上幾處的塔，就是所謂四大塔。

5 《法顯傳》說：弗樓沙國有佛缽，月氏王大規模調動軍隊來攻打這個國家，想把佛缽搶去。他把佛缽放在象背上運，可是大象卻走不動。他又造了一輛四輪車來裝載佛缽，用八頭大象來拉，還是拉不動。月氏王知道佛缽的緣分沒有到，於是造了一座塔，把佛缽留下來供養。佛缽盛得下兩斗，顏色斑斑駁駁，但以黑色居多；四邊輪廓分明，厚約二分，光滑鋥亮。窮人投入一點兒花，缽中就會裝滿；富人用很多花供養，即使千籮萬擔，還是始終裝不滿。佛圖調說：佛缽是用青玉做的，能盛三斗左右，那個國家把它當作國寶。供養的時候，心中希望它終日香花不滿，就會如人所願；希望一把便滿，也會如人所願。又按竺法維和尚所說：佛缽藏在大月氏國，為它造了一座塔，高三十丈，共七層，佛缽放在第二層。佛缽用青石製成，用金鎖鏈絡起來懸掛著。又有人說，佛缽是凌空懸著的。須菩提把佛缽安放在金几上，佛陀的一隻足印與佛缽同在一處，國王、臣民手裡都拿著梵香、七寶、璧玉，來供養。佛塔和足印、佛牙、袈裟、頂相舍利，都在弗樓沙國。

6 釋氏《西域記》說：揵陀越王城西北，有鉢吐羅越城，這就是佛袈裟王城。城東有一座寺院。再去尋找川水西北十里的地方，有個河步羅龍潭，佛陀到龍潭上洗衣服的地方，洗衣石還在。蜺羅跂褅水流到安息，注入雷翥海。又說：揵陀越以西是西海，那裡有個安息國。竺枝《扶南記》說：安息國距私訶條國二萬里，國土瀕臨海邊，就是《漢書》的天竺安息國。國中戶口近一百萬，是最大的國家。《漢書‧西域傳》又說：梨軒、條支臨西海。據老人傳聞，條支有弱水，還有西王母，但也沒有人見過。從條支沿水路向西走，約百餘日，就快到太陽沉沒的地方了。也許這就是河水所通的西海了。所以《涼土異物志》說：蔥嶺的水分為東西兩條，西邊的水流入大海，東邊的水就是河水的源頭。這蔥嶺也就是《禹記》所說的崑崙山。

7 張騫出使大宛，走到河水源泉的盡頭，以為河水就到此為止了，並沒有通到崑崙山。河水源頭從蔥嶺分流後，東流經迦舍羅國。釋氏《西域記》說：有個叫迦舍羅逝的國度，疆域雖小，卻是諸國交通要道必經之地。城南有一條水東北流，從羅逝西山流出，這山就是蔥嶺。又流經岐沙谷，出谷後分為兩條。一條東流，流經無雷國北，該國都城盧城，風俗與西夜、子合相同。又東流，流經依耐國北，這裡距無雷國五百四十里，風俗與子合相同。河水又東流，流經蒲犁國北，都城在蒲犁谷，北距疏勒五百五十里，風俗與子合相同。河水又東流，流經皮山國北，都城皮山城，西北距莎車三百八十里。

其一源出于闐國南山，北流與蔥嶺所出河合，又東注蒲昌海。

8 河水又東流，與于闐河匯合。于闐河南源出自于闐南山，俗稱仇摩置。水源從仇摩置北流，流經于闐國西，國都西城。這地方盛產玉石。西距皮山三百八十里，東距陽關五千餘里。法顯和尚從烏帝往西南方走，一路不見人跡，跋涉於大漠荒沙之中，所經歷的勞瘁辛苦，真不是世人所能想像的。路上走了一個月又五天，才到于闐。于闐很富庶，人民信仰佛教很虔誠，大多數人修習大乘，禮儀十分嚴肅整齊，器缽都不輕易發聲。城南十五里有一座利剎寺，寺內有石靴，巖石上有足印。據當地民間傳說，這是辟支佛留下的足跡。但法顯沒有提到此事，恐怕不是佛陀的足跡了。于闐河又西北流，注入河水。這就是《水經》所說的：北流注入蔥嶺河。

9 南河又東流經于闐國北。釋氏《西域記》說：河水東流三千里，到了于闐，折而東北流，就指此而言。《漢書・西域傳》說：于闐以東，水都東流。南河又東北流經扜彌國北，都城扜彌城，西距于闐三百九十里。南河又東流經精絕國北，該國西距扜彌四百六十里。南河又東流經且末國北，又東流，在右岸匯合阿耨達大水。釋氏《西域記》說：阿耨達山西北有大水，北流注入牢蘭海，即指此水。

10 大水北流經且末南山，又北流經且末城西，且末城是國都，西邊通精絕，相距二千里，東距鄯善七百二十里。那裡種植五穀，風俗大致上與漢人相同。又說：且末河東北流經且末北，又往前流，在左岸與南河匯合。匯合後往東流逝，自此以下通稱注濱河。

11 注濱河又東流經鄯善國北，國都伊循城，舊時是樓蘭的領土。樓蘭王對漢朝不恭，元鳳四年（西元前七七年）霍光派平樂監傅介子去刺殺了他，另外立了一位國王，漢朝又把樓蘭前王留漢作人質的兒子尉屠耆立為國王，改國名為鄯善。尉屠耆回國時，漢朝文武百官在橫門為他餞行，王向漢朝天子請求道：我留在漢朝很久了，回去以後恐怕會被前王的兒子殺害。我們國家有個伊循城，土壤肥沃，希望陛下派遣將軍去屯田開墾，積聚糧食，使我也能依仗大國的聲威，得以自保。於是漢朝就在那裡設置屯田，來鎮撫鄯善。

12 敦煌索勱，字彥義，為人有才氣和謀略，刺史毛奕上表推薦他為貳師將軍，率領酒泉、敦煌兵一千名，到樓蘭去屯田。他搭了茅草屋，調了鄯善、焉耆、龜茲三個國家的軍隊各一千人，動工在注濱河上截流築壩。河道被截斷那天，水勢洶湧峻急，水浪漫過堤壩。索勱厲聲喝道：王尊執持符節，河堤就不溢水；王霸志決心誠，呼沱河就結冰不流。水的德性是有神靈的，古往今來莫不如此。說罷他親自舉行祭祀祈禱，可是水勢還是沒有減弱，於是他擺起陣勢，士兵都手持武器，鼓噪吶喊，以槍刺，以箭射，大戰了三日，水勢才逐漸減退，河水灌溉著肥沃的原野，胡人都把他看作神人。他耕種了三年，積聚的糧食多達百萬石，聲威震懾外國。

13 注濱河東流，注入湖澤中。這片湖澤坐落在樓蘭國北面的扜泥城，當地人稱為東故城，距陽關一千六百里，西北距烏壘一千七百八十五里，到墨山國一千八百六十五里，西北距車師一千八百九十里。那一帶地方土地斥鹵多沙，少有水田，吃糧仰賴鄰國供應，但出產寶玉，蘆葦、檉柳、梧桐、白草等也很多。國都在東部邊境，位於白龍堆前，缺少水草，常當嚮導，背著水，挑著糧食，迎送漢朝的使節。所以當地人把這片湖澤稱為牢蘭海。釋氏《西域記》說：南河從于闐以東，北流三千里，到鄯善注入牢蘭海，即指此。

14 北河從岐沙以東分出南河，就是釋氏《西域記》所說的：兩條水北流，經屈茨、烏夷、禪善，注入牢蘭海。北河又東北流，分出一條支流。北河從疏勒起，在南河以北徑直流去。《漢書・西域傳》說：蔥嶺以東，南北都有山，相距一千餘里，東西綿亙六千里，河水就從兩山之間流出。到了溫宿南，在左岸匯合了一條支流。支流上口在疏勒以東承接北河，西北流經疏勒國南；又東北流，與疏勒北山水匯合。北山水源出自北溪，東南流經疏勒城下。此城南距莎車五百六十里，商行店鋪成列，西邊是通大月氏、大宛、康居的交通要道。釋氏《西域記》說：該國有佛陀浴床，以赤紅色真檀木製成，面積四尺見方。國王把它供養在宮中。

15 漢永平十八年（西元七五年），耿恭當時擔任戊己校尉，受到匈奴左鹿蠡王的脅迫，他認為疏勒城一側傍近有山澗，有水可以倚靠，就從金蒲遷居到這裡來。匈奴又來進攻，堵斷了澗水。耿恭在城中挖井，已挖到地下十五丈深了，可是仍然不見有水。官吏士卒口渴難當，竟以馬糞榨點水汁來喝。耿恭仰天嘆息道：從前貳師將軍拔出佩刀刺山，就有泉水迸湧而出；現在大漢國運興旺如有神助，難道會到窮途末路了嗎？於是他整了整衣服，向著井拜了兩拜，為官吏士卒祈禱。一會兒，泉水噴湧而出，眾人都高呼慶賀。於是就舉水給匈奴人看，匈奴人把他視為神人，立即領兵退去。

16 後來車師反叛，與匈奴人聯合起來攻打耿恭。城裡糧食都吃光了，處境十分艱難，甚至把鎧甲和弓弩都煮了，拿上面的牛筋牛皮來吃。耿恭與士卒誓同生死，萬眾一心，忠貞不二。匈奴圍攻耿恭仍攻不進城，關寵上書向朝廷求救。建初元年（西元六七年），漢章帝採納了司徒鮑昱的建議，派兵去營救。軍隊到達柳中，由校尉關寵分兵進入高昌的營寨，攻打交河城，車師投降了。於是派遣耿恭的軍吏范羌領兵二千人去迎接耿恭。當時正下大雪，雪深丈餘，兵馬勉強才到達。城中夜裡聽到兵馬的喧囂聲，非常驚恐。范羌遠遠地高叫道：我是范羌啊。城中才歡呼慶祝，開門迎接，大家相抱哭泣。這時城中活著的只有二十六人了，衣服鞋襪都已破爛不堪，面色憔悴消瘦，彼此相扶著回來。

17 支流東流經莎車國南，國都莎車城，西南距蒲犁七百四十里。漢武帝開拓西域，曾在這裡屯田。莎車國有鐵山，出產青玉。支流又東流經溫宿國南，國都溫宿城，地理環境以及物產種類，與鄯善相同。溫宿北距烏孫赤谷六百一十里，東通姑墨二百七十里。在這裡，支流從右岸注入北河。

18 北河又東流經姑墨國南，姑墨川水注入。川水發源於姑墨西北，流經赤沙山，東南流經姑墨國西，國都為南城。乘馬往南到于闐，行程需十五日。姑墨國產銅鐵及雌黃。川水又東南流，從右岸注入北河。

19 北河又東流經龜茲國南，又東流，左岸匯合龜茲川。龜茲川水有兩個源頭，西邊那個源頭發源於北大山南。釋氏《西域記》說：屈茨北二百里有山，夜間可以看到火光，白天只見冒煙。人們開採了山上的石炭，來冶煉山上的鐵礦，能經常供應三十六個國家的需用。所以郭義恭《廣志》說：龜茲能冶鐵和鑄鐵。此水南流經赤沙山。釋氏《西域記》說：龜茲國以北四十里，山上有寺，叫雀離寺，十分清淨。又出山東南流，左岸分出支流。又東南流，水流分為三條，右邊兩條都往東南流，注入北河。

20 東川水發源於龜茲東北，經赤沙、積梨南流。支流從右岸分出，往西南流入龜茲城——龜茲，音屈茨，就是舊時的延城。龜茲城西距姑墨六百七十里。川水又東南流，流經輪臺東。從前漢武帝開始通西域時，曾設置校尉，在這裡屯田。搜粟都尉桑弘羊奏道：舊時輪臺以東，原野廣袤，水草豐饒，川水可以灌溉五千頃以上的田畝。那裡氣候溫和，土壤肥沃，可以多開些溝渠，種植五穀，收穫當可與中國相比。當時匈奴還弱小，不敢接近西域，於是就遷徙到相距千餘里外的莎車去。桑弘羊說的就是這地方。

21 川水又東南流，在右岸匯合西川支水。支水有兩個源頭，都是接納了西川的水，東流經龜茲城南，又匯合為一條。兩水之間有座舊城，就是屯田校尉所守的地方。此水東南流，注入東川。東川水又東南流，流經烏壘國南。國都烏壘城，西距龜茲三百五十里，東距玉門陽關二千七百三十八里，與渠犁田官的駐地相近。這裡土壤肥沃，位於西域的中部，是舊時的都尉治所。漢朝派遣使節鄭吉駐此，也兼管北道，所以號稱都護。都護的由來，就是從鄭吉時設置開始。東川水又東南流，注入大河。

22 大河又東流，在右岸匯合敦薨水。敦薨水發源於焉耆以北的敦薨山，在匈奴以西，烏孫以東。《山海經》說：敦薨山，是敦薨水的發源地，西流注入泑澤。此水源出崑崙山的東北角，其實是河水的源頭。兩條水源一路流來，西源往東流，分為兩條：左邊一條西南流，從焉耆以西流出，流經焉耆的原野，折向東南，注入敦薨水之濱；右邊一條東南流，又一分為二，流經焉耆國都左右兩側。都城四面環水，成為河水中央的一個島嶼。這個國都就是員渠城，西距烏壘四百里。南流兩水匯合後，一同注入敦薨浦。

23 東源東南流，也分為兩條，澗水波瀾滾滾，往前奔流，洪流既急且深，一齊流向東南，從焉耆以東、危須以西流過。危須國都危須城，西距焉耆一百里。又東南流，注入敦薨藪。由於水流在這裡積瀦起來，淵潭不斷高漲，向四方溢出，於是就成了內海。《史記》說：焉耆接近海邊，因此魚類和鳥類都很多。東北隔著大山與車師接壤。

24 敦薨水從西海流經尉犁國，國都尉犁城，西距都護治所三百里，北距焉耆一百里。此水又西流，從沙山鐵關谷流出；又西南流，流經連城時引水分流，灌溉田畝。桑弘羊說：依我的淺見，以為連城以西可派兵屯田，以威懾西域諸國。他指的就是這地方。此水又折而南流，流經渠犁國西。所以《史記》說：西方有大河，指的就是此水。

25 又東南流，流經渠犁國。國都渠犁城，西北距烏壘三百三十里。漢武帝通西域，在渠犁屯田，就是這地方。渠犁南與精絕相鄰，東北與尉犁接境。又南流，注入河水。《山海經》說：敦薨水西流注入泑澤。此水是穿過河水從西南注入澤中的。河水又東流經墨山國南。國都墨山城，西至尉犁二百四十里。河水又東流經注賓城南。又東流，流經樓蘭城南，然後往東流去。這裡原來是屯田士兵駐紮之地，所以國名也就成了城名了。

26 河水又東流，注入泑澤，這就是《水經》所說的蒲昌海。這片水域位於鄯善東北部，龍城西南部。龍城就是舊時的姜賴虛，是胡人的大國都。因蒲昌海洪水氾濫，把這座都城沖毀了。今天城的遺址還在，面積很大，早晨從西門動身，傍晚才能到達東門。水從岸邊流出，水浪經輕風吹拂，就成為有點像龍形的水紋，西面向海，因此稱為龍城。這裡原野曠闊，地方千里，但都是鹽鹼，又硬又堅實。游牧民族經過時，牛羊都要鋪上氈毯才可躺下。如果掘下去，地下有很大的鹽塊，方方的，像是大枕頭，一塊挨一塊堆著。這地方氣候惡劣，經常是霧罩雲遮，很少能見到星星和太陽；少有禽鳥，多的是鬼怪。西方與鄯善相鄰，東方與三沙接境，是蒲昌海以北的險要之地。所以蒲昌海也有鹽澤的稱呼。

27 《山海經》說：不周山，北望諸毗山，俯視岳崇山，東望泑澤，是河水潛流於地下的地方，水源汩汩嘩嘩地響，說的就是這裡。泑澤東距玉門陽關一千三百里，周圍四百里。澤中的水澄清而不流動，冬夏不減。澤中旋渦湍急有如雷電，這就是潛流的水脈。在旋渦急轉的上空，鼓翼翱翔於雲霄的飛鳥，沒有不掉入深淵的。這就是河水潛流於地下的地方，到積石方才又湧出地面。

28 河水自蒲昌海潛入地下是確有證據的，也是從這裡起，輾轉流入邊塞。從這裡開始，《水經》應當探究實際的情況了。河水再次發源，又從西塞之外重新出現，從積石山流出。《山海經》說：積石山，山下有石門，河水從石門冒出西流。積石山上，萬物無所不有。這就是〈禹貢〉所說的自積石疏導河水。積石山位於西羌境內，是燒當羌居住的地方。

又東入塞，過敦煌、酒泉、張掖郡南，

29 延熹二年（西元一五九年），西羌中的燒當羌侵犯邊境，護羌校尉段熲領兵征討，一直追到塞外，到積石山殺了一些羌人方才回來。司馬彪說：西羌這個民族，是從析支以西沿著河首左右兩岸定居的。河水折而東北流，流經析支地區，這就是河曲。應劭說：〈禹貢〉裡所說的析支屬於雍州，其地在河關西，東距河關一千餘里，是羌人居住的地區。這一帶的羌人叫河曲羌。

30 河水東北流經敦煌、酒泉、張掖以南。應劭《地理風俗記》說：敦煌，酒泉，因水味甘美如酒，故名；張掖，意謂張開國家的臂腋，以威懾羌狄。《說文》說：按照郡制，天子所領疆域廣一千里，分為一百個縣，每縣有四郡。所以《春秋傳》說：上大夫領縣，下大夫領郡。到了秦朝，才設置三十六郡來管轄各縣。

31 郡字偏旁從邑，音君。《釋名》說：郡，就是群的意思，是人們群聚在一起的地方。黃義仲《十三州記》說：郡，指的就是君，把公侯的封地改稱為君，是表示至高無上的意思。郡守獨攬大權，君臣之間的禮數極其隆重。現在的郡字，君字偏旁在左，邑字偏旁在右，君是元首，邑是百姓安身的地方，因而以君取名，稱為郡。

32 《漢官》說：秦朝採納李斯的建議，把天下分為三十六郡。所置諸郡，有的以原來的列國為名，如陳、魯、齊、吳就是；有的以原有舊城為名，如長沙、丹陽就是；有的以山陵為名，如太山、山陽就是；有的以川流原野為名，如西河、河東就是；有的以物產得名，如金城，因為城下得金，酒泉，因為泉味如酒，豫章，因為樟樹生於庭院，雁門，是大雁繁育之地；有的以號令得名，如禹召集諸侯，在東冶山評議功績，所以名為會稽。

33 河水回環曲折地流經三郡以南，距離三郡還是很遠的。

【研析】此篇除了在天竺和中亞地區提供於今難得的資料以外，特別值得珍視的是西域的煤炭煉鐵工業和有關地名學的內容。在《經》文「其一源出于闐國南山，北流與蔥嶺所出河合，又東注蒲昌海」下，《注》文引釋氏《西域記》：「屈茨北二百里有山，夜則火光，晝日但煙，人取此山石炭，冶此山鐵，恆充三十六國用。故郭義恭《廣志》云：龜茲能鑄冶。」這條記載，不僅是今新疆地區煤炭、煉鐵工業的最早記載，而且內容完整，把燃料、礦石原料和成品市場都和盤托出，是一種珍貴的經濟地理資料。在《經》文「又東入塞，過敦煌、酒泉、張掖郡南」下，《注》文記敘了秦代郡名的命名原則。對於古代地名的命名，《穀梁》、《越絕書》、《漢書・地理志》等都有記及，但都沒有此篇所引《漢官》的完整，是地名學研究的重要貢獻。

第二篇

1 河水自河曲，又東逕西海郡南。漢平帝時，王莽秉政，欲耀威德，以服遠方，諷羌獻西海之地，置西海郡，而築五縣焉。周海亭燧相望。莽篡政紛亂，郡亦棄廢。

2 河水又東逕允川，而歷大榆、小榆谷北。羌迷唐、鍾存所居也。永元五年，貫友代聶尚為護羌校尉，攻迷唐，斬獲八百餘級，收其熟麥數萬斛，于逢留河上築城以盛麥，且作大船，于河峽作橋渡兵，迷唐遂遠依河曲。

3 永元九年，迷唐復與鍾存東寇而還。十年，謁者王信、耿譚，西擊迷唐，降之。詔聽還大、小榆谷。迷唐謂漢造河橋，兵來無時，故地不可居，復叛，居河曲，與羌為讎，種人與官兵擊之允川。去迷唐數十里，營止，遣輕兵挑戰，因引還，迷唐追之，至營因戰，迷唐敗走。于是西海及大、小榆谷，無復聚落。

4 隃麋相曹鳳上言：建武以來，西戎數犯法，常從燒當種起。所以然者，以其居大、小榆谷，土地肥美，又近塞內，與諸種相傍，南得鍾存，以廣其眾；北阻大河，因以為固，又有西海魚鹽之利，緣山濱河，以廣田蓄，故能彊大，常雄諸種。今黨援沮壞，親屬離叛，其餘勝兵，不過數百，宜及此時，建復西海郡、縣，規固二榆，廣設屯田，隔塞羌胡交關之路，殖穀富邊，省輸轉之役。上拜鳳為金城西部都尉，遂開屯田二十七部，列屯夾河，與建威相首尾。後羌反，遂罷。

5 按段國《沙州記》❶，吐谷渾于河上作橋，謂之河厲，長百五十步，兩岸壘石作基陛，節節相次，大木從橫更鎮壓，兩邊俱平，相去三丈，並大材以板橫次之，施鉤欄甚嚴飾。橋在清水川東也。

又東過隴西河關縣北，洮水從東南來流注之。

6 河水右逕沙州北。段國曰：澆河西南百七十里有黃沙，沙南北百二十里，東西七十里，西極大楊川。望黃沙，猶若人委乾糒于地，都不生草木，蕩然黃沙，周迴數百里，沙州于是取號焉。《地理志》曰：漢宣帝神爵二年，置河關縣，蓋取河之關塞也。《風俗通》曰：百里曰同，總名為縣。縣，玄也，首也，從系倒首，舉首易偏矣。言當玄靜，平徭役也。《釋名》又曰：縣，懸也，懸于郡矣。黃義仲《十三州記》曰：縣，弦也，弦以貞直，言下體之居，鄰民之位，不輕其誓，施繩用法，不曲如弦，弦聲近縣，故以取名，今系字在半也。

7 漢高帝六年，令天下縣邑城。張晏曰：令各自築其城也。河水又東北流，入西平郡界，左合二川，南流入河。又東北，濟川水注之，水西南出濫瀆，東北流入大谷，謂之大谷水，北逕澆河城西南，北流注于河。河水又東逕澆河故城北，有二城東西角倚，東北去西平二百二十里。宋少帝景平中❷，拜吐谷渾阿豺為安西將軍澆河公，即此城也。河水又東北逕石城南，左合北谷水。昔段熲擊羌于石城，投河墜坑而死者八百餘人，即于此也。河水又東北逕黃河城南，西北去西平二百一十七里。河水又東北逕廣違城北，右合烏頭川水，水發遠川，引納枝津，北逕城東而北流，注于河。河水又東逕邯川城南，城之左右，歷谷有二水，導自北山，南逕邯亭，注于河。河水又東臨津溪水注之，水自南山，北逕臨津城西而北流，注于河。河水又東逕臨津城北，白土城南。《十三州志》曰：左南津西六十里有白土城，城在大河之北，而為緣河濟渡之處。魏涼州刺史郭淮破羌，遮塞于白土，即此處矣。河水又東，左會白土川水，水出白土城西北下❸，東南流逕白土城北，又東南注于河。河水又東北，會兩川，右合二水，參差夾岸，連壤負險相望。

8 河北有層山，山甚靈秀，山峰之上，立石數百丈，亭亭桀豎，競勢爭高，遠望嵾嵾，若攢圖之託霄上。其下層巖峭舉，壁岸無階，懸巖之中，多石室焉。室中若有積卷矣，而世士罕有津達者，因謂之積書巖。巖堂之內，每時見神人往還矣，蓋鴻衣羽裳之士，練精餌食之夫耳。俗人不悟其仙者，乃謂之神鬼，彼羌目鬼曰唐述，復因名之為唐述山。指其堂密之居，謂之唐述窟。其懷道宗玄之士，皮冠淨髮之徒，亦往棲託焉。故《秦川記》❹曰：河峽崖傍有二窟，一曰唐述窟，高四十丈；西二里有時亮窟，高百丈，廣二十丈，深三十丈，藏古書五笥。亮，南安人也。下封有水❺，導自是山溪水，南注河，謂之唐述水。

9 河水又東得野亭南❻，又東北流，歷研川，謂之研川水，又東北注于河，謂之野亭口。河水又東歷鳳林北。鳳林，山名也。五巒俱峙。耆彥云：昔有鳳鳥，飛遊五峰，故山有斯目矣。《秦州記》❼曰：枹罕原北名鳳林川，川中則黃河東流也。河水又東，與灕水合，水導源塞外羌中，故《地理志》曰：其水出西塞外，東北流，歷野虜中，逕消銅城西，又東北逕列城東。考《地說》❽無目，蓋出自戎方矣。左合列水，水出西北溪，東北流逕列城北，右入灕水，城居二水之會也。灕水又北逕可石孤城西，西戎之名也。又東北，右合黑城溪水，水出西北山下，東南流逕黑城南，又東南，枝水左出焉。又東南入灕水。

10 灕水又東北逕榆城東，榆城溪水注之。水出素和細越西北山下，東南流逕細越川，夷俗鄉名也。又東南出狄周峽，東南右合黑城溪之枝津，津水上承溪水，東北逕黑城東，東北注之榆溪，又東南逕榆城南，東北注灕水。灕水又東北逕石門口，山高險峻絕，對岸若門，故峽得厥名矣。疑即皋蘭山門也。漢武帝元狩三年，驃騎霍去病出隴西，至皋蘭，謂是山之關塞也。應劭《漢書音義》曰：皋蘭在隴西白石縣塞外，河名也。孟康曰：山關名也。今是山去河不遠，故論者疑目河山之間矣。灕水又東北，皋蘭山水自山左右翼注灕水。灕水又東，白石川水注之，水出縣西北山下，東南流，枝津東注焉。白石川水又南逕白石城西而注灕水。灕水又東逕白石縣故城南，王莽更曰順礫。闞駰曰：白石縣⑨在狄道西北二百八十五里，灕水逕其北。今灕水逕其南，而不出其北也。灕水又東逕白石山北，應劭曰：白石山在東。羅溪水注之。水出西南山下，東入灕水。灕水又東，左合罕幵南溪水。水出罕幵西，東南流逕罕幵南注之。《十三州志》曰：廣大阪在枹罕西北，罕幵在焉。昔慕容吐谷渾自燕歷陰山西馳，而創居于此。灕水又東逕枹罕縣故城南，應劭曰：故枹罕侯邑也。《十三州志》曰：枹罕縣在郡西二百一十里，灕水在城南門前東過也。灕水又東北，故城川水注之，水有二源，南源出西南山下，東北流逕金紐大嶺北，又東北逕一故城南，又東北，與北水會。北源自西南逕故城北，右入南水。亂流東北注灕水。灕水又東北，左合白石川之枝津，水上承白石川，東逕白石城北，又東絕罕幵溪，又東逕枹罕城南，又東入灕水，灕水又東北出峽，北流注于河。〈地理志〉曰：灕水出白石縣西塞外，東至枹罕入河。

11 河水又逕左南城南，《十三州志》曰：石城西一百四十里有左南城者也，津亦取名焉。大河又東逕赤岸北，即河夾岸也。《秦州記》曰：枹罕有河夾岸，岸廣四十丈。義熙中，乞佛于此河上作飛橋，橋高五十丈，三年乃就。河水又東，洮水注之。〈地理志〉曰：水出塞外羌中。《沙州記》曰：洮水與墊江水俱出嵹臺山，山南即墊江源，山東則洮水源。《山海經》曰：白水出蜀。郭景純《注》云：從臨洮之西傾山東南流入漢，而至墊江，故段國以為墊江水也。洮水同出一山，故知嵹臺、西傾之異名也。洮水東北流，逕吐谷渾中。吐谷渾者，始是東燕慕容之枝庶，因氏其字，以為首類之種號也，故謂之野虜。自洮嵹南北三百里中，地草徧是龍鬚，而無樵柴。洮水又東北流逕洮陽曾城北，《沙州記》曰：嵹城東北三百里有曾城，城臨洮水者也。

12 建初二年，羌攻南部都尉于臨洮，上遣行車騎將軍馬防與長水校尉耿恭救之，諸羌退聚洮陽，即此城也。洮水又東逕洪和山南，城在四山中。洮水又東逕迷和城北，羌名也。又東逕甘枳亭，歷望曲，在臨洮西南，去龍桑城二百里。

洮水又東逕臨洮縣故城北。禹治洪水，西至洮水之上，見長人，受《黑玉書》于斯水上。洮水又東北流，屈而逕索西城西。建初二年，馬防、耿恭從五溪祥榼谷出索西，與羌戰，破之，築索西城，徙隴西南部都尉居之，俗名赤水城，亦曰臨洮東城也。《沙州記》曰：從東洮至西洮百二十里者也。

[13] 洮水又屈而北，逕龍桑城西而西北流。馬防以建初二年，從安故五溪出龍桑，開通舊路者也。俗名龍城。洮水又西北逕步和亭東，步和川水注之。水出西山下，東北流出山，逕步和亭北，東北注洮水。洮水又北出門峽，歷求厥川，蕈川水注之，水出桑嵐西溪，東流歷桑嵐川，又東逕蕈川北，東入洮水。洮水又北歷峽，逕偏橋，出夷始梁，右合蕈塏川水。水東南出石底橫下，北歷蕈塏川，西北注洮水。洮水又東北逕桑城東，又北會藍川水。水源出求厥川西北溪，東北流逕藍川，歷桑城北，東入洮水。洮水又北逕外羌城西，又北逕和博城東，城在山內，左合和博川水。水出城西南山下，東北逕和博城南，東北注于洮水。洮水北逕安故縣故城西，《地理志》，隴西之屬縣也。《十三州志》曰：縣在郡南四十七里，蓋延轉擊狄道安故五溪反羌，大破之，即此也。洮水又北逕狄道故城西，闞駰曰：今曰武始也。洮水在城西北流。又北，隴水注之，即《山海

經》所謂濫水也。水出鳥鼠山西北高城嶺，西逕隴坻，其山岸崩落者，聲聞數百里。故揚雄稱響若坻頹是也。又西北歷白石山下，〈地理志〉曰：狄道東有白石山，濫水又西北逕武街城南，又西北逕狄道故城東。〈百官表〉曰：縣有蠻夷謂之道，公主所食曰邑。應劭曰：反舌左衽，不與華同，須有譯言，乃通也。漢隴西郡治，秦昭王二十八年置。應劭曰：有隴坻在其東，故曰隴西也。

14 《神仙傳》[10]曰：封君達，隴西人，服鍊水銀，年百歲，視之如年三十許，騎青牛，故號青牛道士。王莽更郡縣之名，郡曰厭戎，縣曰操虜也。昔馬援為隴西太守六年，為狄道開渠，引水種秔稻，而郡中樂業，即此水也。濫水又西北流，注于洮水。

15 洮水右合二水，左會大夏川水。水出西山，二源合舍而亂流，逕金紐城南。《十三州志》曰：大夏縣西有故金紐城，去縣四十里，本都尉治。又東北逕大夏縣故城南。〈地理志〉，王莽之順夏。《晉書‧地道記》曰：縣西有禹廟，禹所出也。又東北出山，注于洮水。洮水又北，翼帶三水，亂流北入河。〈地理志〉曰：洮水北至枹罕，東入河是也。

又東過金城允吾縣北，

16 金城郡治也。漢昭帝始元六年置，王莽之西海也。莽又更允吾為脩遠縣。河水逕其南，不在其北，南有湟水出塞外，東逕西王母石室、石釜、西海、鹽池北，故闞駰曰：其西即湟水之源也。〈地理志〉曰：湟水所出。湟水又東南流逕龍夷城，故西零之地也。《十三州志》曰：城在臨羌新縣西三百一十里。王莽納西零之獻，以為西海郡，治此城。湟水又東南逕卑禾羌海北，有鹽池。闞駰曰：縣西有卑禾羌海者也。世謂之青海。東去西平二百五十里。湟水東流逕湟中城北，故小月氏之地也。《十三州志》曰：西平、張掖之間，大月氏之別，小月氏之國。范曄《後漢書》曰：湟中月氏胡者，其王為匈奴所殺，餘種分散，西踰蔥嶺，其弱者南入山，從羌居止，故受小月氏之名也。《後漢・西羌傳》曰：羌無弋爰劍者，秦厲公時，以奴隸亡入三河，羌怪為神，推以為豪。河、湟之間多禽獸，以射獵為事，遂見敬信，依者甚眾，其曾孫忍，因留湟中，為湟中羌也。

17 湟水又東，右控四水，導源四溪，東北流注于湟。湟水又東逕赤城北，而東入經戎峽口，右合羌水，水出西南山下，逕護羌城東，故護羌校尉治，又東北逕臨羌城西，東北流，注于湟。湟水又東逕臨羌縣故城北，漢武帝元封元年，以封孫都為侯國，王莽之監羌也。謂之綏戎城，非也。湟水又東，盧溪水注之。水出西南盧川，東北流，注于湟水。湟水又東逕臨羌新縣故城南。闞駰曰：臨羌新縣在郡西百八十里，湟水逕城南也。城有東、西門，西北隅有子城。湟水又東，右合溜溪、伏溜、石杜、蠡四川，東北流注之。左會臨羌溪水，水發新縣西北，東南流，歷縣北，東南入湟水。湟水又東，龍駒川水注之，水右出西南山下，東北流逕龍駒城，北流注于湟水。

18 湟水又東，長寧川水注之，水出松山，東南流逕晉昌城，晉昌川水注之。長寧水又東南，養女川水注之。水發養女北山，有二源，皆長湍遠發，南總一川，逕養女山，謂之養女川。闞駰曰：長寧亭北有養女嶺，即浩亹山，西平之北山也。亂流出峽，南逕長寧亭東，城有東、西門，東北隅有金城，在西平西北四十里。《十三州志》曰六十里，遠矣。長寧水又東南與一水合，水出西山，東南流，水南山上，有風伯祠，春秋祭之。其水東南逕長寧亭南，東入長寧水。長寧水又東南流，注于湟水。

19 湟水又東，牛心川水注之，水出西南遠山，東北流，逕牛心堆東，又北逕西平亭西，東北入湟水。湟水又東逕西平城北，東城，即故亭也。漢景帝六年，封隴西太守北地公孫渾邪為侯國。魏黃初中，立西平郡，憑倚故亭，增築南、西、北三城以為郡治。湟水又東逕土樓南，樓北倚山原，峰高三百尺，有若削成。樓下有神祠，雕牆故壁存焉。闞駰曰：西平亭北有土樓神祠者也。今在亭東北五里。右則五泉注之，泉發西平亭北，雁次相綴，東北流至土樓南，北入湟水。湟水又東，右合葱谷水。水有四源，各出一溪，亂流注于湟。湟水又東逕東亭北，東出漆峽，山峽也。東流，右則漆谷常溪注之，左則甘夷川水入焉。湟水又東，安夷川水注之，水發遠山，西北流，控引眾川，北屈逕安夷城西北，東入湟水。湟水又東逕安夷縣故城，城有東、西門，在西平亭東七十里。闞駰曰四十里。湟水又東，左合宜春水。水出東北宜春溪，西南流至安夷城南，入湟水。湟水又東，勒且溪水注之。水出縣東南勒且溪，北流逕安夷城東，而北入湟水。湟水有勒且之名，疑即此號也。闞駰曰：金城河初與浩亹河合，又與勒且河合者也。湟水又東，左則承流谷水南入，右會達扶東、西二溪水，參差北注，亂流東出，期頓、雞谷二水北流注之。又東，吐那孤[11]、長門兩川，南流入湟水。六山，名也。湟水又東逕樂都城南，東流，右合來谷、乞斤二水，左會陽非、流溪、細谷三水，東逕破羌縣故城南。應劭曰：漢宣帝神爵二年置，城省南門。《十三州志》曰：湟水河在南門前東過。六谷水自南，破羌川自北，左右翼注。湟水又東南逕小晉興城北，故都尉治。闞駰曰：允吾縣西四十里有小晉興城。湟水又東與閤門河合，即浩亹河也。出西塞外，東入塞，逕敦煌、酒泉、張掖南，東南逕西平之鮮谷塞尉故城南，又東南與湛水合。水有二源，西水出白嶺下，東源發于白岸谷，合為一川。東南流至霧山，注閤門河。閤門河又東逕養女北山東南，左合南流川水，水出北山，南流入于閤門河。閤門河又東逕浩亹縣故城南，王莽改曰興武矣。闞駰曰：浩，讀閤也。故亦曰閤門水，兩兼其稱矣。又東流注于湟水。故〈地理志〉曰：浩亹水東至允吾入湟水。湟水又東逕允吾縣北為鄭伯津，與澗水合，水出令居縣西北塞外，南流逕其縣故城西。漢武帝元鼎二年置，王莽之罕虜也。又南逕永登亭西，歷黑石谷南流，注鄭伯津。湟水又東逕允街縣故城南，漢宣帝神爵二年置，王莽之脩遠亭也。縣有龍泉，出允街谷，泉眼之中，水文成交龍，或試撓破之，尋平成龍。畜生將飲者，皆畏避而走，謂之龍泉，下入湟水。湟水又東逕枝楊縣，逆水注之。水出允吾縣之參街谷，東南流逕街亭城南，又東南逕陽非亭北，又東南逕廣武城西，故廣武都尉治。郭淮破叛羌，治無戴，于此處也。

20 城之西南二十許里，水西有馬蹏谷。漢武帝聞大宛有天馬，遣李廣利伐之，始得此馬，有角為奇。故漢武帝〈天馬之歌〉曰：天馬來兮歷無草，逕千里兮循東道。胡馬感北風之思，遂頓羈絕絆，驤首而馳，晨發京城，夕至敦煌北塞外，長鳴而去，因名其處曰候馬亭。今晉昌郡南及廣武馬蹏谷盤石上，馬跡若踐泥中，有自然之形，故其俗號曰天馬徑，夷人在邊效刻，是有大小之迹，體狀不同，視之便別。

21 逆水又東逕枝陽縣故城南，東南入于湟水。〈地理志〉曰：逆水出允吾東，至枝陽入湟。湟水又東流，注于金城河，即積石之黃河也。闞駰曰：河至金城縣，謂之金城河，隨地為名也。釋氏《西域記》曰：牢蘭海東伏流龍沙堆，在屯皇東南四百里阿步干鮮卑山[12]。東流至金城為大河。河出崑崙，崑崙即阿耨達山也。河水又東逕石城南，謂之石城津。闞駰曰：在金城西北矣。河水又東南逕金城縣故城北。應劭曰：初築城得金，故曰金城也。《漢書集註》薛瓚云：金者，取其堅固也，故墨子有金城湯池之言矣。王莽之金屏也。《世本》曰：鯀作城。《風俗通》曰：城，盛也，從土成聲。《管子》曰：內為之城，城外為之郭，郭外為之土閬。地高則溝之，下則隄之，命之曰金城。

22 《十三州志》曰：大河在金城北門。東流，有梁泉注之，出縣之南山。按耆舊言：梁暉，字始娥，漢大將軍梁冀後，冀誅，入羌。後其祖父為羌所推，為渠帥而居此城。土荒民亂，暉將移居枹罕，出頓此山，為群羌圍迫，無水，暉以所執榆鞭豎地，以青羊祈山，神泉湧出，榆木成林，其水自縣北流注于河也。

又東過榆中縣北，

23 昔蒙恬為秦北逐戎人，開榆中之地。按〈地理志〉，金城郡之屬縣也。故徐廣《史記音義》[13]曰：榆中在金城，即阮嗣宗〈勸進文〉[14]所謂榆中以南者也。

又東過天水北界，

24 苑川水出勇士縣之子城南山，東北流，歷此成川，世謂之子城川。又北逕牧師苑，故漢牧苑之地也。羌豪迷吾等萬餘人，到襄武、首陽、平襄、勇士，抄此苑馬，焚燒亭驛，即此處也。又曰：苑川水地，為龍馬之沃土，故馬援請與田戶中分以自給也。有東、西二苑城，相去七十里。西城，即乞佛所都也。又北入于河也。

又東北過武威媼圍縣南，

25 河水逕其界東北流，縣西南有泉源，東逕其縣南，又東北入河也。

26 又東北過天水勇士縣北，

〈地理志〉曰：滿福也，屬國都尉治，王莽更名之曰紀德。有水出縣西，世謂之二十八渡水。東北流，溪澗縈曲，途出其中，逕二十八渡，行者勤于溯涉，故因名焉。北逕其縣而下注河。又有赤暉川水，南出赤蒿谷，北流逕赤暉川，又北逕牛官川。又北逕義城西北，北流歷三城川，而北流注于河也。

27 又東北過安定北界麥田山，

河水東北流，逕安定祖厲縣故城西北。漢武帝元鼎三年，幸雍，遂踰隴登空同，西臨祖厲河而還，即于此也。王莽更名之曰鄉禮也。李斐曰：音賴。又東北，祖厲川水注之，水出祖厲南山，北流逕祖厲縣而西北流，注于河。河水又東北逕麥田城西，又北與麥田泉水合，水出城西北，西南流注于河。河水又東北逕麥田山西谷，山在安定西北六百四十里。河水又東北逕于黑城北，又東北，高平川水注之，即苦水也。水出高平大隴山苦水谷，建武八年，世祖征隗囂，吳漢從高平第一城苦水谷入，即是谷也。

28 東北流逕高平縣故城東，漢武帝元鼎三年置，安定郡治也。王莽更名其縣曰鋪睦。西十里有獨阜，阜上有故臺，臺側有風伯壇，故世俗呼此阜為風堆。其水又北，龍泉水注之，水出縣東北七里龍泉。東北流，注高平川。川水又北出秦長城，城在縣北一十五里。又西北流，逕東、西二土樓故城門北，合一水。水有五源，咸出隴山西。東水發源縣西南二十六里湫淵，淵在四山中，湫水北流，西北出長城北，與次水會，水出縣西南四十里長城西山中，北流逕魏行宮故殿東，又北，次水注之。出縣西南四十里山中，北流逕行宮故殿西。又北合次水，水出縣西南四十八里，東北流，又與次水合，水出縣西南六十里酸陽山，東北流，左會右水，總為一川。東逕西樓北，東注苦水。段熲為護羌校尉，于安定高平苦水討先零，斬首八千級于是水之上。苦水又北與石門水合。水有五源，東水導源高平縣西八十里，西北流，次水注之，水出縣西百二十里如州泉，東北流，右入東水，亂流左會三川，參差相得，東北同為一川，混濤歷峽，峽，即隴山之北垂也，謂之石門口，水曰石門水，在縣西北八十餘里。石門之水又東北注高平川。川水又北，自延水注之，水西出自延溪，東流歷峽，謂之自延口，在縣西北百里。又東北逕延城南，東入高平川。川水又北逕廉城東，按〈地理志〉，北地有廉縣。闞駰言，在富平北。自昔匈奴侵漢，新秦之土，率為狄場，故城舊壁，盡從胡目。地理淪移，不可復識，當是世人誤證也。川水又北，苦水注之。水發縣東北百里山，流注高平川。川水又北，逕三水縣西，肥水注之。水出高平縣西北二百里牽條山西，東北流，與若勃溪合。水有二源，總歸一瀆，東北流入肥。肥水又東北流，違泉水注焉。泉流所發，導于若勃溪東，東北流入肥。

[29] 肥水又東北出峽，注于高平川，水東有山，山東有三水縣故城，本屬國都尉治，王莽之廣延亭也。西南去安定郡三百四十里。議郎張奐，為安定屬國都尉，治此。羌有獻金馬者，奐召主簿張祁入于羌前，以酒酹地曰：使馬如羊，不以入廄；使金如粟，不以入懷。盡還不受，威化大行。

[30] 縣東有溫泉，溫泉東有鹽池。故〈地理志〉曰：縣有鹽官。今于城之東北有故城，城北有三泉，疑即縣之鹽官也。高平川水又北入于河。河水又東北逕眴卷縣故城西，〈地理志〉曰：河水別出為河溝，東至富平，北入河。河水于此有上河之名也。

【篇旨】本篇以《經》文「又東入塞，過敦煌、酒泉、張掖郡南」下《注》文「河水自河曲」始，「河曲」指今青海省境內黃河曲折處，所以〈河水〉從卷一到卷二，而實際上至此才是黃河記敘之始。此後全篇為《經》文七條作《注》，直到篇末黃河北折至今寧夏境內。

【注　釋】❶沙州記　書名。南北朝宋段國撰，隋唐諸志均不著錄，《藝文類聚》、《初學記》等多有引及。此沙州在今青海東北貴南一帶，是一片沙漠。書已亡佚，有《二酉堂叢書》輯本。❷宋少帝景平中　這是《水經注》中第一次所見的南朝年號。清全祖望曾懷疑這是後人抄錄中的錯誤，酈氏家族都任官北朝，怎能使用南朝年號。其實全書中使用的南朝年號甚多，胡適曾對此作過專門研究（《胡適手稿》第六集中冊）。❸西北下　《疏》本「下」前有「嶺」字。此按《疏》本語譯於後。❹秦川記　書名。不少版本作《秦州記》，殿本作《秦川記》，亦恐是《秦州記》之誤。在以下的《注》文中，殿本也多次引及《秦州記》。❺下封有水　殿本在此有戴震案語：「下封未詳，疑是地名。」❻河水又東得野亭南　此句有脫誤。今據《疏》本熊會貞注語譯於後。❼秦州記　書名。南朝宋郭仲產撰，隋唐諸志不著錄，《後漢書注》、《御覽》、《寰宇記》多有引及，已亡佚。有《說郛》等輯本。❽地說　書名。未見歷來公私著錄，故不知撰者及撰述年代。卷十〈濁漳水〉，《注》文說：「鄭玄注《尚書》引《地說》云。」則知此書成於東漢末以前。《水經注疏要刪》認為：「《地記》（按此書卷十五〈洛水〉篇引及未詳撰著人，疑《地說》之誤。」❾闞駰曰二句　此處有佚文一條。《方輿紀要》卷六十〈陝西〉九〈臨洮府・河州・枹罕廢縣・葵谷〉引《水經注》：「隴右白石縣有罕幵渡。」當為此段中佚文。❿神仙傳　書名。《隋書・經籍志》著錄，〈兩唐志〉同。晉葛洪撰。葛洪（西元二八四～三六三年），字稚川，號抱朴子，書共十卷，今存，但已有殘缺。⓫吐那孤　包括《大典》本在內的多種版本都作「吐郍孤」。⓬阿步干鮮卑山　清趙一清在《水經注箋刊誤》卷一引全祖望語，認為阿干是鮮卑語阿步干的略稱，阿步干胡語語意為「兄」，慕容廆思其兄吐谷渾，作〈阿干之歌〉，今蘭州附近的阿干河、阿干鎮、阿干堡等，均因〈阿干之歌〉而得名。但此說近年來已有人提出不同意見，加拿籍華人陳三平先後在《中國歷史地理論叢》一九九三年第四輯及一九九六年德國出版的英文《亞洲歷史雜誌》，專為「阿干」撰文。陳文考證了古代流行於中亞的各種語言以及《前燕書》、《宋書》、《魏書》等各種史籍，指出：「全氏的論點，大致可以否定。」即「阿干」不是「阿步干」的省譯。⓭史記音義　書名。《隋書・經籍志》著錄十二卷，南朝宋徐野民撰。野民是徐廣字，故各書引及多稱徐廣撰。此書歷來是注釋《史記》的名作，受到學者的重視。⓮勸進文　文名。三國魏阮嗣宗撰。嗣宗，阮籍字。此文收入於《文選》卷四十，題作〈為鄭沖勸晉王牋〉。《文選》引臧榮緒《晉書》：「鄭沖，字文和，滎陽人也，位至太傅。」又曰，魏帝封晉太祖為晉公，太原等十郡為邑，進位相國，備禮九錫。太祖讓不受，公卿將校皆詣府勸進，阮籍為其辭。魏帝，高貴相公也；太祖，晉文帝也。」此文亦收入於《晉書・文帝紀》。

【語譯】河水自河曲來，又東流，流經西海郡南。漢平帝時，王莽執政，他想誇耀國威和德惠，使遠方諸國歸順，於是暗示羌人把西海奉獻給漢朝，設置了西海郡，並築了五座縣城。環繞西海，邊防烽火臺相望。王莽篡位後時局混亂，西海郡也就廢棄了。

2 河水又東流經允川，穿過大榆谷和小榆谷北。這是迷唐、鍾存兩個羌人部族居住的地方。永元五年（西元九三年）貫友接替聶尚當護羌校尉，進攻迷唐羌，殺了八百多人，收割了幾萬斛已經成熟的麥子，並在逢留河上築城貯存，又在河峽造大船、搭橋運兵和渡兵。於是迷唐羌就逃離大榆谷和小榆谷，遠去河曲定居了。

3 永元九年（西元九七年），迷唐羌又與鍾存羌聯合起來東侵，回到原來的居地。十年（西元九八年），謁者王信、耿譚西征討伐迷唐，迷唐投降，皇帝下詔允許他們回到大榆谷和小榆谷。迷唐以為漢軍建造河橋，隨時都可以過來，舊地已經不能再居住了，重又反叛而遷居到河曲去。因而他們和當地羌人結下了仇怨。羌族人與官兵一起到允川去攻打他們，在離迷唐還有數十里的地方紮下營寨，只派少股兵馬前去挑戰，隨著又退回。迷唐追到營地，就打了起來，結果迷唐戰敗退走了。於是西海及大榆谷、小榆谷都再也沒有居民聚落了。

4 隃糜侯國丞相曹鳳上書說：建武（西元二五～三一年）以來，西戎屢次進犯，常常都是燒當羌發起的。推究其原因，那是因為他們居住在大榆谷和小榆谷，土地肥沃；又接近塞內，與各族羌人相鄰，南邊得到鍾存羌的支援，擴大了他們的人力資源；北有大河的阻障，可以憑險固守；同時又有西海的魚鹽之利，依山瀕河，可以推廣農耕和畜牧業，所以能夠強大，在羌人各族中稱雄。現在他們的黨羽都衰敗零落了，眾叛親離，剩下的精兵不過數百人。我們正好趁此良機，重新恢復西海郡縣，設法鞏固大榆谷和小榆谷，大規模設置屯田，阻斷羌人與胡人之間交通聯絡的道路。我們還可以種植稻穀，使邊疆富裕起來，省卻了從內地輾轉運輸的人力。於是皇上封曹鳳為金城西部都尉，開闢了屯田二十七部。大河兩岸屯田綿延不絕，與建威頭尾連成一片。後來羌人重又反叛，屯田也就廢棄了。

5 按段國《沙州記》：吐谷渾在大河上造橋，稱為河厲，也就是河橋的意思。這座河橋長一百五十步，兩岸用石塊砌成臺階，一級一級排列得很整齊。橋梁用粗大的木材縱橫相壓著，兩邊都十分平整，相距三丈；又用巨木鋸板橫鋪，兩邊做了欄杆，裝飾得十分華美。這座橋在清水川東。

又東過隴西河關縣北，洮水從東南來流注之。

6 河水右岸流經沙州北。段國說：澆河西南一百七十里有黃沙。這片沙漠南北一百二十里，東西七十里，西邊的盡頭直到大楊川為止。一眼望去，這片黃沙就像有人把乾糧倒在地上似的，沙上草木不生，周圍數百里都是茫茫黃沙，一望無際。沙州就是因此取名的。〈地理志〉說：漢宣帝神爵二年（西元前六〇年），設置河關縣，是以河的關塞的意思取名的。《風俗通》說：地方百里叫同，總名叫縣。縣，是玄，是首的意思，偏旁從系，首字顛倒。縣字，就是倒首與系互換偏旁而成的。意思是應當幽遠寧靜，徭役平和。《釋名》又說：縣，是懸的意思，是懸附於郡。黃義仲《十三州記》說：縣，是弦的意思，弦是正直的，就是說屈身居於下面，地位與老百姓相鄰，不輕易違背自己的誓言，執法不枉曲，像弦一樣直。弦字讀音與縣字相近，所以取名為縣。弦，異體作弦或絃，取縣字偏旁的一半。

7 漢高帝六年（西元前二〇一年），下令天下縣邑都要築城。張晏說：命令各縣自行修築城牆。河水又東北流，流入西平郡境，在左岸匯合了兩條川流，南流注入河水。又東北流，濟川水注入。濟川水發源於西南方的濫瀆，往東北流入大谷，稱為大谷水，北流經澆河城西南，北流注入河水。河水又東流經澆河舊城北。城有兩座，在東西兩邊相對峙，東北距西平二百二十里。宋少帝景平年間（西元四二三年），封吐谷渾阿豺為安西將軍澆河公，治所就在此城。河水又東北流經黃川城。河水又東流經石城南，在左岸匯合北谷水。從前段熲在石城攻打羌人，羌人投河墜坑而死的有八百餘人，就是這地方。河水又東北流經黃河城南，此城西北距西平二百一十七里。河水又東北流經廣違城北，在右岸匯合烏頭川水。川水發源於遠處的溪流，引入支水，往北經城東而北流，注入河水。河水又東流經邯川城南。邯川城左右兩邊，有兩條發源於北山的水，穿過山谷，流經邯亭注入河水。河水又東流，臨津溪水注入。臨津溪水發源於南山，北流經臨津城西，又北流注入河水。河水又東流經臨津城北、白土城南。《十三州志》說：左南津西六十里，有白土城。城在大河北岸，是沿河過渡的地點。魏涼州刺史郭淮在白土擊潰遮塞部的羌人，就是這地方。河水又東流，在左岸匯合白土川水。川水發源於白土城西北嶺下，東南流經白土城北，又東南流，注入河水。河水又東北流，匯合了兩條水，右岸又匯合了兩條，參差錯落地從兩岸流來，連片土地憑險相望。

8 大河北岸群山層沓，峰巒十分靈秀。山峰頂上有巨巖高達數百丈，陡峭地巍然聳立，勢若與群山爭高，遠遠望去，高低起伏，上入雲霄，有如畫圖。下面層巖峭拔高起，石壁似的崖岸沒有立足的臺階，懸崖中間有很多石窟。石窟裡面，看去好像有成堆的書，因此叫積書巖，可是世間的書生卻很少能渡水到達那裡的。在巖穴內，時常可以見到神人來來往往，都是些道士仙人，講究服食修煉的高人之流吧。世俗凡人沒有想到他們是仙人，卻說他們是鬼神。羌人稱鬼為唐述，於是把山叫唐述山；把那幽深隱蔽的密室叫唐述窟。那些修仙學道、戴皮冠或削髮的人士也到那裡去棲身。所以《秦川記》說：河峽的崖邊有兩個石窟，一個叫唐述窟，高四十丈；西二里有時亮窟，高百丈，寬二十丈，深三十丈，藏有五竹箱古書。時亮，是安南人。下封有一條水，發源於此山的溪水往南注入河水，稱為唐述水。

9 河水又東流，匯合野亭水，此水發源於野亭南。又東北流經研川，稱為研川水。又東北流，注入河水，匯流處叫野亭口。河水又東流經鳳林北。鳳林是山名，五座峰巒並峙。據有聲望的老人說：從前有鳳凰在五峰間飛翔遨遊，所以山也因此得名了。《秦州記》說：枹罕原北方名叫鳳林川，黃河就在這片平川中往東奔流。河水又東流，與灕水匯合，灕水發源於羌人地區。所以〈地理志〉說：此水發源於西塞外，東北流，通過野虜地區，流經消銅城西，又東北流經列城東。我查考《地說》並無灕水之名，那麼水名大概是來自戎人的了。灕水左岸匯合列水，列水發源於西北溪，東北流經列城北，自右岸注入灕水；列城就在兩水的匯流處。灕水又北流，流經可石孤城西，這是西戎地名。又東北流，右岸匯合黑城溪水。黑城溪水發源於西北山下，東南流經黑城南，又東南流，左岸分出一條支流，又東南流，注入灕水。

10 灕水又東北流經榆城東，榆城溪水注入。榆城溪水發源於素和細越西北山下，東南流，流經細越川，這是夷人鄉名的俗稱。又往東南從狄周峽流出，往東南在右岸匯合黑城溪的支流。這條支流上口承接溪水，東北流經黑城東，東北注入楡溪。又東南流經楡城南，往東北注入灕水。灕水又東北流經石門口。這裡的山峰巍峨險峻，在兩岸對峙，狀如門戶，溪峽因而得了石門的名稱，想來也許就是皋蘭山門吧。漢武帝元狩三年（西元前一二〇年），驃騎大將軍霍去病率兵出隴西，到了皋蘭，說這地方是此山的隘口要地。應劭《漢書音義》說：皋蘭在隴西白石縣塞外，是河名。孟康卻說：皋蘭是山關名。現在此山離河不遠，所以有些學者懷疑皋蘭的地名指的就是河山之間的地帶。灕水又東北流，皋蘭山水從山的左右兩邊注入灕水。灕水又東流，白石川水注入。白石川水發源於縣城西北山下，東南流，分出支水東流。白石川水又南流，流經白石城西，注入灕水。灕水又東流經白石縣舊城南。王莽時改名為順礫。闞駰說：白石縣在狄道西北二百八十五里，灕水流經縣北。但現在灕水流經城南，並不流經城北。灕水又東流經白石山北。應劭說：白石山在東，羅溪水注入。羅溪水發源於西南山下，東流注入灕水。灕水又東流，在左岸匯合罕幵南溪水。南溪水發源於罕幵西，東南流經罕幵南，注入灕水。《十三州志》說：廣大阪在枹罕西北，罕幵就在那裡。從前慕容吐谷渾從燕經陰山西進，就在這裡安家定居。灕水又東流經枹罕縣舊城南。應劭說：就是舊時的枹罕侯邑。《十三州志》說：枹罕縣在郡西二百一十里，灕水在城南門前東流而過。灕水又東北流，故城川水注入。故城川水有兩個源頭，南源發源於西南山下，東北流經金紐大嶺北，又東北流經一座舊城南，又東北流，與北水匯合。北源從西南流經舊城北，在右岸注入南水；然後往東北亂流，注入灕水。灕水又東北流，在左岸匯合白石川的支水，支水上口承接白石川，東流經白石城北，又東流穿過罕幵溪，又東流經枹罕城南，又東流注入灕水。灕水又東北流，從山峽流出，北流注入河水。〈地理志〉說：灕水發源於白石縣西塞外，東流到枹罕注入河水。

11 河水又流經左南城南。《十三州志》說：石城西一百四十里有左南城，即指此城，渡口也依此取名。大河又東流經赤岸北，赤岸就是河夾岸。《秦州記》說：枹罕有河夾岸，岸闊四十丈。義熙年間（西元四〇五～四一八年），乞佛在這條河上造了一座高架的橋，橋高五十丈，三年方才造成。河水又東流，洮水注入。〈地理志〉說：洮水發源於塞外羌人地區。《沙州記》說：洮水和墊江水都發源於嵹臺山，山南就是墊江的源頭，山東就是洮水的源頭。《山海經》說：白水發源於蜀。郭景純《注》說：從臨洮的西傾山往東南流，注入漢水，流到墊江。所以段國以為就是墊江水。洮水發源於同一座山，由此可知嵹臺就是西傾的別名。洮水東北流，流經吐谷渾地區，吐谷渾最初是東燕慕容的旁支，因而就以這個名字作為種族的稱號，所以稱為野虜。洮嵹南北三百里之間的地方，遍地都是龍鬚草，卻沒有木柴。洮水又東北流，流經洮陽曾城北。《沙州記》說：嵹城東北三百里有曾城，城瀕洮水，即指此城。

12 建初二年(西元七七年)，羌人在臨洮進攻南部都尉，皇上派行車騎將軍馬防和長水校尉耿恭去救援，羌人各族退兵結集於洮陽，說的就是此城。洮水又東流經洪和山南，那裡有一座城坐落在群山環抱之中。洮水又東流經迷和城北，迷和是個羌語地名。又東流經甘枳亭，流過望曲；望曲在臨洮西南，距龍桑城二百里。洮水又東流經臨洮縣舊城北，禹治洪水時，西行到了洮水上，看見一個身軀高大的神人，並在這條水上接受了《黑玉書》。洮水又東北流，轉彎流經索西城西。建初二年，馬防、耿恭沿著五溪祥榼谷出兵索西，與羌人作戰，打垮了羌人，築了索西城，把隴西南部都尉調到這裡來駐守。索西城俗稱赤水城，也叫臨洮東城。《沙州記》說：從東洮到西洮路程一百二十里，即指此城。

13 洮水又轉彎北流，流經龍桑城西，轉而西北流。馬防於建初二年領兵從安故五溪出龍桑，重新開通了一條古時的交通路線，即指此城。龍桑城俗名龍城。洮水又西流經步和亭東，步和川水注入。步和川水發源於西山下，東北流，出山後流經步和亭北，往東北注入洮水。洮水又北流，出門峽後流經求厥川，蕈川水注入。蕈川水發源於桑嵐西溪，東流通過桑嵐川北，又東流經蕈川北，東流注入洮水。洮水又北流通過山峽，流經偏橋，流出夷始梁，在右岸匯合蕈塏川水。蕈塏川水發源於東南方的石底橫下，北流通過蕈塏川，西北流注入洮水。洮水又東北流經桑城東，又北流匯合藍川水。藍川水發源於求厥川西北溪，東北流經藍川，經過桑城北，東流注入洮水。洮水又北流經外羌城西，又北流經和博城東，城在群山裡面，在左岸匯合和博川水。和博川水發源於和博城西南的山下，東北流經和博城南，東北流，注入洮水。洮水北流經安故縣舊城西，這是〈地理志〉中隴西郡的屬縣。《十三州志》說：縣在郡南四十七里。蓋延回師攻擊狄道、安故五溪叛羌，把他們打得大敗，就是此處。洮水又北流，經狄道舊城西。闞駰說：狄道，即今日的武始。洮水在城邊西北流，又北流，隴水注入。隴水即《山海經》所說的濫水。濫水發源於鳥鼠山西北的高城嶺，西流經隴坻，此山的溪岸曾發生過劇烈的崩坍，數百里外都能聽到巨響。所以揚雄說聲響就像隴坻崩坍似的。又西北流，流過白石山下。〈地理志〉說：狄道東有白石山。濫水又西北流經武街城南，又西北流經狄道舊城東。〈百官表〉說：縣裡有蠻夷的叫道，公主所領的封地叫邑。應劭說：蠻夷說話捲著舌頭，衣襟開在左邊，與華人不同，說話需要經過翻譯，彼此才能聽懂。狄道舊城是漢朝隴西郡的治所，是秦昭王二十八年（西元前二七九年）開始設置的。應劭說：因為東邊有隴坻，所以叫隴西。

14 《神仙傳》說：封君達，隴西人，他以水銀煉丹服食，活到一百歲時，看來還好像是三十歲左右的人。他常騎一頭青牛，所以號稱青牛道士。王莽時郡縣大改名，把郡名改為厭戎，縣名改為操虜。從前馬援在隴西當了六年太守，為狄道開鑿水渠，引水種植粳稻，一郡百姓都安居樂業，就是這條水。濫水又西北流，注入洮水。

15 洮水右岸匯合了兩條水，左岸匯合了大夏川水。大夏川水發源於西山，兩個源頭合併後亂流，流經金紐城南。《十三州志》說：大夏縣西有舊時的金紐城，距縣城四十里，原來是都尉治所。又東北流，流經大夏縣舊城南。即〈地理志〉裡王莽時的順夏。《晉書·地道記》說：縣裡有禹廟，是禹出生的地方。又東北流出山，注入洮水。洮水又北流，兩側接納了三條澗水，往北亂流，注入河水。〈地理志〉說：洮水北流到枹罕，東流注入河水。

又東過金城允吾縣北，

16 允吾縣是金城郡的治所，設置於漢昭帝始元六年（西元前八一年），就是王莽時的西海。王莽又把允吾改名為脩遠縣。河水流經縣城南，不在城北。南有湟水，發源於塞外，東流經西王母石室、石釜、西海、鹽池北，所以闞駰說：西邊就是湟水的源頭。〈地理志〉說：是湟水發源的地方。湟水又東南流經龍夷城，這是舊時西零所轄的地方。《十三州志》說：城在臨羌新縣西三百一十里。王莽接受了西零所獻之地，立為西海郡，治所就在此城。湟水又東南流經卑禾羌海北，有鹽池。闞駰說：縣西有卑禾羌海，就指這地方。人們稱為青海，東距西平二百五十里。湟水東流經湟中城北，舊時是小月氏的領土。《十三州志》說：西平、張掖之間，是大月氏的一個分支——小月氏的領土。范曄《後漢書》說：湟中的月氏胡人，國王被匈奴所殺，殘餘部族分散了，大部分西過蔥嶺，其中較弱的一支南遷進入山區，跟羌人一起居住，所以被稱為小月氏。《後漢書‧西羌傳》羌族有個無弋爰劍，秦厲公時是個奴隸，逃亡到三河，羌人覺得此人頗為怪異，以為是神人，於是都推舉他為首領。河水與湟水之間禽獸很多，無弋爰劍以射獵為能事，於是得到人們的敬畏和信仰，投靠他的人很多。因而他的曾孫忍就留在湟中，部眾就稱為湟中羌。

17 湟水又東流，右岸引入四條水，諸水源於四條溪澗，東北流注入湟水。湟水又東流經赤城北，東流而入，流經戎峽口，在右岸匯合羌水。羌水發源於西南方的山下，流經護羌城東，舊時這裡是護羌校尉的治所。又東北流經臨羌城西，東北流，注入湟水。湟水又東流經臨羌縣舊城北。漢武帝元封元年（西元前一一〇年），把臨羌封給他的孫子劉都為侯國，就是王莽時的監羌。把它稱為綏戎城就不對了。湟水又東流，盧溪水注入。盧溪水發源於西南方的盧川，東北流，注入湟水。湟水又東流經臨羌新縣舊城南。闞駰說：臨羌新縣在郡西一百八十里，湟水流經城南。城有東門和西門，西北角有子城。湟水又東流，在右岸匯合溜溪、伏溜、石杜和蠡這四條水，諸水都是東北流注入湟水的。左岸匯合臨羌溪水，這條溪水發源於新縣西北，東南流經縣北，往東南注入湟水。湟水又東流，龍駒川水注入。龍駒川水發源於右岸西南方的山下，東北流經龍駒城，北流注入湟水。

18 湟水又東流，長寧川水注入。長寧川水發源於松山，東南流經晉昌城，晉昌川水注入。長寧水又東南流，養女川水注入。養女川發源於養女北山，有兩個源頭，都是水長流急，南流匯成一條，流經養女山，稱為養女川。闞駰說：長寧亭北有養女嶺，即浩亹山，是西平的北山。此水從山峽亂流而出，南流經長寧亭東。長寧亭的城有東西兩座城門，東北角有金城，在西平西北四十里。《十三州志》說是六十里，太遠了。長寧水又東南流，與一條水匯合。此水發源於西山，東南流。水南山上有風伯祠，春秋兩季都要舉行祭祀。此

19

水東南流經長寧亭南，東流注入長寧水。長寧水又東南流，注入湟水。

湟水又東流，牛心川水注入。牛心川水發源於西南方遙遠的山中，東北流，經牛心堆東，又北流經西平亭西，東北流，注入湟水。湟水又東流經西平亭北。東城就是舊時的亭。漢景帝六年（西元前一五一年），把這地方封給隴西太守北地公孫渾邪為侯國。魏黃初年間（西元二二〇～二二六年），設置西平郡，以舊時的亭址為基礎，在南西北三面增築了城牆，作為郡治。湟水又東流經土樓南。土樓北面依山，山峰高達三百尺，陡峭有如斧削而成。土樓下面有神祠，有雕飾的殘牆斷壁至今還在。闞駰說：西平亭北有土樓神祠，指的就是這裡。神祠今在亭的東北五里。湟水右岸有五條泉水注入。這五條泉水發源於西平亭以北，依次排列開來往東北流，到了土樓南，北流注入湟水。湟水又東流，在右岸匯合蔥谷水。蔥谷水有四個源頭，各出自一條溪流，亂流注入湟水。湟水又東流經東亭北，東經漆峽流出，漆峽是個山峽。湟水東流，右岸有漆谷常溪注入，左岸有甘夷川水注入。湟水又東流，安夷川水注入。安夷川水發源於遙遠的山間，西北流，接納了許多溪流，轉向北方，流經安夷城西北，東流注入湟水。湟水又東流，流經安夷縣舊城，舊城有東門和西門，在西平亭東七十里。闞駰說是四十里。湟水又東流，在左岸匯合了宜春水。宜春水發源於東北方的宜春溪，西南流到安夷城南，注入湟水。湟水又東流，勒且溪水注入。此水發源於該縣東南的勒且溪，北流經安夷城東，北流注入湟水。湟水有勒且水之名，想來可能就是因這條水而來的。闞駰說：金城河先與浩亹河匯合，接著又與勒且河匯合。湟水又東流，左岸有承流谷水南流注入，右岸匯合達扶東溪和達扶西溪，這兩條水參差不整地往北流奔，成為亂流東流而出，期頓、雞谷兩條水北流注入。又東流，吐那孤、長門兩條水南流注入湟水。以上六條溪水分別發源於六座山，且以山名來命名。湟水又東流經樂都城南，自此東流，右岸匯合來谷、乞斤兩條水，左岸匯合陽非、流溪、細谷三條水，東流經破羌縣舊城南。應劭說：破羌縣是漢宣帝神爵二年（西元前六〇年）所置。縣城沒有南門。《十三州志》說：湟水河在南門前東流而過，六谷水從南面，破羌川從北面，在左右兩岸注入。湟水又東南流經小晉興城北，此城是舊時的都尉治所。闞駰說：允吾縣西四十里，有小晉興城。湟水又東流，與閤門河匯合，閤門河也就是浩亹河。此水發源於西塞外，東流入塞，流經敦煌、酒泉、張掖南，東南流經西平的鮮谷塞尉舊城南，又東南流，與湛水匯合。湛水有兩個源頭，西邊一支發源於白嶺山下，東邊一支發源於白岸谷，二水合為一條，東南流，抵達霧山，注入閤門河。閤門河又東流經養女北山東南，左岸匯合南流川水。此水發源於北山，南流注入閤門河。閤門河又東流經浩亹縣舊城南，王莽時改名為興武。闞駰說，浩，讀作閤。所以浩亹水也叫閤門水。這樣，就二名兼用了。又東流，注入湟水。所以〈地理志〉說：浩亹水東流至允吾縣注入湟水。湟水又東流經允吾縣北，即鄭伯津，與澗水匯合。澗水發源於令居縣西北的塞外，南流經令居縣舊城西。令居縣設置於漢武帝元鼎二年（西元前一一五年），就是王莽時的罕虜。又南流經永登亭西，穿過黑石谷南流，注入鄭伯津。湟水又東流經允街縣舊城南，允街縣設置於漢宣帝神爵二年（西元前六〇年），就是王莽時的脩遠亭。允街縣有龍泉，發源於允街谷，泉眼之中漣漪輕漾，水紋交織成為龍形，如果有人想把它攪亂，一會兒水波平靜之後，又成為龍形了。牲口剛想喝水，一見龍紋都嚇得逃走了。因此人們就把這一泓泉水叫龍泉。龍泉水下游注入湟水。湟水又東流經枝陽縣，逆水注入。逆水發源於允吾縣參街谷，東南流經街亭城南，又東南流經陽非亭北，又東南流經廣武城西，就是從前廣武都尉治所。郭淮打垮了反叛的羌人，就是在這裡統治羌人無戴族的。

20 城西南二十里左右，逆水西岸有馬蹏谷。漢武帝聽說大宛出產天馬，派李廣利出兵征討，才獲得此馬；天馬有角，這是牠奇特的地方，所以漢武帝〈天馬之歌〉說：天馬歸來呵，經過莽莽黃沙萬里無垠，沿著東來的道路呵，疾如風馳電迅。有感於北風吹來，胡馬動了鄉思，於是就掙斷韁繩，昂首飛馳，長鳴而去，早晨從京城出發，傍晚就到敦煌以北的塞外了。因此就把那地方名為候馬亭。如今晉昌郡南和廣武馬蹏谷的石坡上，還有馬蹄的印痕，彷彿是馬蹄踩在爛泥上留下似的，形狀十分自然，所以當地人稱為天馬徑。胡人在旁邊仿刻了一些，卻形狀不同，大小不一，一看就分辨得出來。

21 逆水又東流經枝陽縣舊城南，往東南注入湟水。〈地理志〉說：逆水發源於允吾東，流到枝陽注入湟水。湟水又東流，注入金城河，就是積石的黃河。闞駰說：河水流到金城縣，稱為金城河，那是隨著所經之地而取名的。釋氏《西域記》說：牢蘭海東，河水在地下潛流經龍沙堆，在屯皇東南四百里的阿步干——這是個鮮卑山名，東流到金城，稱為大河。河水發源於崑崙，這崑崙就是阿耨達山。河水又東流，流經石城南，稱為石城津。闞駰說：這地方已在金城西北了。河水又東南流，流經金城縣舊城北。應劭說：當初築城掘地時掘出黃金，所以叫金城。在《漢書集註》裡，薛瓚說：以金字命名，是取其堅固之意，所以墨子有金城湯池的說法。金城，就是王莽時的金屏。《世本》說：金城是鯀築的城。《風俗通》說：城，就是盛，也就是容納的意思，偏旁從土，音成。《管子》說：內重築的叫城，城外築的叫郭，郭外築的叫土閬。地勢高處就開溝，地勢低處就築堤，稱為金城。

22 《十三州志》說：大河在金城北門。東流，有梁泉注入。梁泉發源於縣境內的南山。據老人們說：梁暉，字始娥，是漢朝大將軍梁冀的後裔。梁冀獲罪被殺後，子孫逃亡到羌人地區。後來他祖父被羌人擁戴為首領，居住於此城。到了梁暉時，境內發生饑荒，百姓作亂，梁暉打算移居枹罕去，出城駐紮於此山。他們被各族羌人所包圍和逼迫，而山上卻無水。梁暉將手中所持的榆樹條鞭子插在地上，以青羊來祭祀山神，祈求保佑；於是忽然神泉湧出，這根榆樹條鞭子後來也成長為密林了。梁泉從縣城北流，注入河水。

又東過榆中縣北，

23 從前蒙恬為秦朝北征，驅逐了戎人，開拓了榆中這個地區。按〈地理志〉，榆中是金城郡的屬縣。所以徐廣《史記音義》說：榆中在金城。阮嗣宗〈勸進文〉所謂的榆中以南，就指這地方。

又東過天水北界，

24 苑川水發源於勇士縣的子城山，東北流，經過此成川，人們卻叫做子城川。又北流經牧師苑，就是舊時漢朝的牧苑地方。羌人首領迷吾等萬餘人抵達襄武、首陽、平襄、勇士等地，掠奪了這個苑裡的馬匹，焚燒了亭和驛站，說的就是此處。又說：苑川水這一帶地方，是出產龍馬的沃土，所以馬援申請與屯田戶平分，以維持自己的生活。這裡有東苑城和西苑城，相距七十里。西苑城就是乞佛建都的地方。又北流，注入河水。

又東北過武威媼圍縣南，

25 河水流經媼圍縣邊界，東北流。縣境西南有水源，東流經縣南，又東北流，注入河水。

又東北過天水勇士縣北，

26 〈地理志〉說：勇士縣就是滿福縣，是個屬國都尉治所，王莽時改名為紀德。有一條水發源於縣西，人們把它叫做二十八渡水。東北流，溪澗彎彎曲曲，道路穿過其間，要渡水二十八次，行人忙於涉水，所以叫二十八渡。北流經縣城，下注河水。又有赤曄川水，發源於南方的赤蒿谷，北流經赤曄川，又北流經牛官川，又北流經義城西北，北流經三城川，而後北流注入河水。

又東北過安定北界麥田山，

27 河水東北流，流經安定郡祖厲縣舊城西北。漢武帝於元鼎三年（西元前一一四年），巡行雍州，於是就翻過隴山，登上空同山，西行到達祖厲河邊然後回來，就是這地方。王莽時改名為鄉禮。李斐說：祖厲之厲，音賴。又東北流，祖厲川水注入。祖厲川水發源於祖厲南山，北流經祖厲縣而西北流，注入河水。河水又東北流經麥田城西，又北流，與麥田泉水匯合。麥田泉水發源於麥田城西北，西南流，注入河水。河水又東北流經麥田山西麓的山谷，山在安定西北六百四十里。河水又東北流經黑城北，又東北流，高平川水注入。高平川水就是苦水，發源於高平大隴山苦水谷。建武八年（西元三二年），世祖討伐隗囂，吳漢從高平第一城苦水谷進入，就是這山谷。

28 苦水東北流經高平縣舊城東。這是漢武帝元鼎三年所置，是安定郡的治所。王莽時改縣名為鋪睦。縣西十里有座孤丘，丘上有座舊臺，臺旁有風伯壇，所以人們把土丘稱為風堆。苦水又北流，龍泉水注入。此水發源於縣城東北七里的龍泉，東北流，注入高平川。高平川水又往北流出秦時的長城，長城在縣北十五里。又西北流，流經東西兩座土樓舊城的城門北，匯合了一條水。這條水有五個源頭，都發源於隴山西麓。東邊的一條發源於縣城西南二十六里的深潭，此潭在四周群山的環抱之中。潭水北流，往西北流出長城北，與另一條水匯合。這條水發源於縣城西南四十里長城西山中，北流經魏行宮老殿以東，又北流，另一條水注入。這條水發源於縣城西南四十八里，東北流，又與另一條水匯合。這條水發源於縣城西南六十里的酸陽山，東北流，在左岸匯合右方流來的水，五水匯合為一條，東流經西樓北，東流注入苦水。段熲當護羌校尉，在安定、高平、苦水討伐先零，就在這條水上斬下八千先零人的首級。苦水又北流，與石門水匯合。石門水有五個源頭。東邊的一條發源於高平縣西八十里，西北流，另一條水注入。這條水發源於縣城西一百二十里的如州泉，東北流，向右注入東邊那條水後，成為亂流，在左岸匯合三條溪流，參差錯落地互相匯合，往東北流合成一條，波濤滾滾地穿過山峽。這山峽，就是隴山北面的邊界，稱為石門口；水就叫石門水，在縣城西北八十餘里。石門水又東北流，注入高平川。高平川水又北流，自延水注入。自延水發源於西方的自延溪，東流穿過山峽，稱為自延口，在縣城西北一百里。又東流經延城南，東流注入高平川。高平川水又北流經廉城東。按〈地理志〉，北地郡有廉縣。闞駰說：廉縣在富平北。自從過去匈奴侵犯漢朝，新秦一帶地方，大部分成為狄族的領土，舊時的城堡營壘，都改為胡人的地名了，地理變化很大，已經無法辨認了，這一定是世人引證的錯誤造成的。川水又北流，苦水注入。苦水發源於廉縣東北的百里山，流注高平川。川水又北流，流經三水縣西，肥水注入。肥水發源於高平縣西北二百里的牽條山西麓，東北流，與若勃溪匯合。若勃溪有兩個源頭，合併為一條，東北流注入肥水。肥水又東北流，違泉水注入。這條溪流發源於若勃溪東，東北流注入肥水。

[29] 肥水又往東北流出山峽，注入高平川。此水以東有山，山東有三水縣舊城，本來是個屬國都尉治所，就是王莽時的廣延亭，西南距安定郡三百四十里。議郎張奐當安定屬國都尉，治所就在這裡。羌族有人來獻黃金和馬匹，張奐傳主簿張祁進來，在羌人面前以酒灑地，正色道：即使馬多如羊，我也不關進馬棚；金子多如穀子，我也不藏進懷裡。他悉數退還不收。於是聲威和教化遠播四方。

[30] 縣東有溫泉，溫泉東有鹽池。所以〈地理志〉說：縣裡有鹽官。現在縣城東北有舊城，城北有三條泉水，想來這就是鹽官的駐地了。高平川水又北流注入河水。河水又東北流經眴卷縣舊城西。〈地理志〉說：河水分支旁流而出成為河溝，東流至富平，北流注入河水。河水在這個地區的一段，有個名稱叫上河。

【研　析】由於黃河「重源」在當時為公眾所一致確認，所以卷二〈河水〉幾乎仍有一半篇幅記敘「重源」。直到此篇才承卷一第三篇「逕積石而為中國河」，成為《水經注》記敘中國河川的開端。從此可以窺及酈氏此書以河流為綱的體例格局。此書記敘一條作為卷篇題目的幹流，常常要同時記及這條幹流的一級及二級支流，包括流域中的郡縣城邑和歷史掌故，如此篇所記的黃河支流如洮水、濟川水、北谷水、烏頭川水等等，都是如此。也有一些支流在《注》文中沒有名稱，但《注》文也加以記敘。例如在西平郡界內，「左合二水，南流入河」，這「二川」都是黃河的一級支流，卻不知河名。說明楊守敬在其《水經注圖序》中所說「昔酈氏據圖以為書」的話是不錯的。酈氏在其撰述時，曾經查看若干他能夠獲致的簡要地圖，這就是《注》文中有河無名的原因，這種情況在全書中非常多見。由於這河川有的至今仍然存在，所以此書的記載可供古今核對，因而具有價值。

卷三

河水

【題解】卷三〈河水〉緊接上卷，從今寧夏境內北流東屈，經過陰山以南的今內蒙境域，然後南下在今山西、陝西二省之間，《注》文記敘到今山西離石一帶。所以此卷記敘的黃河流程，屬於以後稱為河套的大部分。語云：「黃河百害，只富一套。」從此卷所記，也已經看到了沿河的富庶情況。例如河中有洲，洲上有城，植桑栽果，成為一座「果城」。沿河支流眾多，還有許多湖泊和鹽澤，歷代郡縣建置不少，而經營也多稱佳。又有長城興建的記敘，都是此卷要旨。

又北過北地富平縣西，

1 河側有兩山相對，水出其間，即上河峽也，世謂之青山峽。河水歷峽北注，枝分東出。河水又北逕富平縣故城西，秦置北部都尉，治縣城，王莽名郡為威戎，縣曰持武。建武中，曹鳳，字仲理，為北地太守，政化尤異，黃龍應于九里谷高岡亭，角長三尺，大十圍，梢至十餘丈，天子嘉之，賜帛百匹，加秩中二千石。河水又北，薄骨律鎮❶城在河渚上，赫連果城也。桑果餘林，仍列洲上。但語出戎方，不究城名。訪諸耆舊，咸言故老宿彥云：赫連之世，有駿馬死此，取馬色以為邑號，故目城為白口騮，韻之謬，遂仍今稱，所未詳也。

2 河水又逕典農城東，世謂之胡城。又北逕上河城東，世謂之漢城。薛瓚❷曰：上河在西河富平縣，即此也，馮參為上河典農都尉所治也。河水又北逕典農城東，俗名之為呂城，皆參所屯，以事農甿。河水又東北逕廉縣故城東，王莽之西河亭。〈地理志〉曰：卑移山在西北。河水又北與枝津合，水受大河，東北逕富平城，所在分裂，以溉田圃，北流入河，今無水。《爾雅》曰：灉，反入。言河決復入者也。河之有灉，若漢之有潛也。

3 河水又東北逕渾懷障西。〈地理志〉渾懷都尉治塞外者也。太和初，三齊平，徙歷下民居此，遂有歷城之名矣，南去北地三百里。河水又東北歷石崖山西，去北地五百里，山石之上，自然有文，盡若虎馬之狀，粲然成著，類似圖焉，故亦謂之畫石山❸也。

又北過朔方臨戎縣西，

4 河水東北逕三封縣故城東，漢武帝元狩三年置。《十三州志》曰：在臨戎縣西百四十里。河水又北逕臨戎縣故城西，元朔五年立，舊朔方郡治，王莽之所謂推武也。河水又北，有枝渠東出，謂之銅口，東逕沃野縣故城南，漢武帝元狩三年立，王莽之綏武也。枝渠東注以溉田，所謂智通在我矣。河水又北，屈而為南河出焉。河水又北迆西溢於窳渾縣故城東，漢武帝元朔二年，開朔方郡縣，即西部都尉治。有道，自縣西北出雞鹿塞，王莽更郡曰溝搜，縣曰極武。其水積而為屠申澤，澤東西百二十里，故〈地理志〉曰：屠申澤在縣東。即是澤也。闞駰謂之窳渾澤矣。

屈從縣北東流，

5 河水又屈而東流，為北河。漢武帝元朔二年，大將軍衛青絕梓嶺，梁北河是也。東逕高闕南。《史記》：趙武靈王既襲胡服，自代並陰山下，至高闕為塞。山下有長城，長城之際，連山刺天，其山中斷，兩岸雙闕，善能雲舉，望若闕焉。即狀表目，故有高闕之名也。自闕北出荒中，闕口有城，跨山結局，謂之高闕戍。自古迄今，常置重捍，以防塞道。漢元朔四年，衛青將十萬人，敗右賢王于高闕。即此處也。河水又東逕臨河縣故城北，漢武帝元朔三年，封代恭王子劉賢為侯國，王莽之監河也。

至河目縣西，

6 河水自臨河縣東逕陽山南，《漢書注》曰：陽山在河北。指此山也。東流逕石跡阜西，是阜破石之文，悉有鹿馬之跡，故納斯稱焉。南屈逕河目縣，在北假中，地名也。自高闕以東，夾山帶河，陽山以往，皆北假也。《史記》曰：秦使蒙恬將十萬人，北擊胡，度河取高闕，據陽山北假中，是也。北河又南合南河。南河上承西河，東逕臨戎縣故城北，又東逕臨河縣南，又東逕廣牧縣故城北，東部都尉治。王莽之鹽官也。逕流二百許里，東會于河。

7 河水又南逕馬陰山西，《漢書音義》曰：陽山在河北，陰山在河南。謂是山也。而即實不在河南。《史記音義》曰：五原安陽縣北有馬陰山。今山在縣北，言陰山在河南，又傳疑之，非也。余按南河、北河及安陽縣以南，悉沙阜耳，無佗異山。故《廣志》曰：朔方郡北移沙七所，而無山以擬之，是《義》、《志》之僻也。陰山在河東南則可矣。

8 河水又東南逕朔方縣故城東北❹，《詩》所謂城彼朔方也。漢元朔二年，大將軍衛青取河南地為朔方郡，使校尉蘇建築朔方城，即此城也。王莽以為武符者也。按《地理志》云：金連鹽澤、青鹽澤竝在縣南矣。又按《魏土地記》曰：縣有大鹽池，其鹽大而青白，名曰青鹽，又名戎鹽，入藥分，漢置典鹽官。池去平城宮千二百里，在新秦之中。服虔曰：新秦，地名，在北方千里。如淳曰：長安以北，朔方以南也。薛瓚曰：秦逐匈奴，收河南地，徙民以實之，謂之新秦也。

屈南過五原西安陽縣南，

9 河水自朔方東轉，逕渠搜縣故城北。《地理志》，朔方有渠搜縣，中部都尉治，王莽之溝搜亭也。《禮・三朝記》❺曰：北發渠搜，南撫交趾。此舉北對南。《禹貢》之所云析支、渠搜矣。河水又東，逕西安陽縣故城南，王莽更之曰漳安矣。河水又東，逕田辟城南。《地理志》曰：故西部都尉治也。

屈東過九原縣南，

10 河水又東逕成宜縣故城南，王莽更曰艾虜也。河水又東逕原亭城南。闞駰《十三州志》曰：中部都尉治。河水又東逕宜梁縣之故城南。闞駰曰：五原西南六十里，今世謂之石崖城。河水又東逕稒陽城南，東部都尉治。又逕河陰縣故城北，又東逕九原縣故城南，秦始皇置九原郡，治此。漢武帝元朔二年，更名五原也。王莽之獲降郡、成平縣矣。西北接對一城，蓋五原縣之故城也，王莽之填河亭也。《竹書紀年》❻，魏襄王十七年，邯鄲命吏大夫奴遷于九原，又命將軍大夫適子戍吏，皆貉服矣。其城南面長河，北背連山，秦始皇逐匈奴，並河以東，屬之陰山，築亭障為河上塞。徐廣《史記音義》曰：陰山在五原北，即此山也。始皇三十三年，起自臨洮，東暨遼海，西並陰山，築長城及開南越地，晝警夜作，民勞怨苦，故楊泉《物理論》曰：秦始皇使蒙恬築長城，死者相屬，民歌曰：生男慎勿舉，生女哺用餔，不見長城下，尸骸相支拄。其冤痛如此矣。蒙恬臨死曰：夫起臨洮，屬遼東，城塹萬餘里，不能不絕地脈，此固當死也。

又東過臨沃縣南，

11 王莽之振武也。河水又東，枝津出焉。河水又東流，石門水南注之，水出石門山。《地理志》曰：北出石門障，即此山也。西北趣光祿城。甘露三年，呼韓邪單于還，詔遣長樂衛尉高昌侯董忠、車騎都尉韓昌等，將萬六千騎，送單于居幕南，保光祿徐自為所築城也，故城得其名矣。城東北，即懷朔鎮城也。其水自障東南流，逕臨沃城東，東南注于河。河水又東逕稒陽縣故城南，王莽之固陰也。《地理志》曰：自縣北出石門障。河水決其西南隅，又東南，枝津注焉。水上承大河于臨沃縣，東流七十里，北溉田，南北二十里，注于河，河水又東逕塞泉城南而東注。

又東過雲中楨陵縣南，又東過沙南縣北，從縣東屈南，過沙陵縣西。

12 大河東逕咸陽縣故城南，王莽之貢武也。河水屈而流，白渠水注之，水出塞外，西逕定襄武進縣故城北，西部都尉治，王莽更曰伐蠻，世祖建武中，封趙慮為侯國也。白渠水西北逕成樂城北。《郡國志》❼：成樂，故屬定襄也。《魏土地記》❽曰：雲中城東八十里有成樂城。今雲中郡治，一名石盧城也。

13 白渠水又西逕魏雲中宮南，《魏土地記》曰：雲中宮在雲中縣故城東四十里。白渠水又西南逕雲中故城南，故趙地。《虞氏記》❾云：趙武侯自五原河曲築長城，東至陰山。又于河西造大城，一箱崩不就，乃改卜陰山河曲而禱焉。晝見群鵠遊于雲中，徘徊經日，見大光在其下，武侯曰：此為我乎？乃即于其處築城，今雲中城是也。秦始皇十三年，立雲中郡，王莽更郡曰受降，縣曰遠服矣。

14 白渠水又西北逕沙陵縣故城南，王莽之希恩縣也。其水西注沙陵湖。又有芒干水出塞外，南逕鍾山，山即陰山。故郎中侯應言于漢曰：陰山東西千餘里，單于之苑囿也。自孝武出師，攘之于漠北，匈奴失陰山，過之，未嘗不哭。謂此山也。其水西南逕武皋縣，王莽之永武也。又南逕原陽縣故城西，又西南與武泉水合。其水東出武泉縣之故城西南，縣，即王莽之所謂順泉者也。水南流又西屈，逕北輿縣故城南。按〈地理志〉，五原有南輿縣，王莽之南利也，故此加北。舊中部都尉治。《十三州志》曰：廣陵有輿，故此加北。疑太疎遠也。其水又西南入芒干水。芒干水又西南逕白道南谷口，有城在右，縈帶長城，背山面澤，謂之白道城。自城北出有高阪，謂之白道嶺。沿路惟土穴，出泉，挹之不窮[10]。余每讀《琴操》[11]，見《琴慎相和雅歌錄》[12]云：飲馬長城窟。及其跋陟斯途，遠懷古事，始知信矣，非虛言也。顧瞻左右，山椒之上，有垣若頹基焉。沿溪亘嶺，東西無極，疑趙武靈王之所築也。芒干水又西南，逕雲中城北，白道中溪水注之。水發源武川北塞中，其水南流，逕武川鎮城。城以景明中築，以禦北狄矣。其水西南流，歷谷，逕魏帝行宮東，世謂之阿計頭殿。宮城在白道嶺北阜上，其城圓角而不方，四門列觀，城內惟臺殿而已。其水又西南歷中溪，出山西南流，于雲中城北，南注芒干水。

15

芒干水又西，塞水出懷朔鎮東北芒中，南流逕廣德殿西山下。余以太和十八年，從高祖北巡，屆于陰山之講武臺，臺之東，有高祖「講武碑」⑬，碑文是中書郎高聰之辭也。自臺西出南上山，山無樹木，惟童阜耳，即廣德殿所在也。其殿四注兩夏，堂宇綺井，圖畫奇禽異獸之象。殿之西北，便得焜煌堂，雕楹鏤桷，取狀古之溫室也。其時，帝幸龍荒，遊鸞朔北。南秦王仇池楊難當捨蕃委誠，重譯拜闕，陛見之所也。故殿以廣德為名。魏太平真君三年，刻石樹碑，勒宣時事。碑頌云：肅清帝道，振懾四荒，有蠻有戎，自彼氐羌，無思不服，重譯稽顙，恂恂南秦，斂斂推亡，峨峨廣德，奕奕焜煌。侍中、司徒東郡公崔浩之辭也。碑陰題宣城公李孝伯、尚書盧遐等從臣姓名，若新鏤焉。其水歷谷南出山，西南入芒干水。芒干水又西南注沙陵湖，湖水西南入于河。

16

河水南入楨陵縣西北，緣胡山，歷沙南縣東北，兩山、二縣之間而出。余以太和中為尚書郎，從高祖北巡，親所逕涉。縣在山南，王莽之楨陸也，北去雲中城一百二十里。縣南六十許里，有東、西大山，山西枕河，河水南流，脈水尋《經》，殊乖川去之次，似非關究也。

又南過赤城東，又南過定襄桐過縣西，

[17] 定襄郡，漢高帝六年置，王莽之得降也。桐過縣，王莽更名椅桐者也。河水于二縣之間，濟有君子之名，皇魏桓帝十一年，西幸榆中，東行代地。洛陽大賈賫金貨隨帝後行，夜迷失道，往投津長曰：子封送之。渡河，賈人卒死，津長埋之。其子尋求父喪，發冢舉尸，資囊一無所損。其子悉以金與之，津長不受。事聞于帝，帝曰：君子也。即名其津為君子濟。濟在雲中城西南二百餘里。

[18] 河水又東南，左合一水。水出契吳東山，西逕故里南，北俗謂之契吳亭。其水又西流注于河。河水又南，樹頹水注之。水出東山，西南流，右合中陵川水。水出中陵縣西南山下，北俗謂之大浴真山，水亦取名焉。東北流，逕中陵縣故城東，北俗謂之北右突城，王莽之遮害也。《十三州志》曰：善無縣南七十五里有中陵縣，世祖建武二十五年置。其水又西北，右合一水。水出東山，北俗謂之貸敢山，水又受名焉。其水西北流，注于中陵水。中陵水又西北流，逕善無縣故城西，王莽之陰館也。《十三州志》曰：舊定襄郡治。〈地理志〉，雁門郡治。其水又西北流，右會一水，水出東山下，北俗謂之吐文水，山又取名焉。北流逕鋤亭南，又西流逕土壁亭南，西出峽，左入中陵水。中陵水又北分為二水，一水東北流，謂之沃水，又東逕沃陽縣故城南，北俗謂之可不埿城，王莽

之敬陽也。又東北逕沃陽城東，又東合可不遲水。水出東南六十里山下，西北流注沃水。沃水又東，逕參合縣南，魏因參合陘以即名也。北俗謂倉鶴陘。道出其中，亦謂之參合口。陘在縣之西北，即《燕書》⑭所謂太子寶自河西還師參合，三軍奔潰，即是處也。魏立縣以隸涼城郡，西去沃陽縣故城二十里。縣北十里，有都尉城。〈地理志〉曰：沃陽縣西部都尉治者也。北俗謂之阿養城。其水又東合一水，水出縣東南六十里山下，北俗謂之災豆渾水。西北流，注于沃水。沃水又東北流，注鹽池。〈地理志〉曰：鹽澤在東北者也。今鹽池西南去沃陽縣故城六十五里，池水澂渟，淵而不流，東西三十里，南北二十里。池北七里，即涼城郡治。池西有舊城，俗謂之涼城也，郡取名焉。〈地理志〉曰：澤有長、丞。此城即長、丞所治也。城西三里有小阜，阜下有泉，東南流注池。北俗謂之大谷北堆，水亦受目焉。中陵川水自枝津西北流，右合一水于連嶺北。水出沃陽縣東北山下，北俗謂之烏伏真山，水曰誥升袁河。西南流逕沃陽縣，左合中陵川，亂流西南與一水合，北俗謂之樹頽水。水出東山下，西南流，右合誥升袁水，亂流西南注，分謂二水。左水枝分南出，北俗謂之太羅河；右水西逕故城南，北俗謂之昆新城。其水自城西南流，注于河。

19 河水又南，太羅水注之，水源上承樹頹河，南流西轉，逕武州縣故城南。《十三州志》曰：武州縣在善無城西南百五十里。北俗謂之太羅城，水亦藉稱焉。其水西南流，一水注之。水導故城西北五十里，南流逕城西北，俗名之曰故槃迴城。又南流注太羅河。太羅河又西南流，注于河。

20 河水又左得湳水口，水出西河郡美稷縣，東南流，《東觀記》[15]曰：郭伋，字細侯，為并州牧，前在州，素有恩德，老小相攜道路。行部到西河美稷，數百小兒各騎竹馬迎拜。伋問：兒曹何自遠來？曰：聞使君到，喜，故迎。伋謝而發去，諸兒復送郭外。問，使君何日還？伋計日告之。及還，先期一日，念小兒，即止野亭，須期至乃往。

21 其水又東南流，羌人因水以氏之。漢沖帝時，羌湳狐奴歸化，蓋其渠帥也。其水，俗亦謂之為耑波水，東南流入長城東。鹹水出長城西鹹谷，東入湳水。湳水又東南，渾波水出西北窮谷，東南流注于湳水。湳水又東逕西河富昌縣故城南，王莽之富成也。湳水又東流入于河。

22 河水左合一水。出善無縣故城西南八十里，其水西流，歷于呂梁之山，而為呂梁洪。其山巖層岫衍，澗曲崖深，巨石崇竦，壁立千仞，河流激盪，濤湧波襄，雷渀電洩，震天動地。昔呂梁未闢，河出孟門之上，蓋大禹所闢，以通河也。司馬彪曰：呂梁在離石縣西。今于縣西歷山尋河，並無過峘，至是乃為河之巨險，即呂梁矣，在離石北以東可二百有餘里也。

又南過西河圁陽縣東，

23 西河郡，漢武帝元朔四年置，王莽改曰歸新。圁水出上郡白土縣圁谷，東逕其縣南。《地理志》曰：圁水出西，東入河。王莽更曰黃土也。東至長城，與神銜水合。水出縣南神銜山，出峽，東至長城，入于圁。圁水又東逕鴻門縣，縣，故鴻門亭。《地理風俗記》曰：圁陰縣西五十里有鴻門亭、天封苑、火井廟，火從地中出。圁水又東，梁水注之，水出西北梁谷，東南流，注圁水。圁水又東逕圁陰縣北，漢惠帝五年立，王莽改曰方陰矣。又東，桑谷水注之。水出西北桑溪，東北流，入于圁。圁水又東逕圁陽縣南，東流注于河。

24 河水又東，端水入焉。水西出號山。《山海經》曰：其木多漆椶，其草多穹窮，是多泠石，端水出焉，而東流注于河。河水又南，諸次之水入焉。水出上郡諸次山。《山海經》曰：諸次之山，諸次之水出焉。是山多木無草，鳥獸莫居，是多象蛇。其水東逕榆林塞，世又謂之榆林山，即《漢書》所謂榆溪舊塞者也。自溪西去，悉榆柳之藪矣。緣歷沙陵，屆龜茲縣西北，故謂廣長榆也。王恢云：樹榆為塞。謂此矣。蘇林以為榆中在上郡，非也。按《始皇本紀》⑯，西北逐匈奴，自榆中並河以東，屬之陰山。然榆中在金城東五十許里，陰山在朔方東，以此推之，不得在上郡。《漢書音義》蘇林為失是也。其水東入長城，小榆水合焉。歷澗西北，窮谷其源也。又東合首積水，水西出首積溪，東注諸次水，又東入于河。《山海經》曰：諸次之水，東流注于河。即此水也。河水又南，湯水注之。《山海經》曰：水出上申之山，上無草木，而多硌石，下多榛楛，湯水出焉。東流注于河也。

又南離石縣西⑰，

奢延水注之。水西出奢延縣西南赤沙阜，東北流。《山海經》所謂生水出孟山者也。郭景純曰：孟或作明。漢破羌將軍段熲破羌于奢延澤，虜走洛川。洛川在南，俗因縣土謂之奢延水，又謂之朔方水矣。東北流，逕其縣故城南，王莽之奢節也。赫連龍昇七年，于是水之北，黑水之南，遣將作大匠梁公叱干阿利改築大城，名曰統萬城⑱。蒸土加功。雉堞雖久，崇墉若新，並造五兵，器銳精利，乃咸百鍊，為龍雀大鐶，號曰大夏龍雀。銘其背曰：古之利器，吳、

26

楚湛盧，大夏龍雀，名冠神都，可以懷遠，可以柔邇，如風靡草，威服九區。世甚珍之。又鑄銅為大鼓，及飛廉、翁仲、銅駝、龍虎，皆以黃金飾之，列于宮殿之前。則今夏州治也。

奢延水又東北與溫泉合。源西北出沙溪，而東南流注奢延水。奢延水又東，黑水入焉，水出奢延縣黑澗，東南歷沙陵，注奢延水。奢延水又東合交蘭水，水出龜茲縣交蘭谷，東南流注奢延水。奢延水又東北流，與鏡波水合，水源出南邪山南谷，東北流，注于奢延水。奢延水又東逕膚施縣，帝原水西北出龜茲縣，東南流。縣因處龜茲降胡著稱。又東南注奢延水。奢延水又東逕膚施縣南，秦昭王三年置，上郡治。漢高祖并三秦，復以為郡。王莽以漢馬員為增山連率[19]，歸世祖以為上郡太守。司馬彪曰：增山者，上郡之別名也。東入五龍山。〈地理志〉曰：縣有五龍山、帝原水。自下亦為通稱也。歷長城東，出于白翟之中。又有平水，出西北平溪，東南入奢延水。奢延水又東，走馬水注之。水出西南長城北，陽周縣故城南橋山，昔二世賜蒙恬死于此。王莽更名上陵畤，山上有黃帝塚故也。帝崩，惟弓劍存焉，故世稱黃帝仙矣。其水東流，昔段熲追羌出橋門至走馬水，聞羌在奢延澤，即此處也。門，即橋山之長城門也。始皇令太子扶蘇與蒙恬築長城，起自臨洮，至于碣石，即是城也。其水東北流入長城，又東北注奢延水。奢延水又東，與白羊水合。其水出于西南白羊溪，循溪東北，注于奢延水。奢延水又東入于河。《山海經》曰：生水東流注于河。河水又南，陵水注之。水出陵川北溪，南逕其川，西轉入河。河水又南得離石水口，水出離石北山，南流逕離石縣故城西。《史記》云：秦昭王伐趙，取離石者也。漢武帝元朔三年，封代共王子劉綰為侯國。後漢西河郡治也。其水又南出西轉，逕隰城縣故城南。漢武帝元朔三年，封代共王子劉忠為侯國，王莽之慈平亭也。胡俗語訛，尚有千城之稱。其水西流，注于河也。

又南過中陽縣西，

27 中陽縣故城在東，東翼汾水，隔越重山，不濱于河也。

又南過土軍縣西，

28 吐京郡治。故城，即土軍縣之故城也[20]。胡、漢譯言，音為訛變矣。其城圓長而不方，漢高帝十一年，以封武侯宣義為侯國。縣有龍泉，出城東南，道左山下牧馬川上多產名駒駿，同滇池天馬。其水西北流，至其城東南。土軍水出道左高山，西南注之。龍泉水又北屈逕其城東，西北入于河。河水又南合契水，傍溪東入窮谷，其源也。又南至祿谷水口，水源東窮此溪也。河水又南得大蛇水。發源溪首，西流入河。

29 河水又南，右納辱水。《山海經》曰：辱水出鳥山，其上多桑，其下多楮，陰多鐵，陽多玉，其水東流，注于河。俗謂之秀延水。東流得浣水口，傍溪西轉，窮溪便即浣水之源也。辱水又東會根水。西南溪下，根水所發，而東北注辱水。辱水又東南，露跳水出西露溪，東流，又東北入辱水，亂流注于河。河水又南，左合信支水。水發源東露溪，西流入于河。河水又南，左會石羊水，循溪東入，導源窮谷，西流注于河。

又南過上郡高奴縣東，

30 域谷水東啟荒原，西歷長溪，西南入于河。河水又南合孔溪口。水出孔山南，歷溪西流，注于河。孔山之上有穴，如車輪三所，東西相當，相去各二丈許，南北直通，故謂之孔山也。山在蒲城西南三十餘里。

31 河水又右會區水。《山海經・西次四經》之首曰：陰山，西北百七十里曰申山，其上多穀、柞，其下多杻、橿，其陽多金、玉，區水出焉，而東流注于河。世謂之清水，東流入上郡長城。逕老人山下，又東北流，至老人谷，傍水北出，極溪便得水源。清水又東得龍尾水口。水出北地神泉障北山龍尾溪，東北流注清水。清水又東會三湖水，水出南山三湖谷，東北流入清水。清水又東逕高奴縣，合豐林水。《地理志》謂之洧水也。故言高奴縣有洧水，肥可爇，水上有肥，可接取用之。《博物志》㉑稱酒泉延壽縣南山出泉水，大如筥，注地為溝，水有肥如肉汁，取著器中，始黃後黑，如凝膏，然極明，與膏無異。膏車及水碓缸甚佳，彼方人謂之石漆。水肥亦所在有之，非止高奴縣洧水也。項羽以封董翳為翟王，居之三秦，此其一也。漢高祖破以縣之，王莽之利平矣。民俗語訛，謂之高樓城也。豐林川長津瀉注，北流會清水。清水又南，奚谷水注之，水西出奚川，東南流入清水。清水又東注于河。

32 河水又南，蒲川水出石樓山，南逕蒲城東。即重耳所奔之處也。又南歷蒲子縣故城西，今大魏之汾州治。徐廣《晉紀》㉒稱，劉淵自離石南移蒲子者也。闞駰曰：蒲城在西北，漢武帝置。其水南出，得黃盧水口㉓。水東出蒲子城南，東北入谷，極溪便水之源也。蒲水又南，合紫川水。水東北出紫川谷㉔，西南合江水。江水出江谷，西北入紫川水。紫川水又西北入蒲水。蒲水又西南入于河水。

33

河水又南合黑水。水出定陽縣西山，二源奇發，同瀉一壑，東南流逕其縣北，又東南流，右合定水，俗謂之白水也。水西出其縣南山定水谷，東逕定陽縣故城南。應劭曰：縣在定水之陽也。定水又東注于黑水，亂流東南入于河。

【注釋】❶薄骨律鎮　地名。為赫連所置。赫連氏是匈奴姓氏之一，東晉義熙三年（西元四〇七年），赫連曾自稱大夏天王。酈氏距此不過六七十年，但已經不諳其意。酈氏對非漢語地名的解釋謹慎，此是一例，以後這類例子甚多。❷薛瓚　指《漢書集注》。❸畫石山　地名。並下文所記的石跡阜，均在今內蒙古陰山一帶。近年來，文物工作者已在《注》文記敘地區，即陰山西段的狼山一帶，西起阿拉善左旗，經磴口縣，潮格旗，東至烏拉特東聯合旗，東西長約三百公里，南北寬約四十至七十公里，發現了一千多幅古代游牧民族的巖畫，即《注》所謂「盡若虎馬之狀」和「悉有鹿馬之跡」。❹河水又東南句　此處有佚文一條。《晏元獻公類要》卷六〈陝西路・夏・濛水〉引《水經注》：「朔方縣有濛水，合金河而流。」當是此段中佚文。❺禮三朝記　《大戴禮記》中的一篇。《大戴禮記》亦作《大戴記》或《大戴禮》，傳為西漢戴德編著，原有八十五篇，今尚存三十九篇。❻竹書紀年　書名。《隋書・經籍志》著錄十二卷，今存二卷。《注》文引此書甚多，或稱《竹書》，或稱《汲冢書》，或稱《紀年》等。晉太康二年（西元二八一年），汲郡人不准盜發魏襄王冢，得竹簡甚多，共古書七十五篇，中有《竹書紀年》十三篇，編年敘夏、商、周歷史，接以晉事，至三家分晉後則專敘魏事，至魏襄王二十年（西元二九九年）而終。❼郡國志　指司馬彪所撰《續漢書・郡國志》。今二十四史的《後漢書》，實由范曄的《後漢書》和司馬彪的《續漢書》合成。書內各志，均為司馬彪所撰。❽魏土地記　書名。隋唐諸志不著錄，《御覽》引此作《大魏土地記》，已亡佚。有《漢唐地理書鈔》輯本。❾盧氏記　書名。不知撰者和撰述年代。《隋書・經籍志》著錄有《盧氏家記》五卷，盧覽撰，不知是否此書，已亡佚。❿挹之不窮　此處有佚文一條。《文選》卷二十七「樂府」上〈飲馬長城窟行〉引《水經注》：「其下往往有泉窟可飲馬。」當是此段中佚文。⓫琴操　書名。隋唐諸志不著錄。有數種：《琴操》三卷，《琴操鈔》二卷，《琴操鈔》一卷。傳為晉孔衍撰，均已亡佚。有《平津館叢書》等輯本，但作蔡邕撰。⓬琴慎相和雅歌錄　書名。不知撰者和撰述年代，已亡佚。《漢書・藝文志》著錄有《雅歌詩》四篇，不知是否即此。⓭講武碑　宋趙明誠《金石錄》存此碑目。按《注》文，當是太和十八年北巡時事，而立碑於太和二十年。⑭燕書　書名。《隋書·經籍志》著錄二十卷，前燕尚書范亨撰，記前燕第二代國君慕容儁事，已亡佚。《廣雅書局叢書》有輯本一卷。⑮東觀記　書名。即《東觀漢記》。《隋書·經籍志》著錄一四三卷，漢長水校尉劉珍等撰，參與撰寫的有李尤、優無忌、馬日磾、蔡邕等多人，是一部陸續撰成的官書，上起光武，下迄靈帝。晉時，《史記》、《漢書》與此書並稱「三史」。唐時已缺佚，北宋後散佚。今有清人輯本，收入於《湖北先正遺書》，作二十四卷。《四部備要》、《四部叢刊》等也有輯本。⑯始皇本紀　即《史記·秦始皇本紀》。《注》文記敘事，在其在位的第三十三年。⑰又南離石縣西　殿本戴震在這條《經》文下加了案語：「『又南』下脫『過』字。」⑱統萬城　《注》文說建於赫連龍昇七年（按指十六國夏赫連勃勃。但龍昇七年改元鳳翔元年，是年號交錯的年分，西元四一三年），距酈氏不過五十年左右，但《注》文未及地名意義，說明酈氏對匈奴語系甚疏。而修於唐初的《晉書》在〈赫連勃勃載記〉中，稱「統萬城」是「統一天下，君臨萬邦」之意，以後從《元和志》、《通鑑》直至今《辭海》均循此說。但近人也提出得自當時墓誌中的確鑿證據，「統萬」亦稱「吐萬」，是胡語的不同漢譯。對此，《中國歷史地名大辭典》（中國社會科學出版社二〇〇六年出版）上冊卷首陳橋驛序中已有較詳說明。⑲連率　封號名。王莽時置《法典》，改了許多漢時的封號和官名。如「公」稱「牧」，「侯」稱「卒正」，「伯」稱「連率」，無封爵者稱「尹」。王莽又大改地名，原上郡改為增山。馬員為增山連率，即馬員為此郡太守。王莽所改的封號名、職官和地名，到東漢均廢除復原。⑳吐京郡治三句　此處有佚文一條。《寰宇通志》卷八十二〈遼州·土京水〉引《水經注》：「西陽水出西陽溪。」當是此段中佚文。㉑博物志　書名。《隋書·經籍志》著錄十卷，《兩唐志》同，晉張華撰。張華（西元二三二～三〇〇年），字茂先，范陽方城（今河北固安附近）人。此書已有殘缺，今收入於《子書百家》、《四部備要》等。㉒晉紀　書名。《隋書·經籍志》著錄四十五卷，南朝宋徐廣撰。徐廣（西元三五二～四二五年），字野民，東莞姑幕（今山東安丘附近）人。已亡佚。今有《玉函山房輯佚書補編》輯本。㉓得黃盧水口　此處有佚文一條。《初學記》卷八〈河東道〉第四〈黃谷〉引《水經注》：「黃櫨水出隰川縣東北黃櫨谷。」當是此段中佚文。㉔水東北出紫川谷　此處有佚文一條。《初學記》卷八〈河東道〉第四〈紫川〉引《水經注》：「紫川水源出隰川縣東紫谷也。」當是此段中佚文。

【語　譯】又北過北地富平縣西，

1 河畔有兩座山峰相對並峙，河水就從兩山之間流出，這山峽就是上河峽，人們稱為青山峽。河水穿過山峽北流，分出一條支流往東流奔。河水又北流經富平縣舊城西，秦朝設置北部都尉，治所就在這個縣城。

王莽時稱郡為威戎，縣叫持武。建武年間（西元二五～五七年），曹鳳，字仲理，當北地郡太守，他施政教化成績優異，因此黃龍在九里谷高岡亭出現。龍角長三尺，龍身粗十圍，尾長十餘丈。皇帝嘉獎他，賞賜絲綢百匹，並把他的官階晉升為中二千石。河水又北流，在河中的洲渚上有薄骨律鎮城，就是赫連的果園。至今洲上還有一片片桑林、果林的殘留遺跡。但薄骨律一詞來自戎語，不知城名語義。訪問當地老人，都說：據博聞廣識的前輩相傳，赫連那時候，有一匹駿馬死在這裡，以駿馬的毛色為城取名，所以叫白口騮，一音之訛，於是至今一直叫薄骨律。詳情就不得而知了。

[2] 河水又流經典農城東，人們稱此城為胡城。又北流經上河城東，人們稱之為漢城。薛瓚說：上河在西河富平郡，就是此城。馮參當上河典農都尉時，治所就在這裡。河水又北流經典農城東，民間稱之為呂城，也是馮參屯駐的地方，以管理農民。河水又東北流經廉縣舊城東，這地方就是王莽時的西河亭。〈地理志〉說：卑移山在西北。河水又北流，與支流匯合。這條支流上口承接大河，東北流經富平城，所經之地，隨處被分導以灌溉田畝，北流入河，現在已經枯涸無水了。《爾雅》說：灉，返回重新流入，是說河水決口後重又流入的意思。河水有灉水，正像漢水有潛水一樣。

[3] 河水又東北流經渾懷障西。〈地理志〉說：渾懷都尉治理塞外，說的就是這裡。太和（西元二二七～二三三年）初年，平定了三齊，把歷下的百姓遷移到這裡來居住，於是就有歷城的地名。這裡南距北地三百里。河水又東北流經過石崖山西，這裡距北地五百里。山巖上面，有天然形成的斑紋，有的像馬，有的像虎，輪廓鮮明顯著，像是畫成的一般，所以又稱畫石山。

又北過朔方臨戎縣西，

[4] 河水東北流經三封縣舊城東。三封縣設置於漢武帝元狩三年（西元前一二〇年）。《十三州志》說：三封縣在臨戎縣西一百四十里。河水又北流，流經臨戎縣舊城西，臨戎置於元朔五年（西元前一二四年），原是朔方郡的治所，王莽時叫推武。河水又北流，有支渠往東分出，分水口叫銅口。東流經沃野縣舊城南，此城是漢武帝元狩三年所置，王莽時叫綏武。這條支渠引水東流，來灌溉田畝，這就是所謂的引水流通，全靠我們自

己的智慧。河水又北流，轉彎分出南河。河水又北流，從西邊在窳渾縣舊城東漫溢而出。漢武帝元朔二年（西元前一二七年），開拓朔方郡縣，窳渾縣就是西部都尉治所。有一條大路從縣城西北通往雞鹿塞，王莽時改郡名為溝搜，縣名為極武。河水漫溢積瀦為屠申澤，這片沼澤東西廣達一百二十里。所以〈地理志〉說：屠申澤在縣東，說的就是此澤。闞駰則稱為窳渾澤。

屈從縣北東流，

5 河水又折而東流，這就是北河。漢武帝元朔二年，大將軍衛青越過梓嶺，在北河上架橋，即指此河。北河東流經高闕南。《史記》載：趙武靈王採用胡人服裝後，從代郡傍著陰山腳下直到高闕，都建了要塞。山下有長城，長城旁邊，連綿的山脈高插雲天，山脈中間有個缺口，兩岸高崖巍然聳立，高入霄漢，望去就像宮闕似的。以形狀取名，所以名為高闕。從高闕往北出荒中，闕口有城，跨山構築，稱為高闕戍。從古代直到今天，常常駐紮重兵守衛，以防守要塞的交通要道。漢朝元朔四年（西元前一二五年），衛青率領十萬大軍，在高闕打敗右賢王，就是這地方。河水又東流經臨河縣舊城北。漢武帝元朔三年（西元前一二六年），把該縣封給代恭王的兒子劉賢為侯國，就是王莽時的監河。

至河目縣西，

6 河水從臨河縣東流經陽山南。《漢書注》說：陽山在河北，即指此山。河水東流經石跡阜西。這座山丘上的巖石，碎裂以後露出的斑紋，都有馬或鹿的蹄痕，因而得名。河水轉彎南流，流經河目縣，該縣在北假中，這是個地名。從高闕以東，河道兩岸都是連山，直到陽山更遠的地方，都是北假地區。《史記》說：秦派蒙恬率領十萬軍隊北上攻打胡人，渡河奪取高闕，占據了陽山北假。北河又南流，與南河匯合。南河上流承接西河，東流經臨戎縣舊城北，又東流經臨河縣南，又東流經廣牧縣舊城北，舊城是東部都尉治所，王莽時叫鹽官。南河一直流了二百里左右，往東與河水匯合。

7 河水又南流經馬陰山西。《漢書音義》說：陽山在河北，陰山在河南。指的就是此山。可是按照實際情況，陰山卻不在河南。《史記音義》說：五原安陽縣北有馬陰山。現在山在縣北，說陰山在河南，這又是把疑難問題輾轉沿傳下來造成的錯誤。我查考過，南河、北河和安陽縣以南，都是沙丘，沒有別的不同的山。所以《廣志》說：朔方郡以北，有七處流動的沙丘，但沒有相當的山，這是《音義》和《廣志》的偏見。說陰山在河水東南那還差不多。

8 河水又東南流經朔方縣舊城東北，《詩經》說在朔方築城，就指此城。漢元朔二年（西元前一二七年），大將軍衛青占領了河南一帶地區立為朔方郡，派校尉蘇建去築朔方城，就是此城。王莽時改名為武符。按〈地理志〉說：金連鹽澤、青鹽澤都在縣南。又按《魏土地記》說：縣裡有大鹽池，鹽池所產的鹽顆粒粗大、色澤青白，叫青鹽；又叫戎鹽，可入藥。漢朝設置典鹽官。鹽池距平城宮一千二百里，在新秦地帶以內。服虔說：新秦，是個地名，在北方，方圓一千里。如淳說：新秦在長安以北，朔方以南。薛瓚說：秦驅逐了匈奴，把河南一帶納入版圖，把百姓遷移到那裡以補充人口，稱為新秦。

屈南過五原西安陽縣南，

9 河水從朔方轉而東流，流經渠搜縣舊城北。按〈地理志〉，朔方有渠搜縣，是中部都尉治所，就是王莽時的溝搜亭。《禮記・三朝記》說：北方開拓渠搜，南方安撫交趾。這裡是舉了北方的地名來與南方的地名相對而言。也就是〈禹貢〉中所說的析支和渠搜。河水又東流，流經西安陽縣舊城南，王莽時改名為漳安。河水又東流，流經田辟城南。〈地理志〉說：這就是舊時的西部都尉治所。

屈東過九原縣南，

10 河水又東流經成宜縣舊城南，王莽時改名為艾虜。河水又東流經原亭城南。闞駰《十三州志》說：這裡是中部都尉治所。河水又東流經宜梁縣舊城南。闞駰說：城在五原西南六十里，如今人們稱為石崖城。河水又東流經稒陽城南，這是東部都尉治所。又流經河陰縣舊城北；又東流經九原縣舊城南，秦始皇設置九原郡，治所就在這裡。漢武帝元朔二年（西元前一二七年），改名為五原，也就是王莽時的獲降郡、成平縣。舊城西北與對一城相接近，是五原縣的舊城，就是王莽時的填河亭。《竹書紀年》載：魏襄王十七年（西元前三○二年），邯鄲朝廷命令吏大夫的奴僕遷居到九原，又命令將軍大夫的嫡子及駐防邊境的官吏，都穿上胡人的服裝。舊城南朝長河，北倚連山。秦始皇驅逐了匈奴，在河水以東直到陰山一帶都修築了堡壘，作為河上的要塞。徐廣《史記音義》說：陰山在五原北，指的就是此山。秦始皇三十三年（西元前二一四年），在北方修築長城，西從臨洮開始，東到遼海為止，西邊傍著陰山，南方則用武力在南越拓邊，白天警戒，夜晚施工，百姓勞苦不堪，怨聲載道。所以楊泉《物理論》說：秦始皇派蒙恬修築長城，遍地都是死屍。民歌道：生兒你別去撫養，生女你餵她成長。你沒看見長城底下，遍地是屍骨縱橫。老百姓的怨恨痛苦，已到了這種地步。蒙恬臨死時說：從臨洮直到遼東，築城掘壕萬餘里，不可能不掘斷地脈，這本來就該辦死罪的了。

又東過臨沃縣南，

11 臨沃就是王莽時的振武。河水又東流，有支流分出。河水又東流，石門水南流注入。石門水發源於石門山。〈地理志〉說：發源於北方的石門障，指的就是此山。從這裡往西北走，可抵光祿城。甘露三年（西元前五一年），呼韓邪單于回國，魏帝詔令派遣長樂衛尉高昌侯董忠、車騎都尉韓昌等，率領一萬六千名騎兵護送單于駐紮幕南，防護光祿城。光祿城是光祿大夫徐自為所築，城也因而得名。光祿城東北方，就是懷朔鎮城。石門水從石門障東南流，流經臨沃城東，往東南注入河水。河水又東流經稒陽城舊城南，就是王莽時的固陰。〈地理志〉說：從縣北出石門障，河水沖決了西南角，又東南流，有支流注入。支流上口在臨沃縣承接大河，東流了七十里，灌溉著北岸南北二十里間的田畝，然後注入河水。河水又東流經塞泉城南東流而去。

又東過雲中楨陵縣南，又東過沙南縣北，從縣東屈南，過沙陵縣西。

12 大河東流經咸陽縣舊城南，就是王莽時的賁武。河水屈曲奔流，白渠水注入。白渠水發源於塞外，西流經定襄郡武進縣舊城北，這是西部都尉的治所，王莽時改名為伐蠻。世祖建武年間（西元二五～五六年），封給趙慮為侯國。白渠水西北流經成樂城北。〈郡國志〉說：成樂，從前屬於定襄郡。《魏土地記》說：雲中城以東八十里，有成樂城。現在是雲中郡的郡治，又名石盧城。

13 白渠水又西流經魏雲中宮南。《魏土地記》說：雲中宮在雲中縣舊城東四十里。白渠水又西南流經雲中舊城南，從前是趙國的疆域。《虞氏記》說：趙武侯從五原郡河曲縣築長城，東端直到陰山；又在河西造大城，一角崩坍沒有築成。於是又改在陰山郡河曲縣另卜新址，祈禱神靈呵護。一天看到一群天鵝在雲中翱翔，整天盤旋不去，天鵝底下出現很大的一片亮光。武侯說：莫非天鵝是為我而來的嗎？於是就在那裡築城，這就是今天的雲中城。秦始皇十三年（西元前二三四年），設置雲中郡，王莽改郡名為受降，縣名為遠服。

14 白渠水又西北流經沙陵縣舊城南，這就是王莽時的希恩縣。此水西流注入沙陵湖。又有芒干水，發源於塞外，南流經鍾山，鍾山就是陰山。從前郎中侯應對漢朝皇帝說：陰山東西千餘里，可說是單于的皇家園林。自從孝武帝出兵漠北奪取了它，匈奴喪失了陰山，每次經過那裡時，沒有不痛哭流涕的。他說的就是此山。芒干水西南流，流經武皋縣，就是王莽時的永武。又南流經原陽縣舊城西，又西南流，與武泉水匯合。武泉水發源於東方的武泉縣舊城西南，就是王莽時所謂的順泉縣。此水南流，又折而西轉，流經北輿縣舊城南。按〈地理志〉，五原郡有南輿縣，就是王莽時的南利縣。因為有南輿，所以稱此縣為北輿。舊時是中部都尉治所。《十三州志》說：廣陵有輿縣，所以此縣稱北輿。但兩地相距太遠，恐怕不是以南北命名的真正原因。武泉水又西南流，注入芒干水。芒干水又西南流經白道南谷口。右岸有城，傍著長城，背後依山，前面朝向沼澤，稱為白道城。從城北出去，有一道高坡，叫白道嶺。沿著路邊有個土洞，洞中有泉水湧出，汲取永不窮盡。我每次讀《琴操》，都會在《琴慎相和雅歌錄》中見到這句詩：放馬在長城的洞窟中飲水。待到走了這條路，追思往古時的事，才知道確實是可信的，並非虛言。眺望左右兩邊，山頂上有一道像是坍毀了的城牆廢址。沿著溪岸和山嶺蜿蜒伸展，東西兩邊都看不到盡頭，想來可能是趙武靈王所築。芒干水又西南流，流經雲中城北，白道中溪水注入。此水發源於武川北塞，溪水南流，流經武川鎮城。此城是景明年間（西元五〇〇～五〇三年）為防禦北狄而築。芒干水西南流，穿過山谷，流經魏帝行宮東，人們把行宮稱為阿計頭殿。宮城在白道嶺以北的山丘上，城角呈圓形，並不方正。四座城門上建了城樓，城內只有高臺殿宇而已。水又西南流經中溪，出山後往西南流，在雲中城北往南注入芒干水。

15 芒干水又西流，塞水發源於懷朔鎮東北芒中，南流經廣德殿西山下。我在太和十八年（西元四九四年）隨從高祖去北方巡察，到了陰山的講武臺。講武臺東有高祖「講武碑」，碑文是中書郎高聰所作。從講武臺西出去，往南上山，山上沒有樹木，只是一座光禿禿的山丘，這就是廣德殿所在的地方。殿宇四面披檐，兩邊有廂房，廳堂和藻井都畫著珍禽異獸。廣德殿西北，是焜煌堂，楹柱方椽都是精雕細琢，以古時溫室殿的建構和圖形作為範本建成。當時高祖鑾駕臨幸北方荒漠的邊塞，南秦王仇池楊難當撤去藩國稱號，前來投誠歸順，通過翻譯來宮闕前朝拜高祖，這就是他在殿前覲見的地方，因此稱為廣德殿。魏太平真君三年（西元四四二年）刻石立碑，頌揚當時這件盛事，碑文的頌詞說：肅清皇帝治國的障礙，威懾四境的邊疆。無論是蠻夷各族，還是那冥頑的氐羌，無人不心悅誠服，攜帶翻譯前來叩頭瞻仰。南秦恭順地俯首聽命，敬畏地納土請降。巍峨的廣德殿，壯麗的焜煌堂。這是侍中、司徒、東郡公崔浩所作的頌詞。碑的背面題著宣城公李孝伯、尚書盧遐等隨從大臣的姓名，看來就像是新刻的一樣。此水經過山谷南流出山，往西南注入芒干水。芒干水又往西南注入沙陵湖。湖水西南流，注入河水。

16 河水南流進入楨陵縣西北，流經緣胡山，流過沙南縣東北，從兩山、二縣之間流出。我在太和年間（西元四七七～四九九年）任尚書郎，隨從高祖到北方巡視，那一帶是我親身行走過的地方。楨陵縣在山南，就是王莽時的楨陸，北距雲中城一百二十里。縣南六十里左右有東、西兩座大山，大山西邊臨河，河水是往南流的。按照河道的流程來核對《水經》，其中記述河流所經地點的先後次序，卻頗多錯亂之處，似乎是沒有搞清楚的。

又南過赤城東，又南過定襄桐過縣西，

17 定襄郡是漢高帝六年（西元前二〇一年）所設置，就是王莽時的得降。桐過縣，王莽時改名為椅桐。河水在二縣之間，有一處渡口叫君子濟。魏桓帝十一年，西則臨幸榆中，東則巡行代郡各地。洛陽有個大商人，帶了金銀和貨物跟著皇帝車駕走。夜裡迷了路，於是去渡口的津長子封那裡，跟他說：子封送我過去吧。津長送他渡河，不料這位大商人暴病而死，津長就把他埋葬了。商人的兒子來尋父親的遺體，掘開墳墓，抬出屍體，所帶的行李財物一點也沒有少，商人兒子把所有的金銀都贈送給津長，津長卻不接受。這件事

18 傳到皇帝那裡，皇帝說：真是一位君子。於是就把這個渡口名為君子濟。渡口在雲中城西南二百餘里。

河水又東南流，左岸匯合了一條水。這條水發源於契吳東山，西流經故里南，北方民間稱為契吳亭。此水又西流，注入河水。河水又南流，樹頹水注入。樹頹水發源於東山，西南流，右岸匯合了中陵川水。中陵川水發源於中陵縣西南山下，北方民間稱為大浴真山，水也以山為名，東北流，流經中陵縣舊城東。這座舊城北方民間稱為北右突城，就是王莽時所謂的遮害。《十三州志》說：善無縣南七十五里有中陵縣，置於世祖建武二十五年（西元四九年）。中陵川水又西北流，在右岸匯合一條水。此水發源於東山，北方民間稱為貸敢山，水也因山而得名。此水西北流，注入中陵水。中陵水又西北流，流經善無縣舊城西，就是王莽時的陰館。《十三州志》說：這是舊時定襄郡的治所。按〈地理志〉，則是雁門郡的治所。此水又西北流，在右岸匯合一條水。此水發源於東山下，北方民間稱為吐文水，山也因水而得名。水北流經鋤亭南，又西流，流經土壁亭南，往西流出山峽，從左岸注入中陵水。中陵水又北流，分為兩條，一條東北流，叫沃水。又東流經沃陽縣舊城南，北方民間稱為可不埿城，就是王莽時的敬陽。又東北流經沃陽城東，又東流，與可不埿水匯合。可不埿水發源於東南六十里的山下，西北流，注入沃水。沃水又東流，流經參合縣南，魏國因參合陘而命名的，北方民間則稱為倉鶴陘。有一條道路從中間通過，那個山口也叫參合口。山口在縣城西北，就是《燕書》所謂：太子寶從河西領兵回到參合，三軍潰散奔逃的地方。魏國立為縣，隸屬於涼城郡。該縣西距沃陽縣舊城二十里。縣城以北十里，有個都尉城。〈地理志〉說：沃陽縣是西部都尉治所。北方民間稱為阿養城。沃水又東流，匯合了一條水，此水發源於縣城東南六十里的山下，北方民間稱為災豆渾水，西北流，注入沃水。沃水又東北流，注入鹽池。〈地理志〉說：鹽池在東北。現在鹽池西南距沃陽縣舊城六十五里，池水澄清靜止，淵深不流，東西三十里，南北二十里。池北七里，就是涼城的郡治。池西有舊城，民間稱為涼城，郡也照此取名為涼城郡。〈地理志〉說：鹽澤有長、丞等官職，此城就是由長、丞治理的。城西三里有一座小丘，小丘下面有泉水，東南流，注入鹽池。北方民間稱為大谷北堆，水也以小丘為名。中陵川水從支流分出處往西北流，右岸在連嶺北匯合了一條水。此水發源於沃陽縣東北山下，北方民間稱此山為烏伏真山，水叫諳升袁河。西南流經沃陽縣，在左岸匯合中陵川，往西南亂流與一條水匯合，北方民間稱為樹頹水。樹頹水發源於東山下，西南流，在右岸匯合諳升袁水，往西南亂流奔瀉，分為二水。左邊一條分出支流往南流，北方民間稱為太羅河；右邊一條西流經舊城南，北方民間叫昆新城。水從此城往西南流，注入河水。

19 河水又南流，太羅河注入。太羅河上源承接樹頹水，南流又折向西邊，流經武州縣舊城南。《十三州志》說：武州縣在善無城西南一百五十里，北方民間稱為太羅城，水也以城為名。此水西南流，有一條水注入。此水發源於舊城西北五十里，往南流經舊城西北方，民間稱此城為故槃迴城。又南流注入太羅河。太羅河又西南流，注入河水。

20 河水左岸有湳水口，在此口入河的水，發源於西河郡美稷縣，東南流。《東觀記》說：郭伋，字細侯，任并州牧。他先前在州任職時，一向對老百姓有恩德，因此老人牽挽著小孩，在路上迎接他。他到西河郡視察時，美稷縣小孩數百名，各自跨著竹馬前來迎接拜見他。郭伋問道：你們這些孩子為什麼老遠地到這裡來？孩子們答道：我們聽說您老人家到了，非常高興，所以特地來迎接您。郭伋向他們告辭後就動身出發，孩子們又把他送到城外，問道：您老人家哪天回來呀？郭伋算了算行程，把回來的日子告訴他們。但回來卻早了一天，想到與孩子們有約，就在野外的亭子裡留宿，等待到約定的日子才前往。

21 水又東南流，羌人即以水為姓氏。漢沖帝時，羌人湳狐奴歸化於漢，他是羌人的酋長。這條水，民間也叫湍波水，東南流入長城東。鹹水發源於長城西的鹹谷，東流注入湳水。湳水又東南流，渾波水發源於西北方的窮谷，東南流注入湳水。湳水東流，流經西河郡富昌縣舊城南，富昌就是王莽時的富成。湳水又東流，注入河水。

22 河水左岸匯合了一條水。此水發源於善無縣舊城西南八十里，西流經呂梁山，就是呂梁洪。此山巖石層沓，峰巒綿延，山澗彎彎曲曲，崖岸又高又深，巨巖高聳，陡峭千丈，水流湍急，波濤洶湧，勢如雷鳴電閃，轟鳴之聲震天動地。從前呂梁山還沒有開鑿時，河水從孟門上面流出，今天的河道，是大禹為疏導河水而開鑿的。司馬彪說：呂梁在離石縣西。現在從縣西爬山越嶺去考察河水，都看不到什麼過高的阻障，到了這裡，才成為河水的巨險，這就是呂梁了。地點在離石北偏東約二百餘里。

又南過西河圁陽縣東，

23 西河郡是漢武帝元朔四年（西元前一二五年）所置，王莽時改名為歸新。圁水發源於上郡白土縣的圁谷，東流經縣南。〈地理志〉說：圁水發源於西方，東流注入河水。王莽時把白土改名為黃土。東流到長城，與神銜水匯合。神銜水發源於縣南的神銜山，出峽後東流到長城，注入圁水。圁水又東流，流經鴻門縣。鴻門縣就是舊時的鴻門亭。《地理風俗記》說：圁陰縣西五十里有鴻門亭、天封苑、火井廟，廟內有火從地下噴出。圁水又東流，梁水注入。梁水發源於西北方的梁谷，東南流，注入圁水。圁水又東流，流經圁陰縣北。圁陰縣置於漢惠帝五年（西元前一九〇年），王莽時改名為方陰。又東流，桑谷水注入。桑谷水發源於西北方的桑溪，東北流，注入圁水。圁水又東流，流經圁陽縣南，東流注入河水。

24 河水又東流，端水注入。端水發源於西方的號山。《山海經》說：山上的樹，大都是漆棕，山上的草，大都是芎藭，且多汵石。端水就發源在這裡，東流注入河水。河水又南流，諸次水注入。諸次水發源於上郡的諸次山。《山海經》說：諸次山，是諸次水的發源地。山上樹木繁多，但不長草，鳥獸都不來棲息，多的是大象和蛇。諸次水東流經榆林塞。榆林塞人們又稱為榆林山，就是《漢書》所說的榆溪舊塞。從山溪往西走，都是長滿榆樹、柳樹的澤地，沿著沙陵一直延展到龜茲縣西北，所以叫廣長榆。王恢說：種植榆樹作為要塞，說的就是這裡。蘇林以為榆中在上郡，他弄錯了。按〈始皇本紀〉，在西北把匈奴驅逐出去，從榆中傍著河水以東，一直與陰山相接。可是榆中在金城以東約五十里，而陰山則在朔方以東。照此推斷，榆中是不可能在上郡的了。《漢書音義》以為是蘇林說得不對，這話一點也不錯。諸次水東流進入長城，與小榆水相匯合。沿著山澗往西北走，到了山谷的盡頭，就是小榆水的源頭。小榆水又東流，匯合了首積水。首積水發源於西方的首積溪，東流注入諸次水；又東流，注入河水。《山海經》說：諸次水東流注入河水，說的就是此水。河水又南流，湯水注入。《山海經》說：湯水發源於上申山，山上沒有草木，卻多巨石，山下多榛樹和楛樹。湯水發源在這裡，東流注入河水。

又南離石縣西，

25 奢延水注入。奢延水在西方發源於奢延縣西南的赤沙阜，東北流。《山海經》所謂生水發源於孟山，即指此水。郭景純說：孟字也有寫作明字的。漢朝的破羌將軍段熲，在奢延澤擊潰了羌人，羌人都逃往洛川。洛川在南方，民間因此水流經縣境，稱為奢延水，又叫朔方水，東北流經舊縣城南，就是王莽時的奢節。赫連勃勃龍昇七年，派遣將作大匠梁公叱干阿利，在奢延水以北，黑水以南改築大城，稱為統萬城。城牆以蒸過的泥土精工修築，非常堅固，雖然年代已經久遠，但高城雉堞仍舊像新建的一樣。又製造了各種兵器，千錘百鍊，極其鋒利精良。他造了一把寶刀，裝上雕著龍雀的大環，號稱大夏龍雀。刀背上刻的銘文說：古代最銳利的兵器，吳、楚寶劍號稱湛盧。今日有大夏龍雀，聲名盛極於京都。可使遠方諸國歸順，可將逃亡者安撫。雄威震懾天下，有如疾風吹草偃伏。世人都十分珍視這把寶刀。他又以銅鑄成大鼓，以及飛廉、翁仲、銅駝、龍虎等等，都用黃金來裝飾，排列在宮殿前面。這統萬城就是現在的夏州治所。

26 奢延水又東北流，與溫泉匯合。溫泉源出西北的沙溪，東南流，注入奢延水。奢延水又東流，黑水注入。黑水發源於奢延縣的黑澗，東南流經沙陵，注入奢延水。奢延水又東流，與交蘭水匯合。交蘭水發源於龜茲縣的交蘭谷，東南流，注入奢延水。奢延水又東北流，與鏡波水匯合。鏡波水發源於南邪山的南谷，東北流，注入奢延水。奢延水又東流，流經膚施縣，帝原水發源於西北方的龜茲縣，東南流。該縣因安頓過歸降的胡人而著稱。又東南流，注入奢延水。奢延水又東流經膚施縣南。膚施縣置於秦昭王三年（西元前三〇四年），是上郡的治所。漢高祖把三秦併入領土，重新設置為郡。王莽任命漢將馬員為增山連率，王莽敗亡後，馬員歸降世祖，仍任上郡太守。司馬彪說：增山是上郡的別名。奢延水東流進入五龍山。〈地理志〉說：縣裡有五龍山、帝原水。自此起，下流也都可通稱了。水流經長城東，從白翟地區流出。又有平水，發源於西北方的平溪，東南流，注入奢延水。奢延水又東流，走馬水注入。走馬水發源於西南方長城北、陽周縣舊城南的橋山。從前秦二世就是在這裡令蒙恬自殺的。王莽時把橋山改名為上陵時，因為山上有黃帝墓的緣故。黃帝死後，只留下弓和劍，所以世人說黃帝升仙了。走馬水東流，從前段頹追擊羌人出橋門，直到走馬水，聽說羌人在奢延澤，就是這地方。這門，就是橋山的長城門。秦始皇命令太子扶蘇和蒙恬去築長城，西起臨洮，東至碣石，說的就是這座城。此水東北流，進入長城，又東北流，注入奢延水。奢延水又東流，與白羊水匯合。白羊水發源於西南方的白羊溪，循著溪澗東北流，注入奢延水。奢延水又東流，注入河水。《山海經》說：生水東流，注入河水。河水又南流，陵水注入。陵水發源於陵川北溪，往南流經平川，折而西流注入河水。河水又南流，流到離石水口。流入此口的水發源於離石北山，南流經離石縣舊城西。《史記》說：秦昭王征伐趙國，奪取了離石，說的就是此城。漢武帝元朔三年（西元前一二六年），封給代共王的兒子劉綰為侯國，後漢時是西河郡的治所。此水又南流西轉，流經隰城縣舊城南。漢武帝元朔三年，將隰城縣封給代共王的兒子劉忠為侯國，就是王莽時的慈平亭。胡人民間語訛，至今還有千城的稱呼。此水西流，注入河水。

又南過中陽縣西，

27 中陽縣舊城在東方，東臨汾水，隔著重重的山嶺，並不瀕臨河水。

又南過土軍縣西，

28 土軍縣是吐京郡的治所。舊城，就是土軍縣的舊城。胡語與漢語對譯，讀音就變樣了。城形呈橢圓，而不方正。漢高帝十一年（西元前一九六年），把此城封給武侯宣義為侯國。縣裡有龍泉，發源於縣城東南，道路左邊山下的牧馬川出產名馬，同滇池的天馬一般雄駿。龍泉水西北流，流到縣城東南。土軍水發源於道路左邊的高山上，往西南注入龍泉水。龍泉水又北流，轉彎流經城東，西北流注入河水。河水又南流，與契水匯合。沿著溪澗往東進入山谷盡頭，就是水源了。又南流，流到祿谷水口，流入此口的水，源頭就在這條溪澗東邊的盡處。河水又南流，接納了大蛇水。大蛇水發源於溪澗的盡頭，西流注入河水。

29 河水又南流，在右岸接納了辱水。《山海經》說：辱水發源於鳥山，山上多桑樹，山下多楮樹，山陰多產鐵，山陽多產玉。水東流，注入河水。辱水，民間稱為秀延水，東流，有浣水口，沿溪行，往西轉，到了溪澗的盡頭，就是浣水的源頭了。辱水又東流，與根水匯合。根水發源於西南方的溪澗，東北流注入辱水。辱水又東南流，露跳水發源於西露溪，東流，又東北流注入辱水，亂流注入河水。河水又南流，在左岸匯合信支水。此水發源於東露溪，西流注入河水。河水又南流，在左岸匯合石羊水。沿著溪澗往東進入山谷，盡頭就是水源，西流注入河水。

又南過上郡高奴縣東，

30 域谷水從東方荒涼的原野奔流而出，西經漫長的溪澗，往西南注入河水。河水又南流，在孔溪口接納一水。此水發源於孔山南麓，循著溪澗西流，注入河水。孔山上有洞穴三處，大如車輪，東西兩邊相距都差不多，約莫兩丈左右，南北則穿山直通，所以叫孔山。孔山在蒲城西南三十餘里。

31 河水又在右岸匯合區水。《山海經・西次四經》開頭的山，就是陰山，西北一百七十里是申山，山上多長小米和柞樹，山下多杻樹和橿樹，山南多產金礦和美玉，區水就發源於此山，東流注入河水。世人則稱為清水，東流進入上郡長城，流經老人山下，又東北流，流到老人谷。從水邊往北走，到了溪流的盡頭，便是水源了。清水又東流，在龍尾水口接納一水。此水發源於北地神泉障北山的龍尾溪，東北流，注入清水。清水又東流，匯合三湖水。三湖水發源於南山的三湖谷，東北流注入清水。清水又東流經高奴縣，匯合了豐林水；《地理志》則稱為洧水。所以說高奴縣有洧水。水上有油，能燃燒，採集起來有用處。《博物志》說：酒泉延壽縣南山有泉水流出，大如籧筐，在地上沖刷出一條水溝，水上有油，稠膩有如肉汁，舀來盛在水桶裡，開始時是黃的，後來就變成黑色，像是凝凍的油脂。這油點了火燒得很亮，同油脂沒有兩樣。用這油來油漆車子和水碓的缸臼極好，當地人稱為石漆。水上浮油也到處都有，並非只限於高奴縣的洧水一處。項羽封董翳為翟王，讓他定都於高奴，所謂三秦，這就是其中之一。漢高祖擊潰董翳，設高奴為縣，就是王莽時的利平；民間語訛，則稱為高樓城。豐林川遙遠地奔瀉而來，北流匯合於清水。清水又南流，奚谷水注入。此水發源於西方的奚川，東南流注入清水。清水又東流，注入河水。

32 河水又南流，蒲川水發源於石樓山，南流經蒲城東，這就是重耳避難的地方。又南流經過蒲子縣舊城西，就是現在大魏汾州的治所。徐廣《晉紀》談到劉淵從離石南遷於蒲子，說的就是這地方。闞駰說：蒲城在西北，是漢武帝所置。蒲川水發源於南方，在黃盧水口接納了一條水。此水發源於東方蒲子城南，東北流，進入山谷，到了溪澗的盡頭，便是水源了。蒲水又南流，匯合紫川水。紫川水發源於東北的紫川谷，西南流，匯合了江水。江水發源於江谷，西北流注入紫川水。紫川水又西北流，注入蒲水。蒲水又西南流，注入河水。

33 河水又南流，匯合了黑水。黑水發源於定陽縣西山，兩個水源成雙成對地流來，一同沖刷出一條山溝往東南流，流經縣城以北，又東南流，在右岸匯合定水，民間則稱為白水。定水發源於定陽縣南山的定水谷，東流經定陽縣舊城南。應劭說：縣城在定水的北岸。定水又東流，注入黑水，往東南亂流，注入河水。

【研　析】此卷主要是記敘了後來稱為「河套」（此詞出於《明史・韃靼傳》）的黃河段，從今寧夏境內一直到今山、陝兩省之間的陝西延安以東為止。由於河套一段在西元五世紀由匈奴的鐵弗部赫連氏一族建立了十六國的夏，到酈氏時代還不足百年，所以遺跡均在，掌故不少，酈氏就其所知作了詳細記敘，如薄骨律鎮和統萬城等。特別是對夏的創始者赫連勃勃的都城統萬城，從築城的工程師（將作大匠）起，包括在寒冷地區的「蒸土加工」等建築過程，都記入《注》文，這些資料，對於今天研究十六國夏，都很有價值。例如對於赫連的薄骨律鎮城，酈氏認為「語出戎方，不究城名」。但當時尚有以訛傳訛的所謂「有駿馬死此，取馬色以為邑號」的牽強附會。所以「目城為白口騮，韻之謬」（楊、熊《水經注疏》作「白馬騮。轉韻之謬」）。漢人把不少非漢語地名作出各種附會的解釋，在地名學上稱為地名的漢化或半漢化，酈氏所記，對地名學研究是一種有益的貢獻。又如《注》文對畫石山和石跡阜的記敘，使寶貴的古代陰山巖畫得以重現於世。充分說明《水經注》是一種值得重視、值得研究的文化資源。

卷四

河水

【題解】此卷從北屈縣（今山西吉縣附近）到鄧（今河南孟縣附近），記敘了黃河中游的主要河段。黃河從今山、陝二省界上經晉、陝、豫三省間拐了一個大彎，由北南流向轉為西東流向。黃河在此卷中經歷了全河流程中最主要的峽谷禹門、龍門和三門，並接納了全河最大的支流汾水、渭水和伊洛水。從此以下，黃河的大支流就很少了。所以此卷是〈河水〉五卷中很重要的一卷。

1 **又南過河東北屈縣西，**

河水南逕北屈縣故城西。西四十里有風山，上有穴如輪，風氣蕭瑟，習常不止。當其衝飄也，略無生草，蓋常不定，眾風之門故也。風山西四十里，河南孟門山。《山海經》曰：孟門之山，其上多金玉，其下多黃堊、涅石。《淮南子》曰：龍門未闢，呂梁未鑿，河出孟門之上，大溢逆流，無有丘陵，高阜滅之，名曰洪水。大禹疏通，謂之孟門。故《穆天子傳》曰：北登孟門，九河之隥。
2 孟門，即龍門之上口也。實為河之巨阸，兼孟門津之名矣。

此石經始禹鑿，河中漱廣，夾岸崇深，傾崖返捍，巨石臨危，若墜復倚。古
之人有言，水非石鑿，而能入石，信哉。其中水流交衝，素氣雲浮，往來遙觀
者，常若霧露沾人，窺深悸魄。其水尚崩浪萬尋，懸流千丈，渾洪贔怒，鼓若
山騰，濬波頹疊，迄于下口。方知《慎子》，下龍門，流浮竹，非駟馬之追也❶。

3 又有燕完水注之，異源合舍，西流注河。河水又南得鯉魚，歷澗東入，窮溪
首便其源也。《爾雅》曰：鱣，鮪也❷。出鞏穴，三月則上渡龍門，得渡為龍
矣。否則，點額而還。非夫往還之會，何能便有茲稱乎？

河水又南，羊求水入焉。水東出羊求川，西逕北屈縣故城南，城，即夷吾所
4 奔邑也，王莽之朕北也。《汲郡古文》❸曰：翟章救鄭，次于南屈。應劭曰：
有南，故加北。《國語》❹曰：二五言于獻公曰：蒲與二屈，君之疆也。其水
西流，注于河。河又南為採桑津。《春秋》❺僖公八年，晉里克敗狄于採桑是
也。赤水出西北罷谷川東，謂之赤石川，東入于河。河水又南合蒲水。西則兩
源竝發，俱導一山，出西河陰山縣，王莽之山寧也。陰山東麓，南水東北與長

松水合，水西出丹陽山東，東北流，左入蒲水。蒲水又東北與北溪會，同為一川，東北注河。河水又南，丹水西南出丹陽山，東北逕治官東，俗謂之丹陽城。城之左右，猶有遺銅矣。其水東北會白水口，水出丹山東，而西北注之，丹水又東北入河。河水又南，黑水西出丹山東，而東北入于河。河水又南至崿谷，傍谷東北窮澗，水源所導也，西南流注于河。河水又南，洛水自獵山枝分東派，東南注于河。昔魏文侯築館洛陰，指謂是水也。

又南過皮氏縣西，

5 皮氏縣，王莽之延平也。故城在龍門東南，不得延逕皮氏，方屆龍門也。

又南出龍門口，汾水從東來注之。

6 昔者，大禹導河積石，疏決梁山，謂斯處也。即《經》所謂龍門矣。《魏土地記》曰：梁山北有龍門山，大禹所鑿，通孟津河口，廣八十步，巖際鐫跡，遺功尚存。岸上並有廟祠，祠前有石碑三所，二碑文字紊滅，不可復識，一碑是太和中立。《竹書紀年》，晉昭公元年，河赤于龍門三里。梁惠成王四年，河水赤于龍門三日。京房《易妖占》❻曰：河水赤，下民恨。

7 河水又南，右合暢谷水。水自溪東南流，逕夏陽縣西北，東南注于河。河水又南逕梁山原東，原自山東南出至河，晉之望也，在馮翊夏陽縣之西北，臨于河上。山崩，壅河三日不流，晉侯以問伯宗，即是處也。《春秋穀梁傳》[7]曰：成公五年，梁山崩，遏河水，三日不流。召伯尊遇輦者不避，使車右鞭之。輦者曰：所以鞭我者，其取道遠矣。伯尊因問之，輦者曰：君親縞素，率群臣哭之，斯流矣。如其言，而河流。

8 河水又南，崌谷水注之。水出縣西北梁山，東南流，橫溪水注之。水出三累山，其山層密三成，故俗以三累名山。按《爾雅》，山三成為崑崙丘。斯山豈亦崑崙丘乎？山下水際，有二石室，蓋隱者之故居矣。細水東流，注于崌谷。側溪山南有石室，西面有兩石室，北面有二石室，皆因阿結牖，連扃接闥，所謂石室相距也。東廂石上，猶傳杵臼之跡。庭中亦有舊宇處，尚髣髴前基，北坎室上，有微涓石溜，豐周瓢飲，似是棲遊隱學之所。昔子夏教授西河，疑即此也，而無以辨之。溪水又東南逕夏陽縣故城北，故少梁也。秦惠文王十一年，更從今名矣。王莽之冀亭也。其水東南注于河。昔韓信之襲魏王豹也，以木罌自此渡。

9 河水又南，右合陶渠水。水出西北梁山，東南流逕漢陽太守殷濟精廬南，俗謂之子夏廟。陶水又南逕高門南，蓋層阜墮缺，故流高門之稱矣❽。又東南逕華池南，池方三百六十步，在夏陽城西北四里許。故司馬遷〈碑文〉云：高門華池，在茲夏陽。今高門東去華池三里。溪水又東南逕夏陽縣故城南。服虔曰：夏陽，虢邑也，在大陽東三十里。又歷高陽宮北，又東南逕司馬子長墓北，墓前有廟，廟前有碑。永嘉四年，漢陽太守殷濟瞻仰遺文，大其功德，遂建石室，立碑樹桓❾。〈太史公自敘〉❿曰：遷生于龍門。是其墳墟所在矣。溪水東南流入河。昔魏文侯與吳起浮河而下，美河山之固，即于此也。

10 河水又南，徐水注之，水出西北梁山，東南流逕漢武帝登仙宮東，東南流，絕彊梁原。右逕劉仲城北，是漢祖兄劉仲之封邑也。故徐廣《史記音義》曰：郃陽，國名也。高祖八年，侯劉仲是也。其水東南逕子夏陵北，東入河。河水又南逕子夏石室東，南北有二石室，臨側河崖，即子夏廟室也。

又南過汾陰縣西，

11 河水東際汾陰脽，縣故城在脽側，漢高帝六年，封周昌為侯國。《魏土地記》曰：河東郡北八十里有汾陰城，北去汾水三里，城西北隅曰脽丘，上有后土祠。〈封禪書〉⓫曰：元鼎四年，始立后土祠于汾陰脽丘是也。又有萬歲宮，漢宣帝神爵元年幸萬歲宮，東濟大河，而神魚舞水矣。昔趙簡子沉欒徼于此，曰：吾好聲色，而是子致之；吾好士，六年不進一人。是長吾過而黜吾善。君子以為能譴矣。

12 河水又逕郃陽城東⑫，周威烈王之十七年，魏文侯伐秦至鄭，還築汾陰、郃陽，即此城也。故有莘邑矣，為太姒之國。《詩》⑬云：在郃之陽，在渭之涘。

又曰：纘女維莘，長子維行。謂此也。

13 城北有瀵水，南去二水各數里，其水東逕其城內，東入于河。又于城內側中，有瀵水東南出城，注于河。城南又有瀵水，東流注于河⑭。水南猶有文母廟，廟前有碑，去城十五里，水，即郃水也，縣取名焉。故應劭曰：在郃水之陽也。河水又南，瀵水入焉。水出汾陰縣南四十里，西去河三里，平地開源，濆泉上湧，大幾如輪，深則不測，俗呼之為瀵魁。古人壅其流以為陂水，種稻。東西二百步，南北百餘步⑮，與郃陽瀵水夾河，河中渚上，又有一瀵水，皆潛相通。故呂忱曰：《爾雅》，異出同流為瀵水。其水西南流，歷蒲坂西，西流注于河。

14 河水又南逕陶城西。舜陶河濱，皇甫士安以為定陶，不在此也。然陶城在蒲坂城北，城，即舜所都也。南去歷山不遠，或耕或陶，所在則可，何必定陶，方得為陶也。舜之陶也，斯或一焉。孟津有陶河之稱，蓋從此始之。南對蒲津關，汲冢《竹書紀年》，魏襄王七年，秦王來見于蒲坂關；四月，越王使公師隅來獻乘舟，始罔及舟三百，箭五百萬，犀角、象齒焉。

又南過蒲坂縣西，

15 《地理志》曰：縣，故蒲也。王莽更名蒲城。應劭曰：秦始皇東巡，見有長坂，故加坂也。孟康曰：晉文公以賂秦，秦人還蒲于魏，魏人喜，曰：蒲反矣，故曰蒲反也。薛瓚注《漢書》曰：〈秦世家〉⑯以垣為蒲反。然則本非蒲也。皇甫謐曰：舜所都也。或言蒲坂，或言平陽及潘者也。今城中有舜廟。魏秦州刺史治。太和遷都罷州，置河東郡。郡多流雜，謂之徙民。民有姓劉名墮者，宿擅工釀，採挹河流，醞成芳酎，懸食同枯枝之年，排于桑落之辰，故酒得其名矣。然香醑之色，清白若滫漿焉，別調氛氳，不與佗同，蘭薰麝越，自成馨逸，方土之貢，選最佳酌矣。自王公庶友，牽拂相招者，每云：索郎有顧，思同旅語。索郎反語為桑落⑰也，更為籍徵之雋句，中書之英談。

16 郡南有歷山，謂之歷觀，舜所耕處也。有舜井，嬀、汭二水出焉。南曰嬀水，北曰汭水，西逕歷山下，上有舜廟。周處《風土記》⑱曰：舊說，舜葬上虞。

又《記》云：耕于歷山。而始寧、剡二縣界上，舜所耕田，于山下多柞樹，吳、越之間，名柞為櫪，故曰歷山。余按：周處此志為不近情，傳疑則可，證實非矣。安可假木異名，附山殊稱？彊引大舜，即比甯壤，更為失誌記之本體，差實錄之常經矣。歷山、嬀汭，言是則安，于彼乖矣。《尚書》所謂釐降二女于嬀汭也。孔安國曰：居嬀水之內。王肅⑲曰：嬀汭，虞地名。皇甫謐⑳曰：納二女于嬀水之汭。馬季長㉑曰：水所出曰汭，然則，汭似非水名，而今見有二水異源同歸，渾流西注入于河。

17

河水南逕雷首山西，山臨大河，北去蒲坂三十里，《尚書》所謂壺口雷首者也。俗亦謂之堯山，山上㉒有故城，世又曰堯城。闞駰曰：蒲坂，堯都。按〈地理志〉曰：縣有堯山、首山祠，雷首山在南。事有似而非，非而似，千載眇邈，非所詳耳。又南，涑水注之，水出河北縣雷首山，縣北與蒲坂分，山有夷齊廟。闞駰《十三州志》曰：山，一名獨頭山，夷、齊所隱也。山南有古冢，陵柏蔚然，攢茂丘阜，俗謂之夷齊墓也。其水西南流，亦曰雷水。《穆天子傳》曰：王戌，天子至于雷首，犬戎胡觴天子于雷首之阿，乃獻良馬四六，天子使孔牙受之于雷水之干是也。昔趙盾田首山，食祁彌明翳桑之下，即于此也。涑水又西南流，注于河，《春秋左傳》謂之涑川者也，俗謂之陽安澗水。

又南至華陰潼關，渭水從西來注之。

18 汲郡《竹書紀年》曰：晉惠公十五年，秦穆公帥師送公子重耳，涉自河曲。《春秋左氏》僖公二十四年，秦伯納之，及河，子犯以璧授公子曰：臣負羈紲，從君巡于天下，臣之罪多矣，臣猶知之，而況君乎？請由此亡。公子曰：所不與舅氏同心者，有如白水。投璧于此。子推笑曰：天開公子，子犯以為功，吾不忍與同位，遂逃焉。

19 河水歷船司空，與渭水會。《漢書・地理志》，舊京兆尹之屬縣也。左丘明《國語》[23]云：華岳本一山當河，河水過而曲行，河神巨靈，手盪腳蹋，開而為兩，今掌足之跡，仍存華巖。《開山圖》[24]曰：有巨靈胡者，徧得坤元之道，能造山川，出江河，所謂巨靈贔屭，首冠靈山者也。常有好事之士，故升華岳而觀厥跡焉。自下廟歷列柏南行十一里，東迴三里，至中祠，又西南出五里，至南祠，謂之北君祠，諸欲升山者，至此皆祈請焉。從此南入谷七里，又屆一祠，謂之石養父母，石龕、木主存焉。又南出一里，至天井，井裁容人，穴空，迂迴頓曲而上，可高六丈餘，山上又有微涓細水，流入井中，亦不甚沾人，上者皆所由陟，更無別路，欲出井望空視明，如在室窺窗也。

20 出井東南行二里，峻坂斗上斗下，降此坂二里許，又復東上百丈崖，升降皆須扳繩挽葛而行矣。南上四里，路到石壁，緣旁稍進，逕百餘步，自此西南出六里，又至一祠，名曰胡越寺，神像有童子之容，從祠南歷夾嶺，廣裁三尺餘，兩箱懸崖數萬仞，窺不見底，祀祠有感，則雲與之平，然後敢度，猶須騎嶺抽身，漸以就進，故世謂斯嶺為搦嶺矣。

21 度此二里，便屆山頂。上方七里，靈泉二所，一名蒲池，西流注于澗；一名太上泉，東注澗下。上宮神廟近東北隅，其中塞實雜物，事難詳載。自上宮東北出四百五十步，有屈嶺，東南望巨靈手跡，惟見洪崖、赤壁而已。都無山下上觀之分均矣。

22 河在關內南流，潼激關山，因謂之潼關。濩水注之。水出松果之山，北流逕通谷，世亦謂之通谷水，東北注于河，《述征記》㉕所謂潼谷水者也。或說因水以名地也。

23 河水自潼關東北流，水側有長坂，謂之黃巷坂。坂傍絕澗，陟此坂以升潼關，所謂泝黃巷以濟潼矣。歷北出東崤，通謂之函谷關也。邃岸天高，空谷幽深，澗道之峽，車不方軌，號曰天險。故〈西京賦〉㉖曰：巖險周固，衿帶易守，所謂秦得百二，并吞諸侯也。是以王元說隗囂曰：請以一丸泥，東封函谷關，圖王不成，其弊足霸矣。郭緣生《記》曰：漢末之亂，魏武征韓遂、馬超，連兵此地。今際河之西，有曹公壘。道東原上，云李典營。義熙十三年，王師曾據此壘。《西征記》㉗曰：沿路逶迤，入函道六里，有舊城，城周百餘步，北臨大河，南對高山，姚氏置關以守峽，宋武帝入長安，檀道濟、王鎮惡，或據山為營，或平地結壘，為大小七營，濱帶河險，姚氏亦保據山原陵阜之上，尚傳故跡矣。關之直北，隔河有層阜，巍然獨秀，孤峙河陽，世謂之風陵。戴延之所謂風堆者也。南則河濱姚氏之營，與晉對岸。

河水又東北，玉澗水注之。水南出玉溪，北流逕皇天原西。《周固記》：開山㉘東首上平博，方可里餘，三面壁立，高千許仞，漢世祭天于其上，名之為皇天原。上有漢武帝思子臺。又北逕閿鄉城西，《郡國志》曰：弘農湖縣有閿鄉，世謂之閿鄉水也。魏尚書僕射閿鄉侯河東衛伯儒之故邑。其水北流注于河。

河水又東逕閿鄉城北，東與全鳩澗水合。水出南山，北逕皇天原東。《述征記》曰：全節，地名也。其西名桃原，古之桃林，周武王克殷休牛之地矣。〈西征

賦〉曰：咸徵名于桃原者也。《晉太康地記》㉙曰：桃林在閿鄉南谷中，其水

又北流注于河。

又東過河北縣南，

25 縣與湖縣分河。蓼水出襄山蓼谷，西南注于河。河水又東，永樂澗水注之。水北出于薄山，南流逕河北縣故城西，故魏國也。晉獻公滅魏，以封畢萬。卜偃曰：魏大名也，萬後其昌乎。後乃縣之，在河之北，故曰河北縣也。今城南、西二面並去大河可二十餘里，北去首山十許里，處河山之間，土地迫隘，故〈魏風〉著〈十畝〉之詩也。城內有龍泉，南流出城，又南，斷而不流。永樂溪水

又南入于河。

26 余按〈中山經〉，即渠豬之水也。太史公〈封禪書〉稱，華山以西名山七，薄山其一焉。薄山，即襄山也。徐廣曰：蒲坂縣有襄山。《山海經》曰：蒲山之首，曰甘棗之山，共水出焉，而西流注于河。東則渠豬之山，渠豬之水出焉，而南流注于河。如準〈封禪書〉，二水無西南注河之理。今診蓼水，川流所趣，與共水相扶。永樂溪水導源注于河，又與渠豬勢合。蒲山統目總稱，亦與襄山不殊。故揚雄〈河東賦〉曰：河靈矍踢，掌華蹈襄。《注》云：襄山在潼關北

十餘里。以是推之，知襄山在蒲坂溪水，即渠豬之水也。

27 河水自河北城南，東逕芮城。二城之中，有段干木冢。干木，晉之賢人也，魏文侯過其門，式其廬，所謂德尊萬古，芳越來今矣。汲冢《竹書紀年》曰：晉武公元年，尚一軍。芮人乘京，荀人、董伯皆叛。匪直大荔故芮也，此亦有焉。《紀年》又云：晉武公七年，芮伯萬之母芮姜逐萬，萬出奔魏。八年，周師、虢師圍魏，取芮伯萬而東。九年，戎人逆芮伯萬于郊。斯城亦或芮伯之故畫也。河水右會槃澗水，水出湖縣夸父山，北逕漢武帝思子宮、歸來望思臺東，又北流入于河。

28 河水又東逕湖縣故城北，昔范叔入關，遇穰侯于此矣。湖水出桃林塞之夸父山，廣圓三百仞㉚。武王伐紂，天下既定，王巡嶽瀆，放馬華陽，散牛桃林，即此處也。其中多野馬，造父于此得驊騮、綠耳、盜驪之乘，以獻周穆王，使之馭以見西王母。

29 湖水又北逕湖縣東，而北流入于河。《魏土地記》曰：弘農湖縣有軒轅黃帝登仙處。黃帝採首山之銅，鑄鼎于荊山之下，有龍垂胡于鼎，黃帝登龍，從登者七十人，遂升于天。故名其地為鼎胡。荊山在馮翊，首山在蒲坂，與湖縣相連。《晉書・地道記》[31]、《太康記》竝言胡縣也。漢武帝改作湖。俗云黃帝自此乘龍上天也。《地理志》曰：京兆湖縣有周天子祠二所，故曰胡，不言黃帝升龍也。《山海經》曰：西九十里曰夸父之山，其木多椶、柟，多竹箭，其陽多玉，其陰多鐵，其北有林焉，名曰桃林，其中多馬，湖水出焉，北流注于河。故《三秦記》曰：桃林塞在長安東四百里，若有軍馬經過，好行則牧華山，休息林下；惡行則決河漫延，人馬不得過矣。

30 河水又東合柏谷水。水出弘農縣南石隄山。山下有石隄祠，銘云：魏甘露四年，散騎常侍、征南將軍、豫州刺史、領弘農太守南平公之所經建也。其水北流，逕其亭下，晉公子重耳出亡，及柏谷，卜適齊、楚。狐偃曰：不如之翟。漢武帝嘗微行此亭，見饋亭長妻。故潘岳〈西征賦〉曰：長徵[32]客于柏谷，妻覩貌而獻餐。謂此亭也。谷水又北流入于河。

31 河水又東，右合門水。門水，即洛水之枝流者也。洛水自上洛縣東北，于拒陽城西北，分為二水，枝渠東北出，為門水也。門水又東北歷陽華之山，即《山海經》所謂陽華之山，門水出焉者也。又東北歷峽，謂之鴻關水。水東有城，即關亭也；水西有堡，謂之鴻關堡。世亦謂之劉、項裂地處，非也。余按上洛有鴻臚圍池，是水津渠沿注，故謂斯川為鴻臚澗，鴻關之名，乃起是矣。門水又東北歷邑川，二水注之。左水出于陽華之陰，東北流，逕盛墻亭西，東北流，與右水合；右水出陽華之陽，東北流，逕盛墻亭東，東北與左水合。即《山海經》所謂緒姑之水出于陽華之陰，東北流注于門水者也。又東北，燭水注之。水有二源，左水南出于衙嶺，世謂之石城山，其水東北流，逕石城西，東北合右水。右水出石城山，東北逕石城東，東北入左水。〈地理志〉曰：燭水出衙嶺下谷。《開山圖》曰：衙山在函谷山西南。是水亂流，東注于緒姑之水。二水悉得通稱矣。歷澗東北出，謂之開方口，水側有阜，謂之方伯堆。宋奮武將軍魯方平、建武將軍薛安都等，與建威將軍柳元景北入，軍次方伯堆者也。堆上有城，即方平所築也。又東北逕邑川城南，即漢封竇門之故邑，川受其名，亦曰竇門，城在函谷關南七里。又東北，田渠水注之。水出衙山之白石谷，東北流逕故丘亭東，是薛安都軍所從城也。其水又逕鹿蹏山西，山石之上有鹿蹏，自然成著，非人功所刊。歷田渠川，謂之田渠水，西北流注于燭水。

32 燭水又北入門水，水之左右，即函谷山也。門水又北逕弘農縣故城東，城即故函谷關校尉舊治處也，終軍棄繻于此。燕丹、孟嘗，亦義動雞鳴于其下，可謂深心有感，志誠難奪矣。

33 昔老子西入關，尹喜望氣于此也。故趙至〈與嵇茂齊書〉㉝曰：李叟入秦，及關而歎。亦言與嵇叔夜書，及關尹望氣之所，異說紛綸，竝未知所定矣。漢武帝元鼎四年，徙關于新安縣，以故關為弘農縣，弘農郡治。王莽更名右隊。劉桓公為郡，虎相隨渡河，光武問而善之。

34 其水側城北流，而注于河。河水于此，有洰津之名。說者咸云，漢武微行柏谷，遇辱竇門，又感其妻深識之饋，既返玉階，厚賞賚焉，賜以河津，今其鬻渡，今竇津是也。故潘岳〈西征賦〉㉞云：酬匹婦其已泰，胡厥夫之謬官。袁豹之徒，竝以為然。余按河之南畔，夾側水濆有津，謂之洰津。河北縣有洰水，南入于河，河水故有洰津之名，不從門始。蓋事類名同，故作者疑之。竹書《穆天子傳》曰：天子自竇軨，乃次于洰水之陽，丁亥，入于南鄭。考其沿歷所踵，路直斯津，以是推之，知非因門矣。俗或謂之偃鄉澗水也。

35 河水又東，左合一水，其水二源疏引，俱導薄山，南流會成一川。其二水之內，世謂之閑原，言虞、芮所爭之田，所未詳矣。又南注于河。河之右，曹水注之。水出南山，北逕曹陽亭西。陳涉遣周章入秦，少府章邯斬之于此。魏氏以為好陽。《晉書・地道記》曰：亭在弘農縣東十三里。其水西北流，入于河。河水又東，菑水注之。水出常烝之山，西北逕曲沃城南，又屈逕其城西，西北入河。諸注述者，咸言曲沃在北，此非也。魏司徒崔浩，以為曲沃地名也。余按《春秋》文公十三年，晉侯使詹嘉守桃林之塞，處此以備秦。時以曲沃之官守之故，曲沃之名，遂為積古之傳矣。

36 河水又東得七里澗。澗在陝城西七里，故因名焉。其水自南山通河，亦謂之曹陽坈。是以潘岳《西征賦》曰：行于漫瀆之口，憩于曹陽之墟。袁豹、崔浩亦不非其地矣。余按《漢書》，昔獻帝東遷，逼以寇難，李傕、郭汜追戰于弘農澗，天子遂露次曹陽。楊奉、董承，外與傕和，內引白波、李樂等破傕，乘輿于是得進。復來戰，奉等大敗，兵相連綴，四十餘里方得達陝。以是推之，似非曹陽。然以《山海經》求之，菑、曹字相類，是或有曹陽之名也。河水又東合滻水。水導源常烝之山，俗謂之為干山，蓋先後之異名也。山在陝城南八十里，其川二源雙導，同注一壑，而西北流注于河。

又東過陝縣北，

37 橐水出橐山，西北流。又有崖水，出南山北谷，逕崖峽，北流與干山之水會。

水出于山東谷，兩川合注于崖水。又東北注橐水。橐水北流出谷，謂之漫澗矣。與安陽溪水合。水出石崤南，西逕安陽城南，漢昭帝封上官桀為侯國。潘岳所謂我徂安陽也。東合漫澗水。水北有逆旅亭，謂之漫口客舍也。又西逕陝縣故城南，又合一水，謂之瀆谷水。南出近溪，北流注橐。橐水又西北逕陝城西，西北入于河。

38 河北對茅城，故茅亭，茅戎邑也。《公羊》[35]曰：晉敗之大陽者也。津亦取名焉。《春秋》文公三年，秦伯伐晉，自茅津濟，封崤尸而還是也。東則咸陽澗水注之。水出北虞山南，至陝津注河，河南即陝城也。昔周、召分伯，以此城為東、西之別，東城即虢邑之上陽也。虢仲之所都，為南虢，三虢，此其一焉。其大城中有小城，故焦國也，武王以封神農之後于此。王莽更名黃眉矣。戴延之云：城南倚山原，北臨黃河，懸水百餘仞，臨之者咸悚惕焉。西北帶河，水湧起方數十丈，有物居水中，父老云：銅翁仲所沒處。又云：石虎載經于此沉沒，二物並存，水所以湧，所未詳也。或云：翁仲頭髻常出，水之漲減，恆與水齊。晉軍當至，髻不復出，今惟見水異耳，嗟嗟有聲，聲聞數里。

39 按秦始皇二十六年，長狄十二見于臨洮，長五丈餘，以為善祥，鑄金人十二以象之，各重二十四萬斤，坐之宮門之前，謂之金狄。皆銘其胸云：皇帝二十六年，初兼天下，以為郡縣，正法律，同度量，大人來見臨洮，身長五丈，足六尺。李斯書也。故衛恒《敘篆》㊱曰：秦之李斯，號為工篆，諸山碑及銅人銘，皆斯書也。漢自阿房徙之未央宮前，俗謂之翁仲矣。地皇二年，王莽夢銅人泣，惡之，念銅人銘有皇帝初兼天下文，使尚方工鐫滅所夢銅人膺文。後董卓毀其九為錢。其在者三，魏明帝欲徙之洛陽，重不可勝，至霸水西停之。《漢晉春秋》㊲曰：或言金狄泣，故留之。石虎取置鄴宮，苻堅又徙之長安，毀二為錢，其一未至而苻堅亂，百姓推置陝北河中，于是金狄滅。余以為鴻河巨瀆，故應不為細梗躓湍；長津碩浪，無宜以微物屯流。斯水之所以濤波者，蓋《史記》所云：魏文侯二十六年，虢山崩，壅河所致耳。獻帝東遷，日夕潛渡，墜坑爭舟，舟指可掬，亦是處矣。

又東過大陽縣南，

40 交澗水出吳山，東南流入河。河水又東，路澗水亦出吳山，東逕大陽城西，西南流，入于河。河水又東逕大陽縣故城南。《竹書紀年》曰：晉獻公十有九年，獻公會虞師伐虢，滅下陽；虢公醜奔衛，獻公命瑕父呂甥邑于虢都。〈地理志》曰：北虢也，有天子廟，王莽更名勤田。應劭《地理風俗記》曰：城在大河之陽也。

41

河水又東，沙澗水注之。水北出虞山，東南逕傅巖，歷傅說隱室前，俗名之為聖人窟。孔安國《傳》：傅說隱于虞、虢之間。即此處也。傅巖東北十餘里，即巔軨坂也。《春秋左傳》所謂入自巔軨者也。有東、西絕澗，左右幽空窮深，地壑中則築以成道，指南北之路，謂之軨橋也。傅說傭隱，止息于此，高宗求夢得之是矣。橋之東北有虞原，原上道東有虞城，堯妻舜以嬪于虞者也。周武王以封太伯後虞仲于此，是為虞公。《晉太康地記》所謂北虞也。城東有山，世謂之五家冢，冢上有虞公廟，《春秋穀梁傳》曰：晉獻公將伐虢，荀息曰：君何不以屈產之乘，垂棘之璧，假道于虞。公曰：此晉國之寶也。曰：是取中府置外府也。公從之，及取虢滅虞，乃牽馬操璧，璧則猶故，馬齒長矣。即宮之奇所謂：虞、虢其猶輔車相依，脣亡齒寒，虢亡，虞亦亡矣。其城北對長坂二十許里，謂之虞坂。戴延之曰：自上及下，七山相重。《戰國策》[38]曰：昔騏驥駕鹽車上于虞坂，遷延負轅而不能進。此蓋其困處也。橋之東北山溪中，有小水西南注沙澗，亂流逕大陽城東，河北郡治也。沙澗水南流注于河。河水又東，左合積石、土柱二溪。並北發大陽之山，南流入于河。是山也，亦通謂之為薄山矣。故《穆天子傳》曰：天子自盬，己丑，南登于薄山寘軨之隥，乃宿于虞是也。

[42] 又東過砥柱間，

砥柱，山名也。昔禹治洪水，山陵當水者鑿之，故破山以通河。河水分流，包山而過，山見水中若柱然，故曰砥柱也。三穿既決，水流疏分，指狀表目，亦謂之三門矣。山在虢城東北，大陽城東也。《搜神記》[39]稱齊景公渡于江、沈之河，黿銜左驂，沒之，眾皆惕。古冶子于是拔劍從之，邪行五里，逆行三里，至于砥柱之下，乃黿也，左手持黿頭，右手挾左驂，燕躍鵠踊而出，仰天大呼，水為逆流三百步，觀者皆以為河伯也。亦或作江、沅字者也，若因地而為名，則宜在蜀及長沙，按《春秋》，此二土並景公之所不至，古冶子亦無因而騁其勇矣。劉向敘《晏子春秋》[40]，稱古冶子曰，吾嘗濟于河，黿銜左驂以入砥柱之流，當是時也，從而殺之，視之乃黿也。不言江、沅矣。又考史遷《記》云：景公十二年，公見晉平公；十八年，復見晉昭公。旌軒所指，路直斯津。從黿砥柱事或在茲。又云：觀者以為河伯，賢于江、沅之證，河伯本非江神，又河可知也。

43 河之右側，崤水注之。水出河南盤崤山，西北流，水上有梁，俗謂之鴨橋也。歷澗東北流，與石崤水合，水出石崤山。山有二陵：南陵，夏后皐之墓也；北陵，文王所避風雨矣。言山徑委深，峰阜交蔭，故可以避風雨也。秦將襲鄭，蹇叔致諫而公辭焉。蹇叔哭子曰：吾見其出，不見其入，晉人禦師必于崤矣，余收爾骨焉。孟明果覆秦師于此。崤水又北，左合西水，亂流注于河。

44 河水又東，千崤之水注焉。水南導于千崤之山，其水北流，纏絡二道。漢建安中，曹公西討巴漢，惡南路之險，故更開北道，自後行旅，率多從之。今山側附路有石銘[41]云：晉太康三年，弘農太守梁柳修復舊道。太崤以東，西崤以西，明非一崤也。西有二石，又南五十步，臨溪有「恬漠先生翼神碑」，蓋隱斯山也。其水北流注于河。

45 河水翼岸夾山，巍峰峻舉，群山疊秀，重嶺干霄。鄭玄按《地說》，河水東流，貫砥柱，觸閼流，今世所謂砥柱者，蓋乃閼流也。砥柱當在西河，未詳也。余按：鄭玄所說非是，西河當無山以擬之。自砥柱以下，五戶已上，其間百二十里，河中竦石傑出，勢連襄陸，蓋亦禹鑿以通河，疑此閼流也。其山雖闢，尚梗湍流，激石雲洄，澴波怒溢，合有十九灘，水流迅急，勢同三峽㊷，破害舟船，自古所患。漢鴻嘉四年，楊焉言，從河上下，患砥柱隘，可鐫廣之。上乃令焉鐫之，裁沒水中，不能復去，而令水益湍怒，害甚平日。魏景初二年二月，帝遣都督沙丘部、監運諫議大夫寇慈，帥工五千人，歲常修治，以平河阻。晉泰始三年正月，武帝遣監運大中大夫趙國、都匠中郎將河東樂世，帥眾五千餘人，修治河灘，事見〈五戶祠銘〉㊸。雖世代加功，水流漰渀，濤波尚屯，及其商舟是次，鮮不踟躕難濟，故有眾峽諸灘之言。五戶，灘名也，有神祠，通謂之五戶將軍，亦不知所以也。

46

又東過平陰縣北，清水從西北來注之。

清水出清廉山之西嶺，世亦謂之清營山。其水東南流，出峽，峽左有城，蓋古關防也。清水歷其南，東流逕皋落城北。服虔曰：赤翟之都也。世謂之倚亳城，蓋讀聲近轉，因失實也。《春秋左傳》所謂晉侯使太子申生伐東山皋落氏者也。與倚亳川水合。水出北山礦谷，東南流注于清。清水又東逕清廉城南，又東南流，右會南溪水。水出南山，而東注清水。清水又東合乾棗澗水。水出石人嶺下，南流，俗謂之扶蘇水。又南歷奸苗北馬頭山，亦曰白水原，西南逕垣縣故城北。《史記》：魏武侯二年城安邑至垣。即是縣也。其水西南流，注清水。水色白濁，初會清流，乃有玄素之異也。清水又東南逕陽壺城東，即垣縣之壺丘亭，晉遷宋五大夫所居也。清水又東南流注于河。

47 河水又東與教水合，水出垣縣北教山，南逕輔山，山高三十許里，上有泉源，不測其深，山頂周圓五六里，少草木。《山海經》曰：孟門東南有平山，水出于其上，潛于其下。又是王屋之次，疑即平山也。其水南流，歷鼓鍾上峽，懸洪五丈，飛流注壑，夾岸深高，壁立直上，輕崖秀舉，百有餘丈，峰次青松，巖懸赬石，于中歷落，有翠柏生焉，丹青綺分，望若圖繡矣。水廣十許步，南流歷鼓鍾川，分為二澗：一澗西北出，百六十許里，山岫迴岨，纔通馬步。今聞喜縣東北谷口，猶有乾河里，故溝存焉，今無復有水。一水歷冶官西，世人謂之鼓鍾城，城之左右，猶有遺銅及銅錢也。城西阜下有大泉，西流注澗，與教水合，伏入石下，南至下峽。《山海經》曰：鼓鍾之山，帝臺之所以觴百神。即是山也。其水重源又發，南至西馬頭山東截坡下，又伏流南十餘里，復出，又謂之伏流水，南入于河。《山海經》曰：教山，教水出焉，而南流注于河。是水冬乾夏流，寔惟乾河也，今世人猶謂之為乾澗矣。

48 河水又與畛水合。水出新安縣青要山，今謂之彊山，其水北流入于河。《山海經》曰：青要之山，畛水出焉。即是水也。河水又東，正回之水入焉，水出騩山，彊山東阜也。東流，俗謂之彊川水，與石瓜疇川合，水出西北石澗中，東南流注于彊川水。彊川水又東逕彊冶鐵官東，東北流注于河。

49 河水又東合庸庸之水。水出河東垣縣宜蘇山，俗謂之長泉水。《山海經》曰：水多黃貝，伊、洛門也。其水北流，分為二水，一水北入河，一水又東北流注于河。河水又東逕平陰縣北，《地理風俗記》曰：河南平陰縣，故晉陰地，陰戎之所居。又曰：在平城之南，故曰平陰也。三老董公說高祖處，陸機所謂皤皤董叟，謨我平陰者也。魏文帝改曰河陰矣。河水又會濝水，水出垣縣王屋山西濝溪，夾山東南流，逕故城東，即濝關也。漢光武建武二年，遣司空王梁北守濝關、天井關，擊赤眉別校，皆降之。獻帝自陝北渡安邑，東出濝關，即是關也。濝水西屈，逕關城南，歷軹關南，逕苗亭西。亭，故周之苗邑也。又東流注于河。《經》書清水，非也。是乃濝水耳。

50 又東至鄧。

洛陽西北四十二里，故鄧鄉矣。

【注釋】❶其中水流交衝十五句　本段對龍門瀑布的描寫栩栩如生，是《水經注》全書中描寫自然風景的最精彩文字之一。近人史念海在《河山集・二集》（三聯書店，一九八一年出版）中《歷史時期黃河中游的下切》一文中評論這段文章：「這完全是壺口的一幅素描，到現在還這樣。到過壺口的人，一定會感到這話說得親切。」慎子，書名。隋唐諸志不著錄，不知撰者和撰述年代。此處「下龍門，流浮竹」句，曾為《御覽》卷四十引及，已亡佚。無輯本。❷鱣鮪也　鱣魚古稱鮪魚，今稱鱘魚。由於古代大鯉亦名鱣，故古人將鮪鱣與大鯉相混，即為今人所熟知之「鯉魚躍龍門」。❸汲郡古文　書名。即《竹書紀年》。❹國語　書名。《漢書・藝文志》著錄，春秋左丘明撰，共二十一篇，記周穆王征犬戎到智伯覆亡（西元前四五三年）之間，共周、魯、齊、晉、鄭、楚、吳、越八國史事，今存。❺春秋　書名。《漢書・藝文志》著錄《春秋古經》十二篇，魯國編年史，相傳由孔子據魯國史官所編《春秋》整理刪定而成。從魯隱公元年（西元前七二二年）到魯哀公十四年（西元前四八一年），共二四二年。文字簡單，每年僅寥寥數言。其中最長一篇為定公四年，計四十七字；最短一篇為隱公八年，僅一個「螟」字。歷來儒家一直奉為至高的經書和史書。❻易妖占　書名。《隋書・經籍志》著錄作《周易占》十二卷，漢京房撰，故此書亦稱《周易占》，是一種讖緯占卜之書，已亡佚。有馬氏輯本。❼春秋穀梁傳　書名。《漢書・藝文志》著錄《春秋傳》，即是此書。漢穀梁子撰，各家所傳穀梁子名，有喜、俶、寘、赤四種不同，一人四名，未知孰是。其書共十一卷，因《春秋》文字甚簡，所以有解釋《春秋》的所謂《春秋三傳》，即《左傳》、《穀梁》、《公羊》，均按《春秋》年代撰寫。❽故流高門之稱矣　此處有佚文一條。《寰宇記》卷二十八〈關西道〉四〈同州・韓城縣〉引《水經注》：「高門原南有層阜，秀出雲表，俗謂馬門原。」當是此段中佚文。❾立碑樹桓　此碑今已不存。❿太史公自敘　《史記》中的一篇。⓫封禪書　《史記》中的一篇。⓬河水又逕郃陽城東　此處有佚文一條。《方輿紀要》卷五十四〈陝西〉三〈西安府〉下，〈同州・郃陽縣・姚武壁〉引《水經注》：「河水又逕姚武壁南。」當是此段中佚文。⓭詩　指《詩經・大雅・大明》。⓮東流注于河　此處有佚文一條。《方輿紀要》卷五十四〈陝西〉三〈郃陽縣・㓹首水〉引《水經注》：「與㓹首水相近。」五校鈔本和七校本已在此處加入此句。⓯南北百餘步　此處有佚文一條。《水經注釋》引《元豐九域志・河中府・古迹》所錄《水經注》佚文：「周圍一百八十步，冬溫夏冷，清澈見底。」當是此段中佚文。⓰秦世家　此處所引，實為《史記・秦本紀》語。⓱索郎反語為桑落　反語，魏晉南北朝時的一種隱語。以兩個字先正切，再倒切，成為另外兩個字。索郎反切為桑，郎索反切為落，索郎之反語即為桑落。⓲風土記　書名。《隋書・經籍志》著錄，晉周處撰，有三卷、十卷之說，因書已亡佚，無可查考。今有宛委山堂《說郛》及《五朝小說》等輯本。⓳王肅　指其所撰《尚書注》，《隋書・經籍志》著錄十一卷，已亡佚。王肅，《三國志・魏書》

有傳。今有馬氏輯本二卷。⑳皇甫謐　指其所撰《帝王世紀》，《隋書・經籍志》著錄十卷，起三皇，盡漢魏。已亡佚。今存宛委山堂《說郛》等輯本。皇甫謐，《晉書》有傳。㉑馬季長　指東漢經學家馬融（西元七九～一六六年），字季長。此指其所撰《尚書傳》，《隋書・經籍志》著錄十一卷，已亡佚。今存馬氏輯本四卷。㉒山上　殿本「上」作「土」，顯係誤字，已據崇文、三味、合校等多本改為「山上」。㉓左丘明國語　今本《國語》並無《注》文所引語。實係薛綜《西京賦注》所引。《水經注疏》改作「古語云」。㉔開山圖　書名。即卷一之《遁甲開山圖》。㉕述征記　書名。《隋書・經籍志》著錄二卷，南朝宋郭緣生撰，已亡佚。《北堂書鈔》、《藝文類聚》、《初學記》、《御覽》等引及。㉖西京賦　詩賦名。漢張衡撰。張衡（西元？～六一二年），字建平，河內（今河南沁陽一帶）人。尚存，收入於《文選》卷上。㉗西征記　書名。晉戴延之撰。《水經注》引此書較多，但書名不一，又作《從征記》。卷十五〈洛水注〉見此書全名作《從劉武王西征記》。已亡佚。有宛委山堂《說郛》輯本。㉘周固記二句　楊守敬認為，《周固記》一書未聞，此處疑為「《開山圖》曰：關」之顛倒錯亂。㉙太康地記　書名。《舊唐書・經籍志》著錄作《晉太康地記》。晉太康三年（西元二八二年）撰，不知撰者，五卷，但亦有六卷之說。此書名稱甚多，如《太康記》、《太康三年地志》、《地志》等，《水經注》引及時亦稱《地記》，已亡佚。有《漢學堂叢書》輯本。㉚仞　《水經注疏》本作「里」，按《疏》本語譯。㉛晉書地道記　晉書，書名。《隋書・經籍志》著錄八十六卷，晉王隱撰。此《晉書・地道記》或作《晉地道記》、《地道記》，當是其《晉書》中的數卷，已亡佚。有《漢學堂叢書》等輯本。㉜徼　《水經注疏》本作「傲」，按《疏》本語譯。㉝與嵇茂齊書　書信名。趙至字景真，晉代郡人，寓居洛陽，與嵇康兄子嵇蕃（字茂齊）友善，至將遠去遼西，臨行作書致茂齊。此書載《晉書・趙至傳》。㉞西征賦　詩賦名。晉潘岳（西元二四七～三〇〇年）撰，收入於《文選》卷十。㉟公羊　書名，《漢書・藝文志》著錄作《公羊傳》，《春秋三傳》之一，十一卷，按《春秋》年代記敘。齊人公羊子撰。《漢書・藝文志》作公羊高撰，據後世學者考證，實為漢景帝時，公羊高玄孫公羊壽及其弟子胡毌生根據先秦流傳資料撰成。㊱敘篆　此實非篇名。據《隋書・經籍志》著錄作《四體書勢》一卷，晉衛恒撰。原書已亡佚，今存《晉書・衛恒傳》中。㊲漢晉春秋　書名。《隋書・經籍志》著錄，晉習鑿齒撰。習鑿齒（西元？～約三八三年），字彥威，襄陽（今湖北襄樊）人。原書四十七卷，起東漢光武帝，終西晉愍帝，先後二八一年，今已缺佚。《叢書集成初編》輯為十七卷，又補遺一卷。㊳戰國策　書名。《漢書・藝文志》著錄，亦作《國策》，撰者不詳。書共三十三篇，記春秋後事，經漢劉向整理而成。今存西周、東周各一篇，秦五篇，齊六篇，楚、趙、魏各四篇，韓、燕、齊各三篇，宋、衛合一篇。㊴搜神記　書名。《隋書・經籍志》著錄，東晉干寶撰。原書三十三卷，今存二十卷，收入於《叢書集成初編》等多種叢書。㊵晏子春秋書名。春秋晏嬰撰。隋唐三志著錄作《晏子春秋》，《漢書・藝文志》著錄作《晏子》。晏嬰（西元？～前五〇〇年），字平仲，夷維（今山東高密附近）人。書共八篇，今本作八卷（或七卷），收入於《叢書集成初編》等。㊶石銘　此石銘及以下「翼神碑」，歷來各碑記均不收，碑、銘亦均不存。㊷自砥柱以下十四句　本段如孟門瀑布一樣，是酈氏目擊記敘，是《水經注》描寫自然風景的傑作之一。㊸五戶祠銘　此是治河碑記，碑已不存。

【語　譯】又南過河東北屈縣西，

1 河水南流經北屈縣舊城西。城西四十里有風山，山上有個洞穴，大如車輪，洞中常有一股蕭蕭瑟瑟的寒風吹個不停。風口上寒風強勁處，寸草不生；起風時間不定，因為這裡是各方來風所經的門戶的緣故。風山西四十里，是河南的孟門山。《山海經》說：孟門山上多金礦和玉礦，山下多黃堊和涅石。《淮南子》說：龍門還沒有開闢，呂梁還沒有鑿通的時候，河水是在孟門上頭流出來的，水流過於盛大，而至於漫溢倒流，沒有丘陵高阜可以阻擋水勢，叫做洪水。大禹鑿山加以疏通，稱為孟門。所以《穆天子傳》說：在北方登上孟門，這是九河的險坡。孟門是龍門的上口，實在是大河的巨險，又名孟門津。

2 孟門的巖石是禹時開始鑿通的，在河中被沖刷得愈來愈寬，兩岸極高極深；斜欹的崖壁互相撐持著，頂上的巨石看來岌岌可危，好像搖搖欲墜似的，卻又被頂住了。古人有句話說：水不是石鑿，卻能鑽入巖石，這話真是一點也不錯。河道中急流相互沖激，升騰起一片白茫茫的水霧；過往行人遠遠地佇立眺望，常常好像有霧露沾溼人身體，俯視下面的深淵，令人心驚膽戰。河中還是巨浪滔天，千丈飛瀑凌空直下，渾濁的洪濤狂奔怒突，騰湧得像山一般高；淵深的河水翻著層層疊疊的波浪，一直奔向下流的水口。目睹這裡的水勢，才知道《慎子》所說：河水直下龍門，帶著漂浮的竹子順流而下，快得連四匹馬駕著的車子也追不上，確非虛言。

3 又有蒸完水注入。蒸完水是由幾個不同的源頭匯合而成，西流注入河水。河水又南流，匯合了鯉魚澗。沿著澗水東行，到了溪澗的盡頭，就是山澗的源頭了。《爾雅》說：鱣魚，就是鮪魚。出產於鞏穴，三月間逆水上渡龍門，渡得過去就成為龍；渡不過去，一頭撞上石壁就游了回來。如果不是往來會聚的地方，怎麼會有這樣的名稱呢？

4 河水又南流，羊求水注入。這條水發源於東方的羊求川，西流經北屈縣舊城南。此城，是夷吾逃亡時曾到過的，也就是王莽時的朕北。《汲郡古文》說：翟章去援救鄭國，屯兵於南屈。應劭說：因為有個南屈，所以這裡稱北屈。《國語》說：梁五與東關五兩人對獻公說：蒲與二屈，都是您的領土。此水西流注入河水。河水又南流，就到採桑津。《春秋》僖公八年（西元前六五二年），晉里克在採桑打敗狄族，就是這地方。赤水發源於西北的罷谷川東，稱為赤石川，東流注入河水。河水又南流，與蒲水匯合。兩支水源都來自西方同一座山間，發源於西河郡陰山縣。陰山，就是王莽的山寧。在陰山東麓，南水東北流，與長松水匯合。長松水發源於西方丹陽山東麓，東北流，在左岸注入蒲水。蒲水又東北流，與北溪匯合成一條，東北流，注入河水。河水又南流，丹水發源於西南方的丹陽山，往東北流經冶官東，民間則稱為丹陽城。城旁還有當時遺留下來的銅。丹水東北流，在白水口與白水匯合。白水發源於丹山東麓，西北流注入丹水，丹水又東北流注入河水。河水又南流，黑水發源於西方丹山東麓，東北流注入河水。河水又南流到崿谷，山谷東北方山澗的盡頭，就是水源流出的地方，西南流注入河水。河水又南流，洛水從獵山分支東流而出，東南流注入河水。從前魏文侯在洛陰建築館舍，指的就是這條水。

又南過皮氏縣西，

5 皮氏縣，就是王莽時的延平。舊城在龍門東南，不可能遠達皮氏縣後，方才再到龍門的。

又南出龍門口，汾水從東來注之。

6 從前大禹在積石疏導河水，把梁山鑿通，說的就是這地方。也就是《水經》所說的龍門。《魏土地記》說：梁山北有龍門山，大禹加以開鑿，使河水與孟津河口相通。開鑿處寬八十步，至今巖上還留有鑿痕。岸上還有一座祠廟，廟前有三塊石碑。其中兩塊碑，碑上的字跡都已漫漶不可辨認了，一塊是太和（西元四七七～四九九年）年間所立。《竹書紀年》載，晉昭公元年（西元前五三一年），龍門河水發紅長達三里。梁惠成王四年（西元前三六六年），龍門河水接連三日發紅。京房《易妖占》說：河水發紅，小民怨恨。

7 河水又南流，在右岸匯合暢谷水。暢谷水自溪澗東南流，流經夏陽縣西北，往東南注入河水。河水又南流，流經梁山原東。這片高地從山的東南伸出，直達河水邊岸，是晉國祭祀山川的地方，位於馮翊郡夏陽縣西北，瀕河水。梁山崩坍，堵塞了河道，河水三日不流。晉侯就此事向伯宗諮詢，就是這地方。《春秋穀梁傳》說：成公五年(西元前五八六年)，梁山崩坍，堵塞了河水，三日不能流通。成公召喚伯尊，伯尊在途中碰到一個拉車人不肯讓路，就叫車夫用鞭子打他。拉車人說：你為此鞭打我，就更遠離道義了。伯尊聽他出言不凡，因而向他請教。拉車人說：君主要親自穿白衣，率領群臣哭祭，水就會流了。成公照著他的話辦，河水果然就流通了。

8 河水又南流，崌谷水注入。崌谷水發源於縣城西北的梁山，東南流，橫溪水注入。橫溪水發源於三累山，這座山層層相疊，分成三重，所以民間以三累作為山名。按《爾雅》，山分成三重的是崑崙丘。這座山難道也是崑崙丘嗎？山下水邊有兩個石窟，原來是山林隱逸之士的故居。細水東流，注入崌谷。溪邊山南有個石窟，西面有兩個石窟，北面也有兩個石窟都在邊角處開窗，門戶相連，這就是所謂的石窟相對。東邊側室的石上，還留有石杵和石臼的痕跡，廳堂裡還有舊時住人的地方，遺址依稀可辨。北面崖壁的石窟上方，有一縷涓涓細流從石澗流下，足供飲用，看來像是隱居棲身、休憩講學的地方。從前子夏在西河教授學生，也許就是這地方吧，可是卻無法確證。溪水又東南流，流經夏陽縣舊城北，這就是舊時的少梁。秦惠文王十一年(西元前三二七年)，改為今名，也就是王莽時的冀亭。此水東南流，注入河水。從前韓信襲擊魏王豹，就是在這裡以木桶渡河的。

9 河水又南流，在右岸匯合陶渠水。陶渠水發源於西北方的梁山，東南流，從漢陽太守殷濟的學舍南流過，民間稱為子夏廟。陶水又南流，流經高門南，這裡丘岡崩塌，留下一個缺口，所以就流傳下高門的稱呼了。又東南流，流經華池南。池周圍三百六十步，在下陽城西北四里左右。所以司馬遷〈碑文〉中有這樣的話：高門華池，就在這裡夏陽。現在高門東距華池三里。溪水又東南流經夏陽縣舊城南。服虔說：夏陽，是虢國的城邑，在大陽東三十里。又流經高陽宮北，又東南流經司馬子長墓北。墓前有廟，廟前有碑。永嘉四年（西元三一〇年），漢陽太守殷濟瞻仰碑上遺文，弘揚他的功德，於是就建造石窟，立碑並樹立華表。〈太史公自敘〉說：我生於龍門。那麼這裡該是他墳墓所在的地方了。溪水東南流，注入河水。從前魏文侯與吳起泛舟河上，順流而下，讚美河山的險固，就是在這地方。

10 河水又南流，徐水注入。徐水發源於西北方的梁山，往東南流經漢武帝登仙宮東，往東南穿過彊梁原。右岸流經劉仲城北，這裡是漢高祖兄劉仲的封邑。所以徐廣《史記音義》說：郃陽是個國名。漢高祖八年（西元前一九九年），封劉仲為侯國。此水東南流經子夏陵北，東流注入河水。河水又南流經子夏石窟東。南北兩邊有兩座石窟，都在河邊的崖岸上，這就是子夏的廟室。

又南過汾陰縣西，

11 河水東岸靠近汾陰脽，舊縣城就在這座小山丘旁邊。漢高帝六年（西元前二〇一年），將該縣封給周昌為侯國。《魏土地記》說：河東郡北八十里，有個汾陰城，北距汾水三里，縣城西北角有脽丘，山丘上有后土祠。〈封禪書〉說：元鼎四年（西元前一一六年），開始在汾陰脽立后土祠。又有萬歲宮。漢宣帝神爵元年（西元前六一年），皇帝臨幸萬歲宮，東渡大河，神魚在水上歡舞。從前趙簡子在這裡將欒徼投入水中淹死。他說：我喜歡音樂和女色，你就賣力地找來獻給我；我也喜歡人才，你卻接連六年沒有給我推薦過一個。你這是助長我的過失，葬送我的優點。有德之士以為批評得對。

12 河水又流經郃陽城東。周威烈王十七年（西元前四〇九年），魏文侯攻打秦國，到了鄭國，退兵時築了汾陰、郃陽，說的就是此城。這是舊時有莘的城邑，是太姒的國家。《詩經》說：在郃水之北，在渭水之濱。又說：莘國有個好姑娘，長女正好配文王。說的就是這地方。

13 城北有瀵水，南距這兩條水各數里。此水東流經城內，往東注入河水。城內一側有瀵水，往東南流出城外，注入河水。城南還有一條瀵水，東流注入河水。水南至今還有文母廟，廟前有碑，離城十五里。這條水就是郃水，郃陽縣是因水得名的。所以應劭說：在郃水之北。河水又南流，瀵水注入。瀵水發源於汾陰縣南四十里，西距河水三里，水源從平地噴湧而出，約莫有車輪那麼大小，深不可測，民間稱為瀵魁。古人攔河築壩，蓄水成為陂塘，用以種植水稻。陂塘東西二百步，南北百餘步，與郃陽的瀵水把河水夾在中間。河水中間的沙洲上又有一條瀵水，這幾條瀵水地下都有水脈相通。所以呂忱說：按《爾雅》的解釋，異源而同流，叫瀵水。瀵水西南流，經蒲坂西，西流注入河水。

14 河水又南流經陶城西。舜在河水岸邊製陶。皇甫士安以為舜製陶之處在定陶，不在這裡。但是陶城在蒲坂城北，此城就是舜定都之處，南離歷山不遠。舜到處都可以耕田製陶，何必非要在定陶，才能製陶。這裡也許只是一處。孟津有陶河之稱，就是從這裡開始的。陶城南對蒲津關，汲冢《竹書紀年》載：魏襄王七年（西元前三一二年），秦王前來會見於蒲坂關。四月，越王派遣公師隅來進貢一條叫始罔的遊船，此外還有其他船隻三百條，箭五百萬支，以及犀角、象牙等。

又南過蒲坂縣西，

15 〈地理志〉說：蒲坂縣，就是從前的蒲。王莽時改名為蒲城。應劭說：秦始皇去東方巡視，看見有一道長長的山坡，因此增坂字，叫蒲坂。孟康說：晉文公以蒲賄賂秦國，秦人將蒲歸還給魏國，魏人心裡高興，說：蒲又返回了，所以叫蒲反。薛瓚給《漢書》加注時說：〈秦世家〉以垣為蒲反。那麼本來並非蒲了。皇甫謐說：這是舜建都的地方。有人說是蒲坂，也有人說是平陽及潘。現在城中還有舜廟。蒲坂是魏秦州刺史的治所，太和年間（西元四七七～四九九年）遷都後，撤去秦州，設置河東郡。這個郡裡流民雜戶很多，稱為徙民。徙民中有個姓劉名墮的人，一向善於釀酒，他汲取河水，釀成芳洌的美酒，懸繩製麴直到枝葉凋枯、桑葉凋落的時候開釀，所以酒也因此得名，叫桑落酒了。但這種美酒呈乳白色，有點像淘米水似的，不過又別有一種芳香，與別的酒不同。幽如蘭花，郁如麝香，自有一種高雅的芬芳。在可以選作貢品的地方土特產中，這是最稱上乘的名酒了。上自王公貴人，下至平民百姓，大家相牽相挽，相招相引，前去飲酒，總是說：索郎正在等著大家，想念著你們前去開懷暢飲呢。索郎，是桑落的交叉反切。這句話尤其是人們喜歡引用的絕妙辭語，成為文人學士的佳話了。

16 郡南有歷山，山上有觀，稱為歷觀，是舜耕田的地方。那裡有個舜井。媯水、汭水都發源在那裡。南流的是嬀水，北流的是汭水，西流經歷山下。山上有舜廟。周處《風土記》說：舊時傳說，舜葬於上虞。《風土記》又說：舜耕於歷山。在始寧和剡縣接境處，舜所耕的田在山下，那裡柞樹很多，在吳越一帶，柞樹稱為櫪樹，所以山也叫歷山。我認為周處這裡的記載不近情理，存疑倒還可以，拿它來印證史實，那就不對了。怎能以樹木的異名來附會山的別稱呢？勉強地提了大舜的事跡，與始寧的耕地拉到一起，這更不合志記本來的體例，違背實錄通常須遵循的原則了。如以為歷山、嬀汭指的就是這裡，那就是安然接受那種不符實際的說法了。對《尚書》所說的把兩個女兒下嫁到嬀汭，孔安國說：住在嬀水的內灣。王肅說：嬀汭，是虞的地名。皇甫謐說：在嬀水的內灣娶了兩個姑娘。馬季長說：水流出的地方稱為汭。那麼，汭似乎不是地名了。現在看到有兩條異源的水，合流成為一條，濁流滾滾，往西注入河水。

17 河水南流經雷首山西，此山瀕臨大河，北距蒲坂三十里，就是《尚書》所說的壺口雷首。民間也叫堯山，山上有舊城，世人又稱堯城。闞駰說：蒲坂，是堯的都城。按〈地理志〉說：縣裡有堯山、首山祠，雷首山在南。有的事看來相似，實則不同；有的事看來不對，而實際上卻是對的。遠古的事，時隔千年，渺渺茫茫，現在很難弄得清了。河水又南流，涑水注入。涑水發源於河北縣雷首山，河北縣北方與蒲坂縣以山為分界，有伯夷、叔齊廟。闞駰《十三州志》說：此山又名獨頭山，是伯夷、叔齊隱居的地方。山南有古墓，墓地上柏樹密密叢叢，生長得很旺盛。民間稱為伯夷叔齊墓。涑水西南流，又稱雷水。《穆天子傳》說：王戌那天，天子抵達雷首山，犬戎胡在雷首山邊為天子擺酒接風，然後進獻良馬二十四匹，天子命孔牙到雷水之濱去接收。從前趙盾在首山打獵，在翳桑請祁彌明吃飯，就是這地方。涑水又西南流，注入河水。《春秋左傳》稱為涑川，民間則叫陽安澗水。

又南至華陰潼關，渭水從西來注之。

18 汲郡《竹書紀年》說：晉惠公十五年（西元前六三六年），秦穆公領兵護送公子重耳，從河曲涉水過河。《春秋左氏傳》載：僖公二十四年（西元前六三六年），秦伯接納了他。到了河邊，子犯把玉璧交給公子，說：我駕著馬車隨您巡行天下，罪狀夠多了，我自己心裡都明白，何況您呢？請讓我就在這裡告辭吧。公子說：我如不與舅父同心同德，河神明鑑。說罷，就在這裡把玉璧投入河中。介子推笑道：老天爺對公子開恩，子犯卻居功自傲，我不願和這樣的人共事。於是就不告而別。

19 河水流經船司空，與渭水匯合。《漢書・地理志》稱：先前這是京兆尹的屬縣。左丘明的《國語》說：華山本來是整座的，阻擋住河水，河水流到這裡，就得繞道而流。河神是個巨大的神靈，手推腳踏，把山分成兩半，現在華山巖石上還留著他的掌痕和腳印。《開山圖》說：有個山神名叫胡，是個巨大的神靈，獨自修得大地的道術，能創造山川，開闢江河。所謂巨靈力大無窮，昂首高出於靈山頂上。常常有些多事的人，特地攀上華山去觀看這些痕跡。從下廟穿過成行的翠柏，往南走十一里，然後向東轉彎行走三里，就到中祠；又向西南行走五里，就到南祠了，稱為北君祠。想要登山的人，一到這裡，就都要祈禱。從這裡向南進入山谷七里，又到了一座祠廟，稱為石養父母祠，但只留下石龕和木頭牌位了。又南行一里，就到天井。天井極小，只有一個人可以容身，是個空石洞，迂迴曲折地往上爬，高約六丈餘。山上又有一道涓涓細流，淌到天井裡面，但也不大會把人弄溼。登山的人都要從這裡上去，此外再沒有別的路徑了。出天井時仰望天空，就像在房中望著窗子那樣明亮。

20 出了天井向東南行走二里，沿著峻峭的山坡忽上忽下，下坡兩里左右，又重新向東攀上百丈崖，上落都得攀援繩索或葛藤行走了。向南攀登四里，山路就到石壁上了，沿著石壁邊岸走百餘步，從這裡又向西南行六里，又到一座祠廟，稱為胡越寺，神像的面容像是個童子。從祠南走過夾嶺，山路寬度只有三尺餘，兩邊都是高達幾萬仞的懸崖削壁，俯視深不見底。在廟裡祈禱有靈驗，就有雲湧起與路齊平，人們才敢走。就是那樣，人們還要扒著山背，挪動身子，慢慢地爬過去。所以人們把這條嶺叫做搦嶺。

21 過了搦嶺兩里，就到山頂了。山頂上方圓七里，有靈泉兩處：一處叫蒲池，西流注入山澗裡；另一處叫太上泉，東流瀉於山澗下面。上宮神廟接近東北角，廟內堆滿了雜物，難以一一詳述。從上宮向東北四百五十步，有屈嶺，朝東南遙望巨靈手跡，看到的惟有巨崖和赭紅色的石壁而已，都沒有像山下仰望時那麼清晰。

22 河水在關內南流，衝擊著關山，所以叫潼關。潼水就在這裡注入河水。潼水發源於松果山，北流經通谷，人們也稱為通谷水，東北流注入河水，這就是《述征記》所謂的潼谷水。也有人說，地名是由水名而來的。

23 河水從潼關往東北流，水邊有一條長長的山坡，稱為黃巷坂。山坡旁邊是深澗，爬上這條山坡可以登潼關，就是人們常說的：上溯黃巷渡水到潼關。往北出東崤，就通稱函谷關了。深邃的崖岸高入天際，空寥的山谷幽寂深遠，澗邊的道路狹得容不下兩輛車子，號稱天險。所以〈西京賦〉說：四周險崖環抱，固若金湯，地勢險要，易守難攻。人們常說，秦有以一當百的優勢，於是併吞了諸侯。所以王元向隗囂建議說：讓我們用一顆泥丸封住東端的函谷關，縱使做不成帝王，起碼也可以稱霸一方了。郭緣生《述征記》說：漢朝末年天下大亂，魏武帝征討韓遂、馬超，在這裡會戰。現在河水西岸還有曹公壘。路東的原野上，據說是李典的軍營。義熙十三年（西元四一七年），朝廷的軍隊曾占領過這座堡壘。《西征記》說：沿著彎彎曲曲的道路，進入隘道走了六里，有一座舊城，城周圍百餘步，北瀕大河，南對高山，這是姚氏建築的雄關，以防守峽谷。宋武帝進入長安，檀道濟、王鎮惡或依山紮營，或在平地上構築城堡，大大小小共有七座營盤，依託大河的天險防守。姚氏也占據著山地丘陵，現在還留有遺跡。函谷關正北，隔河有層疊的山嶺，巍然獨自聳峙在河水北岸，人們稱之為風陵，就是戴延之所謂的風塠。南岸河濱就是姚氏的軍營，與晉軍隔岸相望。

24 河水又東北流，玉澗水注入。玉澗水發源於玉溪，北流經皇天原西。《開山圖》說：潼關東端，頂上平坦寬廣，方圓約一里有餘。三面削壁聳峙，高約千仞。漢朝在山上祭天，稱之為皇天原。上面有漢武帝思子臺。又北流，經閿鄉城西。〈郡國志〉說：弘農湖縣有閿鄉。人們就把水稱為閿鄉水。閿鄉是魏尚書僕射閿鄉侯河東衛伯儒舊時的封邑。此水北流，注入河水。河水又東流經閿鄉城北，東流與全鳩澗水匯合。全鳩澗水發源於南山，北流經皇天原東。《述征記》說：全節是地名。西面是桃原，就是古代的桃林。周武王攻下殷商，曾在這裡放牛。〈西征賦〉說：都以桃源來驗證其地名。《晉太康地記》說：桃林在閿鄉南谷中。水又北流，注入河水。

又東過河北縣南，

25 河北縣與湖縣以河水為分界。蓼水發源於襄山蓼谷，西南流注入河水。河水又東流，永樂澗水注入。此水發源於北方的薄山，南流經河北縣舊城西，這裡是舊時的魏國。晉獻公滅魏，把該縣封給畢萬。卜偃說：魏是個氣派很大的名字，畢萬的後代大概是會昌盛的吧。後來設置為縣，因為地理位置在河水以北，所以名為河北縣。如今縣城南、西兩面都距大河約二十餘里，北距首山十來里，位於河山之間，地方狹隘，所以〈魏風〉裡有〈十畝〉一詩。城內有龍泉，南流出城，又往南，水就枯竭斷流了。永樂溪水又南流，注入河水。

26 我查考〈中山經〉，這條水就是渠豬水。太史公〈封禪書〉說：華山以西有七座名山，其中一座就是薄山。薄山就是襄山。徐廣說：蒲坂縣有襄山。《山海經》說：蒲山的第一座，叫甘棗山，是共水的發源地，西流注入河水。東邊是渠豬山，是渠豬水的發源地，南流注入河水。如果依照〈封禪書〉的說法，那麼這兩條水都不可能西南流注入河水的。現在考察蓼水的流向，與共水是互相依傍的。永樂溪水發源後注入河水，也同渠豬水的流向相一致。蒲山是個總名，與襄山也並無不同。所以揚雄〈河東賦〉說：河神受驚，手推華山，腳蹬襄山。《注》說：襄山在潼關北十餘里。照此推斷，可知襄山的蒲坂溪水，就是渠豬水了。

27 河水從河北城以南東流經芮城。這兩座城之間，有段干木墓。段干木是晉國的賢人，魏文侯經過他的門前，總要向他的小屋致敬，真所謂德行千秋萬代受人尊崇，美名百世留芳了。汲冢《竹書紀年》說：晉武公元年（西元前六七八年），掌管一軍。芮人侵犯京師，荀人、董伯也都反叛了。不但大荔是舊時的芮國，這裡也有芮族的居地。《竹書紀年》又說：晉武公七年（西元前六七二年），芮伯萬的母親芮姜把他放逐出去，他就出奔到魏國。八年，周國和虢國的軍隊包圍了魏國，俘虜了芮伯萬東去。九年，戎人在郊迎接芮伯萬。這座城或許也是芮伯萬原來的領地。河水在右岸匯合槃澗水，槃澗水發源於湖縣的夸父山，北流經漢武帝思子宮、歸來望思臺東，又北流注入河水。

28 河水又東流經湖縣舊城北。從前范叔入關，就是在這裡遇見穰侯的。湖水發源於桃林塞的夸父山，這座山方圓三百里。武王征伐商紂，天下平定後，武王就巡視名山大川，在華陽放馬，在桃林放牛，就是這地方。這一帶多野馬，造父就是在這裡得到騄驪、綠耳、盜驪等騎乘進獻給周穆王的。周穆王派他駕車去見西王母。

29 湖水又北流經湖縣東，北流注入河水。《魏土地記》說：弘農湖縣，有軒轅黃帝升天成仙的地方。黃帝開採了首山的銅，在荊山下鑄鼎，有一條龍把鬍子拖下來擱在鼎上。黃帝登上龍背，隨著他爬上去的共七十人，全部都升天了。所以把那地方叫做鼎胡。荊山在馮翊，首山在蒲坂，與湖縣相連。《晉書・地道記》和《太康記》都稱胡縣。漢武帝改胡為湖，民間傳說黃帝是在這裡乘龍升天的。〈地理志〉說：京兆湖縣有周天子祠兩處，湖縣舊時叫胡縣，但沒有說到黃帝登龍升天的事。《山海經》說：西九十里稱夸父山，山上的樹大都是棕樹和楠樹之類，還有很多箭竹；山南多玉，山北多鐵。北方有個樹林，名叫桃林，林子裡多馬，湖水就發源在這裡，北流注入河水。所以《三秦記》說：桃林塞在長安以東四百里。如果有兵馬經過，軍紀好的，就在華山放牧，在林下休息；軍紀壞的，就決河堤放水，氾濫得一片汪洋，人馬都不能通過了。

30 河水又東流，與柏谷水匯合。柏谷水發源於弘農縣南石隄山。山下有石隄祠，銘文刻的是：魏甘露四年（西元二五九年），散騎常侍、征南將軍、豫州刺史、兼弘農太守南平公修建。柏谷水北流，流經亭下。晉公子重耳流亡出走，到了柏谷時，想占卜一下，到底該去齊國還是楚國。狐偃說：還是去翟為妥。漢武帝曾微服出行，到了此亭，受到亭長妻子的宴請。所以潘岳〈西征賦〉說：亭長在柏谷對待客人倨傲無禮，他妻子見客人狀貌非凡，卻獻食款待，說的就是此亭。谷水又北流，注入河水。

31 河水又東流，在右岸匯合門水。門水是洛水的支流。洛水自上洛縣東北流，在拒陽城西北分為兩條，支渠東北流，這就是門水。門水又東北流經陽華山，這就是《山海經》所說的：陽華山是門水的發源地。又東北流經峽谷，叫鴻關水。水東有城，就是關亭；水西有座城堡，叫鴻關堡。人們也說這裡是劉邦、項羽劃地為界處，其實不是。我查考過，上洛有鴻臚圍池，是水渠流注形成的，所以把這條水稱為鴻臚澗。鴻關一名就源出於此。門水又東北流，流經邑川，有兩條水注入。左邊一條發源於陽華山北麓，東北流，流經盛墻亭西，東北流，與右邊那條水匯合。右邊那條發源於陽華山南麓，東北流，流經盛墻亭東，東北流，與左邊那條水匯合。這也就是《山海經》所說的：緒姑水發源於陽華山北麓，東北流，注入門水。又東北流，燭水注入。燭水有兩個源頭，左邊一條發源於南方的衙嶺，人們稱為石城山。左水東北流，流經石城西，東北流與右邊那條水匯合。右邊那條水發源於石城山，東北流經石城東，東北流，往東北注入左邊那條水。〈地理志〉說：燭水發源於衙嶺下谷。《開山圖》說：衙山在函谷山西南。這條水亂流，東流注入緒姑水。於是這兩條水就都有了通稱了。燭水流經山澗，往東北流出山，山口叫開方口。水邊有座小丘，叫方伯堆。宋奮武將軍魯方平、建武將軍薛安都等，與建威將軍柳元景揮師北進，駐紮在方伯堆。山丘上有城，就是魯方平所築。又東北流經邑川城南，這就是漢朝封給竇門的舊城，水也因此而得名了。舊城也叫竇門城，在函谷關南七里。又東北流，田渠水注入。田渠水發源於衙山的白石谷，東北流，流經故丘亭東，薛安都的部隊來時在這裡築城。此水又流經鹿蹄山西，山上的巖石上有鹿蹄的痕跡，是天然形成的，並非人工所鑿。水流經田渠川，稱為田渠水，西北流，注入燭水。

32 燭水又北流，注入門水，這條水的左右兩岸，就是函谷山。門水又北流經弘農縣舊城東，這座城就是函谷關校尉原來的治所，終軍就是在這裡丟棄關吏給他的入關憑證的。燕太子丹和孟嘗君的義氣感動門客，也曾在關下作雞鳴，可謂用心極深足以感人，意志極堅不可動搖了。

33 從前老子西遊入關，尹喜曾在這裡望氣。所以趙至〈與嵇茂齊書〉說：李老來到秦國，到關前時喟然嘆息。也有人說這句話出自給嵇叔夜的書信，並且這裡還是關尹望氣的地方。眾說紛紜難辨，不知該如何作出定論。漢武帝元鼎四年（西元前一一三年），把關址遷到新安縣，而在舊關設置弘農縣，是弘農郡的治所。王莽改名為右隊。劉桓公當郡守時，老虎也跟著他渡河，光武帝聽說此事，很是稱讚他。

34 門水沿著城邊北流，注入河水。河水到了這裡，有個地方叫洹津，傳說漢武帝微服出行到柏谷，受到竇門的凌辱，但其妻慧眼識英雄，設宴款待，使他受到感動，回到皇宮後，就給予重賞，並賜以河津，讓他們得以藉擺渡謀生，這就是現在的竇津。所以潘岳的〈西征賦〉說：酬謝那婦人已經太過分了，怎能又給她丈夫濫加封官。袁豹等人也以為這話說得不錯。我查考南岸水濱有個渡口，叫浢津。河北縣有浢水，南流入河，河水早就有浢津的名稱了，並不是從竇門時才開始的。不過因為所發生的事件相似，而地名又相同，所以作者搞混了。竹書《穆天子傳》說：天子從竇軨到浢水北岸歇宿，丁亥日，進入南鄭。考察他沿途足跡所經的地方，剛好到過這個渡口。照此推斷，可知地名並非因竇門而來的了。浢水，民間也有人稱為偃鄉澗水。

35 河水又東流，在左岸匯合了一條水，這條水有兩個源頭，都發源於薄山，南流匯合成一條。兩條水中間有一片平原，人們稱為閑原，據說虞國與芮國曾爭奪這片田地，詳情就不大了解了。水又南流，注入河水。河水右岸有曹水注入。曹水發源於南山，北流經曹陽亭西。陳涉派周章攻入秦境，少府章邯在這裡殺了他。後來魏武帝改曹陽為好陽。《晉書・地道記》說：亭在弘農縣東十三里。此水西北流，注入河水。河水又東流，菑水注入。菑水發源於常烝山，西北流經曲沃城南，又轉彎流經城西，西北流注入河水。諸家注述時都說曲沃在北方，實際上卻不對。魏司徒崔浩以為曲沃是地名。我查考過《春秋》，文公十三年，晉侯派詹嘉防守桃林塞，駐軍於此，防備秦國。因為當時以曲沃的官員在此駐守，曲沃一名就從古流傳至今了。

36 河水又東流，有七里澗注入。此澗在陝城以西七里，因而得名。澗水從南山通入河水，也叫曹陽坑。所以潘岳〈西征賦〉說：我走到漫澗水口，在曹陽墟休息。袁豹、崔浩也不以為那地方不是。我查考《漢書》，從前獻帝因流寇之禍被迫東遷，李傕、郭汜追到了弘農澗，於是獻帝就在曹陽露宿。楊奉、董承表面上與李傕和好，暗地裡卻引了白波軍、李樂等擊潰李傕，獻帝的車駕才得以前進。但他們重新又打了回來，楊奉等大敗，士兵相連四十里，方才抵達陝縣。照此推斷，好像又不是曹陽。但依據《山海經》來探究，菑、曹字形相似，也許因訛而有曹陽的地名了。河水又東流，與譙水匯合。譙水發源於常烝山，民間稱為干山，是時代前後的異名。此山在陝城南八十里，譙水有兩個源頭，同流注入一處深谷，西北流注入河水。

又東過陝縣北，

37 槖水發源於槖山，西北流。又有崖水發源於南山北谷，流經崖峽，北流與干山水匯合。干山水發源於干山東谷，兩條水一同注入崖水。又東北流，注入橐水。橐水北流出谷，叫漫澗，與安陽溪水匯合。安陽溪水發源於石崤南，西流經安陽城南。漢昭帝封安陽給上官桀為侯國。潘岳說：我前往安陽，指的就是這地方。安陽溪水東流與漫澗水匯合。漫澗水北岸有逆旅亭，稱為漫口客舍。又西流經陝縣舊城南，又匯合一條水，叫瀆谷水。瀆谷水發源於南方近處的溪澗，北流注入橐水。橐水又西北流經陝城西，西北流注入河水。

38 河水北岸正對茅城，即舊時的茅亭，是茅戎的城邑。《公羊傳》說：晉國在大陽打敗了茅戎。於是津渡也就取名為茅津了。《春秋》文公三年，秦伯討伐晉國，從茅津渡河，在崤山秦軍埋屍處封土，然後退回。河水東流，咸陽澗水注入。咸陽澗水發源於北虞山，南流至陝津注入河水。河南就是陝城。從前周公、召公分疆，以陝城作為東西的分界。東城就是虢邑的上陽，是虢仲定都的地方，即南虢。三虢，這就是其中之一。這座大城裡面，還有一座小城，是舊時焦國的都城。武王把它封給神農的後裔。王莽時改名為黃眉。戴延之說：此城南傍山地，北瀕黃河，瀑布下瀉百餘仞，登臨城上俯視，人們都不禁會膽戰心驚。城西北有河水流過，在方圓數十丈的範圍內浪濤洶湧，看來水下有個什麼東西隱藏著。父老們說：這是銅人沉沒的所在。又說：石虎裝載石經，也是在這裡沉沒的。因為這兩件東西都沉在這裡，所以才引起水浪洶湧，不知確否。有人說：銅人的頭髻常常露出水面，不論水漲水退，頭髻常常與水面相平。晉軍來時，頭髻就不再露出來了。現在只見水流異常，而且嘩嘩作響，數里外都能聽到。

39 我查考過，秦始皇二十六年（西元前二二一年），在臨洮出現過十二個巨人，長五丈餘，人們以為這是祥瑞之兆，於是鑄造了十二個銅人為象徵。銅人各重二十四萬斤，把它們放在宮門前，稱為金狄。銅人胸前都刻有銘文：皇帝二十六年，首次一統天下，設置郡縣，制定法律，統一度量衡。於是巨人在臨洮出現，身高五丈，腳長六尺。這是李斯的手筆。所以衛恒〈敘篆〉說：秦國李斯，號稱善於篆書，各處山上的石碑及銅人銘文，都是李斯所作。漢朝把銅人從阿房宮遷到未央宮前，民間稱為翁仲。地皇二年（西元二一年），王莽夢見銅人流淚，心裡覺得很討厭，想到銅人的銘文有皇帝首次一統天下等字樣，就命令尚方工人鑿去夢中所見銅人胸前的文字。後來董卓銷毀九個銅人，用來製造錢幣。剩下的三個銅人，魏明帝想搬到洛陽，但太重了，搬不動，到了霸水西，就停下來了。《漢晉春秋》說：也有人說銅人流淚，所以留了下來。石虎將銅人搬去，放在鄴宮。苻堅又把它們搬到長安，銷毀掉兩個，鑄成錢幣，最後一個還沒有搬到，苻堅國內就大亂了，老百姓把銅人推到陝北河中，於是銅人就一個也不留了。依我想來，大江巨流應當不會因一點細小的障礙而阻擋住它的急流，長河大浪也不會因為微乎其微的物件而至於水流不暢的。此水之所以波濤洶湧，是因為《史記》所說，魏文侯二十六年（西元四二〇年），虢山崩坍，堵塞了河水而引起的。獻帝東遷，天晚時偷渡，兵卒從高岸墜下，爭先恐後地想爬到船上來，船中被砍下的手指多得可以用手來捧。這件事也發生在這裡。

又東過大陽縣南，

40 交澗水發源於吳山，東南流，注入河水。河水又東流，路澗水也發源於吳山，東流經大陽城西，西南流，注入河水。河水又東流經大陽縣舊城南。《竹書紀年》說：晉獻公十九年（西元前六五八年），獻公聯合虞軍進攻虢國，攻陷了下陽，虢公醜逃亡到衛國，獻公命令瑕父呂甥建都於虢都。〈地理志〉說：這就是北虢，有天子廟，王莽時改名為勤田。應劭《地理風俗記》說：城在大河北岸。

41 河水又東流，沙澗水注入。沙澗水發源於北方的虞山，東南流經傅巖，流過傅說隱居的石室前面，民間稱為聖人窟。孔安國《傳》載：傅說隱於虞、虢之間，指的就是此處。傅巖東北十餘里，就是巔軨坂。《春秋左傳》說的從巔軨而入，即指此處。巔軨坂東西兩邊都是深澗，左右是幽僻的空谷，中間築了一條貫通南北的道路，稱為軨橋。傅說隱居為傭工，曾棲息在這裡。高宗尋求夢中所見的聖人，就在這裡找到了他。軨橋東北有虞原，原上路東有虞城，堯把女兒許配給舜，下嫁到虞，就在這裡。周武王把太伯的後代虞仲分封在這裡，稱為虞公。這就是《晉太康地記》所謂的北虞。城東有山，民間叫五家冢，墓上有虞公廟。《春秋穀梁傳》說：晉獻公想攻打虢國。荀息說：您為什麼不拿屈產的良馬、垂棘的璧玉贈送虞國，向它借路呢。獻公說：這都是晉國的國寶呀。荀息說：這不過是從中府裡取出來，存放到外府罷了。獻公接受了他的意見。待到奪取了虢國，滅掉了虞國，於是牽馬持璧回來。璧還是原來的璧，馬呢，牙齒卻比原先增長了。正像宮之奇所說：虞國、虢國相輔相依，脣亡則齒寒，虢國被滅，虞國也就亡了。虞城北方面對一座長長的山坡，綿延二十餘里，叫虞坂。戴延之說：從上到下，有七座山峰互相重疊。《戰國策》說：從前駿馬騏驥拉著鹽車在虞坂上坡，背上套著車軛卻不能前進。這裡就是駿馬被困的地方。軨橋東北山溪裡，有一條細水西南流，注入沙澗，亂流經大陽城東，這裡就是河北郡的治所。沙澗水南流注入河水。河水又東流，在左岸匯合積石、土柱這兩條溪水。二溪發源於北方的大陽山，南流注入河水。大陽山也通稱薄山。所以《穆天子傳》說：天子從鹽池出發，己丑日，往南攀登薄山寘軨的山坡，於是宿於虞，指的就是這裡。

42 **又東過砥柱間，**

砥柱是山名。從前禹治洪水，凡有山陵擋住水流，就把它鑿去，開山以通河水。河水分道流瀉，繞著山的兩邊流過，山在水之間，狀如石柱，所以稱砥柱。水路鑿開三道大口，河水疏導分流，以形命名，就稱為三門了。山在虢城東北，大陽城以東。《搜神記》說：齊景公在江、沇渡河，有巨黿叼住左邊那匹駕車的馬沒入水中，眾人都大驚失色。於是古冶子拔劍下水去追趕，斜行了五里，又逆行三里，一直追到砥柱之下，一看原來是一頭巨黿。他斬了巨黿，左手提著黿頭，右臂挾著那匹馬，身輕如燕，從水裡一躍而出，仰天大叫，震得使河水倒流了三百步，岸上圍觀的人都以為是河伯。江、沇二字，也有寫作江、沅的。假如是以地點來指名的話，那麼應當是在蜀及長沙了。但我查考《春秋》，這兩處景公都沒有到過，古冶子也無從施展他的神勇了。劉向為《晏子春秋》作序，說古冶子曾說過這樣的話：我曾在大河渡水，巨黿叼住車左的馬沉入砥柱的急流，那時我追殺了牠，一看原來是一頭巨黿。他沒有說是江、沅。我又查考司馬遷的《史記》，書中說：景公十二年（西元前五三六年），景公見晉平公；十八年（西元前五三〇年），又會見晉昭公。一路上旌旗招展，經過這個渡口。在砥柱追逐巨黿，也許就是在這裡發生的。又說：圍觀的人以為是河伯。這記載也比說事情發生於江、沅更說得通。河伯本來就不是江神，可知記載中的地點是河水。

43 河水右岸，有崤水注入。崤水發源於河南盤崤山，西北流，水上有橋，民間稱為鴨橋。崤水通過山澗東北流，與石崤水匯合。石崤水發源於石崤山，山上有兩座陵墓：南陵是夏后皋的墳墓；北陵，文王曾避過風雨。人們說，因為山徑曲折幽深，峰巒與丘岡夾峙遮蔭，所以可避風雨。秦準備襲擊鄭國，蹇叔進諫而穆公不納，蹇叔為他兒子哀哭道：我看他出去，看不到他回來了。晉人一定會在崤山抵抗我軍，我來給你收屍吧。孟明率領的秦軍果然在這裡覆沒。崤水又北流，在左岸匯合西水，亂流注入河水。

44 河水又東流，千崤水注入。千崤水發源於南方的千崤山，往北流，彎彎曲曲地穿過兩條古道。漢朝建安年間（西元一九六～二二〇年），曹操西征巴郡、漢中，怕南路太險，所以另外在北面再開了一條路，以後來往的行人，大多都走這條路了。現在山邊路旁有石碑，碑文說：晉太康三年（西元二八二年），弘農太守梁柳重修了老路。太崤以東，西崤以西，可知分明不只一座崤山。西面有兩塊巖石，又南流五十步，溪邊有「恬漢先生翼神碑」，這位先生當在這裡隱居過。千崤水北流注入河水。

45 河水兩岸峰巒巍然高聳，蒼翠的群山層層疊疊，直沖霄漢。鄭玄按《地說》的說法：河水東流，穿過砥柱之間，沖擊著阻塞水流的礁石。今天所謂砥柱，大概就是礁石。砥柱應當是在西河，詳情卻不清楚。我認為，鄭玄的說法是不正確的，西河那邊並沒有可相比擬的山。從砥柱以下，五戶以上，其間流程一百二十里，河中礁石參差矗立，其走勢與岸上高地相連，大概也是禹所開鑿，以疏導河水的。想來所謂阻塞水流的，就是這些礁石了。這裡的山雖然開鑿過了，但還是阻礙著洶湧的急流。怒濤沖擊著礁石，騰起一片雲霧；旋渦迅疾迴流，向四方猛烈散溢。這一段水道共有十九處險灘，水流極其湍急，水勢兇險，同三峽相似，舟行到此，常常船覆人亡，自古以來，人們視為莫大的禍患。漢鴻嘉四年（西元一七年），楊焉建議，船隻從大河不論上水下水，都苦於砥柱的兇險狹隘，應當開得寬廣一些。於是皇上就命令楊焉去開鑿。可是剛鑿到水面以下，就無法再鑿掉礁石了，而水流反而更加湍急凶猛，危害也比平日更甚。魏景初二年（西元二三八年）二月，明帝派都督沙丘部、監運諫議大夫寇慈，帶領了五千名工人，常年進行治理，以剷除河中的險阻。晉泰始三年（西元一六七年）正月，武帝派監運大中大夫趙國、都匠中郎將河東樂世，帶領了五千餘人去治理河中險灘，〈五戶祠銘〉中有關於這件事的記載。以後雖然世世代代都要施工整治，但水流還是奔騰澎湃，波濤洶湧，商船到了這裡，很少能不望險躊躇，深感渡河的艱難的。所以這許多山峽和險灘，常常成為人們的話題。五戶是灘名，那裡有個神祠，人們都稱為五戶將軍，但卻不知道其來歷。

又東過平陰縣北，清水從西北來注之。

[46] 清水發源於清廉山的西嶺，此山人們也叫清營山。此水往東南流出山峽。山峽左邊有城，大概是古代駐防的關隘。清水流經城南，東流經皋落城北。服虔說：這是赤翟的都城。人們稱為倚亳城，大概因為讀音相近，輾轉相傳而致失實的緣故。《春秋左傳》說，晉侯派遣太子申生去討伐東山皋落氏，就指這個地方。清水與倚亳川水匯合。倚亳川水發源於北山礦谷，東南流，注入清水。清水又東流經清廉城南，又東南流，在右岸匯合南溪水。南溪水發源於南山，東流注入清水。清水又東流，與乾棗澗水匯合。乾棗澗水發源於石人嶺下，南流，民間叫扶蘇水。又南流，流經奸苗以北的馬頭山，也叫白水原，西南流經垣縣舊城北。《史記》載：魏武侯二年（西元前三九四年），在安邑至垣縣築城，指的就是該縣。這條澗水往西南流，注入清水。水色白而渾濁，剛匯合於清水時，一邊水白，一邊水藍，二水涇渭分明。清水又東南流，流經陽壺城東，就是垣縣的壺丘亭，晉國把宋國的五位大夫遷居於此。清水又東南流，注入河水。

[47] 河水又東流，與教水匯合。教水發源於垣縣北方的教山，南流經輔山。輔山高約三十里，山上泉水源頭有個深潭，深不可測。山頂周圍面積約五六里，野草樹木極少。《山海經》說：孟門東南有平山，水發源於山上，潛流到山下。又與王屋山相鄰，想來就是平山了。此水南流，流經鼓鐘上峽，成為一道高達五丈的瀑布，飛流直下，奔瀉入深淵中。兩岸極其峻高陡峭，削壁巍然直上，斷崖淩空突起，高達百餘丈。松嶺上青松羅列，巖壁上赤石高懸，其間參差錯落地長著些蒼翠的柏樹，赤崖與翠柏相映，色彩鮮豔分明，望去就像畫成或繡成的一般。山澗寬十來步，南流經鼓鍾川，分為兩條。一條西北流出山，長約一百六十里，其間峰巒與巖谷迂迴曲折，險阻難行，只有單人獨馬才可通過。現在聞喜縣東北的谷口，還留有乾河里老溝，但已經枯涸無水了。另一條流經冶官西，人們稱為鼓鍾城。城旁還有當時留下的銅屑和銅錢。城西丘岡下有一條水勢頗大的泉水，西流注入山澗，與教水匯合，然後又潛流經巖石底下，南流到下峽。《山海經》

說：鼓鍾山神祇帝臺在這裡邀請諸神歡宴。指的就是此山。教水重又流出地表，南流到西馬頭山，東流為山坡所阻，又潛入地下南流了十餘里，再次冒出地表，因此又稱伏流水，南流入河。《山海經》說：教山是教水的發源地，南流注入河水。這條水冬天乾涸，夏季流通，其實只是一條無水河，現在人們還把它叫做乾澗。

48 河水又與畛水匯合。畛水發源於新安縣的青要山，現在叫疆山，此水北流注入河水。《山海經》說：青要山是畛水的發源地，說的就是這條水。河水又東流，正回水注入。此水發源於騩山，是疆山以東的陵阜。此水東流，民間稱為疆川水，與石瓜疇川匯合。此水發源於西北的石澗之中，東南流，注入疆川水。疆川水又東流，流經疆冶鐵官東，東北流，注入河水。

49 河水又東流，匯合庸庸水。庸庸水發源於河東垣縣的宜蘇山，民間稱為長泉水。《山海經》說：水裡有很多黃色的貝類，是伊水、洛水的門戶。此水北流，分為兩條，一條北流入河，另一條又東北流，注入河水。河水又東流經平陰縣北。《地理風俗記》說：河南平陰縣，舊時是晉陰地方，陰戎就居住在那裡。又說：在平城以南，所以叫平陰。三老董公勸說高祖的地方，陸機所謂白髮滿頭的董老，在我們的平陰出謀劃策，就是指這裡。魏文帝改名為河陰。河水又匯合瀑水。瀑水發源於垣縣王屋山西麓的瀑溪，在兩山相夾之間東南流，流經舊城東，舊城就是瀑關。漢光武帝建武二年(西元二六年)，派司空王梁守衛北方的瀑關、天井關，攻擊赤眉軍的別校，他們都投降了。獻帝從陝縣北渡安邑，往東出了瀑關，說的就是此關。瀑水向西轉彎，流經關城西，流過軹關南，又流經苗亭西。曲亭，就是周朝時的苗邑。又東流，注入河水。《水經》說是清水，是弄錯了。其實這是瀑水。

又東至鄧。

50 洛陽西北四十二里，是舊時的鄧鄉。

【研析】古今學者常稱《水經注》是一部遊記，但酈道元是北人，足跡未到江南，即以北方而言，他與明徐霞客不同，畢生為官，還帶兵作戰，匆忙一生，也不能遍及各處。故若以此書為遊記，則此書記敘，大部分屬於所謂「第二手遊記」，即從文獻資料從事擷取寫作。由於他的文筆生動，選材嚴謹，所以即使是「第二手遊記」，也獲得後人的讚嘆。但此卷與全書中的其他不少卷篇不同。北魏原來建都於平城（今山西大同附近），孝文帝遷都洛陽，正值酈氏入仕為官之時，所以平城、洛陽之間，包括今山、陝二省沿河一帶，是他往返必經之途。所以從遊記而言，此卷無疑是他親身目擊的第一手遊記。因而諸如孟門瀑布、砥柱三門等的描寫，都是栩栩如生的千古文章。當然，從歷史地理方面評價，由於此卷所敘，都是他親身履歷，所以景物描寫還在其次，主要是此卷是黃河支流最多，人文景觀最複雜，歷史地理掌故最豐富的一段，所以在〈河水〉五卷之中，具有重要的地位。

卷五

河水

【題解】此是〈河水〉的最後一卷，開卷從河陽（今河南洛陽北孟縣西）寫起，直到黃河按〈禹貢〉從碣石入海。因為碣石其地歷來甚有爭論，而酈氏時黃河已在今山東省境流入渤海，所以酈氏書明：「河之入海，舊在碣石，今川流所導，非禹瀆也。」這一卷記敘黃河，流程最長，全程幾乎歷今河南全省及河北、山東各省，所經郡縣最多，又有洛水、濟水等支流，包括河口三角洲的所謂「九河」，故瀆新川，錯綜繁雜，所以篇幅最大。

又東過平縣北，湛水從北來注之。

1 河水又東逕河陽縣故城南。《春秋經》書天王狩于河陽，壬申，公朝于王所，晉侯執衛侯歸于京師。《春秋左傳》僖公二十八年，冬，會于溫，執衛侯。是會也，晉侯召襄王以諸侯見，且使王狩。仲尼曰：以臣召君，不可以訓。故書曰：天王狩于河陽。言非其狩地。服虔、賈逵曰：河陽，溫也。班固《漢書·地理志》、司馬彪、袁山松《郡國志》、《晉太康地道記》、《十三州志》：河陽別縣，非溫邑也。漢高帝六年，封陳涓為侯國，王莽之河亭也。《十三州志》曰：治河上，河，孟津河也。郭緣生《述征記》曰：踐土，今冶坂城。是名異《春秋》焉。非也。今河北見者，河陽城故縣也，在冶坂西北，蓋晉之溫地，故群儒有溫之論矣。《魏土地記》曰：冶坂城舊名漢祖渡，城險固，南臨孟津河。河水右逕臨平亭北。《帝王世紀》❶曰：光武葬臨平亭南，西望平陰者也。

2 河水又東逕洛陽縣北，河之南岸有一碑，北面題云：洛陽北界。津水二渚，分屬之也。上舊有河平侯祠，祠前有碑，今不知所在。郭頒《世語》❷曰：晉文王之世，大魚見孟津，長數百步，高五丈，頭在南岸，尾在中渚，河平侯祠即斯祠也。

3 河水又東逕平縣故城北。漢武帝元朔三年，封濟北貞王子劉遂為侯國，王莽之所謂治平矣，俗謂之小平也。有高祖講武場，河北側岸有二城相對，置北中郎府，徙諸徒隸府戶，并羽林虎賁領隊防之。河水南對首陽山。《春秋》所謂首戴也，〈夷齊之歌〉❸所以曰登彼西山矣。上有夷齊之廟，前有二碑。並是後漢河南尹廣陵陳導、雒陽令徐循與處士平原蘇騰、南陽何進等立，事見其碑。又有周公廟，魏氏起玄武觀於芒垂，張景陽〈玄武觀賦〉所謂高樓特起，竦跱岧嶢，直亭亭以孤立，延千里之清飈也。朝廷又置冰室于斯阜，室內有冰井。《春秋左傳》曰：日在北陸而藏冰。常以十二月採冰于河津之隘，峽石之阿，北陰之中，即〈邠詩〉❹：二之日鑿冰沖沖矣。而內于井室，所謂納于凌陰者也。

4

河南有鉤陳壘，世傳武王伐紂，八百諸侯所會處，《尚書》所謂不期同時也。紫微有鉤陳之宿，主鬭訟兵陣，故遁甲攻取之法，以所攻神與鉤陳并氣，下制所臨之辰，則決禽敵，是以壘資其名矣。河水于斯，有盟津之目。《論衡》❺曰：武王伐紂，升舟，陽侯波起，疾風逆流，武王操黃鉞而麾之，風波畢除，中流，白魚入於舟，燔以告天，與八百諸侯咸同此盟。《尚書》所謂不謀同辭也。故曰孟津，亦曰盟津。《尚書》所謂東至于孟津者也。又曰富平津。《晉陽秋》曰：杜預造河橋于富平津。所謂造舟為梁也。又謂之為陶河。魏尚書僕射杜畿，以帝將幸許，試樓船，覆于陶河，謂此也。昔禹治洪水，觀于河，見白面長人，魚身，出曰：吾河精也。授禹《河圖》❻而還于淵。及子朝篡位，與敬王戰，乃取周之寶玉沉河以祈福。後二日，津人得之于河上，將賣之，則變而為石；及敬王位定，得玉者獻之，復為玉也。

5 河水又東，淏水入焉。《山海經》曰：和山，上無草木，而多瑤碧，寔惟河之九都。是山也，五曲，九水出焉，合而北流，注于河。其陽多蒼玉，吉神泰逢司之，是于萯山之陽，出入有光。《呂氏春秋》❼曰：夏后氏孔甲，田于東陽萯山，遇大風雨，迷惑，入于民室。皇甫謐《帝王世紀》以為即東首陽山也。蓋是山之殊目矣。今于首陽東山，無水以應之，當是今古世懸，川域改狀矣。昔帝堯脩壇河洛，擇良議沉，率舜等升于首山，而遵河渚，有五老游焉。相謂：《河圖》將來，告帝以期，知我者，重瞳也。五老乃翻為流星而升于昴，即于此也。又東，濟水注焉。

又東過鞏縣北，

6 河水于此有五社渡，為五社津。建武元年，朱鮪遣持節使者賈彊、討難將軍蘇茂，將三萬人，從五社津渡，攻溫。馮異遣校尉與寇恂合擊之，大敗，追至河上，生擒萬餘人，投河而死者數千人。縣北有山臨河，謂之崟原丘。其下有穴，謂之鞏穴，言潛通淮浦，北達于河。直穴有渚，謂之鮪渚。成公子安〈大河賦〉❽曰：鱣鯉王鮪，春暮來遊。《周禮》：春薦鮪。然非時及佗處則無。故河自鮪穴已上，又兼鮪稱。《呂氏春秋》稱武王伐紂至鮪水，紂使膠鬲候周師，即是處矣。

洛水從縣西，北流注之。

7 洛水于鞏縣，東逕洛汭，北對琅邪渚，入于河，謂之洛口矣。自縣西來，而北流注河，清濁異流，皦焉殊別。應瑒〈靈河賦〉❾曰：資靈川之遐源，出崑崙之神丘，涉津洛之阪泉，播九道于中州者也。

又東過成皋縣北，濟水從北來注之。

8 河水自洛口又東，左逕平皋縣南，又東逕懷縣南，濟水故道之所入，與成皋分河。河水右逕黃馬坂北，謂之黃馬關。孫登之去楊駿，作書與洛中故人處也。

9 河水又東逕旋門坂北，今成皋西大坂者也。升陟此坂，而東趣成皋也。曹大家〈東征賦〉❿曰：望河洛之交流，看成皋之旋門者也。河水又東逕成皋大伾山下，《爾雅》曰：山一成謂之伾。許慎、呂忱等，並以為丘一成也。孔安國以為再成曰伾，亦或以為地名，非也。《尚書·禹貢》曰：過洛汭，至大伾者也。鄭康成曰：地喉也。沇出伾際矣。在河內脩武、武德之界，濟沇之水與滎播澤出入自此。伾北，即《經》所謂濟水從北來注之者也。今濟水自溫縣入河，不于此也。所入者，奉溝水耳，即濟沇之故瀆矣。成皋縣之故城在伾上，縈帶伾阜，絕岸峻周，高四十許丈，城張翕險，崎而不平。《春秋傳》曰：制，巖邑也，虢叔死焉。即東虢也。魯襄公二年七月，晉成公與諸侯會于戚，遂城虎牢以逼鄭求平也。蓋脩故耳。《穆天子傳》曰：天子射鳥獵獸于鄭圃，命虞人掠林，有虎在于葭中，天子將至，七萃之士高奔戎生捕虎而獻之。天子命之為柙，畜之東虢，是曰虎牢矣。然則虎牢之名，自此始也。秦以為關，漢乃縣之。城西北隅有小城，周三里，北面列觀，臨河岧岧孤上。景明中，言之壽春，路值茲邑，升眺清遠，勢盡川陸，羈途遊至，有傷深情。河水南對玉門，昔漢祖與滕公潛出，濟于是處也。門東對臨河，側岸有土穴，魏攻北司州刺史毛德祖于虎牢，戰經二百日，不克。城惟一井，井深四十丈，山勢峻峭，不容防捍，潛作地道取井。余頃因公至彼，故往尋之，其穴處猶存。

河水又東合汜水[11]。水南出浮戲山，世謂之曰方山也。北流合東關水。水出嵩渚之山，泉發于層阜之上，一源兩枝，分流瀉注，世謂之石泉水也。東為索水，西為東關之水。西北流，楊蘭水注之。水出非山，西北流注東關水。東關水又西北，清水入焉。水自東浦西流，與東關水合，而亂流注于汜。汜水又北，右合石城水，水出石城山，其山複澗重嶺，攲疊若城。山頂泉流，瀑布懸瀉，下有濫泉，東流洩注，邊有數十石畦，畦有數野蔬，巖側石窟數口，隱跡存焉，而不知誰所經始也。又東北流注于汜水。汜水又北合鄤水。水西出婁山，至冬則煖，故世謂之溫泉。東北流逕田鄤谷，謂之田鄤溪水，東流注于汜水。汜水又北逕虎牢城東，漢破司馬欣、曹咎于是水之上。汜水又北流注于河。〈征艱賦〉⓬所謂步汜口之芳草，弔周襄之鄙館者也。余按昔儒之論，周襄所居在潁川襄城縣，是乃城名，非為水目，原夫致謬之由，俱以汜鄭為名故也，是為爽矣。又按郭緣生《述征記》、劉澄之《永初記》⓭，竝言高祖即帝位于是水之陽，今不復知舊壇所在，盧諶、崔雲，亦言是矣。余按高皇帝受天命于定陶汜水，不在此也。于是求壇，故無髣髴矣。

11 河水又東逕板城北，有津，謂之板城渚口。河水又東逕五龍塢北，塢臨長河，有五龍祠。應劭云：崑崙山廟在河南滎陽縣。疑即此祠，所未詳。

又東過滎陽縣北，蒗蕩渠出焉。

12 大禹塞滎澤，開之以通淮、泗。即《經》所謂蒗蕩渠也。漢平帝之世，河、汴決壞，未及得脩，汴渠東侵，日月彌廣，門閭故處，皆在水中。漢明帝永平十二年，議治汳渠，上乃引樂浪人王景問水形便，景陳利害，應對敏捷，帝甚善之，乃賜《山海經》、〈河渠書〉⑭、〈禹貢圖〉⑮及以錢帛。後作隄，發卒數十萬，詔景與將作謁者王吳治渠，築隄防脩堨，起自滎陽，東至千乘海口，千有餘里，景乃商度地勢，鑿山開澗，防遏衝要，疏決壅積，十里一水門，更相洄注，無復滲漏之患。明年渠成，帝親巡行，詔濱河郡國置河隄員吏，如西京舊制。景由是顯名，王吳及諸從事者，皆增秩一等。順帝陽嘉中，又自汴口以東，緣河積石，為堰通渠，咸曰金隄。靈帝建寧中，又增脩石門，以遏渠口。水盛則通注，津耗則輟流。

13

河水又東北逕卷之扈亭北，《春秋左傳》曰：文公七年，晉趙盾與諸侯盟于扈。《竹書紀年》：晉出公十二年，河絕于扈，即于是也。河水又東逕八激隄北。漢安帝永初七年，令謁者太山于岑，于石門東積石八所，皆如小山，以捍衝波，謂之八激隄。河水又東逕卷縣北，晉、楚之戰，晉軍爭濟，舟中之指可掬，楚莊祀河告成而還，即是處也。河水又東北逕赤岸固北，而東北注。

又東北過武德縣東，沁水從西北來注之。

14 河水自武德縣。漢獻帝延康元年，封曹叡為侯國，即魏明帝也。東至酸棗縣西，濮水東出焉。漢興三十有九年，孝文時，河決酸棗，東潰金隄，大發卒塞之。故班固云：文堙棗野，武作〈瓠歌〉⑯。謂斷此口也。今無水。

15 河水又東北，通謂之延津。石勒之襲劉曜，途出于此，以河氷泮為神靈之助，號是處為靈昌津。昔澹臺子羽齎千金之璧渡河，陽侯波起，兩蛟夾舟。子羽曰：吾可以義求，不可以威刧。操劍斬蛟，蛟死波休，乃投璧于河。三投而輒躍出，乃毀璧而去，示無吝意。趙建武中，造浮橋于津上，採石為中濟，石無大小，下輒流去，用工百萬，經年不就。石虎親閱作工，沉璧于河，明日，璧流渚上，波蕩上岸，遂斬匠而還。

16 河水又逕東燕縣故城北，河水于是有棘津之名，亦謂之石濟津，故南津也。《春秋》僖公二十八年，晉將伐曹，曹在衛東，假道于衛，衛人不許，還自南河濟，即此也。晉伐陸渾，亦于此渡。宋元嘉中，遣輔國將軍蕭斌，率寧朔將軍王玄謨北入，宣威將軍垣護之，以水軍守石濟，即此處也。河水又東，淇水入焉。又東逕遮害亭南。《漢書・溝洫志》曰：在淇水口東十八里，有金隄，隄高一丈。自淇口東，地稍下，隄稍高，至遮害亭，高四五丈。又有宿胥口，舊河水北入處也。河水又東，右逕滑臺城北，城有三重，中小城謂之滑臺城，舊傳滑臺人自脩築此城，因以名焉。城即故鄭廩延邑也，下有延津。《春秋傳》曰：孔悝為蒯聵所逐，載伯姬于平陽，行于延津是也。廩延南故城，即衛之平陽亭也，今時人謂此津為延壽津。宋元嘉中，右將軍到彥之，留建威將軍朱脩之守此城，魏軍南伐，脩之執節不下，其母悲憂，一旦乳汁驚出，母乃號踊，告家人曰：我年老，非有乳時，今忽如此，吾兒必沒矣。脩之絕援，果以其日陷沒。城，故東郡治。《續漢書》曰：延熹九年，濟陰、東郡、濟北、平原，河水清。襄楷上疏曰：《春秋》注記未有河清，而今有之。《易‧乾鑿度》曰：上天將降嘉應，河水先清。京房《易傳》曰：河水清，天下平。天垂異，地吐妖，民厲疫，三者並作而有河清，《春秋》，麟不當見而見，孔子書以為異。河者，諸侯之象；清者，陽明之徵。豈獨諸侯有窺京師也。明年，宮車宴駕，徵解瀆侯為漢嗣，是為靈帝。建寧四年二月，河水又清也。

又東北過黎陽縣南，

17 黎，侯國也。《詩‧式微》，黎侯寓于衛是也。晉灼曰：黎山在其南，河水逕其東。其山上碑云：縣取山之名，取水之陽，以為名也。王莽之黎蒸也。今黎山之東北故城，蓋黎陽縣之故城也。山在城西，城憑山為基，東阻于河。故劉楨《黎陽山賦》⑰曰：南陰黃河，左覆金城，青壇承祀，高碑頌靈。昔慕容玄明自鄴率眾南徙滑臺，既無舟楫，將保黎陽，昏而流澌冰合，于夜中濟訖，旦而冰泮，燕民謂是處為天橋津。東岸有故城，險帶長河，戴延之謂之逯明壘，周二十里，言逯明，石勒十八騎中之一，城因名焉。郭緣生曰：城，袁紹時築。皆非也。余按《竹書紀年》：梁惠成王十一年，鄭釐侯使許息來致地，平丘、戶牖、首垣諸邑，及鄭馳道⑱，我取枳道與鄭鹿。即是城也。今城內有故臺，尚謂之鹿鳴臺，又謂之鹿鳴城。王玄謨自滑臺走鹿鳴者也。濟取名焉，故亦曰鹿鳴津，又曰白馬濟。津之東南有白馬城，衛文公東徙，渡河都之，故濟取名焉。袁紹遣顏良攻東郡太守劉延于白馬，關羽為曹公斬良以報效，即此處也。白馬有韋鄉、韋城，故津亦有韋津之稱。《史記》所謂下脩武，渡韋津者也。

18

河水舊于白馬縣南泆通濮、濟、黃溝，故蘇代說燕曰：決白馬之口，魏無黃、濟陽。《竹書紀年》，梁惠成王十二年，楚師出河水，以水長垣之外者也。金隄既建，故渠水斷，尚謂之白馬瀆，故瀆東逕鹿鳴城南，又東北逕白馬縣之涼城北。《耆舊傳》⑲云：東郡白馬縣之神馬亭，實中層峙，南北二百步，東西五十許步，狀丘斬城也[20]。自外耕耘墾斫，削落平盡，正南有躔陛陟上，方軌是由，西南側城有神馬寺，樹木脩整，西去白馬津可二十許里，東南距白馬縣故城可五十里，疑即《開山圖》之所謂白馬山也。山下常有白馬群行，悲鳴則河決，馳走則山崩。《注》云：山在鄭北，故鄭也，所未詳。劉澄之云：有白馬塞，孟達登之長歎。可謂于川土疎妄矣。亭上舊置涼城縣，治此。白馬瀆又東南逕濮陽縣，散入濮水，所在決會，更相通注，以成往復也。河水自津東北逕涼城縣，河北有般祠。《孟氏記》[21]云：祠在河中，積石為基，河水漲盛，恆與水齊。戴氏《西征記》曰：今見祠在東岸，臨河累石為壁，其屋宇容身而已。殊似無靈，不如孟氏所記，將恐言之過也。

19 河水又東北，逕伍子胥廟南，祠在北岸頓丘郡界，臨側長河。廟前有碑，魏青龍三年立。河水又東北，為長壽津。《述征記》曰：涼城到長壽津六十里，河之故瀆出焉。《漢書‧溝洫志》曰：河之為中國害尤甚，故導河自積石，歷龍門，二渠以引河。一則漯川，今所流也。一則北瀆，王莽時空，故世俗名是瀆為王莽河也。故瀆東北逕戚城西，《春秋》哀公二年，晉趙鞅率師，納衛太子蒯聵于戚，宵迷，陽虎曰：右河而南必至焉。今頓丘衛國縣西戚亭是也。為衛之河上邑。漢高帝十二年，封將軍李必為侯國矣。故瀆又逕繁陽縣故城東，《史記》，趙將廉頗伐魏取繁陽者也。北逕陰安縣故城西。漢武帝元朔五年，封魏不疑為侯國。故瀆又東北逕樂昌縣故城東。〈地理志〉，東郡之屬縣也，漢宣帝封王稚君為侯國。故瀆又東北逕平邑郭西。《竹書紀年》晉烈公二年：趙城平邑。五年：田公子居思伐邯鄲，圍平邑。九年：齊田肹及邯鄲韓舉，戰于平邑，邯鄲之師敗逋，獲韓舉，取平邑、新城。又東北逕元城縣故城西北，而至沙丘堰㉒。《史記》曰：魏武侯公子元食邑于此，故縣氏焉。

郭東有五鹿墟，墟之左右多陷城。《公羊》曰：襲，邑也。《說》曰：襲，陷矣。〈郡國志〉曰：五鹿，故沙鹿，有沙亭。周穆王喪盛姬，東征舍于五鹿，其女叔媐居此思哭，是曰女媐之丘，為沙鹿之異名也。《春秋左傳》僖公十四年，沙鹿崩。晉史卜之曰：陰為陽雄，土火相乘，故有沙鹿崩。後六百四十五年，宜有聖女興，其齊田乎？後王翁孺自濟南徙元城，正直其地，日月當之。王氏為舜後，土也，漢火也，王禁生政君，其母夢見月入懷，年十八，詔入太子宮，生成帝，為元后。漢祚道汙，四世稱制，故曰：火土相乘而為雄也。及崩，大夫揚雄作誄曰：太陰之精，沙鹿之靈，作合于漢，配元生成者也。

21

獻帝建安中，袁紹與曹操相禦于官渡，紹逼大司農鄭玄載病隨軍，居此而卒。郡守已下受業者，衰絰赴者千餘人。玄注《五經》、《讖緯》、《候》、《歷》、《天文經》通于世，故范曄〈贊〉曰：孔書遂明，漢章中輟矣。縣北有沙丘堰，堰障水也。《尚書・禹貢》曰：北過降水。不遵其道曰降，亦曰潰，至于大陸，北播為九河。《風俗通》曰：河，播也，播為九河自此始也。〈禹貢〉沇州：九河既道。謂徒駭、太史、馬頰、覆釜、胡蘇、簡、潔、句盤、鬲津也，同為逆河。鄭玄曰：下尾合曰逆河。言相迎受矣。蓋疏潤下之勢，以通河海，及齊桓霸世，塞廣田居，同為一河。故自堰以北，館陶、廮陶、貝丘、鬲、般、廣川、信都、東光、河間樂城以東，城地竝存，川瀆多亡。漢世河決金隄，南北離其害，議者常欲求九河故迹而穿之，未知其所。是以班固云：自茲距漢，北亡八枝者也。河之故瀆，自沙丘堰南分，屯氏河出焉。河水故瀆東北逕發干縣故城西，又屈逕其北，王莽之所謂戢楯矣。漢武帝以大將軍衛青破右賢王功，封其子登為侯國。大河故瀆又東逕貝丘縣故城南。應劭曰：《左氏傳》，齊襄公田于貝丘是也。余按京相璠㉓、杜預竝言在博昌，即司馬彪〈郡國志〉所謂貝中聚者也。應《注》于此事近違矣。

22 大河故瀆又東逕甘陵縣故城南，〈地理志〉之所謂厝也，王莽改曰厝治者也。漢安帝父孝德皇，以太子被廢為王，薨于此，乃葬其地，尊陵曰甘陵，縣亦取名焉。桓帝建和二年，改清河曰甘陵。是周之甘泉市地也。陵在瀆北，丘墳高巨，雖中經發壞，猶若層陵矣，世謂之唐侯冢。城曰邑城，皆非也。昔南陽文叔良，以建安中為甘陵丞，夜宿水側，趙人蘭襄夢求改葬，叔良明循水求棺，果于水側得棺，半許落水。叔良顧親舊曰：若聞人傳此，吾必以為不然。遂為移殯，醊而去之。

23 大河故瀆又東逕艾亭城南，又東逕平晉城南，今城中有浮圖五層，上有金露盤，題云：趙建武八年，比釋道龍和上竺浮圖澄，樹德勸化，興立神廟。浮圖已壞，露盤尚存，煒煒有光明。大河故瀆又東北逕靈縣故城南，王莽之播亭也。河水于縣別出為鳴犢河。河水故瀆又東逕鄃縣故城東，呂后四年，以父嬰功，封子佗襲為侯國，王莽更名之曰善陸。

24 大河故瀆又東逕平原縣故城西，而北絕屯氏三瀆，北逕繹幕縣故城東北，西流逕平原鬲縣故城西。〈地理志〉曰：鬲，津也，王莽名之曰河平亭，故有窮后羿國也。應劭曰：鬲，偃姓，咎繇後。光武建武十三年，封建義將軍朱祜為侯國。大河故瀆又北逕脩縣故城東，又北逕安陵縣西，本脩之安陵鄉也。《地理風俗記》曰：脩縣東四十里有安陵鄉，故縣也。又東北至東光縣故城西，而北與漳水合。

25 一水分大河故瀆，北出為屯氏河，逕館陶縣東，東北出。《漢書・溝洫志》曰：自塞宣防，河復北決于館陶縣，分為屯氏河，廣深與大河等。成帝之世，河決館陶及東郡金隄，上使河隄謁者王延世塞之，三十六日隄成，詔以建始五年為河平元年，以延世為光祿大夫，是水亦斷。

26 屯氏故瀆水之又東北，屯氏別河出焉。屯氏別河故瀆又東北逕信成縣，張甲河出焉。〈地理志〉，張甲河首受屯氏別河于信成縣者也。張甲河故瀆北絕清河于廣宗縣，分為二瀆，左瀆逕廣宗縣故城西，又北逕建始縣故城東。田融㉔云：趙武帝十二年，立建興郡，治廣宗，置建始、興德五縣隸焉。左瀆又北逕經城東、繚城西，又逕南宮縣西，北注絳瀆。右瀆東北逕廣宗縣故城南，又東北逕界城亭北，又東北逕長樂郡棗彊縣故城東。長樂，故信都也，晉太康五年，改從今名。

27 又東北逕廣川縣，與絳瀆水故道合。又東北逕廣川縣故城西，又東逕棘津亭南㉕。徐廣曰：棘津在廣川。司馬彪曰：縣北有棘津城，呂尚賣食之困，疑在此也。劉澄之云：譙郡酇縣東北有棘津亭，故邑也，呂尚所困處也。余按《春秋左傳》，伐巢、克棘、入州來，無津字。杜預《春秋釋地》㉖又言：棘亭在酇縣東北，亦不云有津字矣。而竟不知澄之于何而得是說？然天下以棘為名者多，未可咸謂之棘津也。又《春秋》昭公十七年，晉侯使荀吳帥師涉自棘津，用牲于洛，遂滅陸渾。杜預《釋地》闕而不書。服虔曰：棘津，猶孟津也。徐廣《晉紀》㉗又言：石勒自葛陂寇河北，襲汲人向冰于枋頭，濟自棘。棘津在東郡、河內之間，田融以為即石濟南津也。雖千古茫昧，理世玄遠，遺文逸句，容或可尋，沿途隱顯，方土可驗。

28 司馬遷云：呂望，東海上人也，老而無遇，以釣干周文王。又云：呂望行年五十，賣食棘津；七十，則屠牛朝歌；行年九十，身為帝師。皇甫士安云：欲隱東海之濱，聞文王善養老，故入釣于周。今汲水城亦言有呂望隱居處。起自東海，迄于酆雍，緣其逕趣，趙、魏為密，厝之譙、宋，事為疎矣。

29 張甲故瀆又東北至脩縣東會清河。《十三州志》曰：張甲河東北至脩縣入清漳者也。屯氏別河又東，枝津出焉，東逕信成縣故城南，又東逕清陽縣故城南、清河郡北，魏自清陽徙置也。又東北逕陵鄉南，又東北逕東武城縣故城南，又東北逕東陽縣故城南。〈地理志〉曰：王莽更之曰胥陵矣。俗人謂之高黎郭，非也。應劭曰：東武城東北三十里有陽鄉，故縣也。又東散絕，無復津逕。

30 屯氏別河又東北逕清河郡南，又東北逕清河故城西。漢高帝六年，封王吸為侯國。《地理風俗記》曰：甘陵郡東南十七里有清河故城者，世謂之鵲城也。又東北逕繹幕縣南，分為二瀆，屯氏別河北瀆東逕繹幕縣故城南，東絕大河故瀆，又東北逕平原縣，枝津北出，至安陵縣遂絕。

31 屯氏別河北瀆又東北逕重平縣故城南。應劭曰：重合縣西南八十里有重平鄉，故縣也。又東北逕重合縣故城南，又東北逕定縣故城南。漢武帝元朔四年，封齊孝王子劉越為侯國。《地理風俗記》曰：饒安縣東南三十里有定鄉城，故縣也。屯氏別河北瀆又東，入陽信縣，今無水。又東為咸河，東北流逕陽信縣故城北。〈地理志〉，渤海之屬縣也，東注于海。

32 屯氏別河南瀆自平原東絕大河故瀆，又逕平原縣故城北，枝津右出，東北至安德縣界，東會商河。屯氏別河南瀆又東北于平原界，又有枝渠右出，至安德縣遂絕。屯氏別河南瀆自平原城北首受大河故瀆，東出，亦通謂之篤馬河。即

〈地理志〉所謂平原縣有篤馬河，東北入海，行五百六十里者也。東北逕安德縣故城西，又東北逕臨齊城南。始東齊未賓，大魏築城以臨之，故城得其名也。又屈逕其城東，故瀆廣四十步，又東北逕重丘縣故城西。《春秋》襄公二十五年，秋，同盟于重丘，伐齊故也。應劭曰：安德縣北五十里有重丘鄉，故縣也。又東北逕西平昌縣故城北，北海有平昌縣，故加西。漢宣帝元康元年，封王長君為侯國。

33 故渠川派，東入般縣為般河。蓋亦九河之一道也。《後漢書》稱公孫瓚破黃巾于般河，即此瀆也。又東為白鹿淵水，南北三百步，東西千餘步，深三丈餘。其水冬清而夏濁，渟而不流，若夏水洪泛，水深五丈，方乃通注。般瀆又逕般縣故城北，王莽更之曰分明也。東逕樂陵縣故城北。〈地理志〉曰：故都尉治。伏琛、晏謨言平原邑，今分為郡。又東北逕陽信縣故城南，東北入海。

34 屯氏河故瀆自別河東逕甘陵之信鄉縣故城南。〈地理志〉曰：安帝更名安平。應劭曰：甘陵西北十七里有信鄉，故縣也。屯氏故瀆又東逕甘陵縣故城北，又東逕靈縣北，又東北逕鄃縣，與鳴犢河故瀆合，上承大河故瀆于靈縣南。〈地理志〉曰：河水自靈縣別出為鳴犢河者也。東北逕靈縣東，東入鄃縣，而北合屯氏瀆。屯氏瀆兼鳴犢之稱也。又東逕鄃縣故城北，東北合大河故瀆，謂之鳴犢口。《十三州志》曰：鳴犢河東北至脩入屯氏，考瀆則不至也。

又東北過衛縣南，又東北過濮陽縣北，瓠子河出焉。

35 河水東逕鐵丘南，《春秋左氏傳》哀公二年，鄭罕達帥師，郵無恤御簡子，衛太子為右，登鐵上，望見鄭師，衛太子自投車下，即此處也。京相璠曰：鐵，丘名也。杜預曰：在戚南。河之北岸，有古城，戚邑也。東城有子路冢，河之西岸有竿城。〈郡國志〉曰：衛縣有竿城者也。河南有龍淵宮，武帝元光中，河決濮陽，氾郡十六，發卒十萬人塞決河，起龍淵宮。蓋武帝起宮于決河之傍，龍淵之側，故曰龍淵宮也。

36 河水東北流而逕濮陽縣北，為濮陽津。故城在南與衛縣分水，城北十里有瓠河口，有金隄、宣房堰。粵在漢世，河決金隄，涿郡王尊自徐州刺史遷東郡太守，河水盛溢，泛浸瓠子，金隄決壞，尊躬率民吏，投沉白馬，祈水神河伯，親執圭璧，請身填隄，廬居其上，民吏皆走，尊立不動而水波齊足而止，公私壯其勇節。

37 河水又東北逕衛國縣南，東為郭口津。河水又東逕鄄城縣北，故城在河南十八里，王莽之鄄良也，沇州舊治。魏武創業始自于此。河上之邑最為峻固。《晉八王故事》[28]曰：東海王越治鄄城，城無故自壞七十餘丈，越惡之，移治濮陽。城南有魏使持節征西將軍太尉方城侯鄧艾廟，廟南有「艾碑」，秦建元十二年，廣武將軍沇州刺史關內侯安定彭超立。河之南岸有新城，宋寧朔將軍王玄謨前鋒入河所築也。北岸有新臺，鴻基層廣高數丈，衛宣公所築新臺矣。《詩》[29]齊姜所賦也。為盧關津。臺東有小城，崎嶇頹側，臺址枕河，俗謂之邸閣城。疑故關津都尉治也，所未詳矣。

河水又東北逕范縣之秦亭西，《春秋經》書築臺于秦者也。河水又東北逕委粟津，大河之北，即東武陽縣也。左會浮水故瀆，故瀆上承大河于頓丘縣而北出，東逕繁陽縣故城南。應劭曰：縣在繁水之陽。張晏曰：縣有繁淵。《春秋》襄公二十年，《經》書公與晉侯、齊侯盟于澶淵。杜預曰：在頓丘縣南，今名繁淵。澶淵，即繁淵也，亦謂之浮水焉。昔魏徙大梁，趙以中牟易魏。故〈志〉曰：趙南至浮水繁陽。即是瀆也。故瀆東絕大河，故瀆東逕五鹿之野，晉文公受塊于野人，即此處矣。京相璠曰：今衛縣西北三十里，有五鹿城，今屬頓丘縣。浮水故瀆又東南逕衛國邑城北，故衛公國也。漢光武以封周後也。又東逕衛國縣故城南，古斟觀。應劭曰：夏有觀扈，即此城也。《竹書紀年》：梁惠成王二年，齊田壽率師伐我，圍觀，觀降。浮水故瀆又東逕河牧城而東北出。《郡國志》曰：衛本觀故國，姚姓。有河牧城，又東北入東武陽縣，東入河。又有漯水[30]出焉，戴延之謂之武水也。河水又東逕武陽縣東、范縣西而東北流也。

又東北過東阿縣北，

39 河水于范縣東北流為倉亭津。《述征記》曰：倉亭津在范縣界，去東阿六十里。《魏土地記》曰：津在武陽縣東北七十里，津，河濟名也。河水右歷柯澤，《春秋左傳》襄公十四年，衛孫文子敗公徒于阿澤者也。又東北逕東阿縣故城西，而東北出流注河水。枝津東出，謂之鄧里渠也。

又東北過茌平縣西，

40 河自鄧里渠東北逕昌鄉亭北，又東北逕碻磝城西。《述征記》曰：碻磝，津名也，自黃河泛舟而渡者，皆為津也。其城臨水，西南崩于河。宋元嘉二十七年，以王玄謨為寧朔將軍，前鋒入河，平碻磝，守之。都督劉義恭以沙城不堪守，召玄謨令毀城而還，後更城之。魏立濟州，治此也。河水衝其西南隅，又崩于河，即故茌平縣也。應劭曰：茌，山名也，縣在山之平地，故曰茌平也，王莽之功崇矣。《經》曰大河在其西，鄧里渠歷其東，即斯邑也。昔石勒之隸師懽，屯耕于茌平，聞鼓角鞞鐸之聲于是縣也。西與聊城分河。

41 河水又東北與鄧里渠合，水上承大河于東阿縣西，東逕東阿縣故城北，故衛邑也。應仲瑗曰：有西，故稱東。魏封曹植為王國。大城北門內西側，皐上有大井，其巨若輪，深六七丈，歲嘗煮膠，以貢天府。《本草》[31]所謂阿膠也。故世俗有阿井之名。縣出佳繒縑，故《史記》云：秦昭王服太阿之劍，阿縞之衣也。又東北逕臨邑縣，與將渠合。又北逕茌平縣東，臨邑縣故城西，北流入于河。

42 河水又東北流逕四瀆津，津西側岸。臨河有四瀆祠，東對四瀆口。河水東分濟，亦曰濟水受河也。然滎口石門水斷不通，始自是出東北流，逕九里與清水合。故濟瀆也。自河入濟，自濟入淮，自淮達江，水徑周通，故有四瀆之名也。昔趙殺鳴犢，仲尼臨河而歎，自是而返曰：丘之不濟，命也。夫《琴操》以為孔子臨狄水而歌矣。曰：狄水衍兮風揚波，船楫顛倒更相加。余按臨濟，故狄也。是濟所逕，得其通稱也。河水又逕楊墟縣之故城東，俗猶謂是城曰陽城矣。

河水又逕茌平城東，疑縣徙也。城內有故臺，世謂之時平城，非也。蓋茌、時音相近耳。

又東北過高唐縣東，

43 河水于縣，漯水注之。〈地理志〉曰：漯水出東武陽。今漯水上承河水于武陽縣東南，西北逕武陽新城東，曹操為東郡所治也。引水自東門石竇北注于堂池，池南故基尚存。城內有一石甚大，城西門名冰井門，門內曲中，冰井猶存。門外有故臺，號武陽臺，帀臺亦有隅雉遺迹。

44 水自城東北逕東武陽縣故城南。應劭曰：縣在武水之陽，王莽之武昌也。然則漯水亦或武水矣。臧洪為東郡太守，治此。曹操圍張超于雍丘，洪以情義，請袁紹救之，不許，洪與紹絕。紹圍洪，城中無食，洪呼吏士曰：洪于大義，不得不死，諸君無事，空與此禍。眾泣曰：何忍捨明府也。男女八千餘人，相枕而死。洪不屈，紹殺洪。邑人陳容為丞，謂曰：寧與臧洪同日死，不與將軍同日生。紹又殺之，士為傷歎。今城四周，紹圍郭尚存。

45 水市隍塹，于城東北合為一瀆，東北出郭，逕陽平縣之岡成城西。〈郡國志〉曰：陽平縣有岡成亭。又北逕陽平縣故城東，漢昭帝元平元年，封丞相蔡義為侯國。漯水又北絕莘道，城之西北，有莘亭。《春秋》桓公十六年，衛宣公使伋使諸齊，令盜待于莘，伋、壽繼殞于此亭。京相璠曰：今平原陽平縣北十里，有故莘亭，阸限蹊要，自衛適齊之道也。望新臺于河上，感二子于夙齡，詩人〈乘舟〉㉜，誠可悲矣。今縣東有二子廟，猶謂之為孝祠矣。

46 漯水又東北逕樂平縣故城東。縣，故清也。漢高帝八年，封室中同于清，宣帝封許廣漢少弟翁孫于樂平，竝為侯國。王莽之清治矣。漢章帝建初中，更從今名也。漯水又北逕聊城縣故城西，城內有金城，周帀有水，南門有馳道，絕水南出，自外泛舟而行矣。東門側有層臺，秀出雲表，魯仲連㉝所謂還高唐之兵，卻聊城之眾者也。漯水又東北逕清河縣故城北。《地理風俗記》曰：甘陵，故清河。清河在南十七里，今于甘陵縣故城東南，無城以擬之。直東二十里有艾亭城，東南四十里有此城，擬即清河城也。後蠻居之，故世稱蠻城也。漯水又東北逕文鄉城東南，又東北逕博平縣故城南，城內有層臺秀上，王莽改之曰加睦也。右與黃溝同注川澤。

47 黃溝承聊城郭水，水泛則津注，水耗則輟流。自城東北出，逕清河城南，又東北逕攝城北，《春秋》所謂聊攝以東也。俗稱郭城，非也。城東西三里，南北二里，東西隅㉞有金城，城卑下，墟郭尚存，左右多墳壠。京相璠曰：聊城縣東北三十里有故攝城，今此城西去聊城二十五、六里許，即攝城者也。又東逕文鄉城北，又東南逕王城北。魏太常七年，安平王鎮平原所築，世謂之王城。太和二十三年，罷鎮立平原郡，治此城也。黃溝又東北流，左與漯水隱覆，勢

48 鎮河陸㉟，東出于高唐縣，大河右迆，東注漯水矣。

桑欽《地理志》㊱曰：漯水出高唐。余按竹書《穆天子傳》稱：丁卯，天子自五鹿東征，釣于漯水，以祭淑人，是曰祭丘。己巳，天子東征，食馬于漯水之上。尋其沿歷逕趣，不得近出高唐也。桑氏所言，蓋津流所出，次于是間也。俗以是水上承于河，亦謂之源河矣。

49 漯水又東北逕援縣故城西。王莽之東順亭也。杜預《釋地》㊲曰：濟南祝阿縣西北有援城。漯水又東北逕高唐縣故城東。昔齊威王使肦子守高唐，趙人不敢漁于河。即魯仲連子謂田巴曰：今楚軍南陽，趙伐高唐者也。《春秋左傳》哀公十年，趙鞅帥師伐齊，取犁及轅，毀高唐之郭。杜預曰：轅即援也。祝阿縣西北有高唐城。

50 漯水又東北逕漯陰縣故城北。縣，故犁邑也，漢武帝元光三年封匈奴降王。

王莽更名翼城。歷北漯陰城南。伏琛謂之漯陽，城南有「魏沇州刺史劉岱碑」㊳。《地理風俗記》曰：平原漯陰縣，今巨漯亭是也。漯水又東北逕著縣故城南，又東北逕崔氏城北。《春秋左傳》襄公二十七年，崔成請老于崔者也。杜預《釋地》曰：濟南東朝陽縣西北有崔氏城。漯水又東北逕東朝陽縣故城南。漢高帝七年，封都尉宰寄為侯國。《地理風俗記》曰：南陽有朝陽縣，故加東。〈地理志〉曰：王莽之脩治也。

51 漯水又東逕漢徵君伏生墓南，碑碣尚存，以明經為秦博士。秦坑儒士，伏生隱焉。漢興，教于齊、魯之間，撰《五經》、《尚書大傳》，文帝安車徵之。年老不行，乃使掌故歐陽生等受《尚書》于徵君，號曰伏生者也。

52 漯水又東逕鄒平縣故城北，古鄒侯國，舜後姚姓也。又東北逕東鄒城北。〈地理志〉，千乘郡有東鄒縣。漯水又東北逕建信縣故城北。漢高帝七年，封婁敬為侯國。應劭曰：臨濟縣西北五十里有建信城，都尉治故城者也。漯水又東北逕千乘縣二城間。漢高帝六年，以為千乘郡。王莽之建信也。章帝建初四年為王國；和帝永元七年，改為樂安郡，故齊地。伏琛曰：千乘城在齊城西北百五十里，隔會水，即漯水之別名也。

53 又東北為馬常坑，坑東西八十里，南北三十里，亂河枝流而入于海。河海之饒，茲焉為最。《地理風俗記》曰：漯水東北至千乘入海，河盛則通津委海，水耗則微涓絕流。《書》：浮于濟、漯，亦是水者也。

又東北過楊虛縣東，商河出焉。

54 〈地理志〉：楊虛，平原之隸縣也。漢文帝四年，以封齊悼惠王子將閭為侯國也。城在高唐城之西南，《經》次于此，是不比也。商河首受河水，亦漯水及澤水所潭也。淵而不流，世謂之清水。自此雖沙漲填塞，厥迹尚存。歷澤而北，俗謂之落里坑。逕張公城西，又北，重源潛發，亦曰小漳河，商、漳聲相近，故字與讀移耳。

55 商河又北逕平原縣東，又逕安德縣故城南，又東北逕平昌縣故城南，又東逕般縣故城南，又東逕樂陵縣故城南。漢宣帝地節四年，封侍中史子長為侯國。商河又東逕朸縣故城南。高后八年，封齊悼惠王子劉辟光為侯國，王莽更之曰張鄉。應劭曰：般縣東南六十里有朸鄉城，故縣也。沙溝水注之。水南出大河之陽，泉源之不合河者二百步，其水北流注商河。

56 商河又東北流逕馬嶺城西北，屈而東注南轉，逕城東。城在河曲之中，東海王越斬汲桑于是城。商河又東北逕富平縣故城北，〈地理志〉曰：侯國也。王莽曰樂安亭。應劭曰：明帝更名厭次。闞駰曰：厭次縣本富平侯、車騎將軍張安世之封邑。非也。按《漢書》，昭帝元鳳六年，封右將軍張安世為富平侯。薨，子延壽嗣，國在陳留，別邑在魏郡。《陳留風俗傳》[39]曰：陳留尉氏縣安陵鄉，故富平縣也，是乃安世所食矣。歲入租千餘萬，延壽自以身無功德，何堪久居先人大國，上書請減戶。天子以為有讓，徙封平原，並食一邑，戶口如故，而稅減半。《十三州志》曰：明帝永平五年，改曰厭次矣。按《史記・高祖功臣侯者年表》，高帝六年，封元頃為侯國。徐廣《音義》曰：《漢書》作爰類。是知厭次舊名，非始明帝，蓋復故耳。

57 縣西有東方朔冢，冢側有祠，祠有神驗。水側有雲城。漢武帝元封四年，封齊孝王子劉信為侯國也。商河又分為二水，南水謂之長叢溝，東流傾注于海。溝南海側，有蒲臺，臺高八丈，方二百步。《三齊略記》[40]曰：鬲城東南有蒲臺，秦始皇東遊海上，于臺上蟠蒲繫馬，至今每歲蒲生，縈委若有繫狀，似水楊，可以為箭。今東去海三十里。北水世又謂之百薄瀆，東北流注于海水矣。

58 大河又東北逕高唐縣故城西。《春秋左傳》襄公十九年，齊靈公廢太子光而立公子牙，以夙沙衛為少傅。齊侯卒，崔杼逆光，光立，殺公子牙于句瀆之丘。衛奔高唐以叛。京相璠曰：本平原縣也，齊之西鄙也。大河逕其西而不出其東，《經》言出東，誤耳。

59 大河又北逕張公城，臨側河湄，衛青州刺史張治此，故世謂之張公城。水有津焉，名之曰張公渡。河水又北逕平原縣故城東。《地理風俗記》曰：原，博平也，故曰平原矣。縣，故平原郡治矣。漢高帝六年置，王莽改曰河平也。晉灼曰：齊西有平原。河水東北過高唐，高唐，即平原也。故《經》言，河水逕高唐縣東。非也。按《地理志》曰：高唐，漯水所出，平原，則篤馬河導焉。明平原非高唐，大河不得出其東，審矣。大河右溢，世謂之甘棗溝，水側多棗，故俗取名焉。河盛則委泛，水耗則輟流。故溝又東北歷長隄，逕漯陰縣北，東逕著城北，東為陂淀，淵潭相接，世謂之穢野薄。河水又東北逕阿陽縣故城西。漢高帝六年，封郎中萬訢為侯國。應劭曰：漯陰縣東南五十里有阿陽鄉，故縣也。

又東北過漯陽縣北，

60 河水自平原左逕安德城東，而北為鹿角津。東北逕般縣、樂陵、朸鄉至厭次縣故城南，為厭次河。漢安帝永初二年，劇賊畢豪等數百，乘船寇平原，縣令劉雄，門下小吏所輔，浮舟追至厭次津，與賊合戰，並為賊擒，求代雄，豪縱雄于此津，所輔可謂孝盡愛敬，義極君臣矣。

61 河水右逕漯陰縣故城北。王莽之巨武縣也。河水又東北為漯沃津，在漯沃縣故城南，王莽之延亭者也。《地理風俗記》曰：千乘縣西北五十里有大河，河北有漯沃城，故縣也。魏改為後部亭，今俗遂名之曰右輔城。河水又東逕千乘城北，伏琛之所謂千乘北城者也。

又東北過利縣北，又東北過甲下邑，濟水從西來注之，又東北入于海。

62 河水又東分為二水，枝津東逕甲下城南，東南歷馬常坑注濟。《經》言濟水注河，非也。河水自枝津東北流，逕甲下邑北，世謂之倉子城。又東北流，入于海。《淮南子》曰：九折注于海，而流不絕者，崑崙之輸也。《尚書・禹貢》曰：夾右碣石入于河。《山海經》曰：碣石之山，繩水出焉，東流注于河。

63 河之入海，舊在碣石，今川流所導，非禹瀆也。周定王五年，河徙故瀆。故班固曰：商竭，周移也。又以漢武帝元光二年，河又徙東郡，更注渤海。是以漢司空掾王璜言曰：往者，天嘗連雨，東北風，海水溢，西南出侵數百里。故張折㊶云：碣石在海中。蓋淪于海水也。昔燕、齊遼曠，分置營州，今城届海濱，海水北侵，城垂淪者半。王璜之言，信而有徵。碣石入海，非無證矣。

【注釋】❶帝王世紀　書名。見卷四〈河水〉「皇甫謐」注釋。❷世語　書名。《隋書・經籍志》著錄《魏晉世語》十卷，晉郭頒撰。《注》文省「魏晉」二字。已亡佚。❸夷齊之歌　詩歌名。夷齊，指商末孤竹國（今河北盧龍一帶）君長子伯夷，少子叔齊。此歌載《史記・伯夷列傳》。❹郃詩　指《詩經・豳風・七月》。❺論衡　書名。《隋書・經籍志》著錄，東漢王充撰。王充（西元二七～約九七年），字仲任，會稽上虞（今浙江上虞）人。原書一百篇，今存八十五篇，其中〈招致〉一篇有目無文，故實為八十四篇。❻河圖　見卷一〈河水〉第一篇《龍馬圖》及《河圖》注。《隋書・經籍志》著錄二十卷，又著錄《河圖洛書》二十四卷，已亡佚。今有《山右叢書》等輯本。❼呂氏春秋　書名。《漢書・藝文志》著錄，戰國末呂不韋（西元？～前二三五年）輯，智略士作。《史記・呂不韋列傳》：「呂不韋乃使其客人，人著作聞，集論以為八覽、六論、十二紀，二十餘萬言，以為備天地萬物古今之事，號曰《呂氏春秋》。」故此書實為呂不韋門客所合撰，非智略士一人之作。因書中有八覽，所以書名又稱《呂覽》。原書一百六十篇，加〈序意〉一篇，合為一百六十一篇，其中〈八覽〉已亡佚一篇，故今存一百六十篇。收入於《子書百家》、《四部備要》、《四部叢刊》等。❽大河賦　見卷一〈河水〉第三篇注。❾靈河賦　詩賦名。三國魏應瑒撰。應瑒，字德璉，汝南南頓（今河南項城一帶）人，建安七子之一。此賦收入於《古文苑》卷二十一。❿東征賦　詩賦名。漢班昭撰。班昭，適曹世叔，故稱曹大家。此賦收入於《文選》卷九。⓫河水又東合汜水　此處有佚文一條。雍正《河南通志》卷十二〈河防〉一〈鄭州汜水〉引《水經注》：「汜者，取水決復入之義，北逕虎牢城東北，又北由孤村嘴以下入河。」當是此段中佚文。⓬征艱賦　詩賦名。晉盧諶撰，已亡佚。清嚴可均《全晉文》輯存。⓭永初記　書名。南北朝齊劉澄之撰，《隋書・經籍志》著錄作《永初山川古今記》，已亡佚。輯本收入於《漢唐地理書鈔》等。⓮河渠書　《史記》中的一篇。⓯禹貢圖　圖名。又稱〈禹貢地域圖〉，共十八篇，已亡佚。《晉書・裴秀傳》載有〈序〉一篇，內有中國傳統的製圖理論，即所謂「製圖六體」。此圖署晉裴秀撰，經專家考證，實為其門客京相璠的作品。⓰瓠歌　詩歌名。即〈瓠子歌〉。漢武帝撰，《漢書・溝洫志》載其全篇，也收入於《水經・瓠子河注》。⓱黎陽山賦　詩賦名。三國魏劉楨撰，已亡佚。有清嚴可均《全晉文》輯本。⓲鄭馳道　此處「道」字，別本多有作「地」字者，清孫詒讓認為「地」字是，「馳地」是易地之意，有《戰國策・秦策》可以為證。⑲耆舊傳　書名。但《水經注》引《耆舊傳》甚多，全書計有二十處，其實是一種泛稱，也有全名引用的，如《京兆耆舊傳》。⑳狀丘斬城也　此句有脫誤，姑譯之如後。㉑孟氏記　書名。未見歷來公私著錄，不知撰者和撰述年代，已亡佚。㉒而至沙丘堰　此處有佚文一條。《寰宇記》卷五十四〈河北道〉三〈魏州・大名縣〉引《水經注》：「沙邱堰有貴鄉。」當是此段中佚文。㉓京相璠　晉裴秀門客，撰《春秋土地名》五卷（或稱《春秋地名》）。前列〈禹貢圖〉雖署裴秀名，其實也是他的作品。書已亡佚，今有馬氏輯本。㉔田融　指菾田融所撰《趙書》十卷，已亡佚，不見歷來公私著錄，亦無輯本。㉕又東逕棘津亭南　此處有佚文一條。《名勝志》卷八〈冀州棗彊縣〉引《水經注》：「清河又東北逕棗強縣故城西，又東北逕棘津，津上有古臺，耆舊相傳，呂望賣漿臺。」當是此段中佚文。㉖春秋釋地　書名。晉杜預撰。杜預（西元二二二～二八四年），字元凱，京兆杜陵（今陝西西安以南）人。《隋書・經籍志》著錄作《春秋釋例》十五卷，當是此書，已亡佚。有《微波榭叢書》輯本。㉗晉紀　書名。《隋書・經籍志》著錄四十五卷，南朝宋徐廣撰，已亡佚。有《漢學堂叢書》等輯本。㉘晉八王故事　書名。晉盧琳撰，《隋書・經籍志》著錄十卷（或作十二卷），已亡佚。有《漢學堂叢書》等輯本。㉙詩　所引在《詩經・邶風・新臺》。㉚又有漯水　此處有佚文一條。《寰宇記》卷五十四〈河北道〉三〈博州・聊城縣〉引《水經注》：「武水東流從石柱北是也。」當是此段中佚文。㉛本草　書名。《隋書・經籍志》著錄作《神農本草》八卷。也有作《神農本草經》的。不知撰者和撰述年代。又有《蔡邕本草》七卷、《華佗弟子吳普本草》六卷等，不勝枚舉。今《本草》輯本多作魏吳普等述，收入於《叢書集成初編》等，均作三卷。㉜詩人乘舟　指《詩經・邶風・二子乘舟》。㉝魯仲連　戰國齊人，或稱魯連、魯連子。《漢書・藝文志》著錄《魯仲連子》十四篇，已亡佚。今有馬氏輯本。㉞東西隅　此處之「東西隅」無理，譯文按《疏》改為「東南隅」。㉟左與漯水隱覆二句　此處有脫誤，後按《疏》意譯。㊱桑欽地理志　《漢書・地理志》曾引桑欽語六處，但未言引自何書。酈氏引桑欽《地理志》，或確有其書，參見酈書原序。㊲釋地　書名。即杜預《春秋釋地》（或作《春秋地名》）。本卷前已有注。㊳魏沇州刺史劉岱碑　此碑不見各種金石碑錄，碑已不存。㊴陳留風俗傳　書名。《隋書・經籍志》著錄三卷，東漢圈稱撰，已亡佚。有宛委山堂《說郛》等輯本。㊵三齊略記　書名。又稱《齊記》。晉伏琛撰，六卷，與卷八〈濟水注〉所引《齊記》（晉晏謨撰）不是同書。此書隋唐諸志不著錄，已亡佚。今有馬氏輯本等。㊶張折　《水經注疏》作「張君」，但別本多作張折。張折不知為何許人。

【語　譯】又東過平縣北，湛水從北來注之。

1 河水又東流經河陽縣舊城南。《春秋經》記載：天王在河陽打獵。壬申那日，僖公到周王的寓所朝見他。晉侯拘捕了衛侯，回到京師。《春秋左傳》僖公二十八年（西元前六三二年），冬，在溫會盟，拘捕了衛侯。這次會盟，晉侯召喚周襄王，約諸侯去會見他，並且請襄王去打獵。仲尼說：以臣子的身分召喚君王，這樣的事不可效法。所以《春秋》的記載只說：天王在河陽打獵。意思是說這不是王打獵的地方。服虔、賈逵說：河陽就是溫。班固《漢書·地理志》，司馬彪、袁山松《郡國志》、《晉太康地道記》、《十三州志》都說：河陽是別的縣份，並非溫邑。漢高帝六年（西元前二〇一年），封給陳涓為侯國，就是王莽的河亭。《十三州志》說：縣治在河上。這條河，就是孟津河。郭緣生《述征記》說：踐土，就是現在的冶坂城。這個地名與《春秋》的地名不同，不是踐土。現在河北所見的，是河陽城的舊縣城，在冶坂西北，是晉國溫的地域，所以眾多學者所持的論點，以為河陽是溫。《魏土地記》說：冶坂城舊時稱漢祖渡，這座城很險峻牢固，南瀕孟津河。河水右岸流經臨平亭北。《帝王世紀》說：光武帝葬在臨平亭南，西與平陰相望，說的就是這地方。

2 河水又東流經洛陽縣北，河水南岸有一塊碑，北面題的是：洛陽北界。水中有兩個沙洲，分屬兩縣。沙洲上從前有河平侯祠，祠前原來有一塊碑，現在已不知此祠的原址了。郭頒《世語》說：晉文王時，孟津出現過一條大魚，長幾百步，高五丈，頭在南岸，尾巴在河心沙洲上的河平侯祠，說的就是此祠。

3 河水又東流經平縣舊城北。漢武帝元朔三年（西元前一二六年），將平縣封給濟北貞王的兒子劉遂為侯國，這就是王莽時所謂的治平，民間則稱為小平。這裡有高祖的講武場。河北岸邊有兩城相對，城中設北中郎府，把服勞役的人遷過去編入府中戶口，並由羽林、虎賁領隊防守。河水南岸朝向首陽山，《春秋》稱為首戴。〈伯夷叔齊之歌〉中唱道：攀登上那兒的西山。山上有伯夷叔齊廟，廟前有兩塊石碑，都是後漢河南尹廣陵陳導、雒陽令徐循，同平原蘇騰、南陽何進兩位處士所立，立碑的事碑上都有記載。山上還有周公廟。魏朝皇帝在北芒的邊境建造玄武觀。張景陽〈玄武觀賦〉寫道：高樓拔地而起，巍然凌空高聳；孤獨亭亭屹立，招來千里清風。朝廷又在山上建造冰室，室內有冰井。《春秋左傳》說：太陽軌道傾斜到了虛宿，就開始藏冰。常於十二月在河津的隘口，峽石的角隅，朝北的陰處採冰。〈豳風〉詩中說：十二月裡鑿冰敲得咚咚響。採得的冰，藏在地窖內，就是詩中所謂的納於凌陰。

4 河水南岸有鉤陳壘，傳說這裡是武王討伐紂王時，八百諸侯會集的地方。《尚書》說：事先沒有約定，卻都同時到達。紫微垣有鉤陳六星，掌管打鬥訴訟、用兵布陣等事，所以奇門遁甲攻取的方法，是以所攻的神與鉤陳星二氣相合，在下界制約著攻戰的日期，就一定能俘獲敵人，這座營壘也因而得名了。河水流到這裡，有個地方叫盟津。《論衡》說：武王討伐紂王，上船時，水神陽侯掀起巨浪，刮起狂風使河水倒流。武王手持黃鉞揮動著，就風平浪靜了。船到中流，一條白魚跳入船艙，武王以火烤魚向天禱告，與八百諸侯一同盟誓。就是《尚書》所說：沒有事先商量，卻眾口一辭。所以叫孟津，又稱盟津。《尚書》所謂東到孟津，即指此處，又叫富平津。《晉陽秋》說：杜預在富平津造河橋，就是所謂造船鋪設浮橋。此水又稱陶河。魏尚書僕射杜畿，因皇帝將臨幸許昌，試開樓船，卻在陶河覆沒，指的就是此地。從前禹治洪水，在河邊視察，看見一個白面魚身的長人，從水中出來，對禹說：我是河水的精靈。他把《河圖》交給了禹，又回到深淵裡去了。待到王子朝篡位，與敬王作戰時，才拿出周朝的寶玉，投入水中祈求福祿。兩天以後，擺渡的船夫在河邊拾到這塊寶玉，想把它賣掉，卻變成了石頭。待到敬王坐穩了王位以後，船夫把拾到的寶玉獻給敬王，於是又變成了寶玉。

5 河水又東流，湨水注入。《山海經》說：和山，山上沒有草木，卻有很多瑤碧一類的美玉，這裡事實上是大河九條水源的集中地。這座山有五個山彎，九條水從這裡流出後匯合北流，注入河水。山南多蒼玉，由吉神泰逢掌管，他喜居萯山南面，出入都有靈光。《呂氏春秋》說：夏后氏孔甲，在東陽萯山田獵，碰到狂風暴雨，迷了路，躲進老百姓家裡。皇甫謐《帝王世紀》以為這就是東首陽山，大概是這座山的別名吧。但如今在首陽的東山卻沒有相應的水，那一定是因為古今時代相距遙遠，水流地貌都已有很大的變化的緣故。從前堯帝在河水、洛水修築祭壇，商量選擇吉日良辰沉璧祭河。他帶領了舜等攀登首山，然後又沿著河邊走。這時有五位老人也在嬉遊，他們相互談話間說：《河圖》就要來了，把日期告知堯帝吧，知道我們的，就是那位有兩個眸子的人了。說罷，五位老人就都化作流星，飛向昴宿去了。這一奇蹟就發生在這裡。河水又東流，濟水注入。

又東過鞏縣北，

6 河水流到這裡有個五社渡，又叫五社津。建武元年（西元二五年），朱鮪派遣持有符節的使者賈彊、討難將軍蘇茂，率領三萬士兵從五社津渡河，攻打溫縣。馮異派遣校尉與寇恂聯合反擊，大敗敵軍，一直追擊到河上，俘獲萬餘人，投河而死的，也有數千人。縣北河邊有一座山，叫崟原丘，山下有個山洞，叫鞏穴。據說在地下暗通淮浦，往北遠達河水。山洞直對著一個沙洲，叫鮪渚。成公子安〈大河賦〉說：鱣魚、鯉魚、王鮪魚，暮春時節都游到這裡來。《周禮》載：春季進獻鮪魚。但如果不是魚汛季節以及在別的地方，都沒有這種魚。所以河水從鮪穴以上，又兼有鮪水的名稱了。《呂氏春秋》說：周武王討伐紂王，進軍到了鮪水，紂王派了膠鬲去守候周朝的部隊，就是在這地方。

洛水從縣西，北流注之。

7 洛水從鞏縣東流，流經洛汭——洛汭北對琅邪渚——注入河水，這個入河處叫洛口。洛水從縣西流來，北流注入河水。這兩條水一清一濁，水色涇渭分明。應瑒〈靈河賦〉說：若要問神靈的大河遙遠的源泉，它就出自崑崙山神仙所居的山丘。它流過津洛的阪泉，在中原大地散布開九條大支流。

又東過成皋縣北，濟水從北來注之。

8 河水從洛口又東流，左岸流經平皋縣南。又東流經懷縣南，濟水舊河道就在這裡注入河水，懷縣與成皋便以河水為分界。河水右岸流經黃馬坂北，稱為黃馬關。孫登離開楊駿，寫信給洛陽故友，就在這地方。

9 河水又東流經旋門坂北，這就是今天成皋西的大山坡。登上這道山坡，往東去就是成皋。曹大家〈東征賦〉說：眺望河洛二水匯合而同流，觀看成皋的旋門，就是描寫這地方。河水又東流經成皋大伾山腳下。《爾雅》說：山一重稱為伾。許慎、呂忱等人，都以為伾是一重的山丘。孔安國卻以為山有兩重叫伾，也有人以為伾是地名，都是不對的。《尚書·禹貢》說：過了洛汭，就到大伾。鄭康成說：大伾山是大地的喉嚨。沇水就發源於大伾山的旁邊。大伾山在河內郡脩武、武德二縣的邊界上。濟水、沇水與滎播澤都是從這裡出入的。那麼大伾山就是這座山了。大伾山以北，就是《水經》所說的：濟水從北方流來注入。現在濟水是從溫縣而不是在這裡注入河水的。在這裡注入的，是奉溝水，也就是濟水、沇水的舊河道。成皋縣的舊城在大伾山上，環繞著山，周圍的崖岸險峻陡絕，高四十餘丈，城的開合極其險峻，崎嶇不平。《春秋傳》說：制，是個地勢險要的城，虢叔就死在這裡。也就是東虢。魯襄公二年（西元前五七一年）七月，晉成公與諸侯會盟於戚，就在虎牢築城進逼鄭國，以求議和。那是利用舊城重修而成的。《穆天子傳》說：天子在鄭圃射鳥獵獸，命令虞人去砍伐山林，有一頭老虎藏身在蘆葦中。天子將到這裡時，禁衛軍勇士高奔戎活捉了這頭老虎獻給天子。天子命令他做了一個虎籠，把老虎養在東虢，因而稱為虎牢。這樣看來，虎牢這個地名，是從那時才有的。秦朝在那裡設關，漢朝才立縣。城的西北角有一座小城，周長三里，北面河邊，建了一排樓觀，巍然凌空高聳。景明年間（西元五〇〇～五〇三年），我去壽春，途經此城，登樓遠眺，山川形勝一覽無遺，旅途中漫遊來到這裡，不免感慨傷懷起來。河水南面朝向玉門，從前漢高祖與滕公逃出此城，就是在這裡渡河的。玉門東面臨河，水岸上有個土洞。魏軍在虎牢圍攻北司州刺史毛德祖，圍攻了兩百天，仍攻不進去。城裡只有一口井，深四十丈，而山勢峻峭，攻城時無處掩蔽，不能防備守軍，於是暗中挖了一條地道，奪取此井。這次我因公事到那裡去，所以前去尋找，看到所挖的洞穴還在。

河水又東流，與汜水匯合。汜水發源於南方的浮戲山——世人稱為方山，北流與東關水匯合。東關水發源於嵩渚山，泉水從層沓的丘岡上流出，一處水源裂成兩支，分道而流，人們稱為石泉水。東流的一條叫索水，西流的一條叫東關水。東關水往西北流，楊蘭水注入。楊蘭水發源於非山，西北流，注入東關水。東關水又西北流，清水注入。清水從東浦西流，與東關水匯合，亂流注入汜水。汜水又北流，在右岸匯合石城水。石城水發源於石城山，這座山澗水縱橫，山嶺重沓，互相斜疊著，就像城牆一樣。山頂的泉流，在陸崖上成為瀑布傾瀉下來，下面有地下泉湧出，東向流注。旁邊有幾十處在巖石間開出的畦圃，種著幾種野菜。巖邊有幾處石窟，還留著有人隱居過的痕跡，但不知是誰營建的。石城水又東北流，注入汜水。汜水又北流，匯合鄤水。鄤水發源於西方的婁山，到了冬天，水變得溫暖，所以世人稱為溫泉。東北流，流經田鄤谷，稱為田鄤溪水，東流注入汜水。汜水又北流經虎牢城東。漢軍在這條水上打垮了司馬欣和曹咎。汜水又北流，注入河水。〈征艱賦〉所說的：走過汜口青青的草坪，憑弔周襄王的別館。我查考舊時學者的說法，周襄王的住所在潁川襄城縣的汜城，那是城邑名而不是水名。推究造成謬誤的原因，想來都是以汜、鄭為地名的緣故，於是就發生差錯了。又查考郭緣生《述征記》、劉澄之《永初記》，都說漢高祖是在這條水的北岸即帝位的，但現在已不知舊壇的所在了。盧諶、崔雲也是這樣說的。我查考過，高皇帝是在定陶汜水即帝位的，並不是在這裡。無怪在這裡尋求壇跡，連影子也找不到了。

11 河水又東流經板城北，這裡有個渡口，叫板城渚口。河水又東流經五龍塢北。五龍塢坐落在長河之旁，有五龍祠。應劭說：崑崙山廟在河南滎陽縣。想來也許就是這座祠廟吧，但也搞不清楚。

又東過滎陽縣北，蒗蕩渠出焉。

12 大禹堵塞了滎澤，開渠與淮水、泗水相通。這就是《水經》所謂的蒗蕩渠。漢平帝時河水、汴水決堤，來不及修治，汴渠向東侵蝕，日積月累，侵蝕得愈來愈寬廣了，連原來的聚落房舍，都被水淹沒了。漢明帝永平十二年（西元六九年），商議治理汳渠，於是皇上引見樂浪人王景，詢問如何利用地形之便來治水。王景陳述了得失利弊，對答如流，明帝十分滿意。於是賜予他《山海經》、〈河渠書〉、〈禹貢圖〉以及錢幣布匹等物。後來築堤時調動了數十萬兵丁，下詔命王景和將作謁者王吳治渠。所修築的堤防堰壩，以滎陽為起點，向東一直延伸到千乘海口，長達一千餘里。王景研究測度地形，鑿山開澗，防護險要的地方，把淤積堵塞的地方加以疏導，每十里設置一座水門，以往回調節水流，這樣也就沒有滲水漏水的弊病了。次年，水渠築成，明帝親自巡行視察，詔令瀕臨河水諸郡國，都要按照西京的傳統制度，設置管理河堤的官員。王景於是聲名大著，王吳以及參加這一工作的人員，官階也都提升一級。順帝陽嘉年間（西元一三二～一三五年），又從汴口以東，沿河疊石築堰，與水渠相通，人們都把這道堤堰稱為金隄。靈帝建寧年間（西元一六八～一七二年），又增建石門，可以開關渠口。水大時就開閘放水，水枯時就關閘斷流。

13 河水又東北流經卷縣的扈亭以北，《春秋左傳》說：文公七年（西元前六二〇年），晉趙盾與諸侯在扈會盟。

《竹書紀年》載：晉出公十二年（西元前四六三年），河水在扈斷流，就是在這地方。河水又東流經八激隄北，漢安帝永初七年（西元一一三年），命令謁者太山于岑，在石門東的八處地方，把巖石堆積得像小山一樣高，以防禦波浪的沖擊，稱為八激隄。河水又東流經卷縣北，晉國與楚國作戰，晉軍爭著渡水，競相攀緣船舷企圖登船，被船中人砍下手指，落在船內的手指多得可以用手來捧。楚莊王祭祀河神，宣告得勝回來，就在這地方。河水又東北流經赤岸固北，直向東北流去。

又東北過武德縣東，沁水從西北來注之。

14 武德縣，於漢獻帝延康元年（西元二二〇年）封給曹叡為侯國，曹叡即日後的魏明帝。河水從武德縣東流到酸棗縣西，濮水在此向東分支流出。漢朝興起三十九年以後，到了孝文帝時，河水在酸棗決堤，在東邊沖毀了金隄，朝廷調遣了大量部隊去堵塞潰決處。所以班固說：文帝堵塞酸棗野，武帝創作〈瓠子歌〉。說的就是阻斷這個水口的事。現在已經枯涸無水了。

15 河水又東北流，這一段通稱延津。石勒襲擊劉曜，行軍路線就經過此處。因為當時結冰的河水正好開始融化解凍，石勒以為是神靈幫助他，所以把那地方稱為靈昌津。從前澹臺子羽攜著價值千金的玉璧渡河，水神陽侯掀起巨浪，兩條蛟龍在兩邊把他的船夾在中間。子羽說：你可以正大光明地求我，但不能用暴力來劫持我。於是揮劍斬了蛟龍。蛟龍被殺，河中也就波平浪靜了。澹臺子羽於是把玉璧投入河中，可是一投下去玉璧卻又重新從水中跳了出來。如此接連三次，於是他只得砸破玉璧回去，表示並不吝惜。趙建武年間（西元三三五～三四八年），在渡口建造浮橋，採石在河心築墩，可是石塊無論大小，一投下去立即就被水沖走了。枉費了百萬人工，一整年還是築不成。石虎親自來督工，把玉璧投入河中致祭。可是第二天玉璧卻漂流到沙洲上，水波把它激蕩上岸，他就殺了匠人回去。

16 河水又流經東燕縣舊城北。在這裡，河水有個渡口叫棘津，又叫石濟津，這就是舊時的南津。《春秋》僖公二十八年（西元前六三二年），晉國將要攻打曹國，而曹國在衛國以東，因而要向衛國借路。可是衛人不同意，晉軍只得返回從南河過渡，就是這地方。晉國攻打陸渾，也是在這裡渡河的。宋元嘉年間（西元四二四～四五三年)，派遣輔國將軍蕭斌率領寧朔將軍王玄謨進軍北方，宣威將軍垣護之，以水軍防守石濟，就是這地方。河水又東流，淇水注入。又東流經遮害亭南。《漢書・溝洫志》說：在淇水口東十八里，有金隄，堤高一丈。從淇口以東，地勢漸低，堤則漸高，到了遮害亭，堤就高達四五丈了。還有宿胥口，從前是河水北流的入口。河水又東流，右岸流經滑臺城北。城有三重，中央的小城叫滑臺城，相傳是滑臺人自己修築的，因此叫滑臺城。這座城就是從前鄭國的廩延邑，下流有延津。《春秋傳》說：孔悝被蒯聵追逐，在平陽以車載了伯姬一直走向延津。廩延南邊的舊城，就是衛國的平陽亭。現時人們把這個渡口叫做延壽津。宋元嘉年間(西元四二四～四五三年)，右將軍到彥之把建威將軍朱脩之留下駐守此城，魏軍南下攻打他，朱脩之守節不屈。他母親非常憂愁悲傷，一天忽然吃驚地發現流出乳汁來。於是母親頓足捶胸，號啕大哭，對家人說：我老了，到了這年紀，本來是不該有奶的時候了，現在忽然出現這樣的怪事，我兒子一定戰死了。朱脩之得不到援軍，果然就在那天城陷陣亡了。這座城，舊時是東郡的治所。《續漢書》說：延熹九年(西元一六六年)，濟陰、東郡、濟北、平原各地，河水忽然變清了。襄楷呈上奏疏說：《春秋》沒有河水變清的記載，但今天卻有這樣的事。《易・乾鑿度》說：上天將要下降吉兆，河水首先變清。京房《易傳》說：河水變清，天下太平。現在上天昭示異象，地上出現妖異，民間疫癘流行，這三件事同時出現，河水卻反而變清了。《春秋》裡可以見到麒麟不應當出現卻出現的事，孔子把它當作災異記載下來。河是諸侯的表徵，水清是興盛光明的象徵，難道諸侯中有人企圖襲擊京師嗎。次年，桓帝死了，徵召解瀆侯來做漢室的後嗣，就是靈帝。建寧四年(西元一七一年)二月，河水又變清了。

又東北過黎陽縣南，

17 黎是侯國。《詩經・式微》說：黎侯寓於衛，可以說明。晉灼說：黎山在縣南，河水流經縣東。山上有一塊石碑，碑文說：縣以山取名，又以其坐落位置在水北，所以叫黎陽。這就是王莽時的黎蒸。現在黎山東北有一座舊城，大概就是黎陽縣的老城。山在城西，城牆就以山石為基礎築成，東邊有河水阻隔。所以劉楨〈黎陽山賦〉說：南以黃河為屏障，左有堅城為防，青壇上舉行祭祀，高碑將神靈頌揚。從前慕容玄明從鄴率領部屬遷徙到南方的滑臺，因為沒有船隻渡河，就打算據守黎陽。可是到了傍晚，流動的冰塊卻封凍了，於是全軍就連夜踏冰過河，第二天一早，冰又化了。因而燕人就把這地方叫做天橋津。東岸有一座老城，瀕臨長河天險，戴延之稱為逯明壘，周長二十里。據說逯明是石勒十八個騎兵部隊之一，城也因此得名了。郭緣生說：此城是袁紹時所築。其實這些說法都不對。我查考過《竹書紀年》：梁惠成王十一年（西元前三五九年），鄭釐侯派許息來贈地，包含平丘、戶牖、首垣等城，直到鄭國的馳道為止。結果我國取得枳道與鄭鹿。說的就是此城。現在城內留有一座古臺，人們還稱它為鹿鳴臺，城又叫鹿鳴城。王玄謨從滑臺退向鹿鳴，指的就是此城。渡口也依城取名，所以叫鹿鳴津，也叫白馬濟。渡口東南有白馬城，衛文公遷徙到東方，渡河在這裡建都，所以渡口也因而得名。袁紹派顏良在白馬城攻打東郡太守劉延，關羽替曹公殺了顏良，報答他的恩惠，就是在這地方。白馬有韋鄉和韋城，所以渡口也以韋津為名了。《史記》所說的攻下脩武，渡過韋津，即指此處。

河水從前在白馬縣以南漫溢而出，與濮水、濟水、黃溝相通，所以蘇代遊說燕王道：在白馬毀堤決口，魏國的黃城、濟陽就完蛋了。《竹書紀年》說：梁惠成王十二年（西元前三五八年），楚軍決河水，來淹沒長垣城外之地。築了堅固的堤防以後，老渠道的水就斷流了，但還是稱為白馬瀆。老渠道東流經鹿鳴城南，又東北流經白馬縣的涼城以北。《耆舊傳》說：東郡白馬縣的神馬亭，建築堅固，層疊聳峙，南北二百步，東西約五十步，看來就像一座山丘。人們在城外耕耘開墾，逐步蠶蝕，慢慢就把這座城掘平了。正南有臺階可上登，寬度約可容得下兩輛車子。西南城邊有神馬寺，樹木栽種得整整齊齊，西距白馬津約二十里，東南距白馬縣老城約五十里。也許就是《開山圖》所謂的白馬山吧。山下常有白馬成群奔走，假如白馬悲鳴，河水就要決口；假如白馬奔馳，山就會崩塌。《注》說：此山位於鄭國北方，原屬鄭地，但詳情不清楚。劉澄之說：山上有白馬塞，孟達攀登到塞上，不禁喟然長嘆。他對山川地理，可謂太淺陋無知了。亭上從前設置涼城縣，治所就在這裡。白馬瀆又東南流經濮陽縣，分散亂流，注入濮水，同時也散流匯合於諸水，往復可以相通。河水從白馬津東北流經涼城縣，河水北岸有般祠。《孟氏記》說：祠在河中，用石塊結集成地基，河水漲滿時，水面常與地基相平。戴氏《西征記》說：現在見到的祠是在東岸，靠近河邊，用石塊砌疊成牆壁，屋宇很小，只不過能容身罷了。看來並不像孟氏所記那麼神靈顯赫，恐怕是言過其實了。

19 河水又東北流，流經伍子胥廟南，這座廟坐落在河水北岸頓丘郡邊界上，傍著長河。廟前有碑，是魏青龍三年（西元二三五年）所立。河水又東北流，就是長壽津。《述征記》說：涼城到長壽津六十里，河水有一條舊水道從這裡分出。《漢書・溝洫志》說：河水對中原的禍害特別嚴重，所以從積石開始就疏導河水，流經龍門時，分出兩條渠道來引導河水。一條是漯川，現在還流通；另一條是北瀆，王莽時已枯涸無水了，所以民間稱為王莽河。舊水道東北流經戚城西。《春秋》哀公二年（西元前四九三年），晉國趙鞅率領部隊，在戚迎接衛國太子蒯聵，夜裡迷了路。陽虎說：沿著河水右岸向南走，一定會走到的。戚，就是現在頓丘衛國縣西的戚亭，當時是衛的河上邑。漢高帝十二年（西元前一九五年），把這裡封給將軍李必為侯國。舊河道又通過繁陽縣舊城東。《史記》載：趙國將軍廉頗攻打魏國，奪取了繁陽，即指此城。北流經陰安縣舊城西。漢武帝元朔五年（西元前一二四年），把陰安縣封給魏不疑為侯國。舊河道又往東北，通過樂昌縣老城東。〈地理志〉載：樂昌是東郡的屬縣，漢宣帝把它封給王稚君為侯國。舊河道又通往東北，通過平邑外城西。《竹書紀年》載：晉烈公二年（西元前四一四年），趙國在平邑築城。五年（西元前四一一年），田公子居思攻打邯鄲，包圍了平邑。九年（西元前四〇七年），齊田肸與邯鄲韓舉在平邑作戰，邯鄲的軍隊戰敗逃走，韓舉被俘，田肸奪取了平邑、新城。舊河道又通往東北，通過元城縣老城西北，直達沙丘堰。《史記》說：魏武侯公子元的食邑就在這裡。所以縣就叫元城縣。

20 城郭東有五鹿墟，五鹿墟一帶有不少城牆沉陷。《公羊傳》說：這是一座襲邑。《說》解釋道：襲，就是沉陷的意思。〈郡國志〉說：五鹿，就是古時的沙鹿，有個沙亭。周穆王的盛姬亡故了，穆王東行，把靈柩停放在五鹿。盛姬的女兒叔㛗到了這裡哀思哭泣，於是這裡又稱為女㛗之丘，是沙鹿的異名。《春秋左傳》僖公十四年（西元前六四六年），沙鹿山崩。晉國太史經占卜後說：陰淩駕於陽之上，火繼於土之後，因而導致沙鹿山崩。六百四十五年之後，應當有聖女出世，難道這就是齊田嗎？後來王翁孺從濟南遷徙到元城，當他正到那地方時，算算時間也吻合六百四十五之數。王氏是虞舜的後代，屬土；漢朝則屬火。王禁生女兒政君時，她母親夢見月亮飛入懷中，她十八歲時，皇帝詔令她進入太子宮中，以後生了成帝，就成了元帝的皇后。漢朝的國運腐化衰敗了，皇后接連四代臨朝執政，所以說土繼於火之後而稱雄。皇后死後，大夫揚雄寫了一篇祭文說：太陰的精英，沙鹿的神靈，結合於漢室，許配元帝把成帝降生。

21

獻帝建安年間（西元一九六～二二〇年），袁紹與曹操在官渡相對峙，袁紹逼迫大司農鄭玄帶病隨軍，到了這裡就死了。郡守以下受過他的教導的學生，披麻戴孝來送殯的，多達千餘人。鄭玄注《五經》、《讖緯》、《候》、《歷》、《天文經》，流傳於世上。所以范曄〈贊〉說：孔子的書雖已闡釋明白，而漢朝的典章卻中斷了。元城縣北有沙丘堰。堰是為了攔截水流的。《尚書・禹貢》說：北流過降水。水不循水道而流稱為降，也叫潰。直到大陸，往北分道散播，成為九條河流。《風俗通》說：河，就是散播，散播成九條河流，就是從這裡開始的。〈禹貢〉：沇州的九條河流都疏通了。指的就是徒駭河、太史河、馬頰河、覆釜河、胡蘇河、簡河、潔河、句盤河、鬲津河。這幾條河流都是逆河。鄭玄說：下端相匯合的河稱為逆河，就是說這些河流相遇而互相匯合。那是以水能潤物而其勢向下的特點加以疏導，使它通向江河海洋。到了齊桓公稱霸時，為了擴大耕地和居民區，就把諸河堵塞了，合併成一條。所以從沙丘堰以北，館陶縣、廮陶縣、貝丘縣、鬲縣、般縣、廣川縣、信都縣、東光縣以及河間郡樂城縣以東，城池及地域都還存在，但河流卻大都湮廢了。漢代河水在大堤決口，南北各地同時受災。討論治河的人常常想尋求九河的遺跡，重新加以開鑿，可是卻不知道到底在什麼地方。所以班固說：從那時直到漢代，北方的八條河流都消失了。河水的舊河道，從沙丘堰以南分流，屯氏河就從這裡分出。河水的舊河道通往東北，經發干縣老城西，又轉彎經縣北，就是王莽時所謂的戢楯。漢武帝因大將軍衛青擊潰右賢王的功勳，把該縣封給他的兒子衛登為侯國。大河的舊河道又通往東方，經過貝丘縣舊城南。應劭說：《左氏傳》所載，齊襄公在貝丘田獵，就指這裡。我查考過，京相璠、杜預都說在博昌，也就是司馬彪〈郡國志〉所謂的貝中聚。應劭的《注》在這一點上是弄錯了。

22

大河的舊河道又往東方通過甘陵縣老城南。就是〈地理志〉所說的厝，王莽改名為厝治。漢安帝的父親孝德皇，因為太子被廢黜為王，死在這裡，於是就葬在這地方，把他的陵墓尊稱為甘陵，縣也以陵墓取名。桓帝建和二年（西元一四八年），把清河改名為甘陵。這是周時的甘泉市地方。陵墓在舊河道以北，築成山丘般的墳墓又高又大，雖然曾經被盜掘過，卻還是像山陵一樣雄偉，世人稱為唐侯冢；把城稱為邑城，都弄錯了。從前南陽文叔良，在建安時（西元一九六～二二〇年）當甘陵丞，晚上宿在水濱，趙人蘭襄託夢請求替他改葬。叔良次日循著水濱尋求棺柩，果然在水邊找到了，有一半已經沉沒在水裡。叔良環顧身邊的親信和下屬說：假如這只是從別人口中聽來的傳聞，我一定不會相信。於是就移棺遷葬別處，祭祀之後方才離去。

23 大河舊河道又往東通過艾亭城南；又往東通過平晉城南。如今城中有一座五層的磚塔，塔上有金露盤。題詞說：趙建武八年（西元三四二年），僧人道龍和尚竺浮圖澄，為了樹立道德，勸人行善，因而建立這座神廟。佛塔已經毀壞，但露盤還在，燁燁地發光。大河的舊河道又往東北通過靈縣老城南，就是王莽時的播亭。河水在該縣分流而出，這就是鳴犢河。河水舊河道又往東經過鄃縣老城東。呂后四年（西元前一八四年），因她父親呂嬰的功績，把鄃縣封給其子呂佗，作為世襲侯國。王莽更改地名，稱為善陸。

24 大河舊河道又往東通過平原縣老城西，往北穿過三條屯氏河，北流經繹幕縣老城東北，西流經平原郡鬲縣老城西。〈地理志〉說：鬲是渡口，王莽改名為河平亭，是古代有窮氏后羿的王國。應劭說：鬲，姓偃，是咎繇的後代。光武帝建武十三年（西元三七年），將鬲縣封給建義將軍朱祜為侯國。大河舊河道又往北，通過脩縣老城東，又往北，通過安陵縣西，這裡原來是脩縣的安陵鄉。《地理風俗記》說：脩縣東四十里有安陵鄉，舊時原來是縣。又往東北抵達東光縣老城西，往北與漳水匯合。

25 從大河舊河道分出一條水，這就是屯氏河，流經館陶縣東，往東北流去。《漢書‧溝洫志》說：自從堵塞了河水決口處，堤上建宣防宮後，河水又在北方的館陶縣決口，分出屯氏河，又闊又深，與大河差不多。成帝時，河水在館陶縣以及東郡的大堤潰決，皇上派遣河堤謁者王延世堵上決口，三十六天後河堤建成。為此特下詔令，把建始五年（西元前二八年）改為河平元年，並封王延世為光祿大夫。於是這條水也斷流了。

26 屯氏舊河道水又東北流，又分出屯氏別河。屯氏別河舊河道又往東北流經信成縣，分出了張甲河。〈地理志〉說：張甲河上流在信成縣引入屯氏別河，即指此。張甲河舊河道北流，在廣宗縣穿過清河，分為兩條：左邊一條流經廣宗縣老城西，又北流經建始縣老城東。田融說：趙武帝十二年（西元三四六年），設立建興郡，治所在廣宗縣，又設置建始、興德等五縣隸屬該郡。左支又北流經經城東、繚城西，又流經南宮縣西，北流注入絳瀆。右邊一條東北流經廣宗縣老城南，又東北流經界城亭北，又東北流經長樂郡棗彊縣老城東。長樂，就是從前的信都，晉太康五年（西元二八四年）改為今名。

27 又東北流經廣川縣，與絳瀆水舊河道匯合。又東北流經廣川縣老城西，又東流經棘津亭南。徐廣說：棘津在廣川。司馬彪說：縣北有棘津城，呂尚窮困時以販賣點心為生，想來就在這裡。劉澄之說：譙郡酇縣東北有棘津亭，是古時的老城，就是呂尚窮困潦倒的地方。我查考《春秋左傳》只說：討伐巢，攻下棘，進入州來。棘下沒有津字。杜預《春秋釋地》又說：棘亭在酇縣東北，也沒有說有個津字。我們竟不知道劉澄之從哪裡找到這樣的說法？可是天下以棘為名的地方多得很，總不能都認為就是棘津吧。又《春秋》昭公十七年，晉侯派荀吳帶領隊伍從棘津涉水過河，在洛用牛羊祭祀，就把陸渾滅亡了。杜預《釋地》對此事略而不載。服虔說：棘津就是孟津。徐廣《晉紀》又說：石勒從葛陂進入河北劫掠，在枋頭襲擊汲人向冰，從棘津渡河。棘津在東郡、河內之間，田融認為就是石濟的南津。雖然遠古已渺茫難知，世事情理朦朧遙遠，可是殘留下來的隻言片語的記載，也許還是找得到的，而且沿途的遺跡有的明顯、有的隱隱約約，在地址上還是可以驗證的。

28 司馬遷說：呂望，是東海人，到老還沒有遇到知音，於是以釣魚來求見周文王。又說：呂望五十歲時在棘津販賣點心；七十歲時，在朝歌宰牛；九十歲時，則成為帝王的老師。皇甫士安說：他原來想居隱於東海之濱，聽說文王能尊敬優待德高望重的老人，因而到周國去釣魚。如今汲水城據說也有呂望隱居的地方。從東海起直到酆雍為止，追蹤他足跡所到的地方，以棘津在趙、魏境內較為貼切，把棘津的地點置於宋境的譙郡，那就不對頭了。

29 張甲舊河道又東北流，到了脩縣東邊，與清河匯合。《十三州志》說：張甲河東北流，到了脩縣注入清漳。

屯氏別河又東流，分出一條支流，東流經信成縣老城南，又東流經清陽縣老城南、清河郡北。這是魏從清陽遷移過來設置於此的。又東北流經陵鄉南；又東北流經東武城縣老城南；又東北流經東陽縣老城南。〈地理志〉說：王莽改名為胥陵，一般人稱為高黎郭，其實不對。應劭說：東武城東北三十里有陽鄉，舊時是縣。又東流，逐漸分散而至於消失，再也沒有水道了。

30 屯氏別河又東北流經清河郡南；又東北流經清河老城西。漢高帝六年（西元前二〇一年），把清河封給王吸為侯國。《地理風俗記》說：甘陵郡東南十七里，有個清河老城，世人則把它叫做鵲城。又東北流經繹幕縣南，分成兩條。屯氏別河北支，東流經繹幕縣老城南，東流穿過大河舊河道，又東北流經平原縣，支流往北分出，到了安陵縣就斷了。

31 屯氏別河北支又東北流經重平縣老城南。應劭說：重合縣西南八十里，有重平鄉，舊時原來是縣。又東北流經重合縣老城南，又東北流經定縣老城南。漢武帝元朔四年（西元前一二五年），把定縣封給齊孝王的兒子劉越為侯國。《地理風俗記》說：饒安縣東南三十里有定鄉城，舊時原來是縣。屯氏別河北支又東流，流入陽信縣，現在已經無水了。又東流就是咸河，東北流經陽信縣老城北，東流注入大海。據〈地理志〉：陽信縣是北海郡的屬縣。

32 屯氏別河南支從平原縣東流橫穿過大河舊河道，又流經平原縣老城北，支流自右岸分出，東北流到了安德縣邊界，東流與商河匯合。屯氏別河南支又東北流，在平原縣邊界，又有支渠從右岸分出，到了安德縣就斷流了。屯氏別河南支上流從平原城北承接大河舊河道，向東流去，也通稱篤馬河，〈地理志〉所謂平原縣有篤馬河，東北流注入大海，流程五百六十里，即指此河。篤馬河往東北流經安德縣老城西，又東北流經臨齊城南。先前東齊沒有歸順，大魏築城防備它，所以城也因而得名了。又折而流經該城以東寬約四十步的舊河道，又東北流經重丘縣老城西。《春秋》襄公二十五年（西元前二四八年），秋，在重丘會盟，為的是討伐齊國。應劭說：安德縣北五十里有重丘鄉，舊時原來是縣。又東北流經西平昌縣老城北，北海有個平昌縣，所以這裡叫西平昌縣。漢宣帝元康元年（西元前六五年），把該縣封給王長君為侯國。

33 舊渠道的分支，東流進入般縣稱般河。也是九河中的一條。《後漢書》提到公孫瓚在般河打垮了黃巾軍，指的就是這條河道。又東流，稱白鹿淵水，南北三百步，東西千餘步，深三丈餘。淵裡的水冬天澄清，而夏天卻變得渾濁，靜止而不流動。如果夏天洪水氾濫，水深到達五丈，才能流通注入般河。般河又流經般縣老城北，王莽時改名為分明。東流經樂陵縣老城北，〈地理志〉說：這座老城從前原來是都尉的治所。伏琛、晏謨說，老城原屬平原縣，現在分出立郡了。又東北流經陽信縣老城南，往東北注入大海。

34 屯氏河舊河道從別河東流經甘陵郡的信鄉縣老城南。〈地理志〉說：安帝把信鄉改名為安平。應劭說：甘陵西北十七里有信鄉，舊時原來是縣。屯氏舊河道又東流經甘陵縣老城北，又東流經靈縣北；又東北流經鄃縣，與鳴犢河舊河道匯合，這條舊河道的上口在靈縣南承接大河舊河道。〈地理志〉說：河水從靈縣分出，叫鳴犢河。東北流經靈縣東，東流進入鄃縣然後北流與屯氏河匯合。於是屯氏河也兼有鳴犢河的稱呼了。又東流經鄃縣老城北，東北流與大河舊河道匯合，匯流處叫鳴犢口。《十三州志》說：鳴犢河東北流到了脩縣，匯入屯氏河。可是考察這條河流，卻沒有流到脩縣。

又東北過衛縣南，又東北過濮陽縣北，瓠子河出焉。

35 河水東流經鐵丘南。《春秋左氏傳》：哀公二年（西元前四九三年），鄭國罕達率領部隊，郵無恤為簡子駕車，衛太子任車右，車子登上了鐵上，望見鄭國的軍隊，衛太子嚇得跌下車來，就是在這地方。京相璠說：鐵，是丘名。杜預說：鐵丘在戚邑南。河水北岸有古城，就是戚邑。東城有子路冢，河水西岸有竿城。〈郡國志〉說：衛縣有竿城，即指此。河南有龍淵宮，武帝元光年間（西元前一三四～前一二九年），河水在濮陽決口，淹沒了十六個郡，調動了十萬兵丁去堵塞決口，建造了龍淵宮。武帝在河水決口處旁，龍淵邊上建造了這座宮殿，所以名為龍淵宮。

36 河水東北流經濮陽縣北，就到了濮陽津，老城在南邊，與衛縣以水為分界。城北十里有瓠河口，有金隄和宣房堰。漢朝時候，河水在金隄決口，涿郡王尊從徐州刺史調任東郡太守，河水猛漲大氾濫，淹沒了瓠子，金隄也崩塌決口了。王尊親自率領老百姓和官吏，把白馬沉入河中致祭，祈求水神河伯保佑。他還親自捧著圭璧，請求以自己的肉體來填塞決口的河堤，並在堤上搭起草棚，住在裡面。老百姓和官吏都避走了，王尊卻一動也不動地站在堤上，河水直漲到與他的腳一樣高方才停止。朝野人士同聲讚揚他的英勇和毅力。

37 河水又東北流經衛國縣南，東邊是郭口津。河水又東流經鄄城縣北，老城在河水以南十八里，就是王莽時的鄄良，是沇州舊時的治所。魏武帝就是在這裡開創他的大業的。河水上這座城最為險峻堅固。《晉八王故事》說：東海王司馬越治所在鄄城，城牆卻無緣無故地塌毀了七十餘丈，司馬越覺得不吉，就把治所遷到濮陽。城南有魏使持節征西將軍太尉方城侯鄧艾廟，廟南有「鄧艾碑」，是秦建元十二年（西元三七六年），廣武將軍沇州刺史關內侯安定縣人彭超所立。河水南岸有新城，是宋寧朔將軍王玄謨的前鋒，進入大河時所築。北岸有新臺，臺基宏大，層層高起達數丈，這就是衛宣公所築的新臺。《詩經》裡有齊姜所作的〈新臺〉。這地方也就是盧關津。新臺東方有一座小城，道路崎嶇，城牆也已歪斜頹敗，臺的基址傍著河邊，民間叫邸閣城。推想起來，這大概是舊時關津都尉的治所。是否如此，現在我們也弄不清楚了。

38 河水又東北流經范縣秦亭西。《春秋經》載：築臺於秦，即指此亭。河水又東北流經委粟津，大河北岸，就是東武陽縣。河水左岸與浮水舊河道相匯合。舊河道上口在頓丘縣承接大河，往北分出，東流經繁陽縣老城南。應劭說：該縣在繁水北岸。張晏說：縣裡有繁淵。《春秋》襄公二十年（西元前五五三年），《經》記載道：襄公與晉侯、齊侯在澶淵會盟。杜預說：澶淵在頓丘縣南，現在叫繁淵。澶淵就是繁淵，也叫浮水。從前魏遷都大梁，趙國以中牟與魏交換繁淵，所以〈地理志〉說：趙國邊境南至浮水的繁陽。指的就是此水。浮水舊河道往東橫穿過大河，舊河道往東流經五鹿的田野，晉文公接受了當地土人給他的土塊，就是在這地方。京相璠說：現在衛縣西北三十里有五鹿城，目前屬頓丘縣。浮水舊河道又東南流經衛國邑城北，舊時是衛公的封國。漢光武帝把該城封給周朝後代。又東流經衛國縣老城南，就是古代的斟觀。應劭說：夏有觀扈，就是此城。《竹書紀年》：梁惠成王二年（西元前三六八年），齊國田壽率領軍隊進攻我國，包圍了觀，觀投降了。浮水舊河道又東流經河牧城而轉向東北流去。〈郡國志〉說：衛本來是觀的故國，姓姚，有河牧城。又東北流入東武陽縣，東流注入河水。又有漯水分出。戴延之則稱為武水。河水又東流經武陽縣東、范縣西，往東北流去。

又東北過東阿縣北，

39 河水在范縣東北流到了倉亭津。《述征記》說：倉亭津在范縣邊界，距東阿縣六十里。《魏土地記》說：倉亭津在武陽縣東北七十里。倉亭津，是大河渡口名。河水右岸流經柯澤。《春秋左傳》襄公十四年（西元前五五九年），衛國孫文子在阿澤打敗了衛獻公的部眾。又東北流經東阿縣老城西，往東北流去，注入河水。有支流往東分出，稱為鄧里渠。

又東北過茌平縣西，

40 河水從鄧里渠東北流經昌鄉亭北，又東北流經碻磝城西。《述征記》說：碻磝，是渡口名。從黃河撐船過渡的地方，都是渡口。碻磝城瀕水，西南角崩塌於河中。宋元嘉二十七年（西元四五〇年），任命王玄謨為寧朔將軍，前鋒從河水進攻，平定了碻磝，駐軍防守。都督劉義恭考慮到建於沙土上的城是不堅固的，不能守，召回王玄謨，命令他毀城撤軍退回，後來又重新築城。魏設置濟州，治所就在這裡。河水沖擊城的西南角，城牆又崩塌入河中了。碻磝城，就是舊時的茌平縣。應劭說：茌是山名，縣城位於山上平坦的地方，所以叫茌平。這就是王莽時的功崇。《水經》說：大河在茌平縣西，鄧里渠流經城東，指的就是此城。從前石勒在師懽家當奴僕，屯駐於茌平從事農耕，在該縣聽到鼙鼓號角和振鈴擊鼓的聲音。西以河水與聊城分界。

41 河水又東北流，與鄧里渠匯合。這條水渠上源在東阿縣西承接大河，東流經東阿縣老城北，老城就是舊時的衛邑。應仲瑗說：因為有個西阿城，所以這裡稱東阿城。魏封給曹植為王國。大城北門裡面的西邊高地上有一口大井，井口大如車輪，深六七丈，每年汲水煮膠，朝貢朝廷，置之府庫。這就是《本草》所說的阿膠。所以世俗稱此井為阿井。縣裡出產優質的絲織品，所以《史記》說：秦昭王佩帶太阿寶劍，穿著東阿的綢衣。又東北流經臨邑縣，與將渠相匯合。又北流經茌平縣東、臨邑縣老城西，北流注入大河。

42 河水又東北流經四瀆津，渡口在西邊河岸旁。瀕河有四瀆祠，東邊對著渡口。河水向東分出濟水，也有人說是濟水承接大河。但滎口石門的水已斷而不再流通了，所以才從這裡分出，東北流，流經九里，與清水相匯合，這就是舊時的濟水。從大河流入濟水，從濟水流入淮水，從淮水流到江水，這四條大水之間，水道都四通八達，所以有四瀆之稱。從前趙殺鳴犢，仲尼到河邊時聽到消息，長嘆一聲，就從這裡掉頭返回了。他說：我不能過這條河，恐怕是天命了。《琴操》則以為孔子是到了狄水才作歌吟唱的。歌詞道：狄水漫衍，狂風激起巨浪，船隻劇烈顛簸，彼此互相碰撞。我查考過，臨濟，就是古時的狄。因為濟水流經這裡，也就得了狄水的通稱了。河水又流經楊墟縣老城東，民間還把此城稱為陽城。河水又流經茌平城東，推想起來大概是縣址遷徙的緣故。城內有個古臺，世人稱為時平城，是弄錯了，這是因為茌、時讀音相近而致訛的。

又東北過高唐縣東，

43 河水流到高唐縣，漯水注入。〈地理志〉說：漯水發源於東武陽。現在漯水上流在武陽縣東南承接河水，西北流經武陽新城東，這是曹操當東郡太守時的治所。從東門的石溝引水北流注入堂池，池南的舊址至今還在。城內有一塊極大的巨石，此城西門叫冰井門，門內一處隱蔽的角落裡，冰井還在。門外有個古臺，稱為武陽臺，周圍也還有牆角雉堞的遺跡。

44 水從東武陽新城東北流經東武陽縣老城南。應劭說：縣在武水北岸，就是王莽時的武昌。那麼漯水也許就是武水了。臧洪當東郡太守，治所就在這裡。曹操把張超圍困在雍丘，臧洪因與張超的交誼，請求袁紹去援救他。袁紹拒絕了。臧洪於是與袁紹絕交。袁紹就包圍了臧洪。城中沒有糧食，臧洪向下屬呼叫道：我臧洪出於大義，不能不死，此事與諸君無關，不要白白地與我一起遭此大禍。部眾都哭泣道：我們怎能忍心拋棄大人您呀。於是男女八千餘人都相互枕藉而死。臧洪堅強不屈，袁紹就殺掉臧洪。縣人陳容當縣丞，說道：我寧願與臧洪同日死，也不願與將軍您同日生。袁紹又殺了他。士人都為他傷悼嘆息。現在城的四周，袁紹包圍時的城郭還在。

45 水環繞著護城河，在城的東北匯合成一條，往東北流出城郭，流經陽平縣的岡成城西。〈郡國志〉說：陽平縣有岡成亭。又北流經陽平縣老城東。漢昭帝元平元年（西元前七四年），把陽平封給丞相蔡義為侯國。漯水又北流，穿過莘道，城的西北有莘亭。《春秋》桓公十六年（西元前六九六年），衛宣公派伋出使齊國，叫強盜在莘等候他，伋和壽相繼在此亭被盜所殺。京相璠說：現在平原郡陽平縣北十里，有舊時的莘亭，地當小路上的險要之處，是從衛去齊的必經之路。在河上觀望新臺，感慨兩位公子年少被害，詩人作〈二子乘舟〉詠漢此事，真是太可悲了。現在縣東有二子廟，至今還有人稱為孝祠。

46 漯水又東北流經樂平縣老城東。樂平縣，就是舊時的清縣。漢高帝八年（西元一九九年），把窒中同封於清縣，宣帝把許廣漢的小弟翁孫封於樂平，都是侯國。這就是王莽時的清治。漢章帝建初年間（西元七六～八四年），才改為今名。漯水又北流經聊城縣老城西，城內有金城，四周有水，南門有馳道，橫穿過護城河向南直去，從這裡出外，可以乘船而行。東門旁有層臺，高入雲端，魯仲連所謂擊退高唐的士卒，打敗聊城的大兵，即指此。漯水又東北流經清河縣老城北。《地理風俗記》說：甘陵，就是舊時的清河。清河在南十七里，但今天在甘陵縣老城東南，卻沒有一座相應的城。正東二十里有艾亭城，東南四十里有此城，想來就是清河城了。後來蠻人住在這裡，所以世人稱為蠻城。漯水又東北流經文鄉城東南；又東北流經博平縣老城南。城內有層臺高高矗立，王莽改名為加睦。西與黃溝一同注入河水。

47 黃溝上流承接聊城護城河水，水滿時與河水相通，枯竭時就斷流了。黃溝水從老城往東北流去，流經清河城南，又東北流經攝城北。《春秋》所說的聊攝以東，即指此城。民間稱為郭城，是弄錯了。城東西三里，南北二里，東南角有金城，城牆很低矮，但廢墟還在，近旁墳墓很多。京相璠說：聊城縣東北三十里，有舊時的攝城。現在此城西距聊城二十五、六里左右，那就是攝城了。又東流經文鄉城北，又東南流經王城北。王城是魏太常七年（西元四二二年），安平王鎮守平原時所築，因此世人稱為王城。太和二十三年（西元四九九年），撤消鎮的建制，改置平原郡，治所就在此城。黃溝又東北流，東與漯水相混流，往東從高唐縣流出去；大河從右岸分支流出，東流注入漯水。

48 桑欽《地理志》說：漯水發源於高唐縣，我查考過竹書《穆天子傳》說：丁卯日，天子從五鹿東行，在漯水釣魚，以祭祀淑人，所以叫祭丘。己巳日，天子東行，在漯水上餵馬。探尋他沿途所經的地方，漯水是不可能發源於高唐這麼近的地方的。桑氏所說的話，是指河道流經這裡。民間因為這條水上流承接河水，所以也叫它源河。

49 漯水又東北流經援縣老城西，這就是王莽時的東順亭。杜預《釋地》說：濟南祝阿縣西北有援城。漯水又東北流經高唐縣老城東。從前齊威王派朌子防守高唐，趙人就不敢在河裡捕魚了。就是魯仲連子對田巴所說：目前楚國軍隊防駐於南陽，趙國則要討伐高唐。《春秋左傳》哀公十年（西元前四八五年），趙鞅率軍攻打齊國，攻取了犁及轅，並破壞了高唐的城牆。杜預說：轅就是援。祝阿縣西北有高唐城。

50 漯水又東北流經漯陰縣老城北。漯陰縣，就是從前的犁邑。漢武帝元光三年（西元前一三二年），將漯陰封給降於漢朝的匈奴王，王莽時改名為翼城。漯水流經北漯陰城南。伏琛稱為漯陽。城南有「魏沇州刺史劉岱碑」。《地理風俗記》說：平原郡漯陰縣，就是今天的巨漯亭。漯水又東北流經著縣老城南；又東北流經崔氏城北。《春秋左傳》襄公二十七年（西元前五四六年），崔成請求讓他退休告老，到崔去居住。杜預《釋地》說：濟南郡東朝陽縣西北有崔氏城。漯水又東北流經東朝陽縣老城南。漢高帝七年（西元前二〇〇年），將該縣封給都尉宰寄為侯國。《地理風俗記》說：南陽有朝陽縣，所以這裡叫東朝陽縣。《地理志》說：這就是王莽時的脩治。

51 漯水又東流經漢朝徵士伏生墓南，如今碑碣還在。伏生以明經為秦博士，秦活埋儒生，伏生逃走隱藏起來。漢朝興起後，他在齊魯之間從事教學，編纂《五經》、《尚書大傳》。文帝備車去徵召他，因年老沒有去。於是派遣掌管禮樂制度的官員歐陽生等向他學習《尚書》，號稱伏生。

52 漯水又東流經鄒平縣老城北。這就是古代的鄒國，是舜的後代，姓姚。又東北流經東鄒城北。〈地理志〉載：千乘郡有東鄒縣。漯水又東北流經建信縣老城北。漢高帝七年，將建信縣封給婁敬為侯國。應劭說：臨濟縣西北五十里，有建信城，是都尉治的老城。漯水又東北流經千乘縣二城之間。漢高帝六年（西元前二〇一年），改為千乘郡，王莽時又稱建信。章帝建初四年（西元七九年），立為王國；和帝永元七年（西元七五年），改為樂安郡，古時是齊國的土地。伏琛說：千乘城在齊城西北一百五十里，二城之間隔著一條會水。會水也就是漯水的別名。

53 又東北流，就是馬常坑。這片沼澤地東西八十里，南北三十里，漯水穿過河水的支流而流入大海。河海的物產，以這裡最為豐饒了。《地理風俗記》說：漯水東北流，到千乘流入大海。河水升漲時，則水流暢通，瀉入大海；水流枯竭時，就只有一縷微涓，以至於斷流了。《尚書》說：航行於濟水、漯水，指的也就是此水。

又東北過楊虛縣東，商河出焉。

54 〈地理志〉：楊虛，是平原郡的屬縣。漢文帝四年（西元前一七六年），將楊虛封給齊悼惠王的兒子將閭為侯國。城在高唐城西南，《水經》的序次卻把它排在這裡，是逆而不順的。商河上流承接河水，也是漯水和澤水所積瀦的地方，淵深而不流動，世人稱為清水。此後雖因漲沙堵塞了，但遺跡還在。經沼澤而北流，民間稱為落里坑。經張公城西，又北，潛隱在地下的水流重又冒出來了，也叫小漳河。商、漳讀音相近，所以字與讀音都改變了。

55 商河又北流經平原縣東；又流經安德縣老城南；又東北流經昌平縣老城南；又東流經般縣老城南；又東流經樂陵縣老城南。漢宣帝地節四年（西元前六六年），將樂陵封給侍中史子長為侯國。商河又東流經朸縣老城南。高后八年（西元前一八〇年），將朸縣封給齊悼惠王的兒子劉辟光為侯國。王莽時改名為張鄉。應劭說：般縣東南六十里有朸鄉城，舊時原來是縣。沙溝水注入。沙溝水發源於南方的大河北岸，源泉與大河相隔了有二百步。水北流，注入商河。

56 商河又東北流經馬嶺城西北，折而東流南轉，流經城東。城在河水彎曲處，東海王司馬越就在這座城裡殺了汲桑。商河又東北流經富平縣老城北。〈地理志〉說：這是個侯國。王莽時叫做樂安亭。應劭說：明帝改名厭次。闞駰說：厭次縣本來是富平侯、車騎將軍張安世的封邑。但他搞錯了。據《漢書》，昭帝元鳳六年（西元前七五年），封右將軍張安世為富平侯。張安世死後，其子張延壽繼承，都城在陳留，陪都在魏郡。《陳留風俗傳》說：陳留尉氏縣安陵鄉，就是從前的富平縣，這是張安世的食邑。每年收入的租賦千餘萬，延壽以為自身沒有功德，不能長久地居住在祖先的大國，於是上書請減封地戶口。天子認為他謙讓，把他的封地遷到平原去，並以一城作為他的食邑，戶口還是和原來一樣，但租賦減半。《十三州志》說：明帝永平五年（西元六二年），就改名為厭次了。據《史記・高祖功臣侯者年表》，高帝六年（西元前二〇一年），將厭次封給元頃為侯國。徐廣《音義》說：《漢書》作爰類。由此可知厭次之名原來就有，並非始於明帝，不過是恢復舊名罷了。

57 縣西有東方朔墓，墓旁有祠，非常靈驗。水邊有雲城，漢武帝元封四年（西元前一〇三年），將雲城封給齊孝王的兒子劉信為侯國。商河又分為兩條，南邊的一條叫長叢溝，東流瀉入大海。溝南的海邊，有蒲臺，臺高八丈，方圓二百步。《三齊略記》說：鬲城東南有蒲臺。秦始皇東遊到海上時，在臺上把蒲柳盤結起來拴馬。直到現在，每年蒲柳生長時，還是盤曲起來好像繫了什麼的樣子。蒲柳有點像水楊，可以做箭。現在這裡東方離海三十里。北邊的一條人們又叫百薄瀆，東北流，注入海水。

58 大河又東北流經高唐縣老城西。《春秋左傳》襄公十九年（西元前五五四年），齊靈公廢黜了太子光，另立公子牙，任命夙沙衛為少傅。齊侯死後，崔杼迎太子光，太子光即位，在句瀆丘殺了公子牙。夙沙衛逃到高唐反叛了。京相璠說：高唐本來是平原郡的屬縣，齊國的西部邊陲。大河流經縣西，而不是流經縣東，《水經》說從縣東流出去，是搞錯了。

59 大河又北流經張公城。此城臨近河濱，衛青州刺史張某的治所就在這裡。所以世人稱為張公城。水邊有個渡口，叫張公渡。河水又北流經平原縣老城東。《地理風俗記》說：原，廣大而平坦的意思，所以叫平原。平原縣，是舊時平原郡的治所。漢高帝六年設置，王莽時改名為河平。晉灼說：齊的西部有平原縣。河水東北流過高唐縣，高唐縣也就是平原縣。所以《水經》說：河水流經高唐縣東，是弄錯的。據〈地理志〉說：高唐，是漯水的發源地，平原縣則是篤馬河經過的地方。這清清楚楚地說明平原不是高唐，大河不可能在其東流過，這是明明白白的事。大河從右岸溢出，世人稱為甘棗溝，水邊多棗，所以民間取了這個地名。河水上漲時可以泛舟入海，枯水時就斷流。老溝又東北流經長堤，流過漯陰縣北，東流經著城北，在東方積潴成一片湖蕩，潭水一片連接著一片，世人稱為穢野薄。河水又東北流經阿陽縣老城西。漢高帝六年，將阿陽封給郎中萬訢為侯國。應劭說：漯陰縣東南五十里有阿陽鄉，舊時原來是縣。

又東北過漯陽縣北，

60 河水從平原縣左岸流經安德城東，北方是鹿角津。東北流經般縣、樂陵縣、朸鄉，直到厭次縣老城南，就是厭次河。漢安帝永初二年（西元一〇八年），大盜畢豪等數百人乘船搶劫平原，縣令劉雄與下屬小吏所輔開船追到厭次津，與強盜戰鬥，兩人都被強盜俘虜了。所輔請求代替劉雄受死，畢豪就在這個渡口放掉劉雄。所輔可說在孝道上盡了敬愛之心，在義氣上做到下屬對上級盡忠的極致了。

61 河水右岸流經漯陰縣老城北，這就是王莽時的巨武縣。河水又東北流，就到了漯沃津，這個渡口在漯沃縣老城南，就是王莽時的延亭。《地理風俗記》說：千乘縣西北五十里，有大河，河北有漯沃城，舊時原來是縣。魏時改為後部亭，現在民間就把它叫做右輔城了。河水又東流經千乘城北，就是伏琛所謂的千乘北城。

又東北過利縣北，又東北過甲下邑，濟水從西來注之，又東北入于海。

62 河水又東流，分為兩條，支流東流經甲下城南，東南流經馬常坈注入濟水。《水經》說濟水注入河水，這說法是錯誤的。河水從支流分出處東北流，流經甲下邑北，世人稱為倉子城。又東北流，注入大海。《淮南子》說：河水經過九個大轉彎，注入大海，水流之所以仍能源源不絕，那是因為有崑崙山不斷供水的緣故。《尚書・禹貢》說：右方傍著碣石進入大河。《山海經》說：繩水出自碣石山，東流注入大河。

63 河水從前在碣石入海，現在水道變化，已非大禹時代的河了。周定王五年（西元前六〇二年），河水水道移徙。所以班固說：商朝河水枯竭，周朝河道移徙。漢武帝元光二年（西元前一三三年），河水又移徙到東郡，改道注入渤海。所以漢司空掾王璜說：從前天接連下雨，刮東北風，海水橫溢，向西南方流湧，入侵數百里。所以張折說：碣石在海中。大概當時碣石已經淹沒在海水中了。從前燕、齊土地遼闊，分地設置營州，現在城已接近海濱了，海水向北入侵，城中一半已淹水了。王璜說得不錯，而且已有確證；碣石沉陷於海中，不是毫無憑據的。

【研析】此卷為〈河水〉五卷之中篇幅最大的一卷。因為此卷所記，不僅流程長，而且河情複雜。全卷從今洛陽以東寫起，隨即進入黃河下游。黃河河性，自古就是善淤、善決、善徙，這種河性，都集中在這個河段，所以古來治河之事都在這個河段。《注》文記及的漢明帝「引樂浪人王景問水形便」以下一段，就記及自古治河最主要的方法即堤防修築：「後作隄，發卒數十萬，詔景與將作謁者王吳治渠，築隄防修堨，起自滎陽，東至千乘海口，千有餘里。」這一段文字很長，築成的堤，包括主堤與支堤，都稱為「金隄」。這一段記敘，以後引起許多水利學家的關注，如此一項浩大工程，一年就修築完成。在當時的技術條件下，儘管「發卒數十萬」，也是不可能做到的。記敘中如「十里一水門，更相迴注，無復滲漏之患」等，現在的水利學者也常常研討，不可理解。但這是中國歷史上記載黃河堤防最詳細的早期文獻，所以很有價值。一年完成的事，說明了黃河中游早已有了堤防，王景的工程，只是重修和加固，並增修了一些閘堰等水工措施。其所以稱為「金隄」，顯然有「固若金湯」之意。以後又記敘了漢安帝永初七年修築的「八激隄」。所以這一段記敘，對黃河下游至關重要。

由於黃河不斷決溢改道，而酈氏尊奉古代經書，所以不得不把所謂「禹河」，即〈禹貢〉所記的黃河寫入卷內，而當時黃河河道實在早已多次遷徙，「禹河」與所謂「碣石」，已經無法查考，因而使他的記敘有了許多困難。例如〈禹貢〉提出「九河」一詞，這實在是河口三角洲支流紛歧的自然地理現象，「九」是表示多的意思，但漢《爾雅．釋水》卻定出了九條河流的具體名稱，酈氏當然照錄不誤。不過《注》文最後還是寫出：「漢武帝元光二年，河又徙東郡，更注渤海。」至於河口三角洲，《注》文記敘中最形象的一段是「馬常坈」。「坈」就是河口三角洲常有的一種季節性沼澤，《注》文說：「坈東西八十里，南北三十里，亂河枝流而入于海。河海之饒，茲焉為最。」所以此卷既寫了傳統說法，又寫了當時現狀，這就是酈書的優異之處。

卷六

汾水　澮水　涑水　文水　原公水　洞過水　晉水　湛水

【題解】卷六所記敘的是今山西省境內的八條河流，都是黃河支流，其中除了涑水和湛水獨流入黃河（一級支流）外，其餘的澮、文、原公、洞過、晉五水，都是汾水的支流（黃河的二級支流）。汾水是黃河在山西省的最大支流，也是黃河支流中僅次於渭水的第二大支流。此水今稱汾河，全長六百九十餘公里，流域面積近四萬平方公里。涑水今稱涑水河，全長約二百公里，流域面積約五千五百平方公里，在今永濟縣蒲州附近注入黃河。湛水是一條小支流，發源於山西省，南流從今河南省境內注入黃河。在近代的大型地圖上尚繪有這條河流，但已不注記河名。澮水今稱澮河，在今新絳縣附近注入汾河。文水今稱文峪河，《注》文說：「水注文湖，不至汾也。」其實它利用汾河故道，經文湖後仍然注入汾河，所以仍是汾河支流。原公水今稱禹門河，洞過水今稱蒲河，都是汾河支流。汾河從今山西省中部發源，流經縣市達二十之多，最後於萬榮縣以北注入黃河。

汾水

汾水出太原汾陽縣北管涔山，

1 《山海經》曰：〈北次二經〉之首，在河之東，其首枕汾，曰管涔之山，其上無木，而下多玉，汾水出焉❶，西流注于河。《十三州志》曰：出武州之燕京山。亦管涔之異名也。其山重阜脩巖，有草無木。泉源導于南麓之下，蓋稚水濛流耳。又西南，夾岸連山，聯峰接勢。劉淵族子曜嘗隱避于管涔之山，夜中忽有二童子入，跪曰：管涔王使小臣奉謁趙皇帝。獻劍一口，置前，再拜而去。以燭視之，劍長二尺，光澤非常，背有銘曰：神劍御，除眾毒。曜遂服之，劍隨時變為五色也，後曜遂為胡王矣。

2 汾水又南，與東、西溫溪合。水出左右近溪，聲流翼注，水上雜樹交蔭，雲垂煙接。自是水流潭漲，波襄轉泛。又南逕一城東，憑墉積石，側枕汾水，俗謂之代城。又南出二城間，其城角倚，翼枕汾流，世謂之侯莫干城，蓋語出戎方，傳呼失實也。

3 汾水又南逕汾陽縣故城東。川土寬平，峘山夷水。〈地理志〉曰：汾水出汾陽縣北山，西南流者也。漢高帝十一年，封靳彊為侯國。後立屯農，積粟在斯，謂之羊腸倉。山有羊腸坂，在晉陽西北，石隥縈行，若羊腸焉，故倉坂取名矣。漢永平中，治呼沱、石臼河。按司馬彪《後漢·郡國志》，常山南行唐縣有石臼谷，蓋資承呼沱之水，轉山東之漕，自都慮至羊腸倉，將憑汾水以漕太原，用實秦晉。苦役連年，轉運所經，凡三百八十九隘，死者無算。拜鄧訓為謁者，監護水功。訓隱括知其難立，具言肅宗，肅宗從之，全活數千人。和熹鄧后之立，叔父陔以為訓積善所致也。羊腸即此倉也。又南逕秀容城東。《魏土地記》曰：秀容，胡人徙居之，立秀容護軍治。東去汾水六十里，南與酸水合。水源西出少陽之山，東南流注于汾水。

4 汾水又南出山，東南流，洛陰水注之。水出新興郡，西流逕洛陰城北，又西逕盂縣故城南。《春秋左傳》昭公二十八年，分祁氏七縣為大夫之邑，以盂丙為盂大夫。洛陰水又西，逕狼孟縣故城南，王莽之狼調也。左右夾澗幽深，南面大壑，俗謂之狼馬澗。舊斷澗為城，有南、北門，門闉故壁尚在。洛陰水又西南逕陽曲城北，《魏土地記》曰：陽曲，胡寄居太原界，置陽曲護軍治。其水西南流，注于汾水。汾水又南逕陽曲城西南注也。

東南過晉陽縣東，晉水從縣南東流注之。

5 太原郡治晉陽城，秦莊襄王三年立。《尚書》所謂既脩太原者也。《春秋說題辭》曰：高平曰太原。原，端也，平而有度。《廣雅》❷曰：大鹵，太原也。

《釋名》曰：地不生物曰鹵。鹵，罏也。《穀梁傳》曰：中國曰太原，夷狄曰大鹵。《尚書大傳》曰：東原底平。大而高平者謂之太原，郡取稱也。《魏土地記》曰：城東有汾水南流，水東有「晉使持節都督并州諸軍事鎮北將軍太原成王之碑」。水上舊有梁，青荓殞于梁下，豫讓死于津側，亦襄子解衣之所在也。汾水西逕晉陽城南，舊有介子推祠，祠前有碑，廟宇傾頹，惟單碑獨存矣。今文字剝落，無可尋也。

又南，洞過水從東來注之。

6 汾水又南逕梗陽縣故城東，故榆次之梗陽鄉也。魏獻子以邑大夫魏戊也。京相璠曰：梗陽，晉邑也。今太原晉陽縣南六十里榆次界有梗陽城❸。汾水又南，即洞過水會者也。

又南過大陵縣東，

7 昔趙武靈王遊大陵，夢處女，鼓琴而歌，想見其人，吳廣進孟姚焉，即于此縣也。王莽改曰大寧矣。汾水于縣左迆為鄔澤。《廣雅》曰：水自汾出為汾陂。其陂東西四里，南北十餘里，陂南接鄔。〈地理志〉曰：九澤在北，并州藪也。《呂氏春秋》謂之大陸。又名之曰漚洟之澤，俗謂之鄔城泊。許慎《說文》曰：

焉水出西河中陽縣北沙，南入河。即此水也。焉水又會嬰侯之水，《山海經》稱謁戾之山，嬰侯之水出于其陰，北流注于祀水。水出祀山，其水殊源共舍，注于嬰侯之水，亂流逕中都縣南，俗又謂之中都水。侯甲水注之。水發源祁縣胡甲山，有長坂，謂之胡甲嶺，即劉歆〈遂初賦〉❹所謂越侯甲而長驅者也。蔡邕曰：侯甲，亦邑名也，在祁縣。

8 侯甲水又西北歷宜歲郊，逕太谷，謂之太谷水。出谷西北流，逕祁縣故城南，自縣連延，西接鄔澤，是為祁藪也。即《爾雅》所謂昭餘祁矣，賈辛邑也。辛貌醜，妻不為言，與之如皋，射雉雙中之則笑也。王莽之示縣也。

9 又西逕京陵縣故城北，王莽更名曰致城矣。于《春秋》為九原之地也。故《國語》曰：趙文子與叔向遊于九原，曰：死者若可作也，吾誰與歸？叔向曰：其陽子乎？文子曰：夫陽子行并植于晉國，不免其身，智不足稱。叔向曰：其舅犯乎？文子曰：夫舅犯見利不顧其君，仁不足稱。吾其隨會乎？納諫不忘其師，言身不失其友，事君不援而進，不阿而退。其故京尚存。漢興，增陵于其下，故曰京陵焉。

10 侯甲水又西北逕中都縣故城南，城臨際水湄。《春秋》昭公二年，晉侯執陳無宇于中都者也。漢文帝為代王，都此。武帝元封四年，上幸中都宮，殿上見光，赦中都死罪以下。侯甲水又西，合于嬰侯之水，逕鄔縣故城南，晉大夫司馬彌牟之邑也。謂之鄔水，俗亦曰慮水，慮、鄔聲相近，故因變焉。又西北入鄔陂，而歸于汾流矣。

11 又南過平陶縣東，文水從西來流注之。

汾水又南與石桐水合，即綿水也。水出界休縣之綿山，北流逕石桐寺西，即介之推之祠也。昔子推逃晉文公之賞，而隱于綿上之山也。晉文公求之不得，乃封綿為介子推田。曰：以志吾過，且旌善人。因名斯山為介山。故袁山松〈郡國志〉曰：界休縣有介山、綿上聚、子推廟。王肅《喪服要記》❺曰：昔魯哀公祖載其父，孔子問曰：寧設桂樹乎？哀公曰：不也。桂樹者，起于介子推。子推，晉之人也。文公有內難，出國之狄，子推隨其行，割肉以續軍糧。後文公復國，忽忘子推，子推奉唱而歌，文公始悟，當受爵祿，子推奔介山，抱木而燒死，國人葬之，恐其神魂霣于地，故作桂樹焉。吾父生于宮殿，死于枕席，何用桂樹為？余按夫子尚非璠璵送葬，安能問桂樹為禮乎？王肅此證，近于誣矣。

12 石桐水又西流注于汾水。汾水又西南逕界休縣故城西，王莽更名之曰界美矣。城東有徵士郭林宗、宋子浚二碑。宋沖以有道司徒徵❻，林宗縣人也。辟司徒，舉太尉，以疾辭。其碑文云：將蹈洪崖之遐迹，紹巢由之逸軌，翔區外以舒翼，超天衢以高峙，稟命不融，享年四十有二，建寧二年❼正月丁亥卒。凡我四方同好之人，永懷哀痛，乃樹碑表墓，昭銘景行云。陳留蔡伯喈、范陽盧子幹、扶風馬日磾等，遠來奔喪，持朋友服。心喪期年者如韓子助、宋子浚等二十四人，其餘門人著錫衰者千數。蔡伯喈謂盧子幹、馬日磾曰：吾為天下碑文多矣，皆有慙容，惟郭有道無愧于色矣。汾水之右有左部城，側臨汾水，蓋劉淵為晉都尉所築也。

又南過冠爵津，

13 汾津名也，在界休縣之西南，俗謂之雀鼠谷。數十里間道險隘，水左右悉結偏梁閣道，纍石就路，縈帶巖側，或去水一丈，或高五六尺，上戴山阜，下臨絕澗，俗謂之為魯般橋，蓋通古之津隘矣，亦在今之地險也。

又南入河東界，又南過永安縣西，

14 故彘縣也，周厲王流于彘，即此城也。王莽更名黃城。漢順帝陽嘉三年，改曰永安。縣，霍伯之都也。

歷唐城東，

薛瓚注《漢書》云：堯所都也。東去彘十里。汾水又南與彘水合。水出東北太岳山，〈禹貢〉所謂岳陽也。即霍太山矣。上有飛廉墓，飛廉以善走事紂，惡來多力見知。周武王伐紂，兼殺惡來。飛廉先為紂使北方，還無所報，乃壇于霍太山而致命焉。得石棺，銘曰：帝令處父，不與殷亂，賜汝石棺以葬。死，遂以葬焉。霍太山有岳廟，廟甚靈，鳥雀不棲其林，猛虎常守其庭，又有靈泉以供祭祀，鼓動則泉流，聲絕則水竭。湘東陰山縣有侯曇山，上有靈壇，壇前有石井深數尺，居常無水，及臨祈禱，則甘泉湧出，周用則已，亦其比也。

彘水又西流逕觀阜北，故百邑也。原過之從襄子也，受竹書于王澤，以告襄子。襄子齋三日，親自剖竹，有朱書曰：余霍太山山陽侯，天使也，三月丙戌，余將使汝反滅智氏，汝亦立我于百邑。襄子拜受三神之命，遂滅智氏，祠三神于百邑，使原過主之，世謂其處為觀阜也。彘水又西流逕永安縣故城南，西南流，注于汾水。汾水又南逕霍城東，故霍國也。昔晉獻公滅霍，趙夙為御，霍公求奔齊。晉國大旱，卜之曰：霍太山為祟。使趙夙召霍君奉祀。晉復穰。蓋霍公求之故居也。汾水又逕趙城西南，穆王以封造父，趙氏自此始也。汾水又南，霍水入焉。水出霍太山，發源成潭，漲七十步而不測其深。西南逕趙城南，

西流注于汾水❽。

又南過楊縣東，

17 澗水東出穀遠縣西山，西南逕霍山南，又西逕楊縣故城北，晉大夫僚安之邑也。應劭曰：故楊侯國。王莽更名有年亭也。其水西流入于汾水。汾水逕楊城西，不于東矣。《魏土地記》曰：平陽郡治楊縣，郡西有汾水南流者是也。

西南過高梁邑西，

18 黑水出黑山，西逕楊城南，又西與巢山水會。《山海經》曰：牛首之山，勞水出焉，西流注于潏水，疑是水也。潏水，即巢山之水也。水源東南出巢山東谷，北逕浮山東，又西北流與勞水合，亂流西北逕高梁城北，西流入于汾水。汾水又南逕高梁故城西，故高梁之墟也。《春秋》僖公二十四年，秦穆公納公子重耳于晉，害懷公于此。《竹書紀年》：晉出公十三年，智伯瑤城高梁。漢高帝十二年以為侯國，封恭侯酈疥于斯邑也。

又南過平陽縣東，

19 汾水又南逕白馬城西，魏刑白馬而築之，故世謂之白馬城。今平陽郡治。汾水又南逕平陽縣故城東，晉大夫趙鼂之故邑也。應劭曰：縣在平河之陽，堯舜竝都之也。《竹書紀年》：晉烈公元年，韓武子都平陽。漢昭帝封度遼將軍范明友為侯國，王莽之香平也。魏立平陽郡，治此矣。水側有堯廟，廟前有碑。《魏土地記》曰：平陽城東十里，汾水東原上有小臺，臺上有堯神屋石碑。永嘉三年，劉淵徙平陽，于汾水得白玉印，方四寸，高二寸二分，龍紐。其文曰：有新寶之印，王莽所造也。淵以為天授，改永鳳二年為河瑞元年。

20 汾水南與平水合。水出平陽縣西壺口山，《尚書》所謂壺口治梁及岐也。其水東逕狐谷亭北，春秋時，狄侵晉，取狐廚者也。又東逕平陽城南，東入汾。俗以為晉水，非也。汾水又南歷襄陵縣故城西，晉大夫郤犨之邑也，故其地有犨氏鄉亭矣。西北有晉襄公陵，縣，蓋即陵以命氏也。王莽更名曰幹昌矣。

又南過臨汾縣東，

21 天井水出東陘山西南，北有長嶺。嶺上東西有通道，即鈃隥也。《穆天子傳》曰：乙酉，天子西絕鈃隥，西南至鹽是也。其水三泉奇發，西北流，總成一川，西逕堯城南，又西流入汾。

又屈從縣南西流，

22 汾水又逕絳縣故城北，《竹書紀年》：梁武王二十五年⑨，絳中地坼，西絕于汾。汾水西逕虒祁宮北，橫水有故梁，截汾水中，凡有三十柱，柱徑五尺，裁與水平，蓋晉平公之故梁也。物在水，故能持久而不敗也。又西逕魏正平郡南，故東雍州治。太和中，皇都徙洛，罷州立郡矣。又西逕王澤，澮水入焉。

又西過長脩縣南，

23 汾水又西與古水合。水出臨汾縣故城西黃阜下，其大若輪，西南流，故溝橫出焉，東注于汾，今無水。又西南逕魏正平郡北，又西逕荀城東，古荀國也。《汲郡古文》：晉武公滅荀以賜大夫原氏也。古水又西南入于汾。汾水又西南逕長脩縣故城南，漢高帝十一年以為侯國，封杜恬也。有脩水出縣南，而西南流入汾。

24 汾水又西逕清原城北，故清陽亭也。城北有清原，晉侯蒐清原，作三軍處也。汾水又逕冀亭南，昔臼季使過冀野，見郤缺耨，其妻饁之，相敬如賓，言之文公，文公命之為卿，復與之冀。京相璠曰：今河東皮氏縣有冀亭，古之冀國所都也。杜預《釋地》曰：平陽皮氏縣東北有冀亭，即此亭也。

25 汾水又西與華水合。水出北山華谷，西南流逕一故城西，俗謂之梗陽城，非也。梗陽在榆次不在此。按「故漢上谷長史侯相碑」云：侯氏出自倉頡之後，踰殷歷周，各以氏分，或著楚、魏，或顯齊、秦，晉卿士蔿，斯其胄也。食采華陽，今蒲坂北亭，即是城也。其水西南流注于汾。汾水又逕稷山北，在水南四十許里，山東西二十里，南北三十里，高十三里，西去介山十五里。山上有稷祠，山下稷亭。《春秋》宣公十五年，秦桓公伐晉，晉侯治兵于稷，以略狄土是也。

又西過皮氏縣南，

26 汾水西逕鄈丘北，故漢氏之方澤也。賈逵云：漢法，三年祭地。汾陰方澤，澤中有方丘，故謂之方澤。丘即鄈丘也。許慎《說文》稱從邑，癸聲。河東臨汾地名矣，在介山北，山即汾山也。其山特立，周七十里，高三十里。文穎言在皮氏縣東南，則可；三十里，乃非也。今準此山可高十餘里，山上有神廟，廟側有靈泉，祈祭之日，周而不耗，世亦謂之子推祠。揚雄〈河東賦〉曰：靈輿安步，周流容與，以覽于介山，嗟文公而愍推兮，勤大禹于龍門。《晉太康記》及《地道記》與《永初記》，並言子推所逃隱于是山，即實非也。余按介推所隱者，綿山也。文公環而封之，為介推田，號其山為介山。杜預曰：在西河界休縣者是也。

27 汾水又西逕耿鄉城北，故殷都也。帝祖乙自相徙此，為河所毀，故《書・敘》曰：祖乙圮于耿。杜預曰：平陽皮氏縣東南耿鄉是也。盤庚以耿在河北，迫近山川，乃自耿遷亳。晉獻公滅耿，以封趙夙，後襄子與韓、魏分晉，韓康子居平陽，魏桓子都安邑，號為三晉，此其一也。漢武帝行幸河東，濟汾河，作〈秋風辭〉于斯水之上。汾水又西逕皮氏縣南。《竹書紀年》：魏襄王十二年，秦公孫爰率師伐我，圍皮氏，翟章率師救皮氏圍，疾西風。十三年，城皮氏者也。漢河東太守潘係穿渠引汾水以溉皮氏縣，故渠尚存，今無水也。

又西至汾陰縣北，西注于河。

28 水南有長阜，背汾帶河，阜長四五里，廣二里餘，高十丈。汾水歷其陰，西入河。《漢書》謂之汾陰脽。應劭曰：脽，丘類也。汾陰男子公孫祥望氣，寶物之精上見，祥言之于武帝，武帝于水獲寶鼎焉。遷于甘泉宮，改其年曰元鼎，即此處。

【注　釋】❶汾水出焉　此處有佚文一條。《御覽》卷四十五〈地部〉十〈管涔山〉引《水經注》：「管涔山，汾水所出，土人亦云箕管山，見多管草以為名。」但《水經注疏》認為此非《水經注》佚文：「酈《注》完備無缺，此當他書之文誤為《水經注》。」❷廣雅　書名。三國魏張揖撰，《隋書・經籍志》著錄作三卷，〈兩唐志〉著錄均作十卷。今通行本作十卷，或是後人分裂而成。張揖撰《廣雅》，實為補充《爾雅》之不足，故內容較《爾雅》更為廣博，是中國最早的辭書之一。❸今太原晉陽縣句　此處有佚文一條。《名勝志・山西》卷二〈太原府屬縣・清源縣〉引《水經注》：「有白石山水、中隱水，俱來注之。」當是此段中佚文。❹遂初賦　詞賦名。西漢劉歆撰。劉歆字子駿，沛（今江蘇沛縣）人，與父劉向共享文名。其著述多亡佚，此賦尚存，收入於《古文苑》卷五。❺喪服要記　書名。三國魏王肅撰，《隋書・經籍志》著錄一卷。但晉賀循亦撰《喪服要記》十卷。二書均已亡佚。王肅書今尚有馬氏輯本。❻宋沖以有道司徒徵　殿本戴震在此處有案語：「此句有脫誤，未詳。」❼二年　《水經注疏》作「七年」。《疏》：「趙云，按《漢隸字源》載此碑，作乙亥。《文選》同。《後漢書・靈帝紀》，建寧四年正月甲子，是有乙亥，無丁亥，《注》文誤。守敬按，《隸釋》載此碑作年四十有三，建寧四年正月丁亥卒。宋時大碑尚存，洪氏親見其碑，與酈氏合，故無說。」❽西流注于汾水　此處有佚文一條。《寰宇記》卷四十三〈河東道〉四〈晉州・洪洞縣〉引《水經注》：「霍水源出趙城縣東三十八里廣勝寺大郎神，西流至洪洞縣。」五校鈔本、七校本均已在此處加入此句。❾梁武王二十五年　據《水經注疏》，梁無武王，當作「惠成王」，「二十五年」即西元前三四五年。

【語　譯】汾水出太原汾陽縣北管涔山，

1 《山海經》說：〈北次二經〉的第一座山，在河水以東，山頭靠近汾水岸邊。這座山叫管涔山，山上不長樹木，山下多玉，汾水就發源於此，西流注入河水。《十三州志》說：汾水發源於武州的燕京山。也是管涔山的異名。這座山重巒疊障，巨巖峻壁，蔓草叢生，卻不長樹木。水源從南麓之下流出時，不過是涓涓細流罷了。又西南流，兩岸山脈連綿，峰巒緊密相接。劉淵的同宗子侄劉曜，曾隱避在管涔山上。夜裡，忽然進來兩個小孩，向他下跪稟告道：管涔王差我們倆拜謁趙皇帝。於是獻上一把寶劍，放在他面前，又拜了兩拜才辭去。劉曜點起蠟燭看劍，劍長二尺，光澤照人。劍背上的銘文刻道：佩帶神劍，可除各種邪毒。劉曜就把此劍佩在身上，這把神劍隨時都能變幻五彩，光輝熠熠。後來劉曜就當了胡人的帝王了。

2 汾水又南流，與東溫溪、西溫溪匯合。這兩條溪水都發源於鄰近一帶的小溪，發出淙淙的水聲從兩邊流來，水上各種雜樹繁蔭交錯，就像一片雲煙。二水匯合後水流盛大，波濤升漲氾濫。又南流經一座城東，城腳疊砌了許多巖石，城邊瀕臨汾水，民間稱為代城。又南流，從二城之間流出。這兩座城互成犄角之勢，坐落在汾水兩岸，世人稱為侯莫干城，這是因為城名原就來自戎族語言，流傳失實之故。

3 汾水又南流經汾陽縣老城東。這裡土地寬廣平曠，山小而高，水緩而靜。〈地理志〉說：汾水發源於汾陽縣北山，西南流。漢高帝十一年（西元前一九六年），將汾陽封給靳彊為侯國。後來屯田農墾，把糧食都屯積在這裡，稱為羊腸倉。山上有羊腸坂，在晉陽西北，山徑石級盤桓曲折，好像羊腸一般，所以糧倉和山坡都因此得名。漢永平年間（西元五八～七五年），治理呼沱、石臼河。按司馬彪《後漢書・郡國志》，常山南行唐縣有石臼谷，當時是想憑藉呼沱河水，轉運山東的漕米，從都慮到羊腸倉，企圖利用汾水運糧到太原，以補秦、晉的不足。開鑿水道連年苦役，轉運所經的水道中，有三百八十九個險隘之處，工程死人無數。於是任命鄧訓為謁者，監督水道工程。鄧訓審度後，知道難以成功，就詳盡地稟報肅宗，肅宗也聽取了他的意見，終止了這項工程，使數千人得以保全性命。和帝時他女兒立為鄧后，叔父鄧陔以為這是鄧訓積德行善的好報。這裡提到的就是這座羊腸倉。又南流，經秀容城東。《魏土地記》說：秀容，胡人遷居於此，設立秀容護軍治。這裡東距汾水六十里，汾水南流與酸水匯合。酸水發源於西方的少陽山，東南流注入汾水。

4 汾水又南流出山，東南流，洛陰水注入。洛陰水發源於新興郡，西流經洛陰城北，又西流經盂縣老城南。洛陰水又西流，流經狼孟縣老城南，就是王莽時的狼調。老城左右兩邊都是幽深的山澗，南對大溝，民間稱為狼馬澗。舊時截斷山澗築城，有南門、北門，城門和老城牆還在。洛陰水又西南流經陽曲城北。《魏土地記》說：陽曲的胡人寄居在太原邊界，設置了陽曲護軍治。洛陰水西南流，注入汾水。汾水又南流經陽曲城向西南流去。

東南過晉陽縣東，晉水從縣南東流注之。

5 太原郡治晉陽城，是秦莊襄王三年（西元前二四七年）設置的。《尚書》所說的既修太原，即指此城。《春秋說題辭》說：地勢高而平坦，叫太原。原，就是端正的意思，平坦而有一定的程度。《廣雅》說：大片的斥鹵之地，就是太原。《釋名》說：土地不生長植物，叫鹵。鹵，就是火爐，《穀梁傳》說：中國叫太原，夷狄叫大鹵。《尚書大傳》說：東原的洪水已經治平了。土地遼闊高大而且平坦，稱為太原，郡也因而取名。《魏土地記》說：城東有汾水南流，汾水東岸有「晉使持節都督并州諸軍事鎮北將軍太原成王之碑」。水上舊時有橋，青荓就死在橋下，豫讓則死於橋邊，這也是趙襄子脫衣的地方。汾水西流經晉陽城南，從前有介子推祠。祠前有碑，但廟宇已經坍毀，只有這塊孤零零的石碑還豎立著。但如今文字也都剝落，無法辨認了。

又南，洞過水從東來注之。

6 汾水又南流經梗陽縣老城東，這裡從前是榆次的梗陽鄉。魏獻子把它賜給大夫魏戊作為食邑。京相璠說：梗陽，是晉國的城邑。今天太原郡晉陽縣南六十里榆次的邊界上有梗陽城。汾水又南流，就是洞過水匯合的地點。

又南過大陵縣東，

7 從前趙武靈王遊覽大陵，夢見有個姑娘在彈琴歌唱，他很想見見那位姑娘，於是吳廣將自己女兒孟姚獻給他，這件事就發生在這裡。王莽時改名稱為大寧。汾水在該縣向左分支流出，積瀦成鄔澤。《廣雅》說：水從汾水分流而出，積成汾陂。這片陂塘東西四里，南北十餘里，陂塘南與鄔澤相連接。〈地理志〉說：九澤在北，是并州的大澤。《呂氏春秋》稱為大陸，又名為漚洟澤，民間則稱為鄔城泊。許慎《說文》說：潙水發源於西河中陽縣北沙，南流入河。說的就是此水。潙水又與嬰侯水匯合。《山海經》說，謁戾山，嬰侯水發源於它的北麓，北流注入祀水。祀水發源於祀山，這條水有幾個不同的源頭，合為一條後流注於嬰侯水，亂流經中都縣南，民間又稱為中都水。侯甲水注入。侯甲水發源於祁縣胡甲山，有一條很長的山坡，稱為胡甲嶺，就是劉歆〈遂初賦〉所說的：越過侯甲山而向前挺進。蔡邕說：侯甲，也是個城名，在祁縣。

8 侯甲水又西北流過宜歲郊，流經太谷，稱為太谷水。流出山谷後往西北流，流經祁縣老城南，從縣城向西延伸，與鄔澤相連接，就形成祁藪。這就是《爾雅》所謂的昭餘祁了。祁縣是賈辛的食邑。賈辛相貌醜陋，妻子不同他講話，但同她一起到沼澤岸邊射雉，兩人都射中時才嫣然一笑。祁縣即王莽時的示縣。

9 又西流經京陵縣老城北，王莽改名為致城。在《春秋》裡，這是九原地方。所以《國語》說：趙文子與叔向在九原遊覽，他對叔向說：如果死人會復活的話，我該隨著誰走呢？叔向說：想來陽子也許可以吧？文子說：陽子在晉國專權而剛愎自用，不能免於殺身之禍，他的智慧不值得稱道。叔向說：那麼舅犯可以吧？文子說：舅犯見到利益就不顧他的君主，仁德不值得稱道。我還是同隨會為好吧？隨會接受批評，不忘記老師；考慮自身利益，不忘記朋友；服務君主，不攀附他人而進身，也不曲意逢迎而引退。他舊時的墓地還在。漢朝興起後，在下面增建陵墓，所以叫京陵。

10 侯甲水又西北流經中都縣老城南，此城瀕臨水濱。《春秋》昭公二年（西元前五四〇年），晉侯在中都逮捕了陳無宇，即指此城。漢文帝封為代王時，就建都在這裡。武帝元封四年（西元前一〇七年），皇上臨幸中都宮，宮殿上有祥光出現，因而赦免中都死罪以下的罪犯。侯甲水又西流，與嬰侯水匯合。匯合後流經鄔縣老城南——鄔縣是晉大夫司馬彌牟的食邑——稱為鄔水，民間也叫慮水，慮與鄔音近，所以字也改變了。水又西北流，注入鄔陂，然後流入汾水。

又南過平陶縣東，文水從西來流注之。

11 汾水又南流，與石桐水相匯合，就是綿水。綿水發源於界休縣的綿山，北流經石桐寺西，這就是介子推的祠。從前介子推逃避晉文公的賞賜，隱居於綿上山上。晉文公找不到他，於是把綿立為介子推田。他說：留下這地方來表示我的過失，同時也用以旌表好人。因此把這座山叫介山。所以袁山松〈郡國志〉說：界休縣有介山、綿上聚、子推廟。王肅《喪服要記》說：從前魯哀公祭路神，以車載他父親的遺體。孔子問道：要立一棵桂樹嗎？哀公說：不用了。桂樹起於介子推。介子推是晉國人。文公遇到國內有難，出國逃避到狄去。子推隨著他出走，因軍糧吃完了，就割下自己身上的肉給文公吃。後來文公回國，因疏忽而忘記了子推。子推獻唱了一首歌，文公方才醒悟，子推應當受封爵祿。但他卻逃入介山，抱樹被燒死了。國人安葬他時，恐怕他的魂魄會倒地而滅，所以立了桂樹。我父親生活在宮殿裡，死在床席之間，哪裡用得著桂樹呢？我查考過，夫子甚至反對用美玉來送葬，怎麼能詢問以桂樹做葬禮呢？王肅這番證詞，有點近於誣衊了。

12 石桐水又西流，注入汾水。汾水又西南流經界休縣老城西，王莽時改名為界美。城東有郭林宗、朱子浚兩位不肯應聘做官的士人的石碑。宋沖受徵召為有道司徒，郭林宗是本縣人，徵召他當司徒，授以太尉的官職，他都藉口有病辭謝了。他的碑文說：他步仙人洪崖的後塵，走高士巢父、許由的道路，展翅高翔於絕塵的天外，超越飛黃騰達之路而傲然獨峙。享壽不長，只活到四十二歲。建寧二年（西元一六九年）正月丁亥日亡故。凡是來自四面八方與我們志同道合的人，心中永遠懷著哀痛之情，在墓前立碑，以旌表他的崇高德行。陳留蔡伯喈、范陽盧子幹、扶風馬日磾等，遠來奔喪，穿朋友身分的喪服。守心喪滿一年的，如韓子助、宋子浚等二十四人，其餘門人披麻戴孝的，人數以千計。蔡伯喈對盧子幹、馬日磾說：我作的碑文很多，但想起來都有點慚愧，只有為郭有道寫這篇碑文，可以毫無愧色了。汾水右岸有左部城，傍倚著汾水，這是劉淵當晉國都尉時所築。

又南過冠爵津，

13 冠爵津是汾水上的渡口名，在界休縣西南，民間稱為雀鼠谷。山谷裡數十里長的小路險阻難行，汾水左右兩邊都架設了險橋和棧道，沿著彎彎曲曲的崖邊，用巖石砌疊起來築路，有時距水面一丈，有時高只有五六尺。仰望是險岡，俯視是絕澗，民間稱為魯般橋，自古以來就是到渡口去的險道，當今也是險要之地。

又南入河東界，又南過永安縣西，

14 永安縣，即舊時的彘縣，周厲王流放到彘，就是這座城。王莽時改名黃城。漢順帝陽嘉二年（西元一三四年），改名永安。這也是霍伯的都城。

歷唐城東，

15 薛瓚注《漢書》說：堯曾建都於此。唐城東距彘十里。汾水又南流，與彘水匯合。彘水發源於東北方的太岳山，就是〈禹貢〉所謂的岳陽，即霍太山。山上有飛廉墓。飛廉以善於行路為紂王效力，惡來以身強力壯而知名。周武王討伐紂王，同時也殺了惡來。飛廉早先為紂王出使北方，回來後卻沒有人可以彙報了。於是就在霍太山築壇致祭，以身殉紂。他在修築祭壇的時候，挖掘到一口石棺，刻著這些字樣：天帝命令你老人家不要參預殷朝的動亂，賜你石棺安葬。飛廉死後，就把他葬在石棺中。霍太山有奉祀山神的廟宇，十分靈驗，鳥雀不在那裡的山林棲息，猛虎常常在廟宇的庭院裡守護。又有靈泉可供祭祀之用，鼓聲一響，泉水就流出來；鼓聲停止，泉水也就枯竭了。湘東陰山縣有一座侯曇山，山上有個靈壇。壇前有一口石井，深約數尺。平常井裡無水，但有人祈禱時，就有甘冽的泉水湧出來。大家都用夠了，水也停了。也是同一類的事。

16 彘水又西流經觀阜北，這就是先前的百邑。原過隨從趙襄子，在王澤接受了竹書，他把此事報告了襄子。襄子設齋三日，親自剖開竹子，裡面有朱紅色的字，寫道：我是霍太山山陽侯，是天帝的使者。三月丙戌日，我將派你回去消滅智氏，你也要在百邑為我立祠。襄子跪拜接受三神的使命，消滅了智氏，在百邑為三神立祠，讓原過主持祭祀，世人稱那地方為觀阜。彘水又西流經永安縣老城南，西南流，注入汾水。汾水又南流經霍城東，這裡就是舊時的霍國。從前晉獻公滅了霍國，趙夙駕車，霍公求逃奔到齊國去。晉國大旱，請巫師占卜，說是因為霍太山作祟。於是派遣趙夙召請霍君回來主持祭祀，晉國才又獲得了豐收。霍城是從前霍公求定居的地方。汾水又流經趙城西南，穆王將趙城封給造父，趙氏就是從此開始的。汾水又南流，霍水注入。霍水發源於霍太山，流水積成深潭，寬七十步，深不可測。霍水西南流經趙城南，西注汾水。

又南過楊縣東，

17 澗水發源於東方穀遠縣的西山，西南流經霍山南，又西流經楊縣老城北。這是晉國大夫僚安的食邑。應劭說：這是從前的楊侯國。王莽改名為有年亭。澗水西流注入汾水。汾水流經楊城西，而不是流經城東。

《魏土地記》說：平陽郡，郡治在楊縣，郡西有汾水南流。

西南過高梁邑西，

18 黑水發源於黑山，西流經楊城南；又西流，與巢山水匯合。《山海經》說：牛首山是勞水的發源地，西流注入澮水，想來可能就是這條水。澮水，就是巢山水。水源出自東南方的巢山東谷，北流經浮山東，又西北流與勞水匯合，往西北亂流，流經高梁城北，西流注入汾水。汾水又南流經高梁老城西，就是舊時的高梁墟。《春秋》僖公二十四年（西元前六三六年），秦穆公接納了晉國的公子重耳，並在這裡殺害了懷公。《竹書紀年》載：晉出公十三年（西元前四六二年），智伯瑤在高梁築城。漢高帝十一年（西元前一九五年），將高梁立為侯國，封給恭侯酈疥。

又南過平陽縣東，

19 汾水又南流經白馬城西，魏殺白馬祭祀後築了此城，所以世人稱為白馬城。現在是平陽郡的治所。汾水又南流經平陽縣老城東，是晉大夫趙鼂從前的食邑。應劭說：該縣坐落在平河北岸，堯、舜都曾在這裡建都過。《竹書紀年》：晉烈公元年（西元前四一五年），韓武子建都於平陽。漢昭帝將平陽封給度遼將軍范明友為侯國，就是王莽時的香平。魏立為平陽郡，治所就在這裡。水邊有堯的祠廟，廟前有碑。《魏土地記》說：平陽城東十里，汾水東岸的平原上有一座小臺，臺上有堯廟的石碑。永嘉三年（西元三〇九年），劉淵遷都平陽，在汾水得到一方白玉印，大小四寸見方，高二寸二分，上雕龍形印紐。印文刻的是：有新寶之印，原來是王莽所製。劉淵以為這是上天所授，於是把永鳳二年（西元三〇九年）改為河瑞元年。

20 汾水南流與平水匯合。平水發源於平陽縣西方的壺口山，就是《尚書》所謂的繼壺口山之後，又治理了梁山及岐山。平水東流經狐谷亭北，春秋時，狄族入侵晉國，奪取了狐廚。又東流經平陽城南，東流注入汾水。民間以為這是晉水，那是弄錯了。汾水又南流過襄陵縣老城西。這是晉大夫郤犨的食邑，所以那裡有犨氏鄉亭。西北有晉襄公陵，襄陵縣就是以陵墓命名的。王莽時改名為幹昌。

又南過臨汾縣東，

21 天井水發源於東陘山西南，北有長嶺，嶺上有一條東西向的通道，這就是鈃隥。《穆天子傳》說：乙酉日，天子西行，越過鈃隥，往西南到鹽，指的就是這地方。這條水的源頭有三道奇泉湧出，西北流匯合成一條，西流經堯城南，又西流注入汾水。

又屈從縣南西流，

22 汾水又流經絳縣老城北，《竹書紀年》載：梁武王二十五年，絳中地面開裂，延伸跨過汾水。汾水西流經虒祁宮北，橫駕在水上有一條老橋，截斷汾水，共有三十根橋柱，橋柱周長五尺，剛好與水面一樣高，這是晉平公時的老橋。木頭浸在水裡，所以能經久不腐。又西流，流經魏正平郡南，舊時是東雍州的治所。太和年間（西元四七七～四九九年），國都遷往洛陽，廢州而另立為郡。又西流經王澤，澮水注入。

又西過長脩縣南，

23 汾水又西流與古水匯合。古水發源於臨汾縣老城西黃阜下，水流之大有如車輪，西南流，有故溝橫流而出，東流注入汾水，今天已枯竭無水了。又西南流經魏正平郡北，又西流經荀城東，這裡是古代的荀國。據《汲郡古文》，晉武公滅荀，把它賜給大夫原氏。古水又西南流，注入汾水。汾水又西南流經長脩縣老城南，漢高帝十一年（西元前一九六年），將它立為侯國，封給杜恬。有脩水發源於縣南，西南流，注入汾水。

24 汾水又西流經清原城北，這是舊時的清陽亭。城北有清原，晉侯在清原打獵，建立三軍，就是在這地方。汾水又流經冀亭南，從前臼季奉使經過冀野，看見郤缺在田間耨草，他妻子給他送飯，兩人相敬如賓，於是告訴文公，文公就任命郤缺做大臣，並將冀這地方賜給他。京相璠說：現在河東郡皮氏縣東北有冀亭，是古代冀國建都的地方。杜預《釋地》說：平陽郡皮氏縣東北有冀亭，就是此亭。

25 汾水又西流，與華水匯合。華水發源於北山華谷，西南流經一座老城西，民間稱為梗陽城，是弄錯了。梗陽在榆次，不在這裡。據「故漢上谷長史侯相碑」說：侯氏出身於倉頡的後代，經商、周兩朝，各支系分成不同的姓氏，有的在楚國或魏國出名，有的在齊國和秦國顯耀，晉國大臣士蒍，也是這個氏族的後代。他的食邑華陽，即今天蒲坂的北亭，也就是此城。華水西南流注入汾水。汾水又流經稷山北，此山在水南四十來里，山東西寬二十里，南北長三十里，高十三里，西距介山十五里。山上有稷祠，山下有稷亭。《春秋》宣公十五年（西元前五九四年），秦桓公攻打晉國，晉侯在稷練兵，強奪狄族的土地，說的就是這件事。

又西過皮氏縣南，

26 汾水西流經鄈丘北，這裡從前是漢代的方澤。賈逵說：漢朝習俗，每三年要在汾陰的方澤舉行祭地。澤中有個方丘，所以稱為方澤。這個山丘，也就是鄈丘。許慎《說文》說：鄈字偏旁從邑，讀作癸。是河東郡臨汾縣的地名，在介山北；介山也就是汾山。這座山巍然高聳於群山之上，周圍七十里，高三十里。文穎認為，說介山在皮氏縣東南倒還差不多，說它高三十里那就不對了。現在據目測，此山高約十餘里，山上有神廟，廟旁有靈泉，在祈禱祭祀那天，泉水源源不斷，世人也稱之為子推祠。揚雄〈河東賦〉說：天子的車駕緩緩前行，在四周從容不迫地漫遊，在介山觀賞風光。他為文公嗟嘆，為介子推而悲傷，並在龍門稱頌大禹的辛勞。《晉太康地記》及《地道記》、《永初記》，都說介子推逃避隱居於此山，但以史實來印證，卻不在這裡。我查考過，介子推所隱居的地方，其實是綿山。文公繞山劃定疆界，稱為介推田，名此山為介山。杜預說：在西河郡界休縣那座山才是介山。

27 汾水又西流經耿鄉城北，古時是殷商的都城。帝祖乙從相遷移到這裡，被河水沖毀，所以《尚書・敘》說：祖乙在耿的都城被沖毀了。杜預說：耿，就是平陽郡皮氏縣東南的耿鄉。盤庚以為耿在河北，近山臨水，地極狹隘，於是從耿遷都於亳。晉獻公滅了耿，把它封給趙夙，後來趙襄子與韓、魏瓜分了晉國，韓康子居於平陽，魏桓子建都安邑，號稱三晉，這裡就是其中之一。漢武帝巡行河東，渡過汾水，就在汾水上作〈秋風辭〉。汾水又西流經皮氏縣南。《竹書紀年》：魏襄王十二年（西元前三〇七年），秦國公孫爰率軍攻打中國，包圍了皮氏縣城，翟章領兵援救皮氏縣之圍，當時西風猛烈。十三年（西元前三〇六年）給皮氏縣築城。漢河東太守潘係鑿渠引汾水來灌溉皮氏縣，老渠道還在，但今天沒有水了。

又西至汾陰縣北，西注于河。

28 汾水以南有一條長長的山岡，背依汾水，河水從旁繞過。山岡長四五里，寬二里餘，高十丈。汾水流經山北，西注河水。《漢書》把這道長長的山岡叫做汾陰脽。應劭說：脽，是丘陵的一類。汾陰男子公孫祥能望氣，他看到寶物的靈光浮現在上頭，就去稟報武帝。武帝在水裡撈到一隻寶鼎。他把寶鼎搬到甘泉宮，改年號為元鼎，就在這地方。

澮水

澮水出河東絳縣東澮交東高山，

1 澮水東出絳高山，亦曰河南山，又曰澮山。西逕翼城南。按《詩譜》言：晉穆侯遷都于絳，暨孫孝侯，改絳為翼，翼為晉之舊都也。後獻公北廣其城，方二里，又命之為絳。故司馬遷《史記・年表》稱，獻公九年，始城絳都。《左傳》莊公二十六年，晉士蔿城絳以深其宮是也。其水又西南合黑水。水導源東北黑水谷，西南流逕翼城北，右引北川水。水出平川，南流注之，亂流西南入澮水。

2 澮水又西南與諸水合，謂之澮交。《竹書紀年》曰：莊伯十二年，翼侯焚曲沃之禾而還，作為文公也❶。又有賀水，東出近川，西南至澮交入澮。又有高泉水，出東南近川，西北趣澮交注澮。又南，紫谷水東出白馬山白馬川。《遁甲開山圖》曰：絳山東距白馬山。謂是山也。西逕熒庭城南，而西出紫谷，與乾河合，即教水之枝川也。《史記·白起傳》稱，涉河取韓安邑，東至乾河是也。其水西與田川水合。水出東溪，西北至澮交入澮。又有于家水出于家谷。《竹書紀年》曰：莊伯以曲沃叛，伐翼，公子萬救翼，荀叔軫追之至于家谷。有范壁水出于壁下，並西北流，至翼廣城。昔晉軍北入翼，廣築之，因即其姓以名之❷。二水合而西北流，至澮交入澮。

3 澮水又西南與絳水合，俗謂之白水，非也。水出絳山東，寒泉奮湧，揚波北注，懸流奔壑，一十許丈。青崖若點黛，素湍如委練，望之極為奇觀矣。其水西北流注于澮。應劭曰：絳水出絳縣西南，蓋以故絳為言也。《史記》稱，智伯率韓、魏引水灌晉陽，不沒者三版。智氏曰：吾始不知水可以亡人國，今乃知之。汾水可以浸安邑，絳水可以浸平陽。時，韓居平陽，魏都安邑，魏桓子肘韓康子，韓康子履魏桓子，肘足接于車上，而智氏以亡。魯定公問，一言可以喪邦，有諸？孔子以為幾乎，余覩智氏之談矣，汾水灌安邑，或亦有之；絳水灌平陽，未識所由也。

4 西過其縣南，

《春秋》成公六年，晉景公謀去故絳，欲居郇瑕。韓獻子曰：土薄水淺，不如新田，有汾、澮以流其惡。遂居新田。又謂之絳，即絳陽也。蓋在絳、澮之陽。漢高帝六年，封越騎將軍華無害為侯國。縣南對絳山，面背二水。《古文瑣語》❸曰：晉平公與齊景公乘至于澮上，見乘白驂八駟以來，有大❹貍身狐尾，隨平公之車。公問師曠，對首陽之神，有大貍身狐尾，其名曰者，飲酒得福，則徼之，蓋于是水之上也。

又西南過虒祁宮南，

5 宮在新田絳縣故城西四十里，晉平公之所搆也。時有石言于魏榆，晉侯以問師曠，曠曰：石不能言，或憑焉。臣聞之，作事不時，怨讟動于民，則有非言之物言也。今宮室崇侈，民力彫盡，石言不亦宜乎。叔向以為子野之言，君子矣。其宮也，背汾面澮，西則兩川之交會也。《竹書紀年》曰：晉出公五年，澮絕于梁，即是水也。

又西至王澤，注于汾水。

6 晉智伯瑤攻趙襄子，襄子奔保晉陽。原過後至，遇三人于此澤，自帶以下不見，持竹二節與原過曰：為我遺無卹。原過受之于是澤，所謂王澤也。

【注釋】❶作為文公也　殿本戴震在此處有案語：「此句有訛舛，未詳。」《水經注疏》在此處疏：「趙云，『作』字疑誤。守敬按，不獨末句有誤，上有澮交，不涉翼侯及曲沃事，則引《竹書》于此為無著，當是錯簡。」語譯亦略去未譯。❷因即其姓以名之　原句有誤，此按《疏》注譯出。❸古文瑣語　書名。是《汲冢書》之一，與《竹書紀年》同時出土。《晉書．束晳傳》：汲郡人得《竹書》，《瑣語》十一篇，記諸國卜夢妖怪相書也。已亡佚。今有馬氏輯本一卷。❹大　《胡適手稿》第四集上冊〈記鐵琴銅劍樓瞿氏藏明鈔本水經注〉文，胡氏據此本，認為「大」是「犬」之誤。此說在校勘上甚有價值。因「大」與「犬」字形相似，極易致誤。此段《注》文中前後兩「大」字改為「犬」字，不僅文義可釋，句讀亦甚分明。

【語　譯】澮水出河東絳縣東澮交東高山，

1 澮水發源於東方的絳高山，也稱河南山，又叫澮山，西流經翼城南。據《詩譜》說：晉穆侯遷都於絳，到了孫子孝侯時，把絳改名為翼。翼是晉國的舊都。後來獻公把此城向北擴展，方圓二里，又稱為絳了。所以司馬遷《史記．年表》說：獻公九年（西元前六六八年），方才在絳都築城。《左傳》莊公二十六年（西元前六六八年），晉國士蔿為絳築城，以便把他的宮殿造得更加深廣。澮水又西南流，與黑水匯合。黑水發源於東北方的黑水谷，西南流，流經翼城北，右岸引入北川水。北川水發源於平原，南流，往西南亂流注入澮水。

2 澮水又西南流，與諸水匯合，稱為澮交。《竹書紀年》說：莊伯十二年，翼侯焚燒了曲沃的莊稼退回。……又有一條賀水，發源於東方近處的溪流，西南流，到澮交注入澮水。又有高泉水，發源於東南近處的溪澗，西北流向澮交，注入澮水。澮水又南流，紫谷水發源於東方白馬山的白馬川。《遁甲開山圖》說：絳山東與白馬山相隔。說的就是此山。紫谷水流經熒庭城南，往西流出紫谷，與教水的支流乾河匯合。《史記．白起傳》說：涉水過河，攻下韓國的安邑，東到乾河為止，說的即此河。此水西流與田川水匯合。田川水發源於東溪，西北流到澮交，注入澮水。又有于家水發源於于家谷。《竹書紀年》說：莊伯據有曲沃，起兵反叛，攻打翼。公子萬前來救援，荀叔軫隨後追擊，直到于家谷。有范壁水發源於壁下，二水都往西北流，流到翼廣城。從前晉軍北上攻入翼，擴大修築此城，所以叫翼廣城。二水匯合後西北流，到澮交注入澮水。

3 澮水又西南流，與絳水匯合，民間稱絳水為白水，是弄錯的。絳水發源於絳山東，寒冷的泉水洶湧奔流，波浪滔滔地北流而去，從高達十來丈的懸崖奔瀉而下，直奔深谷。蒼黝的崖壁有如畫圖中點上的青黛，白如霜雪的瀑布像是懸掛著的白絹，縱目眺望，真是壯觀極了。絳水西北流注入澮水。應劭說：絳水發源於絳縣西南，這是就舊絳城所說的。《史記》說：智伯率領了韓、魏兩國軍隊引水來淹沒晉陽，城牆沒有淹沒的約有二丈餘。智伯說：我先前不知道水可以滅亡別人的國家，現在才知道了。汾水可以淹沒安邑，絳水可以淹沒平陽。當時韓國建都於平陽，魏國建都於安邑。魏桓子用手肘碰碰韓康子，韓康子用鞋子踏踏魏桓子，兩人的手腳在車上一接觸，智伯就滅亡了。魯定公問：一句話足以招致亡國之禍，有這樣的事嗎？孔子以為幾乎是可能的。我從智伯的話裡就看到一個實例。以汾水來淹沒安邑，也許是可行的，但以絳水來淹沒平陽，卻不知道水能從哪裡流過去。

西過其縣南，

4 《春秋》成公六年（西元前五八五年），晉景公圖謀離開老絳城，去郇瑕居住。韓獻子說：郇瑕土薄水淺，不如住到新田去，那裡有汾水和澮水可以滌蕩穢髒有害的東西。於是就遷居到新田去。新田也叫絳，就是絳陽。因為這地方坐落在絳水和澮水的北岸。漢高帝六年（西元前二〇一年），封越騎將軍華無害為侯國。該縣南對絳山，背依二水。《古文瑣語》說：晉平公與齊景公駕車到澮上，看見有人乘車由八匹白馬駕著而來，有一頭怪獸，長著大貍的身子，狐貍的尾巴，跟著平公的車子。平公問師曠，師曠答道：首陽山的神靈，有貍身而狐尾，名叫者，飲酒得福就會招致它來的。這事就發生在這條水上。

又西南過虒祁宮南，

5 虒祁宮在新田絳縣老城西四十里，是晉平公所築。這時魏榆有一塊石頭開口說話了，晉侯又問師曠。師曠說：石頭本來是不會講話的，也許有什麼東西附著在石頭上說話。我聽說，做事不合時宜，民怨沸騰，那麼本來不會說話的東西也會說話了。現在宮殿屋宇高大而奢侈，民間的財力都耗費盡了，石頭說話，不是很自然的嗎。叔向以為子野所說真是一個品德崇高的人的話。虒祁宮前對澮水，後靠汾水，西邊是二水交會之處。《竹書紀年》說：晉出公五年（西元前四七〇年），澮水在梁斷流。就是這條水。

又西至王澤，注于汾水。

6 晉智伯瑤進攻趙襄子，趙襄子出逃到晉陽，守城自衛。原過隨後來到，在這個大沼澤碰到三個人，但腰帶以下卻看不到下身。他們拿著兩節長的竹筒交給原過，對他說：請替我們交給無卹。原過就是在這片沼澤上接受竹筒的，這裡就是所謂的王澤。

涑水

涑水出河東聞喜縣東山黍葭谷，

1 涑水所出，俗謂之華谷，至周陽與洮水合。水源東出清野山，世人以為清襄山也。其水東逕大嶺下，西流出謂之唅口，又西合涑水。鄭使子產問晉平公疾。平公曰：卜云臺駘為祟。史官莫知，敢問。子產曰：高辛氏有二子，長曰閼伯，季曰實沈，不能相容，帝遷閼伯于商丘，遷實沈于大夏。臺駘，實沈之後，能業其官，帝用嘉之，國于汾川。由是觀之，臺駘，汾、洮之神也。賈逵曰：汾、洮，二水名。司馬彪曰：洮水出聞喜縣，故王莽以縣為洮亭也。然則涑水殆亦洮水之兼稱乎？

西過周陽邑南，

2 其城南臨涑水，北倚山原。《竹書紀年》：晉獻公二十五年正月，翟人伐晉，周有白兔舞于市。即是邑也。漢景帝以封田勝為侯國。涑水西逕董澤陂南，即古池，東西四里，南北三里。《春秋》文公六年，蒐于董，即斯澤也。涑水又與景水合。水出景山北谷。《山海經》曰：景山南望鹽販之澤，北望少澤，其草多藷藇、秦椒，其陰多赭，其陽多玉。郭景純曰：鹽販之澤即解縣鹽池也。按《經》不言有水，今有水焉，西北流，注于涑水也。

又西南過左邑縣南，

3 涑水又西逕仲郵郭北，又西逕桐鄉城北。《竹書紀年》曰：翼侯伐曲沃，大捷，武公請成于翼，至桐乃返者也。《漢書》曰：武帝元鼎六年，將幸緱氏，至左邑桐鄉，聞南越破，以為聞喜縣者也。涑水又西與沙渠水合。水出東南近川，西北流注于涑水。涑水又西南逕左邑縣故城南，故曲沃也。晉武公自晉陽徙此，秦改為左邑縣，《詩》❶所謂從子于鵠者也。《春秋傳》曰：下國有宗廟，謂之國。在絳曰下國矣，即新城也。王莽之洮亭也。涑水自城西注，水流急濬，輕津無緩，故詩人以為激揚之水，言不能流移束薪耳。水側，即狐突遇申生處也。《春秋傳》曰：秋，狐突適下國，遇太子，太子使登僕曰：夷吾無禮，吾請帝以畀秦。對曰：神不歆非類，君其圖之。君曰：諾，請七日見我于新城西偏。及期而往，見于此處。故《傳》曰：鬼神所憑，有時而信矣。

4 涑水又西逕王官城北，城在南原上。《春秋左傳》成公十三年四月，晉侯使呂相絕秦曰：康猶不悛，入我河曲，伐我涑川，俘我王官。故有河曲之戰是矣。今世人猶謂其城曰王城也。

又西南過安邑縣西，

5 安邑，禹都也。禹娶塗山氏女，思戀本國，築臺以望之，今城南門，臺基猶存。余按《禮》，天子諸侯，臺門隅阿相降而已，未必一如書傳也。故晉邑矣，春秋時，魏絳自魏徙此。昔文侯懸師經之琴于其門，以為言戒也。武侯二年，又城安邑，蓋增廣之。秦始皇使左更、白起取安邑，置河東郡。王莽更名兆隊，縣曰河東也。有項寧都，學道升仙，忽復還此，河東號曰斥仙。漢世又有閔仲叔，隱遁市邑，罕有知者，後以識瞻❷而去。

6 涑水西南逕監鹽縣故城。城南有鹽池，上承鹽水。水出東南薄山，西北流逕巫咸山北。《地理志》曰：山在安邑縣南。《海外西經》曰：巫咸國在女丑北，右手操青蛇，左手操赤蛇，在登葆山，群巫所從上下也。《大荒西經》云：大荒之中有靈山，巫咸、巫即、巫朌、巫彭、巫姑、巫真、巫禮、巫抵、巫謝、巫羅十巫，從此升降，百藥爰在。郭景純曰：言群巫上下靈山，採藥往來也。蓋神巫所遊，故山得其名矣。谷口嶺上，有巫咸祠。

7 其水又逕安邑故城南，又西流注于鹽池。〈地理志〉曰：鹽池在安邑西南。許慎謂之盬。長五十一里，廣七里，周百一十六里，從鹽省古聲。呂忱曰：夙沙初作煮海鹽，河東鹽池謂之盬。今池水東西七十里，南北十七里，紫色澄渟，潭而不流。水出石鹽，自然印成，朝取夕復，終無減損。惟山水暴至，雨澍潢潦奔泆，則鹽池用耗。故公私共堨水徑，防其淫濫，謂之鹽水，亦謂之為堨水。《山海經》謂之盬販之澤也。澤南面層山，天巖雲秀，地谷淵深，左右壁立，間不容軌，謂之石門，路出其中，名之曰徑❸。南通上陽，北暨鹽澤。池西又有一池，謂之女鹽澤，東西二十五里，南北二十里，在猗氏故城南。《春秋》成公六年，晉謀去故絳，大夫曰：郇、瑕，地沃饒近盬。服虔曰：土平有溉曰沃，盬，盬池也。土俗裂水沃麻，分灌川野，畦水耗竭，土自成鹽，即所謂鹹鹺也，而味苦，號曰鹽田，鹽盬之名，始資是矣。本司鹽都尉治，領兵千餘人守之。周穆王、漢章帝竝幸安邑而觀鹽池。故杜預曰：猗氏有鹽池。後罷尉司，分猗氏、安邑，置縣以守之。

又南過解縣東，又西南注于張陽池。

8 涑水又西逕猗氏縣故城北。《春秋》文公七年，晉敗秦于令狐，至于刳首，先蔑奔秦，士會從之。闞駰曰：令狐即猗氏也。刳首在西三十里，縣南對澤，即猗頓之故居也。《孔叢》❹曰：猗頓，魯之窮士也，耕則常饑，桑則常寒。聞朱公富，往而問術焉。朱公告之曰：子欲速富，當畜五牸。于是乃適西河，大畜牛羊于猗氏之南，十年之間，其息不可計，貲擬王公，馳名天下，以興富于猗氏，故曰猗頓也。

9 涑水又西逕郇城。《詩》❺云：郇伯勞之。蓋其故國也。杜元凱《春秋釋地》云：今解縣西北有郇城。服虔曰：郇國在解縣東，郇瑕氏之墟也。余按《竹書紀年》云，晉惠公十有四年，秦穆公率師送公子重耳，圍令狐，桑泉、臼衰，皆降于秦師。狐毛與先軫禦秦，至于廬柳，乃謂秦穆公，使公子縶來與師言，退舍，次于郇，盟于軍。京相璠《春秋土地名》曰：桑泉、臼衰並在解東南，不言解，明不至解。可知《春秋》之文，與《竹書》不殊。今解故城東北二十四里有故城，在猗氏故城西北，鄉俗名之為郇城，考服虔之說，又與俗符，賢于杜氏單文孤證矣。

10 涑水又西南逕解縣故城南。《春秋》：晉惠公因秦返國，許秦以河外五城，內及解梁，即斯城也。涑水又西南逕瑕城，晉大夫詹嘉之故邑也。《春秋》僖公三十年，秦、晉圍鄭，鄭伯使燭之武謂秦穆公曰：晉許君焦瑕，朝濟而夕設版者也。京相璠曰：今河東解縣西南五里有故瑕城。涑水又西南逕張陽城東。《竹書紀年》：齊師逐鄭太子齒，奔張城南鄭者也。《漢書》之所謂東張矣。高祖二年，曹參假左丞相，別與韓信東攻，魏將孫遬軍東張，大破之。蘇林曰：屬河東，即斯城也。

11 涑水又西南屬于陂。陂分為二，城南面兩陂，左右澤渚。東陂世謂之晉興澤，東西二十五里，南北八里，南對鹽道山。其西則石壁千尋，東則磻溪萬仞，方嶺雲迴，奇峰霞舉，孤標秀出，罩絡群山之表，翠柏蔭峰，清泉灌頂。郭景純云：世所謂鴦漿也。發于上而潛于下矣。厥頂方平，有良藥。《神農本草》曰：地有固活、女疎、銅芸、紫菀之族也。是以緇服思元之士，鹿裘念一之夫，代往游焉。路出北巘，勢多懸絕，來去者咸援蘿騰崟，尋葛降深，于東則連木乃陟，百梯方降，巖側縻鎖之跡，仍今存焉，故亦曰百梯山也。水自山北流五里而伏，云潛通澤渚，所未詳也。西陂即張澤也，西北去蒲坂十五里，東西二十里，南北四五里，冬夏積水，亦時有盈耗也。

【注釋】❶詩 即《詩經·唐風·揚之水》。❷識瞻 據《水經注疏》：「『識瞻』二字不可解，疑當作『識贍』。」按《疏》本語譯。❸名之曰徑 《疏》本於「徑」上補「白」字。按《疏》本語譯。❹孔叢 書名。《隋書·經籍志》著錄七卷，陳勝博士孔鮒撰。也稱《孔叢子》。宋陳振孫《書錄解題》認為孔鮒是孔子八世孫。此書今收入於《子書百家》等多種叢書。《舊唐書·經籍志》作孔鰯撰，「鮒」、「鰯」恐是音誤。❺詩 即《詩經·曹風·下泉》。

【語譯】涑水出河東聞喜縣東山黍葭谷，

1 涑水的發源地，民間稱為華谷，流到周陽與洮水匯合。洮水源出自東方的清野山，世人稱為清襄山。此水東流經大嶺下，西流出山，山口稱為哈口，又西流，與涑水匯合。鄭派子產向晉平公探病。平公說：我請人占卜過，說是臺駘作祟。史官都不知道臺駘是什麼神，請問您是否知道。子產說：高莘氏有兩個兒子，長子叫閼伯，小兒子叫實沈，二人不能相容，帝嚳把閼伯放逐到商丘，把實沈放逐到大夏。臺駘就是實沈的後裔，能繼承先人的職責，帝嚳嘉獎他，讓他在汾水建國。從這裡可以看出，臺駘是汾水和洮水的水神。賈逵說：汾、洮是二水名。司馬彪說：洮水發源於聞喜縣，從前王莽以該縣為洮亭。那麼涑水難道也是洮水的兼稱嗎？

西過周陽邑南，

2 此城南瀕涑水，北依山地。《竹書紀年》：晉獻公二十五年（西元前六五二年）正月，翟人攻打晉國，周有白兔在市場上跳舞。周，即指周陽邑。漢景帝將周陽邑封給田勝為侯國。涑水西流經董澤陂南，陂即古池，東西四里，南北三里。《春秋》文公六年（西元前六二一年），在董田獵，指的就是此澤。涑水又與景水匯合。景水發源於景山北谷。《山海經》說：景山南對鹽販澤，北對少澤，山上的草多藷萸、秦椒，山北多赭石，山南多玉。郭景純說：鹽販澤就是解縣鹽池。《水經》沒有說有水，可是今天卻有水，西北流，注入涑水。

又西南過左邑縣南，

3 涑水又西流經仲郵郭北，又西流經桐鄉城北。《竹書紀年》說：翼侯攻打曲沃，大勝，武公請求在翼議和，到了桐才回去。《漢書》說：武帝元鼎六年（西元前一一一年），將去緱氏巡察，到了左邑桐鄉，聽說已打垮了南越，就把它改名為聞喜縣。涑水又西流，與沙渠水匯合。沙渠水發源於東南近處的溪流，西北流注入涑水。涑水又西南流經左邑縣老城南，就是從前的曲沃。晉武公從晉陽遷都到這裡，秦改為左邑縣。《詩經》所說的隨著您來到鵠，即指此處。《春秋傳》說：曲沃因為有宗廟在此，可以稱之為國。在晉遷都絳後便稱為下國，也就是新城。王莽時叫洮亭。涑水從左邑城西流，水流湍急，到渡口也不緩慢下來，所以詩人以為激揚之水，說連一捆柴也沖不走。水邊，就是狐突遇見申生的地方。《春秋傳》說：秋，狐突去下國，遇見太子，太子命他登車駕御，說道：夷吾無禮，我請求天帝把晉給予秦國了。狐突答道：鬼神不歆享異族的祭祀，您還是好好考慮一下吧。太子說：好的，請於七日後在新城偏西處來見我。狐突依約前去，就在這裡見到太子。所以《左傳》說：鬼神依附於巫師身上，有時也很守信的。

4 涑水又西流經王官城北，此城在南原上。《春秋左傳》成公十三年（西元前五七八年）四月，晉侯派遣呂相與秦絕交，說道：康公還不思悔改，侵入我河曲，攻打我涑川，俘虜我們王官。因而有河曲之戰。現在人們還把這座城叫王城。

又西南過安邑縣西，

5 安邑，是大禹的都城。禹娶了塗山氏的女兒，她思念故國，禹就築了一座高臺讓她可以瞭望家鄉，現在安邑城的南門，高臺的遺址還在。我查考過，《禮記》規定，天子與諸侯的臺門，不過視地位的尊卑按級別而依次降低而已，也未必都與書裡所說的一模一樣。安邑是古時晉國的城，春秋時，魏絳從魏遷到這裡。從前文侯把師經的琴掛在門上，作為對待批評的鑑戒。武侯二年（西元前三九四年），又在安邑築城，以擴大其規模。秦始皇派左更、白起去奪取安邑，建置河東郡。王莽時改郡名為兆隊，縣則稱河東。有個人叫項寧都，學道升天成為仙人，忽然又回到這裡，河東人都叫他斥仙。漢時又有閔仲叔，隱居於市廛之間，很少有人知道他，以後被人認識了，又來周濟他，他才離去。

6 涑水西南流經監鹽縣老城。城南有鹽池，上流承接鹽水。鹽水發源於東南方的薄山，西北流經巫咸山北。〈地理志〉說：山在安邑縣南。〈海外西經〉說：巫咸國在女丑北，右手拿著青蛇，左手拿著赤蛇，在登葆山，成群的巫師都跟著他們上山下山。〈大荒西經〉說：大荒之中有靈山，巫咸、巫即、巫朌、巫彭、巫姑、巫真、巫禮、巫抵、巫謝、巫羅這十個巫師都從這裡上山下山，山上各種各樣的藥草都有。郭景純《注》說：這裡是說群巫在靈山上上下下，往來採藥。因為山是群巫所遊的地方，所以也因而得名了。谷口嶺上，有巫咸祠。

7 鹽水又流經安邑老城南，又西流，注入鹽池。〈地理志〉說：鹽池在安邑西南。許慎稱之為盬。長五十一里，寬七里，周圍一百一十六里。盬字從鹽，筆畫較簡，音古。呂忱說：夙沙氏開始燒煮海水，提取食鹽，河東鹽池稱為盬。現在池水東西七十里，南北十七里，澄清而帶紫色，靜止而不流動。水裡出產石鹽，全是自然生成，早上取鹽，晚上又會再生，始終不會減少。只有在山洪暴發，時雨不止，積水橫流成澇時，鹽池裡的鹽才會耗竭。所以官民協力築堤約束水道，防止氾濫，這條水就叫鹽水，又稱堨水。《山海經》稱為鹽販澤。鹽澤南對層巒疊嶂，凌霄的危巖高入青雲，山間的幽谷險峻淵深，左右兩旁山崖陡峻如壁，狹窄得容不下一輛車子，稱為石門，通過這裡的山徑叫白徑。往南可通上陽，往北可達鹽澤。池西又有池塘，稱為女鹽澤，東西二十五里，南北二十里，在猗氏老城南。《春秋》成公六年（西元前五八五年），晉國人計畫離開舊都絳城，大夫說：郇、瑕土地肥沃而且離鹽很近。服虔說：土地平坦有水可以灌溉叫沃，鹽是鹽池。當地風俗引水分流來給麻地澆水，分頭灌溉大片原野，田壟裡的水枯竭乾燥了，泥土就自行結成鹽層，這就是所謂的鹹鹺，帶有苦味。這種田稱為鹽田。鹽鹽的名稱，就是由此而開始的。鹽池本來屬司鹽都尉管轄，帶領了千餘士兵駐守在這裡。周穆王、漢章帝兩人都曾來巡視安邑，參觀鹽池。所以杜預說：猗氏有鹽池。後來撤消了尉司，分為猗氏、安邑，設縣來防守。

又南過解縣東，又西南注于張陽池。

8 涑水又西流經猗氏縣老城北。《春秋》文公七年（西元前六二〇年），晉國在令狐打敗了秦國，直打到刳首。

先蔑逃奔到秦國，士會也跟著他走。闞駰說：令狐也就是猗氏。刳首在西三十里，猗氏縣南朝沼澤，就是猗頓的故居。《孔叢子》說：猗頓，是魯國的窮書生，他耕田，卻經常挨餓；植桑，卻經常挨凍。他聽說朱公很富有，就前去請教致富的方法。朱公告訴他說：您想很快致富，就應當豢養五種母畜。於是他就去西河，在猗氏以南大規模飼養牛羊，十年之間，獲利無算，財產可與王公相比，成為天下知名的人士了。因為他是在猗氏發家致富的，所以叫猗頓。

9 涑水又西流經郇城。《詩經》說：全靠郇伯為他們操勞。這裡就是郇伯的故都。杜元凱《春秋釋地》說：今天解縣西北有郇城。服虔說：郇國在解縣東，是郇瑕氏的遺址。我查考《竹書紀年》說：晉惠公十四年（西元前六三七年），秦穆公領兵送公子重耳，包圍了令狐，桑泉、臼衰都投降秦軍了。狐毛與先軫抵抗秦軍，來到廬柳，要求秦穆公派公子縶來與晉軍談判，於是晉軍退兵三十里，屯駐於郇，就在軍中締結了盟約。京相璠《春秋土地名》說：桑泉、臼衰都在解縣東南，這裡沒有提到解縣，說明軍隊沒有到達解縣。可知《春秋》的文字與《竹書》並無不同。現在解縣老城東北二十四里還有一座老城，在猗氏老城西北，鄉間習慣上稱為郇城，考證服虔的說法，又與鄉俗的說法相符，那麼這就比杜預的獨家之說要可靠了。

10 涑水又西南流經解縣老城南。《春秋》：晉惠公因秦國放他回國，答應把河外五城割讓給秦，並把河東的解梁也列入其中，就是此城。涑水又西南流經瑕城，這是從前晉大夫詹嘉的食邑。《春秋》僖公三十年（西元前六三〇年），秦、晉包圍了鄭國。鄭伯派燭之武對秦穆公說：晉國許諾把焦、瑕二城割讓給您，早上渡河回國，晚上就築城來防備您了。京相璠說：現今河東解縣西南五里有舊時的瑕城。涑水又西南流經張陽城東。《竹書紀年》：齊軍驅逐鄭太子齒，太子就逃奔到張城南鄭。張城就是《漢書》所說的東張。高祖二年（西元前二〇五年），曹參代理左丞相，分兵與韓信向東進攻，魏將孫遫駐軍於東張，被打得大敗。蘇林說：東張屬河東郡，即指此城。

11 涑水又西南流，與陂塘相連，陂塘分為兩個部分，張城南朝兩個陂塘，左右都是沼澤。東面的陂塘世人稱為晉興澤，東西二十五里，南北八里，南朝鹽道山。西面是高聳的石壁，東邊則是萬仞高崖下的礌溪，方嶺擋住飄蕩的浮雲，奇峰高接異彩的晚霞，風姿出眾，淩霄直上，遠遠地高出群山之上。翠柏以濃蔭遮蔽山峰，清泉以湍流從山頂飛瀉而下。郭景純說：這就是世人所謂的鴦漿。發源於山上，而潛流至於山下。山頂方而平，有良藥。《神農本草》說：那地方有固活、女疎、銅芸、紫菀之類，所以歷代都有穿黑衣的僧人、修仙學道的道士，還有披鹿皮衣隱逸苦修的人士，到那裡去遊覽。山路從北面的險峰間通出，山勢多懸崖絕壁，往來行人都須攀緣著藤蘿或葛蔓，才能登上高山或降下谷底。東邊以木材相連，築成棧道才走得過去，要爬下上百道天梯，才能到達山下。連接欄杆梯子的痕跡，現在還在，所以又名百梯山。水從山中北流五里就潛入地下了，據說與湖澤相通，詳情就不得而知了。西邊的陂塘就是張澤，西北離蒲坂十五里。張澤東西二十里，南北四五里，冬夏都有積水，但水位也常有高低消長的變化。

文水

文水出大陵縣西山文谷，東到其縣，屈南到平陶縣東北，東入于汾。

文水逕大陵縣故城西而南流，有泌水注之。縣西南山下，武氏穿井給養，井至幽深，後一朝水溢平地，東南注文水。文水又南逕平陶縣之故城東，西逕其城內，南流出郭，王莽更曰多穰也。文水又南逕縣，右會隱泉口。水出謁泉山之上頂，俗云：暘雨衍時，是謁是禱，故山得其名，非所詳也。其山石崖絕險，壁立天固，崖半有一石室，去地可五十餘丈，爰有層松飾巖，列柏綺望，惟西側一處得歷級升陟，頂上平地十許頃，沙門釋僧光表建二剎。泉發于兩寺之間，東流瀝石，沿注山下，又東，津渠隱沒而不恆流，故有隱泉之名矣。雨澤豐澍，則通入文水。

文水又南逕茲氏縣故城東為文湖。東西十五里，南北三十里，世謂之西湖，在縣直東十里。湖之西側，臨湖又有一城，謂之潴城。水澤所聚謂之都，亦曰潴，蓋即水以名城也。

文湖又東逕中陽縣故城東，案《晉書・地道記》、《太康地記》，西河有中陽城，舊縣也。文水又東南流，與勝水合。水西出狐岐之山，東逕六壁城南，魏朝舊置六壁于其下，防離石諸胡，因為大鎮。太和中罷鎮，仍置西河郡焉。勝水又東，合陽泉水。水出西山陽溪，東逕六壁城北，又東南流注于勝水。勝水又東逕中陽故城南，又東合文水。文水又東南，入于汾水也。

【語譯】文水出大陵縣西山文谷，東到其縣，屈南到平陶縣東北，東入于汾。

文水流經大陵縣老城西，轉而南流，有泌水注入。該縣西南山下，有武姓之家鑿井汲水。井鑿得極深，後來有一天忽然井水溢出，氾濫平地，往東南注入文水。文水又南流經平陶縣老城東，轉西流經城內，南流出城。王莽時把平陶改名為多穰。文水又南流經縣境，在右岸隱泉口匯合一水。這條水發源於謁泉山頂上，民間俗語說：無論久晴久雨，都要上山來朝拜祈禱，所以山就因此得名了，但實際情況就不得而知了。這座山石崖極險峻，壁立險固全是天然形成。懸崖半腰有一個石窟，離地約五十餘丈，山巖上點綴著層層的蒼松，繁茂的翠柏望去極為華美，只有崖壁的西側有一處可以拾級攀登。山頂上平地十來頃，有個僧人叫釋僧光，在山上建了兩座寺院。泉水發源於兩寺之間，向東沿石上漫流，往山下流瀉。又東流，渠水時常會隱沒，而不是長流不輟的，所以稱為隱泉。兩水豐沛時，就通到文水。

文水又南流經茲氏縣老城東，就是文湖。湖東西十五里，南北三十里，世人稱為西湖，在該縣正東十里。湖的西邊，臨湖又有一座城，叫瀦城。水匯聚成片稱為都，也叫瀦，城就是按水命名的。

文湖又東經中陽縣老城東，據《晉書·地道記》及《太康地記》，西河有中陽城，舊時原來是個縣城。文水又東南流，與勝水相匯合。勝水發源於西方的狐岐山，東流經六壁城南，魏朝從前曾在城下設置六道壁壘，以防備離石的各族胡人，於是成為大鎮。太和年間（西元四七七～四九九年），撤消鎮的建制，仍舊設置西河郡。勝水又東流，與陽泉水匯合，陽泉水發源於西山陽溪，東流經六壁城北，又東南流，注入勝水。勝水又東流經中陽老城南，又東流，與文水匯合。文水東南流，注入汾水。

原公水

原公水出茲氏縣西羊頭山，東過其縣北，

縣，故秦置也，漢高帝更封沂陽侯嬰為侯國，王莽之茲同也。魏黃初二年，分太原，復置西河郡。晉徙封陳王斌于西河，故縣有西河繆王司馬子政廟。碑文云：西河舊處山林，漢末擾攘，百姓失所。魏興，更開疆宇，分割太原四縣，以為邦邑，其郡帶山側塞矣。王以咸寧三年，改命爵土，明年十二月薨國。臣太農閻崇、離石令宗群等二百三十四人，刊石立碑，以述勳德。碑北廟基尚存也。

又東入于汾。

水注文湖，不至汾也。

【語　譯】原公水出茲氏縣西羊頭山，東過其縣北，

茲氏縣，是從前秦時設置，漢高帝改封沂陽侯夏侯嬰為侯國。王莽時叫茲同。魏黃初二年（西元二二一年），從太原分地重新設置西河郡。晉時改封陳王司馬斌於西河，所以縣裡有西河繆王司馬子政廟。碑文說：西河從前在山林裡面，漢末天下大亂，百姓流離失所。曹魏興起後，重新劃分疆界，把太原郡的四個屬縣劃給西河，於是該郡的領域就一邊依山，同時又靠近要塞了。繆王於咸寧三年（西元二七七年），更改爵位與封地，次年十二月亡故。大臣太農閻崇、離石縣令宗群等二百三十四人刻石立碑，記述他的功勳和德行。石碑以北，祠廟的廢基如今還在。

又東入于汾。

水注入文湖，沒有流到汾水。

洞過水

洞過水出沾縣北山，

其水西流，與南溪水合。水出南山，西北流注洞過水。洞過水又西北，黑水西出山，三源合舍，同歸一川，東流南屈，逕受陽縣故城東。按《晉太康地記》，

樂平郡有受陽縣，盧諶〈征艱賦〉所謂歷受陽而總轡者也。其水又西南入洞過水。洞過水又西，蒲水南出蒲谷，北流注之。洞過水又西與原過水合，近北便水源也。水西阜上有原過祠，蓋懷道協靈，受書天使，憂結宿情，傳芳後日，棟宇雖淪，攢木猶茂，故水取名焉。其水南流，注于洞過水也。

西過榆次縣南，又西到晉陽縣南，

榆次縣，故涂水鄉，晉大夫智徐吾之邑也。《春秋》昭公八年，晉侯築虒祁之宮，有石言晉之魏榆。服虔曰：魏，晉邑；榆，州里名也。《漢書》曰：榆次。《十三州志》以為涂陽縣矣。王莽之太原亭也。縣南側水有鑿臺，韓、魏殺智伯瑤于其下，刳腹絕腸，折頸摺頤處也。其水又西南流，逕武灌城西北。盧諶〈征艱賦〉曰：逕武館之故郛，問厥塗之遠近。洞過水又西南為淳湖，謂之洞過澤。澤南，涂水注之。水出陽邑東北大嵰山涂谷，西南逕蘿蘑亭南，與蔣谷水合。水出縣東南蔣溪。《魏土地記》曰：晉陽城東南百一十里至山有蔣谷大道，度軒車嶺，通于武鄉。水自蔣溪西北流，西逕箕城北。《春秋》僖公三十三年，晉人敗狄于箕，杜預《釋地》曰：城在陽邑南，水北即陽邑縣故城也。《竹書紀年》曰：梁惠成王九年，與邯鄲榆次、陽邑者也。王莽之繁穰矣。

蔣溪又西合涂水，亂流西北入洞過澤也。西入于汾，出晉水下口者也。

劉琨之為并州也，劉曜引兵邀擊之，合戰于洞過，即是水也。

【語　譯】洞過水出沾縣北山，

此水西流，與南溪水匯合。南溪水發源於南山，西北流，注入洞過水。洞過水又西北流，有黑水從西方山裡流出，三個源頭匯合成一條，東流南轉，流經受陽縣老城東。據《晉太康地記》，樂平郡有受陽縣，盧諶〈征艱賦〉所說的經過受陽而繫馬小憩，就是指這裡。黑水又西南流，注入洞過水。洞過水又西流，有蒲水發源於南方的蒲谷，北流注入。洞過水又西流，與原過水匯合，原過水的源頭就在北方的近處。水西的山岡上，有原過祠。原過心懷仁義之道，協助神靈，接受天帝的使者所授的竹書，他為舊情而憂思百結，忠忱流芳後世。現在祠廟殿堂雖然已經傾圮，但樹木長得還茂盛，於是水也因而取名了。原過水南流，注入洞過水。

西過榆次縣南，又西到晉陽縣南，

榆次縣就是從前的涂水鄉，是晉大夫智徐吾的食邑。《春秋》昭公八年（西元前五三四年），晉侯建築虒祁宮，晉國的魏榆有塊石頭竟開口說話了。服虔說：魏是晉國的城邑；榆是鄉里地名。《漢書》稱為榆次；《十三州志》則以為即涂陽縣；也就是王莽時的太原亭。縣南水邊有鑿臺，韓、魏在臺下殺掉智伯瑤，將他剖腹斷腸，砍下頭顱，砸爛下巴。此水又西南流，流經武灌城西北，盧諶〈征艱賦〉說：行經武館的舊城，詢問路途有多遠。洞過水又西南流，那就是淳湖了，又稱為洞過澤。在澤南，有涂水注入。涂水發源於陽邑縣東北的大嵰山涂谷，西南流流經蘿蘑亭南，與蔣谷水匯合。蔣谷水發源於陽邑縣東南的蔣溪。《魏土地記》說：晉陽城東南一百一十里有蔣谷大道直通到山裡，越過軒車嶺，通到武鄉。水從蔣溪西北流，西流經箕城北。《春秋》僖公三十三年（西元前六二七年），晉人在箕打敗狄人。杜預《釋地》說：城在陽邑南，蔣谷水北岸就是陽邑縣老城。《竹書紀年》說：梁惠成王九年（西元前三六一年），魏國把榆次、陽邑割讓給趙國。陽邑也就是王莽時的繁穰。蔣溪又西流，與涂水匯合，往西北亂流注入洞過澤。

西入于汾，出晉水下口者也。

劉琨當并州太守時，劉曜引兵阻擊他，在洞過會戰，就是指這條水。

晉水

晉水出晉陽縣西懸甕山，

縣，故唐國也。《春秋左傳》稱唐叔未生，其母邑姜夢帝謂己曰：余名而子曰虞，將與之唐，屬之參。及生，名之曰虞。《呂氏春秋》曰：叔虞與成王居，王援桐葉為珪，以授之曰：吾以此封汝。虞以告周公，周公請曰：天子封虞乎？王曰：余戲耳。公曰：天子無戲言。時唐滅，乃封之于唐。縣有晉水，後改名為晉。故子夏敘《詩》❶稱此晉也，而謂之唐，儉而用禮，有堯之遺風也。《晉書・地道記》及《十三州志》竝言晉水出龍山，一名結絀山，在縣西北，非也。《山海經》曰：懸甕之山，晉水出焉。今在縣之西南。昔智伯之遏晉水以灌晉陽，其川上溯，後人踵其遺跡，蓄以為沼，沼西際山枕水，有唐叔虞祠❷。水側有涼堂，結飛梁于水上，左右雜樹交蔭，希見曦景，至有淫朋密友，羈遊宦子，莫不尋梁契集，用相娛慰，于晉川之中，最為勝處。

又東過其縣南，又東入于汾水。

沼水分為二派，北瀆即智氏故渠也。昔在戰國，襄子保晉陽，智氏防山以水之，城不沒者三版，與韓、魏望歎于此，故智氏用亡。其瀆乘高，東北注入晉陽城，以周灌溉。漢末赤眉之難，郡掾劉茂負太守孫福匿于城門西下空穴中，其夜奔盂。即是處也。東南出城流，注于汾水也。其南瀆于石塘之下伏流，逕舊溪東南出，逕晉陽城南，城在晉水之陽，故曰晉陽矣。《經》書晉荀吳帥師敗狄于大鹵。杜預曰：大鹵，晉陽縣也，為晉之舊都。《春秋》定公十三年，趙鞅以晉陽叛，後乃為趙矣。其水又東南流，入于汾。

【注釋】❶詩 即《詩經・唐風・蟋蟀》。❷有唐叔虞祠 此處有佚文一條。《方輿紀要》卷四十〈山西〉二〈太原府・太原縣・臺駘澤〉引《水經注》：「晉祠有難老、善利二泉，大旱不涸，隆冬不凍，溉田百餘頃，又有泉出祠下，曰滴瀝泉，其泉導流為晉水，瀦為晉澤。」《古文尚書疏證》卷六下第九十：「晉祠之泉，酈注已詳。」所指當也是此條佚文。

【語譯】晉水出晉陽縣西懸甕山，

晉陽縣就是從前的唐國。《春秋左傳》說：唐叔尚未出生時，他母親邑姜夢見天帝對她說：我給你的兒子取名為虞，並將把唐交給他，那地方屬參星的分野。出生後，就取名為虞。《呂氏春秋》說：叔虞與成王在一起，成王拿桐葉作珪，交給他說：我把這個封給你。虞告訴了周公，周公問道：天子封虞了嗎？成王說：

我是鬧著玩的。周公說：天子說話是不能鬧著玩的。當時唐已被滅了，於是就把唐封給叔虞。縣裡有晉水，以後就改名為晉。所以子夏為《詩經》作序說：這裡是晉。但又稱為唐，因為人民謙讓有禮，有堯的遺風。《晉書・地道記》及《十三州志》都說晉水發源於龍山，又名結絀山，在縣城西北，其實不是。《山海經》說：懸甕山是晉水的發源地，今天在縣城西南。從前智伯堵截晉水來淹沒晉陽，後人沿舊水道上溯，依著遺跡，蓄水成為沼澤。沼澤西邊依山臨水，有唐叔虞祠。水邊有涼堂，在水面上建造高橋，左右兩岸，雜樹的濃蔭互相交錯在一起，繁密得連陽光也看不到。因此那些浪蕩親昵的好友，離鄉別井外出求仕的人士，無不結伴同來橋上遊樂，尋求慰藉。在晉水中，這是最為佳勝之處了。

又東過其縣南，又東入于汾水。

沼水分為兩支，北方的一條就是智氏故渠。從前戰國時，襄子據守晉陽，智伯堵截山水來淹沒晉陽，城牆沒有被淹沒的只有兩三丈，他同韓、魏兩國的諸侯在這裡觀望興嘆，於是智氏遭到滅亡。那條渠道乘高而下，往東北注入晉陽城，以供灌溉。漢朝末年赤眉之禍時，郡中屬吏劉茂背負著太守孫福躲在城門西邊下面的洞穴中，那天夜裡逃奔到盂，就是此處。渠水往東南出城流去，注入汾水。南邊的一條在石塘下潛流，經舊溪往東南流出，流經晉陽城南，城在晉水北岸，所以叫晉陽。《春秋經》寫道：晉荀吳率軍在大鹵打敗狄人。杜預說：大鹵，就是晉陽縣，是晉國的舊都。《春秋》定公十三年（西元前四九七年），趙鞅據有晉陽，舉兵反叛，後來就成了趙國。渠水又東南流，注入汾水。

湛　水

湛水出河內軹縣西北山，

湛水出軹縣南原湛溪，俗謂之椹水也。是蓋聲形盡鄰，故字讀俱變，同于三豕之誤❶耳。其水自溪出南流。

東過其縣北，又東過波縣之北，

湛水南逕向城東而南注。

又東過毋辟邑南，

原《經》所注，斯乃溴川之所由，非湛水之間關也。是乃《經》之誤證耳。湛水自向城東南逕湛城東，時人謂之椹城，亦或謂之隰城矣。溪曰隰澗。隰城在東，言此非矣。《後漢·郡國志》曰：河陽縣有湛城是也。

又東南當平縣之東北，南入于河。

湛水又東南逕鄧，南流注于河，故河濟有鄧津之名矣。

【注釋】❶三家之誤　據《呂氏春秋·慎行論·察傳》，衛國人讀晉史，誤將「己亥涉河」讀成「三家涉河」。後便以「三家涉河」指文字訛誤或傳聞失實。

【語譯】**湛水出河內軹縣西北山，**

湛水發源於軹縣南原湛溪，民間稱為椹水。這是因為讀音與字形都非常相近，所以字與音都變了。這就像衛人將「己亥」誤為是「三家」所犯的錯誤一樣。此水從山溪出來而南流。

東過其縣北，又東過波縣之北，

湛水南流經向城東而往南流注。

又東過毋辟邑南，

推原《水經》所注，這是淏川流過的地方，並非湛水所流的路徑。是《水經》搞錯了。湛水從向城東南流經湛城東，當時人們稱為椹城，也有人叫隰城，溪就叫隰溪。隰城在東，說這是隰城，是搞錯了。《後漢書・郡國志》說：河陽縣有湛城，即指此城。

又東南當平縣之東北，南入于河。

湛水又東南流經鄧縣，南流注於河水。所以河水又有個名叫鄧津的渡口。

【研　析】今山西省是拓跋鮮卑歷史發展過程中的重要基地，酈道元未入仕前，北魏首都即建於今晉北平城（今大同附近），所以這個地區是酈氏早年親履之地。當地的山川地理，必然相當熟悉，所以此卷記敘翔實。在以上卷四、卷五兩篇〈河水〉中，《注》文已記敘了西流和南流入黃河的支流（包括二三級支流）達五十條之譜。卷六標名的八水，其中汾水是黃河次於渭水的最大支流，故此卷以汾水為首。包括獨流入黃河的涑、湛二水外，《注》文記敘的支流達二十七條（包括二三級支流）之多。涉及內容也特別豐富。例如在《經》文「又西南過安邑縣西」下，對於今解池的記敘甚詳。因為鹽在古代對國計民生的重要關係，故《注》文對鹽池的地理位置、面積，鹽的製作及其重要意義，都十分詳盡。成為後世研究解池的重要資料。

卷七

濟水

【題解】「濟」字有兩種寫法，〈禹貢〉、《水經》等作「濟」，《周禮・職方》、《漢書・地理志》等作「泲」。濟水是古代北方大河，所以《爾雅・釋水》稱江、河、淮、濟為「四瀆」。〈禹貢・兗州〉稱「濟河惟兗州」。說明在戰國時代，濟水在北方與黃河並列，是一條獨流入海的大河。《水經注》遵循古義和《水經》的體例，把濟水分成兩卷。而實際上，卷七的濟水與卷八的濟水並非同一條河流。由於〈禹貢〉說：「導沇水，東流為濟，入于河，溢為滎。」所以〈禹貢〉以後的典籍都尊重〈禹貢〉的說法，把從今山西發源的一條黃河支流和從黃河分支南流的另一條支流按「入于河，溢為滎」的〈禹貢〉經文，兩河合一，稱為濟水。此中原委，在卷七《經》文「與河合流，又東過成皋縣北，又東過滎陽縣北，又東至礫溪南，東出過滎澤北」中已經明白寫出。「與河合流」，也就是黃河以北的這條支流已經注入黃河。「又東過成皋縣北，又東過滎陽縣北，又東至礫溪南」，指的已是黃河流程，與這條「濟水」無涉。所以卷七〈濟水〉，到《經》文「又南當鞏縣北，南入于河」已經結束。以後的《經》、《注》文字，都是因遵循〈禹貢〉而作。

濟水出河東垣縣東王屋山，為沇水；

1 《山海經》曰：王屋之山，聯水出焉，西北流，注于泰澤。郭景純❶云：聯、沇聲相近，即沇水也。潛行地下，至共山南，復出于東丘❷。今原城東北有東丘城。孔安國曰：泉源為沇，流去為濟。《春秋說題辭》曰：濟，齊也；齊，度也，貞也。《風俗通》曰：濟出常山房子縣贊皇山，廟在東郡臨邑縣。濟者，齊也，齊其度量也。余按二濟同名，所出不同，鄉原亦別，斯乃應氏之非矣。今濟水重源出軹縣西北平地，水有二源：東源出原城東北。昔晉文公伐原以信，而原降，即此城也。俗以濟水重源所發，因復謂之濟源城。其水南逕其城東故縣之原鄉。杜預曰：沁水縣西北有原城者是也。南流與西源合。西源出原城西，東流水注之。水出西南，東北流注于濟。濟水又東逕原城南，東合北水，亂流東南注，分為二水：一水東南流，俗謂之為衍水，即沇水也。衍、沇聲相近，轉呼失實也。濟水又東南，逕絺城北而出于溫矣。其一水枝津南流，注于淏。淏水出原城西北原山勳掌谷，俗謂之為白澗水，南逕原城西。《春秋》：會于淏梁，謂是水之墳梁也。《爾雅》曰：梁莫大于淏梁。梁，水堤也。

2 淏水又東南逕陽城東，與南源合。水出陽城南溪，陽亦樊也。一曰陽樊。《國語》曰：王以陽樊賜晉，陽人不服，文公圍之。倉葛曰：陽有夏、商之嗣典，樊仲之官守焉。君而殘之，無乃不可乎。公乃出陽人。《春秋》，樊氏叛，惠王使虢公伐樊，執仲皮歸于京師，即此城也。其水東北流，與漫流水合，水出軹關南，東北流，又北注于湨，謂之漫流口。

3 湨水又東合北水，亂流東南，左會濟水枝渠。湨水又東逕鍾繇塢北，世謂之鍾公壘。又東南，塗溝水注之。水出軹縣西南山下，北流東轉，入軹縣故城中，又屈而北流出軹郭。漢文帝元年，封薄昭為侯國也。又東北流注于湨。湨水又東北逕波縣故城北。漢高帝封公上不害為侯國。湨水又東南流，天漿澗水注之。水出軹南皋向城北，城在皋上，俗謂之韓王城，非也。京相璠曰：或云今河內軹西有城，名向，今無。杜元凱《春秋釋地》亦言是矣。蓋相襲之向，故不得以地名而無城也。闞駰《十三州志》曰：軹縣南山西曲有故向城，即周向國也。《傳》曰：向姜不安于莒而歸者矣。汲郡《竹書紀年》曰：鄭侯使韓辰歸晉陽及向。二月，城陽、向，更名陽為河雍，向為高平。即是城也。

4 其水有二源俱導，各出一溪，東北流，合為一川，名曰天漿溪。又東北逕一故城，俗謂之冶城，水亦曰冶水。又東流注于湨。湨水又東南流，右會同水。水出南原下，東北流逕白騎塢南，塢在原上，為二溪之會，北帶深隍，三面阻險，惟西版築而已。東北流逕安國城西，又東北注湨水。湨水東南逕安國城東，又南逕毋辟邑西，世謂之無比城，亦曰馬蹕城，皆非也。朝廷以居廢太子，謂之河陽庶人。湨水又南注于河。

又東至溫縣西北，為濟水。又東過其縣北，

5 濟水于溫城西北與故瀆分，南逕溫縣故城西，周畿內國，司寇蘇忿生之邑也。《春秋》僖公十年，狄滅溫，溫子奔衛，周襄王以賜晉文公。濟水南歷虢公臺西。《皇覽》❸曰：溫城南有虢公臺，基趾尚存。濟水南流注于河。郭緣生〈述征記〉曰：濟水河內溫縣注于河。蓋沿歷之實證，非為謬說也。

6 濟水故瀆于溫城西北東南出，逕溫城北，又東逕虢公冢北。《皇覽》曰：虢公冢在溫縣郭東，濟水南大冢是也。濟水當王莽之世，川瀆枯竭，其後水流逕通，津渠勢改，尋梁脈水，不與昔同。

屈從縣東南流，過隤城西，又南當鞏縣北，南入于河。

7 濟水故瀆東南合奉溝水。水上承朱溝于野王城西，東南逕陽鄉城北，又東南逕李城西。秦攻趙，邯鄲且降，傳舍吏子李同說平原君勝，分家財饗士，得敢死者三千人，李同與赴秦軍，秦軍退。同死，封其父為李侯。故徐廣曰：河內平皋縣有李城，即此城也。于城西南為陂水，淹地百許頃，蒹葭萑葦生焉，號曰李陂。

8 又逕隤城西，屈而東北流，逕其城北，又東逕平皋城南。應劭曰：邢侯自襄國徙此。當齊桓公時，衛人伐邢，邢遷于夷儀，其地屬晉，號曰邢丘。以其在河之皋，勢處平夷，故曰平皋。瓚注《漢書》云：《春秋》狄人伐邢，邢遷夷儀，不至此也。今襄國西有夷儀城，去襄國百餘里。平皋是邢丘，非國也。余按《春秋》宣公六年，赤狄伐晉，圍邢丘。昔晉侯送女于楚，送之邢丘，即是此處也，非無城之言。《竹書紀年》曰：梁惠成王三年，鄭城邢丘。司馬彪《後漢·郡國志》云：縣有邢丘，故邢國，周公子所封矣。漢高帝七年，封碭郡長項佗為侯國，賜姓劉氏，武帝以為縣。其水又南注于河也。

與河合流❹，又東過成皋縣北，又東過滎陽縣北，又東至礫溪南，東出過滎澤北。

9 《釋名》曰：濟，濟也，源出河北濟河而南也。《晉地道志》曰：濟自大伾入河，與河水鬭，南泆為滎澤。《尚書》曰：滎波既瀦。孔安國曰：滎澤波水已成遏瀦。闞駰曰：滎播，澤名也。故呂忱云：播水在滎陽。謂是水也。昔大禹塞其淫水而于滎陽下引河，東南以通淮、泗，濟水分河東南流。

10 漢明帝之世，司空伏恭薦樂浪人王景，字仲通，好學多藝，善能治水。顯宗詔與謁者王吳始作浚儀渠。吳用景法，水乃不害，此即景、吳所脩故瀆也。渠流東注，浚儀故復，謂之浚儀渠❺。明帝永平十五年，東巡至無鹽，帝嘉景功，拜河隄謁者。靈帝建寧四年，于敖城西北壘石為門，以遏渠口，謂之石門，故世亦謂之石門水。門廣十餘丈，西去河三里，石銘云：建寧四年十一月，黃場石也。而主吏姓名，磨滅不可復識。魏太和中，又更脩之，撤故增新，石字淪落，無復在者。水北有石門亭，戴延之所云新築城，城周三百步，滎陽太守所鎮者也。水南帶三皇山，即皇室山，亦謂之為三室山也。

11 濟水又東逕西廣武城北，〈郡國志〉：滎陽縣有廣武城。城在山上，漢所城也。高祖與項羽臨絕澗對語，責羽十罪，羽射漢祖中胸處也。山下有水，北流入濟，世謂之柳泉也。

12 濟水又東逕東廣武城北，楚項羽城之。漢破曹咎，羽還廣武，為高壇，置太公其上，曰：漢不下，吾烹之。高祖不聽，將害之。項伯曰：為天下者不顧家，但益怨耳。羽從之。今名其壇曰項羽堆。夾城之間，有絕澗斷山，謂之廣武澗。項羽叱婁煩于其上，婁煩精魄喪歸矣。

濟水又東逕敖山北，《詩》❻所謂薄狩于敖者也。其山上有城，即殷帝仲丁之所遷也。皇甫謐《帝王世紀》曰：仲丁自亳徙囂于河上者也。或曰敖矣。秦置倉于其中，故亦曰敖倉城也。濟水又東，合滎瀆。瀆首受河水，有石門，謂之為滎口石門也，而地形殊卑，蓋故滎播所導，自此始也。門南際河，有故碑云：惟陽嘉三年二月丁丑，使河堤謁者王誨，疏達河川，遹荒庶土，往大河衝塞，侵齧金隄，以竹籠石葺土而為堨，壞隤無已，功消億萬，請以濱河郡徒，疏山采石壘以為障。功業既就，徭役用息，未詳❼詔書，許誨立功，府卿規基經始，詔策加命，遷在沇州，乃簡朱軒授使司馬登，令纘茂前緒，稱遂休功。登以伊、洛合注大河，南則緣山，東過大伾，回流北岸，其勢鬱懞，濤怒湍急激疾，一有決溢，彌原淹野，蟻孔之變，害起不測。蓋自姬氏之所常慼。昔崇鯀所不能治，我二宗之所劬勞。于是乃跋涉躬親，經之營之，比率百姓，議之于臣，伐石三谷，水匠致治，立激岸側，以捍鴻波，隨時慶賜說以勸之。川無滯越，水土通演，役未踰年，而功程有畢。斯乃元勳之嘉課，上德之弘表也。昔禹脩九道，《書》❽錄其功；后稷躬稼，《詩》列于〈雅〉❾。夫不憚勞謙之勤，夙興厥職，充國惠民，安得湮沒而不章焉。故遂刊石記功，垂示于後。其辭云云，使河堤謁者山陽東緡司馬登，字伯志；代東萊曲成王誨，字孟堅；河內太守宋城向豹，字伯尹；丞汝南鄧方，字德山；懷令劉丞，字季意；河堤掾匠等造。陳留浚儀邊韶，字孝先頌。石銘歲遠，字多淪缺，其所滅，蓋闕如也。

14 滎瀆又東南流，注于濟，今無水。次東得宿須水口。水受大河，渠側有扈亭水，自亭東南流，注于濟，今無水。宿須在河之北，不在此也，蓋名同耳。自西緣帶山隰，秦漢以來，亦有通否。濟水與河渾濤東注。晉太和中，桓溫北伐，將通之，不果而還。義熙十三年，劉公西征，又命寧朔將軍劉遵考仍此渠而漕之，始有激湍東注，而終山崩壅塞，劉公于北十里更鑿故渠通之。今則南瀆通津，川澗是導耳。濟水于此，又兼邲目。《春秋》宣公十二年[10]，晉、楚之戰，楚軍于邲。即是水也。音卞。京相璠曰：在敖北。

15 濟水又東逕滎陽縣北，曹太祖與徐榮戰，不利，曹洪授馬于此處也。濟水又東，礫石溪水注之。水出滎陽城西南李澤，澤中有水，即古馮池也。〈地理志〉曰：滎陽縣，馮池在西南是也。東北流，歷敖山南。《春秋》，晉、楚之戰，設伏于敖前，謂是也。逕虢亭北，池水又東北逕滎陽縣北斷山，東北注于濟，世謂之礫石澗，即《經》所謂礫溪矣。《經》云濟出其南，非也。

16 濟水又東，索水注之。水出京縣西南嵩渚山，與東關水同源分流，即古旃然水也。其水東北流，器難之水注之。《山海經》曰：少陘之山，器難之水出焉，而北流注于侵水。即此水也。其水北流逕金亭，又北逕京縣故城西，入于旃然之水。城，故鄭邑也。莊公以居弟段，號京城大叔。祭仲曰：京城過百雉⓫，國之害也。城北有壇山岡。《趙世家》成侯二十年，魏獻滎陽，因以為壇臺岡也。其水亂流，北逕小索亭西。京相璠曰：京有小索亭。《世語》以為本索氏兄弟居此，故號小索者也。又為索水。

17 索水又北逕大柵城東。晉滎陽民張卓、董邁等遭荒，鳩聚流雜保固，名為大柵塢。至太平真君八年，豫州刺史崔白，自虎牢移州治此，又東開廣舊城，創制改築焉。太和十七年，遷都洛邑，省州置郡。索水又屈而西流，與梧桐澗水合。水出西南梧桐谷，東北流注于索。斯水亦時有通塞，而不常流也。

18 索水又北屈，東逕大索城南，《春秋傳》曰：鄭子皮勞叔向于索氏，即此城也。《晉地道志》所謂京有大索、小索亭。《漢書》京、索之間也。索水又東逕虢亭南。應劭曰：滎陽，故虢公之國也，今虢亭是矣。司馬彪《郡國志》曰：縣有虢亭，俗謂之平桃城。城內有大冢，名管叔冢，或亦謂之為號咷城，非也。

蓋號、虢字相類，字轉失實也。《風俗通》曰：俗說高祖與項羽戰于京、索，遁于薄中，羽追求之。時鳩止鳴其上，追之者以為必無人，遂得脫。及即位，異此鳩，故作鳩杖以扶老。案《廣志》，楚鳩一名嗥啁，號咷之名，蓋因鳩以起日焉，所未詳也。

19 索水又東北流，須水右入焉。水近出京城東北二里榆子溝，亦曰柰榆溝也，又或謂之為小索水。東北流，木蓼溝水注之。水上承京城南淵，世謂之車輪淵，淵水東北流，謂之木蓼溝。又東北入于須水。須水又東北流，于滎陽城西南北注索。

20 索水又東逕滎陽縣故城南。漢王之困滎陽也，紀信曰：臣詐降楚，王宜閒出。信乃乘王車出東門，稱漢降楚。楚軍稱萬歲，震動天地，王與數十騎出西門得免楚圍。羽見信大怒，遂亨之。信冢在城西北三里。故蔡伯喈〈述征賦〉曰：過漢祖之所隘，弔紀信于滎陽。其城跨倚岡原，居山之陽，王莽立為祈隊，備周六隊之制。

21 魏正始三年，歲在甲子，被癸丑詔書，割河南郡縣，自鞏、闕以東，創建滎陽郡，並戶二萬五千，以南鄉筑陽亭侯李勝，字公昭，為郡守。故原武典農校尉，政有遺惠，民為立祠于城北五里，號曰李君祠。廟前有石蹠，蹠上有石的，〈石的銘〉具存。其略曰：百族欣戴，咸推厥誠。今猶祀禱焉。

22 索水又東逕周苛冢北。漢祖之出滎陽也，令御史大夫周苛守之，項羽拔滎陽，獲苛曰：吾以公為上將軍，封三萬戶侯，能盡節乎？苛瞋目罵羽，羽怒，烹之。索水又東流，北屈西轉，北逕滎陽城東，而北流注濟水。杜預曰：旃然水出滎陽成皋縣，東入汳。《春秋》襄公十八年，楚伐鄭，右師涉潁，次于旃然，即是水也。濟渠水斷汳溝，惟承此始，故云汳受旃然矣。亦謂之鴻溝水，蓋因漢、楚分王，指水為斷故也。〈郡國志〉曰：滎陽有鴻溝水是也。蓋因城地而變名，為川流之異目。

23 濟水又東逕滎澤北，故滎水所都也。京相璠曰：滎澤在滎陽縣東南與濟隧合。濟隧上承河水于卷縣北河，南逕卷縣故城東，又南逕衡雍城西。《春秋左傳》襄公十一年，諸侯伐鄭，西濟于濟隧。杜預闕其地，而曰水名也。京相璠曰：鄭地也。言濟水滎澤中北流，至衡雍西，與出河之濟會，南去新鄭百里，斯蓋滎、播、河、濟，往復逕通矣。出河之濟即陰溝之上源也。濟隧絕焉。故世亦或謂其故道為十字溝。自于岑造八激堤于河陰，水脈逕斷，故瀆難尋。

24

又南會于滎澤。然水既斷，民謂其處為滎澤。《春秋》：衛侯及翟人戰于滎澤，而屠懿公弘演報命納肝處也。有垂隴城，濟瀆出其北。《春秋》文公二年，晉士穀盟于垂隴者也。京相璠曰：垂隴，鄭地。今滎陽東二十里有故垂隴城，即此是也。世謂之都尉城，蓋滎陽典農都尉治，故變垂隴之名矣。瀆際又有沙城，城左佩濟瀆。《竹書紀年》梁惠成王九年，王會鄭釐侯于巫沙者也。瀆際有故城，世謂之水城。《史記》秦昭王三十二年，魏冉攻魏，走芒卯，入北宅，即故宅陽城也。《竹書紀年》曰：惠成王十三年，王及鄭釐侯盟于巫沙，以釋宅陽之圍，歸釐于鄭者也。《竹書紀年》晉出公六年，齊、鄭伐衛，荀瑤城宅陽。俗言水城，非矣。濟水自澤東出，即是始矣。王隱曰：河決為滎，濟水受焉。故有濟堤矣。謂此濟也。

25

濟水又東南逕釐城東，《春秋經》書公會鄭伯于時來，《左傳》所謂釐也。京相璠曰：今滎陽縣東四十里有故釐城也。濟水右合黃水。水發源京縣黃堆山，東南流，名祝龍泉，泉勢沸湧，狀若巨鼎揚湯。西南流，謂之龍項口，世謂之京水也。又屈而北注，魚子溝水入焉。水出石暗澗，東北流，又北與澀澀水合。水出西溪東流，水上有連理樹，其樹，柞櫟也，南北對生，凌空交合，溪水歷二樹之間，東流注于魚水。魚水又屈而西北注黃水。

26 黃水又北逕高陽亭東，又北至故市縣，重泉水注之。水出京城西南少陘山，東北流，又北流逕高陽亭西，東北流注于黃水。又東北逕故市縣故城南。漢高帝六年，封閻澤赤為侯國，河南郡之屬縣也。黃水又東北至滎澤南，分為二水：一水北入滎澤，下為船塘，俗謂之郟城陂，東西四十里，南北二十里。竹書《穆天子傳》曰：甲寅，天子浮于滎水，乃奏《廣樂》是也。一水東北流，即黃雀溝矣。《穆天子傳》曰：壬寅，天子東至于雀梁者也。又東北與靖水枝津合，二水之會為黃淵，北流注于濟水。

又東過陽武縣南，

27 濟水又東南流入陽武縣，歷長城東南流，蒗蕩渠[12]出焉。濟水又東北流，南濟也。逕陽武縣故城南，王莽更名之曰陽桓矣。又東為白馬淵，淵東西二里，南北百五十步，淵流名為白馬溝。又東逕房城北。《穆天子傳》曰：天子里甫田之路，東至于房。疑即斯城也。郭《注》以為趙郡房子也。余謂穆王里鄭甫，而郭以趙之房邑為疆，更為非矣。濟水又東逕封丘縣南，又東逕大梁城北，又東逕倉垣城，又東逕小黃縣之故城北。縣有黃亭，說濟又謂之曰黃溝[13]。縣，故陽武之東黃鄉也，故水以名縣。沛公起兵野戰，喪皇妣于黃鄉。天下平定，乃使使者以梓宮招魂幽野。于是丹虵自水濯洗，入于梓宮，其浴處有遺髮焉。故謚曰昭靈夫人，因作寢以寧神也。

[28] 濟水又東逕東昏縣故城北，陽武縣之戶牖鄉矣。漢丞相陳平家焉。平少為社宰，以善均肉稱，今民祠其社。平有功于高祖，封戶牖侯，是後置東昏縣也。王莽改曰東明矣。濟水又東逕濟陽縣故城南，故武父城也。城在濟水之陽，故以為名。王莽改之曰濟前者也。光武生濟陽宮，光明照室，即其處也。《東觀漢記》曰：光武以建平元年生于濟陽縣，是歲有嘉禾生，一莖九穗，大于凡禾，縣界大熟，因名曰秀。

又東過封丘縣北，

[29] 北濟也。自滎澤東逕滎陽卷縣之武脩亭南，《春秋左傳》成公十年，鄭子然盟于脩澤者也，鄭地矣。杜預曰：卷東有武脩亭。濟水又東逕原武縣故城南，《春秋》之原圃也。《穆天子傳》曰：祭父自圃鄭來謁天子，夏，庚午，天子飲于洧上，乃遣祭父如圃鄭是也。王莽之原桓矣。濟瀆又東逕陽武縣故城北，又東絕長城。按《竹書紀年》，梁惠成王十二年，龍賈率師築長城于西邊。自

亥谷以南，鄭所城矣。《竹書紀年》云是梁惠成王十五年築也。〈郡國志〉曰：長城自卷逕陽武到密者是矣。

30 濟瀆又東逕酸棗縣之烏巢澤，澤北有故市亭。《晉太康地記》曰：澤在酸棗之東南，昔曹太祖納許攸之策，破袁紹運處也。濟瀆又東逕封丘縣北，南燕縣之延鄉也，其在《春秋》為長丘焉。應劭曰：《左傳》，宋敗狄于長丘，獲長狄緣斯是也。漢高帝封翟盱為侯國，濮水出焉。濟瀆又東逕大梁城之赤亭北而東注。

又東過平丘縣南，

31 北濟也。縣，故衛地也。《春秋》魯昭公十三年，諸侯盟于平丘是也。縣有臨濟亭，田儋死處也。又有曲濟亭，皆臨側濟水者。

又東過濟陽縣北，

32 北濟也。自武父城北。闞駰曰：在縣西北，鄭邑也。東逕濟陽縣故城北，圈稱[14]《陳留風俗傳》曰：縣，故宋地也。《竹書紀年》梁惠成王三十年城濟陽。漢景帝中六年，封梁孝王子明為濟川王。應劭曰：濟川，今陳留濟陽縣是也。

又東過冤朐縣南，又東過定陶縣南，

33 南濟也。濟瀆自濟陽縣故城南，東逕戎城北。《春秋》隱公二年，公會戎于潛。杜預曰：陳留濟陽縣東南有戎城是也。濟水又東北，菏水東出焉。濟水又東北逕冤朐縣故城南，呂后元年，封楚元王子劉執為侯國，王莽之濟平亭也。濟水又東逕秦相魏冉冢南。冉，秦宣太后弟也。代客卿壽燭為相，封于穰，益封于陶，號曰穰侯，富于王室。范睢說秦，秦王悟其擅權，免相，就封出關，輜車千乘，卒于陶，而因葬焉，世謂之安平陵，墓南崩碑尚存。

34 濟水又東北逕定陶恭王陵南，漢哀帝父也。帝即位，母丁太后建平二年崩，上曰：宜起陵于恭皇之園，送葬定陶貴震山東。王莽秉政，貶號丁姬，開其槨戶，火出炎四五丈，吏卒以水沃滅，乃得入，燒燔槨中器物，公卿遣子弟及諸生四夷十餘萬人，操持作具，助將作掘平共王母傅太后墳及丁姬冢，二旬皆平。莽又周棘其處，以為世戒云。時有群燕數千，銜土投于丁姬竁中，今其墳冢，巍然尚秀，隅阿相承，列郭數周，面開重門，南門內夾道有崩碑二所，世尚謂之丁昭儀墓，又謂之長隧陵。蓋所毀者，傅太后陵耳。丁姬墳墓，事與書違，不甚過毀，未必一如史說也。墳南，魏郡治也。世謂之左城，亦名之曰葬城，蓋恭王之陵寢也。

35 濟水又東北逕定陶縣故城南，側城東注。縣，故三鬷國也。湯追桀，伐三鬷，即此。周武王封弟叔振鐸之邑，故曹國也。漢宣帝甘露二年，更濟陰為定陶國。王莽之濟平也。戰國之世，范蠡既雪會稽之恥，乃變姓名寓于陶，為朱公。以陶天下之中，諸侯四通，貨物之所交易也。治產致千金，富好行德，子孫修業，遂致巨萬。故言富者，皆曰陶朱公也。

又屈從縣東北流，

36 南濟也。又東北右合菏水。水上承濟水于濟陽縣東，世謂之五丈溝。又東逕陶丘北。〈地理志〉曰：〈禹貢〉，陶丘在定陶西南。陶丘亭在南，墨子以為釜丘也。《竹書紀年》魏襄王十九年，薛侯來會王于釜丘者也。《尚書》所謂導菏水自陶丘北，謂此也。菏水東北出于定陶縣北，屈左合氾水，氾水西分濟瀆，東北逕濟陰郡南。《爾雅》曰：濟別為濋。呂忱曰：水決復入為氾。廣異名也。氾水又東合于菏瀆。昔漢祖既定天下，即帝位于定陶氾水之陽。張晏曰：氾水在濟陰界，取其氾愛弘大而潤下也。氾水之名，于是乎在矣。菏水又東北，逕定陶縣南，又東北，右合黃水枝渠。渠上承黃溝，東北合菏而北注濟瀆也。

【注　釋】❶景純　晉郭璞字。此處所引指郭璞所注《山海經》。❷潛行地下三句　《水經》與《水經注》所記敘的濟水，常有伏流和重現的過程。《注》文在此引郭璞「復出于東丘」，以後又有「重源出軹縣西北平地」，以致後人傳說濟水所謂「三伏三現」甚至「三伏四現」等附會之誤。「伏」與「現」，其實是說明了這個地區因黃河的遷徙改道而河川變異頻仍的現象。❸皇覽　書名。《隋書・經籍志》著錄一百二十卷，繆襲等撰。又有梁《皇覽》一百二十三卷，何承天合。又有《皇覽》五十卷，徐爰合。《舊唐書・經籍志》及《新唐書・藝文志》均著錄《皇覽》一百二十二卷，何承天撰。說明古來撰、注、解《皇覽》者不少。書已亡佚，今有《漢學堂叢書》等輯本。❹與河合流　整句《經》文與《經》文下的有關《注》文，按現代自然地理學評論當然完全錯誤。近人地質學家翁文灝在其《錐指集・中國地理學中幾個錯誤的原則》批判這種錯誤：「夫濟水既已入於河而混於河水矣，又豈能復出。即使入地下，而其地皆沖積層，水入其中，百流皆合，濟水又何能獨自保存。」翁氏所批甚是。❺渠流東注三句　段熙仲《水經注疏》斷句作：「渠流東注浚儀，故復謂之浚儀渠。」語譯據此。❻詩　指《詩經・小雅・車攻》。❼未詳　《疏》本作「辛未」。語譯據此。❽書　指《尚書・禹貢》。❾雅　指《詩經・大雅・生民》。❿春秋宣公十三年　《春秋》敘此在「宣公十二年」，作「十三年」實誤。趙一清《水經注釋》已改「十二年」。⓫百雉　城牆高一丈、長三百丈。古代侯爵、伯爵國大都的定制為城方一里又兩百步，每面城牆長百雉。雉，古代計算城牆面積的單位，長三丈、高一丈為一雉。⓬蒗蕩渠　河川名。是古代運河之一，即《史記・河渠書》的「鴻溝」。《漢書・地理志》作「狼湯渠」，《水經注》各本亦多不同名稱，如「蒗蕩渠」、「莨蕩渠」、「狼蕩渠」等。⓭說濟又謂之曰黃溝　殿本此處有戴震案語：「此句之上當有脫文，未詳。」《疏》本楊守敬按：「黃溝詳〈泗水注〉，據彼文，黃水出小黃縣黃鄉黃溝，此句上當有『黃水出焉』四字，今增。」語譯據《疏》本補上。⓮圈稱　人名。東漢人，《隋書・經籍志》著錄其所撰《陳留風俗傳》三卷，《舊唐書・經籍志》則誤「圈」為「闕」，已亡佚。《藝文類聚》、《初學記》、《御覽》等都有引及。

【語　譯】濟水出河東垣縣東王屋山，為沇水；

1 《山海經》說：王屋山是聯水的發源地，西北流，注入泰澤。郭景純說：聯、沇讀音相近，聯水就是沇水。水在地下潛流，到共山南重新從東丘冒出。現在原城東北有東丘城。孔安國說：泉水的源頭沇水，流出去叫濟水。《春秋說題辭》說：濟，就是齊的意思。齊，就是度量，就是穩定的意思。《風俗通》說：濟水發源於常山房子縣贊皇山，廟在東郡臨邑縣。濟，就是齊的意思，使其度量整齊劃一。我查考過，兩條濟水同名，但發源不同，流過的鄉野地域也不一樣，這是應氏的錯誤。現在濟水重發的源頭從軹縣西北平地流出，水有兩個源頭：東源出自原城東北。從前晉文公攻打原，能重誠信，因而原就投降了，指的就是此城。民間因為濟水再次發源於原城，所以又稱它為濟源城。這條水南流經城東舊縣城的原鄉。杜預說：沁水縣西北有原城，就是此城。水南流，與西源匯合。西源出自原城西，東流水注入。東流水發源於西南，東北流，注入濟水。濟水又東流經原城南，東流與北水匯合，亂流往東南而去，分為兩條：一條東南流，民間稱為衍水，也就是沇水。衍、沇讀音相近，輾轉相傳，因此失真了。濟水又東南流，流經絺城北，而往溫縣流出去。另一條分支南流，注入湨水。湨水發源於原城西北原山勳掌谷，民間稱為白澗水，南流經原城西。《春秋》：在湨梁會盟，說的就是此水的堤梁。《爾雅》說：在各地的梁中，沒有比湨梁更大的了。梁，就是河堤。

2 湨水又東南流經陽城東，與南源匯合。這條水發源於陽城南溪，陽城，也就是樊城，又名陽樊。《國語》說：周王以陽樊賜給晉國，陽人不服，文公把陽城包圍起來。倉葛說：陽城有繼承夏、商的典章制度，由樊仲的官員守護，您把它破壞了，恐怕不妥吧。於是文公放陽人出來。《春秋》：樊氏反叛，惠王派遣虢公去伐樊，逮捕了樊仲皮回到京師，說的就是此城。此水東北流，與漫流水匯合。漫流水發源於軹關南，東北流，又北流注入湨水，匯流處稱為漫流口。

3 湨水又東流，與北水匯合，然後往東南亂流，在左岸與濟水支渠匯合。湨水又東流經鍾繇塢北，世人稱為鍾公壘。又東南流，塗溝水注入。塗溝水發源於軹縣西南山下，北流然後東轉，流入軹縣老城，又轉彎北流，流出軹城。漢文帝元年（西元前一七九年），把軹縣封給薄昭為侯國。又東北流注入湨水。湨水又東北流經波縣老城北。漢高帝將波縣封給公上不害為侯國。湨水又東南流，天漿澗水注入。天漿澗水發源於軹縣南邊的高地，在向城北面，城在高地上，民間稱為韓王城，其實不對。京相璠說：有人說現在河內軹縣西有個地方，名叫向，但現在卻沒有城了。杜元凱《春秋釋地》也這樣說。因為向是沿襲下來的名稱，所以不能單說到地名卻不說有城。闞駰《十三州志》說：軹縣南山西邊的山彎裡有舊時的向城，就是周時的向國。《左傳》說：向姜在莒不能安心，因此就回來了。汲郡《竹書紀年》說：鄭侯派韓辰把陽及向歸還晉國。二月，在陽、向二地築城，把陽改名為河雍，把向改名為高平，這裡說的向就是此城。

4 天漿澗水有兩個源頭，各自出於一條溪流，東北流，匯合為一條，名叫天漿溪。又東北流經一座老城，民間叫冶城，水也就叫冶水。又東流，注入湨水。湨水又東南流，在右岸匯合同水。同水發源於南原下，東北流經白騎塢南。白騎塢這座土堡坐落在一片平原上，位於兩溪的匯流處，北邊圍繞著很深的城壕，三面都有險峻的懸崖峭壁，只有西面築了城牆。同水東北流經安國城西，又東北注入湨水。湨水東南流經安國城東，又南流經毋辟邑西，世人稱為無比城，也叫馬韡城，都不對。朝廷廢黜了太子，把他謫居於此，稱為河陽庶人。湨水又南流，注入河水。

又東至溫縣西北，為濟水。又東過其縣北，

5 濟水在溫城西北與舊河道分流，南流經溫縣老城西，這是周朝京畿以內的封國，是司寇蘇忿生的食邑。《春秋》僖公十年（西元前六五〇年），狄滅了溫，溫子逃奔衛國，周襄王就把溫賜給晉文公。濟水南流經虢公臺西。《皇覽》說：溫城南有虢公臺，遺址還在。濟水南流注入河水。郭緣生《述征記》說：濟水在河內溫縣注入河水。這是根據水道沿途所經的實況說的，並非信口雌黃。

6 濟水舊河道在溫城西北通往東南，經過溫城北，又往東通過虢公冢北。《皇覽》說：虢公冢在溫縣城東，是濟水南岸的一座大墳。在王莽那個時代，濟水已經枯涸，以後水流雖又暢通了，但水道卻已改變。考察今天的水道，與往日已經迥然不同了。

屈從縣東南流，過隤城西，又南當鞏縣北，南入于河。

7 濟水舊河道東南流，與奉溝水匯合。奉溝水上流在野王城西承接朱溝，東南流經陽鄉城北，又東南流經李城西。秦攻打趙國，邯鄲眼看就要投降了。驛站小吏的兒子李同，對平原君趙勝提出建議，請他把自己的家產犒賞戰士，招募了三千名敢死隊。李同帶領他們一同衝向秦軍，把秦軍打退了，可是李同也戰死了。因此平原君封他的父親為李侯。徐廣說：河內平皋縣有李城，就是此城。奉溝水在李城西南積成陂塘，淹沒了一百頃左右的土地，裡面長滿蘆葦，稱為李陂。

8 又流經隤城西，轉彎東北流，流經城北，又東流經平皋城南。應劭說：邢侯自襄國遷移到這裡。齊桓公時，衛人攻打邢，邢遷徙到夷儀，那地方屬晉國，稱為邢丘。因為位於河水邊岸高地上，地勢平坦，所以叫平皋。薛瓚注《漢書》說：《春秋》提到狄人攻打邢，邢遷徙到夷儀，並沒有遷到這裡。現在襄國西有夷儀城，距襄國百餘里。平皋是邢丘，不是國家。我查考過，《春秋》宣公六年（西元前六〇三年），赤狄攻打晉國，包圍了邢丘。從前晉侯送女兒到楚國，直送到邢丘，就是這地方，並沒有說到這地方無城。《竹書紀年》說：梁惠成王三年（西元前三六七年），鄭國在邢丘築城。司馬彪《後漢書・郡國志》說：縣裡有邢丘，是從前的邢國，周公的兒子就封在那裡。漢高帝七年（西元前二〇〇年），把邢丘封給碭郡長項佗為侯國，賜姓劉氏。武帝廢國設縣。水又南流，注入河水。

與河合流，又東過成皋縣北，又東過滎陽縣北，又東至礫溪南，東出過滎澤北。

9 《釋名》說：濟，就是渡過的意思。源流出自大河以北，渡過大河而南流。《晉地道志》說：濟水從大伾注入河水，與河水相沖擊，自南邊溢出成為滎澤。《尚書》說：滎波澤已經蓄水了。孔安國說：滎澤波水已經阻遏而積瀦起來。闞駰說：滎播，是個澤名。所以呂忱說：播水在滎陽。說的就是此水。從前大禹堵塞住漫流四溢的水，而在滎陽下引導河水往東南與淮水、泗水相通，而把濟水從河水支分出去，往東南流。

10 漢明帝時代，司空伏恭將樂浪人王景推薦給明帝，王景字仲通，好學而多才多藝，善於治水。到顯宗時，下詔令他與謁者王吳一同開工疏鑿浚儀渠。王吳使用王景的辦法，才杜絕了水災，這條舊渠道就是他們兩人修成的。渠水往東流注浚儀，所以又叫浚儀渠。明帝永平十五年（西元七二年），東巡到了無鹽，他嘉獎王景的功勳，封他為河隄謁者。靈帝建寧四年（西元一七一年），在敖城西北用石塊砌築了一座水門，用以攔截渠口，稱為石門。所以世人又把這條水渠稱為石門水。水門寬十餘丈，西距河水三里。石門上刻著：建寧四年十一月，以黃場石築成。但主持工程的主要官吏姓名卻已漫漶不清，磨蝕得無法辨認了。魏太和年間（西元四七七～四九九年），又重修石門，拆除舊石，加添新石，刻字的石條也不知去向了。濟水北有石門亭，就是戴延之所說新築的城。城周圍三百步，是滎陽太守鎮守的地方。濟水南依三皇山，即皇室山，也叫三室山。

11 濟水又東流經西廣武城北。〈郡國志〉：滎陽縣有廣武城，城在山上，是漢時所築。高祖與項羽在深澗兩岸對話，高祖責罵項羽十大罪狀，項羽以箭射漢高祖，射中胸部，就在這地方。山下有水，北流注入濟水，世人稱為柳泉。

12 濟水又東流經東廣武城北，此城是楚項羽所築。漢軍打垮曹咎，項羽回到廣武，築了一座高壇，把高祖的父親推到壇上，向漢高祖宣稱：你不立刻投降，我就把老頭子投入大鍋裡活活煮了。高祖置之不理，項羽想殺害太公。項伯說：打天下的人是不顧家庭的，殺了他只不過加深仇恨罷了。項羽聽從了項伯的意見。現在把那座壇稱為項羽堆。在東、西兩座廣武城之間，有一條深澗截斷山丘，稱為廣武澗。項羽在澗上厲聲怒斥婁煩，婁煩嚇得魂飛魄散，急急忙忙逃回軍營中去了。

13 濟水又東流經敖山北，《詩經》所說的在敖山狩獵，即指此山。山上有城，就是殷帝仲丁遷都的地方。皇甫謐《帝王世紀》說：仲丁把都城從亳遷到河上的囂，即指此城。也叫敖。秦朝在那裡設置了糧倉，所以也叫敖倉城。濟水又東流，與滎瀆相匯合。滎瀆上口承接河水，有石門，稱為滎口石門，但地形十分低窪，古時滎播澤所疏導的水，就是從這裡開始的。石門南瀕河水，有古碑刻著這些字樣：陽嘉三年（西元一三四年）二月丁丑日，派遣河堤謁者王誨，疏通河道，擴大百姓的土地。從前大河沖積淤塞，侵蝕了大堤，過去總是以竹籠裝入土石來築堤，堤防時常毀壞，引起潰決，枉費了億萬人工。因此請求以臨河各郡的民伕開山採石，砌築堤防。工程完成以後，徭役也就可以停止了。辛未日朝廷頒發詔書，嘉許王誨立功，少府卿著手規劃基址，下詔頒發策書，給予賞賜，並把他升遷到沇州。於是挑選了一輛馬車，封司馬登為使者，命令他繼承前人的事業，以求完成大功。司馬登考慮到伊水和洛水匯合後注入大河，南岸沿著山邊，東流過了大伾後，就回流向北岸沖擊，水勢盛大，怒濤湍急迅猛，一旦決堤氾濫，那就會淹沒連片的原野。一個小小的蟻穴，就會釀成意想不到的大禍。自從周代姬氏以來，就常常為此而擔憂。從前崇伯鯀治水失敗，本朝兩位皇上為此也弄得勞瘁不堪。於是他親自跋山涉水，經營策劃，率領百姓，並與大臣商議，從三處山谷裡採石，命治水工匠來治理。他們在岸邊建築防波堤，來阻擋巨浪，隨時給予賞賜，以資勉勵。經過這次治理，河道既不阻滯不暢，也不會波濤洶湧；河水長流，土地滋潤。施工不到一年，工程就順利完成了。這是諸位有大功的賢臣督導有方，皇上仁德宏大昭彰的緣故。從前禹疏通了九條河道，《尚書》記載了他的功績；后稷親自從事稼穡，《詩經》就在〈大雅〉裡予以表揚。今天這些治水人員，不怕辛勤勞苦，每天一早就起來履行職責，為了富國利民而努力，怎能埋沒他們的勞績，使他們沒沒無聞呢。所以就刻石記功，使其流芳百世。頌詞從略；參加的人員有：使臣河堤謁者山陽郡東緡縣司馬登，字伯志；代理人東萊郡曲成縣王誨，字孟堅；河內太守宋城向豹，字伯尹；丞汝南鄧方，字德山；懷縣縣令劉丞，字季意；以及河堤屬官工匠等造。陳留郡浚儀縣邊韶，字孝先，作頌詞。碑文因歲月悠久，文字大都已經漫漶殘缺，完全看不出來的地方，就從略了。

14 滎瀆又東南流，注入濟水，今天已經乾涸無水了。稍東，有宿須水口。宿須水上流承接大河，水渠旁有扈亭水，從此亭東南流，注入濟水，現在也已乾涸無水了。宿須在河水以北，不在這裡，不過地名相同而已。這條水從西邊沿著山邊低地流過，秦、漢以來，也時通時塞。濟水與河水匯合後波濤滾滾東流。晉太和年間（西元三六六～三七一年），桓溫北伐，打算疏通水流，但沒有成功就退回了。義熙十三年（西元四一七年），劉裕西征，又下令寧朔將軍劉遵考沿這條渠道運糧，開始時有急流滾滾東去，最後卻因山崩堵塞河道，於是劉裕在北方十里處另鑿舊渠道以通航。現在南瀆仍然暢通，因為引了溪澗裡的水來增加流量。濟水在這裡，又兼有邲水一名。《春秋》宣公十三年（西元前五九六年），晉、楚兩國交戰，楚軍駐紮於邲城，就在此水之濱。邲，音卞。京相璠說：邲城在敖北。

15 濟水又東流經滎陽縣北。曹太祖與徐榮交戰，打了敗仗，曹洪在這裡把自己的馬讓給他。濟水又東流，礫石溪水注入。礫石溪水發源於滎陽城西南李澤，澤中有水，就是古代的馮池。〈地理志〉說：滎陽縣，馮池在西南。礫石溪水東北流，流經敖山南。《春秋》載，晉、楚之戰，在敖山前部署伏兵，即指此處。又流經號亭北。池水又東北流經滎陽縣北的斷山，東北流注入濟水，世人稱為礫石澗，就是《水經》所說的礫溪。《水經》說：濟水的水道在礫溪之南，這是弄錯了。

16 濟水又東流，索水注入。索水發源於京縣西南嵩渚山，與東關水同源而分道流逝，就是古時的旃然水。此水東北流，器難水注入。《山海經》說：少陘山是器難水的發源地，北流注入侵水，指的就是此水。器難水北流經金亭，又北流經京縣舊城西，流入旃然水。京縣舊城從前是鄭國的城邑。莊公把他的弟弟段遷居在這裡，號稱京城大叔。祭仲說：京城每面城牆超過了三百丈，就會成為國家的禍害。城北有壇山岡。〈趙世家〉說：成侯二十年（西元前三五五年），魏國獻滎陽，因而在岡上築壇臺。此水亂流，北經小索亭西。京相璠說：京縣有小索亭。《世語》以為原來索氏兄弟住在這裡，所以叫小索亭。水也叫索水了。

17 索水又北流經大柵城東。晉時滎陽人張卓、董邁等遭遇饑荒，結集了一批流民雜戶在這裡堅守，叫大柵塢。到了太平真君八年（西元四四七年），豫州刺史崔白，把州治從虎牢遷移到這裡，又向東拓寬舊城，把它改造得更加廣大。太和十七年（西元四九三年），遷都到洛邑，撤除州的建制，改置為郡。索水又轉彎西流，與梧桐澗水匯合。梧桐澗水發源於西南的梧桐谷，東北流，注入索水。這條水也有時流通，有時斷流，不是長流不息的。

18 索水又北轉，東流經大索城南。《春秋左傳》說：鄭子皮在索氏慰勞叔向，指的就是此城。《晉地道志》說到京縣有大索亭和小索亭；《漢書》也有京、索之間的說法。索水又東流經虢亭南。應劭說：滎陽是從前虢公的封國，就是現在的虢亭。司馬彪〈郡國志〉說：縣裡有虢亭，民間稱為平桃城。城內有座大墳，叫管叔冢，也有人稱為號咷城，是不對的。因為虢、號字形相近，所以輾轉傳抄以致失實。《風俗通》說：民間傳說，高祖與項羽在京、索之間打仗，高祖逃入林莽中，項羽追尋搜索他。這時斑鳩在高祖藏身之處的樹上鳴叫，追兵以為那裡一定不會有人，因此才得以脫身。待到他即位以後，覺得這隻斑鳩有點神異，所以做了鳩杖，給老人行走時支身。據《廣志》，楚國把鳩又叫做嗥啁，號咷之名大概是因為斑鳩而來的，不知是否如此。

19 索水又東北流，須水從右岸注入。須水發源於京城東北二里近處的榆子溝，也叫柰榆溝，或者又稱小索水。東北流，木蓼溝水注入。木蓼溝水上流承接京城的南淵，世人稱為車輪淵，淵水東北流，稱為木蓼溝。又東北流，注入須水。須水又東北流，在滎陽城西南，北流注入索水。

20 索水又東流經滎陽縣老城南。漢王被圍困於滎陽，紀信說：我喬裝為大王向楚王投降，您就乘間逃出去。於是紀信就乘著漢王的車子從東門出城，宣稱：漢向楚投降了。楚軍歡呼慶祝，喊聲震天動地；漢王則帶了數十人馬從西門出走，得以逃脫楚軍的包圍。項羽走近一看原來是紀信，勃然大怒，於是就把他投進沸水鍋中活活煮了。紀信墓在城西北三里。所以蔡伯喈〈述征賦〉說：經過高祖受困之處，在滎陽憑弔紀信。滎陽城憑依著丘陵的平坦處而建，位於山峰南面，王莽設置為祈隊，完全按照周代六隊的建制。

21 魏正始三年（西元二四二年），正值甲子之年，按照癸丑詔書，劃出河南郡縣，從鞏、闕以東，創建滎陽郡，共有二萬五千戶，以南鄉筑陽亭侯李勝為郡守。李勝，字公昭，曾在原武任典農校尉，施政惠及鄉里，老百姓在城北五里處為他立祠，稱為李君祠。祠廟前有一塊腳掌狀的大石，上面有石箭靶，〈石的銘〉現在還保存得很完好，大意是說：百姓都欣然擁戴他，大家都出於一片至誠。直到今天，人們還來祭祀祈禱。

22 索水又東流經周苛墓北。漢高祖逃出滎陽，命令御史大夫周苛駐守。項羽攻下滎陽，俘虜了周苛，對他說：我任命您為上將軍，封為三萬戶侯，您能盡忠職守嗎？周苛睜大眼睛大罵項羽，項羽大怒，就把他投入沸水鍋裡活活煮了。索水又東流，先折而向北，然後又轉而向西，北流經滎陽城東，最後北流注入濟水。杜預說：旃然水發源於滎陽郡成皋縣，東流注入汳水。《春秋》襄公十八年（西元前五五五年），楚國攻打鄭國，右翼軍隊涉水渡過潁水，駐紮在旃然，指的就是此水。濟水斷流後水源由汳溝承接，汳溝就是從這裡開始承接此水的，所以說汳水承接旃然水。這條水也叫鴻溝水，因為漢、楚劃地分王，指定以此水為分界的緣故。〈郡國志〉說：滎陽有鴻溝水。這些水名，都因所經的城邑和地區而改變，成為河流的異名。

23 濟水又東流經滎澤北，是從前滎水積瀦而成的。京相璠說：滎澤在滎陽縣東南，與濟隧匯合。濟隧上口在卷縣北河承接河水，南流經卷縣老城東，又南流經衡雍城西。《春秋左傳》襄公十一年（西元前五六二年），諸侯討伐鄭國，在濟隧渡水西進。杜預漏掉了地名，只提到水名。京相璠說：濟隧是鄭國的屬地。說是濟水從滎澤北流，到了衡雍西，與從河水分出的濟水匯合，南距新鄭一百里，那麼滎澤、播水、河水、濟水，都是往來相通的了。從河水分出的濟水，就是陰溝的上源，濟隧枯涸斷流了。所以世人有的也把它的舊河道稱為十字溝。自從于岑在河水南岸造八激堤後，水脈斷絕，舊河道也就很難尋找了。

24 濟隧又南流，匯合於滎澤。水雖已斷流，而人們仍舊把那地方叫做滎澤。《春秋》載，衛侯與翟人在滎澤開戰，殺了懿公。這裡就是弘演以身殉主，自剖其腹，把懿公的肝納入自己體內的地方。澤旁有垂隴城，濟水從城北流過。《春秋》文公二年（西元前六二五年），晉士縠在垂隴會盟，即指此城。京相璠說：垂隴是鄭國的轄地。現在滎陽東二十里有垂隴舊城，就是這座城。世人稱為都尉城，因為這裡是滎陽典農都尉的治所，垂隴的地名因此也就改了。水旁又有沙城，此城東邊傍著濟水。《竹書紀年》載，梁惠成王九年（西元前三六一年），惠成王在巫沙會見鄭釐侯，即指此城。水濱有一座舊城，世人稱為水城。《史記》載，秦昭王三十二年（西元前二七五年），魏冉攻打魏國，進軍芒卯，攻入北宅，就是從前的宅陽城。《竹書紀年》說：惠成王十三年（西元前三五七年），惠成王與鄭釐侯在巫沙會盟，以解除宅陽之圍，把釐歸還給鄭國。《竹書紀年》，晉出公六年（西元前四六九年），齊國同鄭國攻打衛國，荀瑤在宅陽築城。民間稱為水城，這不對。濟水從澤中往東流出，就是從這裡開始的。王隱說：河水決口，成為滎水，濟水承接了此水，所以有濟堤，指的就是這條濟水。

25 濟水又東南流經釐城東。《春秋經》說隱公在時來會見鄭伯，就是《左傳》所說的釐。京相璠說：現在滎陽縣東四十里有舊時的釐城。濟水在右岸匯合黃水。黃水發源於京縣的黃堆山，東南流，叫祝龍泉，泉水初出時，水勢沸騰洶湧，好像巨大的鼎鑊燒開水時那樣奔騰激揚。水往西南流，到一處水口，叫龍項口，世人稱為京水。又轉彎北流，魚子溝水注入。魚子溝水發源於石暗澗，東北流；又北流，與潖潖水匯合。潖潖水發源於西溪，往東流，水上有連理樹。這是兩棵柞櫟樹，在南北兩岸相對而生，凌空交合糾結在一起。溪水流經兩樹之間，東流注入魚水。魚水又轉彎往西北，注入黃水。

26 黃水又北流經高陽亭東，又北流到故市縣，重泉水注入。重泉水發源於京城西南的少陘山，東北流，又北流經高陽亭西，東北流注入黃水。黃水又東北流經故市縣老城南。漢高帝六年（西元前二〇一年），把該縣封給閻澤赤為侯國，是河南郡的屬縣。黃水又東北流，到了滎澤南，分為兩條：一條北流注入滎澤，下端是船塘，民間稱為郟城陂，東西四十里，南北二十里。竹書《穆天子傳》說：甲寅日，天子在滎水泛舟，奏〈廣樂〉，即指滎澤。另一條東北流，就是黃雀溝。《穆天子傳》說：壬寅日，天子東行，直到雀梁，即指此水。又東北流，與靖水的支流匯合，這兩條水的匯流處就是黃淵，北流注入濟水。

又東過陽武縣南，

27 濟水又東南流，進入陽武縣，經過長城往東南流，蒗蕩渠分流而出。濟水又東北流，這就是南濟水。流經陽武縣老城南，王莽改名為陽桓。又東流，就是白馬淵。這條淵潭東西長二里，南北寬一百五十步，深潭名為白馬溝。又東流經房城北。《穆天子傳》說：天子按照制度規劃園圃的道路，東到房城為止。想來就是此城。郭璞《注》以為這裡指的是趙郡的房子縣。我以為穆王規劃鄭圃，郭璞卻以趙郡的房邑為疆界，那就更不對了。濟水又東流經封丘縣南，又東流經大梁城北，又東流經倉垣城，又東流經小黃縣老城北。縣裡有黃亭，靠近濟水，黃水就發源於此，又稱黃溝。小黃縣是從前陽武的東黃鄉，是以水為縣名的。沛公起兵後在曠野打仗，他母親死於黃鄉，天下平定後，就派遣使者帶了棺柩到這幽寂無人的曠野來招魂。有一條赤練蛇在水中洗澡，爬入棺柩，蛇沐浴處還留有些頭髮。因而謚號稱為昭靈夫人，並修建陵墓讓她的神靈得以安息。

28 濟水又東流經東昏縣舊城北，這就是陽武縣的戶牖鄉。漢丞相陳平的老家就在這裡。陳平少年時在村里中擔任祭祀時負責主持分配祭肉的職務，每次分配祭肉都十分公正，因而受到稱許，現在老百姓還在他家所在的里社為他立祠。陳平對漢高祖有功，封為戶牖侯，後來才設置東昏縣。王莽時改縣名為東明。濟水又東流，經濟陽縣老城南，就是從前的武父城。城在濟水北岸，所以叫濟陽。王莽時改名稱為濟前。光武帝生於濟陽宮，出生時有亮光照耀室內，就是這地方。《東觀漢記》說：光武於建平元年（西元前六年）生於濟陽縣，這一年有嘉禾生長，一根稻莖有九個稻穗，比普通的稻子大得多。縣境之內都得到大豐收，因此給他取名為秀。

又東過封丘縣北，

29 這是北濟水。水從滎澤東流經滎陽郡卷縣的武脩亭南。《春秋左傳》成公十年（西元前五八一年），鄭子然在脩澤會盟，這是鄭國地方。杜預說：卷縣東有武脩亭。濟水又東流經原武縣老城南，這就是《春秋》的原圃。《穆天子傳》說：祭父自圃鄭來朝見天子。夏天，庚午日，天子在洧上飲酒，於是派遣祭父去圃鄭。王莽時這地方叫原桓。濟水又東流經陽武縣老城北，又東流穿過長城。據《竹書紀年》，梁惠成王十一年（西元前三五八年），龍賈率領軍隊在西邊修築長城。從亥谷以南，是鄭國修築的。《竹書紀年》說是梁惠成王十五年（西元前三五五年）修築的。〈郡國志〉說：長城從卷縣經過陽武縣直到密縣，就是當時所築。

30 濟水又東流經酸棗縣的烏巢澤。澤北有舊時的市亭。《晉太康地記》說：澤在酸棗東南，從前曹太祖採用了許攸的計策，就在這裡焚毀了袁紹的軍用物資。濟水又東流經封丘縣北，就是南燕縣的延鄉，也就是《春秋》所說的長丘。應劭說：《左傳》載，宋在長丘打敗狄人，俘獲長狄緣斯，指的就是這地方。漢高帝封給翟盱為侯國。濮水就發源於這裡。濟水又東流經大梁城的赤亭北，向東流逝而去。

又東過平丘縣南，

31 這條是北濟水。平丘縣從前是衛國地方。《春秋》魯昭公十三年（西元前五二九年），諸侯在平丘會盟。平丘縣有臨濟亭，田儋就死在這裡。又有曲濟亭，都是瀕臨濟水岸邊的。

又東過濟陽縣北，

32 這是北濟水。從武父城北流過。闞駰說：武父城在濟陽縣西北，是鄭國的城邑。東流經濟陽縣老城北，圈稱《陳留風俗傳》說：濟陽縣從前是宋國地方。《竹書紀年》載，梁惠成王三十年（西元前三四〇年），修築濟陽城。漢景帝中元六年（西元前一四四年），封梁孝王的兒子劉明為濟川王。應劭說：濟川，就是現在陳留郡的濟陽縣。

又東過冤朐縣南，又東過定陶縣南，

33 這是南濟水。濟水從濟陽縣老城南，東流經戎城北。《春秋》隱公二年（西元前七二一年），隱公在潛會見戎人。杜預說：陳留郡濟陽縣東南有戎城，即指此城。濟水又東北流，菏水往東分出。濟水又東北流經冤朐縣老城南。呂后元年（西元前一八七年），將該縣封給楚元王的兒子劉執為侯國。王莽時叫濟平亭。濟水又東流經秦丞相魏冉墓南。魏冉是秦宣太后的弟弟，取代客卿壽燭當丞相，封於穰，後又以陶加封給他，號稱穰侯，財富超過王室。范雎遊說秦王，秦王才警覺到他太專權了，就罷免了他的相位。他出關到他的新封地去時，運貨的車輛達千餘之多，後來死於陶，就葬在那裡。世人把他的陵墓稱為安平陵，墳墓南崩斷的殘碑還在。

34 濟水又東北流經定陶恭王陵墓南。恭王是哀帝的父親，哀帝即位後，他母親丁太后於建平二年（西元前五年）亡故。哀帝說：在恭王陵園裡建造陵墓最好。於是就把她葬於定陶貴震山東麓。王莽執政後，把太后之號貶稱丁姬，打開放置棺柩的墓門，裡面忽然冒出高達四五丈的火焰，士兵澆水把火撲滅，才能進入。這陣火把墓中陪葬的器皿都燒壞了。朝中大臣派了子弟、諸生及四方異族共十餘萬人，拿了工具，協助將作大匠掘平共王母傅太后和丁姬的墳墓，歷時二十天兩座墳墓都掘平了。王莽又在四周種植荊棘，作為世人的戒鑑。這時有數千隻燕群，銜了泥土投在丁姬墓穴中，現在她的墳墓還是高高地顯得相當突出，四角相承，圍牆築了好幾重，每面開了幾重門戶。南門內的夾道上有兩座崩斷的墓碑，世人還稱為丁昭儀墓，又叫長隧陵。原來被毀的只是傅太后的陵墓，至於丁姬的墳墓，事實上並沒有遭到太嚴重的破壞，不一定同史籍的記載相同。墳墓南，就是魏郡的治所。世人稱為左城，又名葬城，恭王的陵墓在那裡。

35 濟水又東北流經定陶縣老城南，沿著城邊往東流。定陶縣就是從前的三鬷國。商湯追擊夏桀，討伐三鬷，就在這地方。周武王封給他弟弟叔振鐸的，也就是此城，從前這是曹國地方。漢宣帝甘露二年（西元前五二年），把濟陰改為定陶國。王莽時叫濟平。戰國時代，范蠡雪了會稽之恥，於是改名換姓寓居於陶，稱為朱公。因陶位於天下的中心，與各方諸侯四通八達，是貨物交易的集散地。朱公經商賺了成千成萬的鉅款，他富有而喜歡做好事，子孫經營產業成了百萬富翁。所以人們談到財富，都要說到陶朱公。

又屈從縣東北流，

36 這是南濟水。又東北流，在右岸匯合菏水。菏水上流在濟陽縣東承接濟水，世人稱為五丈溝。又東流經陶丘北。〈地理志〉說：據〈禹貢〉，陶丘在定陶西南。陶丘亭在南，墨子以為是釜丘。《竹書紀年》載，魏襄王十九年（西元前三〇〇年），薛侯來到釜丘會見襄王，就指這裡。《尚書》所說的從陶丘以北疏導菏水，指的就是這裡。菏水自定陶縣北往東北流出，左轉與氾水相匯合。氾水向西分出濟水，東北流經濟陰郡南。《爾雅》說：濟水分流成為澾水。呂忱說：水決口以後重新又流進來叫氾水。這又增廣了此水不同的名稱。氾水又東流，與菏水匯合。從前漢高祖平定了天下，在定陶氾水北岸即帝位。張晏說：氾水在濟陰境內，取其博愛宏大，能夠滋潤下流的意思。於是乎就有了氾水的名稱了。菏水又東北流，流經定陶縣南，又東北流，在右岸匯合黃水的支渠。支渠上流承接黃溝，東北流與菏水匯合，北流注入濟水。

【研　析】《水經》此卷係按〈禹貢〉「導沇水，東流為濟，入于河，溢為滎」立篇的。但早在《水經》以前，《漢書·地理志》已循〈禹貢〉之說，在其〈河東郡·垣縣〉下說：「〈禹貢〉，王屋山在東北，沇水所出，東南至武德入河。」《水經注》寫作的時代，雖然河川的實際情況與〈禹貢〉已全不相符，但既然《漢書·地理志》和《水經》都按〈禹貢〉立篇，尊重〈禹貢〉之論，酈道元當然也只好因循沿襲。〈禹貢〉當然是一部價值很高的地理古籍，但書內顯然存在中國多數古籍中的附會，例如此書所傳的導山導水，有不少其實都是第四紀甚或第三紀的地質活動結果。〈禹貢〉說沇水出王屋山，王屋山的位置古今不變，此山的幾座主峰如舜王坪（二三二二公尺）和析城山（一八八六公尺）等，確都有河川南流入黃河，但除了東緣的沁水（卷九已立篇）外，其他均非大河，所以從此山導源的沇水（濟水）其實並不存在。則卷七〈濟水〉若非虛立之篇，也是小水大敘之篇。不過對於古代地理書，特別是像《水經注》這樣的名著，這類卷篇屬於瑕不掩瑜。何況篇內所記敘的其他許多史事掌故，都仍很有價值。

卷八

濟水

【題解】卷七〈濟水〉《經》文「東出過滎澤北」以下，《注》文引了不少古籍記敘滎澤，因為滎澤確實是古代存在於黃河以南的一個較大湖澤，但從西漢起即已湮廢不存。卷八〈濟水〉記敘的這條黃河以南的濟水，經過滎澤後，又瀦為鉅野澤，《注》文中記敘的不少河流如蒗蕩渠等，均是古代鴻溝水系河流，河川錯綜複雜，頭緒紛繁。《注》文最後指出此濟水入淮而不入海，說明到了酈道元時代，濟水早已不是「四瀆」大水，而只是淮水的一條支流了。

又東至乘氏縣西，分為二：

1 《春秋左傳》僖公三十一年，分曹地東傅于濟。濟水自是東北流，出鉅澤。其一水東南流，其一水從縣東北流，入鉅野澤。

2 南為菏水，北為濟瀆，逕乘氏縣與濟渠、濮渠合。北濟自濟陽縣北，東北逕煮棗城南。〈郡國志〉曰：冤朐縣有煮棗城，即此也。漢高祖十二年，封革朱為侯國。北濟又東北逕冤朐縣故城北，又東北逕呂都縣故城南。王莽更名之曰祁都也。又東北逕定陶縣故城北。漢景帝中六年，以濟水出其北，東注，分梁于定陶，置濟陰國，指北濟而定名也。又東北與濮水合。水上承濟水于封丘縣，即〈地理志〉所謂濮渠水首受濟者也。闞駰曰：首受別濟，即北濟也。其故瀆自濟東北流，左迆為高梁陂，方三里。濮水又東逕匡城北。孔子去衛適陳，遇難于匡者也。又東北，左會別濮。水受河于酸棗縣。故杜預云：濮水出酸棗縣，首受河。《竹書紀年》曰：魏襄王十年十月，大霖雨疾風，河水溢酸棗郛。漢世塞之，故班固云：文堙棗野。今無水。其故瀆東北逕南、北二棣城間。《左傳》襄公五年，楚子囊伐陳，公會于城棣以救之者也。濮渠又東北逕酸棗縣故城南，韓國矣。圈稱曰：昔天子建國名都，或以今名，或以山林，故豫章以樹氏郡，酸棗以棘名邦，故曰酸棗也。《漢官儀》❶曰：舊河堤謁者居之。

3 城西有韓王望氣臺。孫子荊〈故臺賦敘〉❷曰：酸棗寺門外，夾道左右有兩故臺，訪之故老云：韓王聽訟觀臺，高十五仞，雖樓榭泯滅，然廣基似于山嶽。召公大賢，猶舍甘棠，區區小國，而臺觀隆崇，驕盈于世，以鑒來今，故作賦曰：葭丘陵之邐池，亞五嶽之嵯峨。言壯觀也。

4 城北，韓之市地也。聶政為濮陽嚴仲子刺韓相俠累，遂皮面而死，其姊哭之于此。城內有「後漢酸棗令劉孟陽碑」。濮水北積成陂，陂方五里，號曰同池陂。又東逕胙亭東注，故胙國也。富辰所謂邢、茅、胙、祭，周公之胤也。濮渠又東北逕燕城南，故南燕姞姓之國也。有北燕，故以南氏縣。東為陽清湖，陂南北五里，東西三十里，亦曰燕城湖。逕桃城南，即《戰國策》所謂酸棗、虛、桃者也。漢高帝十二年，封劉襄為侯國。而東注于濮，俗謂之朝平溝。

5 濮渠又東北，又與酸水故瀆會。酸瀆首受河于酸棗縣，東逕酸棗城北、延津南，謂之酸水。《竹書紀年》曰：秦蘇胡率師伐鄭，韓襄敗秦蘇胡于酸水者也。酸瀆水又東北逕燕城北，又東逕滑臺城南，又東南逕瓦亭南。《春秋》定公八年，公會晉師于瓦，魯尚執羔，自是會始也。又東南會于濮，世謂之百尺溝。濮渠之側有漆城。《竹書紀年》：梁惠成王十六年，邯鄲伐衛，取漆富丘，城之者也。或亦謂之宛濮亭。《春秋》：甯武子與衛人盟于宛濮。杜預曰：長垣西南近濮水也。京相璠曰：衛地也。似非關究，而不知其所。《竹書紀年》：梁惠成王五年，公子景賈率師伐鄭，韓明戰于陽，我師敗逋。澤北有壇陵亭，亦或謂之大陵城，非所究也。又有桂城。《竹書紀年》：梁惠成王十七年，齊田期伐我東鄙，戰于桂陽，我師敗逋，亦曰桂陵。案《史記》，齊威王使田忌擊魏，敗之桂陵，齊于是彊，自稱為王，以令天下。濮渠又東逕蒲城北，故衛之蒲邑。孔子將之衛，子路出于蒲❸者也。《韓子》❹曰：魯以仲夏起長溝，子路為蒲宰，以私粟饋眾。孔子使子貢毀其器焉。余案《家語》❺言，仲由為郈宰，脩溝瀆，與之簞食瓢飲，夫子令賜止之，無魯字。又入其境，三稱其善，身為大夫，終死衛難。濮渠又東逕韋城南，即白馬縣之韋鄉也。史遷《記》曰：夏伯豕韋之故國矣。城西出而不方，城中有六大井，皆隧道下，俗謂之江井也。有馳道，自城屬于長垣。

6 濮渠東絕馳道，東逕長垣縣故城北，衛地也，故首垣矣。秦更從今名，王莽改為長固縣。《陳留風俗傳》曰：縣有防垣，故縣氏之。孝安帝以建光元年，封元舅宋俊為侯國。縣有祭城，濮渠逕其北，鄭大夫祭仲之邑也。杜預曰：陳留長垣縣東北有祭城者也。圈稱又言，長垣縣有羅亭，故長羅縣也，漢封後將軍常惠為侯國。《地理志》曰：王莽更長羅為惠澤，後漢省并。

7 長垣有長羅澤，即吳季英牧豬處也。又有長羅岡、蘧伯玉岡。《陳留風俗傳》

曰：長垣縣有蘧伯鄉，一名新鄉，有蘧亭、伯玉祠、伯玉冢。曹大家〈東征賦〉曰：到長垣之境界兮，察農野之居民；覩蒲城之丘墟兮，生荊棘之蓁蓁。蘧氏在城之東南兮，民亦嚮其丘墳；惟令德之不朽兮，身既沒而名存。

8 昔吳季札聘上國，至衛，觀典府，賓亭父疇，以衛多君子也。濮渠又東，分為二瀆，北濮出焉。濮渠又東逕須城北，〈衛詩〉❻云：思須與曹也。毛云❼：須，衛邑矣。鄭云❽：自衛而東逕邑，故思。濮渠又北逕襄丘亭南，《竹書紀年》曰：襄王七年，韓明率師伐襄丘；九年❾，楚庶章率師來會我，次于襄丘者也。濮水又東逕濮陽縣故城南，昔師延為紂作靡靡之樂，武王伐紂，師延東走，自投濮水而死矣。後衛靈公將之晉，而設舍于濮水之上，夜聞新聲，召師涓受之于是水也。

9 濮水又東逕濟陰離狐縣故城南。王莽之所謂瑞狐也。〈郡國志〉曰：故屬東郡。濮水又東逕葭密縣故城北。《竹書紀年》：元公三年，魯季孫會晉幽公于楚丘，取葭密，遂城之。濮水又東北逕鹿城南。〈郡國志〉曰：濟陰乘氏縣有鹿城鄉。《春秋》僖公二十一年，盟于鹿上。京、杜並謂此亭也。濮水又東與句瀆合。瀆首受濮水枝渠于句陽縣東南，逕句陽縣故城南，《春秋》之穀丘也。

《左傳》以為句瀆之丘矣。縣處其陽，故縣氏焉。又東入乘氏縣，左會濮水，與濟同入鉅野。故《地理志》曰：濮水自濮陽南入鉅野，亦《經》所謂濟水自乘氏縣兩分，東北入于鉅野也。

10 濟水故瀆又北，右合洪水。水上承鉅野薛訓渚，歷澤西北，又北逕闞鄉城西。《春秋》桓公十有一年，《經》書公會宋公于闞。《郡國志》曰：東平陸有闞亭。《皇覽》曰：蚩尤冢在東郡壽張縣闞鄉城中，冢高七尺，常十月祠之。有赤氣出如絳，民名為蚩尤旗。《十三州志》曰：壽張有蚩尤祠。又北與濟瀆合，自渚迄于北口百二十里，名曰洪水。桓溫以太和四年率眾北入，掘渠通濟。至義熙十三年，劉武帝西入長安，又廣其功。自洪口已上，又謂之桓公瀆，濟自是北注也。《春秋》莊公十八年，《經》書：夏，公追戎于濟西。京相璠曰：濟水自鉅野至濟北是也。

又東北過壽張縣西界安民亭南，汶水從東北來注之。

11 濟水又北，汶水注之，戴延之所謂清口也。郭緣生《述征記》曰：清河首受洪水，北注濟。或謂清即濟也。《禹貢》：濟東北會于汶。今枯渠注鉅澤，鉅澤北則清口，清水與汶會也。李欽[10]曰：汶水出太山萊蕪縣，西南入濟是也。

12 濟水又北逕梁山東，袁宏《北征賦》[11]曰：背梁山，截汶波。即此處也。劉澄之引是山以證梁父，為不近情矣。山之西南有呂仲悌墓。河東岸有石橋，橋本當河，河移，故厠岸也。古老言：此橋東海呂母起兵所造也。山北三里有呂母宅，宅東三里即濟水。濟水又北逕須朐城西，城臨側濟水，故須朐國也。《春秋》僖公二十一年，子魚曰：任、宿、須朐、顓臾，風姓也。寔司太皥，與有濟之祀。杜預曰：須朐在須昌縣西北，非也。《地理志》曰：壽張西北有朐城者是也。濟水西有安民亭，亭北對安民山，東臨濟水，水東即無鹽縣界也。山西有「冀州刺史王紛碑」[12]，漢中平四年立。濟水又北逕微鄉東，《春秋》莊公二十八年，《經》書，冬築郿。京相璠曰：《公羊傳》謂之微。東平壽張縣西北三十里，有故微鄉，魯邑也。杜預曰：有微子冢。濟水又北分為二水，其枝津西北出，謂之馬頰水者也。

又北過須昌縣西，

13 京相璠曰：須朐，一國二城兩名。蓋遷都須昌，朐是其本。秦以為縣，漢高帝十一年，封趙衍為侯國。濟水于縣，趙溝水注之。濟水又北逕魚山東，左合馬頰水。水首受濟，西北流，歷安民山北，又西流，趙溝出焉，東北注于濟。

馬頰水又逕桃城東，《春秋》桓公十年，《經》書公會衛侯于桃丘，衛地也。杜預曰：濟北東阿縣東南有桃城，即桃丘矣。

14 馬頰水又東北流逕魚山南。山，即吾山也。漢武帝〈瓠子歌〉所謂吾山平者也。山上有柳舒城，魏東阿王曹子建每登之，有終焉之志。及其終也，葬山西，西去東阿城四十里。其水又東注于濟，謂之馬頰口也。

15 濟水自魚山北逕清亭東。《春秋》隱公四年，公及宋公遇于清。京相璠曰：今濟北東阿東北四十里，有故清亭，即《春秋》所謂清者也。是下濟水通得清水之目焉。亦水色清深，用兼厥稱矣。是故燕王曰：吾聞齊有清濟、濁河以為固，即此水也。

又北過穀城縣西，

16 濟水側岸有尹卯壘，南去魚山四十餘里，是穀城縣界。故《春秋》之小穀城也。齊桓公以魯莊公二十三年[13]城之，邑管仲焉。城內有夷吾井。《魏土地記》曰：縣有穀城山，山出文石，陽穀之地。《春秋》，齊侯、宋公會于陽穀者也。縣有黃山臺。黃石公與張子房期處也。又有狼水，出東南大檻山狼溪，西北逕穀城西。又北有西流泉，出城東近山，西北逕穀城北，西注狼水。以其流西，故即名焉。又西北入濟水，城西北三里，有項王羽之冢，半許毀壞，石碣尚存，題云：項王之墓。《皇覽》云：冢去縣十五里，謬也。今彭城穀陽城西南，又有項羽冢，非也。余按史遷《記》，魯為楚守，漢王示羽首，魯乃降，遂以魯公禮葬羽于穀城，寧得言彼也。

17 濟水又北逕周首亭西，《春秋》文公十有一年，左丘明云：襄公二年，王子成父獲長狄僑如弟榮如，埋其首于周首之北門，即是邑也。今世謂之盧子城，濟北郡治也。京相璠曰：今濟北所治盧子城，故齊周首邑也。

又北過臨邑縣東，

18 《地理志》曰：縣有濟水祠，王莽之穀城亭也。水有石門，以石為之，故濟水之門也。《春秋》隱公五年，齊、鄭會于石門，鄭車僨濟，即于此也。京相璠曰：石門，齊地。今濟北盧縣故城西南六十里，有故石門，去水三百步，蓋水瀆流移，故側岸也。

19 濟水又北逕平陰城西。《春秋》襄公十八年，晉侯沉玉濟河，會于魯濟，尋溴梁之盟，同伐齊，齊侯禦諸平陰者也。杜預曰：城在盧縣故城東北，非也。京相璠曰：平陰，齊地也，在濟北盧縣故城西南十里。平陰城南有長城，東至海，西至濟。河道所由，名防門，去平陰三里。齊侯塹防門，即此也。其水引濟，故瀆尚存。今防門北有光里，齊人言廣，音與光同，即《春秋》所謂守之廣里者也。又云：巫山在平陰東北，昔齊侯登望晉軍，畏眾而歸。師曠、邢伯聞烏烏之聲，知齊師潛遁。人物咸淪，地理昭著，賢于杜氏東北之證矣。今巫山之上有石室，世謂之孝子堂。濟水右迤，遏為湄湖，方四十餘里。濟水又東北逕垣苗城西，故洛當城也。伏韜《北征記》[14]曰：濟水又與清河合流，至洛當者也。宋武帝西征長安，令垣苗鎮此，故俗又有垣苗城之稱。河水自四瀆口東北流而為濟。《魏土地記》曰：盟津河別流十里與清水合，亂流而東，逕洛當城北，黑白異流，涇渭殊別，而東南流注也。

又東北過盧縣北，

20 濟水東北與湄溝合。水上承湄湖，北流注濟。《爾雅》曰：水草交曰湄，通谷者微。犍為舍人曰：水中有草木交合也。郭景純曰：微，水邊通谷也。《釋名》曰：湄，眉也，臨水如眉臨目也。

21 濟水又逕盧縣故城北，濟北郡治也。漢和帝永元二年，分泰山置，蓋以濟水在北故也。濟水又逕什城北，城際水湄，故邸閣也。祝阿人孫什，將家居之，以避時難，因謂之什城焉。濟水又東北，與中川水合。水東南出山荏縣之分水嶺，溪一源兩分，泉流半解，亦謂之分流交。半水南出太山，入汶；半水出山荏縣，西北流逕東太原郡南，郡治山爐固，北與賓溪水合。水出南格馬山賓溪谷，北逕盧縣故城北、陳敦戍南，西北流與中川水合，謂之格馬口。其水又北逕盧縣故城東，而北流入濟，俗謂之為沙溝水。

22 濟水又東北，右會玉水。水導源太山朗公谷，舊名琨瑞溪，有沙門竺僧朗，少事佛圖澄，碩學淵通，尤明氣緯，隱于此谷，因謂之朗公谷。故車頻《秦書》⑮云：苻堅時，沙門竺僧朗嘗從隱士張巨和遊，巨和常穴居，而朗居琨瑞山，大起殿舍，連樓累閣，雖素飾不同，竝以靜外致稱，即此谷也，水亦謂之琨瑞水也。其水西北流逕玉符山，又曰玉水。

23 又西北逕獵山東，又西北枕祝阿縣故城東、野井亭西。《春秋》昭公二十五年，《經》書齊侯唁公于野井是也。《春秋》襄公十九年，諸侯盟于祝柯，《左傳》所謂督陽者也。漢興，改之曰阿矣。漢高帝十一年，封高邑為侯國，王莽之安成者也。故俗謂是水為祝阿澗水，北流注于濟。建武五年，耿弇東擊張步，從朝陽橋濟渡兵，即是處也。

24 濟水又東北，濼水入焉。水出歷城縣故城西南，泉源上奮，水涌若輪。《春秋》桓公十八年，公會齊侯于濼是也。俗謂之為娥姜水，以泉源有舜妃娥英廟故也。城南對山，山上有舜祠，山下有大穴，謂之舜井，抑亦茅山禹井之比矣。《書》：舜耕歷山，亦云在此，所未詳也。其水北為大明湖，西即大明寺，寺東北兩面側湖，此水便成淨池也。池上有客亭，左右楸桐。負日俯仰，目對魚鳥，水木明瑟，可謂濠梁之性，物我無違矣。湖水引瀆，東入西郭，東至歷城西而側城北注，陂水上承東城，歷祀下泉，泉源競發。其水北流逕歷城東，又北，引水為流杯池，州僚賓燕，公私多萃其上。分為二水：右水北出，左水西逕歷城北，西北為陂，謂之歷水，與濼水會。又北，歷水枝津首受歷水于歷城東，東北逕東城西而北出郭，又北注濼水。又北，聽水出焉。濼水又北流注于濟，謂之濼口也。

25 濟水又東北，華不注山單椒秀澤，不連丘陵以自高；虎牙桀立，孤峰特拔以刺天。青崖翠發，望同點黛。山下有華泉。故京相璠《春秋土地名》曰：華泉，華不注山下泉水也。《春秋左傳》成公二年，齊頃公與晉郤克戰于鞌，齊師敗績，逐之。三周華不注，逢丑父與公易位[16]，將及華泉，驂絓于木而止。丑父使公下，如華泉取飲，齊侯以免。韓厥獻丑父，郤子將戮之，呼曰：自今無有代其君任患者！有一于此，將為戮矣。郤子曰：人不難以死免其君，我戮之不祥，赦之以勸事君者。乃免之。即華水也。北絕聽瀆二十里，注于濟。

又東北過臺縣北。

26 巨合水南出雞山西北，北逕巨合故城西，耿弇之討張步也，守巨里，即此城也。三面有城，西有深坑，坑西即弇所營也。與費邑戰，斬邑于此。巨合水又北合關盧水。水導源馬耳山，北逕博亭城西，西北流至平陵城，與武原水合。水出譚城南平澤中，世謂之武原淵。北逕譚城東，俗謂之布城也。又北逕東平陵縣故城西，故陵城也，後乃加平。譚，國也。齊桓之出過譚，譚不禮焉；魯莊公九年即位，又不朝。十年，滅之。城東門外有「樂安任照先碑」，濟南郡治也。漢文帝十六年，置為王國，景帝二年為郡。王莽更名樂安。其水又北逕巨合城東，漢武帝以封城陽頃王子劉發為侯國。其水合關盧水，西出注巨合水。巨合水西北逕臺縣故城南。漢高帝六年，封東郡尉戴野為侯國。王莽之臺治也。其水西北流，白野泉水注之。水出臺城西南白野泉北，逕留山西北流，而右注巨合水。巨合水又北，聽水注之。水上承樂水，東流北屈，又東北流，注于巨合水，亂流又北入于濟。濟水又東北，合芹溝水。水出臺縣故城東南，西北流，逕臺城東，又西北入于濟水。

又東北過菅縣南，

27 濟水東逕縣故城南。漢文帝四年，封齊悼惠王子罷軍為侯國。右納百脈水，水出土鼓縣故城西，水源方百步，百泉俱出，故謂之百脈水。其水西北流，逕陽丘縣故城中。漢孝文帝四年，以封齊悼惠王子劉安為陽丘侯。世謂之章丘城，非也。城南有女郎山，山上有神祠，俗謂之女郎祠，左右民祀焉。其水西北出城，北逕黃巾固，蓋賊所屯，故固得名焉。百脈水又東北流，注于濟。濟水又東，有楊渚溝水，出逢陵故城西南二十里，西北逕土鼓城東，又西北逕章丘城東，又北逕甯戚城西，而北流注于濟水也。

又東過梁鄒縣北，

28 隴水南出長城中，北流至般陽縣故城西，南與般水會。水出縣東南龍山，俗亦謂之為左阜水。西北逕其城南，王莽之濟南亭也。應劭曰：縣在般水之陽，故資名焉。其水又南屈，西入隴水。隴水北逕其縣，西北流至萌水口。水出西南甲山，東北逕萌山西，東北入于隴水。隴水又西北至梁鄒東南，與魚子溝水合。水南出長白山東柳泉口。山，即陳仲子夫妻之所隱也。《孟子》曰：仲子，齊國之世家，兄戴，祿萬鍾，仲子非而不食，避兄離母，家于於陵，即此處也。其水又逕於陵縣故城西，王莽之於陸也。世祖建武十五年，更封則鄉侯侯霸之子昱為侯國。其水北流注于隴水。隴水，即古袁水也。故京相璠曰：濟南梁鄒縣有袁水者也。隴水又西北逕梁鄒縣故城南，又北屈逕其城西。漢高祖六年，封武虎為侯國。其水北注濟。城之東北，又有時水西北注焉。

又東北過臨濟縣南，

29 縣，故狄邑也，王莽更名利居。《漢記》⑰：安帝永初二年，改從今名，以臨濟故。《地理風俗記》云：樂安太守治。晏謨《齊記》⑱曰：有南北二城隔濟水，南城即被陽縣之故城也，北枕濟水。《地理志》曰：侯國也。如淳曰：一作疲，音罷軍之罷也。《史記・建元以來王子侯者年表》曰：漢武帝元朔四年，封齊孝王子敬侯劉燕之國也。今渤海僑郡治。

30 濟水又東北，迆為淵渚，謂之平州⑲。漯沃縣側有平安故城，俗謂之會城，非也。案《地理志》：千乘郡有平安縣，侯國也，王莽曰鴻睦也。應劭曰：博昌縣西南三十里有平安亭，故縣也。世尚存平州之名矣。濟水又東北逕高昌縣故城西，案〈地理志〉：千乘郡有高昌縣，漢宣帝地節四年，封董忠為侯國。世謂之馬昌城，非也。濟水又東北逕樂安縣故城南。伏琛《齊記》⑳曰：博昌城西北五十里有南、北二城，相去三十里，隔時、濟二水。指此為博昌北城，非也。樂安與博昌、薄姑分水，俱同西北，薄姑去齊城六十里，樂安越水差遠，驗非尤明。班固曰：千乘郡有樂安縣。應劭曰：取休令之名矣。漢武帝元朔五年，封李蔡為侯國。城西三里有任光等家。光是宛縣人，不得為博昌明矣。

31 濟水又經薄姑城北，《後漢・郡國志》曰：博昌縣有薄姑城。《地理書》曰：呂尚封于齊郡薄姑。薄姑故城在臨淄縣西北五十里，近濟水。史遷曰：獻公徙薄姑。城內有高臺。《春秋》昭公二十年，齊景公飲于臺上，曰：古而不死，何樂如之。晏平仲對曰：昔爽鳩氏始居之，季萴因之，有逢伯陵又因之，薄姑氏又因之，而後太公因之。臣以為古若不死，爽鳩氏之樂，非君之樂。即于是臺也。濟水又東北逕狼牙固西而東北流也。

又東北過利縣西，

32 〈地理志〉：齊郡有利縣，王莽之利治也。晏謨曰：縣在齊城北五十里也。

又東北過甲下邑，入于河。

33 濟水東北至甲下邑南，東歷琅槐縣故城北。《地理風俗記》曰：博昌東北八十里有琅槐鄉，故縣也。《山海經》曰：濟水絕鉅野注渤海，入齊琅槐東北者也。又東北，河水枝津注之。《水經》以為入河，非也。斯乃河水注濟，非濟入河，又東北入海。郭景純曰：濟自滎陽至樂安博昌入海。今河竭，濟水仍流不絕；《經》言入河，二說竝失。然河水于濟、漯之北，別流注海。今所輟流者，惟漯水耳。郭或以為濟注之，即實非也。尋經脈水，不如《山經》之為密矣。

34 其一水東南流者，過乘氏縣南，

菏水分濟于定陶東北，東南右合黃溝枝流，俗謂之界溝也。北逕已氏縣故城西，又北逕景山東。〈衛詩〉㉑所謂景山與京者也。毛公曰：景山，大山也。又北逕楚丘城西。〈郡國志〉曰：成武縣有楚丘亭。杜預云，楚丘在成武縣西南。衛懿公為狄所滅，衛文公東徙渡河，野處曹邑，齊桓公城楚丘以遷之。故《春秋》稱邢遷如歸，衛國忘亡。即《詩》㉒所謂升彼虛矣，以望楚矣，望楚與堂，景山與京。故鄭玄言，觀其旁邑及山川也。又東北逕成武城西，又東北逕郈城東，疑郈徙也，所未詳矣。又東北逕梁丘城西。〈地理志〉曰：昌邑縣有梁丘鄉。《春秋》莊公三十二年，宋人、齊人會于梁丘者也。杜預曰：高平昌邑縣西南有梁丘鄉。又東北于乘氏縣西而北注菏水。菏水又東南逕乘氏縣故城南。縣，即《春秋》之乘丘也。故《地理風俗記》曰：濟陰乘氏縣，故宋乘丘邑也。漢孝景中五年，封梁孝王子買為侯國也。〈地理志〉曰：乘氏縣，泗水東南至睢陵入淮。〈郡國志〉曰：乘氏有泗水。此乃菏澤也。《尚書》有導菏澤之說，自陶丘北，東至于菏，無泗水之文。又曰：導菏澤，被孟豬。孟豬在睢陽縣之東北，闞駰《十三州記》曰：不言入而言被者，明不常入也。水盛，方乃覆被矣。澤水淼漫，俱鍾淮、泗，故〈志〉有睢陵入淮之言，以通苞泗名矣。然諸水注泗者多不止此，可以終歸泗水，便得擅通稱也。或更有泗水亦可，是水之兼其目，所未詳也。

又東過昌邑縣北，

35 菏水又東逕昌邑縣故城北。〈地理志〉曰：縣，故梁也。漢景帝中六年，分梁為山陽國；武帝天漢四年，更為昌邑國，以封昌邑王髆㉓。賀廢國除，以為山陽郡。王莽之鉅野郡也。後更為高平郡，後漢沇州治。縣令王密，懷金謁東萊太守楊震，震不受，是其慎四知㉔處也。大城東北有金城，城內有「沇州刺史河東薛季像碑」，以郎中拜剡令，甘露降園。熹平四年遷州，明年甘露復降殿前樹。從事馮巡、主簿華操等相與褒樹，表勒棠政。次西有「沇州刺史茂陵楊叔恭碑」，從事孫光等以建寧四年立。西北有「東太山成人班孟堅碑」，建和十年㉕，尚書右丞拜沇州刺史從事秦閏等，刊石頌德政，碑咸列焉。

又東過金鄉縣南，

36 〈郡國志〉曰：山陽有金鄉縣。菏水逕其故城南，世謂之故縣。城北有金鄉山也。

又東過東緡縣北，

37 菏水又東逕漢平狄將軍扶溝侯淮陽朱鮪冢。墓北有石廟。菏水又東逕東緡縣故城北，故宋地。《春秋》僖公二十三年，齊侯伐宋圍緡。《十三州記》曰：山陽有東緡縣。鄒衍曰：余登緡城以望宋都者也。後漢世祖建武十一年，封馮異長子璋為侯國。

又東過方與縣北，為菏水。

38 菏水東逕重鄉城南，《左傳》所謂臧文仲宿于重館者也。菏水又東逕武棠亭北，《公羊》以為濟上邑也。城有臺，高二丈許，其下臨水，昔魯侯觀魚于棠，謂此也。在方與縣故城北十里，《經》所謂菏水也。菏水又東逕泥母亭北。《春秋左傳》僖公七年，秋，盟于甯母，謀伐鄭也。菏水又東與鉅野黃水合，菏澤別名也。黃水上承鉅澤諸陂，澤有濛淀、盲陂。黃湖水東流，謂之黃水。又有薛訓渚水，自渚歷薛村前，分為二流：一水東注黃水，一水西北入澤，即洪水也。

39 黃水東南流，水南有漢荊州刺史李剛墓。剛字叔毅，山陽高平人，熹平元年卒，見其碑。有石闕、祠堂、石室三間，椽架高丈餘，鏤石作椽，瓦屋施平天造，方井側荷梁柱，四壁隱起，雕刻為君臣、官屬、龜龍、麟鳳之文，飛禽走獸之像。作制工麗，不甚傷毀。

40 黃水又東逕鉅野縣北。何承天曰：鉅野湖澤廣大，南通洙、泗，北連清、濟，舊縣故城，正在澤中，故欲置戍于此城，城之所在，則鉅野澤也。衍東北出為大野矣。昔西狩獲麟于是處也。《皇覽》曰：山陽鉅野縣有肩髀冢，重聚大小，與闞冢等。傳言蚩尤與黃帝戰，克之于涿鹿之野，身體異處，故別葬焉。

41 黃水又東逕咸亭北。《春秋》桓公七年，《經》書焚咸丘者也。水南有金鄉山，縣之東界也。金鄉數山，皆空中穴口，謂之隧也。戴延之《西征記》曰：焦氏山北數里，漢司隸校尉魯峻㉖，穿山得白蛇、白兔，不葬，更葬山南，鑿而得金，故曰金鄉山。山形峻峭，冢前有石祠、石廟，四壁皆青石隱起，自書契以來，忠臣、孝子、貞婦、孔子及弟子七十二人形像，像邊皆刻石記之，文字分明。又有石牀，長八尺，磨瑩鮮明，叩之聲聞遠近。時太尉從事中郎傅珍之、諮議參軍周安穆折敗石牀，各取去，為魯氏之後所訟，二人竝免官。

42 焦氏山東即金鄉山也，有冢，謂之秦王陵。山上二百步得冢口，塹深十丈，兩壁峻峭，廣二丈，入行七十步，得埏門，門外左右皆有空，可容五六十人，謂之白馬空。埏門內二丈，得外堂，外堂之後，又得內堂。觀者皆執燭而行，雖無他雕鏤，然治石甚精。或云是漢昌邑哀王冢，所未詳也。

43 東南有范巨卿冢，名件猶存。巨卿名式，山陽之金鄉人，漢荊州刺史，與汝南張劭、長沙陳平子石交，號為死友矣。

44 黃水又東南逕任城郡之亢父縣故城西，夏后氏之任國也。漢章帝元和元年，別為任城在北，王莽之延就亭也。縣有詩亭，《春秋》之詩國也。王莽更之曰順父矣。〈地理志〉：東平屬縣也。世祖建武二年，封劉隆為侯國。其水謂之桓公溝，南至方與縣，入于菏水。菏水又東逕秦梁，夾岸積石一里，高二丈，言秦始皇東巡所造，因以名焉。

菏水又東過湖陸縣南，東入于泗水。

45 澤水所鍾也。《尚書》曰：浮于淮、泗，達于菏是也。《東觀漢記》曰：蘇茂殺淮陽太守，得其郡，營廣樂。大司馬吳漢圍茂，茂將其精兵突至湖陵，與劉永相會濟陰、山陽，濟兵于此處也。

又東南過沛縣東北，

46 濟與泗亂，故濟納互稱矣。《東觀漢記・安平侯蓋延傳》曰：延為虎牙大將軍，與永等戰，永軍反走，溺水者半。復與戰，連破之，遂平沛、楚，臨淮悉降。延令沛脩高祖廟，置嗇夫、祝宰、樂人，因齋戒祠高廟也。

又東南過留縣北，

47 留縣故城，翼佩泗、濟，宋邑也。《春秋左傳》所謂侵宋呂、留也。故繁休伯〈避地賦〉[27]曰：朝余發乎泗洲，夕余宿于留鄉者也。張良委身漢祖，始自此矣。終亦取封焉，城內有張良廟也。

又東過彭城縣北，獲水從西來注之。

48 濟水又南逕彭城縣故城東北隅，不東過也。獲水自西注之，城北枕水湄。濟水又南逕彭城縣故城東，不逕其北也。蓋《經》誤證。

又東南過徐縣北，

49 《地理志》曰：臨淮郡，漢武帝元狩五年置，治徐縣，王莽更之曰淮平，縣曰徐調，故徐國也。《春秋》昭公三十年，吳子執鍾吾子，遂伐徐，防山以水之，遂滅徐。徐子奔楚，楚救徐弗及，遂城夷以處之。張華《博物志》錄著作今史茅溫所為送㉘。

50 劉成國《徐州地理志》㉙云徐偃王之異，言：徐君宮人娠而生卵，以為不祥，棄之于水濱。孤獨母有犬，名曰鵠倉，獵于水側，得棄卵，銜以來歸，孤獨母以為異，覆煖之，遂成兒，生時偃，故以為名。徐君宮中聞之，乃更錄取。長而仁智，襲君徐國。後鵠倉臨死，生角而九尾，寔黃龍也。偃王葬之徐中，今見有狗龍焉。偃王治國，仁義著聞，欲舟行上國，乃通溝陳、蔡之間。得朱弓矢，以得天瑞，遂因名為號，自稱徐偃王，江、淮諸侯服從者三十六國。周王聞之，遣使至楚，令伐之。偃王愛民不鬬，遂為楚敗，北走彭城武原縣東山下，百姓隨者萬數，因名其山為徐山。山上立石室廟，有神靈，民人請禱焉。依文即事，似有符驗，但世代綿遠，難以詳矣。

51 今徐城外有徐君墓，昔延陵季子解劍于此，所謂不違心許也。

又東至下邳睢陵縣南，入于淮。

52 濟水與泗水，渾濤東南流，至角城，同入淮。《經》書睢陵，誤耳。

【注釋】❶漢官儀　書名。《隋書·經籍志》著錄十卷，漢應劭撰。書名也作《漢官》，也有誤作《漢官記》的。內容為漢朝廷制度，百官典式之類。已亡佚，有《漢學堂叢書》等輯本。❷故臺賦敘　詞賦名。晉孫子荊撰。已亡佚，僅見《寰宇記》等引及。❸子路出于蒲　楊《疏》作「路出于蒲」，認為此乃《家語》「孔子適衛，路出于蒲」之「路」。淺人以下有子路事，妄添「子」字。全、趙、戴均不檢察，全、趙又添「迎」字，大誤。語譯據《疏》本。❹韓子　書名。即《韓非子》。戰國韓非（約西元前二八〇～前二三三年）撰。《漢書·藝文志》著錄五十五篇，《隋書·經籍志》著錄作二十卷，目一卷。今本為二十卷，五十六篇，收入於《子書百家》等叢書。❺家語　書名。即《孔子家語》。《漢書·藝文志》著錄有《孔子家語》二十七卷，王肅撰。肅字子雍，三國魏東海（今山東郯城附近）人。則《漢書·藝文志》著錄此書必非他所撰。南宋王柏撰《家語考》，稱《家語》是王肅所偽造。但《隋書·經籍志》著錄《孔子家語》二十一卷，魏王肅解。說明《家語》成書甚早，後有各家補寫或注解。今收入於《子書百家》等叢書，作十卷。❻衛詩　指《詩經·邶風·泉水》。❼毛云　《水經注疏》作「毛傳云」。「毛傳」指漢毛亨撰《毛詩故訓傳》，或作《詩故訓傳》，共三十卷，今存《四庫·毛詩正義》四十卷。❽鄭云　指東漢鄭玄撰《詩箋》二十卷。今存《四庫》孔穎達《正義》本四十卷。❾九年　《水經注疏》作「十年」。楊守敬按：「今本隱王六年，以魏計，在今王十年，今王即襄王也。」楊說是。❿李欽　《水經注疏》認為「李」字誤，應作「桑欽」。此說有見地。⓫北征賦　詞賦名。《隋書·經籍志》著錄，晉袁宏撰。袁有《袁宏集》十五卷，此賦當在集中。今集亡賦佚，佚文散缺，清嚴可均《全晉文》輯存。⓬冀州刺史王紛碑　此碑，趙明誠《金石錄》卷一、目卷一、第八十七著錄，作「漢冀州刺史王純碑」，延熹四年八月立。又卷九、跋尾九「冀州刺史王純碑」云：「合冀州刺史王純碑，延熹四年立，桑欽《水經》云，濟水北逕須句城西。酈道元注，濟水西有安民山，山西有冀州刺史王紛碑，漢中平四年立。按地理書，須句即今中都縣，此碑在中都，又其官與姓皆合，疑即是也。然以純為紛，以延熹為中平，則疑《水經》之誤。」⓭二十三年　按《春秋》經書，

「莊公三十二年城小穀」。則「二十三年」當是「三十二年」之誤。⑭北征記　書名。晉伏韜撰。隋唐諸志均不見著錄。書已亡佚，僅見《文選注》、《藝文類聚》等引及。⑮秦書　書名。隋唐諸志均不著錄。南朝宋車頻撰，記苻堅事。書已散佚，今有《廣雅書局叢書》等輯本，作一卷。《隋書・經籍志》著錄《秦書》八卷，何仲熙撰，記苻健事。則與車頻《秦書》不是同書。⑯逢丑父與公易位　本是齊頃公居中，逢丑父為車右。今逢丑父居中，齊頃公為車右。韓厥未曾見此二人，不能分辨其貌，而古代兵服，國君與將佐同，故易位是以欺騙敵人，亦即假冒身分。⑰漢記　書名。《隋書・經籍志》著錄三十卷，魏荀悅撰。但《隋書》作《漢紀》，故《注》文「記」當是「紀」之誤。此書今存。⑱齊記　書名。《新唐書・藝文志》著錄作《齊地記》三卷，晉晏謨撰。書已亡佚，有《說郛》等輯本。⑲平州　《注》文說：「濟水又東北，池為淵渚，謂之平州。」但其他各本如《五校鈔本》、《水經注釋》、《水經注疏》等均作「平州坑」。按「坑」在〈河水注〉如卷四「曹陽坑」，卷五「馬常坑」、「落里坑」等已多見，本卷中也有「深坑」。考殘宋本，此「坑」是「坑」的別體字，則此處「池為淵渚」，當以「平州坑」為是。⑳齊記　書名。即卷五〈河水〉注釋的《三齊略記》。晉伏琛撰，隋唐諸志均不著錄。書已亡佚，今有馬氏輯本等。㉑衛詩　指《詩經・鄘風・定之方中》。㉒詩　指《詩經・鄘風・定之方中》。㉓以封昌邑王髆　此句原文下脫「子賀嗣」三字，語譯據《疏》本補上。㉔四知　指天知、地知、你知、我知。王密以為更深人靜，贈金之事無人知曉，遭楊震以此四知喝斥。時人因此稱楊震為「四知先生」。㉕西北有東太山成人班孟堅碑二句　碑、年均有誤。據楊守敬考，成縣並不屬東太山郡，且漢桓帝建和年號僅用三年。㉖漢司隸校尉魯峻　此句原文下脫「墓」字，語譯據《疏》本補上。㉗避地賦　詞賦名。三國魏繁欽撰。已亡佚，清嚴可均《全晉文》輯存。㉘所為送　殿本有戴震案語：「此三字，當有脫誤，未詳。」語譯略去未譯。㉙徐州地理志　書名。劉成國撰。隋唐諸志均不著錄，除《水經注》外，別無他書引及。書已亡佚，無輯本。

【語譯】又東至乘氏縣西，分為二：

1 《春秋左傳》僖公三十一年（西元前六二九年），瓜分了曹國的土地，東到濟水為止。濟水從這裡往東北流，從鉅澤流出去。

其一水東南流，其一水從縣東北流，入鉅野澤。

2 南方那條是菏水，北方那條是濟水，流經乘氏縣，與濟渠、濮渠匯合。北濟水從濟陽縣北往東北流，流經煮棗城南。〈郡國志〉說：宛朐縣有煮棗城，就是此城。漢高祖十二年（西元前一九五年），將煮棗封給革朱為侯國。北濟水又東北流經冤朐縣老城北，又東北流經呂都縣老城南，王莽改名為祁都。又東北流經定陶縣老城北。漢景帝中元六年（西元前一四四年），因濟水經過城北，往東流，於是從梁國劃分出定陶，設置濟陰國，這是依北濟水而定名的。又東北流，與濮水匯合。濮水上流在封丘縣承接濟水，就是〈地理志〉所說的：濮渠水上口承接濟水。闞駰說：上口承接別濟水，指的就是北濟水。濮水的舊河道從濟水東北流，左岸分流積瀦成高梁陂，方圓三里。濮水又東流經匡城北。孔子離開衛國去陳國，在匡遭難被扣留。又東北流，在左岸與別濮水匯合。別濮水在酸棗縣承接河水，所以杜預說：濮水發源於酸棗縣，上口承接河水。《竹書紀年》說：魏襄王十年（西元前三〇九年）十月，狂風暴雨大作，河水氾濫，漫入酸棗外城。漢時堵塞了決口，所以班固說：文帝堵塞了酸棗之野。現在已經沒有水了。舊河道東北流，流經南棣城和北棣城之間。《左傳》襄公五年（西元前五六八年），楚子囊攻打陳國，襄公在城棣會盟，以拯救陳國。濮渠又東北流經酸棗縣老城南，這是韓國地方了。圈稱說：從前天子建國，為都城命名，有的選取美好的名稱，有的根據山林，所以豫章以樹木作郡名，酸棗以多刺的棗樹作政區名。《漢官儀》說：從前河堤謁者就住在這裡。

3 城西有韓王望氣臺。孫子荊〈故臺賦敘〉說：酸棗寺門外，道路左右兩旁有兩座古臺，訪問老人，據說是韓王的聽訟觀臺，高十五仞，雖然樓榭都已湮滅，但宏偉的臺基仍舊像山嶽一樣高大。召公是一位大賢人，尚且住在甘棠樹下，而小小一個韓國，卻把臺觀建造得如此雄偉壯麗，其驕奢已為舉世所矚目，可以作為後世的鑑戒了。所以孫子荊作賦說：對池邐的丘陵不屑一顧，巍峨的五嶽也拜倒腳下。賦中的文辭極言其壯觀。

4 城北是韓國市場的所在地。聶政為濮陽嚴仲子刺殺韓國丞相俠累，然後以刀剖面而死，他的姐姐就在這裡為他哀哭。城內有「後漢酸棗令劉孟陽碑」。濮水北流，積瀦成陂塘，方圓五里，稱為同池陂。又東流經胙亭，往東流逝。胙亭就是從前的胙國。富辰所謂邢、茅、胙、祭，都是周公的後裔。濮渠又東北流經燕城南，這裡是古代南燕姞姓的封國。因為有個北燕，所以這裡叫南燕。東流即陽清湖，此湖南北五里，東西三十里，又名燕城湖。流經桃城南，就是《戰國策》所說的酸棗、虛、桃。漢高帝十二年（西元前一九五年），將桃城封給劉襄為侯國。然後東流注入濮水，民間叫朝平溝。

5 濮渠又東北流，又與酸水舊河道匯合。酸瀆水上口在酸棗縣承接河水，東流經酸棗城北、延津南，稱為酸水。《竹書紀年》說：秦蘇胡率領軍隊攻打鄭國，韓襄在酸水打敗秦蘇胡，即指此水。酸瀆水又東北流經燕城北，又東流經滑臺城南，又東南流經瓦亭南。《春秋》定公八年（西元前五〇二年），定公在瓦亭與晉軍會師，魯國迎賓之禮，崇尚手執羔羊，就是從這次會見開始的。又東南流，與濮水匯合，世人稱為百尺溝。濮渠旁邊有漆城。《竹書紀年》載：梁惠成王十六年（西元前三五四年），邯鄲攻打衛國，奪取了漆、富丘，並築城防衛。也有人稱為宛濮亭的。《春秋》：甯武子與衛人在宛濮會盟。杜預說：宛濮在長垣西南，與濮水相鄰近。京相璠說：宛濮是衛國地方。似乎都不相關，但不知道究竟在什麼地方。《竹書紀年》：梁惠成王五年（西元前三六五年），公子景賈率領軍隊攻打鄭，韓明在陽作戰，我軍敗退。澤北有壇陵亭，也有人叫大陵城，我也沒有弄清楚。又有桂城。《竹書紀年》：梁惠成王十七年（西元前三五三年），齊國田期攻打我國東部邊疆，在桂陽作戰，我軍敗退。桂陽也叫桂陵。據《史記》，齊威王派田忌進攻魏國，在桂陵打敗魏軍，齊國於是強大起來，自稱為王，號令天下。濮渠又東流經蒲城北，就是從前衛國的蒲邑。孔子將到衛國去，取道於蒲。《韓子》說：魯國在仲夏時節動工修建長溝，子路在蒲任地方官，拿他自己個人的祿米分贈民工。孔子差了子貢去砸了他的器皿。我查考《家語》所說，仲由在郈任地方官，修治溝渠，送茶飯給民工吃，孔夫子叫賜去制止他。文中並無魯字。孔子又進入仲由的轄境，三次讚揚他的政績。仲由位居大夫，最後竟死於衛國的國難。濮渠又東流經韋城南，就是白馬縣的韋鄉。司馬遷《史記》說：韋城是舊時夏伯豕韋的封國。韋城向西突出，不成方形，城中有六口大井，都有路通到下面。民間稱為江井。還有馳道，從城中通到長垣。

6 濮渠東流，穿過馳道，東流經長垣縣老城北，這是衛國地方，就是從前的首垣。秦時改為今名。王莽又改為長固縣。《陳留風俗傳》說：縣裡有防垣，所以縣也因此取名。孝安帝於建光元年（西元一二一年），將長垣封給他的大舅宋俊為侯國。縣裡有祭城，濮渠流經城北，這是鄭大夫祭仲的封邑。杜預說：陳留長垣縣東北有祭城，即指此城。圈稱又說：長垣縣有羅亭，就是從前的長羅縣。漢朝封給後將軍常惠為侯國。〈地理志〉說：王莽把長羅改名為惠澤。後漢時撤消長羅，合併於長垣。

7 長垣有長羅澤，就是吳季英牧豬的地方。又有長羅岡、蘧伯玉岡。《陳留風俗傳》說：長垣縣有蘧伯鄉，又名新鄉，有蘧亭、伯玉祠、伯玉墓。曹大家〈東征賦〉說：進入了長垣縣境之內，觀察農村鄉野的居民。眺望蒲城的廢墟遺址，荊棘生長得正茂盛。蘧氏安葬在城的東南，人們也來祭祀他的墳塋。高尚的德行永垂不朽，其人雖逝而令名永存。

8 從前吳季札去訪問上國，到了衛國，參觀了存放典章的府庫、客舍，會見了父老。他覺得衛國有很多才德出眾的人士。濮渠又東流，分為兩條，北濮於是分出。濮渠又東流經須城北。〈衛詩〉說：思念著須與曹。毛亨說：須是衛國的城邑。鄭玄說：從衛國東行，經過城邑，所以思念故國。濮渠又北流經襄丘亭南，《竹書紀年》說：襄王七年（西元前三一二年），韓明領兵去攻打襄丘；九年（西元前三一〇年），楚國庶章領兵來與我國會師，屯駐在襄丘。濮水又東流經濮陽縣老城南。從前師延為紂王作頹靡淫逸的音樂，武王討伐紂王，師延往東逃避，自己投入濮水而死。後來衛靈公將到晉國去，在濮水上安排住宿，夜裡聽到新奇的音樂，就把師涓召來，在這條水上學會了這支樂曲。

9 濮水又東流經濟陰郡離狐縣老城南。離狐，即王莽時的瑞狐。〈郡國志〉說：離狐從前屬東郡。濮水又東流經葭密縣老城北。《竹書紀年》：元公三年（西元前六三四年），魯季孫在楚丘與晉幽公會盟，奪取了葭密，就在那裡築城。濮水又東北流經鹿城南。〈郡國志〉說：濟陰郡乘氏縣有鹿城鄉。《春秋》僖公二十一年（西元前六三九年），在鹿上會盟。京相璠和杜預都說指的就是此城。濮水又東流，與句瀆會合。句瀆上口在句陽縣東南承接濮水支渠，流經句陽縣老城南。那地方就是《春秋》的穀丘。《左傳》則認為是句瀆丘。句陽縣位於瀆丘南麓，所以縣即以丘命名。又東流，進入乘氏縣，左岸匯合濮水，與濟水一同流入鉅野，所以〈地理志〉說：濮水從濮陽南流注入鉅野澤。也就是《水經》所說濟水從乘氏縣分為兩條，東北流，進入鉅野澤。

10 濟水舊河道又北流，在右岸匯合洪水。洪水上口承接鉅野澤的薛訓渚，經此澤西北流，又北流經闞鄉城西。《春秋》桓公十一年（西元前七〇一年），《經》記載：桓公在闞會見宋公。〈郡國志〉說：東平陸有闞亭。《皇覽》說：蚩尤墓在東郡壽張縣闞鄉城中，墓高七尺，常在十月間祭祀。墓上有紅色的霧氣冉冉升起，有點像紅綢，人們把它叫蚩尤旗。《十三州志》說：壽張縣有蚩尤祠。又北流，與濟水匯合。從薛訓渚到北口共一百二十里，名為洪水。桓溫於太和四年（西元三六九年）率領大軍北上，開鑿了一條渠道與濟水相通。到了義熙十三年（西元四一七年），劉武帝西征，進入長安，又拓寬了渠道。從洪口以上，又稱桓公瀆，濟水就是從這裡北流的。《春秋》莊公十八年（西元前六七六年），《經》記載：夏天，莊公追擊戎人於濟西。京相璠說：濟水從鉅野澤流到濟北。

又東北過壽張縣西界安民亭南，汶水從東北來注之。

11 濟水又北流，汶水注入，水口就是戴延之所說的清口。郭緣生《述征記》說：清河上口承接洪水，北流注入濟水。也有人說，清河就是濟水。〈禹貢〉：濟水東北流，與汶水匯合。現在枯渠注入鉅澤，鉅澤北就是清口，這就是清水與汶水的匯流處。李欽說：汶水發源於太山萊蕪縣，西南流，注入濟水。

12 濟水又北流經梁山東，袁宏〈北征賦〉說：背依梁山，直渡汶水，就是在這裡。劉澄之引了這座山來印證梁父山，實在不近情理。梁山西南有呂仲悌墓。河水東岸有石橋，橋原來是跨在河上的，因河流改道，所以現在位於河邊岸上了。據老人們說：這座橋本來是東海呂母起兵時所造。山北三里，有呂母故居，故居東三里就是濟水。濟水又北流經須朐城西。城就坐落在濟水的水濱，是從前的須朐國。《春秋》僖公二十一年（西元前六三九年），子魚說：任、宿、須朐、顓臾諸國，都是姓風的，由這四國主持對太皞和濟水的祭祀。杜預說：須朐在須昌縣西北，他弄錯了。〈地理志〉說：壽張西北有朐城，就是此城。濟水西有安民亭，此亭北方朝向安民山，東濱濟水，水東就是無鹽縣的邊界。安民山西有「冀州刺史王紛碑」，是漢中平四年（西元一八七年）所立。濟水又北流經微鄉東。《春秋》莊公二十八年（西元前六六六年），《經》記載：冬天，在郿築城。京相璠說：《公羊傳》稱為微。東平郡壽張縣西北三十里，有舊時的微鄉，是魯國的城邑。杜預說：

那裡有微子墓。濟水又北流，分為兩條，支流往西北流出，稱為馬頰水。

又北過須昌縣西，

13 京相璠說：須朐，一國二城而有兩個名字。因為該國遷都須昌，朐則是其本城。秦時立縣，漢高帝十一年（西元前一九六年），封給趙衍為侯國。濟水在該縣有趙溝水注入。濟水又北流經魚山東，在左岸匯合馬頰水。馬頰水上口承接濟水，西北流，流過安民山北，又西流，分出趙溝，然後東北流注入濟水。馬頰水又流經桃城東。《春秋》桓公十年（西元前七〇二年），《經》載：桓公在桃丘會見衛侯。桃丘在衛國境內。杜預說：濟北郡東阿縣東南有桃城，就是桃丘。

14 馬頰水又東北流經魚山南。魚山就是吾山。漢武帝〈瓠子歌〉說的吾山平，指的就是此山。山上有柳舒城。魏東阿王曹子建每次登上此山，心頭就會浮起在此終老的願望。他死後安葬於此山西麓，西距東阿城四十里。馬頰水又東流，注入濟水。匯流處稱為馬頰口。

15 濟水從魚山北流經清亭東。《春秋》隱公四年（西元前七一九年），隱公與宋公在清相遇。京相璠說：現在濟北郡東阿縣東北四十里，有舊時的清亭，就是《春秋》所說的清。濟水從這裡直到下游，就都通稱清水了。水色也確實清澈而淵深，這也是得到這個通稱的原因。所以燕王說：我聽說齊國有清濟、濁河可作堅固的防線，指的就是此水。

又北過穀城縣西，

16 濟水岸邊有尹卯壘，南離魚山四十餘里，是穀城縣的邊界。即從前《春秋》中的小穀城。齊桓公於魯莊公二十三年（西元前六七一年）在這裡築城，作為管仲的食邑。城內有夷吾井。《魏土地記》說：縣裡有穀城山，山上出產文石。此山在陽穀境內。就是《春秋》裡提到的，齊侯、宋公會盟的陽穀。縣裡有黃山臺，是黃石公與張子房約定相見的地方。又有狼水，發源於東南方大檻山的狼溪，西北流經穀城西。又北流，有西流泉，發源於城東附近的山間，西北流經穀城北，西流注入狼水。因為此水向西流，所以叫西流泉。又西北流，注入濟水。城西北三里，有項羽墓，約一半已經毀壞，但石碣還在，題著「項王之墓」的字樣。《皇覽》說：墓離縣城十五里，真是胡說。現在彭城郡穀陽城西南，又有項羽墓，也不是。我查考司馬遷《史記》，魯為楚國而堅守，漢王拿項羽的頭給他們看，魯的父兄方才投降了，於是就以魯公的身分以禮葬項羽於穀城。怎麼又能說在彭城郡的穀陽城呢。

17 濟水又北流經周首亭西。《春秋》文公十一年（西元前六一六年），左丘明說：襄公二年（西元前五七一年），王子成的父親俘獲了長狄僑如的弟弟榮如，把他的首級埋葬在周首的北門，指的就是此城。現在世人稱為盧子城，是濟北郡的治所。京相璠說：現在濟北郡所管轄的盧子城，就是從前齊國的周首城。

又北過臨邑縣東，

18 〈地理志〉說：縣裡有濟水祠，就是王莽時的穀城亭。水有石門，是用石塊築成的，先前是濟水的門戶。《春秋》隱公五年（西元前七一八年），齊國與鄭國在石門會盟，鄭國的車翻入濟水中，就在這地方。京相璠說：石門，是齊國地方。現在濟北盧縣老城西南六十里，有一座古石門，離水三百步，這是因為水道遷徙，所以石門也在岸上了。

19 濟水又北流經平陰城西。《春秋》襄公十八年（西元前五五五年），晉侯把玉璧沉入水中祭河後，渡過河水，在魯濟會盟，重修溴梁的盟誓，一同攻打齊國。齊侯在平陰抵抗，即指此城。杜預說：平陰城在盧縣老城東北，他說得不對。京相璠說：平陰，是齊國地方，在濟北郡盧縣老城西南十里。平陰城南有長城，東到大海為止，西到濟水。河道通過長城處，叫防門，距平陰三里。齊侯在防門掘濠防禦，就是這地方。濠水是從濟水引過來的，舊河道今天還在。現在防門北有光里，齊人對廣字的讀音與光字相同，就是《春秋》所說的在廣里防守。又說：巫山在平陰東北，從前齊侯登巫山瞭望晉軍，看到晉軍人數眾多，害怕得逃了回來。師曠、邢伯聽到烏鴉的叫聲，就知道齊軍偷偷地逃走了。人物雖然都早已泯滅了，但地理條件卻仍舊清清楚楚，這比杜預所說在盧縣老城東北的話，要可靠得多了。現在巫山上有石室，世人稱為孝子堂。濟水從右岸分流而出，截流蓄水成為湄湖，方圓四十餘里。濟水又東北流，流經垣苗城西，這就是從前的洛當城。伏韜《北征記》說：濟水又與清河合流，直流到洛當，即指此城。宋武帝西征長安，命令垣苗在這裡鎮守，所以民間又有垣苗城之稱。河水從四瀆口東北流成為濟水。《魏土地記》說：盟津河分流了十里與清水匯合，向東亂流，經過洛當城北，一清一濁迥然有別，涇渭分明，向東南流逝。

又東北過盧縣北，

20 濟水東北流，與湄溝匯合。這條水上口承接湄湖，北流注入濟水。《爾雅》說：水與草相接叫湄，與山谷相通的叫微。犍為舍人說：湄，就是水中有草木雜生，交接在一起。郭景純說：微，水邊與山谷相通。《釋名》說：湄，就是眉，接近水邊，正如眉毛接近眼睛一樣。

21 濟水又流經盧縣老城北，盧縣是濟北郡的治所。漢和帝永元二年（西元九〇年），從泰山郡分設該郡，因為濟水在北，所以稱濟北。濟水又流經什城北，什城臨近水邊，從前設倉庫。祝阿人孫什，帶了一家人居住在這裡避難，因此叫什城。濟水又東北流，與中川水匯合。中川水發源於東南方山茌縣的分水嶺，溪水的源頭一分為二，分水處也叫分流交。一條水往南流出太山，注入汶水。另一條水從山茌縣流出，西北流經東太原郡——郡治在山爐固——以南，北流與賓溪水匯合。賓溪水發源於南格馬山賓溪谷，北流經盧縣老城北、陳敦成南，西北流與中川水匯合，匯流處叫格馬口。此水又北流，流經盧縣老城東，北流注入濟水，民間稱為沙溝水。

22 濟水又東北流，右岸匯合玉水。玉水發源於太山朗公谷，舊名琨瑞溪，有個僧人叫竺僧朗，少年時曾拜佛圖澄為師，學問淵博精通，對望氣和讖緯之學尤其有研究。他隱居於這山谷中，因此稱為朗公谷。所以車頻《秦書》說：苻堅時，僧人竺僧朗曾同隱士張巨和相交遊，張巨和時常居住在山洞中，但竺僧朗卻住在琨瑞山，大規模興建殿堂房屋，樓閣連綿，參差重疊。二人雖然作風迥然不同，一個崇尚素樸，一個看重華飾，但都以能不受外界干擾，清心靜修而著稱。他們同遊處就是這個山谷，水也稱為琨瑞水。此水西北流經玉符山，又稱玉水。

23 又西北流經獵山東，又西北流，沿著祝阿縣老城東、野井亭西。《春秋》昭公二十五年（西元前五一七年），《春秋經》記載，齊侯在野井慰問昭公，即指此地。《春秋》襄公十九年（西元前五五四年），諸侯在祝柯會盟。

就是《左傳》所說的督陽。漢朝興起，把它改名為祝阿。漢高帝十一年（西元前一九六年），將祝阿封給高邑為侯國，就是王莽時的安成。所以民間把這條水稱為祝阿澗水，北流注入濟水。建武五年（西元二九年），耿弇東進，攻擊張步，從朝陽架橋於濟水上，以供部隊過河，就是這地方。

24 濟水又東北流，濼水注入。濼水發源於歷城縣老城西南，源泉向上騰湧，水頭大如車輪。《春秋》桓公十八年（西元前六九四年），桓公在濼水會見齊侯，指的就是此水。民間稱為娥姜水，因為源泉上有舜的妃子娥英的廟的緣故。此城南邊與山陵相對，山上有舜祠，山下有個大地洞，稱為舜井，大概也是茅山禹井之類。據《尚書》，舜在歷山耕田，也有人說是在這裡，事實如何卻不大清楚。此水北流就是大明湖，西邊是大明寺。此寺東北兩面都靠近湖邊，這一泓湖水就成為淨池了。池上有客亭，左右兩旁都是楸樹和桐樹。一邊曬著太陽，一邊仰望樹上的小鳥，俯視水下的遊魚，湖水與岸樹澄明潔淨，真有如莊子與惠子在濠梁之上那樣，自我的心情與整個自然環境融成一片了。湖水循著水渠東流進入西邊的城牆內，東流到歷城西，沿著城邊北流注入陂塘。陂水上流承接東城歷祠的下泉，泉源從地下汩汩奔湧而出，北流經歷城東，又北流，引水蓄成流杯池，州郡的官吏設宴招待賓客，常常都在這裡會聚。水分為兩條：右邊那條北流，左邊那條西流經歷城北，西北流是陂塘。這條水叫歷水，與濼水相匯合。又北流，歷水支流上口在歷城東承接歷水，東北流經東城西，然後北流出城。又北流，注入濼水。又北流，聽水分支流出。濼水又北流注入濟水，匯流處稱為濼口。

25 濟水又東北流，華不注山峰頂峻峭而秀麗，不與丘陵相連而獨超於群山之上；山巖銳如虎牙矗立，孤峰兀然拔起，直刺青霄。青蒼的崖壁翠色濃豔，遠望就如同點上青黛似的。山下有華泉。所以京相璠《春秋土地名》說：華泉，是華不注山下的泉水。《春秋左傳》成公二年（西元前五八九年），齊頃公與晉郤克在鞌作戰，齊軍打了敗仗，晉軍在後面追趕，在華不注山腳繞了三圈。逢丑父與頃公調換了位置，快到華泉時，駕車的馬被樹絆住，停了下來。逢丑父叫頃公下車，到華泉去取水來喝，齊侯才得以逃脫。韓厥俘虜了逢丑父獻上，郤克要殺他。逢丑父高聲呼叫道：從今以後，再也沒有人肯為他的君主受難了！這裡有了一個，就要被殺了。郤克說：人家為了使君主脫身而毅然赴死，我卻殺他，這也不吉；不如赦免了他，以勉勵忠君的人。於是就放了他。這件事就發生在華水。華水北流，穿過聽水後二十里注入濟水。

26 又東北過臺縣北。

巨合水在南方發源於雞山西北，北流經巨合老城西。耿弇討伐張步時，駐守在巨里，就是此城。巨里三面都有城牆，西面是個深坑；耿弇就在深坑西紮營。他與費邑打仗，在這裡殺了費邑。巨合水又北流，與關盧水匯合。關盧水發源於馬耳山，北流經博亭城西，西北流，到了平陵城與武原水匯合。武原水發源於譚城南的平澤中，世人稱為武原淵。水北流，經譚城東，民間稱為布城。又北流經東平陵縣老城西，就是從前的陵城，以後才加了個平字，成為平陵。譚是個小國。齊桓公即位前出奔在外，途經譚國，譚國對他無禮；魯莊公九年（西元前六八五年），桓公即位，又不去朝覲，次年就把它滅亡了。譚城東門外有「樂安任照先碑」，這裡是濟南郡的治所。漢文帝十六年（西元前一六四年），將該郡設置為王國。景帝二年（西元前一五五年），又改郡。王莽時改名樂安。武原水又北流經巨合城東，漢武帝將此城封給城陽頃王的兒子劉發為侯國。水與關盧水匯合，向西流逝，注入巨合水。巨合水西北流經臺縣老城南。漢高帝六年（西元前二〇一年），封給東郡尉戴野為侯國。王莽時叫臺治。水往西北流，白野泉水注入。白野泉水發源於臺城西南的白野泉北，經留山西北流，從右岸注入巨合水。巨合水又北流，聽水注入。聽水上流承接濼水，東流而後北轉，又東北流，注入巨合水，亂流又往北注入濟水。濟水又東北流，匯合芹溝水。芹溝水發源於臺縣老城東南，西北流，流經臺城東，又西北流注入濟水。

27 又東北過菅縣南，

濟水東流經菅縣老城南。漢文帝四年（西元前一七六年），將該縣封給齊悼惠王兒子罷軍為侯國。右岸接納了百脈水，此水發源於土鼓縣老城西，水源方圓一百步，百泉同時一起湧出，所以叫百脈水。百脈水西北流，流經陽丘縣老城內。漢孝文帝四年，將陽丘縣封給齊悼惠王的兒子劉安為陽丘侯。世人稱為章丘城，是弄錯了。城南有女郎山，山上有神祠，民間稱為女郎祠，臨近一帶的老百姓都來祭祀。百脈水西北流出城，北流經黃巾固，因為黃巾寇兵曾駐紮在這裡，所以得了這個地名。百脈水又東北流，注入濟水。濟水又東流，有楊渚溝水發源於逢陵老城西南二十里，西北流經土鼓城東，又西北流經章丘城東，又北流經甯戚城西，然後北流注入濟水。

又東過梁鄒縣北，

28 隴水在南方發源於長城山中，北流到般陽縣老城西，南流與般水匯合。般水發源於般陽縣東南的龍山，民間也叫左阜水。西北流經城南，就是王莽時的濟南亭。應劭說：縣在般水北邊，所以叫般陽縣。般水又轉而向南，西流注入隴水。隴水北流經該縣，西北流到萌水口。萌水發源於西南方的甲山，東北流經萌山西，東北流注入隴水。隴水又西北流，到了梁鄒縣東南，與魚子溝水匯合。魚子溝水發源於南方長白山東麓的柳泉口。此山就是陳仲子夫妻隱居之處。《孟子》說：仲子，是齊國的世家，其兄戴，享有俸祿萬鍾，陳仲子以為不正當，不肯吃他的飯，於是離開母親和哥哥，定居於於陵，就是這裡。魚子溝水又流經於陵縣老城西，就是王莽時的於陸。世祖建武十五年（西元三九年），將於陵改封給則鄉侯侯霸的兒子侯昱為侯國。此水北流，注入隴水。隴水，就是古時的袁水。所以京相璠說：濟南梁鄒縣有袁水，即指此水。隴水又西北流經梁鄒縣老城南，又北轉流經城西。漢高祖六年（西元前二〇一年），將該縣封給武虎為侯國。隴水北流，注入濟水。城的東北，又有時水往西北注入。

又東北過臨濟縣南，

29 臨濟縣就是從前的狄邑。王莽時改名為利居。《漢記》：安帝永初二年（西元一〇八年），改為今名，因為臨近濟水的緣故。《地理風俗記》說：臨濟，是樂安太守的治所。晏謨《齊記》說：隔著濟水有南北兩座城，南城就是被陽縣的老城，北臨濟水。〈地理志〉說：這是個侯國。如淳說：被陽的被，一作疲，讀作罷軍的罷。《史記・建元以來王子侯者年表》說：漢武帝元朔四年（西元前一二五年），臨濟是封給齊孝王的兒子敬侯劉燕的封國。現在是渤海僑郡的治所。

30 濟水又東北流，分流積瀦為淵深的水泊，以平州為名。漯沃縣旁有平安老城，民間稱為會城，是搞錯了。

據〈地理志〉，千乘郡有平安縣，是個侯國，王莽時叫鴻睦。應劭說：博昌縣西南三十里有平安亭，從前是個縣。世上還有平州的地名。濟水又東北流經高昌縣老城西，據〈地理志〉，千乘郡有高昌縣，漢宣帝地節四年（西元前六六年），封給董忠為侯國。世人稱為馬昌城，是不對的。濟水又東北流經樂安縣老城南。伏琛《齊記》說：博昌城西北五十里有南北兩城，相距三十里，隔著時水和濟水。以此城為博昌北城，卻弄錯了。樂安與博昌、薄姑以水為分界，都在西北，薄姑距齊城六十里，樂安隔水較遠，經此實地驗證，尤其清楚看出樂安不是博昌北城。班固說：千乘郡有樂安縣。應劭說：樂安，是取吉祥美好的地名。漢武帝元朔五年（西元前一二四年），將樂安封給李蔡為侯國。城西三里，有任光等人的墓。任光，是宛縣人，那麼樂安不是博昌，這就更明白了。

31 濟水又流經薄姑城北。《後漢書・郡國志》說：博昌縣有薄姑城。《地理書》說：呂尚封於齊郡薄姑。薄姑老城在臨淄縣西北五十里，鄰近濟水。司馬遷說：獻公遷徙到薄姑。城內有高臺。《春秋》昭公二十年（西元前五二二年），齊景公在臺上飲酒，說：人老了如果能不死，該有多麼快樂啊。晏平仲答道：從前爽鳩氏開始住在這裡，接下去是季萴住在這裡，有逢伯陵接著又住在這裡，薄姑氏又接著住在這裡，以後是太公接著住在這裡。我以為，人老了如能不死，那麼享受快樂的是爽鳩氏，而不是您了。他們的對話就在這臺上。

濟水又東北流，經狼牙固西，然後向東北流去。

又東北過利縣西，

32 〈地理志〉：齊郡有利縣，就是王莽時的利治。晏謨說：利縣在齊城北五十里。

又東北過甲下邑，入于河。

33 濟水東北流，到了甲下邑南，東流經琅槐縣老城北。《地理風俗記》說：博昌東北八十里，有琅槐鄉，舊時原是個縣。《山海經》說：濟水穿過鉅野澤，注入渤海，其間流入齊琅槐東北，即指此城。又東北流，河水支流注入。《水經》以為濟水注入河水，這是搞錯了。其實是河水注入濟水，並非濟水注入河水。又東北流，注入大海。郭景純說：濟水自滎陽到樂安博昌入海。現在河水已經枯竭，濟水卻依舊長流不斷。《水經》

說濟水注入河水。那麼《水經》與郭景純這兩種說法都錯了。但河水在濟水、漯水以北，還有另一條支流注入大海。今天斷流的只有漯水罷了。郭景純或者以為濟水注入河水，但與實際情況對照起來，卻並非如此。現場考察水脈的流程，郭景純的說法不及《山海經》縝密。

其一水東南流者，過乘氏縣南，

[34] 菏水在定陶東北分出濟水，東南流在右岸匯合黃溝支流，民間稱為界溝。北流經已氏縣老城西，又北流經景山東。〈衛詩〉所說的景山與京，即指此。毛公說：景山，是一座大山。又北流經楚丘城西。〈郡國志〉說：成武縣有楚丘亭。杜預說：楚丘在成武縣西南。衛懿公被狄人所滅，衛文公東遷渡河，在曹邑的村野裡生活。齊桓公在楚丘築城，把他遷到城裡去住。所以《春秋》說：邢人離鄉遷移異地，就像回家一樣；衛人有了安身之處，忘了亡國之痛。《詩經》也提到：登上那邊的高丘上，向著楚丘眺望：眺望那楚丘和堂水，眺望那景山和京岡。所以鄭玄說：觀望旁近的城邑和山川。又東北流經成武城西，又東北流經郈城東，想來可能是郈邑所遷移的地方，但不大清楚。又東北流經梁丘城西。〈地理志〉說：昌邑縣有梁丘鄉。《春秋》莊公三十二年（西元前六六二年），宋人、齊人在梁丘會盟。杜預說：高平郡昌邑縣西南有梁丘鄉。又東北流在乘氏縣西轉而北流，注入菏水。菏水又東南流，流經乘氏縣老城南。乘氏縣，就是《春秋》的乘丘。所以《地理風俗記》說：濟陰郡乘氏縣，就是從前宋國的乘丘邑。漢孝景帝中元五年（西元前一四五年），將乘氏縣封給梁孝王的兒子劉買為侯國。〈地理志〉說：乘氏縣，泗水東南流，到了睢陵匯入淮水。〈郡國志〉說：乘氏縣有泗水，這就是菏澤。《尚書》有疏導菏澤的說法；自陶丘北，東到菏水，但沒有提起泗水。又說：疏導菏澤，淹沒孟豬。孟豬在睢陽縣東北。闞駰《十三州記》說：不說注入，而說淹沒，這句話說明水不是經常性地流入，而是當水大時，方能流到。澤中水面一片汪洋，都匯合於淮水和泗水，所以〈地理志〉有到了睢陵匯入淮水的話，同時把泗水也一同包括進來了。可是諸水注入泗水的很多，不止這一條，不能因為最後都匯合於泗水，就可以隨便通稱的。或者另外還有一條泗水，那還可說，但此水為何兼有泗水之名，原因卻說不清楚了。

又東過昌邑縣北，

35 菏水又東流經昌邑縣老城北。〈地理志〉說：昌邑縣，就是從前的梁國。漢景帝中元六年（西元前一四四年），把梁國分出山陽國。武帝天漢四年（西元前九七年），改為昌邑國，把它封給昌邑王劉髆，由他的兒子劉賀來繼承；以後劉賀被廢黜，封國也就撤消了，改為山陽郡。就是王莽時的鉅野郡。後來改為高平郡，後漢時是沇州的治所。縣令王密，懷裡藏著金子去拜謁東萊太守楊震，楊震不肯接受，這裡就是他表示應警惕四知的地方。大城東北有金城，城內有「沇州刺史河東薛季像碑」，薛季以郎中受任為剡縣的縣令，有甘露降落在園裡。熹平四年（西元一七五年）遷移州址，次年甘露又降於殿前樹上。從事馮巡、主簿華操等一同褒揚樹碑，以記載他的德政。又往西，有「沇州刺史茂陵楊叔恭碑」，是建寧四年（西元一七一年）從事孫光等所立。西北有「東太山成人班孟堅碑」。建和十年，尚書右丞受任沇州刺史從事秦閏等，刻石頌揚班孟堅的德政，這些石碑現在都還在。

又東過金鄉縣南，

36 〈郡國志〉說：山陽郡有金鄉縣。菏水流經該縣老城南，世人稱為老縣城。北有金鄉山。

又東過東緡縣北，

37 菏水又東流經漢平狄將軍扶溝侯淮陽朱鮪墓。墓北有石廟。菏水又東流經東緡縣老城北，這從前是宋國地方。《春秋》僖公二十三年（西元前六三七年），齊侯攻打宋國，包圍了緡城。《十三州記》說：山陽有東緡縣。鄒衍說：我登上緡城，眺望著宋都，即指此。後漢世祖建武十一年（西元三五年），將緡縣封給馮異長子馮璋，立為侯國。

又東過方與縣北，為菏水。

38 菏水東流經重鄉城南。《左傳》所說的臧文仲宿於重館，即指重鄉。菏水又東流經武棠亭北，《公羊傳》以為就是濟上邑。縣城有一座高臺，高二丈左右，臺下臨水。從前魯侯在棠觀魚，就指這地方。臺在方與縣老城北十里，就是《水經》所說的菏水。菏水又東流經泥母亭北。《春秋左傳》僖公七年（西元前六五三年），秋天，在甯母會盟，是為了策劃討伐鄭國。菏水又東流，與鉅野黃水匯合，這就是菏澤的別名。黃水上流承接鉅野澤諸陂塘，鉅野澤有濛淀、盲陂。黃湖水東流，稱為黃水。又有薛訓渚水，從此渚流過薛村前，分成兩條：一條東流注入黃水，另一條西北流，注入澤中，就是洪水。

39 黃水東南流，南岸有漢荊州刺史李剛墓。李剛字叔毅，山陽郡高平縣人。熹平元年（西元一七二年）亡故，這可以從碑上的記載看出來。還有石闕、祠堂、石屋三間，梁椽構架高丈餘，以石材雕成椽瓦的形狀，屋內頂上襯以平整的天花板，構建成方形的藻井旁邊以梁柱為支承。四壁的浮雕有君臣、官屬，以及烏龜、天龍、鳳凰、麒麟等圖案，還有飛禽走獸的形象。製作工巧優美，沒有受到多少傷損和破壞。

40 黃水又東流經鉅野縣北。何承天說：鉅野縣湖澤廣大，南通洙水和泗水，北連清水和濟水，舊縣和老城正好位於湖澤上，所以擬在此城設置駐防軍。城所在的地址則是鉅野澤。向東北延伸出去，就是大野澤了。從前去西方狩獵，獲得一頭麒麟，就是在這裡。《皇覽》說：山陽郡鉅野縣有埋葬著蚩尤肩髀的墳墓，堆土的大小與闞鄉城的蚩尤墓差不多。傳說蚩尤與黃帝作戰，在涿鹿之野戰敗被殺，身體被砍成數塊分散於各地，所以就分別安葬了。

41 黃水又東流經咸亭北。《春秋》桓公七年（西元前七〇五年），《經》載，焚毀了咸丘，即指此處。水南有金鄉山，是該縣東部的邊界。金鄉有好幾座山，內部都是空的，外有洞口，稱為隧洞。戴延之《西征記》說：焦氏山北數里，有漢司隸校尉魯峻墓，在山上掘墓穴時，掘出了白蛇、白兔，因而不在那裡安葬，而移葬山南。鑿山時得到黃金，所以叫金鄉山。山形很峻峭，墓前有石祠、石廟，四壁都用青石築成，石上有契以來的忠臣、孝子、貞婦、孔子及七十二弟子的浮雕人像，人像邊都有刻石記述，文字清晰。又有石床，長八尺，磨得光滑明亮，敲擊它會發出清越的聲音，遠近都能聽到。當時太尉從事中郎傅珍之、諮議參軍周安穆拆掉石床，各人分頭拿去，被魯氏的後裔提起訴訟，兩人都被撤職。

42 焦氏山以東，就是金鄉山，山上有墓，叫秦王陵。上山二百步，有墓口，掘了一條深溝，深達十丈，兩壁峻峭，寬二丈。進洞走七十步，就到墓道門口。門外左右兩邊都有挖空的洞廳，可以容納五六十人，叫白馬空。進入墓道門內二丈，有外堂。外堂後面，又有內堂。參觀的人都手持蠟燭行走。墓內雖然沒有別的雕刻，但石工非常精緻。有人說這是漢昌邑哀王墓，但詳情就不大清楚了。

43 東南有范巨卿墓，各種名目物件還在。范巨卿名式，山陽郡金鄉縣人，漢朝荊州刺史。他同汝南張劭、長沙陳平子石交誼深厚，號稱死友。

44 黃水又東南流經任城郡亢父縣老城西，這是古代夏后氏的任國。漢章帝元和元年（西元八四年），在北方分出了任城，就是王莽時的延就亭。縣裡有詩亭，就是《春秋》的詩國。王莽時改名為順父。〈地理志〉說：這是東平郡的屬縣。世祖建武二年（西元二六年），封給劉隆為侯國。這裡的水就叫桓公溝，南流到方與縣，注入菏水。菏水又東流經秦梁，兩岸積疊起來的石塊長達一里，高二丈，據說是秦始皇東巡時所造，因而得名。

菏水又東過湖陸縣南，東入于泗水。

45 泗水是湖澤裡的水留積而成的。《尚書》說：在淮水、泗水航行，到達菏水。《東觀漢記》說：蘇茂殺了淮陽太守，奪取了他所領轄的郡，興建起廣樂堡。大司馬吳漢包圍了蘇茂，蘇茂率領他的精兵突圍到了湖陵，與劉永在濟陰、山陽相會合，軍隊就在這裡渡水。

又東南過沛縣東北，

46 濟水與泗水穿錯亂流，所以濟水也與泗水可互相通稱了。《東觀漢記·安平侯蓋延傳》說：蓋延當虎牙大將軍，與劉永等作戰。劉永軍隊回頭逃跑，一半人在水中溺死。又再與他作戰，接連打敗劉永軍，於是就平定了沛郡、楚郡，臨淮也全軍投降了。蓋延命令沛郡修建高祖廟，設置嗇夫、祝宰、樂人，於是齋戒沐浴，祭祀高祖廟。

又東南過留縣北，

47 留縣老城，瀕臨泗水和濟水，是宋國的城邑。《春秋左傳》所說的侵入宋國的呂、留二縣，其留縣指的就是這裡。所以繁休伯〈避地賦〉說：早上我從泗洲動身，晚上我住宿在留鄉。張良奉事漢高祖，就是在這裡開始，最後也是在這裡受封的。城內有張良廟。

又東過彭城縣北，獲水從西來注之。

48 濟水又南流經彭城縣老城東北角，不是從東面流過的。獲水從西邊流來注入。城北臨水濱。濟水又南流經彭城縣老城東，不是流經城北。《水經》是誤證了。

又東南過徐縣北，

49 〈地理志〉說：臨淮郡，漢武帝元狩五年（西元前一一八年）所置，治所在徐縣。王莽時改郡名為淮平，縣名為徐調，就是從前的徐國。《春秋》昭公三十年（西元前五一二年），吳子拘留了鍾吾子，於是就去攻打徐國。他在山口築壩，攔水淹城，就把徐滅亡了。徐子逃到楚國去，楚出兵相救，可是來不及了，只好在夷築城，以安頓徐子。張華《博物志》記載著作令史茅溫……。

50 劉成國《徐州地理志》記載徐偃王的奇事：據說徐君的宮女懷孕生了一顆肉蛋，以為是個不祥的東西，就把它丟棄在水邊。孤獨母有一隻狗，名叫鵠倉，在水濱尋找獵物，找到這個被丟棄的肉蛋，就把它銜了回來。孤獨母覺得有點神異，就用被服把它蓋起來保溫，竟變成一個嬰兒。嬰兒生下時是仰臥的，所以取名偃。徐君在宮中聽到這消息，就重新把他領回來。孩子長大以後又仁厚，又聰明，繼承了徐國國君之位。後來鵠倉臨死時，頭生角，又有九條尾巴，原來是條黃龍。偃王把牠葬在徐中，現在還可以看到狗墳。偃王治理國家，以仁義著稱。他想乘船到上國去訪問，於是在陳國與蔡國之間開了一條渠道。開渠掘地時，挖出紅色的弓箭，以為是上天昭示祥瑞，於是就以自己的名字為號，自稱徐偃王，江淮一帶的諸侯，擁戴他的有三十六國。周王聽到這個消息，派了使者到楚國去，命令楚國出兵討伐。徐偃王愛惜百姓，不肯叫他們去打仗送死，於是就被楚國打敗了。他往北逃到彭城郡武原縣東山腳下，百姓跟著他的數以萬計，因此把那座山叫徐山。山上建了石室廟，很靈驗，人們都去祈禱。依照文字記載，與事實互相印證，似乎有相符且可驗證的地方，但世代久遠，很難詳細了解了。

51 現在徐城外有徐君墓，從前延陵季子在徐君墳前解下佩劍，表明自己已經心許贈劍，即使徐君已逝，也決不違背。

又東至下邳睢陵縣南，入于淮。

52 濟水與泗水，前波混著後浪滾滾東南流，到了角城，一同注入淮水。《水經》卻說到達睢陵，是弄錯了。

【研　析】此卷與卷七不同，卷七〈濟水〉如上所述實為遵循〈禹貢〉而立篇，其實在河川記敘上僅止於《經》文「與河合流」。而此卷則不同，《經》、《注》所記，均為古代「四瀆」舊跡，但從三國到北魏，濟水已非獨流入海的北方大河，《經》、《注》在卷末均敘明，此時的濟水，已成淮水的一條支流，而古代濟水獨流入海的廣大地域，由於黃河的南北擺移，水道變遷，錯綜分歧。《經》文對此，只不過略敘數語，而《注》文必須細敘其詳。所以卷八〈濟水〉在全部酈《注》中，實在是難度極大的一篇。酈氏平生雖多有親履這個地區的經歷，但為《水經》作《注》，而且事涉古代濟水，溯古論今，涉獵至廣，故記敘時需要查閱大量文獻，其中像伏琛《齊記》之類是隋唐諸志均不著錄之書，當時就是珍稀之本。而《徐州地理志》是酈氏一家獨引之書，尤屬可貴。說明酈氏為了記敘此篇，在文獻搜求上就費功甚巨。故古代濟水在當時雖已不存，但酈氏提供的資料，至今仍有重要價值。

卷九

清水　沁水　淇水　蕩水　洹水

【題解】此卷所記的五條河流，在漢魏以前，清水、沁水和淇水都是黃河支流，蕩水和洹水則是漳水支流。東漢建安九年（西元二〇四年），曹操為了進攻北方的袁尚，在淇水入黃之處用大枋木築堰，遏淇水東入白溝，以資軍運。從此，清水和淇水均稱白溝，成為海河水系的衛河（即南運河的一段）。在〈清水〉篇中，《水經》的最後一句：「東入于河。」這就是曹操開白溝以前的情況。酈道元在《注》文中說明：「曹公開白溝，遏水北注，方復故瀆矣。」因為在酈道元的時代，清水不再入黃，所以《注》文作了修正。

沁水今名沁河，現在已是上列五河中唯一注入黃河的支流。清水如上述已經不再存在這條河名。淇水今稱淇河。蕩水也是白溝的支流，因為其水甚小，今地圖上已經不標出此河。洹水今稱安陽河，現在是衛河的支流，北流注入衛河。

關於洹水的河源，《水經》說：「洹水出上黨泫氏縣。」《水經注》說：「水出洹山，山在長子縣也。」河南安陽近年來曾組織隊伍，對洹水上源作了實地考察，並進行論證，結果認為《水經》與《水經注》的說法都是錯誤的。孫曉奎的〈洹河考述〉（《安陽古都研究》，安陽市地方志辦公室、安陽古都學會合編）一文有較詳說明：「為了弄清洹河的源頭所在，安陽市地名辦公室於一九八六年十月二十一日和十一月五日，組織安陽縣、林縣、安陽市郊區地名辦公室的同志，在安陽市水利局的配合下，兩次赴山西、林縣進行了實地考察。之後，又於同年十二月九日，邀請河南省地質一隊工程師劉振江、安陽市水利局總工程師丘培佳、萬金渠管理處工程師白雪村、林縣水利局工程師林廣栓等同志，就洹河發源地問題專門進行了學術討論。經過充分論證，得出結論：洹河發源於林縣林慮山。(下略)」

清水

清水出河內脩武縣之北黑山，

1 黑山在縣北白鹿山東，清水所出也。上承諸陂散泉，積以成川。南流西南屈，瀑布乘巖，懸河注壑二十餘丈，雷赴之聲，震動山谷。左右石壁層深，獸跡不交，隍中散水霧合，視不見底。南峰北嶺，多結禪棲之士；東巖西谷，又是剎靈之圖。竹柏之懷，與神心妙遠；仁智之性，共山水效深，更為勝處也。其水歷澗飛流，清泠洞觀❶，謂之清水矣。溪曰瑤溪，又曰瑤澗。清水又南，與小瑤水合。水近出西北窮溪，東南流注清水。

2 清水又東南流，吳澤陂水注之。水上承吳陂于脩武縣故城西北。脩武，故甯也，亦曰南陽矣。馬季長曰：晉地自朝歌以北至中山為東陽，朝歌以南至軹為南陽。故應劭《地理風俗記》云：河內，殷國也，周名之為南陽。又曰：晉始啟南陽。今南陽城是也。秦始皇改曰脩武。徐廣、王隱竝言始皇改。瓚注《漢書》云：案《韓非書》，秦昭王越趙長平，西伐脩武。時秦未兼天下，脩武之名久矣。余案《韓詩外傳》❷言，武王伐紂，勒兵于甯，更名甯曰脩武矣。魏獻子田大陸還，卒于甯是也。漢高帝八年，封都尉魏遬為侯國。亦曰大脩武，有小，故稱大。小脩武在東，漢祖與滕公濟自玉門津，而宿小脩武者也。大陸即吳澤矣。《魏土地記》曰：脩武城西北二十里有吳澤水。陂南北二十許里，東西三十里，西則長明溝入焉。水有二源：北水上承河內野王縣東北界溝，分枝津為長明溝。東逕雍城南，寒泉水注之。水出雍城西北，泉流南注，逕雍城西。《春秋》僖公二十四年，王將以狄伐鄭，富辰諫曰：雍，文之昭也。京相璠曰：今河內山陽西有故雍城。又東南注長明溝。

3 溝水又東逕射犬城北，漢大司馬張揚為將楊醜所害，眭固殺醜屯此，欲北合袁紹。《典略》❸曰：眭固字白菟，或戒固曰：將軍字菟，而此邑名犬。菟見犬，其勢必驚，宜急去。固不從。漢建安四年，魏太祖斬之于此。以魏种為河內太守，守之。沇州叛，太祖曰：惟种不棄孤。及走，太祖怒曰：种不南走越，北走胡，不汝置也。射犬平，禽之。公曰：惟其才也，釋而用之。

4 長明溝水東入石澗，東流，蔡溝水入焉。水上承州縣北，白馬溝東分，謂之蔡溝。東會長明溝水，又東逕脩武縣之吳亭北，東入吳陂。次北有苟泉水入焉。水出山陽縣故脩武城西南，同源分派，裂為二水：南為苟泉，北則吳瀆，二瀆雙導，俱東入陂。山陽縣東北二十五里有陸真阜，南有皇母、馬鳴二泉，東南合注于吳陂也。次陸真阜之東北，得覆釜堆，堆南有三泉，相去四五里，參差次合，南注于陂。泉在濁鹿城西。建安二十五年，魏封漢獻帝為山陽公，濁鹿城，即是公所居也。陂水之北際澤，側有隤城，《春秋》隱公十一年，王以司寇蘇忿生之田，攢茅、隤十二邑與鄭者也。京相璠曰：河內脩武縣北有故隤城，實中。今世俗謂之皮垣，方四百步，實中，高八丈。際陂，北隔水十五里，俗所謂蘭丘也，方二百步。西十里又有一丘際山，世謂之勑丘，方五百步，形狀相類，疑即古攢茅也。杜預曰：二邑在脩武縣北，所未詳也。又東，長泉水注之。源出白鹿山東南，伏流逕十三里，重源濬發于鄧城西北，世亦謂之重泉水也。

又逕七賢祠東，左右筠篁列植，冬夏不變貞萋。魏步兵校尉陳留阮籍，中散大夫譙國嵇康，晉司徒河內山濤，司徒琅邪王戎，黃門郎河內向秀，建威參軍沛國劉伶，始平太守阮咸等，同居山陽，結自得之遊，時人號之為竹林七賢❹。

向子期所謂山陽舊居也，後人立廟于其處，廟南又有一泉，東南流注于長泉水。郭緣生《述征記》所云，白鹿山東南二十五里有嵇公故居，以居時有遺竹焉，蓋謂此也。

6 其水又南逕鄧城東，名之為鄧瀆，又謂之為白屋水也。昔司馬懿征公孫淵，還達白屋，即于此也。其水又東南流逕隤城北，又東南歷澤注于陂。陂水東流，謂之八光溝，而東流注于清水，謂之長清河。而東周永豐塢，有丁公泉發于焦泉之右。次東得焦泉，泉發于天門之左，天井固右。天門山石自空，狀若門焉，廣三丈，高兩匹，深丈餘，更無所出，世謂之天門也。東五百餘步，中有石穴西向，裁得容人，東南入，徑至天井❺，直上三匹有餘，扳躡而升，至上平，東西二百步，南北七百步，四面險絕，無由升陟矣。上有比丘釋僧訓精舍，寺有十餘僧，給養難周，多出下平，有志者居之。寺左右雜樹疎頒，有一石泉，方丈餘，清水湛然，常無增減，山居者資以給飲。北有石室二口，舊是隱者念一之所，今無人矣。

7 泉發于北阜，南流成溪，世謂之焦泉也。次東得魚鮑泉，次東得張波泉，次東得三淵泉，梗河參連，女宿相屬，是四川在重門城西並單川南注也。重門城，昔齊王芳為司馬師廢之，宮于此，即《魏志》所謂送齊王于河內重門者也。城在共縣故城西北二十里，城南有安陽陂，次東又得卓水陂，次東有百門陂❻，陂方五百步，在共縣故城西。漢高帝八年，封盧罷師為共侯，即共和之故國也。共伯既歸帝政，逍遙于共山之上。山在國北，所謂共北山也。仙者孫登之所處，袁彥伯《竹林七賢傳》❼：嵇叔夜嘗採藥山澤，遇之于山，冬以被髮自覆，夏則編草為裳，彈一絃琴，而五聲和。其水三川南合，謂之清川。又南逕凡城東。司馬彪、袁山松《郡國志》曰：共縣有凡亭，周凡伯國。《春秋》隱公七年，《經》書王使凡伯來聘是也。杜預曰：汲郡共縣東南有凡城。今在西南。其水又西南與前四水總為一瀆，又謂之陶水，南流注于清水。清水又東周新豐塢，又東注也❽。

東北過獲嘉縣北，

8 《漢書》稱越相呂嘉反，武帝元鼎六年，巡行于汲郡中鄉，得呂嘉首，因以為獲嘉縣。後漢封侍中馮石為侯國。縣故城西有漢桂陽太守趙越墓，冢北有碑。越字彥善，縣人也。累遷桂陽郡、五官將、尚書僕射，遭憂服闋，守河南尹，建寧中卒。碑東又有一碑，碑北有石柱、石牛、羊、虎俱碎，淪毀莫記。清水又東周新樂城，城在獲嘉縣故城東北，即汲之新中鄉也。

又東過汲縣北，

9 縣，故汲郡治，晉太康中立。城西北有石夾水，飛湍濬急，人亦謂之磻溪，言太公嘗釣于此也。城東門北側有太公廟，廟前有碑，碑云：太公望者，河內汲人也。縣民故會稽太守杜宣白令崔瑗曰：太公本生于汲，舊居猶存。君與高、國同宗太公，載在經傳，今臨此國，宜正其位，以明尊祖之義。于是國老王喜，廷掾鄭篤，功曹邠勤等咸曰：宜之。遂立壇祀，為之位主。城北三十里，有太公泉，泉上又有太公廟，廟側高林秀木，翹楚競茂。相傳云：太公之故居也。晉太康中，范陽盧無忌為汲令，立碑于其上。太公避紂之亂，屠隱市朝，遯釣魚水，何必渭濱，然後磻溪，苟愜神心，曲渚則可，磻溪之名，斯無嫌矣。

10 清水又東逕故石梁下，梁跨水上，橋石崩褫，餘基尚存。清水又東，與倉水合。水出西北方山，山西有倉谷，谷有倉玉、珉石，故名焉。其水東南流，潛行地下，又東南復出，俗謂之雹水，東南歷坶野。自朝歌以南，南暨清水，土地平衍，據皋跨澤，悉坶野矣。〈郡國志〉曰：朝歌縣南有牧野。《竹書紀年》曰：周武王率西夷諸侯伐殷，敗之于坶野。《詩》❾所謂坶野洋洋，檀車煌煌者也。

11 有殷大夫比干冢，前有石銘，題隸云：殷大夫比干之墓。所記惟此。今已中折，不知誰所誌也。太和中，高祖孝文皇帝南巡，親幸其墳，而加弔焉。刊石樹碑，列于墓隧矣。雹水又東南入于清水。清水又東南逕合城南，故三會亭也，以淇、清合河，故受名焉。清水又屈而南逕鳳皇臺東北南注也。

又東入于河。

12 謂之清口，即淇河口也，蓋互受其名耳。〈地理志〉曰：清河水出內黃縣南。無清水可來，所有者惟鍾是水耳。蓋河徙南注，清水瀆移，匯流逕絕，餘目尚存。故東川有清河之稱，相嗣不斷。曹公開白溝，遏水北注，方復故瀆矣。

【注釋】❶其水歷澗飛流二句　別本此句多作「其水歷澗流，飛清洞觀」。清孫潛校本說：「朱本，《御覽》引此作清泠洞觀。按《注》中屢用『飛清』二字，不必旁引他書以證明也。」《水經注》常稱瀑布為「飛清」，全書中例子甚多，孫潛所見甚是。❷韓詩外傳　書名。漢韓嬰撰。《漢書・藝文志》著錄《韓內傳》四卷，《韓外傳》六卷，隋唐三志著錄作十卷。此書今收入《漢魏叢書》、《四部叢刊》等。清陳士珂有《韓詩外傳疏證》十卷，周廷寀有《韓詩外傳校注》十卷，都是後世研究此書的著作。❸典略　書名。三國魏魚豢撰。《隋書・經籍志》著錄八十九卷。魚豢另有《魏略》一書，與《典略》不同。《魏略》只記魏事，而《典略》所記，時代自古代至魏，內容亦甚廣。書已亡佚，今輯本多作《三國典略》一卷，收入於宛委山堂《說郛》、《五朝小說大觀》等。❹竹林七賢　指魏晉間七位文人學士。《三國志・魏書・嵇康傳・裴松之注》引《魏氏春秋》：「（嵇康）與陳留阮籍、河內山濤、河南向秀、籍兄子咸、琅邪王戎、沛人劉伶相與友善，游于竹林，號為七賢。」❺徑至天

井　此處有佚文一條：《御覽》卷四十五〈地部〉十〈天門山〉引《水經注》：「謂之百家巖，下可容百家，故以為名。山有石穴，狀如門，才得通人，自平地東南入，便至天井。」當是此句下佚文。❻次東有百門陂　此處有佚文一條：唐辛怡練〈百門陂碑銘并序〉（道光《輝縣志》卷十四〈碑碣〉）引《水經注》：「百門陂出自汲縣共山下。」當是此段下佚文。❼竹林七賢傳　書名。晉袁彥伯撰。在當時即是稀本，隋唐諸志均無著錄。早已亡佚，亦無輯本。❽又東注也　此處有佚文一條：趙一清《水經注釋》在此案：「《太平寰宇記·修武縣》下引《水經注》云：『五里泉在修武鄉。』今本無之。」此句在《寰宇記》卷五十二〈河北道〉二〈懷州·修武縣〉，當是此段內佚文。❾詩　指《詩經·大雅·大明》。

【語　譯】 清水出河內脩武縣之北黑山，

1 黑山在脩武縣北白鹿山東，是清水的發源地。清水上口承接陂塘散流的水，匯集成河，南流然後折而西南流，從二十餘丈的高崖上乘勢直瀉而下，成為一道瀑布，傾瀉入深壑中，轟雷般的巨響震動了山谷。左右兩邊，都是層層疊疊的幽深的石壁，連野獸也到不了那裡。深澗中急流飛濺，升騰起一層霧氣，俯視深不見底。旁近一帶的山嶺上，幽居著不少修道的人，巖谷間也散布著不少佛塔和寺院。清高絕俗的情懷，與敏悟的心靈相結合，達到微妙而幽遠的境界；仁人智士的至性，得山水之美而愈益深厚，使得這地方成為更加美妙的勝境了。水流穿過山澗而飛奔，清涼而澄澈見底，稱為清水。溪叫瑤溪，又名瑤澗。清水又南流，與小瑤水匯合。小瑤水就發源於西北附近深山絕處的溪澗裡，東南流，注入清水。

2 清水又東南流，吳澤陂水注入。此水上口在脩武縣老城西北承接吳陂。脩武縣就是從前的甯，也叫南陽。馬季長說：晉國地方從朝歌以北到中山叫東陽，朝歌以南到軹叫南陽。所以應劭《地理風俗記》說：河內，是殷商的封國，周朝稱為南陽。又說：晉開始開發南陽，這就是現在的南陽城。秦始皇時改名為脩武。徐廣、王隱都說是秦始皇改的。薛瓚注《漢書》說：按《韓非子》，秦昭王越過趙國的長平，從西方討伐脩武。當時秦國還沒有統一天下各國，由此可見脩武這個地名是由來已久了。我查考《韓詩外傳》的說法，武王討伐紂王，在甯練兵，把甯改名為脩武。魏獻子在大陸打獵回來，死於甯，即指此處。漢高帝八年（西元前一九九年），把這地方封給都尉魏遬為侯國。也叫大脩武。因為有個小脩武，所以這地方叫大脩武。小脩武在東方，漢高祖與滕公在玉門津渡水，夜宿小脩武，就指這地方。大陸就是吳澤。《魏土地記》說：脩武城西北二十里有吳澤水。陂塘南北二十里左右，東西三十里，西邊有長明溝注入。長明溝有兩個源頭，北邊一條，上口在河內郡野王縣東北承接界溝，分出一條支流，叫長明溝。東流經雍城南，寒泉水注入。寒泉水發源於雍城西北，泉水南流，流經雍城西。《春秋》僖公二十四年（西元前六三六年），周王打算利用狄人去攻打鄭國，富辰勸諫道：要知道，雍是文王子孫的封國啊。京相璠道：現在河內郡山陽縣西，有個舊時的雍城。又東南流，注入長明溝。

3 溝水又東流經射犬城北，漢朝大司馬張揚被將軍楊醜所害，眭固殺掉楊醜後，在這裡駐軍，打算與北方的袁紹會合。《典略》說：眭固字白菟。有人警告眭固說：將軍字菟，這座城卻名叫犬。兔子見了狗一定會驚嚇，你應該及早離開。但眭固不聽。漢建安四年（西元一九九年），魏太祖在這裡殺了他。於是任命魏种為河內太守，駐守於此。沇州反叛，太祖說：只有魏种不會拋棄我。待到他逃走以後，太祖生氣地說：魏种不往南方逃到越人那邊，又不往北方逃到胡人那邊，我是不會赦免你的。平定了射犬之亂後，逮捕了魏种。曹公說：看他的才能面上，姑且把他放了，繼續使用。

4 長明溝水東流入石澗，東流，蔡溝水注入。蔡溝水上口在州縣以北承接白馬溝，向東分流，稱為蔡溝。東流匯合長明溝水，又東流經脩武縣吳亭北，東流注入吳陂。稍北，有苟泉水注入。苟泉水發源於山陽縣舊時的脩武城西南，同一個水源分成兩條：南邊的叫苟泉，北邊的叫吳瀆，這兩條水分道並流，都往東流入陂中。山陽縣東北二十五里有陸真阜，南有皇母、馬鳴兩條泉水，東南流，一起注入吳陂。稍近陸真阜東北，有覆釜堆，堆南有三條泉水，相距四五里，參差合流，南流注入吳陂。泉水在濁鹿城西。建安二十五年（西元二二〇年），魏封漢獻帝為山陽公，濁鹿城就是他所居住的地方。陂水北方，靠近沼澤旁邊有隤城。《春秋》隱公十一年（西元前七一二年），周王把司寇蘇忿生的土地，即攢茅、隤等十二城給鄭國，即指此城。京相璠說：河內郡脩武縣北有舊時的隤城，很牢固。現在世俗稱為皮垣，方圓四百步，很牢固，高八丈。陂邊以北隔水十五里，就是民間所稱的蘭丘，方圓二百步。西邊十里，陂邊又有一座小丘，世人稱為勑丘，方圓五百步，形狀相似，可能就是古代的攢茅了。杜預說：兩座城都在脩武縣北，現在也弄不清楚了。又東流，長泉水注入。長泉水發源於白鹿山東南，在地下潛流了十三里，在鄧城西北重新冒出地面，世人也稱為重泉水。

5 又流經七賢祠東，兩岸都是成行的翠竹，秀色蘢蔥，冬夏都不改變。魏步兵校尉陳留阮籍、中散大夫譙國嵇康、晉司徒河內山濤、司徒琅邪王戎、黃門郎河內向秀、建威參軍沛國劉伶、始平太守阮咸等，都一起住在山陽，結伴同遊，怡然自得，當時人們把他們稱為竹林七賢。這就是向子期所說的山陽舊居，後人就在那裡立廟紀念。廟南又有一道泉水，東南流，注入長泉水。郭緣生《述征記》曾提到白鹿山東南二十五里有嵇公故居，因為他當時居住在那裡，還有竹子遺留下來，說的就是那地方。

6 那條水又南流經鄧城東，稱為鄧瀆，又名白屋水。從前司馬懿攻打公孫淵，回來時到了白屋，指的就是這裡。水又東南流經隤城北，又東南流，流過沼澤，注入陂中。陂水東流，稱為八光溝，東流注入清水，叫長清河。長清河東流繞著永豐塢，有丁公泉，發源於焦泉右邊。稍東又接納了焦泉，此泉發源於天門左邊，天井固右邊。天門山的巖石天然形成空缺，形狀像是門戶，寬三丈，高八丈，深丈餘，別無出口，世人稱為天門。東邊五百餘步，裡面有個石洞，朝西，只能容得下一個人，從東南進去，可直達天井；一直往上攀登大約十二丈餘，手扳腳踏，直爬到上面，卻是一片平坦的山頂，東西二百步，南北七百步，四面都是極險的石壁，無處可以攀登。山上有一座名叫釋僧訓的僧人所建的寺院，寺內有十多個僧人，生活必需品很難供應周全，多數要由下面平原裡背上來，只有修煉意志十分堅決的人才能來這裡居住。寺旁雜樹疏疏落落，有一泓石泉，方圓丈餘，極其清洌，終年不增不減，住在山上的人都靠此泉飲用。北面有兩個石室，舊時是隱居者潛心修煉的地方，現在已經無人居住了。

7 泉水發源於北邊的小丘間，南流成為溪澗，世人稱為焦泉。稍東有魚鮑泉，稍東有張波泉，稍東有三淵泉，正像梗河三星先後相連，並與女宿聯繫在一起一樣，這四條溪流在重門城西合併為一條，往南流注。從前齊王芳被司馬師廢黜後，就是在重門城建宮居住。《魏志》說到送齊王於河內郡的重門城，即指此城。

城在共縣老城西北二十里，城南有安陽陂。稍東又有卓水陂，稍東又有百門陂，此陂方圓五百步，在共縣老城西。漢高帝八年（西元前一九九年），封盧罷師為共侯，這裡就是古代共伯和攝政時的共和時期的故都。共和伯還政於宣王，在共山上逍遙自在地過著隱居的生活。山在國都北方，就是所謂的共北山。修仙的孫登就住在山上。據袁彥伯《竹林七賢傳》，嵇叔夜曾在山澤間採藥，在山上碰到他。冬天披頭散髮，來遮蔽身體，夏天則編草做成衣裳。他彈奏一張獨弦琴，但卻能彈得五音和諧。這條水是由三條水南流匯合而成，稱為清川。又南流經凡城東。司馬彪、袁山松〈郡國志〉說：共縣有凡亭，是周朝凡伯的封國。《春秋》隱公七年（西元前七一六年），《春秋經》記載，周王派遣凡伯前來訪問。杜預說：汲郡共縣東南有凡城。現在卻在西南。此水又西南流，與前面那四條水匯合為一條，又叫陶水，南流注入清水。清水又東流，環繞著新豐塢，又往東流去。

東北過獲嘉縣北，

8 《漢書》說，越國丞相呂嘉謀反，武帝元鼎六年（西元前一一一年），在汲郡中鄉巡察，得到了呂嘉的頭顱，因此叫獲嘉縣。後漢封給侍中馮石為侯國。獲嘉縣老城西有漢朝桂陽太守趙越墓，墓北有碑。趙越字彥善，本縣人。他歷任桂陽郡太守、五官將、尚書僕射，因父母喪亡，守孝三年期滿後，任河南尹，死於建寧年間（西元一六八～一七二年）。碑東又有一塊碑，碑北有石柱、石牛、石羊、石虎，都已破碎了，無可記述。清水又東流，繞著新樂城，城在獲嘉縣老城東北，就是汲縣的新中鄉。

又東過汲縣北，

9 汲縣舊時是汲郡的郡治，是晉太康年間（西元二八〇～二八九年）設置的。城西北有石夾水，急流飛濺，水深浪高，人們也叫礌溪，據說太公曾在這裡釣魚。城東門北邊有太公廟，廟前有碑，碑文說：太公望是河內郡汲縣人。縣人前會稽太守杜宣稟告縣令崔瑗說：太公本來就生於汲縣，故居至今還存在。您與高氏、國氏都是太公的後代，在經傳裡都有記載。現在您來這裡當父母官，應當擺正太公的地位，以弘揚尊祖的傳統。於是國老王喜、廷掾鄭篤、功曹邠勤等都一致附議說：確實應當如此。於是就建祠立壇，設置神位。

城北三十里，有太公泉，泉上又有太公廟，廟旁叢林高聳，樹木蘢蔥，競相爭高競茂。據民間相傳，這就是太公的故居。晉太康年間，范陽盧無忌任汲縣縣令，曾在故居立碑。太公為避紂王之亂，隱居於市場當屠夫，避世在水濱垂釣，又何必非要在渭水之濱，然後又到磻溪呢，只要使高遠的情懷稱意，一彎曲水就可以了，磻溪這個地名也就無可置疑了。

10 清水又東流經舊時的石橋底下，石橋橫跨在水上，但築橋的石塊已經崩坍了，只留下橋墩還在。清水又東流，與倉水匯合。倉水發源於西北的方山，方山西麓有倉谷，谷中有倉玉，珉石，因而得名。倉水東南流，潛入地下，又從東南重新冒出，民間稱為雹水。東南流，穿過坶野。從朝歌以南，南到清水，土地低平肥沃，據有岡阜和沼澤，全都屬於坶野的地域。〈郡國志〉說：朝歌縣南有牧野。《竹書紀年》說：周武王率領西夷諸侯討伐殷商，在坶野打敗了它。《詩經》所謂的坶野戰場平坦而寬廣，檀木兵車浩蕩又堂皇，指的就是這裡。

11 這裡有殷商大夫比干墓，墳前刻石勒碑，以隸書題著：殷大夫比干之墓。所記載的就只這麼幾個字。現在石碑已攔腰折斷，也不知是誰寫的。太和年間（西元四七七～四九九年），高祖孝文皇帝到南方巡察，親臨此墓，憑弔祭掃，並刻石立碑，安置在墓道上。雹水又東南流，注入清水。清水又東南流，流經合城南，就是從前的三會亭，因為淇水與清水一同合注於河水，所以得名。清水又轉彎南流經鳳皇臺東北，往南注於河水。

又東入于河。

12 清水入河處稱為清口，也就是淇河口。這是因為兩條河流相互通稱的緣故。〈地理志〉說：清河水發源於內黃縣南。清河並沒有水流到內黃來，流過來的只有這條淇水。因為河水改道南流，清水的河道也移徙了，匯流的水路也就斷絕了，但留下的名稱還在。所以東川有清河的名稱，相承不絕。曹操開鑿白溝，堵截河水北流，方才恢復了舊河道。

沁水

沁水出上黨涅縣謁戾山，

1 沁水即涅水也，或言出穀遠縣羊頭山世靡谷，三源奇注，逕瀉一隍。又南會三水，歷落出左右近溪，參差翼注之也。

南過穀遠縣東，又南過猗氏縣東，

2 穀遠縣，王莽之穀近也。沁水又南逕猗氏縣故城東，劉聰以詹事魯繇為冀州，治此也。沁水又南歷猗氏關，又南與驫驫水合。水出東北巨駿山，乘高瀉浪，觸石流響。世人因聲以納稱。西南流注于沁。沁水又南與秦川水合。水出巨駿山東，帶引眾溪，積以成川。又西南逕端氏縣故城東。昔韓、趙、魏分晉，遷晉君于端氏縣，即此是也。其水南流，入于沁水。

又南過陽阿縣東，

3 沁水南逕陽阿縣故城西，《魏土地記》曰：建興郡治陽阿縣。郡西四十里有沁水南流。沁水又南與濩澤水合。水出濩澤城西白澗嶺下，東逕濩澤。《墨子》曰：舜漁濩澤。應劭曰：澤在縣西北。又東逕濩澤縣故城南，蓋以澤氏縣也。

《竹書紀年》：梁惠成王十九年，晉取玄武、濩澤者也。其水際城東注，又東合清淵水。水出其縣北，東南逕濩澤城東，又南入于澤水。澤水又東得陽泉口，水出鹿臺山。山上有水，淵而不流，其水東逕陽陵城南❶，即陽阿縣之故城也。漢高帝七年，封卞訢為侯國。水歷嶕嶢山東，下與黑嶺水合。水出西北黑嶺下，即開隥也。其水東南流逕北鄉亭下，又東南逕陽陵城東，南注陽泉水。

4 陽泉水又南注濩澤水。澤水又東南，有上澗水注之。水導源西北輔山，東逕銅于崖南，歷析城山北，山在濩澤南，〈禹貢〉所謂砥柱、析城，至于王屋也。山甚高峻，上平坦，下有二泉，東濁西清，左右不生草木，數十步外多細竹。其水自山陰東入濩澤水。濩澤又東南注于沁水。

5 沁水又東南，陽阿水左入焉。水北出陽阿川，南流逕建興郡西，又東南流逕午壁亭東，而南入山。其水沿波漱石，漰澗八丈，環濤轂轉，西南流入于沁水。沁水又南五十餘里，沿流上下，步徑裁通，小竹細筍，被于山渚，蒙蘢茂密，奇為翳薈也。

又南出山，過沁水縣北，

6 沁水南逕石門，謂之沁口。《魏土地記》曰：河內郡野王縣西七十里有沁水，左逕沁水城西，附城東南流也。石門是晉安平獻王司馬孚之為魏野王典農中郎將之所造也。按其表云：臣孚言，臣被明詔，興河內水利。臣既到，檢行沁水，源出銅鞮山，屈曲周迴，水道九百里，自太行以西，王屋以東，層巖高峻，天時霖雨，眾谷走水，小石漂迸，木門朽敗，稻田汎濫，歲功不成。臣輒按行，去堰五里以外，方石可得數萬餘枚。臣以為累方石為門，若天暘旱，增堰進水，若天霖雨，陂澤充溢，則閉防斷水，空渠衍澇，足以成河。雲雨由人，經國之謀，暫勞永逸，聖王所許，願陛下特出臣表，敕大司農府給人工，勿使稽延，以贊時要。臣孚言。詔書聽許。于是夾岸累石，結以為門，用代木門枋，故石門舊有枋口之稱矣。溉田頃畝之數，間二歲月之功，事見門側石銘矣。

7 水西有孔山，山上石穴洞開，穴內石上，有車轍、牛跡，《耆舊傳》云：自然成著，非人功所就也。其水南分為二水：一水南出為朱溝水。沁水又逕沁水縣故城北，蓋藉水以名縣矣。《春秋》之少水也。京相璠曰：晉地矣。又云：少水，今沁水也。沁水又東逕沁水亭北，世謂之小沁城。沁水又東，右合小沁水。水出北山臺渟淵❷，南流為臺渟水，東南入沁水。沁水又東，倍澗水注之。水北出五行之山，南流注于沁水。

又東過野王縣北，

8 沁水又東，邘水注之。水出太行之皐山，即五行之異名也。《淮南子》曰：武王欲築宮于五行之山。周公曰：五行險固，德能覆也，內貢迴矣；使吾暴亂，則伐我難矣。君子以為能持滿。高誘云：今太行山也，在河內野王縣西北上黨關。詩❸所謂徒殆野王道，傾蓋上黨關。即此山矣。其水南流逕邘城西，故邘國也。城南有邘臺。《春秋》僖公二十四年，王將伐鄭，富辰諫曰：邘，武之穆也。京相璠曰：今野王西北三十里有故邘城、邘臺是也。今故城當太行南路，道出其中，漢武帝封李壽為侯國。

9 邘水又東南逕孔子廟東。廟庭有碑，魏太和元年，孔靈度等以舊宇毀落，上求脩復。野王令范眾愛，河內太守元真，刺史咸陽公高允表聞，立碑于廟。治中劉明、別駕呂次文、主簿向班虎、荀靈龜，以宣尼大聖，非碑頌所稱，宜立記焉。云仲尼傷道不行，欲北從趙鞅，聞殺鳴鐸，遂旋車而反。及其後也，晉人思之，于太行嶺南為之立廟，蓋往時迴轅處也。余按諸子書及史籍之文，竝言仲尼臨河而歎曰：丘之不濟，命也夫。是非太行迴轅之言也。碑云：魯國孔氏，官于洛陽，因居廟下，以奉蒸嘗。斯言是矣。蓋孔氏遷山下，追思聖祖，故立廟存饗耳。其猶劉累遷魯，立堯祠于山矣。非謂迴轅于此也。邘水東南逕邘亭西。京相璠曰：又有亭在臺西南三十里。今是亭在邘城東南七、八里，蓋京氏之謬耳。或更有之，余所不詳。其水又南流注于沁。

10 沁水東逕野王縣故城北，秦昭王四十四年，白起攻太行，道絕而韓之野王降。始皇拔魏東地，置東郡，衛元君自濮陽徙野王，即此縣也。漢高帝元年為殷國，二年為河內郡，王莽之後隊，縣曰平野矣。魏懷州刺史治，皇都遷洛，省州復郡。水北有華嶽廟，廟側有攢柏數百根，對郭臨川，負岡蔭渚，青青彌望，奇可翫也。懷州刺史頓丘李洪之之所經構也。廟有碑焉，是河內郡功曹山陽荀靈龜以和平四年造，天安元年立。沁水又東，朱溝枝津入焉。

11 又東與丹水合。水出上黨高都縣故城東北阜下，俗謂之源源水。《山海經》曰：沁水之東有林焉，名曰丹林，丹水出焉，即斯水矣。丹水自源東北流，又屈而東注，左會絕水。〈地理志〉曰：高都縣有莞谷，丹水所出，東南入絕水是也。絕水出泫氏縣西北楊谷，故〈地理志〉曰：楊谷，絕水所出。東南流，左會長平水。水出長平縣西北小山，東南流逕其縣故城，泫氏之長平亭也。《史記》曰：秦使左庶長王齕攻韓，取上黨，上黨民走趙。趙軍長平，使廉頗為將，後遺馬服君之子趙括代之，秦密使武安君白起攻之，括四十萬眾降起，起坑之于此。《上黨記》❹曰：長平城在郡之南，秦壘在城西，二軍共食流水，澗相去五里。秦坑趙眾，收頭顱築臺于壘中，因山為臺，崔嵬桀起，今仍號之曰白起臺。城之左右沿山亘隰，南北五十許里，東西二十餘里，悉秦、趙故壘，遺壁舊存焉。漢武帝元朔二年，以封將軍衛青為侯國。其水東南流，注絕水。絕水又東南流逕泫氏縣故城北。《竹書紀年》曰：晉烈公元年，趙獻子城泫氏。絕水東南與泫水會。水導源縣西北泫谷，東流逕一故城南，俗謂之都鄉城。又東南逕泫氏縣故城南，世祖建武六年，封萬普為侯國。而東會絕水，亂流東南入高都縣，右入丹水。《上黨記》曰：長平城在郡南山中。

12 丹水出長平北山，南流，秦坑趙眾，流血丹川，由是俗名為丹水，斯為不經矣。丹水又東南流注于丹谷。即劉越石《扶風歌》❺所謂丹水者也。《晉書・地道記》曰：縣有太行關，丹溪為關之東谷，途自此去，不復由關矣。丹水又逕二石人北，而各在一山，角倚相望，南為河內，北曰上黨，二郡以之分境。丹水又東南歷西巖下，巖下有大泉湧發，洪流巨輸，淵深不測。蘋藻茭芹，竟川含綠。雖嚴辰肅月，無變暄萋。

13 丹水又南，白水注之。水出高都縣故城西，所謂長平白水也，東南流歷天井關❻。《地理志》曰：高都縣有天井關。蔡邕曰：太行山上有天井，關在井北，遂因名焉。故劉歆《遂初賦》曰：馳太行之險峻，入天井之高關。太元十五年，晉征虜將軍朱序破慕容永于太行，遣軍至白水，去長子百六十里。白水又東，天井溪水會焉。水出天井關，北流注白水，世謂之北流泉。白水又東南流入丹水，謂之白水交。

14 丹水又東南出山，逕郟城西，城在山際，俗謂之期城，非也。司馬彪《郡國志》曰：山陽有郟城。京相璠曰：河內山陽西北六十里有郟城。《竹書紀年》曰：梁惠成王元年，趙成侯偃、韓懿侯若伐我葵，即此城也。丹水又南，屈而西轉，光溝水出焉。丹水又西逕苑鄉城北，南屈東轉，逕其城南，東南流注于沁，謂之丹口。《竹書紀年》曰：晉出公五年，丹水三日絕，不流；幽公九年，丹水出，相反擊。即此水也。沁水又東，光溝水注之，水首受丹水，東南流，界溝水出焉，又南入沁水。沁水又東南流逕成鄉城北，又東逕中都亭南，左合界溝水。水上承光溝，東南流，長明溝水出焉，又南逕中都亭西，而南流注于沁水也。

又東過州縣北，

15 縣，故州也。《春秋左傳》隱公十有一年，周以賜鄭公孫段。六國時，韓宣子徙居之。有白馬溝水注之，水首受白馬湖。湖一名朱管陂，陂上承長明溝，湖水東南流，逕金亭西，分為二水：一水東出為蔡溝，一水南注于沁也。

又東過懷縣之北，

16 《韓詩外傳》曰：武王伐紂到邢丘，更名邢丘曰懷。春秋時，赤翟伐晉圍懷是也。王莽以為河內，故河內郡治也。舊三河之地矣。韋昭曰：河南、河東、河內為三河也。縣北有沁陽城，沁水逕其南而東注也。

又東過武德縣南，又東南至滎陽縣北，東入于河。

17 沁水于縣南，水積為陂，通結數湖，有朱溝水注之。其水上承沁水于沁水縣西北，自枋口東南流，奉溝水右出焉。又東南流，右泄為沙溝水也。其水又東南，于野王城西，枝渠左出焉，以周城溉。東逕野王城南，又屈逕其城東而北注沁水。朱溝自枝渠東南，逕州城南，又東逕懷城南，又東逕殷城北。郭緣生《述征記》曰：河之北岸，河內懷縣有殷城。或謂楚、漢之際，殷王卬治之，非也。余按《竹書紀年》云：秦師伐鄭，次于懷，城殷，即是城也。然則殷之

為名久矣，知非從卬始。昔劉曜以郭默為殷州刺史，督緣河諸軍事，治此。朱

18 溝水又東南注于湖。

湖水右納沙溝水。水分朱溝南派，東南逕安昌城西。漢成帝河平四年，封丞相張禹為侯國。今城之東南有古冢，時人謂之張禹墓。余按《漢書》，禹，河內軹人，徙家蓮勺。鴻嘉元年，禹以老乞骸骨，自治冢塋，起祠堂于平陵之肥牛亭，近延陵，奏請之，詔為徙亭。哀帝建平二年薨，遂葬于彼，此則非也。沙溝水又東逕隰城北，《春秋》僖公二十五年，取大叔于溫，殺之于隰城是也。京相璠曰：在懷縣西南。又逕殷城西，東南流入于陂，陂水又值武德縣，南至滎陽縣北，東南流入于河。先儒亦咸謂是溝為濟渠。故班固及闞駰竝言濟水至武德入河。蓋濟水枝瀆條分，所在布稱，亦兼丹水之目矣。

【注釋】❶其水東逕陽陵城南　此處有佚文一條：雍正《澤州府志》卷六〈山川・沁水縣・石樓山〉引《水經注》：「其水東逕陽陵城南山，有文石岡、雙蟾嶺，巔時聞仙樂聲，東接夫妻嶺，北連石樓山，皆約二十里許。」當是此段下佚文。❷水出北山臺渟淵　此處有佚文一條：《初學記》卷八〈河東道〉第四〈午臺〉引《水經注》：「午臺亭在晉城縣界。」當是此段中佚文。❸詩　此「詩」不指《詩經》。《水經注疏》刪「詩」字，楊守敬按：「不言何人詩，今無考，『詩』上當有脫字。」❹上黨記　書名。此書在當時即屬稀本，隋唐三志均不著錄，亦不知撰者與撰述年代。書早已亡佚，亦無輯本。❺扶風歌　詩歌名。《隋書・經籍志》著錄晉太尉劉越石《劉琨集》九卷，梁有十卷，後明人編成《劉越石集》，此歌當收於集中。但集

已亡佚，歌收入於《文選》卷二十八、《古詩鈔》卷二及丁福保《全晉詩》。❻東南流歷天井關　此處有佚文一條：《名勝志・山西》卷八〈澤州〉引《水經注》：「天井關上有宣聖回車轍迹，深入尺許，長百餘步。」當是此段下佚文。

【語　譯】沁水出上黨涅縣謁戾山，

1 沁水就是涅水，也有人說發源於穀遠縣羊頭山世靡谷，三條源流徑直傾瀉入一條深澗中。又南流，匯合了三條水，這些山泉都從左右兩邊溪澗錯落流來，參差地從兩岸注入沁水。

南過穀遠縣東，又南過猗氏縣東，

2 穀遠縣，就是王莽時的穀近縣。沁水又南流經猗氏縣老城東。劉聰以詹事魯繇為冀州牧，治所就在這裡。沁水又南流經猗氏關，又南流，與驫驫水匯合。驫驫水發源於東北的巨駿山，從高處奔瀉而下，浪濤沖擊著巖石，發出轟隆的巨響。世人就是以水聲取名的。西南流，注入沁水。沁水又南流與秦川水匯合。秦川發源於巨駿山東，引來了許多山溪，匯成河流。又西南流經端氏縣老城東。從前韓、趙、魏瓜分了晉國，把晉君遷貶到端氏縣，就是這地方。秦川水南流，注入沁水。

又南過陽阿縣東，

3 沁水南流經陽阿縣老城西。《魏土地記》說：建興郡治在陽阿縣。郡西四十里有沁水，往南流。沁水又南流，與濩澤水匯合。濩澤水發源於濩澤城西的白澗嶺下，東流經濩澤。《墨子》說：舜在濩澤捕魚。應劭說：濩澤在縣城西北。又東流經濩澤縣老城南，縣名就是因澤名而來的。《竹書紀年》載：梁惠成王十九年（西元前三五一年），晉奪取了玄武和濩澤。濩澤水沿著城邊往東奔流，又東流與清淵水匯合。清淵水發源於縣北，東南流經濩澤城東，又南流，注入澤水。澤水又東流，到了陽泉口，匯合於這個水口的水，發源於鹿臺山。山上有一泓泉水，深沉而不流動，此水東流經陽陵城南，這就是陽阿縣的老城。漢高帝七年（西元前二〇〇年），把陽阿縣封給卞訢為侯國。此水流經嶕嶢山東，下流與黑嶺水匯合。黑嶺水發源於西北黑嶺下，黑嶺就是開隥。水往東南流經北鄉亭下。又東南流經陽陵城東，南流注入陽泉水。

4 陽泉水又南流，注入濩澤水。澤水又東南流，有上澗水注入。上澗水發源於西北輔山，東流經銅于崖南，經析城山北。析城山在濩澤南，就是〈禹貢〉所說的砥柱、析城，至於王屋了。山極高峻，上面平坦，下面有兩條泉水，東邊一條很渾濁，西邊一條很清澈，左右兩岸不生草木，數十步外多細竹。水從山北東流注入濩澤水。濩澤水又東南流，注入沁水。

5 沁水又東南流，陽阿水從左岸注入。陽阿水在北方發源於陽阿川，南流經建興郡西，又東南流經午壁亭東，往南流入山中。此水波濤滾滾，沖刷著山石，絕澗深達八丈，轟隆震耳，掀起旋渦如車輪急轉，西南流注入沁水。沁水又南流五十餘里，沿著澗水的上流和下流，只有一條步道小徑勉強可以通行，細小的竹子和嫩筍，蔭蔽著山間的水濱，蓊蓊鬱鬱，茂密非常，景色真是清奇極了。

又南出山，過沁水縣北，

6 沁水南流經石門，稱為沁口。《魏土地記》說：河內郡野王縣西七十里有沁水，左岸流經沁水城西，貼近城牆東南流。石門，是晉安平獻王司馬孚當了魏的野王典農中郎將時所造。司馬孚呈遞給朝廷的奏章表說：臣孚言，臣秉承明君詔諭，來興修河內水利。臣一到這裡，就去沁水視察，了解到沁水的源頭出於銅鞮山，水道縈迴曲折，長達九百里，從太行山以西，王屋山以東，層沓的山巖極其高峻。每逢大雨連綿的季節，條條山谷都山洪橫溢，小石塊紛紛被沖走；木造的水門年久朽腐，以致稻田氾濫，一年的辛勤勞動，就都顆粒無收了。臣立即去巡視，發現離堰壩五里以外，可以取得數萬餘大石塊。臣以為把方形的石塊砌疊起來，建成水門，如逢天時亢旱，就增高堰壩進水；如果久雨成澇，陂塘沼澤水滿泛溢，則關閉閘門斷水，那時切斷上源的空渠道，單憑排澇，也足以成河了。如此，雲雨都可以由人力控制，這實在是治國的大計，一勞永逸，皇上聖明，該會同意的吧。懇請陛下把臣的奏表頒發下去，勅令大司農府派出人工，不要拖延，以助成當前這件要事。這是臣個人的意見。朝廷下詔准許。於是在兩岸砌築起石門，以代替木質的門枋，所以石門舊時有枋口的名稱。石門建成之後灌溉田畝多少，在漫長的歲月裡歷次重修的曲折經過，石門旁邊的銘刻都有記載。

7 水西有孔山，山上有石洞，洞口大開，洞內巖石上有車輪碾過的痕跡和牛隻的蹄印。《耆舊傳》說：這些都是自然形成，並非人工雕鑿出來的。沁水南流分為兩條：一條向南分出，稱為朱溝水。沁水又流經沁水縣老城北，那是以水名來取縣名的。沁水就是《春秋》的少水。京相璠說：這是晉國地方；又說：少水就是今天的沁水。沁水又東流經沁水亭北，世人稱為小沁城。沁水又東流，在右岸匯合小沁水。小沁水發源於北山臺渟淵，南流叫臺渟水，東南流注入沁水。沁水又東流，倍澗水注入。倍澗水發源於北方的五行山，南流注入沁水。

又東過野王縣北，

8 沁水又東流，邘水注入。邘水發源於太行山的阜山——太行山就是五行山的別名。《淮南子》說：武王想在五行山上建造宮殿。周公說：五行山十分險要而閉塞，如果我們修德能遍及天下，來向我們納貢的道路固然縈紆曲折；但如果我們施政暴虐而淫亂，那麼天下人來討伐我們也很困難。有識之士以為周公能守成。高誘說：五行山就是現在的太行山，在河內郡野王縣西北的上黨關。有一首詩說：在野王道上走得困倦不堪，到上黨關喜逢摯友訴衷腸。就是指此山。邘水南流經邘城西，就是從前的邘國。城南有邘臺。《春秋》僖公二十四年（西元前六三六年），周王想討伐鄭國，富辰勸阻道：邘是武王的後代啊。京相璠說：現在野王縣西北三十里有舊時的邘城及邘臺。現在老城正好坐落在太行南路，道路從城中通出。漢武帝把邘城封給李壽為侯國。

9 邘水又東南流經孔子廟東。祠廟的庭院裡有碑，魏太和元年（西元四七七年），孔靈度等看到老廟屋宇毀壞崩頹，上書申請重修。野王縣令范眾愛、河內太守元真、刺史咸陽公高允等向朝廷上表奏明情況，在廟內立碑。治中劉明、別駕呂次文、主簿向班虎、荀靈龜，以為被謚為文宣王的孔子是一位偉大的聖人，碑頌這種形式是不相稱的，還是碑記更妥當。碑記中說：仲尼因大道不能推行而感傷，想北上去投靠趙鞅。途中聽說殺了鳴鐸，於是就掉轉車頭回來。到了後世，晉人追思他，才在太行嶺南為他立廟，那地方就是從前他掉轉車頭返程的地方。我查考諸子書以及史籍的記載，都說仲尼面臨河水而嘆息：我不能渡河，大概是命中注定的了。那麼這就不是說在太行掉轉車頭了。碑文說：魯國孔氏，在洛陽任職，因住在廟下，主持祭祀。這樣說就對了。孔氏遷居山下，追思祖上的聖人，所以立廟維持祭祀。這也正像劉累遷居到魯縣，在山上建立堯的祠廟一樣。並不是說孔子在這裡掉轉車頭。邘水東南流經邘亭西。京相璠說：又有亭在臺西南三十里。現在這亭在邘城東南七八里，那是京相璠搞錯了。也許還另有一個亭，可是我不知道。邘水又南流，注入沁水。

10 沁水東流經野王縣老城北。秦昭王四十四年（西元前二六三年），白起攻打太行道，切斷了道路，韓國的野王投降了。秦始皇攻下了魏國東部土地，設置了東郡。衛元君從濮陽遷到野王，就是此縣。漢高帝元年（西元前二〇六年）這裡是殷國，二年改河內郡。王莽時此郡稱後隊，縣名平野。魏時是懷州刺史的治所。國都遷到了洛陽後，撤州重新恢復為郡。沁水北岸有華嶽廟，廟旁柏樹密植成叢，約有百餘株，面城臨水，背後依著山岡，水岸上繁蔭蔽空，滿眼一片青蔥，是很值得玩賞的奇景。這座華嶽廟是懷州刺史頓丘李洪之主持修建的。廟前有碑，是河內郡功曹山陽荀靈龜於和平四年（西元四六三年）所造，到天安元年（西元四六六年）才樹立起來。沁水又東流，朱溝支流注入。

11 沁水又東流，與丹水匯合。丹水發源於上黨郡高都縣老城東北的丘岡之下，民間稱為源源水。《山海經》說：沁水以東有樹林，稱為丹林，丹水就是從那裡流出的，說的就是這條水。丹水從源頭東北流，又轉彎向東流去，在左岸匯合絕水。〈地理志〉說：高都縣有莞谷，是丹水的發源地，東南流注入絕水，即指此水。絕水發源於泫氏縣西北的楊谷，所以〈地理志〉說：楊谷，是絕水的發源地。東南流，左岸匯合長平水。長平水發源於長平縣西北的小山，東南流經該縣老城，就是泫氏縣的長平亭。《史記》說：秦朝派左庶長王齕攻打韓國，奪取了上黨，上黨的老百姓逃到趙國。趙駐軍於長平，任廉頗為大將，以後又派馬服君的兒子趙括來替換他。秦國祕密派武安君白起去進攻，趙括的四十萬軍隊都投降了白起，白起就在這裡把趙軍都活埋了。《上黨記》說：長平城在郡城以南，秦國的軍營在城西，兩軍共飲同一條溪澗裡的水，相距不過五里。秦活埋了趙軍，把他們的頭顱收集起來，在營地裡築起高臺，高臺利用山勢建成，高高地拔地而起，現在還是叫白起臺。城的左右兩邊，沿著山邊，橫跨低地，南北約五十里，東西二十餘里，從前都是秦軍和趙軍的營壘，頹牆殘壁，遺跡至今還在。漢武帝元朔二年（西元前一二七年），把長平封給將軍衛青為侯國。長平水東南流，注入絕水。絕水又東南流經泫氏縣老城北。《竹書紀年》說：晉烈公元年（西元前四一五年），趙獻子在泫氏築城。絕水東南流，與泫水匯合。泫水發源於泫氏縣西北的泫谷，東流經一座老城南，民間稱為都鄉城。又東南流經泫氏縣老城南。世祖建武六年（西元三〇年），把該縣封給萬普為侯國。泫水東流，與絕水匯合，亂流往東南奔瀉，流入高都縣，在右岸注入丹水。《上黨記》說：長平城在郡城南邊的山中。

12 丹水發源於長平北山，南流，秦軍活埋了趙國降卒，流血把水都染紅了，因此民間稱為丹水。這真是胡說八道。丹水又東南流，注入丹谷，這就是劉越石〈扶風歌〉所說的丹水。《晉書・地道記》說：縣裡有太行關，丹溪是太行關的東谷，道路由這裡出去，不再經過關口了。丹水又流經二個石人北，兩個石人各在一座山上，互相挺立對峙，南為河內，北為上黨，二郡的分界就在這裡。丹水又東南流經過西巖下，巖下有大泉噴湧而出，洪水強勁地奔騰洶湧，深不可測。整條河流長滿了蘋藻茭芹之類的水草，綠油油的一片，即使是嚴冬酷寒的時節，也還是生意欣欣，一點也沒有改變。

13 丹水又南流，白水注入。白水發源於高都縣老城西，就是所謂的長平白水，東南流經天井關。〈地理志〉說：高都縣有個天井關。蔡邕說：太行山上有天井，關在井北，於是就以井取名了。所以劉歆〈遂初賦〉說：奔馳於險峻的太行山，進入高大的天井關。太元十五年（西元三九〇年），晉朝征虜將軍朱序在太行山大敗慕容永，派兵到白水，離長子一百六十里。白水又東流，匯合了天井溪水。天井溪水發源於天井關，北流注入白水，世人稱為北流泉。白水又東南流，注入丹水，稱為白水交。

14 丹水又往東南流出山間，流經郟城西。城在山邊，民間稱為期城，這不對。司馬彪〈郡國志〉說：山陽有郟城。京相璠說：河內郡山陽縣西北六十里有郟城。《竹書紀年》說：梁惠成王元年（西元前三六九年），趙成侯偃、韓懿侯若攻打我們的葵，指的就是此城。丹水又向南轉彎，然後折而西流，支分流出光溝水。丹水又西流經苑鄉城北，向南彎，向東轉，流經城南，東南流注入沁水，匯流處稱為丹口。《竹書紀年》說：

晉出公五年（西元前四七〇年），丹水斷流三日；幽公九年（西元前四二五年），丹水洶湧奔騰而出，與沁水相互沖激，即指此水。沁水又東流，光溝水注入。光溝水上游承接丹水，東南流，分出界溝水。又南流注入沁水。沁水又東南流經成鄉城北，又東流經中都亭南，在左岸匯合界溝水。界溝水上流承接光溝，東南流，長明溝水分流而出，又南流經中都亭西，然後南流注入沁水。

又東過州縣北，

15 州縣，就是舊時的州。《春秋左傳》隱公十一年（西元前七一二年），周朝把州賜給鄭國的公孫段。六國時，韓宣子遷居到這裡。有白馬溝水注入，此水上流承接白馬湖。白馬湖又名朱管陂，此陂上流承接長明溝。湖水東南流，流經金亭西，分為兩條：一條往東流出叫蔡溝，一條往南注入沁水。

又東過懷縣之北，

16 《韓詩外傳》說：武王討伐紂王，到了邢丘，把邢丘改名為懷。春秋時，赤翟攻打晉國，包圍了懷，即指此處。王莽改為河內，是舊時河內郡的治所。是從前三河的領域。韋昭說：河南、河東、河內稱為三河。縣城以北有沁陽城，沁水流經城南，往東奔流而去。

又東過武德縣南，又東南至滎陽縣北，東入于河。

17 沁水在縣城以南，積水成為陂湖，把好幾個湖泊都連結在一起，有朱溝水注入。朱溝水上流在沁水縣西北承接沁水，從枋口東南流，奉溝水在右岸分流而出。又東南流，在右岸排出沙溝水。此水又東南流，在野王城西，左岸又分出支渠，以灌溉城邊一帶的田地。東流經野王城南，又轉彎流經城東，北流注入沁水。朱溝從支渠分出處東南流，流經州城南，又東流經懷城南，又東流經殷城北。郭緣生《述征記》說：河水北岸，河內郡懷縣有殷城。也有人說，楚漢爭霸時，殷王司馬卬的治所在這裡，其實不是。我查考《竹書紀年》說：秦軍攻鄭國時，駐軍於懷，在殷築城，就是此城。那麼殷這個地名很久以前早就有了，不是從司馬卬時才有的。從前劉曜任郭默為殷州刺史，負責督察沿河各部隊的事務，治所就在這裡。朱溝水又東南流，注入湖中。

18 湖水右岸接納了沙溝水。沙溝水分出朱溝南支，東南流經安昌城西。漢成帝河平四年（西元前二五年），把安昌封給丞相張禹為侯國。現在安昌城東南有一座古墓，當時人們都說是張禹墓。我查考《漢書》：張禹，河內郡軹縣人，一家人遷居到蓮勺。鴻嘉元年（西元前二〇年），張禹年老，奏請回家養老，親自營建墳墓，並在平陵的肥牛亭修建祠堂，地點接近延陵。他向朝廷申請，皇帝下了詔書為他把亭遷往他處。張禹死於哀帝建平二年（西元前五年），就葬在那裡，那麼這裡就不是他的墳墓了。沙溝水又東流經隰城北。《春秋》僖公二十五年（西元前六三五年）：在溫逮捕了大叔，在隰城殺了他，即指此城。京相璠說：隰城在懷縣西南。又流經殷城西，往東南流入陂中。陂水又流到武德縣，南流到滎陽縣北，東南流，注入河水。從前學者也都說這條溝就是濟渠。所以班固和闞駰都說濟水到武德注入河水。因為濟水分出的支渠很多，各處支渠各有名目，也就兼有丹水之名了。

淇水

1 **淇水出河內隆慮縣西大號山，**

《山海經》曰：淇水出沮洳山。水出山側，頹波瀾注，衝激横山。山上合下開，可減六七十步，巨石磥砢，交積隍澗，傾瀾漭盪，勢同雷轉，激水散氛，曖若霧合。又東北，沾水注之。水出壺關縣東沾臺下，石壁崇高，昂藏隱天，泉流發于西北隅，與金谷水合。金谷即沾臺之西溪也。東北會沾水，又東流注淇水。

2 淇水又逕南羅川，又歷三羅城北，東北與女臺水合。水發西北三女臺下，東北流注于淇。淇水又東北歷淇陽川，逕石城西北。城在原上，帶澗枕淇。淇水又東北，西流水注之。水出東大嶺下，西流逕石樓南，在北陵，石上練垂桀立，亭亭極峻。其水，西流水也。又東逕馮都壘南，世謂之淇陽城，在西北三十里。

3 淇水又東出山，分為二水，水會立石堰，遏水以沃白溝。左為菀水，右則淇水。自元甫城東南逕朝歌縣北。《竹書紀年》：晉定公十八年，淇絕于舊衛，即此也。淇水又東，右合泉源水❶，水有二源：一水出朝歌城西北，東南流。老人晨將渡水而沉吟難濟，紂問其故，左右曰：老者髓不實，故晨寒也。紂乃于此斮脛而視髓也。其水南流東屈，逕朝歌城南。《晉書‧地道記》曰：本沬邑也。《詩》❷云：爰采唐矣，沬之鄉矣。殷王武丁始遷居之，為殷都也。紂都在《禹貢‧冀州》大陸之野，即此矣。

4 有糟丘、酒池之事焉，有新聲靡樂，號邑朝歌。晉灼曰：《史記‧樂書》，紂作《朝歌》之音，朝歌者，歌不時也。故墨子聞之，惡而迴車，不逕其邑。《論語比考讖》❸曰：邑名朝歌，顏淵不舍，七十弟子揜目，宰予獨顧，由蹷墮車。宋均曰：子路患宰予顧視凶地，故以足蹷之使墮車也。今城內有殷鹿臺，紂昔自投于火處也。《竹書紀年》曰：武王親禽帝受辛于南單之臺，遂分天之明。南單之臺，蓋鹿臺之異名也。武王以殷之遺民封紂子武庚于茲邑，分其地為三：曰邶、鄘、衛。使管叔、蔡叔、霍叔輔之，為三監。叛，周討平以封康叔為衛。箕子佯狂自悲，故《琴操》有〈箕子操〉❹。逕其墟，父母之邦也，不勝悲，作〈麥秀歌〉❺。

5 後乃屬晉。地居河、淇之間，戰國時皆屬于趙，男女淫縱，有紂之餘風。土險多寇，漢以虞詡為令，朋友以難治致弔。詡曰：不遇盤根錯節，何以別利器乎？

6 又東與左水合，謂之馬溝水。水出朝歌城北，東流南屈，逕其城東。又東流與美溝合。水出朝歌西北大嶺下，東流逕駱駝谷，于中逶迤九十曲，故俗有美溝之目矣。歷十二崿，崿流相承，泉響不斷，返水捍注，捲復深隍，隍間積石千通，水穴萬變，觀者若思不周賞，情乏圖狀矣。其水東逕朝歌城北，又東南流注馬溝水；又東南注淇水，為肥泉也。故〈衛詩〉❻曰：我思肥泉，茲之永歎。毛《注》云：同出異歸為肥泉。《爾雅》曰：歸異出同曰肥。《釋名》曰：本同出時，所浸潤水少，所歸枝散而多，似肥者也。犍為舍人曰：水異出流行，合同曰肥。今是水異出同歸矣。《博物志》謂之澳水。《詩》❼云：瞻彼淇澳，菉竹猗猗。毛云：菉，王芻也；竹，編竹也。漢武帝塞決河，斬淇園之竹木以為用。寇恂為河內，伐竹淇川，治矢百餘萬，以輸軍資。今通望淇川，無復此物。惟王芻編草不異。毛與又言：澳，隈也。鄭亦不以為津源，而張司空專以為水流入于淇，非所究也。然斯水即《詩》❽所謂泉源之水也。故〈衛詩〉❾云：泉源在左，淇水在右，衛女思歸。指以為喻淇水左右，蓋舉水所入為左右也。

7

淇水又南歷枋堰，舊淇水口，東流逕黎陽縣界，南入河。〈地理志〉曰：淇水出共，東至黎陽入河。〈溝洫志〉曰：遮害亭西十八里至淇水口是也。漢建安九年，魏武王于水口下大枋木以成堰，遏淇水東入白溝以通漕運，故時人號其處為枋頭。是以盧諶〈征艱賦〉曰：後背洪枋巨堰，深渠高堤者也。自後遂廢。魏熙平中復通之，故渠歷枋城北，東出，今瀆破故堨。其堰，悉鐵柱木石參用，其故瀆南逕枋城西，又南分為二水：一水南注清水，水流上下更相通注，河清水盛，北入故渠自此始矣。一水東流，逕枋城南，東與菀口合。菀水上承淇水于元甫城西北，自石堰東、菀城西，屈逕其城南，又東南流歷土軍東北，得舊石逗，故五水分流，世號五穴口。今惟通并為二水：一水西注淇水，謂之天井溝；一水逕土軍東分為蓼溝，東入白祀陂。又南分東入同山陂，溉田七十餘頃。二陂所結，即臺陰野矣。菀水東南入淇水。

8 淇水右合宿胥故瀆，瀆受河于頓丘縣遮害亭東、黎山西，北會淇水處立石堰，遏水令更東北注。魏武開白溝，因宿胥故瀆而加其功也。故蘇代曰：決宿胥之口，魏無虛、頓丘。即指是瀆也。

9 淇水又東北流，謂之白溝，逕雍榆城南。《春秋》襄公二十三年，叔孫豹救晉，次于雍榆者也。淇水又北逕其城東，東北逕同山東，又東北逕帝嚳冢西，世謂之頓丘臺，非也。《皇覽》曰：帝嚳冢在東郡濮陽頓丘城南，臺陰野中者也。又北逕白祀山東，歷廣陽里，逕顓頊冢西，俗謂之殷王陵，非也。《帝王世紀》曰：顓頊葬東郡頓丘城南，廣陽里大冢者是也。

10 淇水又北屈而西轉，逕頓丘北。故闞駰云：頓丘在淇水南。《爾雅》曰：山一成謂之頓丘。《釋名》謂一頓而成丘，無高下小大之殺也。《詩》⑩所謂送子涉淇，至于頓丘者也。魏徙九原、西河、土軍諸胡，置土軍于丘側，故其名亦曰土軍也。又屈逕頓丘縣故城西，《古文尚書》⑪以為觀地矣。蓋太康弟五君之號曰五觀者也。《竹書紀年》：晉定公三十一年城頓丘。《皇覽》曰：頓丘者，城門名頓丘道，世謂之殷。皆非也。蓋因丘而為名，故曰頓丘矣。淇水東北逕枉人山東、牽城西。《春秋左傳》定公十四年，公會齊侯、衛侯于牽者也。杜預曰：黎陽東北有牽城。即此城矣。淇水又東北逕石柱岡，東北注矣。

東過內黃縣南，為白溝，

[11] 淇水又東北逕并陽城西，世謂之辟陽城，非也。即《郡國志》所謂內黃縣有并陽聚者也。白溝又北，左合蕩水。又東北流逕內黃縣故城南，縣右對黃澤。《郡國志》曰：縣有黃澤者也。《地理風俗記》曰：陳留有外黃，故加內。《史記》曰：趙廉頗伐魏取黃，即此縣。

屈從縣東北，與洹水合，

[12] 白溝自縣北逕戲陽城東，世謂之羲陽聚。《春秋》昭公十年，晉荀盈如齊逆女，還，卒戲陽是也。白溝又北逕高城亭東，洹水從西南來注之。又北逕問亭東，即魏界也。魏縣故城，應劭曰：魏武侯之別都也。城內有武侯臺，王莽之魏城亭也。左與新河合，洹水枝流也。白溝又東北逕銅馬城西，蓋光武征銅馬所築也，故城得其名矣。白溝又東北逕羅勒城東，又東北，漳水注之，謂之利漕口。自下清漳、白溝、淇河，咸得通稱也。

13 又東北過館陶縣北，又東北過清淵縣西，

白溝水又東北逕趙城西，又北，阿難河出焉。蓋魏將阿難所導，以利衡瀆，遂有阿難之稱矣。白溝又東北逕空陵城西，又北逕喬亭城西，東去館陶縣故城十五里，縣，即《春秋》所謂冠氏也，魏陽平郡治也。其水又屈逕其縣北，又東北逕平恩縣故城東。《地理風俗記》曰：縣，故館陶之別鄉也。漢宣帝地節三年置，以封后父許伯為侯國。〈地理志〉：王莽之延平縣矣。其水又東過清淵縣故城西，又歷縣之西北為清淵，故縣有清淵之名矣。世謂之魚池城，非也。其水又東北逕榆陽城北，漢武帝封太常江德為侯國。文穎曰：邑在魏郡清淵，世謂之清淵城，非也。

14 又東北過廣宗縣東，為清河，

清河東北逕廣宗縣故城南。和帝永元五年，封皇太子萬年為王國。田融言，趙立建興郡于城內，置臨清縣于水東，自趙石始也。清河之右有李雲墓。雲字行祖，甘陵人，好學，善陰陽，舉孝廉，遷白馬令。中常侍單超等，立掖庭民女亳氏為后，后家封者四人，賞賜巨萬。雲上書移副三府曰：孔子云，帝者，諦也，今尺一拜用，不經御省，是帝欲不諦乎？帝怒，下獄殺之。後冀州刺史

賈琮使行部過祠雲墓，刻石表之，今石柱尚存，俗猶謂之李氏石柱。

15 清河又東北逕界城亭東，水上有大梁，謂之界城橋。《英雄記》⑫曰：公孫瓚擊青州黃巾賊，大破之，還屯廣宗。袁本初自往征瓚，合戰于界橋南二十里，紹將麴義破瓚于界城橋，斬瓚。冀州刺史嚴綱又破瓚殿兵于橋上，即此梁也。世謂之鬲城橋，蓋傳呼失實矣。

16 清河又東北逕信鄉西，《地理風俗記》曰：甘陵西北十七里有信鄉，故縣也。清河又北逕信成縣故城西。應劭曰：甘陵西北五十里有信成亭，故縣也。趙置水東縣于此城，故亦曰水東城。清河又東北逕清陽縣故城西，漢高祖置清河郡，治此。景帝中三年，封皇子乘為王國，王莽之平河也。

17 漢光武建武二年，西河鮮于冀為清河太守，作公廨，未就而亡，後守趙高計功用二百萬。五官黃秉、功曹劉適言：四百萬錢。于是冀乃鬼見白日，道從入府，與高及秉等對共計校，定為適、秉所割匿。冀乃書表自理，其略言：高貴不尚節，畮壟之夫，而箕踞遺類，研密失機，婢妾其性，媚世求顯，偷竊很鄙，有辱天官，《易》譏負乘，誠高之謂，臣不勝鬼言，謹因千里驛聞，付高上之。便西北去三十里，車馬皆滅不復見。秉等皆伏地物故。高以狀聞，詔下，還冀西河田宅妻子焉。兼為差代，以弭幽中之訟。漢桓帝建和二年，改清河為甘陵王國，以王妖言，徙，其年立甘陵郡，治此焉。

又東北過東武城縣西，

18 清河又東北逕陵鄉西，應劭曰：東武城西南七十里有陵鄉，故縣也。後漢封太僕梁松為侯國，故世謂之梁侯城，遂立侯城縣治也。清河又東北逕東武城縣故城西，《史記》：趙公子勝，號平原君，以解邯鄲之功，受封于此。定襄有武城，故加東矣。清河又東北逕復陽縣故城西。漢高祖七年，封右司馬陳胥為侯國，王莽更名之曰樂歲。《地理風俗記》曰：東武城西北三十里有復陽亭，故縣也。世名之曰檻城，非也。清河又東北流，逕棗彊縣故城西。《史記・建元以來王子侯者年表》云：漢武帝元朔二年，封廣川惠王子晏為侯國也。應劭《地理風俗記》曰：東武城縣西北五十里，有棗彊城，故縣也。

又北過廣川縣東，

19 清河北逕廣川縣故城南。闞駰曰：縣中有長河為流，故曰廣川也。水側有羌壘，姚氏之故居也。今廣川縣治。清河又東北逕歷縣故城南，〈地理志〉：信都之屬縣也。王莽更名曰歷寧也。應劭曰：廣川縣西北三十里有歷城亭，故縣也。今亭在縣東如北，水濟尚謂之為歷口渡也。

又東過脩縣南，又東北過東光縣西，

20 清河又東北，左與張甲屯絳故瀆合，阻深堤高鄣，無復有水矣。又逕脩縣故城南，屈逕其城東。脩音條，王莽更名之曰脩治。〈郡國志〉曰：故屬信都。清河又東北，左與橫漳枝津故瀆合，又東北逕脩國故城東，漢文帝封周亞夫為侯國，故世謂之北脩城也。清河又東北逕邸閣城東，城臨側清河，晉脩縣治。城內有「縣長魯國孔明碑」。清河又東，至東光縣西，南逕胡蘇亭。〈地理志〉：東光有胡蘇亭者也。世謂之羌城，非也。又東北，右會大河故瀆，又逕東光縣故城西，後漢封耿純為侯國。初平二年，黃巾三十萬人入渤海，公孫瓚破之于東光界，追奔是水，斬首三萬，流血丹水，即是水也。

又東北過南皮縣西，

21 清河又東北，無棣溝出焉。東逕南皮縣故城南，又東逕樂亭北，〈地理志〉之臨樂縣故城也，王莽更名樂亭。《晉書・地道志》、《太康地記》：樂陵國有新樂縣。即此城矣。又東逕新鄉城北，即〈地理志〉高樂故城也，王莽更之曰為鄉矣。無棣溝又東分為二瀆，無棣溝又東逕樂陵郡北，又東屈而北出，又東轉逕苑鄉縣故城南，又東南逕高成縣故城南，與枝瀆合。枝瀆上承無棣溝，南逕樂陵郡西，又東南逕千童縣故城東。《史記・建元以來王子侯者年表》曰：故重也，一作千鍾。漢武帝元朔四年，封河間獻王子劉陰為侯國。應劭曰：漢靈帝改曰饒安也。滄州治。枝瀆又南東屈，東北注無棣溝。無棣溝又東北逕一故城北，世謂之功城也。又東北逕鹽山東北入海。《春秋》僖公四年，齊、楚之盟于召陵也，管仲曰：昔召康公賜命先君太公履，北至于無棣，蓋四履之所也。京相璠曰：舊說無棣在遼西孤竹縣。二說參差，未知所定。然管仲以責楚，無棣在此，方之為近，既世傳已久，且以聞見書之。

22 清河又東北逕南皮縣故城西。《十三州志》曰：章武有北皮亭，故此曰南皮也。王莽之迎河亭。《史記・惠景侯者年表》云：漢景帝後七年，封孝文后兄子彭祖為侯國。建安中，魏武擒袁譚于此城也。清河又北逕北皮城東，左會滹沱別河故瀆，謂之合口，城謂之合城也。《地理風俗記》曰：南皮城北五十里有北皮城，即是城矣。

又東北過浮陽縣西，

23 清河東北流，浮水故瀆出焉。按《史記》：趙之南界有浮水焉。浮水在南，而此有浮陽之稱者，蓋浮水出入，津流同逆混并，清、漳二瀆，河之舊道，浮水故迹，又自斯別，是縣有浮陽之名也。首受清河于縣界，東北逕高成縣之苑鄉城北，又東逕章武縣之故城北，漢景帝後七年，封孝文后弟竇廣國為侯國。王莽更名桓章，晉太始中立章武郡，治此。浮水故瀆又東逕篋山北。《魏土地記》曰：高成東北五十里有篋山，長七里，浮瀆又東北逕柳縣故城南，漢武帝元朔四年，封齊孝王子劉陽為侯國。《地理風俗記》曰：高成縣東北五十里有柳亭，故縣也。世謂之辟亭，非也。浮瀆又東北逕漢武帝望海臺，又東注于海。應劭曰：浮陽縣，浮水所出，入海，朝夕往來，日再。今溝無復有水也。清河又北，分為二瀆，枝分東出，又謂之浮瀆。清河又北逕浮陽縣故城西，王莽之浮城也。建武十五年，更封驍騎將軍平鄉侯劉歆為侯國，浮陽郡治。又東北，滹沱別瀆注焉，謂之合口也。

24 又東北過濊邑北，

濊水出焉。

25 又東北過鄉邑南，

清河又東，分為二水，枝津右出焉。東逕漢武帝故臺北，《魏土地記》曰：

章武縣東百里有武帝臺，南北有二臺，相去六十里，基高六十丈，俗云：漢武帝東巡海上所築。又東注于海。清河又東北逕紆姑邑南，俗謂之新城，非也。

又東北過窮河邑南，

26 清河又東北逕窮河邑南，俗謂之三女城，非也。東北至泉州縣，北入滹沱水。《經》曰：笥溝東南至泉州縣與清河合，自下為派河尾也。又東，泉州渠出焉。

又東北過漂榆邑，入于海。

27 清河又東逕漂榆邑故城南，俗謂之角飛城。《趙記》⓭云：石勒使王述煮鹽于角飛。即城異名矣。《魏土地記》曰：高城縣東北百里，北盡漂榆，東臨巨海，民咸煮海水，藉鹽為業。即此城也。清河自是入于海。

【注釋】❶右合泉源水　此處有佚文一條：《寰宇記》卷五十六〈河北道〉五〈衛州・衛縣〉引《水經注》：「卷水出魏郡朝歌。」「卷水」之名為今各本所無，佚名臨趙琦美、孫潛等諸家校本，已將此句增入《注》文，但「卷水」作「淃水」。今各本作「泉源水」，「泉源」與「卷」音近，《寰宇記》「卷水」或即「泉源水」之訛，則此「卷水」未必為佚文。❷詩　指《詩經・鄘風・桑中》。❸論語比考讖　書名。隋唐諸志均不著錄，故知在酈道元時代已屬稀籍，亦不知撰者與撰述年代。書名當是古代讖緯書的一種。書已亡佚，今輯本多署魏宋均注。有馬氏、《墨海金壺》、《叢書集成初編》等輯本。❹箕子操　詩文名。或作〈琴操箕子操〉。不知撰者與撰述年代。已亡佚。❺麥秀歌　詩歌名。傳為箕子所作，不可信。《史記・宋微子世家》：「其後箕子朝周，過故殷墟，感宮室毀壞，生禾黍，箕子傷之。欲哭則不可，欲泣其為近婦人，乃作〈麥秀之詩〉以歌詠之。其詩曰：『麥秀漸漸兮，禾黍油油，彼狡童兮，不與我好兮。』所謂狡童者，紂也。殷民聞之皆為流涕。」此歌又收入於《樂府詩集》卷五十七。❻衛詩　指《詩經・邶風・泉水》。❼詩　指《詩經・衛風・淇澳》。❽詩　指《詩經・邶風・泉水》。❾衛詩　指《詩經・衛風・竹竿》。❿詩　指《詩經・衛風・氓》。⓫古文尚書　書名。《漢書・藝文志》著錄《尚書古文經》四十六卷。《隋書・經籍志》著錄《古文尚書》十三卷。〈漢志〉說：「《古文尚書》者出孔子壁中。」孔子後裔西漢經學家孔安國，傳其曾得孔子住宅壁中所藏故《尚書》。《尚書》焚於秦火，漢初經伏生口述者，均以西漢文字（即今文）書寫，而孔安國書因藏於壁中而幸免，其書是先秦原物，故為古文，因稱《古文尚書》。此書以輾轉傳鈔，卷篇文字，不無訛奪，三國時王肅曾為此作《尚書、詩、論語、三禮解》，東晉梅賾曾以之奏上。清代學者究心古學，深加考證，論定梅賾所獻孔安國《古文尚書》，實為王肅所偽造，即所謂「偽孔」。故此書淵源古老，經歷複雜，今存版本與輯本（如馬氏輯本），卷篇文字，多有異同，已成為一門學者專門之學。⓬英雄記　書名。東漢王粲撰。《隋書・經籍志》著錄作《漢末英雄記》八卷，《舊唐書・經籍志》、《新唐書・藝文志》著錄均作《漢書英雄記》。《水經注》作《英雄記》是此書略稱。其書已散佚，今有《廣漢魏叢書》、宛委山堂《說郛》等輯本。⓭趙記　書名。《隋書・經籍志》著錄作十卷，無撰者名。《北齊書・李公緒傳》：「公緒字穆叔，撰《趙語》十三卷。」《御覽・州郡部》引李公緒《趙記》，《寰宇記・河東道》引李穆叔《趙記》，故知《北齊書》之《趙語》，「語」字是「記」字之誤。但北齊人所撰之書，酈氏何能見及。故《水經注》所引《趙記》當非李公緒所撰，必另有其書。

【語　譯】淇水出河內隆慮縣西大號山，

1 《山海經》說：淇水發源於沮洳山。水從山邊出來，奔瀉直下，發出轟隆巨響，沖激著橫山。橫山山頂合攏，山下卻分開，大約不到六七十步，深澗裡散落著累累的巨石，錯雜地交疊在一起，狂濤駭浪橫沖怒激，迅疾有如雷電，水花飛迸，飄散成一片濛濛的水霧。又東北流，沾水注入。沾水發源於壺關縣東沾臺下，沾臺石壁高峻，把天空都遮蔽了。泉流從西北角奔流而出，與金谷水匯合。金谷水就是沾臺的西溪。東北流匯合了沾水，又東流注入淇水。

2 淇水又流經南羅川，又流過三羅城北，東北流，與女臺水匯合。女臺水發源於西北三女臺下，東北流注入淇水。淇水又東北流經淇陽川，流經石城西北。城在原野上，靠近澗邊，瀕臨淇水。淇水又東北流，西流水注入。此水發源於東大嶺下，西流經石樓南，在北陵的岩壁上直垂下來，有如一匹從極高處掛下的白練，極其高峻而秀麗，這條水就是西流水。又東流經馮都壘南，世人稱為淇陽城，在西北三十里。

3 淇水又東流出山，分成兩條。兩水交會處建立石堰，截斷水流以灌注白溝。左邊是菀水，右邊是淇水。從元甫城往東南流經朝歌縣北。《竹書紀年》載：晉定公十八年（西元前四九四年），淇水在舊時的衛斷流，即指此。淇水又東流，在右岸匯合泉源水。泉源水有兩個源頭：一條發源於朝歌城西北，東南流。有個老人大清早時想渡河，但卻躊躇著感到為難。紂王詢問這是什麼緣故，隨從者說：老人骨髓枯乾了，所以早晨怕冷。紂王於是就在這裡砍斷老人的腿骨，要看看他的骨髓。此水南流東轉，流經朝歌城南。《晉書・地道記》說：朝歌城本來是沬邑。《詩經》說：哪兒去採菟絲啊，就去沬的鄉野。殷王武丁開始遷居到那裡，作為殷商的國都。據〈禹貢・冀州〉記載，紂王的國都在大陸的原野，就是這地方。

4 紂王荒淫，作糟丘、酒池，又製作新曲，都是靡靡之音，又把都城稱為朝歌。晉灼說：《史記・樂書》，紂王作〈朝歌〉的樂曲，所謂朝歌，就是歌唱不合時宜。所以墨子聽到了，厭惡這歌聲就掉轉車頭往回走，不從那座城經過。《論語比考讖》說：城名朝歌，顏淵不肯在那裡住宿，七十弟子也把眼睛蒙起來。只有宰予一個人回頭看，仲由踢了他一腳，使他跌下車來。宋均說：子路惱恨宰予回顧這不祥之地，所以用腳踢得他掉到車下。現在城內有殷時鹿臺，是從前紂王自己投身火窟的地方。《竹書紀年》說：武王親自在南單臺俘獲了商帝受辛，接受了上天的大命。南單臺，就是鹿臺的異名。武王封紂王的兒子武庚於此，讓他統率殷的遺民，並把他的領地分成三個部分：即邶、鄘、衛，派管叔、蔡叔、霍叔去輔佐他，這就是所謂的三監。三監後來反叛了，周朝出兵討伐，平定了叛亂，把那地方封給康叔，稱為衛。箕子裝傻作瘋，悲悼自己，所以《琴操》有〈箕子操〉。他經過故都廢墟，那是他父母的邦國，不禁悲從中來，於是作了〈麥秀歌〉。

5 後來朝歌舊地歸屬晉國。那地方位於河水與淇水之間，戰國時屬於趙國。男女都淫亂放縱，有紂王時的遺風。那裡地勢險惡，盜寇很多，漢朝派虞詡去當縣令，朋友都覺得那地方很難治理，特地前往慰問他。

虞詡說：砍樹時如果不碰到樹根盤屈、枝節錯雜的地方，又怎能識別快刀呢？

6 又東流，與左水匯合，稱為馬溝水。馬溝水發源於朝歌城北，東流南轉，流經城東。又東流，與美溝水匯合。美溝水發源於朝歌西北大嶺下，東流經駱駝谷，在谷中曲曲折折地轉了九十道彎，所以民間給它取了美溝的名目。水流經過十二座山崖，崖崖相接，其間水聲淙淙，接連不斷，急流沖激著崖岸又被擋了回來，回流又倒捲入深澗裡，澗中堆積的巨石成千成萬，巖穴間的水流變化萬千，遊人真是目不暇接，景象的奇幻很難以筆墨描摹了。美溝水又東流經朝歌城北，又東南流注入馬溝水；馬溝水又東南流，注入淇水，那就是肥泉。所以〈衛詩〉說：我思念著肥泉，徒然長嘆傷心。毛亨《注》道：發源相同，流向不同叫肥泉。《爾雅》說：到達地點不同，而源流相同叫肥。《釋名》說：水源同出時，土地受到滋潤的水很少，所匯合的支流卻分散而且繁多，就像是肥大起來似的。犍為舍人說：水發源不同，流通時匯合在一起叫肥。現在這條水就是發源不同而歸宿相同的。《博物志》稱為澳水。《詩經》說：眺望那淇水的水灣，那菉竹是多麼修長而秀美。毛亨說：菉，就是藎草；竹，就是編竹。河水決口時，漢武帝砍下淇園的竹木來堵塞決口。寇恂當河內太守，在淇水砍竹，製箭百餘萬，以供軍用物資。今天遍望淇水，再也沒有這些竹子了，只有藎草還同毛注時一樣。毛亨又說：澳，是水灣的意思。鄭玄也不認為是水源，惟獨張司空卻以為水流注入淇水，叫人弄不清楚。但此水就是《詩經》所說的泉源水，所以〈衛詩〉說：泉源在左，淇水在右。衛國的姑娘想回娘家，指水作喻來表達自己的心情，稱淇水的左右，是以水所注入的位置來分左右方位的。

7 淇水又南流經枋堰，也就是舊淇水口，東流經黎陽縣界，南流注入河水。〈地理志〉說：淇水發源於共縣，東流到黎陽注入河水。〈溝洫志〉說：遮害亭西十八里到淇水口，即指此。漢建安九年（西元二〇四年），魏武王在水口沉下大枋木築成堰壩，堵截淇水往東流入白溝，以便通航運糧，因此當時人們把那地方叫做枋頭。所以盧諶〈征艱賦〉說：後面憑依大枋巨堰，深渠高堤。此後就湮廢了。魏熙平年間（西元五一六～五一八年），又重新使它通水。舊渠道流經枋城北，向東流去，當今那條渠道沖破舊堰壩，堰壩都以鐵柱加固，也混著使用木材和石塊。舊渠道南流經枋城西，南流又分為兩條：一條南流注入清水，水流上下游互相流通，河水澄清，水勢盛大，北流進入舊渠道就是從這裡開始的。另一條東流，經枋城南，東流與菀口匯合。菀水上流在元甫城西北承接淇水，從石堰東、菀城西，轉彎流經城南，又東南流經土軍東北，流到一條石砌舊水溝。從前這裡有五水分流，世人號稱五穴口。現在互相合併，只剩兩條了：一條西流，注入淇水，稱為天井溝；另一條流經土軍東，分出蓼溝，東流入白祀陂。又向南分出，東流注入同山陂，可灌溉田畝七十餘頃。兩個陂湖相連結的地域，就是臺陰野了。菀水東南流，注入淇水。

8 淇水右岸匯合了宿胥舊河道，舊河道在頓丘縣遮害亭東、黎山西接納了河水。北與淇水匯合處，修建了一道石堰，以攔截水流，使水流往東北更遠處流注。魏武帝開鑿白溝，就是利用宿胥舊河道加工而成的。所以蘇代說：決掉宿胥口，魏就沒有虛和頓丘了。他就是指此水而言的。

9 淇水又東北流，叫白溝，流經雍榆城南。《春秋》襄公二十三年（西元前五五〇年），叔孫豹援救晉國，駐軍於雍榆，即指此城。淇水又北流經城東，東北流經同山東，又東北流經帝嚳墓西，世人稱為頓丘臺，其實不是。《皇覽》說：帝嚳墓在東郡濮陽頓丘城南的臺陰野之中。又北流經白祀山東，穿過廣陽里，流經顓頊墓西，民間叫殷王陵，也不是。《帝王世紀》說：顓頊葬於東郡頓丘城南，廣陽里的大墓就是。

10 淇水又向北曲折，然後向西轉彎，流經頓丘城北。所以闞駰說：頓丘在淇水南。《爾雅》說：山只有一層的叫頓丘。《釋名》說：有一層即可成為山丘，沒有高低大小的差別。《詩經》所謂：送你涉過淇水，一直送到頓丘。魏把九原、西河、土軍各族胡人遷走，把土軍胡人安置於頓丘旁邊，所以地名也叫土軍。又轉彎流經頓丘縣老城西，《古文尚書》以為就是古時觀的所在地。因為太康五兄弟號稱五觀。《竹書紀年》：晉定公三十一年（西元前四八一年），在頓丘築城。《皇覽》說：所謂頓丘，是因為城門名頓丘道。世人卻稱為殷丘，這都不對。因為這是按照山丘而命名的，所以叫頓丘。淇水東北流，流經枉人山東，牽城西。《春秋左傳》定公十四年（西元前四九六年），定公在牽會見齊侯、衛侯，即指牽城。杜預說：黎陽東北有牽城，就是此城。淇水又東北流經石柱岡，往東北流去。

東過內黃縣南，為白溝，

11 淇水又東北流經并陽城西，世人稱為辟陽城，其實不是。這就是〈郡國志〉說到的內黃縣的并陽聚。白溝又北流，左岸匯合了蕩水；又東北流經內黃縣舊城南，舊縣城西邊與黃澤相對。〈郡國志〉說：內黃縣有黃澤。《地理風俗記》說：陳留有外黃，所以這裡叫內黃。《史記》說：趙國將軍廉頗進攻魏國，奪取了黃，即指此縣。

屈從縣東北，與洹水合，

12 白溝從縣城北流經戲陽城東，世人稱為羛陽聚。《春秋》昭公十年（西元前五三二年），晉國荀盈到齊國去迎接一位女子，回來時，死於戲陽，即指此城。白溝又北流經高城亭東，洹水從西南流來注入。又北流經問亭東，就是魏縣的邊界了。關於魏縣老城，應劭說：這是魏武侯的別都。城內有武侯臺，就是王莽時的魏城亭。左岸與新河匯合，這是洹水的支流。白溝又東北流經銅馬城西。這是光武帝征討銅馬時所築，所以城名叫銅馬。白溝又東北流經羅勒城東，又東北流，漳水注入，匯流處稱為利漕口。從利漕口起，清漳、白溝或淇河都可互用為通稱了。

又東北過館陶縣北，又東北過清淵縣西，

13 白溝水又東北流經趙城西，又北流，分支流出阿難河。因為魏將軍阿難，為了便利衡漳的通航，疏導過這條河流，於是就有了阿難河的名稱了。白溝又東北流經空陵城西，又北流經喬亭城西，東距館陶縣老城十五里。館陶縣，就是《春秋》所說的冠氏，是魏國陽平郡的治所。這條水又轉彎流經縣北，又東北流經平恩縣老城東。《地理風俗記》說：平恩縣，就是從前館陶縣的別鄉。漢宣帝地節三年（西元前六七年）設置，把它封給皇后的父親許伯為侯國。據〈地理志〉的記載，是王莽時的延平縣。這條水又東流經清淵縣老城西，又流過縣城西北，就是清淵，所以該縣就有了清淵一名了。世人稱為魚池城，這不對。此水又東北流經榆陽城北。漢武帝封給太常江德為侯國。文穎說：城在魏郡清淵縣，世人稱為清淵城，是不對的。

又東北過廣宗縣東，為清河，

14 清河東北流經廣宗縣老城南。和帝永元五年（西元九三年），把廣宗封給太子萬年為王國。田融說：趙國立建興郡於城內，把臨清縣設置於水東，這是從趙石開始的。清河右岸有李雲墓。李雲，字行祖，甘陵人，喜歡讀書，善於陰陽之學，因而被推薦為孝廉，調到白馬縣當縣令。中常侍單超等，把嬪妃中出身於平民百姓人家的姑娘亳氏立為皇后，皇后一家人受封的共四人，得到的賞賜無可計數。李雲上書朝廷，並把副本送交三府。他在上書中說：孔子說，所謂帝，就是諦，也就是審察的意思。現在憑著一紙詔書，就封官進爵，不經過御省的同意，難道陛下不想審察自己的行為了嗎？皇帝大怒，把他打入大牢殺害了。後來冀州刺史賈琮出使視察部屬，途中經過時祭掃了李雲墓，並刻碑勒石旌表他。現在石柱還在，民間還叫它李氏石柱。

15 清河又東北流經界城亭東，水上有大橋，稱為界城橋。《英雄記》說：公孫瓚攻打青州的黃巾賊，打垮了賊兵，凱旋歸來時屯兵在廣宗。袁本初親自去打公孫瓚，會戰於界橋南二十里。袁紹的大將麴義在界城橋大敗公孫瓚，殺了他。冀州刺史嚴綱又在橋上大敗公孫瓚的後援部隊，指的就是這座橋。世人稱為鬲城橋，這是因為口頭相傳以致失真的緣故。

16 清河又東北流經信鄉西。《地理風俗記》說：甘陵西北十七里有信鄉，舊時是個縣。清河又北流經信成縣老城西。應劭說：甘陵西北五十里有信成亭，舊時是個縣城。趙國在這座城中設置水東縣，所以又稱水東城。清河又東北流經清陽縣老城西，漢高祖設置清河郡，治所就在這裡。景帝中元三年（西元前一四七年），將該郡封給皇子劉乘為王國。王莽時叫平河。

17 漢光武帝建武二年（西元二六年），西河鮮于冀任清河太守，營建官署房屋，尚未竣工就亡故了；後任太守趙高計算營建費用為二百萬，五官黃秉、功曹劉適說需要四百萬錢。於是鮮于冀的鬼魂出現，於光天化日之下，帶了一批隨從進入官府，與趙高和黃秉等當面對質核算，核定是劉適、黃秉兩人隱瞞私分公款。於是鮮于冀寫了奏表，為自己申辯。大意說：趙高顯貴卻不重視節操，他原來是個鄉野村夫，卻傲慢自大，瞧不起遺族。他未能抓緊時機，識破下屬的密謀，那些小人又奴顏婢膝成性，諂媚求榮，偷竊的手段極其卑鄙。趙高失職，有辱朝廷命官的身分。《易經》譏笑那種居於君子之位的小人，趙高就是這一類。我為鬼不能盡所欲言，謹憑郵驛千里上書，交付趙高呈上。於是便向西北而去，三十里後車馬都無蹤無影，再也看不到了。黃秉等俯伏在地上，都死了。趙高把情況報告朝廷，於是皇帝下詔，發還鮮于冀在西河的田產、住宅，和充為官婢的妻子，並派人代為管理，以平息這場幽冥的訟案。漢桓帝建和三年（西元一四九年），把清河郡改為甘陵王國。後來甘陵王因涉及妖言事件，遭到遷徙。當年設置甘陵郡，治所就在這裡。

18 **又東北過東武城縣西，**

清河又東北流經陵鄉西。應劭說：東武城西南七十里有陵鄉，舊時是縣。後漢時將陵鄉封給太僕梁松為侯國，所以世人叫它梁侯城，遂設為侯城縣治所。清河又東北流經東武城縣老城西。《史記》載：趙國公子趙勝號平原君，因為解除了邯鄲之圍有功，被封在這裡。定襄有武城，所以這裡叫東武城。清河又東北流經復陽縣老城西。漢高祖七年（西元前二〇〇年），將復陽縣封給右司馬陳胥為侯國，王莽改名為樂歲。《地理風俗記》說：東武城西北三十里有復陽亭，從前是個縣。世人叫它檻城，是弄錯了。清河又東北流，流經棗彊縣老城西。《史記·建元以來王子侯者年表》說：漢武帝元朔二年（西元前一二七年），將棗彊封給廣川惠王的兒子劉晏為侯國。應劭《地理風俗記》說：東武城縣西北五十里，有棗彊城，從前是個縣城。

19 **又北過廣川縣東，**

清河北流經廣川縣老城南，闞駰說：縣中有長河為水流，所以叫廣川。水邊有羌人的城堡，是羌人姚氏舊時所居之地，現在是廣川縣的治所。清河又東北流經歷縣老城南。據〈地理志〉，歷縣是信都郡的屬縣。王莽改名為歷寧。應劭說：廣川縣西北三十里，有歷城亭，是個舊縣。現在亭在縣東偏北，渡口今天還叫歷口渡。

20 **又東過脩縣南，又東北過東光縣西，**

清河又東北流，左岸與張甲河舊河道、屯氏別河舊河道及絳水舊河道匯合。因為有高堤阻障，不再有水了。又流經脩縣老城南，轉彎流經城東。脩，音條，王莽時改名為脩治。〈郡國志〉說：從前屬信都郡。清河又東北流，左岸與橫漳支流舊河道匯合。又東北流經脩國老城東，漢文帝將其地封給周亞夫為侯國，所以世人叫它北脩城。清河又東北流經邸閣城東，此城瀕臨清河邊，晉時是脩縣的治所。城內有「縣長魯國孔明碑」。清河又東流，到了東光縣西，南流經胡蘇亭。據〈地理志〉，東光有胡蘇亭。世人稱它為羌城，是搞錯了。又東北流，右岸匯合大河舊河道，又流經東光縣老城西，後漢時封給耿純為侯國。初平二年（西元一九一年），黃巾三十萬人進入渤海郡，公孫瓚在東光邊界大敗黃巾軍，追奔到這條水，殺了三萬人，流血染紅了流水，指的就是此水。

又東北過南皮縣西，

21 清河又東北流，無棣溝分流而出。東流經南皮縣老城南，又東流經樂亭北。據〈地理志〉，樂亭就是臨樂縣老城。王莽時改名為樂亭。《晉書・地道志》、《太康地記》都提到樂陵國有新樂縣，就是此城。又東流經新鄉城北，就是〈地理志〉的高樂舊城。王莽時改名叫為鄉。無棣溝又東流分為兩條，無棣溝又東流經樂陵郡北，又往東轉彎，然後往北流去，又東轉流經苑鄉縣老城南，又東南流經高成縣老城南，與支流匯合。支流上流承接無棣溝，南流經樂陵郡西，又東南流經千童縣老城東。《史記・建元以來王子侯者年表》說：千童縣，就是從前的重，又作千鍾。漢武帝元朔四年（西元前一二五年），封給河間獻王的兒子劉陰為侯國。應劭說：漢靈帝改為饒安，是滄州的治所。支流又南流東轉，東北流，注入無棣溝。無棣溝又東北流經一座老城北，世人稱為功城。又東北流經鹽山東北，流入大海。《春秋》僖公四年（西元前六五六年），齊、楚二國在召陵會盟，管仲說：從前召康公指定我先君太公得以征伐的範圍，北方可到無棣，這是四方所劃定的邊界。京相璠說：舊時的說法，無棣在遼西孤竹縣。兩種說法不相一致，不知應以哪一個為準。但管仲用這些話責難楚國，無棣在這裡，照方位看來，是比較貼近的。但世上相傳已久，姑且把所見所聞記錄下來。

22 清河又東北流經南皮縣老城西。《十三州志》說：章武有北皮亭，所以這裡叫南皮亭，就是王莽時的迎河亭。《史記・惠景侯者年表》說：漢景帝後元七年（西元前一五七年），把這地方封給孝文皇后哥哥的兒子彭祖為侯國。建安年間（西元一九六～二二〇年），魏武帝就在此城俘獲了袁譚。清河又北流經北皮城東，左岸匯合了滹沱別河舊河道，匯流處稱為合口，城就叫合城。《地理風俗記》說：南皮城北五十里，有北皮城，就是此城。

又東北過浮陽縣西，

23 清河東北流，浮水舊河道分流而出。據《史記》，趙國的南疆有浮水。浮水在南，但這裡卻有浮陽的名稱，大概是因為浮水出入的地方，水流同向與逆向的混雜在一起，清河、漳河都循河水的舊道而流，浮水的遺跡又在這裡分開來，所以該縣就有浮陽的名稱了。浮水上口在浮陽縣邊界承接了清河水，東北流經高成縣的苑鄉城北，又東流經章武縣老城北。漢景帝後元七年，把章武縣封給孝文皇后的弟弟竇廣國為侯國。王莽時改名為桓章。晉太始年間（西元二六五～二七四年），設置章武郡，治所就在這裡。浮水舊河道又東流經篋山北。《魏土地記》說：高成東北五十里有篋山，長七里。浮水又東流經柳縣老城南。漢武帝元朔四年（西元前一二五年），將柳縣封給齊孝王的兒子劉陽為侯國。《地理風俗記》說：高成縣東北五十里有柳亭，舊時是個縣。世人稱為辟亭，是不對的。浮水又東北流經漢武帝望海臺，又東流，注入大海。應劭說：浮陽縣是浮水的發源地，流入大海，潮汐漲落每天兩次，現在溝中不再有水了。清河又北流，分成兩條，支流從東邊分出，又叫浮水。清河又北流經浮陽縣老城西，就是王莽時的浮城。建武十五年（西元三九年），將浮陽改封給驍騎將軍平鄉侯劉歆為侯國，是浮陽郡的治所。又東北流，滹沱別河注入，匯流處稱為合口。

又東北過濊邑北，

24 濊水就發源於此。

又東北過鄉邑南，

25 清河又東流，分為兩條，在右岸分出一條支流。東流經漢武帝老臺北。《魏土地記》說：章武縣東一百里，有武帝臺，南北有兩個臺，相距六十里，臺基高六十丈。據民間的說法，是漢武帝東巡海上時所築。又東流注入大海。清河又東北流經紵姑邑南，民間稱為新城，是弄錯了。

又東北過窮河邑南，

26 清河又東北流經窮河邑南，民間稱為三女城，不對。東北流，到泉州縣，北流注入滹沱水。《水經》說：

笥溝東南流到泉州縣與清河匯合，從這裡起，下流是派河的尾端。又東流，泉州渠分流而出。

又東北過漂榆邑，入于海。

27 清河又東流經漂榆邑老城南，民間叫角飛城。《趙記》說：石勒派王述在角飛煮鹽，就是漂榆城的別名。《魏土地記》說：高城縣東北一百里，北方到漂榆為止，東方到大海之濱，民眾都燒煮海水，以製鹽為業，說的就是此城。清河從這裡入海。

蕩水

蕩水出河內蕩陰縣西山東，

蕩水出縣西石尚山，泉流逕其縣故城南，縣因水以取名也。晉伐成都王穎，敗帝于是水之南。盧綝《四王起事》❶曰：惠帝征成都王穎，戰敗時，舉輦司馬八人，輦猶在肩上，軍人競就殺舉輦者，乘輿頓地，帝傷三矢，百僚奔散，唯侍中嵇紹扶帝，士將兵之，帝曰：吾吏也，勿害之。眾曰：受太弟命，惟不犯陛下一人耳。遂斬之，血汙帝袂。將洗之，帝曰：嵇侍中血，勿洗也。此則嵇延祖殞命之所。

又東北至內黃縣，入于黃澤。

羑水出蕩陰西北韓大牛泉。《地理志》曰：縣之西山，羑水所出也。羑水又東逕韓附壁北，又東流逕羑城北，故羑里也。《史記音義》曰：牖里在蕩陰縣。

《廣雅》：牖，獄犴也。夏曰夏臺，殷曰羑里，周曰囹圄，皆圜土。昔殷紂納崇侯虎之言，囚西伯于此。散宜生、南宮括見文王，乃演《易》用明否泰始終之義焉。羑城北，水積成淵，方十餘步，深一丈餘，東至內黃與防水會。水出西山馬頭澗，東逕防城北，盧諶〈征艱賦〉所謂越防者也。其水東南流注于羑水，又東歷黃澤入蕩水。〈地理志〉曰：羑水至內黃入蕩者也。

蕩水又東與長沙溝水合。其水導源黑山北谷，東流逕晉鄙故壘北，謂之晉鄙城，名之為魏將城，昔魏公子無忌矯奪晉鄙軍于是處。故班叔皮〈遊居賦〉❷曰：過蕩陰而弔晉鄙，責公子之不臣者也。其水又東，謂之宜師溝，又東逕蕩陰縣南，又東逕枉人山，東北至內黃縣，右入蕩水，亦謂之黃雀溝。是水，秋夏則泛，春冬則耗。蕩水又逕內黃城南，陳留有外黃，故稱內也。東注白溝。

【注釋】❶四王起事　書名。晉盧綝撰。《隋書·經籍志》著錄作《晉四王起事》。書已亡佚，今有《漢學堂叢書》等輯本。

❷遊居賦　詩賦名。《隋書·經籍志》著錄後漢徐令《班彪集》二卷，此賦當在集中。今集已亡佚，賦輯存於清嚴可均《全漢文》。

【語譯】蕩水出河內蕩陰縣西山東，

蕩水發源於蕩陰縣西方的石尚山，水流經過該縣老城南，蕩陰縣就是以水取名的。晉討伐成都王司馬穎，惠帝卻在這條水的南邊打了敗仗。盧綝《四王起事》說：惠帝征伐成都王司馬穎，打敗時，抬轎子的司馬八人，轎子還在肩頭，兵丁就一擁而上，把抬轎的人殺了，轎子掉落地上，惠帝也中了三箭，百官都逃散了，只有侍中嵇紹把惠帝扶起來。士兵要用刀槍殺他，惠帝說：他是我手下的官員，你們不要殺害他。士兵們說：我們接到皇太弟的命令，只有陛下一個人是不能侵犯的。就把他殺了。惠帝的衣袖上，濺滿了嵇紹的血。後來人們要給他洗衣，惠帝說：別洗了，這是嵇侍中的血啊。這裡就是嵇延祖被殺的地方。

又東北至內黃縣，入于黃澤。

羑水發源於蕩陰西北的韓大牛泉。〈地理志〉說：蕩陰縣的西山，是羑水的發源地。羑水又東流經韓附壁北，又東流經羑城北，羑城就是從前的羑里。《史記音義》說：牖里在蕩陰縣。《廣雅》說：牖，就是牢獄。夏朝叫夏臺，殷朝叫羑里，周朝叫囹圄，都是用土牆圍建成的牢獄。從前商朝紂王聽了崇侯虎的話，把西伯關在這裡。散宜生、南宮括見文王，於是文王以《易經》推演說明吉凶和始終的道理。羑城北，水流積聚成為深潭，方圓十餘步，深一丈餘。羑水東流到內黃，與防水匯合。防水發源於西山馬頭澗，東流經防城北。盧諶〈征艱賦〉所說的越過了防，即指防城。此水東南流，注入羑水。羑水又東流經黃澤，注入蕩水。〈地理志〉說：羑水流到內黃，注入蕩水。

蕩水又東流與長沙溝水匯合。這條水發源於黑山北谷，東流經晉鄙舊城堡北，人們把這個城堡稱為晉鄙城，又名魏將城。從前魏公子無忌就在這裡假託王命，奪取了晉鄙的兵權。所以班叔皮〈遊居賦〉說：路過蕩陰，憑弔晉鄙，意思是指摘公子僭越臣子的本分。此水又東流，稱為宜師溝，又東流經蕩陰縣南，又東流經枉人山，東北流到內黃縣，從右岸注入蕩水。又叫黃雀溝。這條水夏秋季節時常氾濫，春冬兩季則又乾涸無水了。蕩水又流經內黃城南。陳留有個外黃，所以這裡稱為內黃。蕩水東流，注入白溝。

洹水

洹水出上黨泫氏縣，

1 水出洹山，山在長子縣也。

東過隆慮縣北，

2 縣北有隆慮山，昔帛仲理之所遊神也。縣因山以取名。漢高帝六年，封周竈為侯國。應劭曰：殤帝曰隆，故改從林也。縣有黃華水，出于神囷之山黃華谷北崖上❶。山高十七里，水出木門帶，帶即山之第三級也。去地七里，懸水東南注壑，直瀉巖下，狀若雞翹，故謂之雞翹洪，蓋亦天台、赤城之流也。其水東流至谷口，潛入地下，東北十里復出，名柳渚，渚周四五里，是黃華水重源再發也。東流，葦泉水注之。水出林慮山北澤中，東南流，與雙泉合。水出魯般門東，下流入葦泉水。葦泉水又東南，流注黃華水，謂之陵陽水。又東，入于洹水❷也。

又東北出山，過鄴縣南，

3 洹水出山，東逕殷墟北。《竹書紀年》曰：盤庚即位，自奄遷于北蒙，曰殷。昔者，項羽與章邯盟于此地矣。洹水又東，枝津出焉，東北流逕鄴城南，謂之新河。又東，分為二水：一水北逕東明觀下。昔慕容儁夢石虎齧其臂，寤而惡之，購求其尸，而莫之知。後宮嬖妾言，虎葬東明觀下，于是掘焉，下度三泉，得其棺，剖棺出尸，尸僵不腐，焦罵之曰：死胡，安敢夢生天子也。使御史中尉陽約數其罪而鞭之。此蓋虎始葬處也。又北逕建春門，石梁不高大，治石工密，舊橋首夾建兩石柱，螭矩趺勒甚佳。乘輿南幸，以其作制華妙，致之平城東側西闕，北對射堂，綠水平潭，碧林側浦，可遊憩矣。其水西逕魏武玄武故苑，苑舊有玄武池以肄舟楫，有魚梁、釣臺、竹木、灌叢，今池林絕滅，略無遺跡矣。

4

其水西流注于漳。南水東北逕女亭城北，又東北逕高陵城南，東合坰溝，又東逕鸕鷀陂，北與台陂水合。陂東西三十里，南北❸注白溝河，溝上承洹水，北絕新河，北逕高陵城東，又北逕斥丘縣故城西。縣南角有斥丘，蓋因丘以氏縣，故乾侯矣。《春秋經》書，昭公二十八年，公如晉，次于乾侯也。漢高帝六年，封唐厲為侯國。王莽之利丘矣。又屈逕其城北，東北流注于白溝，洹水自鄴東逕安陽縣故城北，徐廣《晉紀》曰：石遵自李城北入，斬張豺于安陽是也。《魏土地記》曰：鄴城南四十里有安陽城，城北有洹水東流者也。洹水又東至長樂縣，左則枝溝出焉。洹水又東逕長樂縣故城南，按《晉書·地理志》曰：魏郡有長樂縣也。

又東過內黃縣北，東入于白溝。

5 洹水逕內黃縣北東流，注于白溝，世謂之洹口也。許慎《說文》❹、呂忱《字林》❺，並云洹水出晉、魯之間。昔聲伯夢涉洹水，或與己瓊瑰而食之，泣而又為瓊瑰，盈其懷矣。從而歌曰❻：濟洹之水，贈我以瓊瑰，歸乎，歸乎，瓊瑰盈吾懷乎。後言之，之暮而卒。即是水也。

【注釋】❶黃華谷北崖上　此處有佚文一條：《北堂書鈔》卷一五八〈地理部〉二〈穴篇〉十三引《水經注》：「黃谷內西洪邊有一洞，深數丈，去地千餘仞，俗謂之聖人穴。」當是此句下佚文。❷入于洹水　此處有佚文一條：《名勝志・河南》卷五〈漳德府・臨漳縣〉引《水經注》：「有黃衣水注之。」當是此段中佚文。❸南北　殿本在此有戴震案語：「此下有脫文。下云注白溝河，溝上承洹水，亦訛脫不可考。」語譯略去。❹說文　書名。《隋書・經籍志》著錄漢許慎撰，十五卷。今通行本共十四篇，許慎作解十三萬三千四百四十一字，故又稱此書為《說文解字》。全書分為五百四十部，是中國歷史上出現的第一部字典。中國漢字的文字結構稱「六書」，即指事、象形、形聲、會意、轉注、假借。即以此書為始。❺字林　書名。晉呂忱撰。《隋書・經籍志》著錄七卷。此書部目依《說文》，收字一萬二千八百二十四，是補充《說文》疏漏的著作。書已散佚，今有《西城樓叢書》、宛委山堂《說郛》等本，均已不全。❻從而歌曰　此下不知其歌何名，但全文載《左傳》成公十七年。

【語譯】洹水出上黨泫氏縣，

1 洹水發源於洹山，這座山在長子縣。

東過隆慮縣北，

2 縣北有隆慮山，是從前帛仲理仙遊的地方。該縣就是依山取名的。漢高帝六年（西元前二〇一年），把該縣封給周竈為侯國。應劭說：殤帝名隆，為避諱改隆慮為林慮。縣裡有黃華水，發源於神囷山黃華谷北的山崖上。山高十七里，水從木門帶流出，木門帶是神囷山的第三級，離地七里，山崖上的瀑布直瀉而下，往東南注入深壑，直瀉到巖下，形狀就像雞的長尾巴，所以叫雞翹洪，正像天台山上的巖石狀如赤紅色的城牆，所以叫赤城一樣。這條水東流到了谷口，潛入地下，在東北十里處又重新冒出，名叫柳渚。柳渚周圍四五里，是黃華水再次發源形成的。水往東流，葦泉水注入。葦泉水發源於林慮山北麓的沼澤中，東南流，與雙泉匯合。雙泉發源於魯般門東，往下流入葦泉水。葦泉水又東南流，注入黃華水，合流後稱陵陽水。又東流，注入洹水。

又東北出山，過鄴縣南，

3 洹水出山後，東流經殷墟北。《竹書紀年》說：盤庚即位，從奄遷到北蒙，稱為殷。從前項羽與章邯在這裡訂立盟約。洹水又東流，分出一條支流，東北流經鄴城南，稱為新河。又東流，分為兩條：一條北流經東明觀下。從前慕容儁夢見石虎咬他的臂膀，醒後覺得很憎惡，便出賞榜徵求他的屍體，但沒有人知道在哪裡。後宮有個寵妾說，石虎葬於東明觀下，於是掘地覓屍，直掘到地下深處，才掘出他的棺材。撬開了棺材，拖出他的屍體，已經變成僵屍了，沒有腐爛。慕容儁罵道：你這死胡，怎麼敢託夢給在世的天子。令御史中尉陽約列舉他的罪狀加以鞭打。這裡就是石虎初葬之處。又北流經建春門石橋，石橋並不高大，但石工製作得十分精緻，舊橋橋頭兩邊樹立石柱，柱上的盤龍和柱座都雕得十分精美。皇上乘車南巡時，看到石柱製作得華麗精妙，於是拆下移到平城來，放置在東邊的西闕，北面對著射堂。這裡有綠水平潭，水濱長著一片鬱鬱蔥蔥的叢林，是個遊憩的好地方。此水西流經舊時魏武帝的玄武苑，苑內舊時有玄武池，可以學習泛舟，又設有魚梁、釣臺，還有竹木、灌叢。現在水池和林木都已蕩然無存，連一點遺跡也沒有了。

4 此水西流，注入漳水。南邊那一條東北流經女亭城北，又東北流經高陵城南，東流與坰溝匯合，又東流經鸕鷀陂，北流與台陂水匯合。陂塘東西三十里，南北……。注入白溝。河溝上流承接洹水，北流穿過新河，北流經高陵城東，又北流經斥丘縣老城西。縣城南角有斥丘，是以丘名為縣名的，這裡就是從前的乾侯。《春秋經》載，昭公二十八年（西元前五一四年），昭公到晉國去，在乾侯歇宿。漢高帝六年（西元前二〇一年），將乾侯封給唐厲為侯國，就是王莽時的利丘。又轉彎流經城北，東北流，注入白溝。洹水從鄴東流經安陽縣老城北。徐廣《晉紀》說：石遵從李城向北入侵，在安陽殺了張豺。《魏土地記》說：鄴城南四十里有安陽城，城北有洹水東流。洹水又東流，到長樂縣，左岸有支溝流出。洹水又東流經長樂縣老城南。據《晉書·地理志》說：魏郡有長樂縣。

又東過內黃縣北，東入于白溝。

洹水經過內黃縣北，東流注入白溝，匯流處世人稱為洹口。許慎《說文》、呂忱《字林》都說洹水發源於晉、魯之間。從前聲伯夢見涉過洹水，有人送給他美玉和寶珠，他把這些都吃了，流下的眼淚又變成了美玉寶珠，把懷裡都裝滿了。於是他歌唱道：渡過洹水，贈我美玉寶珠，回去吧，回去吧，美玉寶珠把我懷裡都裝滿了。以後他講起夢裡的事，到傍晚就死了。說的就是此水。

【研　析】《水經注》記敘河川，對河源非常重視，因為河源是一條河川的開端，記好河源，全文就有一個確實的開始。所以凡作者足跡所到之地，他都要親自考察河源，全書中例子不少，因而《注》文對河源都有翔實細緻的描述，絕非千篇一律。其中特別是今山西、河南二省，因這一帶是他生平多所親履之地，所以都能按其目擊，作出生動的記敘。此卷中的清水、沁水、淇水三川，雖然都是發源在太行山東麓或黃土高原的河流，但顯然都經過他的親自考察，所以《注》文都如實地描述了它們各不相同的河源類型。〈清水注〉說：「黑山在縣北白鹿山東，清水所出也。上承諸陂散泉，積以成川。」〈沁水注〉說：「沁水即涅水也，或言出穀遠縣羊頭山世靡谷，三源奇注，逕瀉一隍。又南會三水，歷落出左右近溪，參差翼注之也。」〈淇水注〉則說：「淇水出沮洳山。水出山側，頹波漰注，衝激橫山。山上合下開，可減六七十步，巨石磥砢，交積隍澗，傾瀾漭溢，勢同雷轉，激水散氛，曖若霧合。」由此可知，清水是一條以山麓分布的諸陂散泉為水源的河流，沁水是一條以山澗小溪為河源的河流，而淇水則是一條以山崖斷層的瀑布為水源的河流。這樣，在同一卷又基本上是同一地區的三條河流，《注》文卻能生動而細緻地描述了它們的不同特點。當然，即使在今晉、豫二省，他也不可能對每一條河流都進行實地考察，從上面〈題解〉中可見，對洹水上源，他就足跡未及，所以雖然《注》文顯然比《經》文翔實，並且也提及了林慮山，但畢竟仍然存在錯誤。

卷十

濁漳水　清漳水

【題解】卷十包括〈濁漳水〉、〈清漳水〉二篇，濁漳水今稱濁漳河，清漳水今稱清漳河，二河均發源於今山西省境內，在今河北涉縣與今山東林縣之間匯合，稱為漳河。從此沿今河南、河北二省邊界折向東流，進入近代在此修建的岳城水庫，從水庫復出而入今河北境，在今山東冠縣與河北館陶之間注入衛河。今漳河全長近四百六十公里，流域面積一萬九千餘平方公里。此卷二篇以濁漳水為主，清漳水只是一條支流。濁漳水支流除此以外，尚有潞水、隅（湡）水、泜水、洺水等，今本《注》文頗有遺佚。清趙一清《水經注釋》曾收輯佚文，增補潞、洺二水，今按其所補附於卷末。

濁漳水

濁漳水出上黨長子縣西發鳩山，

1 漳水出鹿谷山，與發鳩連麓而在南。《淮南子》謂之發苞山，故異名互見也。左則陽泉水注之，右則繖蓋水入焉。三源同出一山，但以南北為別耳。

東過其縣南，

2 又東，堯水自西山東北流，逕堯廟北，又東逕長子縣故城南，周史辛甲所封邑也。《春秋》襄公十八年，晉人執衛行人石買于長子，即是縣也。秦置上黨郡，治此。其水東北流入漳水。漳水東會于梁水。梁水出南梁山，北流逕長子縣故城南。《竹書紀年》曰：梁惠成王十二年，鄭取屯留、尚子、涅。尚子，即長子之異名也。梁水又北入漳水。

屈從縣東北流，

3 陶水南出陶鄉，北流逕長子城東，西轉逕其城北❶，東注于漳水。

又東過壺關縣北，又東北過屯留縣南，

4 漳水東逕屯留縣南，又屈逕其城東，東北流，有絳水注之。水西出穀遠縣東發鳩之谷，謂之為濫水也。東逕屯留縣故城南，故留吁國也。潞氏之屬。《春秋》襄公十八年，晉人執孫蒯于純留是也。其水東北流入于漳。故桑欽云：絳水出屯留西南，東入漳。漳水又東，涑水注之。水西出發鳩山，東逕余吾縣故城南。漢光武建武六年，封景丹子尚為侯國。涑水又東逕屯留縣故城北，《竹書紀年》：梁惠成王元年，韓共侯、趙成侯遷晉桓公于屯留。《史記》：趙肅侯奪晉君端氏而徙居之此矣。其水又東流注于漳。故許慎曰：水出發鳩山入漳，從水，東聲也。

5 漳水又東北，逕壺關縣故城西，又屈逕其城北，故黎國也。有黎亭，縣有壺口關，故曰壺關矣。呂后元年，立孝惠後宮子武為侯國。漢有壺關三老公乘興上書訟衛太子，即邑人也。縣在屯留東，不得先壺關而後屯留也。

6 漳水歷鹿臺山與銅鞮水❷合，水出銅鞮縣❸西北石磴山，東流與專池水合。水出八特山，東北流入銅鞮水。銅鞮水又東南合女諫水。水西北出好松山，東南流，北則葦池水與公主水合而右注之，南則榆交水與皇后水合而左入焉，亂流東南，注于銅鞮水。銅鞮水又東逕李憙墓，墓前有碑，碑石破碎，故李氏以太和元年立之。其水又東逕故城北。城在山阜之上，下臨岫壑，東、西、北三面，阻袤二里❹，世謂之斷梁城，即故縣之上虒亭也。銅鞮水又東逕銅鞮縣故城北，城在水南山中，晉大夫羊舌赤銅鞮伯華之邑也。漢高祖破韓王信于此縣。

7 銅鞮水又東南流逕頃城西，即縣之下虒聚也。〈地理志〉曰：縣有上虒亭、下虒聚者也。銅鞮水又南逕胡邑西，又東屈逕其城南，又東逕襄垣縣，入于漳。漳水又東北流逕襄垣縣故城南，王莽之上黨亭。

潞縣北，

8 縣，故赤翟潞子國也。其相豐舒有儁才，而不以茂德。晉伯宗數其五罪，使荀林父滅之。闞駰曰：有潞水，為冀州浸，即漳水也。余按《燕書》，王猛與慕容評相遇于潞川也。評障錮山泉，鬻水與軍，入絹匹，水二石，無佗大川，可以為浸，所有巨浪長湍，惟漳水耳。故世人亦謂濁漳為潞水矣。縣北對故臺壁，漳水逕其南，本潞子所立也，世名之為臺壁。慕容垂伐慕容永于長子，軍次潞川。永率精兵拒戰，阻河自固，垂陣臺壁，一戰破之，即是處也。漳水于是左合黃須水口。水出臺壁西張譚巖下。世傳巖赤則土羅兵害，故惡其變化無常，恆以石粉汙之令白，是以俗目之為張譚巖。其水南流，逕臺壁西，又南入于漳。

9 漳水又東北歷望夫山，山之南有石人竚于山上，狀有懷于雲表，因以名焉。有涅水西出覆甑山，而東流與西湯溪水合。水出涅縣西山湯谷，五泉俱會，謂之五會之泉。交❺東南流，謂之西湯水，又東南流注涅水。涅水又東逕涅縣故城南，縣氏涅水也。東與白雞水合。水出縣之西山，東逕其縣北，東南流入涅水。涅水又東南，武鄉水會焉。水源出武山西南，逕武鄉縣故城西，而南得清谷口。水源出東北長山清谷，西南與鞞鞛、白壁二水合，南入武鄉水，又南得黃水口。黃水三源，同注一壑，東南流與隱室水合。水源西北出隱室山，東南注黃水。又東入武鄉水。武鄉水又東南注于涅水。涅水又東南流，注于漳水。

10 漳水又東逕磻陽城北，倉谷水入焉。水出林慮縣之倉谷溪，東北逕魯班門西，雙闕昂藏，石壁霞舉，左右結石脩防，崇基仍存。北逕偏橋東，即林慮之嶠嶺抱犢固也。石磴西陛，陟踵脩上五里餘，崿路中斷四五丈，中以木為偏橋，劣得通行，亦言故有偏橋之名矣。自上猶須攀蘿捫葛，方乃自津，山頂，即庚衮眩墜處也。倉谷溪水又北合白木溪。溪水出壺關縣東白木川，東逕百晦城北，蓋同仇池百頃之稱矣。又東逕林慮縣之石門谷，又注于倉溪水。倉溪水又北逕磻陽城東而北流，注于漳水。漳水又東逕葛公亭北而東注矣。

又東過武安縣，

11 漳水于縣東，清漳水自涉縣東南來注之。世謂決入之所為交漳口也。

又東出山，過鄴縣西，

12 漳水又東逕三戶峽為三戶津。張晏曰：三戶，地名也，在梁期西南。孟康曰：津，峽名也，在鄴西四十里。又東，汙水注之。水出武安縣山，東南流逕汙城北。昔項羽與蒲將軍英布濟自三戶，破章邯于是水。汙水東注于漳水，漳水又東逕武城南，世謂之梁期城。梁期在鄴北，俗亦謂之兩期城，皆為非也。司馬彪《郡國志》曰：鄴縣有武城，武城即期城矣。漳水又東北逕西門豹祠前，祠東側有碑，隱起為字，祠堂東頭石柱勒銘曰：趙建武中所脩也。魏文帝〈述征賦〉❻曰：羨西門之嘉迹，忽遙睇其靈宇。漳水右與枝水合。其水上承漳水于邯會西，而東別與邯水合。水發源邯山東北，逕邯會縣故城西，北注枝水，故曰邯會也。張晏曰：漳水之別，自城西南與邯山之水會，今城旁猶有溝渠存焉。漢武帝元朔二年，封趙敬肅王子劉仁為侯國。其水又東北入于漳。

13 昔魏文侯以西門豹為鄴令也，引漳以溉鄴，民賴其用。其後至魏襄王，以史起為鄴令，又堰漳水以灌鄴田，咸成沃壤，百姓歌之。魏武王又堨漳水，迴流東注，號天井堰。二十里中，作十二墱，墱相去三百步，令互相灌注。一源分為十二流，皆懸水門。陸氏《鄴中記》❼云：水所溉之處，名曰堰陵澤。故左思之賦魏都❽，謂墱流十二，同源異口者也。

14 魏武之攻鄴也，引漳水以圍之。《獻帝春秋》❾曰：司空鄴城圍周四十里，初淺而狹，如或可越，審配不出爭利，望而笑之。司空一夜增脩，廣深二丈，

15 引漳水以注之，遂拔鄴。

本齊桓公所置也，故《管子》曰：築五鹿、中牟、鄴，以衛諸夏也。後屬晉，魏文侯七年，始封此地，故曰魏也。漢高帝十二年，置魏郡，治鄴縣。王莽更名魏城。後分魏郡，置東、西部都尉，故曰三魏。魏武又以郡國之舊，引漳流自城西東入，逕銅雀臺下，伏流入城東注，謂之長明溝也。渠水又南逕止車門下。魏武封于鄴為北宮，宮有文昌殿。溝水南北夾道，枝流引灌，所在通溉。東出石竇堰下，注之隍水。故魏武〈登臺賦〉⑩曰：引長明，灌街里。謂此渠也。石氏于文昌故殿處，造東、西太武二殿，于濟北穀城之山採文石為基，一基下五百武直宿衛。屈柱趺瓦，悉鑄銅為之，金漆圖飾焉。又徙長安、洛陽銅人，置諸宮前，以華國也。城之西北有三臺，皆因城為之基，巍然崇舉，其高若山，建安十五年魏武所起，平坦略盡。《春秋古地》⑪云：葵丘，地名，今鄴西三臺是也。謂臺已平，或更有見，意所未詳。中曰銅雀臺，高十丈，有屋百一間，臺成，命諸子登之，竝使為賦。陳思王下筆成章，美捷當時。亦魏武望奉常王叔治之處也。

16 昔嚴才與其屬攻掖門，脩聞變，車馬未至，便將官屬步至宮門，太祖在銅雀臺望見之曰：彼來者必王叔治也。相國鍾繇曰：舊京城有變，九卿各居其府，卿何來也？脩曰：食其祿，焉避其難？居府雖舊，非赴難之義。時人以為美談矣。石虎更增二丈，立一屋，連棟接榱，彌覆其上，盤迴隔之，名曰命子窟。又于屋上起五層樓，高十五丈，去地二十七丈，又作銅雀于樓巔，舒翼若飛。南則金虎臺，高八丈，有屋百九間。北曰冰井臺，亦高八丈，有屋百四十五間，上有冰室，室有數井，井深十五丈，藏冰及石墨焉。石墨可書，又燃之難盡，亦謂之石炭。又有粟窖及鹽窖，以備不虞。今窖上猶有石銘存焉。左思〈魏都賦〉曰：三臺列峙而崢嶸者也。城有七門：南曰鳳陽門，中曰中陽門，次曰廣陽門，東曰建春門，北曰廣德門，次曰廄門，西曰金明門，一曰白門。鳳陽門三臺洞開，高三十五丈，石氏作層觀架其上，置銅鳳，頭高一丈六尺。東城上，石氏立東明觀，觀上加金博山，謂之鏘天。北城上有齊斗樓，超出群榭，孤高特立。其城東西七里，南北五里，飾表以塼。百步一樓，凡諸宮殿，門臺、隅雉，皆加觀榭。層甍反宇，飛檐拂雲，圖以丹青，色以輕素。當其全盛之時，去鄴六七十里，遠望苕亭，巍若仙居。魏因漢祚，復都洛陽，以譙為先人本國，許昌為漢之所居，長安為西京之遺迹，鄴為王業之本基，故號五都也。今相州刺史及魏郡治。漳水自西門豹祠北逕趙閱馬臺西，基高五丈，列觀其上，石虎每講武于其下，升觀以望之。虎自臺上放鳴鏑之矢，以為軍騎出入之節矣。

17 漳水又北逕祭陌西，戰國之世，俗巫為河伯取婦，祭于此陌。魏文侯時，西門豹為鄴令，約諸三老曰：為河伯娶婦，幸來告知，吾欲送女。皆曰：諾。至時，三老、廷掾賦斂百姓，取錢百萬，巫覡行里中，有好女者，祝當為河伯婦，以錢三萬聘女，沐浴脂粉如嫁狀。豹往會之，三老、巫、掾與民咸集赴觀。巫嫗年七十，從十女弟子。豹呼婦視之，以為非妙，令巫嫗入報河伯，投巫于河中。有頃，曰：何久也？又令三弟子及三老入白，並投于河。豹磬折曰：三老不來，奈何？復欲使廷掾、豪長趣之，皆叩頭流血，乞不為河伯取婦。淫祀雖斷，地留祭陌之稱焉。

18 又慕容儁投石虎尸處也。田融以為紫陌也。趙建武十一年，造紫陌浮橋于水上，為佛圖澄先造生墓于紫陌；建武十五年卒，十二月葬焉，即此處也。

19 漳水又對趙氏臨漳宮，宮在桑梓苑，多桑木，故苑有其名。三月三日及始蠶之月，虎帥皇后及夫人採桑于此，今地有遺桑，墉無尺雉矣。

20 漳水又北，滏水入焉[12]。漳水又東逕梁期城南。《地理風俗記》曰：鄴北五十里有梁期城，故縣也。漢武帝元鼎五年，封任破胡為侯國。晉惠帝永興元年，驃騎王浚遣烏丸渴末逕至梁期，候騎到鄴，成都王穎遣將軍石超討末，為末所敗于此也。又逕平陽城北，《竹書紀年》曰：梁惠成王元年，鄴師敗邯鄲師于平陽者也。司馬彪《郡國志》曰：鄴有平陽城，即此地也。

21

又東過列人縣南，

漳水又東，右逕斥丘縣北，即裴縣故城南，王莽更名之曰即是也。《地理風俗記》曰：列人縣西南六十里有即裴城，故縣也。漳水又東北逕列人縣故城南，王莽更名之為列治也。《竹書紀年》曰：梁惠成王八年，惠成王伐邯鄲，取列人者也。于縣右合白渠故瀆。白渠水出魏郡武安縣欽口山，東南流逕邯鄲縣南，又東與拘澗水合。水導源武始東山白渠，北俗猶謂是水為拘河也。拘澗水又東，又有牛首水入焉。水出邯鄲縣西堵山，東流分為二水，洪湍雙逝，澄映兩川。漢景帝時，七國悖逆，命曲周侯酈寄攻趙，圍邯鄲，相捍七月，引牛首拘水灌城，城壞，王自殺。其水東入邯鄲城，逕溫明殿南，漢世祖擒王郎、幸邯鄲晝臥處也。其水又東逕叢臺南，六國時，趙王之臺也。《郡國志》曰：邯鄲有叢臺。故劉劭《趙都賦》[13]曰：結雲閣于南宇，立叢臺于少陽者也。今遺基舊墉尚在。

22 其水又東歷邯鄲阜。張晏所謂邯山在東城下者也。曰單，盡也，城郭從邑，故加邑，邯鄲之名，蓋指此以立稱矣。故趙郡治也。《長沙耆舊傳》⑭稱：桓楷為趙郡太守，嘗有遺囊粟于路者，行人挂囊粟于樹，莫敢取之，即于是處也。其水又東流出城，又合成一川也。又東，澄而為渚，渚水東南流，注拘澗水，又東入白渠，又東，故瀆出焉。一水東為澤渚，曲梁縣之雞澤也。《國語》所謂雞丘矣。東北通澄湖，白渠故瀆南出，所在枝分，右出即邯溝也。歷邯溝縣故城東，蓋因溝以氏縣也。《地理風俗記》曰：即裴城，西北二十里有邯溝城，故縣也。又東逕肥鄉縣故城北。《竹書紀年》曰：梁惠成王八年，伐邯鄲取肥者也。《晉書・地道記》曰：太康中立以隸廣平也。渠道交逕，互相纏縻，與白渠同歸，逕列人右會漳津。今無水。〈地理志〉曰：白渠東至列人入漳是也。

又東北過斥漳縣南，

23 應劭曰：其國斥鹵，故曰斥漳。漢獻帝建安十八年，魏太祖鑿渠，引漳水東入清洹以通河漕，名曰利漕渠。漳津故瀆水斷，舊溪東北出，涓流濗注而已。《尚書》所謂覃懷底績，至于衡漳者也。孔安國曰：衡，橫也，言漳水橫流也。

又東北逕平恩縣故城西。應劭曰：縣，故館陶之別鄉，漢宣帝地節三年置，以封后父許伯為侯國，王莽更曰延平也。

又東北過曲周縣東，又東北過鉅鹿縣東，

24 衡漳故瀆東北逕南曲縣故城西。〈地理志〉：廣平有南曲縣。應劭曰：平恩縣北四十里有南曲亭，故縣也。又逕曲周縣故城東。〈地理志〉曰：漢武帝建元四年置，王莽更名直周。余按《史記》，大將軍酈商以高祖六年封曲周縣為侯國。又考《漢書》同。是知曲周舊縣，非始孝武。嘯父，冀州人，在縣市補履數十年，人奇其不老，求其術而不能得也。

25 衡漳又北逕巨橋邸閣西，舊有大梁橫水，故有巨橋之稱。昔武王伐紂，發巨橋之粟，以賑殷之饑民。服虔曰：巨橋，倉名。許慎曰：鉅鹿水之大橋也。今臨側水湄，左右方一二里中，狀若丘墟，蓋遺囤故窖處也。

26 衡水又北逕鉅鹿縣故城東，應劭曰：鹿者，林之大者也。《尚書》曰：堯將禪舜，納之大麓之野。烈風雷雨不迷，致之以昭華之玉，而縣取目焉。路溫舒，縣之東里人，父為里監門，使溫舒牧羊澤中，取蒲牒用寫書，即此澤也。鉅鹿郡治。秦始皇二十五年，滅趙以為鉅鹿郡。漢景帝中元年，為廣平郡，武帝征和二年，以封趙敬肅王子為平千國，世祖中興，更為鉅鹿也。鄭玄注《尚書》引《地說》云⑮：大河東北流，過絳水千里，至大陸為地腹⑯，如〈志〉之言，大陸在鉅鹿。〈地理志〉曰：水在安平信都鉅鹿。與信都相去不容此數也⑰。水土之名變易，世失其處，見降水則以為絳水，故依而廢讀，或作絳字，非也。今河內共北山，淇水出焉，東至魏郡黎陽入河，近所謂降水也。降讀當如郕降于齊師之降，蓋周時國于此地者，惡言降，故改云共耳。又今河所從去大陸遠矣，館陶北屯氏河，其故道與？余按鄭玄據《尚書》，有東過洛汭，至于大伾；北過降水，至于大陸。推次言之，故以淇水為降水，共城為降城，所未詳也。稽之群書，共縣本共和之故國，是有共名，不因惡降而更稱。禹著《山經》，淇出沮洳。〈淇澳〉衛詩，列目又遠，當非改絳，革為今號。但是水導源共北山，玄欲成降義，故以淇水為降水耳。即如玄引《地說》，黎陽、鉅鹿，非千里之逕，直信都于大陸者也。惟屯氏北出館陶，事近之矣。按〈地理志〉云：絳水發源屯留，下亂漳津。是乃與漳俱得通稱，故水流間關，所在著目，信都復見絳名，而東入于海。尋其川脈，無他殊瀆，而衡漳舊道，與屯氏相亂，乃《書》有過降之文，與《地說》千里之誌，即之途致，與《書》相鄰，河之過降，當應此矣。下至大陸，不異《經》說。自甯迄于鉅鹿，出于東北，皆為大陸。語之纏絡，厥勢眇矣。九河既播，八枝代絕。遺迹故稱，往往時存，故鬲、般列于東北，徒駭瀆聯漳、絳，同逆之狀粗分，陂障之會猶在。按《經》考瀆，自安故目矣。

27 漳水又歷經縣故城西，水有故津，謂之薄落津。昔袁本初還自易京，上已屆此，率其賓從，禊飲于斯津矣。衡漳又逕沙丘臺東，紂所成也，在鉅鹿故城東北七十里，趙武靈王與秦始皇竝死于此矣。

28 又逕銅馬祠東，漢光武廟也。更始三年秋，光武追銅馬于館陶，大破之，遂降之。賊不自安，世祖令其歸營，乃輕騎行其壘，賊乃相謂曰：蕭王推赤心置人腹中，安得不投死乎？遂將降人分配諸將，眾數十萬人，故關西號世祖曰銅馬帝也。祠取名焉。

29 廟側有碑，述河內脩武縣張導，字景明，以建和三年為鉅鹿太守，漳津汎濫，土不稼穡，導披按地圖，與丞彭參、掾馬道嵩等，原其逆順，揆其表裡，脩防排通，以正水路，功績有成，民用嘉賴。題云：「漳河神壇碑」。而俗老耆儒，猶揭斯廟為銅馬劉神寺。是碑頃因震裂，餘半不可復識矣。

30 又逕南宮縣故城西。漢惠帝元年，以封張越人子買為侯國，王莽之序中也。其水與隅醴通為衡津[18]。又有長蘆淫水之名，絳水之稱矣。今漳水既斷，絳水非復纏絡矣。又北，絳瀆出焉，今無水。故瀆東南逕九門城南，又東南逕南宮城北，又東南逕繚城縣故城北。《十三州志》曰：經縣東五十里有繚城，故縣也。左逕安城南，故信都之安城鄉也。更始二年，和戎卒正邳彤，與上會信都南安城鄉，上大悅，即此處也。故瀆又東北逕辟陽亭。漢高帝六年，封審食其為侯國，王莽之樂信也。《地理風俗記》曰：廣川西南六十里有辟陽亭，故縣也。絳瀆又北逕信都城東，散入澤渚，西至于信都城，東連于廣川縣之張甲故瀆，同歸于海。故《地理志》曰：《禹貢》，絳水在信都東入于海也。

又北過堂陽縣西，

31 衡水自縣，分為二水：其一水北出，逕縣故城西。世祖自信都以四千人先攻堂陽降水者也。水上有梁，謂之旅津渡，商旅所濟故也。其右水東北注，出石門，門石崩褫，餘基殆在，謂之長蘆水，蓋變引葭之名也。長蘆水東逕堂陽縣故城南。應劭曰：縣在堂水之陽。《穀梁傳》曰：水北為陽也。今于縣故城南，更無別水，惟是水東出，可以當之，斯水蓋包堂水之兼稱矣。長蘆水又東逕九門城北，故縣也。又東逕扶柳縣故城南。世祖建武三十年，封寇恂子損為侯國。又東屈北逕信都縣故城西，信都郡治也，漢高帝六年置。景帝中二年，為廣川惠王越國，王莽更為新博，縣曰新博亭。光武自薊至信都是也。明帝永平十五年，更名樂成。安帝延光中，改曰安平。城內有「漢冀州從事安平趙徵碑」，又有「魏冀州刺史陳留丁紹碑」，青龍三年立。城南有「獻文帝南巡碑」。其水側城北注，又北逕安陽城東，又北逕武陽城東。《十三州志》曰：扶柳縣東北武陽城，故縣也。又北為博廣池，池多名蟹佳蝦，歲貢王朝，以充膳府。又北逕下博縣故城東，而北流注于衡水也。

又東北過扶柳縣北，又東北過信都縣西。

32 扶柳縣故城在信都城西，衡水逕其西。縣有扶澤，澤中多柳，故曰扶柳也。衡水又北逕昌城縣故城西，《地理志》，信都有昌城縣。漢武帝以封城陽頃王子劉差為侯國。闞駰曰：昌城本名阜城矣。應劭曰：堂陽縣北三十里有昌城，故縣也。世祖之下堂陽，昌城人劉植率宗親子弟據邑以奉世祖是也。又逕西梁縣故城東。《地理風俗記》曰：扶柳縣西北五十里有西梁城，故縣也。世以為五梁城，蓋字狀致謬耳。

衡漳又東北逕桃縣故城北。漢高祖十二年，封劉襄為侯國，王莽改之曰桓分也。合斯洨故瀆。斯洨水首受大白渠，大白渠首受綿蔓水，綿蔓水上承桃水。水出樂平郡之上艾縣，東流，世謂之曰桃水，東逕靖陽亭南，故關城也。又北流，逕井陘關下，注澤發水[19]，亂流東北逕常山蒲吾縣西，而桃水出焉。南逕蒲吾縣故城西，又東南流逕桑中縣故城北，世謂之石勒城。蓋趙氏增城之，故擅其目，俗又謂之高功城。〈地理志〉曰：侯國也。桃水又東南流，逕綿蔓縣故城北，王莽之綿延也。世祖建武二年，封郭況為侯國，自下通謂之綿蔓水。綿蔓水又東流，逕樂陽縣故城西，右合井陘山水。水出井陘山，世謂之鹿泉水。東北流，屈逕陳餘壘西，俗謂之故壁城。昔在楚、漢，韓信東入，餘拒之于此，不納左車之計，悉眾西戰，信遣奇兵自間道出，立幟于其壘，師奔失據，遂死泜上。其水又屈逕其壘南，又南逕城西，東注綿蔓水。綿蔓水又屈從城南，俗名曰臨清城，非也。〈地理志〉曰：侯國矣。王莽更之曰暢苗者也。《東觀漢記》曰：光武使鄧禹發房子兵二千人，以銚期為偏將軍，別攻真定、宋子餘賊，拔樂陽稾肥壘者也[20]。

綿蔓水又東逕烏子堰，枝津出焉。又東，謂之大白渠。〈地理志〉所謂首受綿蔓水者也。白渠水又東南逕關縣故城北。〈地理志〉：常山之屬縣也。又東為成郎河，水上有大梁，謂之成郎橋。又東逕耿鄉南，世祖封前將軍耿純為侯國，世謂之宜安城。又東逕宋子縣故城北，又謂之宋子河。漢高帝八年，封許瘛為侯國，王莽更名宜子。昔高漸離擊筑傭工，自此入秦。又東逕敬武縣故城北。按〈地理志〉：鉅鹿之屬縣也。漢元帝封女敬武公主為湯沐邑㉑。闞駰《十三州記》曰：楊氏縣北四十里有敬武亭，故縣也。今其城實中，小邑耳，故俗名之曰敬武壘，即古邑也。白渠水又東，謂之斯洨水，〈地理志〉曰：大白渠東南至下曲陽入斯洨者也。東分為二水，枝津右出焉，東南流，謂之百尺溝，又東南逕和城㉒北，世謂之初丘城，非也。漢高帝十一年，封郎中公孫昔為侯國。又東南逕貰城西，漢高帝六年，封呂博為侯國。百尺溝東南散流，逕歷鄉東而南入泜湖，東注衡水也。斯洨水自枝津東逕貰城北，又東積而為陂，謂之陽縻淵。淵水左納白渠枝水，俗謂之泜水㉓，水承白渠于藁城縣之烏子堰。又東逕肥纍縣之故城南，又東逕陳臺南，臺甚寬廣，今上陽臺屯居之㉔。又東逕新豐城北，按〈地理志〉云：鉅鹿有新市縣，侯國也。王莽更之曰樂市，而無新豐之目，所未詳矣。

35

其水又東逕昔陽城南，世謂之曰直陽城，非也，本鼓聚矣。《春秋左傳》昭公十五年，晉荀吳帥師伐鮮虞，圍鼓三月，鼓人請降。穆子曰：猶有食色，不許。軍吏曰：獲城而弗取，勤民而頓兵，何以事君？穆子曰：獲一邑而教民怠，將焉用邑也。賈怠無卒，棄舊不祥，鼓人能事其君，我亦能事吾君。率義不爽，好惡不愆，城可獲也。有死義而無二心，不亦可乎？鼓人告食竭力盡，而後取之。克鼓而返，不戮一人，以鼓子鳶鞮歸，既獻而返之。鼓子又叛，荀吳略東陽，使師偽糴，負甲息于門外，襲而滅之。以鼓子鳶鞮歸，使涉佗守之者也。《十三州志》曰：今其城，昔陽亭是矣。京相璠曰：白狄之別也。下曲陽有鼓聚，故鼓子國也。

36

白渠枝水又東逕下曲陽城北，又逕安鄉縣故城南，〈地理志〉曰：侯國也。又東逕貰縣，入斯洨水。斯洨水又東逕西梁城南，又東北逕樂信縣故城南，〈地理志〉：鉅鹿屬縣，侯國也。又東入衡水。衡水又北，為袁譚渡，蓋譚自鄴往還所由，故濟得厥名。

37

又東北過下博縣之西，

衡水又北逕鄔縣故城東。《竹書紀年》：梁惠成王三十年，秦封衛鞅于鄔，改名曰商，即此是也。故王莽改曰秦聚也。《地理風俗記》曰：縣北有鄔阜，蓋縣氏之。又右逕下博縣故城西，王莽改曰閏博。應劭曰：太山有博，故此加下。漢光武自滹沱南出，至此失道，不知所以。遇白衣老父曰：信都為長安守，去此八十里。世祖赴之，任光開門納焉，漢氏中興治基之矣。尋求老父不得，議者以為神。衡漳又東北歷下博城西，逶迤東北注，謂之九縪。西逕樂鄉縣故城南，王莽更之曰樂丘也。又東，引葭水注之。

[38] 又東北過阜城縣北，又東北至昌亭，與滹沱河會。

《經》敘阜城于下博之下，昌亭之上。考地非比，于事為同。勃海阜城又在東昌之東，故知非也。漳水又東北逕武邑郡南，魏所置也。又東逕武強縣北，又東北逕武隧縣故城南，按《史記》，秦破趙將扈輒于武隧，斬首十萬，即于此處也。王莽更名桓隧矣。白馬河注之，水上承滹沱，東逕樂鄉縣北、饒陽縣南，又東南逕武邑郡北，而東入衡水，謂之交津口。衡漳又東逕武邑縣故城北，王莽之順桓也。晉武帝封子于縣以為王國。後分武邑、武隧、觀津為武邑郡，治此。衡漳又東北，右合張平口，故溝上承武強淵，淵之西南，側水有武強縣故治，故淵得其名焉。

39 《東觀漢記》曰：光武拜王梁為大司空，以為侯國。耆宿云：邑人有行于途者，見一小蛇，疑其有靈，持而養之，名曰擔生。長而吞噬人，里中患之，遂捕繫獄。擔生負而奔，邑淪為湖，縣長及吏咸為魚矣。今縣治東北半里許落水。淵水又東南結而為湖，又謂之郎君淵。耆宿又言：縣淪之日，其子東奔，又陷于此，故淵得郎君之目矣。

40 淵水北通，謂之石虎口，又東北為張平澤。澤水所泛，北決堤口，謂之張刀溝，北注衡漳，謂之張平口，亦曰張平溝。水溢則南注，水耗則輟流。衡漳又逕東昌縣故城北，《經》所謂昌亭也，王莽之田昌也。俗名之曰東相，蓋相、昌聲韻合，故致茲誤矣。西有昌城，故目是城為東昌矣。衡漳又東北，左會滹沱故瀆，謂之合口。衡漳又東北，分為二川，當其水泆處，名之曰李聰渙。

又東北至樂成陵縣北別出，

41 衡漳于縣無別出之瀆，出縣北者，乃滹沱別水，分滹沱故瀆之所纏絡也。衡漳又東，分為二水，左出為向氏口，瀆水自此決入也。衡漳又東，逕弓高縣故城北，漢文帝封韓王信之子韓隤當為侯國，王莽之樂成亭也。衡漳又東北，右合柏梁溠，水上承李聰渙，東北為柏梁溠，東逕蒲領縣故城南。漢武帝元朔三

42

年，封廣川惠王子劉嘉為侯國。《地理風俗記》云：脩縣西北八十里有蒲領鄉，故縣也。又東北會桑社枝津，又東北逕弓高城北，又東注衡漳，謂之柏梁口。衡漳又東北，右會桑社溝。溝上承從陂，世稱盧達從薄，亦謂之摩訶河，東南通清河，西北達衡水。春秋雨泛，觀津城北方二十里，盡為澤藪，蓋水所鍾也。其瀆逕觀津縣故城北，樂毅自燕降趙，封之于此，邑號望諸君，王莽之朔定亭也。又南屈東逕竇氏青山南，側堤東出青山，即漢文帝竇后父少翁冢也。少翁是縣人，遭秦之亂，漁釣隱身，墜淵而死。景帝立，后遣使者填以葬父，起大墳于觀津城東南，故民號曰青山也。又東逕董仲舒廟南。仲舒，廣川人也，世猶謂之董府君祠，春秋禱祭不輟。舊溝又東逕脩市縣故城北。漢宣帝本始四年，封清河綱王子劉寅為侯國，王莽更之曰居寧也。俗謂之溫城，非也。《地理風俗記》曰：脩縣西北二十里有脩市城，故縣也。又東會從陂，陂水南北十里，東西六十步，子午㉕潭漲，淵而不流，亦謂之桑社淵。從陂南出，夾堤東派，逕脩縣故城北，東合清漳。漳泛則北注，澤盛則南播，津流上下，互相逕通。從陂北出，東北分為二川：一川北逕弓高城西，而北注柏梁淀；一川東逕弓高城南。又東北，楊津溝水出焉。

43 衡水東逕阜城縣故城北、樂成縣故城南，河間郡治。〈地理志〉曰：故趙也。漢文帝二年，別為國。應劭曰：在兩河之間也。景帝九年，封子德為河間王，是為獻王。王莽更名，郡曰朔定，縣曰陸信。褚先生[26]曰：漢宣帝地節三年[27]，封大將軍霍光兄子山為侯國也。章帝封子開于此。桓帝追尊祖父孝王開為孝穆王，以其邑奉山陵，故加陵曰樂成陵也。今城中有故池，方八十步，舊引衡水北入城注池，池北對層臺，基隍荒蕪，示存古意也。

又東北過成平縣南，

44 衡漳又東逕建成縣故城南。按〈地理志〉：故屬勃海郡。褚先生曰：漢昭帝元鳳三年[28]，封丞相黃霸為侯國也。成平縣故城在北。漢武帝元朔三年，封河間獻王子劉禮為侯國，王莽之澤亭也。城南北相直。衡漳又東，右會楊津溝水。水自陵東逕阜城南，〈地理志〉：勃海有阜城縣。王莽更名吾城者，非《經》所謂阜城也。建武十五年，世祖更封大司馬王梁為侯國。楊津溝水又東北逕建成縣，左入衡水，謂之楊津口。衡漳又東，左會滹沱別河故瀆，又東北入清河，謂之合口。又逕南皮縣之北皮亭，而東北逕浮陽縣西，東北注也。

【注釋】❶西轉逕其城北　此處有佚文一條：乾隆《長治縣志》卷五〈山川·陶水〉引《水經注》：「陶水南出南陶，北流至長子城東，西轉逕其城北，至沙河口，東注于漳水。」文中「至沙河口」一句，當是此段中佚文。❷與銅鞮水　此處有佚文一條：《寰宇記》卷五十〈河東道〉十一〈威勝軍·銅鞮縣〉引《水經注》：「銅鞮出覆斧山，逕襄垣縣道。」當是此段下佚文。❸水出銅鞮縣　此處有佚文一條：《寰宇記》卷五十〈河東道〉五十〈威勝軍·銅鞮縣〉引《水經注》：「銅鞮縣有梯山，高一千九百尺。」當是此段下佚文。❹阻袤二里　《疏》本作「阻澗，廣袤二里」，後文據《疏》本語譯。❺交段、陳本作「又」，語譯據此。❻述征賦　詩賦名。三國魏文帝曹丕撰。《隋書·經籍志》著錄《魏文帝集》十卷，賦當在集中。清嚴可均輯有《全三國文》，此賦輯存。❼鄴中記　書名。晉陸翽撰。《隋書·經籍志》著錄二卷。已殘佚，今有宛委山堂《說郛》、《叢書集成初編》等輯本。❽左思之賦魏都　指左思所撰〈魏都賦〉，篇內以下敘銅雀樓時亦引及。左思（西元約二六〇～約三〇五年），字太沖，西晉學者，臨淄（今山東淄博附近）人，曾撰有〈三都賦〉，〈魏都賦〉是其中之一。此賦收入於《文選》卷六及清嚴可均《全晉文》。❾獻帝春秋　書名。《隋書·經籍志》著錄十卷，三國吳袁曄撰。書已散佚，《北堂書鈔》、《御覽》多有引存。❿登臺賦　詩賦名。亦作〈魏武登臺賦〉。《隋書·經籍志》著錄。已亡佚，全賦僅存此篇所引「引長明，灌街里」六字。⓫春秋古地　書名。《隋書·經籍志》著錄，是否即京相璠《春秋古地名》，存疑。《水經注疏》說：「此《春秋古地》當是京相璠《春秋古地名》，《注》引之。」其說近是。⓬滏水入焉　此處有佚文數條：《御覽》卷六十四〈地部〉二十九〈滏水〉引《水經注》：「滏水發源出石鼓山南巖下，泉奮湧若滏水之湯矣。其水冬溫夏冷，崖上有魏世所立銘，水上有祠，能興雲雨，滏水又東流注于漳，又謂之合河。」又《御覽》卷九三〇〈鱗介部〉二〈龍下〉引《水經注》：「《浮圖澄別傳》曰：石虎時，自正月不雨至六月，澄詣滏口祠，稽首暴露，即日，二白龍降於祠下，於是雨遍千里。」又《後漢書·郡國志》「有故大河，有滏水」劉昭補注引《水經》：「鄴西北，滏水熱，故名滏口。」又《方輿紀要》卷四十九〈河南四〈懷慶府·磁州·神麕山〉引《水經注》：「漳滏合流在鄴。」當均是此段下佚文。⓭趙都賦　詩賦名。三國魏劉劭撰。已亡佚，僅有《藝文類聚》卷六十一引及，為清嚴可均《全三國文》輯存。⓮長沙耆舊傳　書名。晉劉彧撰。《隋書·經籍志》著錄《長沙耆舊傳贊》三卷，當是此書。書已亡佚，今有宛委山堂《說郛》、《麓山精舍叢書》等輯本。⓯引地說云　此處有佚文二條：《方輿紀要》卷十四〈直隸〉五〈真定府·趙州·寧晉縣·楊氏廢縣〉引《水經注》：「楊紆即大陸澤。」又「胡盧河」：「酈道元以為即楊紆藪，亦謂之薄洛水。」當是此段下佚文。⓰為地腹　此處有佚文一條：《通鑑》卷一九〇〈唐紀〉六（高祖武德五年）「夜宿沙河」胡注引《水經注》：「渦水出趙郡襄國縣西山，東過沙河縣，沙河在縣南五里。」當是此段下佚文。⑰如志之言五句　《疏》本注曰：「王鳴盛移『大陸在鉅鹿』五字於『〈地理志〉曰』下，移『如〈志〉之言』四字於『鉅鹿與信都云云』上。」語譯按《疏》本。⑱通為衡津　此處有佚文一條：《寰宇記》卷六十五〈河北道〉十四〈滄州・清池縣〉引《水經注》：「長蘆水出洺州列人縣，以其旁多蘆葦為名。」當是此段下佚文。⑲注澤發水　此處有佚文一條：《元和郡縣志》卷十三〈河東道〉三〈太原府・廣陽縣・董卓壘〉引《水經注》：「澤發水出董卓壘東。」當是此句下佚文。⑳拔樂陽稾肥壘者也　《水經注疏》作「拔樂陽、藁城、肥壘者也」。楊、熊認為，「藁」作「稾」是朱謀㙔《水經注箋》之誤。藁城縣以下另有記敘。㉑湯沐邑　天子賜給諸侯的封邑，邑內收入供諸侯作淋浴之用。又叫「朝宿邑」，意謂備朝見時供食宿之用。後指國君、皇后、公主等受封者收取賦稅的私邑。㉒又東南逕和城　此處有佚文二條：《寰宇記》卷五十九〈河北道〉八〈邢州・南和縣〉引《水經注》：「北有和城縣，故此縣云南。」又：「南和西官治東有便水，一名鴛鴦水。」當均是此段下佚文。㉓俗謂之泜水　此處有佚文數條：隆慶《趙州志》卷一〈地理・山川・泜水〉引《水經注》：「泜水其源有二。」《方輿紀要》卷十四〈直隸〉五〈真定府・元氏縣・泜水〉引《水經注》：「泜水即井陘山水也。」《寰宇記》卷六十〈河北道〉九〈趙州・臨城縣〉引《水經注》：「泜水出房子城西，出白土，細滑如膏，可用濯錦，色奪霜雪，光彩異于常錦，俗以為美談，言房子之纊也，抑亦蜀錦之得濯江矣，歲貢其錦以為御府。」又：「泜水東逕柏暢亭。」《詩地理考》卷一〈召南・干言〉引《水經注》：「泜水又東南逕干言山。」當均是此段下佚文。㉔今上陽臺屯居之　此句有脫誤，語譯時暫不譯出。㉕子午　此處之「子午」若指時辰，陂水升漲似不可能。除非是潮汐，則一天內可以兩次升漲。但潮汐時間也不會都在子午。古有以干支配月份之法，以寅為正月，依次類推，則午為五月，子為十一月。㉖褚先生　指西漢史學家褚少孫，潁川（今河南禹縣）人，曾為《史記》作補，以後常尊稱他為「褚先生」。他的文字後經匯集，明代輯有《褚先生集》。㉗三年　《水經注疏》作「二年」，並引沈炳巽（按《水經注集釋訂譌》）：「〈漢表〉作二年。」楊守敬按：「〈霍光傳〉亦作二年。」㉘漢昭帝元鳳三年　《水經注疏》作「漢宣帝五鳳三年」。按《史記・高祖功臣侯者年表》應作「宣帝五鳳三年」。朱謀㙔《水經注箋》作「昭帝」，作「元鳳」，殿本因循而誤。

【語　譯】濁漳水出上黨長子縣西發鳩山，

1　漳水發源於鹿谷山，鹿谷山與發鳩山山麓相連，位置在南。《淮南子》稱為發苞山，山名各處所見互有不同。左岸有陽泉水注入，右岸有繖蓋水流進來。三個源頭都發源於同一座山，只不過有南北的區別而已。

東過其縣南，

2 又東流，堯水從西山東北流，經過堯廟北，又東流經長子縣老城南，這是周朝太史辛甲所封的城邑。《春秋》襄公十八年（西元前五五五年），晉人在長子逮捕了衛國的行人石買，指的就是此縣。秦朝設置上黨郡，治所就在這裡。堯水東北流，注入漳水。漳水東流，匯合梁水。梁水發源於南梁山，北流經長子縣老城南。《竹書紀年》說：梁惠成王十二年（西元前三五八年），鄭國奪取了屯留、尚子、涅。尚子，就是長子的異名。梁水又北流，注入漳水。

屈從縣東北流，

3 陶水發源於南方的陶鄉，北流經長子城東，西轉流經城北，往東注入漳水。

又東過壺關縣北，又東北過屯留縣南，

4 漳水東流經屯留縣南，又轉彎流經城東，東北流，有絳水注入。絳水發源於西方穀遠縣東的發鳩谷，稱為濫水。東流經屯留縣老城南，這裡是從前的留吁國，是潞氏的屬國。《春秋》襄公十八年（西元前五五五年），晉人在純留抓住了孫蒯，即指此地。絳水東北流，注入漳水。所以桑欽說：絳水發源於屯留西南，東流注入漳水。漳水又東流，涑水注入。涑水發源於西方的發鳩山，東流經余吾縣老城南。漢光武帝建武六年（西元三〇年），把余吾封給景丹的兒子景尚為侯國。涑水又東流經屯留縣老城北。《竹書紀年》載：梁惠成王元年（西元前三六九年），韓共侯、趙成侯把晉桓公遷到屯留。《史記》：趙肅侯奪取了晉君的端氏，把他遷居到這裡。涑水又東流，注入漳水。所以許慎說：涑水發源於發鳩山，注入漳水。涑字偏旁從水，音東。

5 漳水又東北流，流經壺關縣老城西，又轉彎流經城北，這就是從前的黎國。有黎亭，縣裡有壺口關，所以叫壺關縣。呂后元年（西元前一八七年），把壺關縣封給孝惠帝後宮所生的兒子劉武，立為侯國。漢朝有上書控告衛太子的壺關三老公乘興，就是本縣人。壺關縣在屯留東，水不可能先流經壺關，然後再到屯留的。

6 漳水流經鹿臺山與銅鞮水匯合。銅鞮水發源於銅鞮縣西北的石隥山，東流與專池水匯合。專池水發源於八特山，東北流注入銅鞮水。銅鞮水又東南流，匯合女諫水。女諫水發源於西北方的好松山，東南流，北方有葦池水與公主水匯合，從右岸注入，南方有榆交水與皇后水匯合，從左岸注入，往東南亂流，注入銅鞮水。銅鞮水又東流經李憙墓，墓前有碑，碑石已經破碎，是太和元年（西元四七七年）李氏的後裔所立。銅鞮水又東流經老城北。城在山岡上，往下俯臨深谷，東、西、北三面都有深澗阻隔，寬廣約二里，世人稱為斷梁城，就是舊縣的上虒亭。銅鞮水又東流經銅鞮縣老城北，城在水南山中，是當時號為銅鞮伯華的晉大夫羊舌赤的封邑。漢高祖就在此縣擊破韓王信。

7 銅鞮水又東南流經頃城西，就是銅鞮縣的下虒聚。〈地理志〉說：該縣有上虒亭和下虒亭。銅鞮水又南流經胡邑西，又向東轉彎流經城南，又東流經襄垣縣，注入漳水。漳水又東北流經襄垣縣老城南，就是王莽時的上黨亭。

潞縣北，

8 潞縣，是從前赤翟的潞子國。潞子國的丞相豐舒有傑出的才能，但沒有高尚的德行。晉伯宗列舉了他的五條罪狀，派荀林父去滅了潞子國。闞駰說：潞縣有潞水，是冀州的汪洋大水，就是漳水。我查考《燕書》，王猛與慕容評在潞水相遇，慕容評堵截了山間的泉水，賣水給軍隊，交絹一匹，給水兩擔。這裡沒有別的大河流可以灌溉，僅有的長河大川，就只有漳水罷了。所以世人也把濁漳水稱為潞水。潞縣北邊與舊時的臺壁相對，漳水流經臺壁南，這原來是潞子所立，世人稱為臺壁。慕容垂在長子攻打慕容永，軍隊駐紮在潞水。慕容永率領精兵抵禦，憑依大河的險阻堅守；慕容垂在臺壁擺好陣勢，只一仗就把慕容永打垮了，就是在這地方。漳水左岸在這裡匯合黃須水於黃須水口。黃須水發源於臺壁西的張諱巖下。傳說巖石變紅，地方上就會遭到戰禍，人們討厭這巖石變化無常，都用石粉把它刷成白色，所以民間叫它張諱巖。黃須水南流，經臺壁西，又南流，注入漳水。

9 漳水又東北流過望夫山。山的南端有石人佇立其上，姿態像是在盼望雲天外的丈夫，因此得名。有涅水發源於西方的覆甑山，東流與西湯溪水匯合。西湯水發源於涅縣西山湯谷，有五條泉水匯成一條，稱為五會泉。又東南流，稱為西湯水；西湯水又東南流，注入涅水。涅水又東流經涅縣老城南，涅縣就是因涅水而得名。涅水東流與白雞水匯合。白雞水發源於涅縣西山，東流經縣北，東南流注入涅水。涅水又東南流，與武鄉水匯合。武鄉水源頭出於武山西南，流經武鄉縣老城西，然後南流在清谷口匯合一水。此水發源於東北方長山的清谷，西南流與轘轅、白璧二水匯合，南流注入武鄉水；武鄉水又南流，在黃水口匯合黃水。黃水有三個源頭，一同注入一條深澗，東南流與隱室水匯合。隱室水發源於西北的隱室山，東南流注入黃水。黃水又東流，注入武鄉水。武鄉水又東南流，注入涅水。涅水又東南流，注入漳水。

10 漳水又東流經礌陽城北，倉谷水流入。倉谷水發源於林慮縣的倉谷溪，東北流經魯班門西。這裡兩側山崖相對猶如高峻的宮闕，石壁凌雲直上，左右兩岸用石塊修築成堤防，高聳的遺址至今仍然存在。北流經偏橋東，這裡就是林慮的嶠嶺，也叫抱犢固。循著石級往西攀登而上，約行五里有餘，崖邊的山路就斷絕了，中間有一段長約四五丈，用木材架設為偏橋，勉強才可通行，所以聽說這裡也叫偏橋。從這裡上山，還需要攀藤援葛，方才可以到達山頂，這就是庾袞眩暈墜崖身亡的地方。倉谷溪水又北流，匯合了白木溪。溪水發源於壺關縣東的白木川，東流經百晦城北，這也正如仇池百頃之類名稱一樣。又東流經林慮縣的石門谷，又注入倉溪水。倉溪水又北流經礌陽城東而北流，注入漳水。漳水又東流經葛公亭北，然後往東流逝。

又東過武安縣，

11 漳水流到縣東，清漳水從涉縣往東南流來注入。世人把水流匯入的地方稱為交漳口。

又東出山，過鄴縣西，

12 漳水又東流經三戶峽，就是三戶津。張晏說：三戶是個地名，在梁期西南。孟康說：三戶津是一條山峽名，在鄴縣西四十里。又東流，汙水注入。汙水發源於武安縣山，東南流經汙城北。從前項羽與蒲將軍英布從三戶渡河，就在這條水上打垮了章邯。汙水東流，注入漳水。漳水又東流經武城南，世人稱它為梁期城。梁期在鄴縣北，民間又叫兩期城，都不對。司馬彪〈郡國志〉說：鄴縣有武城，武城就是期城。漳水又東北流經西門豹祠前，祠廟東有碑，碑上隱約看得出有凸起的字跡，祠堂東頭石柱上刻有銘文，說：趙建武年間（西元三三五～三四八年）修建。魏文帝〈述征賦〉說：景慕西門豹值得稱道的事跡，忽然遠遠地望見他的祠廟。漳水右岸與支流匯合。這條支流上口在邯會西承接漳水，向東分出與邯水匯合。邯水發源於邯山東北，流經邯會縣老城西，北流注入支水，所以縣稱邯會。張晏說：漳水分出的支流，從城西南與邯山流來的水匯合，現在城邊還有溝渠存在。漢武帝元朔二年（西元前一二七年），將邯會封給趙敬肅王的兒子劉仁為侯國。此水又東北流，注入漳水。

13 從前魏文侯任命西門豹去當鄴縣縣令，引導漳水來灌溉鄴縣的田地，老百姓都依靠這條水用。以後到魏襄王時，任命史起當鄴縣縣令，又在漳水築堰，來灌溉鄴縣土地，大片耕地成為肥沃的良田，百姓都歌頌他。魏武王又在漳水攔河築壩，號稱天井堰，扭轉水頭向東流注。在長二十里的渠道中，建造了十二道壩級，每座壩級相距三百步，使水流互相灌注。一個源頭分為十二道水流，都建有水門。陸氏《鄴中記》說：水所灌溉的地方，名叫堰陵澤。所以左思為魏都作賦，說壩級高低十二道，同一源頭有不同出口。

14 魏武帝攻打鄴城，引漳水圍困此城。《獻帝春秋》說：司空曹操圍鄴城，在周圍掘了四十里的長濠，起初又淺又狹窄，看來似乎走得過去，審配不出城爭取戰機，卻冷眼觀望著訕笑他。可是司空連夜趕修，城濠驟然增至深廣各達二丈。曹操引了漳水來淹灌，於是就攻克鄴城。

15 鄴城本來是齊桓公所修築，所以《管子》說：築五鹿、中牟、鄴，以保衛諸夏。以後屬晉；魏文侯七年（西元前四三九年），才開始封在這裡，所以叫魏。漢高帝十二年（西元前一九五年），設置魏郡，治所就在鄴縣。王莽時改名為魏城。後來分開魏郡，設置東部都尉和西部都尉，所以稱為三魏。魏武帝又利用郡國的舊跡，引漳水通過暗溝從城西東流入城，流經銅雀臺下，從下水道入城東流，稱為長明溝。渠水又南流，經止車門下。魏武帝被封於鄴的時候，修建了北宮，宮裡有文昌殿。溝水在道路南北兩邊流通，以支流引水，到處都能得到灌溉。水從石竇堰下東流而出，注入城濠。所以魏武帝〈登臺賦〉說：引了長明溝，灌溉街坊，說的就是這條水渠。石虎在文昌殿故址所在之處，建造了東太武殿和西太武殿，在濟北的穀城山開採有花紋的石材來砌築殿基，一座殿基下面，布置了五百武士輪值警衛。彎形的柱子與半圓的筒瓦，全都用銅鑄成，還貼金塗漆，描成圖案裝飾。又把長安、洛陽的銅人搬運過來，放置在宮前，把國都裝點得堂皇瑰麗。城西北有三座高臺，都利用城牆為基礎，巍然高聳，就像山一樣高。都是建安十五年（西元二一〇年）魏武帝所築，如今卻都差不多夷為平地了。《春秋古地》說：葵丘，是個地名，就是今天鄴城西面三座高臺所在之處。說三臺都已經削平了，也許另外還有所見的資料，這就不大清楚了。中央一座叫銅雀臺，高十丈，有房屋一百零一間，高臺建成後，魏武帝叫兒子們去登臺，還要他們作賦。陳思王下筆一揮而就，文辭優美，才思敏捷，當時無人可以同他相比。銅雀臺也是魏武帝望見奉常王叔治的地方。

16 從前嚴才及其僚屬攻打掖門，王脩一聽到發生事變，不待車馬來到，便率領部屬徒步來到宮門。太祖在銅雀臺上遠遠看到了，說：趕著前來的人一定是王叔治。相國鍾繇說：舊時京城發生事變，九卿各自都留守在自己的官署，您為什麼卻要來呢？王脩說：享受人家的俸祿，人家有難，又怎能躲避？各人都留守官署雖是舊制，可是卻不是奔赴國難，盡忠效命的行為。當時人們以此作為美談。石虎卻在銅雀臺舊址上再增高二丈，建造一座屋宇，棟柱相連，桷椽相接，把高臺頂上全都遮蔽住了，屋內房子環繞成圈，分隔成一間一間，名叫命子窟。又在屋上建五層樓，高十五丈，離地二十七丈，又在樓頂造了一隻銅雀，張開翅膀，好像要飛起的樣子。南有金虎臺，高八丈，有屋一百零九間。北方建有冰井臺，也高八丈，有屋一百四十五間，上有冰室，室內有好幾口井，井深十五丈，室內藏著冰和石墨。石墨可以書寫，而且點著了火，也難以燒完，也叫石炭。又有儲藏穀物和鹽的地窖，以防備意外事件。現在窖上還有石銘存留著。左思〈魏都賦〉說：三座高臺羅列聳峙，高峻非常，寫的就是這些高臺。城上開有七座城門，南門稱鳳陽門，中門稱中陽門，旁邊一門稱廣陽門，東門稱建春門，北門稱廣德門，旁邊一門稱廏門，西門稱金明門，又稱白門。鳳陽門城門大開，上有三座高臺，高三十五丈，石氏在臺上建築層樓，放置著一隻銅鳳，頭高一丈六尺。東城上，石虎又建了一座東明觀，觀上裝了一座金博山，稱為鏘天。北城上有齊斗樓，對比起周圍的臺榭，愈顯得孤高出眾。城東西七里，南北五里，城牆外面都用磚塊裝飾，每百步建一座城樓，所有宮殿的門臺及隅雉，都附建觀榭。層沓的屋脊，反仰的屋簷，高翹的簷角高入青雲，以濃重的色彩及輕淡的素白描繪花紋。在它全盛的時候，離鄴城六七十里，遠遠望去，就看得到高聳接天，彷彿是神仙的住所。魏承襲了漢朝政權，也建都於洛陽，以譙縣為祖先的本國，許昌為漢朝的居地，長安為西京的遺跡，鄴為王業的基礎，所以號稱五都。現在鄴縣是相州刺史及魏郡的治所。漳水自西門豹祠北流經趙閱馬臺西，臺基高五丈，臺上建築了成排的望樓，石虎在臺下講武時，總要登樓眺望。石虎從臺上放射響箭，作為兵將出入的信號。

17 漳水又北流經祭陌西。戰國時代，民間的巫婆為河伯娶新娘，都在這裡的陌上致祭。魏文侯時，西門豹當鄴縣縣令，他與三老們約定說：為河伯娶新娘那天，希望來告知我，我也要來送送那位姑娘。於是大家都答道：好的。到了那時候，三老、廷掾向百姓徵稅，收取到的稅款數達百萬之多。男巫女巫在鄉里各處巡行，看到有漂亮的姑娘，說是她應當給河伯做新娘，就拿出三萬現金，作為女方的聘禮，給她沐浴更衣，塗脂抹粉，打扮得就像要出嫁的新娘一樣。西門豹前往赴會，三老、巫婆、廷掾以及人山人海的民眾，趕去看熱鬧。巫婆已經七十歲了，跟從她的有十來個女弟子。西門豹叫了新娘來看了看，說還不夠好，叫巫婆入水通報河伯，就把巫婆投入河中。等了一會兒，他說：為什麼這樣久還不回來？又命令三個弟子及三老進去稟報，也把他們都投入河中。西門豹恭恭敬敬地鞠躬說：三老也不回來，怎麼辦呢？又想派廷掾和地方上有勢力的豪長前往，這些人都叩頭流血，請求不再為河伯娶新娘了。雖然這種荒唐的祭祀儀式取消了，但那地方至今還留著祭陌的名稱。

18 此外，這裡也是慕容儁把石虎的屍體投入河中的地方。田融稱為紫陌。趙建武十一年（西元三四五年），在河上造紫陌浮橋，並為還在世的佛圖澄在紫陌先行建造墳墓。建武十五年（西元三四九年）佛圖澄圓寂，十二月就給他下葬，那地方就是這裡。

19 漳水又面對趙氏的臨漳宮，宮殿在桑梓苑，那裡有很多桑樹，這座皇家園囿就因此而得名。三月三日到開始養蠶的月份，石虎帶領皇后及夫人在這裡採桑。現在那裡還留下些桑樹，可是卻連斷垣殘壁也蕩然無存了。

20 漳水又北流，滏水注入。漳水又東流經梁期城南。《地理風俗記》說：鄴北五十里有梁期城，是個老縣城。漢武帝元鼎五年（西元前一一二年），把此城封給任破胡為侯國。晉惠帝永興元年（西元三〇四年），驃騎將軍王浚派遣烏丸渴末徑直到梁期，等待騎兵到了鄴，成都王司馬穎派遣將軍石超去討伐渴末，結果在這裡被渴末打敗。又流經平陽城北。《竹書紀年》說：梁惠成王元年（西元前三六九年），鄴軍在平陽打敗邯鄲軍。司馬彪〈郡國志〉說：鄴有平陽城，就是這地方。

又東過列人縣南，

21 漳水又東流，右岸流經斥丘縣北，即裴縣舊城南，王莽改名叫即是。《地理風俗記》說：列人縣西南六十里，有即裴城，是個老縣城。漳水又東北流經列人縣老城南，王莽時改名為列治。《竹書紀年》說：梁惠成王八年（西元前三六二年），惠成王攻打邯鄲，奪取列人，即指此城。漳水在縣右與白渠舊河道匯合。白渠水發源於魏郡武安縣欽口山，東南流經邯鄲縣南，又東流，與拘澗水匯合。拘澗水的水源，是從武始縣東山的白渠引導而來，北方民間還稱此水為拘河。拘澗水又東流，又有牛首水匯入。牛首水發源於邯鄲縣西堵山，東流分而為二，兩條滾滾的急流一同往前流逝，水流澄澈如鏡，映照著兩岸的景色。漢景帝時，七國叛逆，景帝命令曲周侯酈寄去攻打趙國，包圍了邯鄲，雙方對峙了七個月，酈寄引了牛首、拘水來灌城，城崩坍了，趙王自殺。牛首水東流進入邯鄲城，流經溫明殿南，這是漢世祖俘獲王郎，巡視邯鄲時，曾經午睡過的地方。牛首水又東流經叢臺南，六國時，叢臺是趙王的臺。〈郡國志〉說：邯鄲有叢臺。所以劉劭〈趙都賦〉說：在南方的殿宇旁構築高閣，在少陽山下高築叢臺，即指此臺。現在遺址上還存留著些頹垣殘壁。

22 牛首水又東流過邯鄲阜。張晏所謂在東城下的邯山，即指此山。以單為名，那是中止、窮盡的意思；城郭偏旁從邑，所以加邑；邯鄲這個地名，就是因山名而來的，舊時是趙郡的治所。《長沙耆舊傳》說：桓楷在趙郡當太守時，有人在路上丟了一袋米，行人把這袋米掛在樹上，沒有人敢拿回家去，就是在這裡。此水又東流出城，又匯合成一條了。又東流，成為澄澈平靜的陂塘。陂水東南流，注入拘澗水；拘澗水又東流，注入白渠；白渠又東流，分出舊渠道。一條東流成為沼澤，就是曲梁縣的雞澤，即《國語》所謂的雞丘。雞澤東北與澄湖相通，白渠舊河道南流出澤，到處分出支流，從右岸分出的，就是邯溝。邯溝流經邯溝縣老城東，縣名就是從溝名而來的。《地理風俗記》說：即裴城，西北二十里有邯溝城，是個舊縣城。又東流經肥鄉縣老城北。《竹書紀年》說：梁惠成王八年（西元前三六二年），攻打邯鄲，奪取了肥，即指此城。《晉書．地道記》說：太康年間（西元二八〇～二八九年），設置肥鄉縣，隸屬廣平郡。渠道交錯，相互糾纏，與白渠一起流經列人縣，都從右岸匯合於漳水，現在已經乾涸無水了。〈地理志〉說：白渠東流到列人縣注入漳水，說的就是這條水。

又東北過斥漳縣南，

23 應劭說：那個國家土地鹹鹼，無法耕種，所以叫斥漳。漢獻帝建安十八年（西元二一三年），魏太祖鑿渠，引導漳水東流，匯入清水和洹水，以便通航，漕運糧食，取名利漕渠。漳水舊河道斷流以後，舊溪向東北方流出，只不過涓涓細流，一縷如線而已。《尚書》所謂：覃懷一帶直到衡漳，治水也卓有成效了。孔安國說：衡，就是橫，這就是說漳水橫流。又東北流經平恩縣老城西。應劭說：平恩縣是舊時館陶的別鄉，漢宣帝地節三年（西元前六七年）設置，用以封給皇后的父親許伯為侯國，王莽時改名為延平。

又東北過曲周縣東，又東北過鉅鹿縣東，

24 衡漳舊河道東北流經南曲縣老城西。〈地理志〉：廣平國有南曲縣。應劭說：平恩縣北四十里，有南曲亭，是個舊縣城。又流經曲周縣老城東。〈地理志〉說：曲周縣，漢武帝建元四年（西元前一三七年）設置，王莽改名為直周。我查考《史記》，大將軍酈商，於高祖六年（西元前二〇一年）封於曲周縣，為侯國。又參考《漢書》，記載也相同。因而知道曲周這個舊縣，不是從孝武帝時開始的。嘯父，冀州人，在曲周縣市場上補鞋已有數十年了，人們看到他始終保持年輕不老，都覺得奇怪；但向他求教祕術，卻得不到。

25 衡漳又北流經巨橋倉儲西，過去有一座大橋橫架在水上，所以有巨橋這個名稱。從前武王討伐紂王，把巨橋的糧倉打開，以賑濟殷商的飢民。服虔說：巨橋是個倉名。許慎說：巨橋，是鉅鹿水的大橋。如今臨近水濱，左右一二里方圓範圍內，有隆起有如土丘的地方，就是從前糧倉地窖的遺跡。

26 衡水又北流經鉅鹿縣老城東。應劭說：鹿，就是很大的森林。《尚書》說：堯將要把帝位禪讓給舜的時候，在大麓野引見他。當時正遇狂風雷雨，但舜沒有迷路，於是堯把一塊昭華寶玉交給他。縣就是因此取名的。路溫舒，鉅鹿縣東里人，父親在鄉里當監門，叫他到澤地去牧羊，他採了菖蒲葉來寫字，就是在東里的這片澤地。縣城也是鉅鹿郡的治所。秦始皇二十五年（西元前二二二年），滅了趙國，設立了鉅鹿郡；漢景帝中元元年（西元前一四九年），改為廣平郡；武帝征和二年（西元前九一年），將該郡封給趙敬肅王的兒子，立為平干國；世祖中興，改為鉅鹿。鄭玄注《尚書》，引了《地說》來解釋：大河東北流，流過絳水千里，到了大陸，即是大地的中央。〈地理志〉說：大陸在鉅鹿，絳水在安平信都。按照〈地理志〉的說法，鉅鹿與信都的距離，不該有那麼遠。水土的名稱隨時代會有改變，世人弄不清地點了，看見降水，就以為即是絳水，於是就照此廢去原字，或改為絳字，其實不對。現在河內郡共北山，是淇水的發源地，東流到魏郡黎陽流入河水，這條河與所謂的降水倒比較接近。降字應當讀作郕向齊軍投降的降，這是因為周時在這裡建國的人，不願說投降，所以改為共字。而且河水所流經的地方，離大陸已很遠了，館陶以北的屯氏河，是否就是舊河道呢？我查考以上鄭玄這番話，大概是因為按照《尚書》，有：東過洛汭，直到大伾，北過降水，直到大陸之語，就以此為據，來推斷水流所經次序，所以就以淇水為降水，共城為降城了，不知是否如此。參考各種典籍，共縣本來是共和時期的故都，所以地名中有共字，並不是因為討厭說投降因而改了地名的。禹著《山經》，說淇水發源於沮洳山，衛詩〈淇澳〉所指的水又很遠，應當不是改掉降水的名稱成為今日絳水的稱呼的。但此水發源於共北山，而鄭玄為了讓使用降字解釋其意義的說法成立，所以就把淇水當降水了。假使如鄭玄所引的《地說》，黎陽、鉅鹿就沒有千里之遙，豈但信都與大陸沒有呢。只有屯氏河發源於北方的館陶，看來還比較切近。據〈地理志〉說：絳水發源於屯留，下流穿過漳水。因而與漳水都可以互相通稱了，所以水流宛轉曲折，所到之處各有名稱，到了信都，又出現絳水的名稱，而東流入海。考察水道的來龍去脈，也別無其他的河流，而衡漳的舊河道，又與屯氏河交互穿插；因而《尚書》才有經過降水直到大陸的文字，《地說》又有相距千里的記載。考察水道的流程，與《尚書》的記載還比較相近，河水流過降水，當與此相應了。下游到了大陸，與《水經》所說無異，從甯直到鉅鹿為止，往東北出去，都是大陸。說到水流的曲折流勢，確實是很遙遠的了。九河分道奔流之後，其中的八條卻都斷流了。但遺跡和舊名，有時往往仍然保存著：所以鬲河、般河位置列於東北，徒駭河水道與漳水、絳水相連，流向相同或相反的情勢大體上可以分辨得清楚，陂塘堤岸相交接的遺跡仍然存在。按照《水經》來考察水道，舊名自然都有著落了。

27 漳水又流經經縣老城西，水濱有個老渡口，稱為薄落津。從前袁本初從易京回來，皇上已經到了這裡，帶領了隨從人員，當時正是修禊的日子，就在這個渡口歡飲。衡漳又流經沙丘臺東，此臺是紂王所造，在鉅鹿舊城東北七十里，趙武靈王與秦始皇都死在這裡。

28 又流經銅馬祠東，這是漢光武帝的廟宇。更始三年（西元二五年）秋，光武帝追擊銅馬軍，在館陶把他們打得大敗，迫使他們投降。叛賊心中卻惶惶不安，世祖叫他們回到軍營裡，自己則輕裝簡從，騎馬到他們的營地去巡行。賊兵於是自相談論道：蕭王真是推心置腹，如此至誠相待，我們怎能不捨命效死呢？於是就把歸降的數十萬人分配給諸將，所以關西把世祖稱為銅馬帝。祠也就叫銅馬祠了。

29 廟旁有碑，記載河內郡脩武縣張導，字景明，於建和三年（西元一四九年）任鉅鹿太守，當時漳水氾濫，土地不能耕種，張導展閱地圖，按照地勢，與府丞彭參、屬吏馬道嵩等，推原水流順逆的方向，估測河流內外的形勢，修築堤防，排除積潦，調整了水路，治水的功績頗有成效，老百姓因而受益非淺。碑題是：「漳河神壇碑」。而民間的老人和舊儒，還說此廟是銅馬劉神寺。這塊碑近來因為受震破裂，留下的一半已經再也看不清了。

30 又流經南宮縣老城西，漢惠帝元年（西元前一九四年），將該縣封給張越人的兒子張買為侯國，就是王莽時的序中。漳水與隅醴相通，稱為衡津。又有長蘆淫水之名和絳水之稱。現在漳水既已斷流了，絳水也就不再縈紆而流了。又往北，絳水分出，現在無水。舊河道往東南流經九門城南，又東南流經南宮城北，又東南流經繚城縣老城北。《十三州志》說：經縣東五十里有繚城，是個舊縣城。左岸流經安城南，就是從前信都的安城鄉。更始二年（西元二四年），和戎郡太守邳彤在信都南的安城鄉與光武帝會見，光武帝十分高興，即指此處。舊河道又往東北流經辟陽亭。漢高帝六年（西元前二〇一年），將此亭封給審食其為侯國，王莽時叫樂信。《地理風俗記》說：廣川西南六十里有辟陽亭，是個舊縣城。絳水又北流經信都城東，散流入沼澤中，西到信都城，東與廣川縣的張甲舊河道相連，一同歸於大海。所以〈地理志〉說：據〈禹貢〉，絳水在信都東流入大海。

31 **又北過堂陽縣西，**

衡水從堂陽縣開始分為兩條：一條北流，流經該縣老城西。世祖從信都率領四千兵馬，先進攻堂陽降水。水上有橋，叫旅津渡，是商人旅客過渡的地方。右邊的一條東北流，流出石門，門上的石頭已經崩坍不堪了，只留下些殘餘的基址。這條水叫長蘆水，是引葭水的變名。長蘆水東流經堂陽縣老城南。應劭說：該縣在堂水朝陽的一岸。《穀梁傳》說：水北為朝陽。現在堂陽縣老城南再也沒有別的水，只有這條向東奔流的長蘆水，可以看作堂陽縣是因它而得名的水，那麼這條水也就包含著堂水的兼稱了。長蘆水又東流經九門城北，這是個舊縣城。又東流經扶柳縣老城南。世祖建武三十年（西元五四年），將扶柳縣封給寇恂的兒子寇損為侯國。又向東轉彎，北流經信都縣老城西，該縣是信都郡的治所，置於漢高帝六年（西元前二〇一年）。景帝中元二年（西元前一四八年），這裡是廣川惠王的越國。王莽時改名為新博，縣名則稱新博亭。光武帝從薊到信都，即指此城。明帝永平十五年（西元七二年），改名為樂成。安帝延光年間（西元一二二～一二五年），改為安平。城內有「漢冀州從事安平趙徵碑」，又有「魏冀州刺史陳留丁紹碑」，青龍三年（西元二三五年）立。城南有「獻文帝南巡碑」。那條水沿著城邊北流，又北流經安陽城東，又北流經武陽城東。《十三州志》說：扶柳縣東北有武陽城，是個舊縣城。又北流，就是博廣池，池裡多產蝦蟹，以鮮美馳名，每年進貢朝廷，以充實王宮御廚的府庫。又北流經下博縣老城東，北流注入衡水。

32 **又東北過扶柳縣北，又東北過信都縣西。**

扶柳縣老城在信都城西，衡水流經縣西。縣裡有扶澤，澤中多柳，所以名縣為扶柳。衡水又北流經昌城縣老城西。〈地理志〉：信都有昌城縣。漢武帝將它封給城陽頃王的兒子劉差為侯國。闞駰說：昌城本名阜城。應劭說：堂陽縣北三十里有昌城，是個老縣城。世祖攻克堂陽時，昌城人劉植帶領宗親子弟據守此城以擁戴世祖。又流經西梁縣老城東。《地理風俗記》說：扶柳縣西北五十里有西梁城，是個舊縣城，世人以為是五梁城，那是因為字形相似而致誤的。

33 衡漳又東北流經桃縣老城北。漢高祖十二年（西元前一九五年），將桃縣封給劉襄為侯國，王莽時改名為桓分。衡漳匯合了斯洨舊河道。斯洨水上口承接大白渠，大白渠上口承接綿蔓水，綿蔓水上流承接桃水。桃水發源於樂平郡的上艾縣，東流，世人稱為桃水，東流經靖陽亭南，就是舊時的關城。又北流經井陘關下，注入澤發水，往東北亂流經常山郡蒲吾縣西，桃水在此分流而出。南流經蒲吾縣老城西，又東南流經桑中縣老城北，世人稱為石勒城。因為後趙石勒增建了城牆，因而得名，民間又稱為高功城。〈地理志〉說：這是個侯國。桃水又東南流，流經綿蔓縣老城北，就是王莽時的綿延。世祖建武二年（西元二六年），封給郭況為侯國。自此到下游，通稱綿蔓水。綿蔓水又東流，流經樂陽縣老城西，右岸匯合了井陘山水。井陘山水發源於井陘山，世人稱為鹿泉水，東北流，轉彎流經陳餘壘西，民間叫故壁城。從前楚漢相爭時，韓信東進，陳餘在這裡抵抗，不採納李左車的計策，卻集中全部兵力到西線作戰。韓信派出一支奇兵從小路殺出，在陳餘的營壘上插上漢軍的旗幟；陳餘的部隊失卻了據點，驚慌逃奔，他本人也在泜水上被殺。此水又轉彎流經營壘南，又南流經城西，東流注入綿蔓水。綿蔓水又轉向城南，民間稱此城為臨清城，是不對的。〈地理志〉說：樂陽是個侯國。王莽時改名為暢苗。《東觀漢記》說：光武帝派鄧禹調動房子縣兵二千人，以銚期為偏將軍，分攻真定、宋子的殘餘賊兵，攻克了樂陽、槀、肥壘等縣。

34 綿蔓水又東流經烏子堰，分出一條支流。又東流，稱為大白渠。〈地理志〉說的上口承接綿蔓水，即指此水。白渠水又東南流經關縣老城北。據〈地理志〉，這是常山的屬縣。又東流，稱為成郎河。水上有大橋，稱為成郎橋。又東流經耿鄉南，世祖封給前將軍耿純為侯國。世人稱為宜安城。又東流經宋子縣老城北，又叫宋子河。漢高帝八年（西元前一九九年），封給許瘛為侯國。王莽改名為宜子。從前高漸離善擊筑，為人當僕役，就是從這裡進入秦國的。又東流經敬武縣老城北。據〈地理志〉，敬武縣，是鉅鹿郡的屬縣。漢元帝封給女兒敬武公主作為湯沐邑。闞駰《十三州記》說：楊氏縣北四十里有敬武亭，是個舊縣城。現在這座城還很堅固，不過只是個小城，所以民間稱為敬武壘，是個古城。白渠水又東流，稱為斯洨水。〈地理志〉說：大白渠東南流，到下曲陽，注入斯洨水。東流分為兩條，支流從右岸分出，東南流，稱為百尺溝，又東南流經和城北，世人稱為初丘城，是不對的。漢高帝十一年（西元前一九六年），封給郎中公孫昔為侯國。又東南流經貰城西。漢高帝六年（西元前二〇一年），將貰城封給呂博為侯國。百尺溝往東南散流，流經歷鄉東，南流注入泜湖，東流注入衡水。斯洨水分支流後東流，經貰城北，又東流，積瀦成為陂塘，稱為陽縻淵。淵水左岸接納了白渠支流，民間稱為泜水，泜水在槀城縣的烏子堰承接白渠。又東流經肥纍縣老城南，又東流經陳臺南，臺很寬廣，……。又東流經新豐城北。據〈地理志〉說：鉅鹿有新市縣，是個侯國，王莽改名叫樂市，但沒有新豐這個地名，情況就不大清楚了。

35 此水又東流經昔陽城南，世人稱為直陽城，是不對的。這裡本來叫鼓聚。《春秋左傳》昭公十五年（西元前五二七年），晉荀吳領兵攻打鮮虞，包圍鼓城三個月，鼓人請求投降。穆子說：還看不出飢餓的樣子，就不許他們投降。軍官們說：這座城分明可以拿到手了，你卻不取，苦了百姓又損壞了兵器，這怎麼能為君王效勞呢？穆子說：雖然攻取了一座城，卻使百姓怠惰了，又怎麼能治理這座城呢。獲一城卻招致了人民怠惰，是不會有好結果的；拋棄了舊傳統，也很不吉。鼓人能為他們的君王效勞，我也能為自己的君王效勞。遵循著道義行事不會有差錯，賞善罰惡沒有失誤，才能真正取得此城。人民能為義而死，而堅貞不屈，這不是很好嗎？鼓人宣稱糧食告罄，已經精疲力竭了，然後穆子才來取城。晉軍攻克了鼓得勝而歸，不殺一人，只俘虜了鼓子鳶鞮回來，把他獻給君王，然後又遣送他回國。可是鼓子又反叛了，荀吳奪取了東陽，派軍隊假裝成去買糧，穿著鎧甲在城門外歇息，突然發起攻擊，消滅了鼓國。他抓了鼓子鳶鞮回來，派涉佗去守城。《十三州志》說：今天的鼓城，就是昔陽亭。京相璠說：鼓人是白狄的一個分支。下曲陽有鼓聚，就是從前的鼓子國。

36 白渠支流又東流經下曲陽城北，又流經安鄉縣老城南。〈地理志〉說：安鄉是個侯國。又東流經貰縣，注入斯洨水。斯洨水又東流，經西梁城南，又東北流經樂信縣老城南。〈地理志〉說：樂信縣是鉅鹿郡的屬縣，是個侯國。又東流，注入衡水。衡水又北流，有袁譚渡，袁譚從鄴往來都要經過這裡，渡口就因而得名了。

又東北過下博縣之西，

37 衡水又北流經鄡縣老城東。《竹書紀年》：梁惠成王三十年（西元前三四〇年），秦封衛鞅於鄡，改名為商，就是此城。所以王莽改名為秦聚。《地理風俗記》說：縣北有鄡阜，縣就因此阜而得名。又在右岸流經下博縣老城西，王莽改名為閏博。應劭說：太山有個博縣，所以這裡稱下博縣。漢光武帝從滹沱南下，到這裡迷了路，不知怎麼辦。他碰到一位白衣老人，告訴他說：信都是為漢而守城的，離這裡八十里。世祖前往，任光開了城門迎接他。漢朝的中興就此開始奠定了基礎。以後去尋求這位老人卻沒有找到，人們談論這件奇事，以為是神明相助。衡漳又東北流經下博城西，彎彎曲曲地往東北流逝，稱為九縡。西流經樂鄉縣老城南，王莽改名為樂丘。又東流，引葭水注入。

又東北過阜城縣北，又東北至昌亭，與滹沱河會。

38 《水經》把阜城放在下博的下流、昌亭的上流來敘述，考察地點的位置，雖然先後的次序不對，卻又事出有因。勃海郡的阜城又在東昌之東，可知這裡並非指這個阜城。漳水又東北流經武邑郡南，該郡是魏時所設置。又東流經武強縣北，又東北流經武隧縣老城南。據《史記》，秦在武隧打垮趙國將軍扈輒，斬首十萬，就在此處。王莽改名為桓隧，白馬河注入。這條河上流承接滹沱河，東流經樂鄉縣北，饒陽縣南，又東南流經武邑郡北，然後往東注入衡水，匯流處叫交津口。衡漳又東流經武邑縣老城北，就是王莽時的順桓。晉武帝把他的兒子封於該縣，立為王國，後來把武邑、武隧、觀津分併於武邑郡，治所就設在這裡。衡漳又東北流，右岸在張平口匯合一條老溝，這條溝水上流承接武強淵，淵水西南水邊，有武強縣舊治所，所以淵也以縣為名了。

39 《東觀漢記》說：光武帝封王梁為大司空，立為侯國。據老人們說：縣裡有個人在路上行走，看見一條小蛇，心裡覺得小蛇似乎有點靈異，就把牠帶回家裡飼養，取名擔生。蛇長大以後，卻把人也吞吃了，鄉里中人都很害怕牠，就把養蛇人逮捕了，送進監牢。擔生把他背起來逃奔，縣遂沉陷為湖，縣裡的長官和下屬，都成了魚。現在縣治東北半里左右的地方都沉入水中。淵水又東南流，連結成為湖泊，又稱郎君淵。老人們又說：縣沉那天，養蛇人的兒子向東奔跑，又在這裡沉陷了，所以淵也得了郎君淵的名目。

40 淵水通往北方，稱為石虎口，又東北，叫張平澤。澤水氾濫，在北方的堤岸決口流出，叫張刀溝，北流注入衡漳。匯流處叫張平口，也叫張平溝。水滿氾濫時就往南流注，水枯涸時就斷流。衡漳又流經東昌縣老城北，就是《水經》所說的昌亭，即王莽時的田昌。民間稱為東相，因為相、昌兩字聲韻相合，因而致誤。西有昌城，所以把這座城名為東昌。衡漳又東北流，左岸匯合滹沱舊河道，匯流處叫合口。衡漳又東北流，分為兩條，在水滿氾濫處，名為李聰渙。

又東北至樂成陵縣北別出，

41 在陵縣，衡漳沒有支分外流的河道，在縣北流出去的是滹沱河的別支，從滹沱河舊河道分出而縈紆纏繞的。衡漳又東流，分為兩條，左岸分出的是向氏口，河水就是從這裡流進來的。衡漳又東流，流經弓高縣老城北，漢文帝封給韓王信的兒子韓隤當為侯國，也就是王莽時的樂成亭。衡漳又東北流，右岸匯合了柏梁溠。這條水上游承接李聰渙，往東北流叫柏梁溠，東流經蒲領縣老城南。漢武帝元朔三年（西元前一二六年），封給廣川惠王的兒子劉嘉為侯國。《地理風俗記》說：脩縣西北八十里有蒲領鄉，是個舊縣城。又東北流，匯合了桑社支流，又東北流經弓高城北，又東流注入衡漳。匯流處叫柏梁口。

42 衡漳又東北流，右岸匯合桑社溝。此溝上流承接從陂，世人稱為盧達從薄，又叫摩訶河，東南與清河相通，西北直到衡水。春秋兩季多雨氾濫，觀津城北，方圓二十里的地方，都成了沼澤，這是因為水流匯聚在這裡的緣故。桑社溝流經觀津縣老城北。樂毅從燕國歸降於趙國，受封於此城，號稱望諸君，就是王莽時的朔定亭。又向南轉，東流經竇氏青山南，傍著堤岸東流而出。青山，就是漢文帝竇皇后父親竇少翁的墳墓。竇少翁是本縣人，當時秦朝天下大亂，他隱居山林釣魚，掉入深淵而死。景帝登基後，竇皇后派人把深淵填掉以安葬她父親，在觀津城東南建造大墓，老百姓號稱青山。又東流經董仲舒廟南。董仲舒，廣川人，世人至今還稱呼此廟為董府君祠。每年春秋兩季，祭祀禱告從未中斷過。舊溝又東流經脩市縣老城北。漢宣帝本始四年（西元前七〇年），將此縣封給清河綱王的兒子劉寅為侯國，王莽改名為居寧，民間卻叫溫城，其實不是。《地理風俗記》說：脩縣西北二十里有脩市城，是個舊縣城。又東流與從陂匯合，陂水南北十里，東西六十步，五月、十一月陂水升漲，淵深而不流，也叫桑社淵。從陂水南流而出，從堤岸間分支東流，流經脩縣老城北，東流與清漳匯合。漳水氾濫則北注，澤水盛漲則南灌，水流上下都可相通。從陂水北流而出，東北流分為兩條：一條北流經弓高城西，北注柏梁淀；一條東流經弓高城南。又東北流，楊津溝水分支而出。

[43] 衡水東流經阜城縣老城北、樂成縣老城南。樂成縣是河間郡的治所。〈地理志〉說：這裡是古時的趙國。漢文帝二年（西元前一七八年），劃分作為封國。應劭說：這地方位於兩條河流之間。景帝九年（西元前一五五年），封他的兒子劉德為河間王，就是獻王。王莽改名，郡稱朔定，縣名陸信。褚少孫先生說：漢宣帝地節三年（西元前六七年），封給大將軍霍光哥哥的兒子霍山為侯國。章帝也封他的兒子劉開於此。桓帝追封他的尊祖父孝王劉開為孝穆王的尊號，把該縣的稅收作為祭掃陵墓之用。所以把陵墓增加封號，稱為樂成陵。現在城中還有一口古池，方圓八十步，舊時引衡水北流入城，注入池中。池北與一座高臺相對，臺基與溝壑都已荒蕪了，只是留著表示保存古蹟的意思罷了。

又東北過成平縣南，

[44] 衡漳又東流經建成縣老城南。據〈地理志〉，從前屬勃海郡。褚少孫先生說：漢昭帝元鳳三年（西元前七八年），封給丞相黃霸為侯國。成平縣老城在北。漢武帝元朔三年（西元前一二六年），封給河間獻王的兒子劉禮為侯國，就是王莽時的澤亭。二城一南一北相正對。衡漳又東流，在右岸匯合楊津溝水。楊津溝水從陂中東流經阜城南。〈地理志〉：勃海郡有阜城縣。王莽改名為吾城的那座城，並非《水經》所說的阜城。建武十五年（西元三九年），世祖改封給大司馬王梁為侯國。楊津溝水又東北流經建成縣，從左岸注入衡水，匯流

處稱為楊津口。衡漳又東流，左岸匯合滹沱別河的舊河道，又東北流，注入清河，匯流處稱為合口。又流經南皮縣的北皮亭，東北流經浮陽縣西，往東北流去。

清漳水

又東北過章武縣西，又東北過平舒縣南，東入海。

清漳逕章武縣故城西，故濊邑也。枝瀆出焉，謂之濊水，東北逕參戶亭，分為二瀆。應劭曰：平舒縣西南五十里有參戶亭，故縣也。世謂之平虜城。枝水又東注，謂之蔡伏溝。又東積而為淀。一水逕亭北，又逕東平舒縣故城南。代郡有平舒城，故加東。〈地理志〉：勃海之屬縣也。《魏土地記》曰：章武郡治。故世以為章武故城，非也。又東北分為二水：一右出為淀；一水北注滹沱，謂之濊口。清漳亂流而東注于海。

清漳水出上黨沾縣西北少山大要谷，南過縣西，又從縣南屈，

《淮南子》曰：清漳出謁戾山。高誘云：山在沾縣。今清漳出沾縣故城東北，俗謂之沾山。後漢分沾縣為樂平郡，治沾縣。水出樂平郡沾縣界。故《晉太康地記》曰：樂平縣舊名沾縣。漢之故縣矣。其山亦曰鹿谷山，水出大要谷，南流逕沾縣故城東，不歷其西也。又南逕昔陽城。《左傳》昭公十二年，晉荀吳

偽會齊師者，假道于鮮虞，遂入昔陽。杜預曰：樂平沾縣東有昔陽城者是也。其水又南得梁榆水口。水出梁榆城西大嵰山，水有二源：北水東南流，逕其城東南，注于南水；南水亦出西山，東逕文當城北，又東北逕梁榆城南，即閼與故城也。秦伐趙閼與，惠文王使趙奢救之，奢納許歷之說，破秦于閼與，謂此也。司馬彪、袁山松〈郡國志〉竝言涅縣有閼與聚。盧諶〈征艱賦〉曰：訪梁榆之虛郭，弔閼與之舊都。闞駰亦云：閼與，今梁榆城是也。漢高帝八年，封馮解散為侯國。其水左合北水，北水又東南，入于清漳。清漳又東南，與轑水相得。轑水出轑陽縣西北轑山❶，南流逕轑陽縣故城西南，東流至粟城，注于清漳也。

東過涉縣西，屈從縣南，

按〈地理志〉：魏郡之屬縣也。漳水于此有涉河之稱，蓋名因地變也。

東至武安縣南黍窖邑，入于濁漳。

【注釋】❶西北轑山　此處有佚文二條：《初學記》卷八〈河東道〉第四〈黃巖〉引《水經注》：「黃嵒水源出遼山縣西黃崗下。」《寰宇記》卷五十四〈河東道〉五〈遼州・遼山縣〉引《水經注》：「清谷水口源出東北長山清谷，亦云遼山縣西南黃巖山畛流出。」當是此段下佚文，二句同而又異，可以互補。

【語譯】又東北過章武縣西，又東北過平舒縣南，東入海。

清漳流經章武縣老城西，這就是從前的濊邑。有一條支流分出，稱為濊水，東北流經參戶亭，分為兩條。應劭說：平舒縣西南五十里有參戶亭，是個舊縣城。世人稱為平虜城。支流又往東流逝，叫蔡伏溝；又東流，積瀦成為一個淺水湖。另一條流經亭北，又流經東平舒縣老城南。代郡有平舒城，所以這裡加東字，叫東平舒城。〈地理志〉：東平舒是勃海郡的屬縣。《魏土地記》說：這是章武郡的治所。所以世人以為是章武的老城，其實不是。又東北流分為兩條：一條從右岸分流而出，積瀦為淺水湖；另一條往北注入滹沱河，匯流處叫濊口。清漳亂流，向東流瀉，注入大海。

清漳水出上黨沾縣西北少山大要谷，南過縣西，又從縣南屈，

《淮南子》說：清漳發源於謁戾山。高誘說：謁戾山在沾縣。現在清漳發源於沾縣老城東北，民間稱為沾山。後漢把沾縣分屬樂平郡，治所就在沾縣。清漳水發源於樂平郡沾縣邊界。所以《晉太康地記》說：樂平縣舊名沾縣。是漢朝的舊縣。那座山也叫鹿谷山，水發源於大要谷，南流經沾縣老城東，並不流過城西。又南流經昔陽城。《左傳》昭公十二年（西元前五三〇年），晉國荀吳裝著要去會見齊軍，向鮮虞借路經過，遂進入昔陽。杜預說：樂平郡沾縣東有昔陽城。水又南流，在梁榆水口又匯合一水。這條水發源於梁榆城西的大嵰山，有兩個源頭：北水東南流，流經城的東南注入南水；南水也發源於西山，東流經文當城北，又東北流經梁榆城南，此城即閼與舊城。秦國攻打趙國閼與，惠文王派趙奢去救援，趙奢採納許歷的策略，在閼與打垮秦軍，說的就是此城。司馬彪、袁山松〈郡國志〉都說涅縣有閼與聚。盧諶〈征艱賦〉說：尋訪梁榆空荒的城郭，憑弔閼與舊時的都城。闞駰也說：閼與，就是今天的梁榆城。漢高帝八年（西元前一九九年），將梁榆封給馮解散為侯國。此水又在左岸匯合北水，北水又東南流，注入清漳。清漳又東南流，與轑水相合流。轑水發源於轑陽縣西北的轑山，南流經轑陽縣老城西南，東流到粟城，注入清漳。

東過涉縣西，屈從縣南，

據〈地理志〉：涉縣是魏郡的屬縣。漳水在這裡有涉河之稱，這是水名因地而改變的緣故。

東至武安縣南黍窖邑，入于濁漳。

【研　析】漳河是今海河水系的一條普通河流，但在古代，沿河的鄴城是一座名城，戰國時的西門豹故事，長期傳頌感人，三國時為魏都，城邑擴大，成為當時全國著名的「五都」（洛陽、譙、許昌、長安、鄴）之一，建有銅雀、金虎、冰井三臺，有城門七座，東西七里，南北五里，門臺、隅雉，百步一樓，宮殿羅列，如《注》文所記：「當其全盛之時，去鄴六七十里，遠望苕亭，巍若仙居。」為了記敘這座名城，酈氏曾廣覽精讀，囊括了當時可見的一切文獻如〈鄴中記〉、〈魏都賦〉、〈銅雀臺賦〉等等，而所有這些文獻現在大多亡佚或殘缺不全，〈濁漳水〉篇的記敘成為今日研究這座歷史名城的重要依據，所以彌足珍貴。

卷十附錄

補滏水　補洺水

【題解】滏水是漳水支流，屬於今海河水系。今名滏陽河，是海河支流之一子牙河的南源，在今河北獻縣與滹沱河匯合，從此稱為子牙河，全長三百七十五公里，流域面積一萬四千五百餘平方公里。洺水今稱洺河，即古代的易水，在今河北任縣以東匯入大陸澤，它是滏水的小支流，當然也屬海河水系。

補滏水

《山海經·北山經》曰：又北三百里曰神菌之山，滏水出焉而東流，注于歐水。《御覽》引《水經注》：滏水發源出石鼓山南巖下，泉源奮涌若滏之揚湯矣。其水冬溫夏冷，崖上有魏世所立銘，水上有祠，能興雲雨，又東流注于漳，謂之合河。又曰：《水經注》云：《浮圖澄別傳》❶曰：石虎時，自正月不雨至六月，澄日詣滏祠，稽首暴露，即日，二白龍降于祠下，于是雨徧千里。劉昭《郡國志》補注❷引《水經》：鄴西北，滏水熱，故名滏口。滏亦合漳之大川也。

【注釋】❶浮圖澄別傳　書名。《隋書‧經籍志》不著錄，在當年就屬稀籍。浮圖澄即佛圖澄（西元二三二～三四八年），十六國後趙高僧，本姓帛，晉永嘉四年（西元三一〇年）來洛陽傳揚佛教，其著名弟子有釋道安、竺法雅等。曾在洛陽及其他地方興建寺院八百餘所。此書早已亡佚，《世說新語注》引此稱《佛圖澄別傳》，《藝文類聚》引此稱《浮圖澄傳》。❷郡國志補注　〈郡國志〉是《二十四史》中的《後漢書》中的一篇。其實，今《後漢書》是由范曄的《後漢書》和西晉司馬彪的《續漢書》二書拼合而成，今《後漢書》中的紀、傳是范曄所撰，而其中的志是司馬彪所撰。劉昭是南朝宋史學家，他為司馬彪《續漢書》的八志作注。

【語譯】《山海經‧北山經》說：又向北三百里是神菌之山，滏水發源東流，注入歐水。《御覽》引用《水經注》說：滏水從石鼓山南巖下發源而出，泉源像鑊裡沸騰的湯水。這水冬天溫暖夏天寒涼，巖崖上有三國魏時所立的石碑銘文，水邊建有祠廟，能夠興雲作雨。這條河川又向東流注入漳水，叫做合河。又說：《水經注》引用《浮圖澄別傳》的記載：在十六國後趙皇帝石虎時代，有一年從正月到六月不下雨，浮圖澄每天到滏水邊的祠廟中去，脫掉衣服叩頭，沒有幾天，就有兩條白龍下降到祠廟邊上，千里之間都下了雨。劉昭補注的〈郡國志〉引用《水經》說：鄴城西北的滏水是熱水，所以叫做滏口。滏水也是匯注到漳水的一條大河。

補洺水

《初學記‧邢州》下引《水經注》曰：洺水一名漳水，俗名千步。又《水經注》曰：洺水東逕柏暢亭。又〈洺州〉下引《水經注》曰：狗山頂上有狗迹，今在臨洺縣西。又《水經注》曰：洺水東北逕廣平縣故城東，水積于大澤之中，為澄泉，南北四十里，東西二十里，亦謂之黃塘泉。《寰宇記・磁州・武安縣》下引《水經注》云：洺水出易陽縣西山。〈洺州・永年縣〉下云：《風土記》❶云：南易水本名漳水，源出三門山西，自肥鄉縣界流入。《趙地記》❷云：六國時，此水名易水。《埤蒼》❸及《水經》云，洺水之目不知誰改，俗謂山之下地名洺，水因《經》之故曰洺水。《九域志❹・邢州・古跡》引《水經》云：洺水東流逕曲梁城。按曲梁城見〈漳水〉篇列人縣注中，蓋清濁二漳會流于滹池❺，斯有洺水之目，今文絕無此水，然蛛絲馬跡，猶可尋求也。

【注釋】❶風土記　書名。見本書卷四〈河水〉注釋。❷趙地記　書名。即《趙記》。見本書卷九注釋。❸埤蒼　書名。《隋書・經籍志》著錄三卷，魏張揖撰。亦作《埤倉》。清《四庫提要》卷四十〈經部・小學類〉著錄「張揖撰《廣雅》十卷」條下，稱張揖著「《埤倉》、《廣雅》、《古今字詁》」，又說：「今《埤倉》、《字詁》皆久佚，惟《廣雅》存。」故此書已久佚，亦無輯本。❹九域志　書名。即《元豐九域志》。宋王存編，十卷，元豐八年（西元一〇八五年）頒布。書以熙寧、元豐間四京、二十三路為基礎，分路記敘府、州、軍、縣、戶口、鎮戍、山川、道里等，對各地區間的四至八到記敘甚詳。❺滹池　水名。即滹沱水，今稱滹沱河。《漢書・地理志》作「滹池」。子牙河的最大支流，全長五百八十餘公里，流域面積一萬四千餘平方公里。《水經注》未缺佚時，此水可能單獨成篇，但今本已缺佚。

【語譯】《初學記》在〈邢州〉之下引用《水經注》說：洺水的另一名稱叫漳水，還有一個俗名叫千步。《初學記》又引《水經注》說：洺水向東流，經過柏暢亭。《初學記》在〈洺州〉之下還引《水經注》說：狗山頂上有狗跡，現在在臨洛縣以西。《水經注》又說：洛水向東北流經過廣平縣故城以東，水流積成一個很大的湖澤，稱為澄泉，南北四十里，東西二十里，也叫做黃塘泉。《寰宇記》在〈磁州・武安縣〉之下引用《水經注》說：洛水發源於易陽縣西山。在〈洛州・永年縣〉之下引用《風土記》說：南易水原來名叫漳水，發源於三門山西，從肥鄉縣縣界流來。《趙地記》說，六國時，這條河川稱為易水。《埤蒼》和《水經》說，不知是誰把易水改名為洛水的，一般認為因山下有個稱洛的地方，所以《水經》才稱其為洛水。《九域志》在〈邢州・古跡〉之下引《水經》說：洛水向東流經過曲梁城。曲梁城在〈漳水〉篇內見於列人縣《注》文中。清漳水和濁漳水匯合於滹池水，從此而有洛水的名稱。現在的《經》、《注》文字從未記及洛水，但蛛絲馬跡還是查得到的。

【研　析】《水經注》從宋初以後就成為一部殘籍，殿本在〈校上案語〉中說：「《崇文總目》稱其中已佚五卷，故《元和郡縣志》、《太平寰宇記》所引滹沱水、涇水、洛水，皆不見于今書。」所以清代酈學家，其中特別是全祖望、趙一清，都很重視對酈注的輯佚工作，而趙氏則在其《水經注釋》，併合佚文，在相關卷篇以後，補入了他的輯佚成果。此處所補滏、洛二水，滏水是至今仍繪入地圖的海河三級支流。洛水是條小水，現在的一般地圖上已經不見，但此水在歷史掌故上很有影響。〈補注〉文引《趙地記》：「六國時（按當指戰國時秦以外的六國），此水名易水。」所以特別要指出「六國時」，顯然是為了荊軻刺秦的故事：「風瀟瀟兮易水寒，壯士一去兮不復還。」所以洛水雖小，但輯補仍然不無價值。

卷十一

易水　滱水

【題解】此卷包括〈易水〉、〈滱水〉二篇。易水今仍稱易水，又名中易水，全長五十餘公里，流域面積五百四十餘平方公里。經易縣安各莊水庫東流，匯合南拒馬河，然後注入大清河。滱水發源於今山西境內，《水經注疏》熊會貞按：「今渾源州南七里有翠屏山，為恒岳西麓，唐河源出此，即古滱水。」如滱水按熊氏說，確為今唐河。唐河經太行山峽谷流入河北，在新安境注入白洋淀，全長約三百三十餘公里，流域面積約五千餘平方公里。

趙一清在其校本《水經注釋》卷十一之末，又收輯佚文，增補了〈滹沱水〉、〈泒水〉、〈滋水〉三篇，他認為此三水在《水經注》未缺佚前都各自成篇。滹沱水在前卷十中已述及，泒水與滋水，趙一清認為都與滱水有關，或是滱水支流。但現在已經無法考實。但他所輯補此三水，本書亦收附於此卷卷末，以供讀者參考。

易水

易水出涿郡安縣閻鄉西山，

1 易水出西山寬中谷，東逕五大夫城南。昔北平侯王譚，不從王莽之政，子與生五子，竝避時亂，隱居此山，故其舊居，世以為五大夫城，即此。《岳讚》❶云：五王在中，龐葛連續者也。易水又東，左與子莊溪水合。水北出子莊關，南流逕五公城西，屈逕其城南。五公，即王興之五子也。光武即帝位，封為五侯：元才北平侯，益才安憙侯，顯才蒲陰侯，仲才新市侯，季才為唐侯，所謂中山五王也。俗又以五公名居矣。二城竝廣一里許，俱在岡阜之上，上斜而下方，其水東南入于易水。

2

易水又東，右會女思谷水。水出西南女思澗，東北流注于易，謂之三會口。易水又東屆關門城西南，即燕之長城門也，與樊石山水合。水源西出廣昌縣之樊石山，東流逕覆釜山下，東流注于易水。易水又東歷燕之長城，又東逕漸離城南，蓋太子丹館高漸離處也。易水又東逕武陽城南，蓋易自寬中歷武夫關東出，是兼武水之稱，故燕之下都，擅武陽之名。左得濡水枝津故瀆。武陽大城東南小城，即故安縣之故城也，漢文帝封丞相申屠嘉為侯國。城東西二里，南北一里半。高誘云：易水逕故安城南城外東流。即斯水也。誘是涿人，事經明證。今水被城東南隅，世又謂易水為故安河。武陽，蓋燕昭王之所城也，東西二十里，南北十七里。故傅逮〈述遊賦〉❷曰：出北薊，歷良鄉，登金臺，觀武陽，兩城遼廓，舊迹冥芒。蓋謂是處也。易水東流而出于范陽。

東過范陽縣南，又東過容城縣南，

3 易水逕范陽縣故城南。秦末，張耳、陳餘為陳勝略地燕、趙，命蒯通說之，范陽先下是也。漢景帝中二年，封匈奴降王代為侯國。王莽之順陰也。昔慕容垂之為范陽也，戍之即斯❸。意欲圖還上京，阻于行旅，造次不獲，遂中❹。易水又東與濡水合。水出故安縣西北窮獨山南谷，東流與源泉水合。水發北溪，東南流注濡水。濡水又東南逕樊於期館西，是其授首于荊軻處也。

4 濡水又東南流逕荊軻館北，昔燕丹納田生之言，尊軻上卿，館之于此。二館之城，澗曲泉清，山高林茂，風煙披薄，觸可棲情，方外之士，尚憑依舊居，取暢林木。

5 濡水又東逕武陽城西北❺，舊堨濡水，枝流南入城，逕柏冢西。冢垣城側，即水塘也。四周塋域深廣，有若城焉。其水側有數陵，墳高壯，望若青丘，詢之古老，訪之史籍，並無文證。以私情求之，當是燕都之前故墳也。或言燕之墳塋，斯不然矣。

6 其水之故瀆南出，屈而東轉，又分為二瀆：一水逕故安城西❻，側城南注易水，夾塘崇峻，邃岸高深。左右百步，有二釣臺，參差交峙，迢遞相望，更為佳觀矣。其一水東出注金臺陂，陂東西六七里，南北五里，側陂西北有釣臺高丈餘，方可四十步，陂北十餘步有金臺，臺上東西八十許步，南北如減。北有小金臺，臺北有蘭馬臺，並悉高數丈，秀峙相對。翼臺左右，水流徑通，長廡廣宇，周旋被浦。棟堵咸淪，柱礎尚存，是其基構，可得而尋訪。諸耆舊咸言，昭王禮賓，廣延方士，至如郭隗、樂毅之徒，鄒衍、劇辛之儔，宦遊歷說之民，自遠而屆者多矣。不欲令諸侯之客，伺隙燕邦，故脩連下都，館之南垂，言燕昭創之于前，子丹踵之于後，故雕牆敗館，尚傳鐫刻之石，雖無經記可憑，察其古跡，似符宿傳矣。

7 濡水自堰又東逕紫池堡西，屈而北流，又有渾塘溝水注之。水出遒縣西白馬山南溪中，東南流入濡水。濡水又東至塞口，古累石堰水處也。濡水舊枝分南，入城東大陂。陂方四里，今無水。陂內有泉，淵而不流，際池北側，俗謂聖女泉。濡水又東得白楊水口。水出遒縣西山白楊嶺下，東南流入濡水，時人謂之虎眼泉也。濡水東合檀水。水出遒縣西北檀山西南，南流與石泉水會。水出石泉固東南隅，水廣二十許步，深三丈。固在眾山之內，平川之中，四周絕澗阻水，八丈有餘。石高五丈，石上赤土，又高一匹，壁立直上，廣四十五步，水之不周者，路不容軌，僅通人馬，謂之石泉固。固上宿有白楊寺，是白楊山神也。寺側林木交蔭，叢柯隱景。沙門釋法澄建剎于其上，更為思玄之勝處也。

8

其水南流注于檀水，故俗有并溝之稱焉。其水又東南流，歷故安縣北而南注濡水。濡水又東南流，于容城縣西北大利亭東南合易水，而注巨馬水也。故〈地理志〉曰：故安縣閻鄉，易水所出，至范陽入濡水。闞駰亦言是矣。又曰濡水合渠。許慎曰：濡水入淶。淶、渠二號，即巨馬之異名。然二易俱出一鄉，同入濡水。南濡、北易至涿郡范陽縣會北濡，又竝亂流入淶。是則易水與諸水互攝通稱。東逕容城縣故城北❼，渾濤東注，至勃海平舒縣與易水合。闞駰曰：涿郡西界代之易水。而是水出代郡廣昌縣東南、郎山東北燕王仙臺東。臺有三峰，甚為崇峻，騰雲冠峰，高霞翼嶺，岫壑沖深，含煙罩霧。耆舊言：燕昭王求仙處。其東謂之石虎岡，范曄《漢書》❽云：中山簡王焉之窆也。厚其葬，採涿郡山石，以樹墳塋，陵隧碑獸，竝出此山。有所遺二石虎，後人因以名岡。山之東麓，即泉源所導也，《經》所謂閻鄉西山。其水東流，有毖水南會，渾波同注，俗謂之為雹河。司馬彪〈郡國志〉曰：雹水出故安縣。世祖令耿況擊故安西山賊吳耐蠡，符雹上十餘營，皆破之，即是水者也。

9 易水又東逕孔山北❾，山下有鍾乳穴，穴出佳乳，採者篝火尋沙，入穴里許，渡一水，潛流通注，其深可涉。于中眾穴奇分，令出入者疑迷不知所趣，每于疑路，必有歷記，返者乃尋孔以自達矣。上又有大孔，豁達洞開，故以孔山為名也。其水又東逕西故安城南，即閻鄉城也。歷送荊陘北。耆舊云：燕丹餞荊軻于此，因而名焉，世代已遠，非所詳也。遺名舊傳，不容不詮，庶廣後人傳聞之聽。

10 易水又東流，屈逕長城西，又東流，南逕武隧縣南、新城縣北。《史記》曰：趙將李牧伐燕，取武隧、方城是也。俗又謂是水為武隧津。津北對長城門，謂之汾門。《史記・趙世家》云：孝成王十九年，趙與燕易土，以龍兌、汾門與燕，燕以葛城、武陽與趙，即此也。亦曰汾水門，又謂之梁門矣。易水東分為梁門陂。易水又東，梁門陂水注之。水上承易水于梁門，東入長城，東北入陂。陂水北接范陽陂，陂在范陽城西十里，方十五里，俗亦謂之為鹽臺陂。陂水南通梁門淀，方三里。淀水東南流，出長城注易，謂之范水。易水自下，有范水通目。又東逕范陽縣故城南，即應劭所謂范水之陽也。易水又東逕樊輿縣故城北。漢武帝元朔五年，封中山靖王子劉條為侯國，王莽更名握符矣。《地理風俗記》曰：北新城縣東二十里有樊輿亭，故縣也。

11 易水又東逕容城縣故城南。漢高帝六年⑩，封趙將夜于深澤。景帝中三年，以封匈奴降王唯徐盧于容城。皆為侯國，王莽更名深澤也。易水又東，埿水注之。水上承二陂于容城縣東南，謂之大埿淀、小埿淀。其水南流注易水，謂之埿洞口。水側有渾埿城，易水逕其南，東合滱水。故桑欽曰：易水出北新城西北，東入滱。自下滱、易互受通稱矣。

12 易水又東逕易京南。漢末，公孫瓚害劉虞于薊下，時童謠云：燕南垂，趙北際，惟有此中可避世。瓚以易地當之，故自薊徙臨易水，謂之易京城，在易城西四五里。趙建武四年，石虎自遼西南達易京，以京障至固，令二萬人廢壞之。今者，城壁夷平，其樓基尚存，猶高一匹。餘基上有井，世名易京樓，即瓚所保也。故《瓚與子書》⑪云：袁氏之攻，狀若鬼神，衝梯舞于樓上，鼓角鳴于地中。即此樓也。

13 易水又東逕易縣故城南，昔燕文公徙易，即此城也。闞駰稱太子丹遣荊軻刺秦王，與賓客知謀者，祖道于易水上。《燕丹子》⑫稱，荊軻入秦，太子與知謀者，皆素衣冠送之于易水之上，荊軻起為壽，歌曰：風蕭蕭兮易水寒，壯士一去兮不復還。高漸離擊筑，宋如意和之，為壯聲，士髮皆衝冠；為哀聲，士皆流涕。疑于此也。余按遺傳舊跡，多在武陽，似不餞此也。漢景帝中三年，封匈奴降王僕䵣為侯國也。

又東過安次縣南，

14 易水逕縣南、鄚縣故城北，東至文安縣與滹沱合。《史記》：蘇秦曰：燕長城以北，易水以南。正謂此水也。是以班固、闞駰之徒，咸以斯水謂之南易。

又東過泉州縣南，東入于海。

15 《經》書水之所歷，沿次注海也。

【注釋】❶岳讚　書名。不見歷來公私著錄，不知撰者與撰述年代。已亡佚。❷述遊賦　詞賦名。傳逮撰。不見歷來公私著錄，亦不詳其為何代人。已亡佚。❸昔慕容垂二句　為范陽，《疏》本指出「為」字為「奔」字之誤，後文按《疏》本語譯。戍之即斯，殿本在此下有戴震案語：「即斯下，當有脫文。」❹遂中　殿本在此下有戴震案語：「上下當有脫文，未詳。」❺濡水又東逕武陽城西北　此處有佚文二條，《寰宇記》卷五十四〈河北道〉三〈魏州・莘縣〉引《水經注》：「武陽城有一石臺，在天城門外，號曰武陽臺。」《方輿紀要》卷十二〈直隸〉三〈保定府・易州・武陽城〉引《水經注》：「武陽，燕昭王所城，東西二十里，南北十七里。」當均是此段下佚文。❻一水逕故安城西　此處有佚文一條。明鍾芳〈黃金臺記〉（《天下名勝諸山一覽記》卷二）引《水經注》：「固安縣有黃金臺。」《天下郡國利病書》卷二〈北直〉一引《水經注》與此同。康熙《保定府志》卷六〈古迹・黃金臺〉引《水經注》：「固安縣有黃金臺遺址。」亦同，當是此段下佚文。❼東逕容城縣

故城北　此處有佚文一條。《寰宇記》卷六十七〈河北道〉十六〈雄州・容城縣〉引《水經注》：「漢景帝改為亞谷城，封東胡降王盧它父為亞谷侯。」當是此段下佚文。❽范曄漢書　《漢書》應為《後漢書》。《水經注疏》已改作「范曄《後漢書》」。楊守敬在此處按：范書原文「無採山石云云，此當是他家《後漢書》之文，傳寫為范書也」。❾易水又東逕孔山北　此處有佚文一條。《名勝志》卷五〈保定府〉二〈易州〉引《水經注》：「其山有孔，表裡通徹，狀如星月，俗謂之星月巖。山下有穴，出鍾乳，石上往往有仙人及龍迹。西谷又有一穴，大如車輪，春則風出東，夏出南，秋出西，冬出北。有沙門法猛，以夏日入其東穴，見石堂、石人，故欲窮之，內有人厲聲云：法師，其餘三穴皆如東者，不宜更入。猛仍行不息，須臾不覺身已在穴外矣。」當是此段下佚文。❿六年　《水經注疏》作「八年」。楊守敬按：「《史》、《漢》〈表〉俱在八年，今訂。」⓫瓚與子書　書信名。公孫瓚，東漢人，《後漢書》有傳。此書信已亡佚。⓬燕丹子　書名。《隋書・經籍志》著錄一卷。丹，燕王喜太子。此書述燕太子質於秦及荊軻刺秦王故事。不知撰者和撰述年代。書已亡佚，輯本較多，如《四部備要》、《叢書集成初編》等。

【語　譯】易水出涿郡故安縣閻鄉西山，

1 易水從西山寬中谷淌出，東流經五大夫城南。從前北平侯王譚，不肯依附王莽政權，他兒子王興生了五個兒子，都為避亂隱居此山，所以世人把他的舊居稱為五大夫城，就是此城。《岳讚》說：五王在城中，裙帶相連，是個大族。易水又東流，左岸與子莊溪水匯合。此水發源於北方的子莊關，南流經五公城西，折而流經城南。五公，就是王興的五個兒子。光武帝即位，封他們為五侯：元才為北平侯，益才為安憙侯，顯才為蒲陰侯，仲才為新市侯，季才為唐侯。這就是所謂的中山五王。民間又把他們的居地稱為五公城。五大夫城及五公城方圓都有一里左右，都建於山岡上，上部歪斜，下端方正。子莊溪水東南流，匯合於易水。

2 易水又東流，右岸與女思谷水匯合。女思谷水發源於西南方的女思澗，東北流，注入易水，匯流處稱為三會口。易水又東流到闕門城西南，這裡就是燕國的長城門，易水於此與樊石山水匯合。礬石山水源出西方廣昌縣的樊石山，東流經覆釜山下，東流注入易水。易水又東流過燕國的長城，又東流經漸離城南，這是燕太子丹為高漸離設館安居的地方。易水又東流經武陽城南，因為易水從寬中谷經武夫關東流而出，就兼有武水一名，所以燕的下都，就有了武陽之稱了。左岸匯合了濡水支流的舊河道。武陽大城東南的小城，就是故安縣的老城，漢文帝封給丞相申屠嘉為侯國。城東西二里，南北一里半。高誘說：易水流經故安城南城外東流，即指此水。高誘是涿郡人，他的記載是經過明確的查證的。現在易水到達城的東南角，世人因此又稱易水為故安河。武陽城，是燕昭王所築，東西二十里，南北十七里。所以傅逮〈述遊賦〉說：走出北薊，經過良鄉，登上金臺，眺望武陽，這兩座城空曠遼闊，舊時遺跡已是渺渺茫茫，說的就是此處。易水東流，從范陽流出去。

東過范陽縣南，又東過容城縣南，

3 易水流經范陽縣故城南。秦末，張耳、陳餘為陳勝攻取燕、趙兩國的土地，叫蒯通去遊說，范陽最先降服。漢景帝中元二年（西元前一四八年），將范陽封給歸順於漢的匈奴王代為侯國，王莽時叫順陰。從前慕容垂逃奔到范陽，設兵駐守，就是這裡。慕容垂心想回到上京去，但行旅中受阻，倉促間不能遂願。易水又東流，與濡水匯合。濡水發源於故安縣西北的窮獨山南谷，東流與源泉水匯合。源泉水發源於北溪，東南流注入濡水。濡水又東南流經樊於期館西，這裡就是樊於期把自己的頭顱交給荊軻的地方。

4 濡水又東南流經荊軻館北，從前燕太子丹採用了田光的建議，尊奉荊軻為上卿，在這裡為他建館居住。這兩座館舍所在的小城，山澗曲折，泉水澄清，山高林茂，飄散著淡淡的煙霧，眺望著這樣的景色，令人心曠神怡；出家離世的人士，還棲身於這些舊地，在清靜的山林中怡然自得。

5 濡水又東流經武陽城西北。舊時在濡水築堰，引支流南流入城，流經柏冢西。墓園圍牆所在的城邊，有個水塘。四周的墓地範圍很大，有如城邑。水邊有幾座陵墓，高大壯觀，望去就像綠草萋萋的山丘。詢問老人，翻閱史籍，卻找不到文字記載的證據。但我個人從情理上推想，這應當是燕都以前的古墳；有人說這是燕的墳墓，想來大概不是的。

6 濡水舊河道南流，轉向東方，又分為兩條：其中一條流經故安城西，沿著城邊南流，注入易水。兩邊水岸，高崖峻壁，左右相隔百來步，有兩座釣臺，參差對峙，遙遙相望，風光更加秀麗。另一條東流注入金臺陂，這片湖水東西六七里，南北五里，湖邊西北有一座釣臺，高丈餘，方圓約略四十步，湖水以北十餘步有金臺，臺上東西長約八十來步，南北稍狹。北有小金臺，臺北又有蘭馬臺，都高好幾丈，相對聳峙。在這些臺的左右兩邊，都有水流相通，長長的廊廡，寬廣的屋宇，環繞著水濱。但現在梁棟牆垣都已坍毀，只有柱礎還在，所以建築的基址和結構還約莫看得出來。老人們都說：燕昭王以禮厚待賓客，廣泛招聘四方人才，所以像郭隗、樂毅、鄒衍、劇辛這一類才能出眾的人士，還有那些求官覓爵、遊說於諸侯之間的人，從遠道來投奔的才不可勝數。但昭王為防備諸侯的門客到燕國來刺探虛實，所以又修建了下都，把他們安排在南部邊境的館舍裡住宿。老人們又說：燕昭王開創於前，他兒子太子丹又續建於後，所以雕牆破館之間，還留下一些鐫刻過的殘石。這傳說雖然沒有經籍的記載可以作為證據，但考察留下的古蹟，似乎與歷來的傳說還是相符合的。

7 濡水從堰壩又東流經紫池堡西，轉彎北流，又有渾塘溝水注入。渾塘溝水發源於遒縣西白馬山南溪中，東南流匯合於濡水。濡水又東流到塞口，這裡是古代砌築石堰攔截水流的地方。濡水舊時分支南流，流入城東大陂。池塘方圓四里，現在已經乾涸無水了。靠近池塘北邊，池內有一泓泉水，水深而不流動，民間稱為聖女泉。濡水又東流到了白楊水口。流入這水口的水，發源於遒縣西山白楊嶺下，東南流注入濡水，當時人們都叫它虎眼泉。濡水東流，與檀水匯合。檀水發源於遒縣西北檀山西南，南流與石泉水匯合。石泉水發源於石泉固東南角，水寬二十來步，深三丈。石泉固在群山環抱中的一片平川裡面，四周環繞著一條深澗，寬約八丈餘，水流洶湧，成為一道屏障。一邊的山巖高五丈，巖上有赭紅色的山土，高四丈，陡峭直上，有如牆壁。上面寬廣四十五步，水沒有流到的地方，山路極窄，容不下一輛車子，只有單人獨馬才可通過，稱為石泉固。上面古來就有一座白楊寺，是供奉白楊山的山神的。寺旁林木交織成一片繁蔭，叢叢的林木把陽光都掩蔽住了。僧人釋法澄在那裡修建了一座寺院，更成為修禪冥思的勝地。

8 石泉水南流，注入檀水，所以民間叫它并溝。水又東南流經故安縣北，南流注入濡水。濡水又東南流，在容城縣西北大利亭東南與易水匯合，注入巨馬水。所以〈地理志〉說：故安縣閻鄉，是易水的發源地，流到范陽注入濡水。闞駰也是這樣說的。又說濡水與渠水匯合。許慎說：濡水匯合於淶水。無論淶水或渠水，都是巨馬水的異名。可是兩條易水都發源於一鄉之內，而且同流注入濡水。南濡水、北易水到了涿郡范陽縣與北濡水匯合，又都亂流入淶水，那麼易水與諸水都可相互通稱了。此水東流經容城縣老城北，波濤滾滾相混向東流瀉，到了勃海郡平舒縣與易水匯合。闞駰說：涿郡西部與代郡以易水為界。此水發源於代郡廣昌縣東南、郎山東北的燕王仙臺東。此臺有三座山峰，極其高峻，峰嶺之巔，常有雲霞飄蕩；山谷極其幽深，有煙霧輕籠淺罩。老人們說：這是燕昭王求仙的地方。仙臺東為石虎岡，范曄《後漢書》說：這裡是中山簡王劉焉的陵墓。葬物非常豐厚，開採了涿郡的山石來修建墳墓，墓道上的石碑石獸，都是用這座山上的巖石雕成的。現在還留下兩隻石虎，因此後人叫它石虎岡。山的東麓，就是泉源所出處，《水經》稱為閻鄉西山。此水東流，有虒水南流相匯合，合流後滔滔同流，民間叫雹河。司馬彪〈郡國志〉說：雹水發源於故安縣。世祖命令耿況去剿滅故安西山盜寇吳耐蠡，賊眾沿著雹水紮營十餘座，耿況全都把他們擊潰了，就在這條水。

9 易水又東流經孔山北，山下有鐘乳石溶洞，洞裡出產美麗的鐘乳石，採石的人打著燈籠去尋覓，入洞約一里，渡過一條地下河，水在洞中潛流，並不深，可以涉水而過。裡面洞穴分支很多，像迷宮似的使人出入迷失方向，不知該怎樣走；所以在容易迷路的地方，一定要做個標記，回來時才能找到從洞中外出的通道。上面又有大孔，朝天洞開，所以名為孔山。水又東流經西故安城南，就是閻鄉城。流過送荊陘北。老人們說：燕太子丹在這裡為荊軻餞行，因此得名。但時代遙遠，也難弄得清楚了。不過對這些留下的地名和傳說，也不能不作些說明，以便擴大後人的見聞。

10 易水又東流，折而流經長城西，又東流，在南方流經武隧縣南、新城縣北。《史記》說：趙國將軍李牧攻打燕國，奪取了武隧、方城兩處地方。民間又把此水叫武隧津。武隧津北對長城門，叫汾門。《史記・趙世家》說：孝成王十九年（西元前二四七年），趙國與燕國交換土地，趙把龍兌、汾門給燕，燕則把葛城、武陽給趙，指的就是這地方。汾門又叫汾水門，也稱梁門。易水東流，分支流出梁門陂。易水又東流，梁門陂水注入。陂水上流在梁門承接易水，東流進入長城，東北流，進入陂中。陂水北面承接范陽陂，這片湖水在范陽城西四十里，方圓十五里，民間也叫鹽臺陂。陂水南與梁門淀相通，此淀方圓三里。淀水東南流，流出長城注入易水。稱為范水。易水從這裡到下游，也就可通稱范水了。又東流經范陽縣老城南，就是應劭所謂范水之陽了。易水又東流經樊輿縣老城北。漢武帝元朔五年（西元前一二四年），把它封給中山靖王的兒子劉條為侯國。王莽改名為握符。《地理風俗記》說：北新城縣東二十里，有樊輿亭，是個舊縣城。

11 易水又東流經容城縣老城南。漢高帝六年（西元前二〇一年），把趙將夜封於深澤。景帝中元三年（西元前一四七年），把降於漢的匈奴王唯徐盧封於容城，都是侯國。王莽改名為深澤。易水又東流，渥水注入。渥水上流在容城縣東南承接這兩個陂湖，稱為大渥淀、小渥淀。兩條水南流，都注入易水，匯流處稱為渥洞口。水邊有渾渥城，易水流經城南，東流與滱水匯合。所以桑欽說：易水發源於北新城西北，東流注入滱水。從這裡到下游，滱水、易水都可以相互通稱了。

12 易水又東流經易京南。漢朝末年，公孫瓚在薊下謀害了劉虞，當時童謠說：燕國南疆，趙國北境，只有這地方可以避亂世。公孫瓚以為童謠所指就是易水一帶地方，所以從薊遷到易水旁邊，稱為易京城，這裡在易城西四五里。趙建武四年（西元三三八年），石虎從遼西南下，來到易京，看到易京的城牆十分牢固，便派了二萬人把它破壞了。現在城牆已被夷平，但樓基還在，高度還有四丈有餘。遺址上有一口井，世人把這座城樓稱為易京樓，這就是公孫瓚據以自保的地方。〈瓚與子書〉中說：袁氏的進攻，來勢就像鬼神一樣，衝梯在城樓上亂舞，鼓角在地上齊鳴。他說的就是此樓。

13 易水又東流經易縣老城南。從前燕文公遷到易縣，就是此城。闞駰說：太子丹派荊軻去刺殺秦王，與知道這起密謀的賓客在易水上給他餞行。《燕丹子》說：荊軻到秦國去，太子與知道密謀的人，都穿著白衣，戴著白帽，送他到易水上。荊軻起身為太子丹祝壽，唱道：風蕭蕭兮易水寒，壯士一去兮不復還。高漸離擊筑，宋如意伴唱，歌聲激昂慷慨，人們激動得頭髮直豎，把帽子都頂了起來；歌聲又轉為哀惋淒涼，人們都涕淚交流。這次悲壯的送行，可能就在此處。我查考遺留下來的舊跡，多在武陽，好像並非在這裡餞行。漢景帝中元三年（西元前一四七年），把易縣封給降於漢的匈奴王僕黶為侯國。

14 **又東過安次縣南，**

易水流經安次縣南、鄚縣老城北，東流到文安縣，與滹沱河匯合。《史記》載，蘇秦說：燕長城以北，易水以南。說的正是此水。所以班固、闞駰等人，都以為此水叫南易水。

15 **又東過泉州縣南，東入于海。**

《水經》敘述水流沿途所經地點的次序，直到注入大海。

滱水

滱水出代郡靈丘縣高氏山，

1 即漚夷之水也，出縣西北高氏山。《山海經》曰：高氏之山，滱水出焉，東流注于河者也。其水東南流，山上有石銘，題言：冀州北界。故世謂之石銘陘也。其水又南逕候塘，川名也。又東合溫泉水。水出西北暄谷，其水溫熱若湯，能愈百疾，故世謂之溫泉焉。東南流逕興豆亭北，亭在南原上，敧傾而不正，故世以敧城目之。水自原東南注于滱。滱水又東，莎泉水注之。水導源莎泉，南流，水側有莎泉亭，東南入于滱水。

2 滱水又東逕靈丘縣故城南。應劭曰：趙武靈王葬其東南二十里，故縣氏之。

縣，古屬代，漢靈帝光和元年，中山相臧旻上請別屬也。瓚注《地理志》曰：靈丘之號，在武靈王之前矣。又按司馬遷《史記》：趙敬侯九年❶，敗齊于靈丘，則名不因武靈王事，如瓚注。滱水自縣南流入峽，謂之隘門，設隘于峽，以譏禁行旅。歷南山，南峰隱天，深溪埒谷，其水沿澗西轉，逕御射臺南。臺在北阜上，臺南有御射石碑。南則秀嶂分霄，層崖刺天，積石之峻，壁立直上，車駕沿游，每出是所遊藝焉。滱水西流，又南轉東屈，逕北海王詳之石碣南、御射碑石柱北而南流也。

東南過廣昌縣南，

3 滱水東逕嘉牙川❷，有一水南來注之。水出恒山北麓，稚川三合，逕嘉牙亭東而北流，注于滱水。水之北，山行即廣昌縣界。滱水又東逕倒馬關，關山險隘，最為深峭勢均。詩人高岡之病良馬，傅險之困行軒，故關受其名焉。關水出西南長溪下，東北歷關注滱。滱水南，山上起御坐于松園，建祗洹于東圃，東北二面，岫嶂高深，霞峰隱日，水望澄明，淵無潛甲。行李所逕，鮮不徘徊忘返矣。

又東南過中山上曲陽縣北，恒水從西來注之。

4 滱水自倒馬關南流，與大嶺水合。水出山西南大嶺下，東北流出峽，峽右山側，有祗洹精廬，飛陸陵山，丹盤虹梁❸，長津泛瀾，縈帶其下，東北流注于滱。滱水又屈而東，合兩嶺溪水。水出恒山北阜，東北流歷兩嶺間，北嶺雖層陵雲舉，猶不若南巒峭秀。自水南步遠峰，石隥逶迤，沿途九曲，歷睇諸山，咸為劣矣。抑亦羊腸、邛崍之類者也。齊、宋通和，路出其間。其水東北流，注于滱水。又東，左合懸水。水出山原岫盤谷，輕湍濬下，分石飛懸，一匹有餘，直灌山際，白波奮流，自成潭渚。其水東南流，揚湍注于滱。滱水又東流歷鴻山，世謂是處為鴻頭。疑即《晉書·地道記》所謂鴻上關者也。關尉治北平，而畫塞于望都，東北去北平不遠，兼縣土所極也。滱水于是，左納鴻上水。水出西北近溪，東南流注于滱水也。

又東過唐縣南，

5 滱水又東逕左人城南。應劭曰：左人城在唐縣西北四十里。縣有雹水，亦或謂之為唐水也。水出中山城之西如北，城內有小山，在城西，側而銳上，若委粟焉，疑即《地道記》所云：望都縣有委粟關也。俗以山在邑中，故亦謂之中山城；以城中有唐水，因復謂之為廣唐城也。《中山記》❹以為中人城，又以為鼓聚，殊為乖謬矣。言城中有山，故曰中山也，中山郡治。京相璠曰：今中山望都東二十里有故中人城。望都城東有一城名堯姑城，本無中人之傳，璠或以為中人，所未詳也。《中山記》所言中人者，城東去望都故城十餘里，二十里則減，但苦其不東。觀夫異說，咸為爽矣。今此城于盧奴城北如西六十里，城之西北，泉源所導，西逕郎山北，郎、唐音讀近，寔兼唐水之傳。西流歷左人亭注滱水。

6 滱水又東，左會一水。水出中山城北郎阜下，亦謂之唐水也。然于城非在西，俗又名之為雹水，又兼二名焉。西南流入滱，竝所未詳，蓋傳疑耳。

7 滱水又東，恒水從西來注之。自下滱水兼納恒川之通稱焉。即〈禹貢〉所謂恒、衛既從也。滱水又東，右苞馬溺水。水出上曲陽城東北馬溺山，東北流逕伏亭。《晉書・地道記》曰：望都縣有馬溺關。《中山記》曰：八渡、馬溺，是山曲要害之地，二關勢接，疑斯城即是關尉宿治，異目之來，非所詳矣。馬溺水又東，流注于滱。

8 滱水又東逕中人亭南。《春秋左傳》昭公十三年，晉荀吳率師侵鮮虞及中人，大獲而歸者也。滱水又東逕京丘北，世謂之京陵，南對漢中山頃王陵。滱水北對君子岸，岸上有哀王子憲王陵，坎下有泉源積水，亦曰泉上岸。滱水又東逕白土北，南即靖王子康王陵，三墳並列者是。滱水又東逕樂羊城北。《史記》稱，魏文侯使樂羊滅中山。蓋其故城中山所造❺也，故城得其名。滱水又東逕唐縣故城南，此二城俱在滱水之陽，故曰滱水逕其南。城西又有一水，導源縣之西北平地，泉湧而出，俗亦謂之為唐水也。東流至唐城西北隅，堨而為湖，俗謂之唐池。蓮荷被水，嬉遊多萃其上，信為勝處也。其水南入小溝，下注滱水，自上歷下，通禪唐川之兼稱焉。

9

應劭《地理風俗記》曰：唐縣西四十里得中人亭。今于此城取中人鄉，則四十也。唐水在西北入滱，與應符合。又言堯山者在南，則無山以擬之，為非也。闞駰《十三州志》曰：中山治盧奴，唐縣故城在國北七十五里。駰所說北則非也。《史記》曰：帝嚳氏沒，帝堯氏作，始封于唐。望都縣在南，今此城南對盧奴故城，自外無城以應之。考古知今，事義全違。俗名望都故城則八十許里，距中山城❻則七十里，驗途推邑，宜為唐城。城北去堯山五里，與七十五里之說相符。然則俗謂之都山，即是堯山，在唐東北望都界。皇甫謐曰：堯山一名豆山。今山于城北如東，嶄絕孤峙，虎牙桀立。山南有堯廟，是即堯所登之山者也。〈地理志〉曰：堯山在南。今考此城之南，又無山以應之，是故先後論者，咸以《地理記》⑦之說為失。又即俗說以唐城為望都城者，自北無城以擬之。假復有之，途程紆遠，山河之狀全乖，古證傳為疏罔。是城西北豆山西足，有一泉源，東北流逕豆山，下合蘇水，亂流轉注東入滱。是豈唐水乎？所未詳也。又于是城之南如東十餘里，有一城，俗謂之高昌縣城，或望都之故城也。縣在唐南。皇甫謐曰：相去五十里。稽諸城地，猶十五里，蓋書誤耳。此城之東，有山孤峙，世以山不連陵，名之曰孤山，孤、都聲相近，疑即所謂都山也。《帝王世記》曰：堯母慶都所居，故縣目曰望都。張晏曰：堯山在北，堯母慶都山在南，登堯山見都山，故望都縣以為名也。

唐亦中山城也，為武公之國，周同姓。周之衰也，國有赤狄之難。齊桓霸諸侯，疆理邑土，遣管仲攘戎狄，築城以固之。其後，桓公不恤國政，周王問太史餘曰：今之諸侯，孰先亡乎？對曰：天生民而今有別，所以異禽獸也。今中山淫昏康樂，逞慾無度，其先亡矣。後二年果滅。魏文侯以封太子擊也。漢高祖立中山郡，景帝三年為王國。王莽之常山也。魏皇始二年，破中山，立安州。天興三年，改曰定州，治水南盧奴縣之故城。昔耿伯昭歸世祖于此處也。

11 滱水之右，盧水注之。水上承城內黑水池。〈地理志〉曰：盧水出北平。疑為疎闊；闞駰、應劭之徒，咸亦言是矣。余按盧奴城內西北隅有水，淵而不流，南北百步，東西百餘步，水色正黑，俗名曰黑水池。或云水黑曰盧，不流曰奴，故此城藉水以取名矣。池水東北際水，有漢中山王故宮處，臺殿觀榭，皆上國之制。簡王尊貴，壯麗有加，始築兩宮，開四門，穿北城，累石為竇，通池流于城中，造魚池、釣臺、戲馬之觀。歲久頹毀，遺基尚存。今悉加土，為利刹靈圖。池之四周，居民駢比，填褊穢陋，而泉源不絕。暨趙石建武七年，遣北中郎將始築小城，興起北榭，立宮造殿。後燕因其故宮，建都中山小城之南，更築隔城，興復宮觀，今府榭猶傳故制。自漢及燕，池水逕石竇，石竇既毀，池道亦絕，水潛流出城，潭積微漲，涓水東北注于滱。

12 滱水又東逕漢哀王陵北，冢有二墳，故世謂之兩女陵，非也。哀王是靖王之孫，康王之子也。滱水又東，右會長星溝。溝出上曲陽縣西北長星渚。渚水東流，又合洛光水。水出洛光溝，東入長星水，亂流東逕恒山下廟北。漢末喪亂，山道不通，此舊有下階神殿，中世以來，歲書法族焉[8]。晉、魏改有東西二廟，廟前有碑闕，壇場列柏焉。其水又東逕上曲陽縣故城北，本岳牧朝宿之邑也。

古者，天子巡狩，常以歲十一月至于北岳，侯伯皆有湯沐邑，以自齋潔。周昭王南征不還，巡狩禮廢，邑郭仍存。秦罷井田，因以立縣。城在山曲之陽，是曰曲陽；有下，故此為上矣。王莽之常山亭也。又東南流，胡泉水注之。水首受胡泉，逕上曲陽縣南，又東逕平樂亭北，左會長星川，東南逕盧奴城南，又東北，川渠之左有張氏墓，冢有「漢上谷太守議郎張平仲碑」，光和中立。川渠又東北合滱水。水有窮通，不常津注。

又東過安憙縣南，

[13] 縣，故安險也。其地臨險，有井塗之難。漢武帝元朔五年，封中山靖王子劉應為侯國，王莽更名寧險，漢章帝改曰安憙。《中山記》曰：縣在唐水之曲，山高岸險，故曰安險；邑豐民安，改曰安憙。秦氏建元中，唐水汎漲，高岸崩頹，城角之下有大積木，交橫如梁柱焉。後燕之初，此木尚在，未知所從。余考記稽疑，蓋城地當初，山水洊盪，漂淪巨栰，阜積于斯，沙息壤加，漸以成地。板築既興，物固能久耳。滱水又東逕鄉城北，舊盧奴之鄉也。《中山記》曰：盧奴有三鄉，斯其一焉，後隸安憙。城郭南有漢明帝時「孝子王立碑」。

又東過安國縣北，

14 滱水歷縣東分為二水：一水枝分，東南流逕解瀆亭南。漢順帝陽嘉元年，封河間孝王子淑于解瀆亭為侯國。孫宏，即靈帝也。又東南逕任丘城南，又東南逕安郭亭南。漢武帝元朔五年，封中山靖王子劉傳富為侯國。其水又東南流，入于滹沱。滱水又東北流逕解瀆亭北而東北注。

又東過博陵縣南，

15 滱水東北逕蠡吾縣故城南。《地理風俗記》曰：縣，故饒陽之下鄉者也。自河間分屬博陵。漢安帝元初七年，封河間王開子翼為都鄉侯。順帝永建五年，更為侯國也。又東北逕博陵縣故城南，即古陸成。漢武帝元朔二年，封中山靖王子劉貞為侯國者也。《地理風俗記》曰：博陵縣，《史記》蠡吾故縣矣。漢質帝本初元年，繼孝沖為帝，追尊父翼陵曰博陵。因以為縣，又置郡焉。漢末，罷還安平。晉太始年復為郡，今謂是城為野城。滱水又東北逕侯世縣故城南，又東北逕陵陽亭東，又北，左會博水。水出望都縣，東南流逕其縣故城南，王莽更名曰順調矣。又東南，潛入地下。博水又東南循瀆，重源湧發，東南逕三梁亭南，疑即古勺梁也。《竹書紀年》曰：燕人伐趙，圍濁鹿，趙武靈王及代人救濁鹿，敗燕師于勺梁者也。今廣昌東嶺之東有山，俗名之曰濁鹿邏。城地不遠，土勢相鄰，以此推之，或近是矣，所未詳也。

16 博水又東南逕穀梁亭南，又東逕陽城縣，散為澤渚。渚水潴漲，方廣數里，匪直蒲筍是豐，寔亦偏饒菱藕。至若孌婉丱童，及弱年崽子，或單舟採菱，或疊舸折芰，長歌陽春，愛深綠水，掇拾者不言疲，謠詠者自流響，于時行旅過矚，亦有慰于羈望矣。世謂之為陽城淀也。陽城縣故城近在西北，故陂得其名焉。《郡國志》曰：蒲陰縣有陽城者也。今城在縣東南三十里。其水又伏流循瀆，屆清梁亭西北，重源又發。

17 博水又東逕白堤亭南，又東逕廣望縣故城北。漢武帝元朔二年，封中山靖王子劉忠為侯國。又東合堀溝⑨，溝上承清梁陂。又北逕清涼城東，即將梁也。漢武帝元朔二年，封中山靖王子劉朝平為侯國。其水東北入博水。博水又東北，左則濡水注之。水出蒲陰縣西昌安郭南。《中山記》曰：郭東有舜氏甘泉，有舜及二妃祠。稽諸傳記，無聞此處。世代云遠，異說之來，于是乎在矣。其水自源東逕其縣故城南，枉渚迴湍，率多曲復，亦謂之為曲逆水也。張晏曰：濡水于城北曲而西流，是受此名，故縣亦因水名而氏曲逆矣。《春秋左傳》哀公四年，齊國夏伐晉，取曲逆是也。漢高帝擊韓王信，自代過曲逆，上其城，望

室宇甚多，曰壯哉！吾行天下，惟洛陽與是耳。詔以封陳平為曲逆侯。王莽更
名順平。

18 濡水又東與蘇水合。水出縣西南近山，東北流逕堯姑亭南，又東逕其縣入濡。
濡水又東得蒲水口，水出西北蒲陽山，西南流，積水成淵，東西百步，南北百
餘步，深而不測。蒲水又東南流，水側有古神祠，世謂之為百祠，亦曰蒲上祠，
所未詳也。又南逕陽安亭東。《晉書·地道記》曰：蒲陰縣有陽安關，蓋陽安
關都尉治，世俗名斯川為陽安壙。蒲水又東南歷壙，逕陽安關下，名關皐為唐
頭坂。出關北流，又東流逕夏屋故城，實中險絕。《竹書紀年》曰：魏殷臣、
趙公孫裒伐燕，還取夏屋，城曲逆者也。其城東側，因阿仍墉築一城，世謂之
寡婦城，賈復從光武追銅馬、五幡于北平所作也。世俗音轉，故有是名矣。
19 其水又東南流逕蒲陰縣故城北。〈地理志〉曰：城在蒲水之陰。漢章帝章和
二年，行巡北岳，以曲逆名不善，因山水之名，改曰蒲陰焉。水右合魚水。水
出北平縣西南魚山，山石若巨魚，水發其下，故世俗以物色名川。又東流注于
蒲水，又東入濡。故〈地理志〉曰：蒲水、蘇水，竝從縣東入濡水。又東北逕
樂城南，又東入博水，自下博水亦兼濡水通稱矣。《春秋》昭公七年，齊與燕

盟于濡上。杜預曰：濡水出高陽縣東北，至河間鄚縣入易水。是濡水與滹沱、滱、易互舉通稱矣。博水又東北，徐水注之。水西出廣昌縣東南大嶺下，世謂之廣昌嶺。嶺高四十餘里，二十里中委折五迴，方得達其上嶺，故嶺有五迴之名。下望層山，盛若蟻蛭，實兼孤山之稱，亦峻竦也。

20 徐水⑩三源奇發，齊瀉一澗，東流北轉逕東山下，水西有「御射碑」。徐水又北流西屈逕南崖下，水陰又有一碑。徐水又隨山南轉逕東崖下，水際又有一碑。凡此三銘，皆翼對層巒，巖障深高，壁立霞峙。石文云：皇帝以太延元年十二月，車駕東巡，逕五迴之險邃，覽崇岸之竦峙，乃停駕路側，援弓而射之。飛矢踰于巖山，刊石用讚元功。夾碑竝有層臺二所，即御射處也。碑陰皆列樹碑官名。

21 徐水東北屈逕郎山，又屈逕其山南，眾岑競舉，若豎鳥翅，立石嶃巖，亦如劍杪，極地險之崇峭。漢武之世，戾太子以巫蠱出奔，其子遠遁斯山，故世有郎山之名。山南有「郎山君碑」，事具其文。徐水又逕郎山君中子觸鋒將軍廟南，廟前有碑。晉惠帝永康元年八月十四日壬寅，發詔錫君父子，法祠其碑。劉曜光初七年，前頓丘太守郎宣、北平太守陽平邑振等，共脩舊碑，刻石樹頌焉。

22 徐水又逕北平縣。縣界有漢熹平四年幽、冀二州以戊子詔書，遣冀州從事王球、幽州從事張昭，郡縣分境，立石標界，具揭石文矣。徐水又東南流歷石門中，世俗謂之龍門也。其山上合下開，開處高六丈，飛水歷其間，南出乘崖，傾澗洩注，七丈有餘，渀盪之音，奇為壯猛，觸石成井，水深不測，素波自激，濤襄四陸，瞰之者驚神，臨之者駭魄矣。東南出山，逕其城中，有故碑，是「太白君碑」，郎山君之元子也。其水又東流，漢光武追銅馬、五幡于北平，破之于順水北，乘勝追北，為其所敗，短兵相接，光武自投崖下，遇突騎王豐，于是授馬退保范陽。順水，蓋徐州之別名也。徐水又東逕蒲城北，又東逕清苑城，又東南與盧水合。水出蒲城西，俗謂之泉頭水也。〈地理志〉曰：北平縣有盧水。即是水也。東逕其城，又東南，左入徐水。〈地理志〉曰：東至高陽入博。今不能也。徐水又東，左合曹水。水出西北朔寧縣曹河澤，東南流，左合岐山之水。水出岐山，東逕邢安城北，又東南入曹河。曹水又東南逕北新城縣故城南，王莽之朔平縣也。曹水又東，入于徐水。徐水又東南逕故城北，俗謂之祭隅城，所未詳也。徐水又東注博水。〈地理志〉曰：徐水出北平，東至高陽入于博，又東入滱。〈地理志〉曰：博水自望都，東至高陽入于滱是也。

又東北入于易。

23 滱水又東北逕依城北，世謂之依城河。《地說》無依城之名，即古葛城也。〈郡國志〉曰：高陽有葛城，燕以與趙者也。滱水又東北逕阿陵縣故城東，王莽之阿陸也。建武二年，更封左將軍任光為侯國。滱水東北至長城注于易水者也。

【注釋】❶九年 《水經注疏》作「二年」。熊會貞按：「《史記・趙世家》，敬侯二年，敗齊于靈丘。又云：九年伐齊至靈邱，即〈六國表〉所載也。是二年敗齊，九年伐齊，明係兩事。此《注》引〈趙世家〉二年事，不誤。朱（謀㙔）乃據〈六國表〉九年事，以表異同，殊為失考。全、趙、戴亦貿然從之，疏矣。」❷滱水東逕嘉牙川 此處有佚文二條。《寰宇記》卷五十一〈河東道〉十二〈蔚州・飛狐縣〉引《水經注》：「廣昌縣南有交牙城，未詳所築，以地有交牙川為名。」又：「廣昌郡南有古板殿城。」當均是此段下佚文。❸飛陸陵山二句 丹盤虹梁，趙一清《水經注釋》作「丹虹盤梁」。殿本此處有戴震案語：「此二語有舛誤。」今姑以意度解為：飛簷上淩山峰，彩繪遍布畫梁。❹中山記 書名。此書不見隋唐諸志著錄。章宗源《隋書經籍志考證》卷六說：「《中山記》，卷亡，張曜撰，不著錄。」除《水經注》外，此書僅見《通典》、《御覽》、《寰宇記》引及，說明亡佚已久，亦無輯本，撰者張曜不知為何代人，生平事跡不詳。❺其故城中山所造 《疏》本以為「故城」下脫「攻」，今按《疏》本語譯於後。❻距中山城 《疏》本以為「距中山城」上脫「此城」二字，今依《疏》本語譯於後。❼地理記 書名。當為應劭《地理風俗記》。《水經注疏》作〈地理志〉。熊會貞按：「應（劭）說亦本〈地理志〉，論者當言〈地理志〉之失，不當言《地理記》之失。」今按《疏》本語譯於後。❽中世以來二句 「中世以來」句後原文有誤，意義不明，語譯從略。❾又東合堀溝 此處有佚文一條。《寰宇記》卷六十七〈河北道〉十六〈易州・滿城縣〉引《水經注》：「五回山南七里有鬪雞臺。」當是此段下佚文。五校鈔本及七校本在《經》文「又東過博陵縣南」下《注》文中已加入此句。

⑩徐水　此處有佚文一條。《通鑑》卷一九〇〈唐紀〉六「高祖武德五年」(戰于徐河)胡注引《水經注》：「徐水東北逕五回縣。」當是此段下佚文。

【語　譯】滱水出代郡靈丘縣高氏山，

1 滱水就是漚夷水，發源於靈丘縣西北高氏山。《山海經》說：高氏山，是滱水的發源地，東流注入河水。滱水東南流，山上有摩崖石刻，題著「冀州北界」四字。所以世人稱為石銘陘。滱水又南流經候塘，這是個川原名。又東流，與溫泉水匯合。溫泉水發源於西北方的暄谷，泉水溫熱如湯，能治療百病，所以世人稱它為溫泉。溫泉水東南流經興豆亭北，亭在南原上，敧斜而不端正，所以世人把它命名為敧城。水從南原東南流，注入滱水。滱水又東流，莎泉水注入。莎泉水發源於莎泉，南流，水邊有莎泉亭，東南流，注入滱水。

2 滱水又東流經靈丘縣老城南。應劭說：趙武靈王葬於老城東南二十里，因此名為靈丘縣。靈丘縣古時屬代郡，漢靈帝光和元年(西元一七八年)，中山丞相臧旻上書請求改屬他郡。薛瓚注〈地理志〉說：靈丘之名，在武靈王之前就有了。又據司馬遷《史記》，趙敬侯九年(西元前三七八年)，在靈丘打敗齊軍。這樣看來，正如薛瓚所注，靈丘一名就不是因著武靈王而來的了。滱水從縣城南流入山峽，峽口稱為隘門；那裡設了關隘，以稽查行旅，防止意外。滱水流過南山，高峰遮蔽藍天，深溪流過谷底。滱水沿著山澗西轉，流經御射臺南。御射臺在北山上，臺南有御射石碑。更南，則奇峰高插雲霄，層層的崖壁矗立藍天，山石險峻，壁立直上，皇上的車駕沿河往來，常到這裡來遊藝。滱水西流，又向南轉彎，又向東屈曲，流經北海王拓拔詳石碣南、御射碑石柱北，向南奔流而去。

東南過廣昌縣南，

3 滱水東流經嘉牙川，有一條水南流而來注入。此水發源於恆山北麓，三條小流匯合在一起，流經嘉牙亭東，然後向北流去，注入滱水。滱水北岸，沿山路走去，就是廣昌縣界。滱水又東流經倒馬關，這裡是關山險要之地，極其幽深陡峭。詩人詠嘆高岡崔巍，使良馬也疲憊難行；傳巖險峻，使行車受阻不前。這裡山勢之險也與此相彷彿，所以關就得了此名了。關水發源於西南的長溪下，東北流經過關口，注入滱水。滱水南邊山上的松園裡建有皇上的座位，東邊的園圃裡則建有佛寺，東北兩面，山高谷深，雲霞繚繞的高峰，蔭天蔽日，流水池潭，一望澄澈見底。水潭雖深，但隱藏不住魚鱉。行旅途經此處，沒有不流連忘返的。

又東南過中山上曲陽縣北，恒水從西來注之。

4 滱水從倒馬關南流，與大嶺水匯合。大嶺水發源於中山西南方的大嶺下，東北流出了山峽，山峽右方山邊，有一座佛寺，飛簷上淩山峰，彩繪遍布畫梁，長長的溪流蕩著碧波，蜿蜒地從下面流過，東北流，注入滱水。滱水又折而東流，與兩嶺溪水匯合。此水發源於恆山北麓的山丘，東北流經過兩嶺之間。北嶺雖然層巒高插雲霄，但不及南山的峻峭秀麗。從滱水南岸徒步攀登遠處的山峰，石級逶迤而上，一路上七轉八彎，遍覽群山都與這座山峰相形見絀。可說也是羊腸、邛崍之類的峻嶺險峰。南朝的齊、宋和我們和平通好時，道路是從山間往來的。溪水東北流，注入滱水。又東流，左岸匯合懸水。懸水發源於山上的高原岫盤谷，急湍輕捷地從懸崖上飛瀉而下，為巖石所阻，成為分散的飛瀑，高四丈有餘，從山邊傾瀉而下，激起一片白雪似的飛沫，奔騰流湧，在崖下沖擊成一片深潭。懸水東南流，波濤滾滾地注入滱水。滱水又東流經過鴻山，世人把這地方叫鴻頭。我猜想這可能就是《晉書・地道記》所說的鴻上關。關尉的治所在北平，卻把邊界劃到望都，東北離北平不遠，縣的轄境也到這裡為止了。滱水左岸在這裡承接了鴻上水。鴻上水發源於西北方不遠處的一條溪水，東南流，注入滱水。

又東過唐縣南，

5 滱水又東流經左人城南。應劭說：左人城在唐縣西北四十里。唐縣有雹水，也有人叫唐水。唐水發源於中山城西偏北的地方，城內有小山，坐落在城西，側面陡峻直上，很像倒在那裡的穀堆，可能就是《地道記》所說的：望都縣有委粟關。民間以為山在縣城內，所以又稱為中山城；因為城中有唐水，於是又稱為廣唐城。《中山記》以為是中人城，又以為是鼓聚，實在是大錯特錯了。說城中有山，所以叫中山，是中山郡的治所。京相璠說：現在中山郡望都縣東二十里有舊時的中人城。望都城東有一座城，名叫堯姑城，本來沒有傳下中人城一名，而京相璠卻認為叫中人城，不知有何依據。《中山記》所說的中人城，城東距望都老城十餘里，不到二十里，只是可惜不在望都縣東邊。綜觀各種不同的說法，都有錯誤的地方。現在此城在盧奴城北偏西六十里。城的西北，是唐水的發源地，西流經郎山北。郎、唐讀音相近，雹水兼有唐水之稱，實際上就是由此而來的。唐水西流經左人亭注入滱水。

6 滱水又東流，左岸匯合一條水。這條水發源於中山城北的郎阜下，也叫唐水。但此水不在城的西邊，民間又稱為雹水，那麼這條水又兼有兩個水名了。此水西南流，注入滱水。這些情況都叫人搞不清楚，無非錄下來作為存疑罷了。

7 滱水又東流，恆水從西方流來注入。從此到下游，滱水又兼有恆水的通稱了。〈禹貢〉所說的：恆水、衛水已經順著河道流通，即指此水。滱水又東流，在右岸納入馬溺水。馬溺水發源於上曲陽城東北的馬溺山，東北流經伏亭。《晉書．地道記》說：望都縣有馬溺關。《中山記》說：八渡、馬溺，都是山彎裡險要的地方，這兩座關塞地點相接近，說不定這座城就是從前關尉的治所，至於異名的由來，則不得而知了。馬溺水又東流，注入滱水。

8 滱水又東流經中人亭南。《春秋左傳》昭公十三年（西元前五二九年），晉國荀吳領兵入侵鮮虞及中人，擄掠了大量戰利品而回。滱水又東流經京丘北，世人稱它為京陵，南與漢中山頃王陵相望。滱水北對君子岸，岸上有哀王的兒子憲王的陵墓，坎下有泉源積水，又名泉上岸。滱水又東流經白土北，南邊就是靖王的兒子康王的陵墓，三座墳墓並列的就是此陵了。滱水又東流經樂羊城北。《史記》說：魏文侯派樂羊滅中山。那座城就是他攻中山時所造，所以城就因此得名。滱水又東流經唐縣老城南，這兩座城都在滱水北岸，所以說滱水流經城南。城西又有一水，發源於唐縣西北的平地上，泉水從地下湧出，民間也叫它唐水。東流到唐城西北角，攔河築堤，積聚為一片湖泊，民間稱為唐池。蓮葉荷花把水面都蓋住了，成了遊人群集的佳勝之地。池水南流，注入小溝，下注滱水。水的上游和下游，又都流傳著唐水的兼稱了。

9 應劭《地理風俗記》說：唐縣西四十里有中人亭。今天從此城到中人鄉，也正好四十里。唐水在西北注入滱水，也與應劭的說法相合。又說堯山在南，卻沒有一座山與此相當，那就不對了。闞駰《十三州志》說：中山的國都在盧奴縣，唐縣老城在中山國北七十五里。闞駰這裡說是在北邊，就不對了。《史記》說：帝嚳死後，帝堯興起，開始時封於唐。望都縣在南，今天唐城南與盧奴老城相對，除此之外，更無一座其他的城邑可與此相當。考古可以知今，記載與實際情況完全不同。民間所說的望都老城，相距八十里左右，此城距中山城則七十里，驗證路程來推算城邑，那麼這裡應該是唐城沒錯。此城北距堯山五里，與七十五里的說法一致。那麼民間所謂的都山，也就是堯山了，其坐落位置在唐縣東北望都的邊界上。皇甫謐說：堯山又名豆山。現在此山在唐城以北偏東，山勢高峻，孤峰獨上，有如虎牙矗立。山南有堯廟，那麼這就是堯所登的山了。《地理志》說：堯山在南。現在考察此城南邊又沒有一座山與此相當，所以歷代研究地理的學者，都認為《地理志》的記述是有失誤的。又據民間的說法，以為唐城就是望都城，但在此以北並沒有一座城邑與此相當。即使有城，路途也十分遙遠，山河的地形地貌已全然不同，可見古人留下的憑據與傳說是有謬誤的。唐城西北豆山西麓有一道泉水，東北流經豆山，往下流與蘇水匯合，亂流轉向東方，注入滱水。難道這條水就是唐水嗎？這也不得而知了。又在唐城南偏東十餘里，有一座城邑，民間叫它高昌縣城，也許就是望都老城吧。縣城在唐水南。皇甫謐說：兩地相距五十里。現在經核實，兩城相距尚且有十五里，這大概是書寫時的錯誤了。此城以東，有一座山孤零零地聳峙著，世人將不與丘陵相連的山稱為孤山，孤、都讀音相近，也許就是所謂的都山了。《帝王世紀》說：這裡是堯的母親慶都居住過的地方，所以該縣取名望都。張晏說：堯山在北，堯母慶都山在南，攀登堯山就看到都山了，所以望都縣就因此得名了。

10 唐城也是中山城，是武公的國都，武公是周的同姓宗族。周朝衰落後，國家遭到赤狄入侵的災難。齊桓公稱霸諸侯，確立封疆加以管理，派管仲去抵抗戎狄，築城鞏固邊防。以後桓公不理國家政事，周王問太史餘道：今天的諸侯，哪一個將首先亡國？太史餘答道：天生了人民，又使他們各有不同，這就是人所以有別於禽獸的地方。現在中山的君主昏庸淫樂，縱欲無度，中山或許會首先亡國吧。兩年以後，中山果然滅亡了。魏文侯把中山封給太子擊。漢高祖立中山郡，景帝三年（西元前一五四年）立為王國。王莽時叫常山。魏皇始二年（西元三九七年），攻破中山，設立安州。天興三年（西元四〇〇年），改名定州，州治設在滱水南盧奴縣老城。從前耿伯昭就是在這裡投奔世祖的。

11 滱水右岸，有盧水注入。盧水上口承接城內的黑水池。〈地理志〉說：盧水發源於北平。想來有點太遙遠了；闞駰、應劭等人也都這麼說。我查考盧奴城內西北角有個池塘，水深而不流動，南北百步，東西百餘步，水色深黑，民間叫黑水池。有人說：水黑叫盧，不流動叫奴，所以此城是因此水而取名的。池水東北靠近水邊的地方，是漢中山王故宮的所在地，殿閣樓觀臺榭，都按照帝皇京都的體制來建造。中山簡王身分尊貴，宮殿也建築得特別壯麗。先造了兩座宮殿，開了四座宮門；接著又掘溝穿過北城，用石塊砌造下水道，引水通入城中水池；又造魚池、釣臺，以及觀看馬術表演的樓觀。年久以後都頹敗坍毀了，只留下一片廢墟。現在都填上泥土，建成佛寺了。池的四周，都是鱗次櫛比的民房，狹窄而擁擠，骯髒不堪，可是泉水卻始終流動不斷。到了後趙石虎建武七年（西元三四一年），才派北中郎將開始修築小城，興建北榭，動工大造宮殿。後燕就沿用這座舊宮，在中山小城以南又築了一道隔城，重修宮觀；今天的府邸臺榭還保存著舊時的規制。從漢代直到後燕，都是引導池水流經下水道的，下水道坍毀以後，池水的通道也就斷絕了，水從地下潛流出城，積水稍微上漲時，才有一縷細流往東北流入滱水。

12 滱水又東流經漢哀王陵北，這座陵墓有兩座墳，所以世人稱為兩女陵，其實不是。哀王是靖王的孫子，康王的兒子。滱水又東流，右岸匯合了長星溝。長星溝發源於上曲陽縣西北的長星渚。渚水東流，又匯合了洛光水。洛光水發源於洛光溝，東流注入長星水，亂流東經恆山下廟北。漢朝末年天下大亂，山路不通，從前這裡有下階神殿，中世以來……晉、魏兩朝，改為東西二廟，廟前有石碑石闕，壇場上柏樹成行。洛光水又東流經上曲陽縣老城北，此城本來是供四岳十二牧朝見天子時住宿的。古代天子出來巡行視察，常常在十一月來到北嶽恆山，諸侯都有湯沐邑，以便齋戒沐浴，潔淨身心。周昭王南征沒有回來，巡行視察的制度從此廢棄，但城牆仍然存在。秦時廢除井田制，改立為縣。城在山彎的南面，因而名為曲陽縣；因為有個下曲陽，所以這裡就叫上曲陽了。王莽時叫常山亭。水又東南流，胡泉水注入。胡泉水上流承接胡泉，流經上曲陽縣南，又東流經平樂亭北，左岸匯合長星川，東南流經盧奴城南，又東北流，水道左岸有張氏墓，墓地上有「漢上谷太守議郎張平仲碑」，是光和年間（西元一七八～一八三年）所立。長星川又東北流，匯合於滱水。這條水有時乾涸無水，有時又水流通暢，不是長流不斷的。

又東過安憙縣南，

13 安憙縣，就是舊時的安險。那地方地勢險惡，像井陘、三塗那樣艱險難行。漢武帝元朔五年（西元前一二四年），把該縣封給中山靖王的兒子劉應為侯國，王莽改名為寧險，漢章帝又改名安憙。《中山記》說：安憙縣在唐水的水彎上，山高岸險，所以叫安險；縣裡殷富，百姓安寧，又改名安憙。前秦建元年間（西元三六五～三八四年），唐水滿漲氾濫，高岸坍垮，城角地下露出巨大的木材堆積在一起，縱橫交疊，有如梁柱。後燕初年，這些木材還在，不知道是從哪裡來的。我查閱過從前的記載，想弄清楚這個疑難問題，大概當初在這個建城的地方，曾發生過山洪爆發，漂下大木筏，堆積在此處。以後沙土淤積，逐漸變成了陸地。又興工築城，由於木材埋在地下，所以能經久不腐。滱水又東流經鄉城北，這裡從前是盧奴縣的一個鄉。《中山記》說：盧奴有三個鄉，這是其中之一，後來屬於安憙。城郭南有漢明帝時的「孝子王立碑」。

又東過安國縣北，

14 滱水流經安國縣東，分成兩條：一條分支東南流經解瀆亭南。漢順帝陽嘉元年（西元一三二年），把河間孝王的兒子劉淑封於解瀆亭為侯國。他的孫子劉宏就是後來的靈帝。這條支流又東南流經任丘城南，又東南流經安郭亭南。漢武帝元朔五年（西元前一二四年），封給中山靖王的兒子劉傳富為侯國。此水又東南流，注入滹沱河。滱水又東北流，經解瀆亭北向東北流去。

又東過博陵縣南，

15 滱水東北流經蠡吾縣老城南。《地理風俗記》說：蠡吾縣是舊時饒陽的下鄉，是從河間郡劃分出來，改屬博陵郡的。漢安帝元初七年（西元一二〇年），封河間王劉開的兒子劉翼為都鄉侯。順帝永建五年（西元一三〇年），又改為侯國。又東北流經博陵縣老城南，博陵就是古代的陸成。漢武帝元朔二年（西元前一二七年），把它封給中山靖王的兒子劉貞為侯國。《地理風俗記》說：博陵縣，就是《史記》裡的蠡吾舊縣。漢質帝於本初元年（西元一四六年）繼承孝沖帝登上帝位後，追尊他父親劉翼的陵墓為博陵。於是將它立縣，後來又設置為郡。漢朝末年，撤消了該郡，將它重又劃回安平郡。晉太始年間（西元二六五～二七四年），重新立郡，現在稱此城為野城。滱水又東北流經侯世縣舊城南，又東北流經陵陽亭東，又北流，左岸匯合博水。博水發源於望都縣，東南流經該縣老城南，王莽改名為順調。又東南流，潛入地下。博水接著又東南沿著河道再次湧出地面，東南流經三梁亭南，這可能就是古代的勺梁。《竹書紀年》說：燕人攻打趙國，包圍了濁鹿，趙武靈王聯合代人救援濁鹿，在勺梁打敗燕軍。現在廣昌東嶺以東有一座山，民間稱為濁鹿邏。離勺梁不遠，地勢也相近，照此推斷，也許這就是當年的勺梁了，不知是否如此。

16 博水又東南流經穀梁亭南，又東流經陽城縣，水流分散，成為沼澤。沼澤裡的水高漲時，方圓達數里，不但盛產香蒲和竹筍，而且菱角和蓮藕也特別多。那些紮著雙丫角的可愛的幼童和少年，有的獨自划著小船，有的幾隻船結伴，那都是去採菱的。他們在這三月陽春歡樂歌唱，深愛著這一片碧綠的湖水；採菱的不覺得疲倦，唱山歌的音韻悠揚；過路行人看到這動人的情景，他鄉羈旅的心情，也可得到慰藉了。世人把這一片湖蕩稱為陽城淀。陽城縣老城就在西北近處，湖蕩即因此得名。〈郡國志〉說：蒲陰縣有陽城，即指此城。現在陽城在縣城東南三十里。博水又在地下潛流，再循著水道直到清梁亭西北才又湧出地面。

17 博水又東流經白堤亭南，又東流經廣望縣老城北。漢武帝元朔二年（西元前一二七年），將廣望縣封給中山靖王的兒子劉忠為侯國。又東流，與堀溝匯合。堀溝上口承接清梁陂，又北流經清涼城東，清涼，也就是將梁。漢武帝元朔二年，把將梁封給中山靖王的兒子劉朝平為侯國。堀溝東北流注入博水。博水又東北流，左岸有濡水注入。濡水發源於蒲陰縣西的昌安郭南邊。《中山記》說：城郭東有舜的甘泉，有舜及二妃祠。稽考傳記，卻沒有聽說有這個地方。時代已經十分遙遠，各種不同的傳說，於是就產生了。這條水從源頭東流經該縣老城南，有許多彎彎曲曲的河濱和湍急的迴流，所以也叫曲逆水。張晏說：濡水在城北彎曲西流，因此得名，縣也因水而得曲逆縣之名了。《春秋左傳》哀公四年（西元前四九一年），夏，齊國進攻晉國，奪取了曲逆，即指此城。漢高帝攻打韓王信，從代郡經過曲逆。他登城眺望，看到城內房屋很多，慨嘆道：好大的一座城呀！我走遍天下，所見大城，不過洛陽和這裡罷了。於是下詔封陳平為曲逆侯。王莽改名為順平。

18 濡水又東流，與蘇水匯合。蘇水發源於縣城西南近處的山中，東北流經堯姑亭南，又東流經該縣，注入濡水。濡水又東流，在蒲水口承接了蒲水。蒲水發源於西北方的蒲陽山，西南流，積瀦成為深潭，東西一百步，南北百餘步，深不可測。蒲水又東南流，水邊有一座古老的神祠，世人稱為百祠，也叫蒲上祠，具體情況就不得而知了。又南流經陽安亭東。《晉書．地道記》說：蒲陰縣有陽安關，是陽安關都尉治所，民間稱這一帶的平川為陽安壙。蒲水又東南流過陽安壙，流經陽安關下，關口的山峰被稱為唐頭坂。蒲水出關北流，又東流經夏屋老城，此城堅固而且極險要。《竹書紀年》說：魏殷臣、趙公孫裒聯軍攻燕，返回時奪取了夏屋，在曲逆築城，說的就是此城。此城東邊，利用山曲和舊城牆又築了一座城，世人稱為寡婦城。是賈復隨光武帝追擊銅馬、五幡於北平時所築。因為民間口頭相傳，導致音訛，因而就把賈復城轉為寡婦城了。

19 蒲水又東南流經蒲陰縣老城北。〈地理志〉說：城在蒲水南邊。漢章帝章和二年（西元八八年），巡行視察北嶽，覺得曲逆這個地名不好，於是按山水名改為蒲陰。蒲水右岸匯合魚水。魚水發源於北平縣西南的魚山，山上有巨石，形狀像是大魚，水就是從石下流出，所以世人就用物象為水命名了。又東流，注入蒲水。蒲水又東流，注入濡水。所以〈地理志〉說：蒲水、蘇水都從縣東注入濡水。又東北流經樂城南，又東流，注入博水。從這裡直到下游，博水也兼有濡水的通稱了。《春秋》昭公七年（西元前五三五年），齊國與燕國在濡上會盟。杜預說：濡水發源於高陽縣東北，流到河間郡鄚縣注入易水。於是濡水與滹沱、滱水、易水都互相通稱了。博水又東北流，徐水注入。徐水發源於西邊廣昌縣東南大嶺下，世人稱為廣昌嶺。嶺高四十餘里，山腰以上的後段二十里山路，迴環曲折，要轉五個大彎，才能到達嶺頭高處，所以有五迴嶺之稱。

俯瞰底下，峰巒層沓，密密麻麻地就像蟻巢一樣，因此這座孤峻特拔的高峰，又兼有孤山之稱了。

20 徐水有三個源頭，一起流瀉入一條山澗，東流北轉，流經東山腳下，水西有「御射碑」。徐水又北流西曲流經南崖下，水南又有一塊石碑。徐水又隨山勢轉而向南流經東崖底下，水邊又有一塊石碑。這三座碑都在兩側面對重山，懸崖峭壁高峻聳立，直上雲霄。石碑的銘文說：皇帝於太延元年（西元四三五年）十二月，乘坐車駕到東方巡察，行經山深路險的五迴嶺，縱目眺望那高高聳峙的河岸，於是在路旁停下車駕，挽弓奮射。那支箭竟飛越過巖峰，落到山後去了。因此刻石立碑，以稱頌這一偉大事跡。碑石兩旁，還有兩處層臺，就是皇上射箭的地方，石碑背面，都刻了立碑者的官名。

21 徐水往東北轉彎流經郎山，又轉彎流經山南，無數尖峭的小山峰競相高舉，就像紛紛豎立的鳥翅。直立的巉巖也尖削如劍鋒，地勢真是高峻險惡到極點了。漢武帝時，戾太子因為巫蠱之禍出逃，他的兒子老遠地逃亡到這深山裡，所以世人給此山取名為郎山。山南有「郎山君碑」，碑文裡有關於此事的記載。徐水又流經郎山君排行居中的兒子觸鋒將軍廟南，廟前有碑。晉惠帝永康元年（西元二九一年）八月十四日壬寅，頒發詔令，賜郎山君父子建立祠廟。劉曜光初七年（西元三二四年），前頓丘太守郎宣、北平太守陽平人邑振等，共同修理舊碑，刻石作頌詞。

22 徐水又流經北平縣。縣界有界碑，是漢熹平四年（西元一七五年）所立。幽、冀二州遵照戊子日頒發的詔書，派遣冀州從事王球、幽州從事張昭，為了給郡縣劃分轄境，立石作為分界的標誌，石碑上的文字都作了清楚的說明。徐水又東南流過石門之中，民間稱為龍門。那座山上合下開，洞開處高六丈，飛奔的澗水通過石門中間，南流出洞，沿著懸崖飛瀉入山澗中，高七丈有餘，轟隆的水聲雄豪威猛，底下的巖石被沖蝕出一口深潭，深不可測，激起一片白浪，滾滾的浪濤湧上四岸。身臨高岸，俯視這壯偉的飛瀑，不覺令人驚心動魄。徐水往東南出山，流經城中，有一座古碑，叫「太白君碑」，太白君是郎山君的長子。徐水又東流，漢光武帝在北平追擊銅馬、五幡軍，在順水北岸把他們打得大敗，他乘勝往北追擊，反而被敵軍打敗。雙方短兵相接，光武帝自己跳到崖下，剛好遇上突擊騎兵王豐，王豐把馬給了光武帝，退回范陽堅守。這裡提到的順水，就是徐州的別名。徐水又東流經蒲城北，又東流經清苑城，又東南流，與盧水匯合。盧水發源於蒲城西，民間稱為泉頭水。〈地理志〉說：北平縣有盧水，即指此水。東流經北平城，又東南流，左注於徐水。〈地理志〉說：東流到高陽注入博水。但現在流不到高陽了。徐水又東流，在左岸匯合曹水。曹水發源於西北朔寧縣的曹河澤，東南流，左岸匯合岐山水。岐山水發源於岐山，東流經邢安城北，又東南流注入曹河。曹水又東南流經北新城縣老城南，這就是王莽時的朔平縣。曹水又東流，流入徐水。徐水又東南流經舊城北面，民間稱為祭隅城，至於地名的由來，那就不大清楚了。徐水又東流，注入博水。〈地理志〉說：徐水發源於北平，東流到高陽注入博水，又東流，注入滱水。〈地理志〉說：博水從望都東流到高陽，注入滱水。

又東北入于易。

23 滱水又東北流經依城北，世人稱為依城河。《地說》沒有依城這個地名，其實它就是古代的葛城。〈郡國志〉說：高陽有葛城，燕將它割讓給趙國。滱水又東北流經阿陵縣老城東，就是王莽時的阿陵。建武二年（西元二六年），改封給左將軍任光為侯國。滱水東北流到長城注入易水。

【研　析】此二水都是大清河的支流，是海河的二級支流，但《水經注》作為一卷，各自成篇，說明在古代，海河上游有不少支流受到酈氏的重視。〈易水〉篇中，《注》文顯然突出《燕丹子》所敘「荊軻入秦」一段。「太子與知謀者，皆素衣冠送之于易水之上……風蕭蕭兮易水寒，壯士一去兮不復還。」是古今傳誦的悲壯之句。〈滱水〉篇中，酈氏充分發揮了他的寫景技巧，例如陽城淀，從「渚水瀦漲」到「亦有慰于羈望矣」一段，把這個小小池沼，寫得躍然如畫。又如敘石門徐水瀑布：「其山上合下開，開處高六丈，飛水歷其間，南出乘崖，傾澗洩注，七丈有餘，渀盪之音，奇為壯猛，觸石成井，水深不測，素波自激，濤襄四陸，瞰之者驚神，臨之者駭魄矣。」酈氏當年必然是親履其境的，所以能寫得如此出神入化。這也是他所以把這條不大的支流選為一篇的原因。

卷十一附錄

補滹沱水　補泒水　補滋水

【題解】卷十一之末，趙一清廣輯佚文，撰成〈滹沱水〉、〈泒水〉、〈滋水〉三篇的補編，其中〈滹沱水〉的缺佚，見於殿本卷首〈校上案語〉之中。由於古人引書不規範，常有簡引及雜以己意等情，何況原文散佚，輯佚屬於掛一漏萬，故趙氏所補絕非完璧，但吉光片羽，於讀酈亦不無小補，所以凡王先謙《合校水經注》收錄各補篇，本書也都錄入，以供讀者參閱。

補滹沱水❶

《禹貢錐指》❷曰：禹主名山川，曲陽以下之滱，本名恒；靈壽以下之滹沱，本名衛。其出高是泰戲者，則恒、衛之別源。自《周禮》以虖池、嘔夷為并州之川，其名著，而恒、衛之名遂隱矣。又曰：或問恒、衛、滱、滹沱，《漢志》明列為四水。子謂恒即滱、衛即滹沱，亦有所據乎？曰：有之。《水經注》云：

滱水東過上曲陽縣北，恒水從西來注之。自下滱水兼納恒川之通稱，即〈禹貢〉所謂恒衛既從也。此非恒即滱之明證耶？《水經》無滹沱之目，見〈濁漳〉、〈易〉、〈滱〉、〈巨馬〉諸篇中，僅一二語，故衛水無考。然酈《注》凡二水合流，言自下互受通稱者，不可枚舉，則滹沱受衛之後亦得通稱衛水，可知也。又曰：滹沱大川也，《水經》當自為一篇。頃閱《寰宇記．鎮州．真定縣．蒲澤》下引《水經注》云：滹沱河水東逕常山城北，又東南為蒲澤，濟水有梁也，俗謂之蒲澤口。又〈滋水〉下引《水經》云：滋水又東至新市縣入滹沱河。又〈深州．饒陽縣．枯白馬渠〉下引《水經》云：滹沱河又東，有白馬渠出焉。又〈瀛州．河間縣．大浦淀〉下引《水經注》云：大浦淀下導，陂溝競奔，咸注滹沱，是故人因決入之處謂之百道口。此四條檢今本無之，則似《水經》原有〈滹沱水〉篇，宋初尚存，而其後散逸，滹沱原委不可得詳，惜哉。一清按，〈滹沱水〉篇失亡，猶幸有宋初原本見于載籍，得以尋其川脈。第東樵所引《寰宇記》之文，尚有未盡，謹補綴之如左：〈忻州．秀容縣〉下引《水經注》云：滹沱南歷忻中口，俯會忻水，水出西管涔山東也。〈程侯山〉下引《注水經》云：忻川東歷程侯北山，山甚層銳，其下舊有採金處，俗謂之金山。《九域志》

《忻州・古跡》引《水經注》云：程侯北山下有採金穴。樂《記》❸處字疑穴字之誤。又〈定襄縣・三會水〉下引《水經》云：三會水出九原縣西，東入滹沱水，逕定襄界。又〈代州・雁門縣・句注〉下引《水經》云：雁門郡北對句注，東陘其南，九塞之一也。晉咸寧元年，「句注碑」曰：蓋北方之險，有盧龍、飛狐，句注為之首，天下之所阻，所以分別外內也。漢高祖欲伐匈奴，不從婁敬之說，械繫于廣武，遂踰句注，困于平城，謂此處也。〈漢志・雁門郡〉下云：句注在陰館北。〈太原郡・廣武縣〉下云：河主賈屋山在北河，河主是句注之誤。又〈龍泉〉下引《注水經》云：龍泉出雁門縣平地，其大三輪，泉源沸湧，騰波奮發，以巨石投之，輒噴出。亦云潛通燕京山之天池也。《方輿紀要・雁門》下云：龍躍泉，《水經注》謂之雲龍泉，相傳與靜樂縣之天池潛通。較樂《記》所引多一雲字。又〈五臺縣・五臺山〉下引《水經注》云：五臺山五巒巍然，故謂之五臺山。晉永嘉三年，雁門郡葰人縣五百餘家避亂入此山，見山人為之先驅，因而不返，遂寧巖野，往還之士，稀有望見其村居者。至詣尋訪，莫知所在，故俗人謂此山為仙者之都矣。中臺之頂方三里，近西北陬有一泉水不流，謂之太華泉。蓋五臺之層秀，《仙經》❹云：此山名紫府，常有紫氣，仙人居之，《內經》❺以為清涼山。《御覽》引此注云：其北臺之上，冬夏常冰雪，不可居。文殊師利常鎮毒龍之所，今多佛寺，四方僧徒善信之士多禮焉。又〈聖人皁〉下引《水經注》云：滹沱水東逕聖人皁，皁下有泉，泉側石上有二手跡，其西復有二腳跡，甚大，莫窮所自，在縣西四十八里。又云：仙人山在五臺縣東南五十里，石嵒上有人坐跡，山腹石上有手跡，山下石上有雙腳跡，皆西向立。《初學記》引《注水經》曰：代州專池水，西注五臺。專池即虖池之誤。又思陽水東有獨山，山上有嵒，嵒上有人坐跡，山腹石上有兩手跡，山下石上有兩腳跡，俗名曰仙人山也。據此則樂《記》所稱仙人山，亦是酈《注》原文，而思陽水一語，尤足補其闕逸。《魏書・地形志》：肆州永安郡驢夷縣有思陽城，蓋因水以得名。故〈魏昌城〉下引《水經》云：《李克書》❻曰：魏文侯時，克為中山相，苦陘之吏上計而入多其前，克曰：苦陘上無山原林麓之饒，下無谿谷牛馬之息，而入多其前，是苦吾百姓。遂執而免之。漢光武時，封大將軍杜茂為苦陘侯。漢章帝北巡，改曰漢昌。至魏文帝改漢昌為魏昌城。又〈鎮州・行唐縣・輪井水〉下引《水經注》云：行唐城上西南隅有大井若輪，水深不測。〈王山祠〉下引《水經》云：行唐城內北門東側祠後有神女廟，廟前有碑，其文云：王山將軍，故燕薊之神童，後為城神聖女者，此土華族石神夫人之元女。趙武靈王初營斯邑，城彌載不立。聖女發歎，應與人俱，遂妃神童，潛刊貞石，百堵皆興，不日而就。故此神後之靈應不泯焉。〈莫州·任邱縣·狐狸淀〉下引《水經注》云：鄚縣東南隅水有狐狸淀，俗亦謂掘鯉淀，非也。〈滹沱水〉篇之殘簡斷文見于《寰宇記》者如此，為之隨方辨證焉。

【注釋】❶滹沱水　今海河一級支流子牙河的支流。此水歷來名稱極多，《山海經》作「虖勺」，《周禮》作「虖池」，《史記》作「嘑池」等，不勝枚舉。此水發源於今山西恆山與五臺山之間的泰戲山，西流南折，經太行山峽谷進入今河北境內，東流與滏陽河匯合後稱為子牙河。全長五百八十餘公里，流域面積二萬七千餘平方公里。❷禹貢錐指　書名。清胡渭撰。胡渭（西元一六三三～一七一四年），字朏明，明末清初著名地理學家。晚年埋頭撰此書二十卷，是歷來研究〈禹貢〉的權威著作。書名取《莊子·秋水》「以管窺天，以錐指地」，寓自謙之意。曾因此書獲得康熙「耆年篤學」扁額褒獎。原書刻成於康熙四十一年（西元一七〇二年），歷來翻刻甚多，今有鄒逸麟整理，上海古籍出版社一九九六年排印本，最稱完整。❸樂記　指宋樂史所編《太平寰宇記》。❹仙經　書名。不知撰者和撰述年代，不見於歷來公私著錄。已亡佚。❺內經　書名。通常是《黃帝內經》的簡稱。❻李克書　書名。《漢書·藝文志》著錄七篇。李克是子夏的弟子，曾為魏文侯相。

【語譯】《禹貢錐指》說：禹疏導名山大川，曲陽以下的滱水，原來名為恆水；靈壽以下的滹沱水，原來名為衛水。特別高的泰戲山，是恆水和衛水的另一發源地。自從《周禮》將虖池和嘔夷作為并州的大川以後，虖池、嘔夷的名稱就顯揚，恆水和衛水的名稱就少為人知了。《禹貢錐指》又說：或許有人問：恆水、衛水、滱水、滹沱水，《漢書·地理志》明明列為四條河流。則你所說恆水就是滱水、衛水就是滹沱水的話，有沒有根據呢？我說：有的。因為《水經注》說：滱水向東經過上曲陽縣以北，恒水從西來匯注。從此以下，滱水就兼有恒水的通稱了。這就是〈禹貢〉所說的恆水和衛水合流了。這不就是恒水即滱水的證明嗎？《水經》沒有滹沱水的篇目，只在〈濁漳水〉、〈易水〉、〈滱水〉、〈巨馬水〉各篇中說到一二句，所以衛水就無從查考了。然而在酈《注》之中，凡是二水合流，說從此至下游可以互相通稱的，不勝枚舉，所以滹沱水在承接衛水以後也可以通稱衛水，這是可想而知的。又說：滹沱水是一條大水，《水經》應當為它設置一篇。現在讀《寰宇記・鎮州・真定縣・蒲澤》下，引用《水經注》說：滹沱河水向東流經常山城以北，再向東南流是蒲澤，跨河有橋梁，通常稱為蒲澤口。《寰宇記・滋水》下引《水經》說：滋水又向東流到新市縣注入滹沱河。又在〈深州・饒陽縣・枯白馬渠〉下引《水經》說：滹沱河又向東流，有白馬渠流來。又在〈瀛州・河間縣・大浦淀〉下引《水經注》說：大浦淀向下流注，湖陂和溝渠很多，都注入滹沱河，所以人們把這許多湖陂溝渠注入之處稱為百道口。上列《寰宇記》所引的四條，現在的《水經》和《水經注》中是沒有的。所以看來《水經》原來有〈滹沱水〉一篇，宋朝初年還存在，以後就散佚了，以致滹沱水的源流不能詳細獲悉，真是可惜。（趙）一清按，〈滹沱水〉篇亡佚，幸虧還有從宋初原本中摘載的其他古籍，可以尋找此水的脈絡。但（胡）東樵所引的《寰宇記》文字有所不足，現在補充如下：《寰宇記・忻州・秀容縣》下引《水經注》說：滹沱水南流經忻中口，下與忻水匯合。忻水從西邊的管涔山以東流出。〈程侯山〉下引《注水經》說：忻川水向東流，經過程侯北山，此山層級很多而且高峻，山下有以前採掘金礦的地方，世俗稱為金山。《元豐九域志・忻州・古跡》引《水經注》說：程侯北山下有採掘金礦的洞穴。樂史《太平寰宇記》「處」字可能是「穴」字的錯寫。又此書〈定襄縣・三會水〉下引《水經》說：三會水發源於九原縣以西，向東流入滹沱水，經過定襄縣縣界。又此書〈代州・雁門縣・句注〉下引《水經》說：雁門郡北與句注相對，向東經過它的南面，是「九塞」之一。晉朝咸寧元年（西元二七五年）的「句注碑」說：北方的險要之處有盧龍和飛狐，而句注是其中的首要，這是天下的分隔，內外的區別。漢高祖想討伐匈奴，沒有聽從婁敬的勸說，反把他拘禁在廣武，自己跨越句注，結果被圍困在平城，就是這個地方。《漢書・地理志・

雁門郡》下說：句注在陰館縣以北。《太平寰宇記》又在〈太原郡‧廣武縣〉下說：河主賈屋山在北河，「河主」是「句注」的誤寫。又在〈龍泉〉下引《注水經》說：龍泉發源於雁門縣平地，有三個車輪那樣大，泉水發源處沸騰洶湧，波浪上沖，把大石投進去，常常被噴出來。也有說這處泉水和燕京山的天池是潛通的。《方輿紀要‧雁門》下說：龍躍泉在《水經注》中稱為雲龍泉，相傳此泉和靜樂縣的天池相潛通。《方輿紀要》所引的文字比樂史《太平寰宇記》多了一個「雲」字。又《太平寰宇記‧五臺縣‧五臺山》下引《水經注》說：五臺山有五個山巒高高聳立，所以叫做五臺山。晉永嘉三年（西元三〇九年），雁門郡葰人縣有五百餘家因躲避戰亂而進入此山，由於看到有山人為他們引路，所以就不再回來，安居在那個山巖野地之中，來往的人，很少有看到他們村舍的。去到那裡尋訪，也不見他們的所在，所以世俗人叫這座山為「仙者之都」。五臺之中，中臺的頂部方圓三里，西北近緣有一處不流動的泉水，叫做太華泉。由於五臺的山高水秀，所以《仙經》稱此山為紫府，常常有紫氣，是仙人居住的地方。《內經》稱此山為清涼山。《御覽》引了這段話，並且作注說：五臺之中的北臺上，冬天與夏天都有冰雪，不可居住，這是文殊師利鎮壓毒龍的地方，現在多有佛寺，從四方來的僧徒和善男信女經常到這裡禮拜。《太平寰宇記》又在〈聖人阜〉下引《水經注》說：滹沱水向東流過聖人阜，阜下有泉水，泉水旁邊的石上有兩個手跡，它的西邊又有一雙腳跡，很大，不知是怎樣來的，它們在縣西四十八里。又說：仙人山在五臺縣東南五十里，巖石上有人坐過的痕跡，山腹的石上有兩個手跡，山下石上有一雙腳跡，皆向西而立。《初學記》引《注水經》說：代州的專池水，西流注入五臺山。「專池」即是「虖池」的誤稱。再者，思陽水東有獨山，山上有塊巖石，巖石上有人坐過的痕跡，山腹的石頭上有雙手的手跡，山下的石頭上有雙腳的腳跡，世俗稱此山為仙人山。這樣看來，則《太平寰宇記》所稱的仙人山，也是《水經注》的原文，而「思陽水」一句，尤其可以補足文字的缺佚。《魏書‧地形志》記道：肆州永安郡驢夷縣有思陽城，是因為思陽水而得名的。所以《太平寰宇記》在〈魏昌城〉下引《水經》說：《李克書》說：魏文侯時，李克做中山國相，苦陘的收入比以前要多。李克說：苦陘上無山林的富饒，下無牛馬的收入，而收入比以前多，這其實是苦了這裡的百姓。就拿下這些官吏而免除了百姓的負擔。漢光武帝時，封大將軍杜茂為苦陘侯。漢章帝到北方巡視，將苦陘改名為漢昌。到魏文帝時，又改漢昌為魏昌城。《太平寰宇記》又在〈鎮州・行唐縣・輪井水〉下引《水經注》說：行唐城上西南邊有大井像車輪一樣，井水深不可測。又在〈王山祠〉下引《水經》說：行唐城內北門的東側，祠的後面有神女廟，廟前有碑，碑文說：王山將軍，是前燕薊地方的神童；後來成為城神聖女的，則是這裡有名的大族石神夫人的長女。趙武靈王開始經營這個城邑的時候，城牆好幾年都築不起來。聖女發出要求，說她應該和人在一起，因而讓她作了神童的妃子，不事聲張地只將此事刻在貞石之上。於是各處城牆都興建起來，沒有幾天就建成了。所以這位神明以後一直顯存靈應。《太平寰宇記・莫州・任邱縣・狐狸淀》下引《水經注》說：鄭縣東南邊的水澤有狐狸淀，世俗也稱為掘鯉淀，但這是錯誤的。〈滹沱水〉篇的殘缺文字為《寰宇記》所收錄的有這樣多，可以讓我們按方位加以考證。

補泒水❶

一清按，《水經》本有〈泒水〉篇，今失亡矣。《寰宇記・定州・安喜縣・泒水》下引《水經注》云：泒水歷天井澤南流，所播為澤，俗名為天井淀。《初學記》引《水經注》云：定州泒水北流逕大核山。大核山疑是大泒山之訛。大泒山在今阜平縣西北五里，其東又有小泒山，以泒河所經得名。《說文》：泒水出雁門葰人戍夫山，東北入海。按《山海經》郭璞注曰：今滹沱水出雁門鹵城縣南武夫山戍。夫武夫皆泰戲之一名，顧祖禹❷曰：蓋以滹沱為泒水也。此說非是，蓋泒水與滹沱同出一山耳。泒水源見《說文》，尾見本《注》，其中所歷之道，僅有定州一語，較之他篇，脫失尤甚。

【注釋】❶泒水 此水始見於《說文解字》卷十一上：「泒水起雁門葰人戍夫山，東北入海。」趙引《寰宇記》：「泒水歷天井澤南流。」據此，則此水上游為豬龍河上游大沙河，是海河一級支流大清河的支流。❷顧祖禹 字端五，號景範，江蘇無錫人。精通輿地之學，著有《讀史方輿紀要》。

【語譯】趙一清按，《水經》原來有〈泒水〉篇，現在已經亡佚了。《寰宇記・定州・安喜縣・泒水》下引《水經注》說：泒水經過天井澤向南流，散播成為湖澤，俗名天井淀。《初學記》引《水經注》說：定州泒水向北流經大核山。大核山可能是大泒山的誤稱。大泒山在今阜平縣西北五里，它的東邊又有小泒山，此山因有泒河經過而得名。《說文》說：泒水發源於雁門郡葰人縣的戍夫山，從東北流入海。按照郭璞在《山海經》所注，今滹沱水發源於雁門郡鹵城縣以南的武夫山戍。武夫山是泰戲山的另一名稱。顧祖禹說：這是把滹沱水作為泒水了。這個說法是不對的，因為泒水和滹沱水發源於同一座山岳。泒水的發源見於《說文》，它的終結見於本《注》，它所經歷的流程，只有「定州」一句，與另外幾篇相比，缺佚更多。

補滋水❶

一清按，《方輿紀要・山西・蔚州・靈邱縣》下云：《山海經》云：高是之山，滋水出焉。滋水在縣北，《水經注》：滋水逕枚迴嶺，懸流五丈，湍激之聲，響動山谷。《元和志》：滋水出靈邱縣西南枚迴山，懸河五丈，湍激之聲，嚮動山谷，樵牧之士，咸由此渡。巨木淪滑，久乃方出，或落崖石，無不粉碎也。《土地記》云：枚迴嶺與高是山連麓接勢。李吉甫所引，疑是酈《注》原文。《紀要》又云：石銘陘在縣西，《水經注》：滋水逕枚迴嶺東南，過石銘陘。有石銘其上云：冀州北界。石銘陘亦見〈滱水注〉，滋水與滱水，發源最近，故其事兩隸，而班固〈地理志〉、許慎《說文》俱謂滋水出牛飲山白陘谷，在南行唐。今行唐西去靈邱四百餘里，水源安得便出于此。《名勝志・行唐縣》下引《水經注》云：滋水至行唐縣，鹿水出焉，謂之木刀溝，入滹沱河。《寰宇記・真定縣》下引《水經》云：滋水又東至新市縣，入滹沱河。又〈鎮州・鼓城縣〉下云：雷源，《中山記》：雷河溝水源出鼓城縣。《名勝志・晉州》下引《水經注》云：滹沱水流入雷河溝水，過舊曲陽北。據此則衛水與滋水通波沿注，隨地易稱矣。今山西廣靈縣有滋水，流為壺流河，亦名葫蘆河。《元和志》、《寰宇記》謂之瓠𤬪河，云上槽狹，下槽闊，有似瓠𤬪，故名。亦謂嘔夷河，蓋與滱水道近也。而其下流則北入于桑乾，疑與出行唐之滋水有別。然《山海經》本云：高是之山，滋水出焉，而南流注于滹沱。則當日滋水惟南入滹沱，不北入桑乾，不知何時分一支北流。今酈《注》既亡，無從可證。又嵐州紇真山，夏恆積雪，鳥雀死者，一日千數。《寰宇記・朔州・鄯陽縣》下引〈冀州圖〉❷云：紇真山在城東北三十里，登之望桑乾、代郡，數百里內宛然。夏恆積雪。彼人語曰：紇真山頭凍殺雀，何不飛去生處樂。紇真山即紇干山，虜語紇真，華言千里。二語唐昭宗嘗稱之，蓋古謠諺也。又〈祁州・無極縣・故安城〉下引《水經》云：故安城即魏之安鄉城。《魏志》云：明帝太和元年，封外祖甄逸為安鄉侯，嫡孫象襲爵。青龍二年，追諡后兄儼為安鄉侯。即此城也。〈故新城〉下引《水經》云：後魏太武帝南巡，行宮築亦曰資城。滋亦作資，又作咨，此城因滋水所經得名。《水經》本有〈滋水〉篇，今脫亡爾。

【注釋】❶滋水　此水在古籍中有兩種說法。按趙氏所補，此水是滹沱河支流，滹沱河注入子牙河，故此水是今海河的三級支流。但按《元和郡縣志》（趙氏亦引及）卷十四靈邱縣滋水：「水出靈邱縣西南枚回山，……東流入唐河。」唐河按水系屬於大清河支流。❷冀州圖　圖名。《崇文總目》二著錄：「〈冀州圖〉二卷。不知撰者和撰繪年代，已亡佚。」

【語譯】趙一清按，《方輿紀要・山西・蔚州・靈邱縣》下說：《山海經》說：滋水發源於高是之山。滋水在靈邱縣北。《水經注》說：滋水經過枚迴嶺，瀑布有五丈高，湍激的聲音，使整個山谷都受到響動。《元和郡縣志》說：滋水發源於靈邱縣西南的枚迴山，瀑布有五丈高，湍激的聲音，使整個山谷都受到震動，採樵伐木的人，都從此過渡。巨大的木材在水流中很久才漂出來，或者掉落到巖石上，沒有不摔得粉碎的。《土地記》說：枚迴嶺與高是山，峰巒互相連接。李吉甫《元和郡縣志》所引的，或許就是《水經注》的原文。《讀史方輿紀要》又說：石銘陘在縣的西部，《水經注》說：滋水經過枚迴嶺東南，再流過石銘陘。石上刻有銘文說：冀州北界。石銘陘也在〈滱水注〉中提到。滋水和滱水發源很接近，所以此事兩者都有寫到。班固的《漢書・地理志》和許慎的《說文解字》都說滋水發源於牛飲山白陘谷，屬於南行唐縣。現在行唐縣離靈邱縣四百多里，滋水哪能在這裡發源。《名勝志・行唐縣》下引《水經注》說：滋水到行唐縣，鹿水在這裡發源，稱為木刀溝，注入滹沱河。《寰宇記・真定縣》下引《水經》說：滋水又向東流到新市縣，注入滹沱河。《寰宇記》又在〈鎮州・鼓城縣〉下說：雷河溝水的源頭，據《中山記》說：雷河溝水發源於鼓城縣。《名勝志・晉州》下引《水經注》說：滹沱水流入雷河溝水，經過舊曲陽縣以北。這樣看來，衛水和滋水是連通流注的，兩條河流其實只是各地的不同稱謂。現在山西省廣靈縣有滋水，沿流稱為壺流河，又稱葫蘆河。《元和志》和《寰宇記》稱為瓠甗河，說它因為上流河槽狹，下流河槽闊，形狀像葫蘆，所以有這樣的名稱。也稱它為嘔夷河，這是因為它與滱水很接近的緣故。它的下流向北注入桑乾河，所以和發源於行唐縣的滋水可能是兩條不同的河流。但是《山海經》說：滋水發源於高是之山，向南流注入滹沱河。所以當時滋水是南流注入滹沱河，不是北流注入桑乾河，不知道什麼時候分出一條北流的支流。現在《水經注》此篇已經亡佚，也就無從證明了。又說嵐州紇真山，夏季經常積雪，每天要凍死幾千隻鳥雀。《寰宇記・朔州・鄯陽縣》下引〈冀州圖〉說：紇真山在鄯陽城東北三十里，在山上可以望見桑乾河和代郡，幾百里內看得清清楚楚，夏天常常積雪。有句話說：紇真山頭凍殺雀，何不飛去生處樂。「紇真山」就是「紇干山」，胡人言語裡的「紇真」，就是華語的「千里」。這兩句話唐昭宗曾引述之，這是古代的歌謠諺語。又《寰宇記・祁州・無極縣・故安城》下引《水經》說：故安城就是魏的安鄉城。《魏志》說：魏明帝太和元年(西元二二七年)，封他的外祖父甄逸為安鄉侯，其嫡孫甄象繼承爵位。青龍二年(西元二三四年)，追諡皇后之兄儼為安鄉侯，就是這座城。《寰宇記》在〈故新城〉下引《水經》說：後魏太武帝到南方巡行，所築的行宮也叫資城。滋，也作資或咨，所以此城是因為有滋水流經而得名的。《水經》本來有〈滋水〉篇，但現在已經亡佚了。

【研析】趙一清廣輯酈佚，補成此三篇，可謂煞費苦心。如此做學問，是值得稱讚的。前面題解中已經指出，古人引書並沒有一定的規律，簡略引述並雜以己意者甚為常見。所以不少酈語，看似酈佚，但其實並非酈書原文，這當然是無可奈何之事。而趙氏在其所補各篇中，亦就佚文加以議論，其意當然是為了說明其補綴今本所缺之篇，但從體例評議，也略具「考」的性質。如〈補滹沱水〉，也可易題為〈滹沱水考〉。當然，整體評價，所補各篇，對於後來研讀酈氏作品者，仍然不無價值。

卷十二

聖水　巨馬水

【題解】雖然可以確定聖水為今拒馬河支流，但當今何水，已經無法考實。或說是今白溝河，但也無確證。由於這個地區歷史上河流交錯，河流的襲奪現象比較普遍，古今河道已有很大改易，所以很難論定。譚其驤主編《中國歷史地圖集》第四冊北朝、魏〈相冀幽平等州圖〉中繪有聖水，其中有一段與今永定河重合，或可供參考。

巨馬水今稱拒馬河，發源於今河北淶源以西的山西境內，上游分南拒馬河與北拒馬河二支，全長二百三十餘公里，流域面積四千八百餘平方公里。

聖水

聖水出上谷，

1 故燕地，秦始皇二十三年置上谷郡。王隱《晉書・地道志》曰：郡在谷之頭，故因以上谷名焉。王莽更名朔調也。水出郡之西南聖水谷，東南流逕大防[1]嶺之東首。山下，有石穴，東北洞開，高廣四五丈。入穴轉更崇深，穴中有水。《耆舊傳》言：昔有沙門釋惠彌者，好精物隱，嘗篝火尋之，傍水入穴三里，有餘穴分為二：一穴殊小，西北出，不知趣詣；一穴西南出，入穴經五六日方還，又不測窮深。其水夏冷冬溫，春秋有白魚出穴，數日而返，人有採捕食者，美珍常味，蓋亦丙穴❷嘉魚之類也。是水東北流入聖水。聖水又東逕玉石山，謂之玉石口。山多珉玉、燕石，故以玉石名之。其水伏流里餘，潛源東出，又東，頹波瀉澗，一丈有餘，屈而南流也。

東過良鄉縣南，[2]

聖水南流，歷縣西轉，又南逕良鄉縣故城西，王莽之廣陽也。有防水注之。水出縣西北大防山南，而東南流逕羊頭阜下，俗謂之羊頭溪。其水又東南流，至縣東入聖水。聖水又南與樂水合。水出縣西北大防山南，東南流，歷縣西而東南流注聖水。聖水又東逕其縣故城南，又東逕聖聚南，蓋藉水而懷稱也。又東與俠河合。水出良鄉縣西甘泉原東谷，東逕西鄉縣故城北，王莽之移風也，世謂之都鄉城。按〈地理志〉：涿郡有西鄉縣而無都鄉城，蓋世傳之非也。又東逕良鄉城南，又東北注聖水，世謂之俠活河，又名之曰非理之溝也。

又東過陽鄉縣北，

3 聖水自涿縣東與桃水合。水首受淶水于徐城東南良鄉，西分垣水，世謂之南沙溝，即桃水也。東逕遒縣北，又東逕涿縣故城下與涿水合。世以為涿水，又亦謂之桃水，出涿縣故城西南奇溝東八里大坎下。數泉同發，東逕桃仁墟北，或曰因水以名墟，則是桃水也。或曰終仁之故居，非桃仁也。余按〈地理志〉：桃水上承淶水，此水所發，不與〈志〉同，謂終為是。

4 又東北與樂堆泉合。水出堆東，東南流注于涿水。涿水又東北逕涿縣故城西，注于桃。應劭曰：涿郡，故燕，漢高帝六年置。其南有涿水，郡蓋氏焉。闞駰亦言是矣。今于涿城南無水以應之，所有惟西南有是水矣。應劭又云：涿水出上谷涿鹿縣，余按涿水自涿鹿東注㶟水。㶟水東南逕廣陽郡，與涿郡分水。漢高祖六年，分燕置涿郡。涿之為名，當受涿水通稱矣，故郡、縣氏之。但物理潛通，所在分發，故在匈奴為涿耶水。山川阻闊，並無沿注之理，所在受名者，皆是經隱顯相關，遙情受用。以此推之，事或近矣，而非所安也。

5 桃水又東逕涿縣故城北，王莽更名垣翰。晉大始元年，改曰范陽郡。今郡理涿縣故城。城內東北角有「晉康王碑」，城東有「范陽王司馬虓廟碑」。桃水又東北與垣水會。水上承淶水，于良鄉縣分桃水，世謂之北沙溝。故應劭曰：垣水出良鄉，東逕垣縣故城北。《史記音義》曰：河間有武垣縣，涿有垣縣。漢景帝中三年，封匈奴降王賜為侯國，王莽之垣翰亭矣。世謂之頃城，非也。又東逕頃，亦地名也。故有頃上言，世名之頃前河。又東，洛水注之。水上承鳴澤渚，渚方十五里，漢武帝元封四年，行幸鳴澤者也。服虔曰：澤名，在遒縣北界，即此澤矣。西則獨樹水注之。水出遒縣北山，東入渚。北有甘泉水注之。水出良鄉西山，東南逕西鄉城西，而南注鳴澤渚。渚水東出為洛水，又東逕西鄉城南，又東逕垣縣而南入垣水。垣水又東逕涿縣北，東流注于桃。故應劭曰：垣水東入桃。闞駰曰：至陽鄉注之。今按經脈而不能居也❸。桃水東逕陽鄉，東注聖水。聖水又東，廣陽水注之。水出小廣陽西山，東逕廣陽縣故城北；又東，福祿水注焉。水出西山，東南逕廣陽縣故城南，東入廣陽水，亂流東南至陽鄉縣，右注聖水。

6 聖水又東南逕陽鄉城西，不逕其北矣。縣，故涿之陽亭也。《地理風俗記》曰：涿縣東五十里有陽鄉亭，後分為縣。王莽時，更名章武，即長鄉縣也。按《太康地記》，涿有長鄉而無陽鄉矣。聖水又東逕長興城南，又東逕方城縣故城北。李牧伐燕取方城是也。魏封劉放為侯國。聖水又東，左會白祀溝，溝水出廣陽縣之婁城東，東南流，左合婁城水。水出平地，導源東南流，右注白祀水，亂流東南逕常道城西，故鄉亭也，西去長鄉城四十里，魏少帝璜甘露三年所封也。又東南入聖水。聖水又東南逕韓城東。《詩．韓奕》❹章曰：溥彼韓城，燕師所完，王錫韓侯，其追其貊，奄受北國。鄭玄曰：周封韓侯，居韓城為侯伯，言為獫夷所逼，稍稍東遷也。王肅曰：今涿郡方城縣有韓侯城，世謂之寒號城，非也。聖水又東南流，右會清淀水。水發西淀，東流注聖水，謂之劉公口也。

又東過安次縣南，東入于海。

7 聖水又東逕勃海安次縣故城南。漢靈帝中平三年，封荊州刺史王敏為侯國。又東南流，注于巨馬河而不達于海也。

【注釋】❶大防　楊守敬按，《御覽》九百三十六引此有「嶺下」二字，以「嶺之東首」四字下屬。如此文義更合。語譯據此。❷丙穴　地名。詳見本書卷二十七〈沔水〉：「褒水又東南得丙水口，水承丙穴，穴出嘉魚，常以三月出，十月入地。……穴口向丙，故曰丙穴。」❸今按經脈而不能屆也　《水經注疏》作「今按經脈水而不能屆也」。以增一「水」字為是。❹詩韓奕　即《詩經．大雅．韓奕》。

【語譯】聖水出上谷，

1 上谷是古時燕國地方。秦始皇二十三年（西元前二二四年），設立上谷郡。王隱《晉書・地道記》說：上谷郡在河谷上端，所以取名上谷。王莽時改名為朔調。聖水發源於該郡西南的聖水谷，東南流經大防嶺下。此嶺的東端，山下有個石洞，朝向東北大開，高度和寬度都有四五丈。進去以後，洞穴變得愈高愈深了，洞中還有水。《耆舊傳》說：從前有個和尚名叫釋惠彌，對隱祕的事物喜歡尋根究底，曾打著燈籠進去探尋。沿著水邊進洞後，走了三里餘，洞分成兩個：一個很小，通向西北，不知到達哪裡；一個通向西南，進去走了五六日，還是沒到盡頭，只好回來，也不知道究竟有多深，又通到哪裡。洞裡的水冬暖夏涼，每年春秋兩季，有白魚從洞中游出，幾天之後，又會游回洞內。有人曾捕到這種魚吃過，比平常的魚要鮮美得多，大概也是丙穴嘉魚之類。洞裡出來的水東北流，注入聖水。聖水又東流經玉石山，那地方叫玉石口。由於山上多珉玉、燕石，所以就以玉石作為山名。水流潛入地下，潛流了一里左右，又在東邊冒出地面；又東流，在一丈多高的山澗奔瀉而下，然後折而南流。

東過良鄉縣南，

2 聖水南流，流過良鄉縣轉而西流，又南流經良鄉縣老城西，就是王莽時的廣陽。有防水注入。防水發源於縣城西北大防山南，東南流經羊頭阜下，民間稱為羊頭溪。溪水又東南流，流到縣東注入聖水。聖水又南流，與樂水匯合。樂水發源於該縣西北大防山南，東南流，流經縣西往東南注入聖水。聖水又東流經該縣老城南，又東流經聖聚南，聖聚便是因聖水而得名的。又東流，與侠河匯合。侠河發源於良鄉縣西甘泉原的東谷，東流經西鄉縣老城北，就是王莽時的移風，世人卻叫它都鄉城。據〈地理志〉：涿郡有西鄉縣，卻沒有都鄉城，這是民間口頭相傳造成的錯誤。侠河又東流經良鄉城南，又東北流注入聖水，世人稱為侠活河，又名非理溝。

又東過陽鄉縣北，

3 聖水從涿縣東流與桃水匯合。桃水上口在徐城東南的良鄉承接淶水，並在西邊分出垣水，人們稱為南沙溝，就是桃水。桃水東流經逎縣北，又東流經涿縣老城下，與涿水匯合。人們叫它涿水，又叫桃水，發源於涿縣老城西南奇溝東八里的大坎下。有好幾個泉源同時湧出，東流經桃仁墟北，有人以為桃仁墟是因水而得名的，那麼此水就是桃水了。也有人以為這裡是終仁的故居，不是桃仁。我查考〈地理志〉，桃水上流承接淶水，但此水的發源地與〈地理志〉的記載不同，因此稱為終仁才對。

4 桃水又東北流，與樂堆泉匯合。樂堆泉發源於樂堆東，東南流，注入涿水。涿水又東北流經涿縣老城西，注入桃水。應劭說：涿郡是古時燕國地方，漢高帝六年（西元前二〇一年）才設置為郡。郡南有涿水，郡即以水命名。闞駰也是這樣說的。現在涿城以南卻沒有一條相應的水，有的只有西南這條水。應劭又說：涿水發源於上谷涿鹿縣。我查考過，涿水從涿鹿東注入灅水。灅水東南流經廣陽郡，與涿郡以水為分界。漢高祖六年，從燕分地設置涿郡。郡以涿為名，應當是受涿水通稱的影響之故，所以涿郡、涿縣都是因水得名的。但事物之間的聯繫往往是隱而不顯的，隨處支分派生，所以在匈奴就成了涿耶水。但山川阻隔，不可能一路流注，但在各處卻得到相同的名稱，那是因為水流雖然或隱或顯，卻是互有關聯，所以相距雖然遙遠，名稱仍相互通用。照此推斷起來，情況雖然相近，可是究竟不是穩妥的說法。

5 桃水又東流經涿縣老城北，王莽時改名為垣翰。晉太始元年（西元二六五年），又改為范陽郡。現在郡治就在涿縣老城。城內東北角有「晉康王碑」，城東有「范陽王司馬虓廟碑」。桃水又東北流，與垣水匯合。垣水上流承接淶水，在良鄉縣分出桃水，人們稱為北沙溝。所以應劭說：垣水發源於良鄉，東流經垣縣老城北。《史記音義》說：河間郡有武垣縣，涿郡有垣縣。漢景帝中元三年（西元前一四七年），封給降於漢的匈奴王賜為侯國，就是王莽時的垣翰亭。人們卻叫頃城，是不對的。又東流經頃，頃也是個地名。所以有頃上的說法，人們稱為頃前河。又東流，洛水注入。洛水上流承接鳴澤渚，這片沼澤方圓十五里，漢武帝元封四年（西元前一〇七年），巡行菈臨鳴澤，即指此。服虔說：鳴澤，是澤名，在遒縣北界。說的就是此澤。鳴澤西面又有獨樹水注入。獨樹水發源於遒縣北山，東流入澤渚。北面有甘泉水注入。甘泉水發源於良鄉西山，東南流經西鄉城西，然後南流注入鳴澤渚。渚水向東流出，稱為洛水，又東流經西鄉城南，又東流經垣縣而南入垣水。垣水又東流經涿縣北，東流注入桃水。所以應劭說：垣水東流注入桃水。闞駰說：垣水到陽鄉注入桃水。現在按照圖籍來尋找水脈，垣水卻不能到達陽鄉。桃水東流經陽鄉，往東注入聖水。聖水又東流，廣陽水注入。廣陽水發源於小廣陽的西山，東流經廣陽縣老城北，又東流，福祿水注入。福祿水發源於西山，東南流經廣陽縣老城南，東流注入廣陽水，然後往東南亂流到陽鄉縣，向右注入聖水。

6 聖水又東南流經陽鄉城西，並不經城北。陽鄉縣，就是舊時涿縣的陽亭。《地理風俗記》說：涿縣東五十里有陽鄉亭，後來才分出立縣。王莽時，改名章武，就是長鄉縣。據《太康地記》，涿縣有長鄉，卻沒有陽鄉。聖水又東流經長興城南，又東流經方城縣老城北。李牧攻打燕國，奪取方城，即指此城。魏封給劉放為侯國。聖水又東流，左岸匯合白祀溝。白祀溝發源於廣陽縣的婁城東，東南流，左岸匯合婁城水。婁城水從平地湧出，循地勢東南流，向右注入白祀水，往東南亂流經常道城西，這就是原來的鄉亭，西距長鄉城四十里。魏甘露三年（西元二五八年），少帝璜受封於此。白祀溝又東南流，注入聖水。聖水又東南流經韓城東。《詩經．大雅．韓奕》六章說：那廣大的韓城，是燕人所築，周王封給韓侯，有追，有貊，擁有北方諸國。鄭玄說：周封韓侯，居於韓城，號為侯伯，後為獫狁所逼，才稍稍向東遷移。王肅說：現在涿郡方城縣有韓侯城，人們稱為寒號城，是不對的。聖水又東南流，右岸匯合清淀水。清淀水發源於西淀，東流注入聖水，匯流處稱為劉公口。

7 聖水又東流經勃海郡安次縣舊城南。漢靈帝中平三年（西元一八六年），封給荊州刺史王敏為侯國。聖水又東南流，注入巨馬河，並沒有流到大海。

又東過安次縣南，東入于海。

巨馬水

1 **巨馬河出代郡廣昌縣淶山，**

即淶水也，有二源，俱發淶山，東逕廣昌縣故城南，王莽之廣屏矣。魏封樂進為侯國。淶水又東北逕西射魚城東南而東北流，又逕東射魚城南，又屈逕其城東。《竹書紀年》曰：荀瑤伐中山，取窮魚之丘。窮、射字相類，疑即此城也，所未詳矣。淶水又逕三女亭西，又逕樓亭北，左屬白澗溪。水有二源，合注一川，川石皓然，望同積雪，故以物色受名。其水又東北流，謂之石槽水，伏流地下，溢則通津委注，謂之白澗口。淶水又東北，桑谷水注之，水南發桑溪，北注淶水。淶水又北逕小釁東，又東逕大釁南，蓋霍原隱居教授處也。徐廣云：原隱居廣陽山，教授數千人，為王浚所害，雖千古世懸，猶表二釁之稱。既無碑頌，竟不知定誰居也。淶水又東北歷紫石溪口與紫水合。水北出聖人城北大亘下，東南流，左會磊砢溪水，蓋山崩委澗，積石淪隍，故溪澗受其名矣。水出東北，西南流注紫石溪水。紫石溪水又逕聖人城東，又東南，右會檐車水。水出檐車硎，東南流逕聖人城南，南流注紫石水，又南注于淶水。淶水又東南逕榆城南，又屈逕其城東，謂之榆城河。淶水又南逕藏刀山下，層巖壁立，直上干霄，遠望崖側，有若積刀，鐶鐶相比，咸悉西首。淶水東逕徐城北，故瀆出焉，世謂之沙溝水。又東，督亢溝出焉。一水東南流，即督亢溝也。一水西南出，即淶水之故瀆矣。水盛則長津宏注，水耗則通波潛伏，重源顯于迺縣，則舊川矣。

2 **東過遒縣北，**

淶水上承故瀆于縣北垂，重源再發，結為長潭，潭廣百許步，長數百步，左右翼帶涓流，控引眾水，自成淵渚。長川漫下十許里，東南流逕遒縣故城東。漢景帝中三年，以封匈奴降王隆彊為侯國，王莽更名遒屏也。謂之巨馬河，亦曰渠水也。又東南流，袁本初遣別將崔巨業攻固安不下，退還，公孫瓚追擊之于巨馬水，死者六七千人，即此水也。又東南逕范陽縣故城北，易水注之❶。

3 **又東南過容城縣北，**

巨馬水又東，酈亭溝水注之。水上承督亢溝水于遒縣東，東南流，歷紫淵東。余六世祖樂浪府君，自涿之先賢鄉爰宅其陰，西帶巨川，東翼茲水，枝流津通，纏絡墟圃，匪直田漁之贍可懷，信為遊神之勝處也。其水東南流，又名之為酈亭溝。其水又西南轉，歷大利亭南入巨馬水。

4 又東逕容城縣故城北。又東，督亢溝水注之。水上承淶水于淶谷，引之則長津委注，遏之則微川輟流，水德含和，變通在我。東南流逕遒縣北，又東逕涿縣酈亭樓桑里南，即劉備之舊里也。又東逕督亢澤。澤苞方城縣，縣故屬廣陽，後隸于涿。〈郡國志〉曰：縣有督亢亭。孫暢之《述畫》❷有〈督亢地圖〉❸，言燕太子丹使荊軻齎入秦，秦王殺軻，圖亦絕滅。地理書《上古聖賢冢地記》曰：督亢地在涿郡。今故安縣南有督亢陌，幽州南界也。《風俗通》曰：沆，漭也。言乎淫淫漭漭，無崖際也。沆澤之無水，斥鹵之謂也。其水自澤枝分，東逕涿縣故城南，又東逕漢侍中盧植墓南，又東，散為澤渚，督亢澤也。北屈注于桃水。督亢水又南，謂之白溝水，南逕廣陽亭西，而南合枝溝。溝水西受巨馬河，東出為枝溝，又東注白溝，白溝又南，入于巨馬河。巨馬河又東南逕益昌縣，護淀水右注之。水上承護陂于臨鄉縣故城西，東南逕臨鄉城南。漢封廣陽頃王子雲為侯國。《地理風俗記》曰：方城南十里有臨鄉城，故縣也。淀水又東南逕益昌縣故城西，南入巨馬水。

巨馬水東逕益昌縣故城南，漢封廣陽頃王子嬰為侯國，王莽之有秩也。《地理風俗記》曰：方城縣東八十里有益昌城，故縣也。又東，八丈溝水注之。水出安次縣東北平地，東南逕安次城東，東南逕泉州縣故城西，又南，右合滹沱河枯溝，溝自安次西北，東逕常道城東、安次縣故城西。晉司空劉琨所守以拒石勒也。又東南至泉州縣西南，東入八丈溝，又南入巨馬河，亂流東注也。

又東過勃海東平舒縣北，東入于海。

6 〈地理志〉曰：淶水東南至容城入于河。河，即濡水也，蓋互以明會矣。巨馬水于平舒城北，南入于滹沱，而同歸于海也。

【注釋】❶易水注之 此處有佚文一條。《寰宇記・易州・易縣・加夷城》下引《水經》：「巨馬水東流逕加夷山，即腅子於山中養無目父母之所也。」當是此段中佚文。❷述畫 書名。《隋書・經籍志》著錄有孫暢《畫記》，當為此書。孫暢，南朝宋人，有《毛詩引辨》等著作。行歷不詳，書已亡佚。❸督亢地圖 圖名。不見公私著錄，亦不知撰者和撰繪年代。已亡佚。督亢是古地區之名，此卷《經》文「又東南過容城縣北」下《注》文：「督亢地在涿郡。」《注》文並記及此處有督亢澤、督亢亭、督亢陌，並引孫暢之《述畫》：「有〈督亢地圖〉，言燕太子丹使荊軻齎入秦，秦王殺軻，圖亦絕滅。」

【語譯】巨馬河出代郡廣昌縣淶山，

1 巨馬河就是淶水，有兩個源頭，都是從淶山出來的。東流經廣昌縣老城南，就是王莽時的廣屏。魏封給樂進為侯國。淶水又東北流經西射魚城東南而東北流，又流經東射魚城南，又轉而流經城東。《竹書紀年》說：荀瑤攻打中山，奪取了窮魚丘。窮、射字形相似，可能就是此城，是否如此就不得而知了。淶水又流經三女亭西，又流經樓亭北，左與白澗溪相連。白澗溪有兩個源頭，同注一條溪澗，溪澗裡的石塊白燦燦的，一眼望去就像積雪一樣，所以溪是因石色而得名的。溪水又東北流，稱為石槽水，水到這裡潛流地下，只有水滿時才能流通，注入淶水，匯合處稱為白澗口。淶水又東北流，桑谷水注入。桑谷水發源於南邊的桑溪，北流注入淶水。淶水又北流經小黌東，又東流經大黌南，這是霍原隱居教授生徒的地方。徐廣說：霍原隱居廣陽山，教授數千人，被王浚所害。雖然時代相隔遙遠，但還是留下大黌、小黌的地名。不過既然沒有碑刻頌詞的記載，也就不知道到底是誰在這裡隱居過了。淶水又東北流經紫石溪口與紫水匯合。紫水發源於北方聖人城北的大亘下，東南流，在左岸匯合磊砢溪水，因為山石坍方，堆滿溪澗，溪水也因而得名了。水出於東北，西南流，注入紫石溪水。紫石溪水又流經聖人城東，又東南流，右岸匯合檜車水。檜車水發源於檜車硎，東南流經聖人城南，南流注入紫石溪水，又南流，注入淶水。淶水又東南流經榆城南，又轉彎流經城東，稱為榆城河。淶水又南流經藏刀山下，此山巖石層疊，陡峭如壁，高高聳立天際，遠望層崖的側面，就像無數刀鋒聚集成堆，刀環一個個排列在一起，刀鋒都朝向西方。淶水東流經徐城北，舊河道分支流出，人們稱為沙溝水。又東流，督亢溝分流而出。有一條水東南流，這就是督亢溝了；一條向西南而出，就是淶水舊河道。水升漲時長河滔滔流奔，水枯時就潛流地下，直到遒縣才重新出現於地面，那就是舊河道了。

東過遒縣北，

2 淶水上流在遒縣北方邊境承接舊河道，潛流地下後重新發源，積聚為長潭。水潭寬百來步，長數百步；兩邊匯合了許多細小的水流，形成深潭。這條長河浩浩蕩蕩地奔流了十來里，往東南流經遒縣老城東。漢景帝中元三年（西元前一四七年），將該縣封給降於漢的匈奴王隆疆為侯國，王莽時改名遒屏。這條河稱為巨馬河，也叫渠水。又東南流，袁本初派遣別將崔巨業進攻固安，卻打不進去，只得退兵返回。公孫瓚追擊到了巨馬水，殺死了六七千人，就是指這條水。又東南流經范陽縣老城北，易水注入。

又東南過容城縣北，

3 巨馬水又東流，酈亭溝水注入。酈亭溝水上流在遒縣東承接督亢溝水，東南流，流過紫淵東。我的第六代先祖是樂浪太守，從涿縣先賢鄉遷居到這裡，在水南造了房子。住宅西臨大河，東傍酈亭溝，支流暢通，逶迤曲折地流布於田園之間。這裡不但有魚米之富令人懷想，實在也是暢遊怡情的佳勝之處。此水東南流，又名為酈亭溝。水又轉向西南，流過大利亭，南流注入巨馬水。

4 巨馬水又東流經容城縣老城北。又東流，督亢溝水注入。督亢溝水上流在淶谷承接淶水。打開水口，便長流滔滔奔流不斷；關閉水口，就水流一線，至於斷絕。水性和順，全靠我們自己加以改造和利用。東南流經遒縣北，又東流經涿縣酈亭樓桑里南，這裡就是劉備的故鄉。又東流經督亢澤。這片沼澤圍抱著方城縣，該縣從前隸屬於廣陽郡，後來又屬涿郡了。〈郡國志〉說：縣裡有督亢亭，孫暢之《述畫》有〈督亢地圖〉，據說燕太子丹派遣荊軻到秦國去獻圖，秦王殺了荊軻，圖也從此不見了。地理書《上古聖賢冢地記》說：督亢地址在涿郡。現在故安縣南有督亢陌，是幽州的南部邊界。《風俗通》說：沆，就是廣闊茫茫。是說煙波浩淼，無邊無際的意思。無水的窪地叫沆，就是鹽鹼地的意思。此水從澤中分支而出，東流經涿縣老城南，又東流經漢侍中盧植墓南，又東流，分散成為一片沼澤，這就是督亢澤。然後轉向北方，注入桃水。督亢水又南流，稱為白溝水，南流經廣陽亭西，然後南流與支溝匯合。溝水在西方承接巨馬河，向東分出支溝，又東流，注入白溝。白溝又南流，注入巨馬河。巨馬河又東南流經益昌縣，護淀水從右岸注入。護淀水上流在臨鄉縣老城西承接護陂，東南流經臨鄉城南。漢將臨鄉封給廣陽頃王的兒子劉雲為侯國。《地理風俗記》說：方城南十里有臨鄉城，是個老縣城。淀水又東南流經益昌縣老城西，往南注入巨馬水。

5 巨馬水東流經益昌縣老城南，漢將該縣封給廣陽頃王的兒子劉嬰為侯國，就是王莽時的有秩。《地理風俗記》說：方城縣東八十里有益昌城，是個老縣城。又東流，八丈溝水注入。八丈溝水發源於安次縣東北平地上，東南流經安次城東，東南流經泉州縣老城西，又南流，右岸匯合滹沱河乾涸無水的枯溝，這條溝從安次西北，東經常道城東、安次縣老城西。晉司空劉琨曾駐守在這裡，抗拒石勒。又東南流，到了泉州縣西南，東流入八丈溝，又南流，注入巨馬河，然後亂流往東流逝。

又東過勃海東平舒縣北，東入于海。

6 〈地理志〉說：淶水東南流，到容城入於河。這裡所謂的河，也就是濡水，那麼也可以說這兩條水相互流注匯合了。巨馬水在平舒城北南流注入滹沱河，一同歸於大海。

【研　析】 此卷在《經》文「又東南過容城縣北」下，有兩條《注》文甚有價值。其一為：「巨馬水又東，酈亭溝水注之。水上承督亢溝水于遒縣東，東南流，歷紫淵東。余六世祖樂浪府君，自涿之先賢鄉爰宅其陰，西帶巨川，東翼茲水，枝流津通，纏絡墟圃，匪直田漁之贍可懷，信為遊神之勝處也。」此段《注》文描寫酈氏家鄉的自然風光，在全書中甚為可貴。酈氏故居在今河北涿州南，今名道元村，已於一九九五年建成酈道元紀念館。其二為《注》文：「(巨馬水)又東，督亢溝水注之。水上承淶水于淶谷，引之則長津委注，遏之則微川輟流，水德含和，變通在我。」一部《水經注》，記載了許多人定勝天的故事，主要是人與水的關係。而這一句「水德含和，變通在我」，是酈道元在這個問題上的總結，是《水經注》全書中的名言。

◎新譯越絕書

劉建國／注譯　黃俊郎／校閱

《越絕書》雖屬野史，但其警世之語如暮鼓晨鐘，至今仍發人省思，提供我們「知古鑑今」的歷史教訓。書中對春秋時期吳地風土文物的詳實記載，開「方志」的先河，實為研究當時政治、經濟、社會的重要文獻參考資料。配合本書淺明注釋、白話翻譯，能引領讀者優游於古老的吳越風光。

◎新譯西京雜記

曹海東／注譯　李振興／校閱

《西京雜記》是一部優秀的筆記雜著，所記多為西漢京都之事。雖是「野史」，然其記載內容繁博，涉及面相當廣，有記述人物、宮庭軼事、時尚風習、奇人絕技等等，讀者可由此認識西漢政治、經濟、文化、民俗等多方面的狀況。本書注釋針對其中所提名物制度、掌故史實的來龍去脈詳為解釋；譯文部分則力求既忠於原文，又曉暢通達。

◎新譯左傳讀本

郁賢皓、周福昌等／注譯　傅武光／校閱

《左傳》是寫於先秦時期的一部編年體史書，儒家的重要經典之一。它不僅是部偉大的史學著作，也是一部富有文學價值的散文傑作。本書在汲取前人的研究成果上，進行全面精確而詳盡的注釋和翻譯。文中每一「公」前皆有題解，總述該時期之主要局勢，每一「年」後都有說明，分析特定事件的歷史意義，是讀者研習《左傳》的最佳讀本。

◎新譯尚書讀本

郭建勳／注譯

《尚書》為中國最早的史書，書中涉及中國原始社會末期到春秋時期的歷史，記敘其間的歷史事件和政治、社會制度，甚至有天文地理介紹，內容豐富廣泛。其中與政治的關連最為密切，既是對古代帝王政治經驗的總結，也為後來的統治者提供借鑑和依據。雖然它的內容古奧難懂，但透過本書準確、簡練而流暢的注譯解析，讓您閱讀《尚書》一點都不困難。

◎新譯史記

韓兆琦／注譯

《史記》不僅是一部體大思精的歷史鉅著，也是一部偉大的文學著作，在中國史學與文學上的影響巨大而深遠。本書為最新的全注全譯本，正文參考了多種《史記》版本與校勘著作，凡舊本有誤的地方，皆作了更正；注釋吸收參考瀧川資言《史記會注考證》與前人舊注的長處，並作了大量的增補，相關考訂與評論能萃取前人研究之精華；語譯則力求通俗流利，能提供閱讀與研究《史記》最大、最佳的幫助。

◎新譯說苑讀本

羅少卿／注譯　周鳳五／校閱

《說苑》為西漢劉向在校理圖書過程中，自眾多秘藏古籍搜集整理而成。內容闡述治國修身之要，兼及天文地理、名物制度等。全書以對話故事為主體，以說理議論為綱，可謂介於歷史與小說之間，讀來輕鬆而不枯燥，讓您跨越時空藩籬，悠遊自得於古人的智慧之中。

◎新譯國語讀本

易中天／注譯　侯迺慧／校閱

《國語》是一部中國上古時期以「記言」為主的斷代國別史。它歷經兩千多年的時間淘洗卻歷久彌新，不知滋潤了歷朝歷代多少文人的筆鋒。本書以淺顯的注釋、生動流暢的語譯，消泯文言文的障礙，讓您能深刻體會《國語》之所以成為中國古代說話寶典的精采之處。